Hamblock/Wessels

Wörterbuch
Wirtschaftsenglisch

Englisch/Deutsch

Dieter Hamblock
Dieter Wessels

Wörterbuch Wirtschaftsenglisch

Englisch/Deutsch

Die Deutsche Bibliothek – CIP-Einheitsaufnahme

Hamblock, Dieter:
Wörterbuch Wirtschaftsenglisch / Dieter Hamblock ;
Dieter Wessels. – Düsseldorf : Cornelsen Girardet.
NE: Wessels, Dieter: ; HST

Englisch-deutsch – 1. Aufl., Dr. 1. – 1992
    ISBN 3-464-49404-7

© 1992 Cornelsen Verlag Schwann-Girardet, Düsseldorf
Alle Rechte vorbehalten.

Bestellnummer 494047
1. Auflage
Druck 4 3 2 1 / 95 94 93 92

Vertrieb: Cornelsen Verlagsgesellschaft, Bielefeld
Einbandgestaltung: Wenzel Schmidt, Essen
Satz: Universitätsdruckerei H. Stürtz AG, Würzburg
        Computergestützte Satzaufnahme durch
        H & W Sprachendienst GmbH, Witten
Druck: Druckhaus Langenscheidt, Berlin
Bindearbeiten: Fritzsche/Ludwig, Berlin

ISBN 3-464-49404-7

Vorwort

Mit seinen ca. 30 000 englischen Stichwörtern und einer deutlich höheren Anzahl zielsprachlicher Lösungen ist dieses Wörterbuch mehr als eine auf ein Sechstel reduzierte Fassung des großen „Hamblock/Wessels". Es entstand vielmehr aus der konkreten Arbeit der Autoren im fachsprachlichen Unterricht und als Prüfer bei den Industrie- und Handelskammern Dortmund und Düsseldorf. Ziel ihrer lexikographischen Bemühungen war es, ein Wirtschaftswörterbuch zu erstellen, das alle wichtigen Begriffe der Wirtschaftssprache sowohl bei den englischen Stichwörtern als auch bei den deutschen Lösungen enthält und zudem geläufige Wortverbindungen und Redewendungen anbietet. Somit eignet sich dieses kompakte Nachschlagewerk gleichermaßen für berufliche Erfordernisse wie für die sprachliche Aus- und Weiterbildung im Bereich Wirtschaft. Um Platz zu sparen, wurde bei diesem Wörterbuch bewußt auf die weiblichen Formen bei Berufsbezeichnungen verzichtet.

Die Verfasser möchten an dieser Stelle Frau Marion Abu Jhaisha und Frau Birgit Dickten für die zügige Aufnahme des lexikographischen Materials auf EDV-Datenträger danken.

Bochum, im Mai 1992

Dieter Hamblock
Dieter Wessels

Erläuterungen für den Benutzer

Anordnung

Die Stichwörter sind streng nach dem Alphabet angeordnet. Dabei gilt das Hierarchieprinzip Nomen, Verb, Adjektiv, Adverb, Präposition, Konjunktion.
Für das Stichwort gilt folgende Anordnung:
1. Nomen: **bank** *n*
2. Präposition + Nomen: **at a bank**
3. Nomen + präpositionale Verbindung: **bank of circulation**
4. Wendungen: **due from banks**
5. Kollokation Verb + Nomen: **to break the bank**
6. Kollokation Adjektiv + Nomen: **accepting bank**
7. Verb: **bank** *v/ti*
8. Adjektiv: –
9. Komposita: **bank acceptance**

Stichwort

Jedes Stichwort ist beim Ersteintrag grammatisch definiert nach Wortart (Adjektiv, Adverb, Präposition, Konjunktion) bzw. Genus (Nomen) bzw. nach den Kategorien transitiv, intransitiv, reflexiv, präpositional (Verb). Das Stichwort wird im weiteren durch den Anfangsbuchstaben abgekürzt **(accepting b.)**. Bei Komposita wird der Stichwortbestandteil durch einen senkrechten Strich angezeigt **(bee|keeper)**.

Bedeutungsunterschiede

Die Lösungen in der Zielsprache sind nach Bedeutung geordnet und in diesem Fall durch Semikolon getrennt. Vielfach erfolgt eine Zuordnung des Verwendungsbereichs durch ein Symbol (vgl. nachfolgende Aufstellung) oder durch einen Verweis in Kursivschrift in runder Klammer.

Zeichen

Die Tilde (~) vertritt ein Wort oder eine Wortgruppe. Das Verweiszeichen (→) verweist auf ein Stichwort mit denselben zielsprachlichen Lösungen, die nur an einer Stelle aufgenommen sind.
Der Bindestrich (-) beim Ersteintrag einer Kompositagruppe beschließt einen in der deutschen Sprache unvollständigen Eintrag, dem im Englischen in der Regel adjektivische Lösungen entsprechen. Runde Klammern ( ) mit Text in Kursivschrift kennzeichnen den Verwendungsbereich einer Lösung und auch – mit entsprechenden Abkürzungen – die Sprachebene des Stichworts oder der Lösung. Eckige Klammern [ ] mit einer Länderabkürzung geben die Herkunft eines Worts an (Ausnahme: *(lat.)*).
Der Schrägstrich (/) dient der Zusammenfassung von Lösungsalternativen und auch zur Aufzählung mehrerer Verwendungsbereiche von Stichwörtern oder deren Lösungen.

Orthographie und Trennungen

Für die Orthographie und Trennung der englischen Einträge war die Schreibweise in Collins Dictionary of the English-Language maßgebend. In wenigen ausgewählten Fällen wurde neben der britischen auch die amerikanische Schreibweise angeführt.

List of symbols/Verzeichnis der Symbole

- agriculture/Landwirtschaft
- architecture/Baukunst
- automobile engineering/Kraftfahrzeugwesen
- aviation/Flugwesen
- customs/Zoll
- EDP/EDV
- electrical engineering/Elektrotechnik
- handicraft; engineering/Handwerk; Technik
- industry/Industrie
- law/Rechtswissenschaft
- mathematics/Mathematik
- medicine/Medizin
- metallurgy/Hüttenwesen
- mining/Bergbau
- nautical term/Schiffahrt
- postal affairs/Postwesen
- printing/Druck
- railway/Eisenbahn
- statistics/Statistik
- telecommunications/Telekommunikation

List of abbreviations/Verzeichnis der Abkürzungen

adj	adjective/Adjektiv
adv	adverb/Adverb
abbr	abbreviation/Abkürzung
AG	stock corporation/Aktiengesellschaft
BRD	Federal Republic of Germany/Bundesrepublik Deutschland
BWL	business administration/Betriebswirtschaftslehre
coll	colloquial/umgangssprachlich
DDR	German Democratic Republic/Deutsche Demokratische Republik
EG	European Community/Europäische Gemeinschaft
etw.	something/etwas
EWS	European Monetary System/Europäisches Währungssystem
f	feminine/Femininum
fig	figuratively/bildlich
frz.	French/Französisch
GB	Great Britain/Großbritannien
GmbH	private limited company/Gesellschaft mit beschränkter Haftung
HV	general meeting/Hauptversammlung
jdm	someone/jemandem
jdn	someone/jemanden
jds	someone's/jemandes
lat.	Latin/lateinisch
m	masculine/Maskulinum
n	noun/Nomen
nt	neuter/Neutrum
OHG	general partnership/Offene Handelsgesellschaft
o.s.	oneself/sich
OR	Operations Research
Pat.	patent/Patent
pej.	pejorative/pejorativ
pl	plural/Plural
prep	preposition/Präposition
so.	someone/jemand
sth.	something/etwas
US	United States/Vereinigte Staaten
v/i	intransitive verb/intransitives Verb
v/refl	reflexive verb/reflexives Verb
v/t	transitive verb/transitives Verb
Vers.	insurance/Versicherungswesen
VWL	economics/Volkswirtschaftslehre

A

abandon *v/t* aufgeben, verzichten auf
in abeyance *n* [§] schwebend, in der Schwebe
ability *n* Können *nt*, Vermögen *nt*, (Leistungs)Fähigkeit *f*; **a. to compete** Wettbewerbs-, Konkurrenzfähigkeit *f*; ~ **pay** Zahlungsfähigkeit *f*; ~ **supply** Lieferfähigkeit *f*; **executive a.** Führungsqualität *f*, F.eigenschaft *f*
able *adj* fähig, imstande; **a. to work** erwerbs-, arbeitsfähig
aboard *prep/adv* ⌐Ⴑ/⚓ an Bord
about *adv* ungefähr, zirka, fast
above|-average *adj* überdurchschnittlich; **a.-mentioned (a/m)** *adj* oben aufgeführt/erwähnt
absence *n* Abwesenheit *f*, Fehlen *nt*; **a. on business** Abwesenheit aus geschäftlichen Gründen; **a. due to illness** Fehlen wegen Krankheit
absenteeism *n* (häufiges) Nichterscheinen am Arbeitsplatz, unentschuldigtes Fehlen
absorb *v/t* auffangen, abschöpfen
absorption *n* Aufnahme *f*, Auffangen *nt*; **a. of liquidity** Liquiditätsabschöpfung *f*, L.entzug *m*; ~ **losses** Verlustübernahme *f*; ~ **money** Geldabschöpfung *f*; ~ **purchasing power** Kaufkraftabschöpfung *f*; **a. account** Wertberichtigungs-, Sammelkonto *nt*; **a. costing** (starre) Vollkosten-, Durchschnittskostenrechnung *f*
ab|stain *v/i* sich (der Stimme) enthalten; **a.stention** *n* (Stimm)Enthaltung *f*
abstract *n* Zusammenfassung *f*, Auszug *m*; **a. of account** Konto-, Rechnungsauszug *m*; ~ **balance**; ~ **a balance sheet** Bilanzauszug *m*; ~ **title**; **a. from the land register** Grundbuchauszug *m*; **statistical a.** *[US]* statistisches Jahrbuch; *v/t* absondern, abziehen; unterschlagen, beiseite schaffen; *adj* abstrakt, theoretisch
abstraction *n* [§] widerrechtliche Entnahme, Beiseiteschaffen *nt*, Unter-

schlagung *f*
abund|ance *n* Überfluß *m*, Fülle *f*; **a.ant** *adj* (reichlich) vorhanden
abuse *n* Mißbrauch *m*; **a. of authority** Überschreitung der Amtsgewalt, Amtsmißbrauch *m*; ~ **discretion** Mißbrauch der Ermessensfreiheit; ~ **market power** Mißbrauch von Marktmacht; ~ **rights** Rechtsmißbrauch *m*; **a. proceedings** *(Kartellamt)* Mißbrauchsverfahren *nt*
accelerate *v/ti* (sich) beschleunigen; *(Termin)* vorverlegen; vorzeitig fällig stellen
acceleration *n* Beschleunigung *f*; *(Termin)* Vorverlegung *f*, vorzeitige Fälligstellung *f*; **a. in demand** Nachfragebelebung *f*; **a. of inflation** Inflationsbeschleunigung *f*; ~ **maturity** frühzeitige Fälligstellung; **a. note** Schuldschein mit dem Recht vorzeitiger Rückzahlung
accept *v/t* annehmen, akzeptieren; anerkennen; *(Wechsel)* mit Akzept versehen; *(Ware)* abnehmen; **a. in blank** blanko akzeptieren
acceptability *n* Akzeptanz *f*; **a. as collateral** Lombardfähigkeit *f*
acceptable *adj* akzeptabel, tragbar, annehmbar; beleihbar, lombardfähig
acceptance *n* Annahme(erklärung) *f*, Lieferannahme *f*; Anklang *m*; Einwilligung *f*; *(Angebot)* Zuschlag *m*, Annahme-, Zustimmungserklärung *f*; (Wechsel)Akzept *nt*, A.leistung *f*, A.vermerk *m*; **against a.** gegen Annahme; **in default/for lack/for want of a.** mangels Akzept/Annahme; **upon a.** nach Annahme
acceptance of a bid *(Submission)* Zuschlag *m*, Auftragsvergabe *f*; ~ **bill** Wechselannahme *f*, W.akzept *nt*; **to procure** ~ **bill** Wechsel mit Sichtvermerk versehen lassen; **a. in blank** Blankoakzept *nt*; **a. for collection** Inkassoakzept *nt*; **a. of (a) consignment** Frachtabnahme *f*, F.annahme *f*; ~ **a debt** Schuldanerkenntnis *f*; ~ **goods** Warenannahme *f*; ~ **a guarantee** Garantieübernahme *f*; **a. for honour** Ehrenakzept *nt*, E.annahme *f*; **a. of an offer** Annahme eines Angebots; ~

order Auftrags-, Bestell(ungs)annahme *f*; **a. upon/supra protest** Interventions-, Ehrenakzept *nt*; **a. of a risk** Gefahren-, Risikoübernahme *f*; ~ **tender** Zuschlag *m*, Auftragsvergabe *f* **to find acceptance** *(Waren)* Anklang/ Eingang finden; **to present for a.** zur Annahme vorlegen, Akzept einholen; **to refuse a.** Annahme verweigern **blank acceptance** Blankowechsel *m*, B.akzept *nt*; **clean/general a.** reines/ bedingungsloses Akzept; **collateral a.** Aval-, Notakzept *nt*; **conditional a.** bedingtes Akzept; **cross a.** Wechselreiterei *f*; **favourable a.** *(Produkt)* günstige Aufnahme; **final a.** Schlußabnahme *f*; **guaranteed a.** Avalakzept *nt*; **local a.** Platzakzept *nt*; **prime a.s** Primadiskonten; **qualified a.** bedingtes/eingeschränktes Akzept; **unconditional/ unqualified a.** unbedingtes/uneingeschränktes Akzept

acceptance bank Akzeptbank *f*; **a. bill** Akzept *nt*, Dokumententratte *f*; **a. charge** Akzeptgebühr *f*; **a. commitments** Wechselverbindlichkeiten

acceptance credit Akzept-, Rembourskredit *m*, Dokumentenakkreditiv *nt*; **commercial a. c.** Warenbonuskredit *m*; **documentary a. c.** Akzeptkredit *m*, (Wechsel)Rembours *m*

acceptance creditor Akzeptgläubiger *m*; **a. debtor** *m* Akzeptschuldner *m*; **a. house** Akzept-, Diskontbank *f*; **a. inspection/test** Abnahme(prüfung) *f*; **a. liability** Wechselobligo *nt*, Akzeptverbindlichkeit *f*; **a. note** Annahmebestätigung *f*; **a. register** Obligobuch *nt*

access *n* Zugang *m*, Zutritt *m*; ⌨ Zugriff *m*; **a. to books and accounts** Bucheinsicht *f*; ~ **a market** Marktzugang *m*; ~ **records** Akteneinsicht *f*

accessible *adj* zugänglich, erreichbar, verkehrsgünstig

accession *n* Bei-, Eintritt *m*; **a. to the EC** Aufnahme in die EG; **a. of property** Vermögenszuwachs *m*

accessory *n* [§] Beihelfer *m*, Komplize *m*; **accessories** Zubehör(teile) *nt/pl*; **a. after the fact** [§] Hehler *m*

access road Zubringer(straße) *m/f*

accident *n* Unfall *m*; **industrial/occupational a.** Arbeits-, Betriebs-, Dienstunfall *m*; ~ **benefit** betriebliche Unfallentschädigung; ~ **insurance** gewerbliche Unfallversicherung; **a. benefit** Unfallentschädigung *f*; **personal a. cover(age)** Insassenunfallschutz *m*, I.versicherung *f*

accident insurance Unfallversicherung *f*; **personal a. i.** (private) Unfall-, Einzelunfallversicherung *f*; **third-party a. i.** Unfallhaftpflichtversicherung *f*

accident liability Unfallhaftung *f*, U.haftpflicht *f*; **a. policy** Unfallversicherung(spolice) *f*

accommodate *v/t* entgegenkommen; unterbringen, Platz/Raum bieten

accommodating *adj* entgegenkommend, gefällig, kulant; **a. arrangement** Kulanz(gewährung) *f*

accommodation *n* Unterkunft(smöglichkeit) *f*, Unterbringung *f*; Entgegenkommen *nt*; **furnished a.** möblierte Wohnung(en)/Unterkunft; **residential a.** Wohnraum *m*, Wohnungsbestand *m*

accommodation acceptance Gefälligkeitsakzept *nt*; **a. address** Gefälligkeitsadresse *f*; **a. allowance** Trennungsentschädigung *f*; **a. bill** *[GB]/* **note** Gefälligkeits-, Kellerwechsel *m*; **a. credit/loan** Überbrückungskredit *m*; **a. endorsement** Gefälligkeitsindossament *f*; **a. office** Wohnungsvermittlung *f*, W.amt *nt*

accomplice *n* [§] Komplize *m*, Helfershelfer *m*

accord *n* Abrede *f*, Absprache *f*, Übereinkunft *f*; **a. and satisfaction** [§] vergleichsweise Erfüllung; *v/t* zugestehen, einräumen; **a.ance** *n* Zuerkennung *f*, Übereinstimmung *f*

account (a/c, A/C) *n* Konto *nt*; Rechnung *f*, Faktura *f*; Abrechnung(speriode) *f*; Bericht *m*; (Werbe)Etat *m*; Rechenschaft(sbericht) *f/m*, Rechnungslegung *f*; **a.s** Geschäftsbücher, Buchhaltung(sunterlagen) *f/pl*; Bilanz *f*; Rechenwerk *nt*; **as per a.** laut Aufstellung; **for the a. of** à Konto, für Rechnung von; **on a.** auf Rechnung, als Teilzahlung

account in arrears Rechnungsrückstand *m*; **a. of charges** (Kosten)Rechnung *f*; Spesenkonto *nt*; ~ **expenditures** Aufwandsrechnung *f*; ~ **expenses** Spesen-, Unkostenkonto *nt*; **on/for** ~ **third party** auf/für fremde Rechnung; ~ **receipts and expenditures** Aufwands- und Ertragsrechnung *f*; ~ **sales** Rechnungslegung *f*, Verkaufsrechnung *f*
received on account als Akontozahlung erhalten; **for/on a. and risk (of)** auf Rechnung/Kosten und Gefahr (von)
to adjust account|s Konten abstimmen/glattstellen; **to appear in the a.** auf der Rechnung stehen; **to approve an a.** Richtigkeit einer Rechnung anerkennen; **to audit the a.** Rechnung prüfen; **to balance an a.** Konto ausgleichen/saldieren; **to buy on a.** auf Rechnung kaufen; ~ **for third a.** auf fremde Rechnung kaufen; **to carry (forward) to (a) new a.** für neue Rechnung erkennen, auf neue Rechnung vortragen; **to charge (sth.) to/against an a.**; ~ **an a. (with sth.)** Konto (mit etw.) belasten; **to close an a.** Konto auflösen/schließen; **to credit an a.** Konto (an)erkennen; ~ **with** einem Konto gutschreiben; **to deal on one's own a.** Insichgeschäft abschließen; **to debit an a.** Konto belasten/debitieren; **to draw on an a.** vom Konto abheben; **to keep an a.** Konto führen/unterhalten; Buch führen; **to make out/up an a.** Rechnung ausschreiben; ~ **up the a.s** Bilanz ziehen, (Jahres)Abschluß machen; **to open an a.** Konto eröffnen/einrichten/anlegen; **to overdraw an a.** Konto überziehen; **to pass an a.** Rechnung anerkennen; **to pay into an a.** auf ein Konto einzahlen; ~ **on a.** Anzahlung leisten, anzahlen; **to reconcile a.s** Konten abstimmen; **to render a.** Bericht erstatten; (Ab)Rechnung vorlegen; **to settle an a.** Konto glattstellen/ausgleichen; Rechnung bezahlen; **to work on one's own a.** auf eigene Rechnung arbeiten
account carried forward Saldovortrag *m*; **a. current** Kontokorrent(auszug) *nt/m*; **a. rendered** vorgelegte/aus-

gestellte Rechnung; **(as) per a. rendered** laut vorgelegter Rechnung
annual account|s Jahres(ab)rechnung *f*, J.abschluß *m*; **consolidated ~ a.s** konsolidierter Jahresabschluß; **audited a.s** geprüfter/testierter (Jahres)Abschluß; **balanced a.** ausgeglichenes Konto; **closed a.** abgeschlossenes/ausgeglichenes Konto; **collective a.** Sammelkonto *nt*; **commercial a.** Geschäftskonto *nt*; **consolidated a.s** konsolidierte Bilanz, Konzernbilanz *f*; **part-group ~ a.s** Teilkonzernbilanz *f*; **worldwide ~ a.s** Weltabschluß *m*, W.bilanz *f*; **contingent a.** Reserve-, Rücklagenkonto *nt*; **contra/counter a.** Gegen-, Wertberichtigungskonto *nt*
current account laufendes/offenes Konto, Girokonto *nt*; Bilanz der laufenden Posten; *(VWL)* Leistungsbilanz *f*; ~ **balance** Leistungsbilanz(saldo) *f/m*; ~ **(balance) surplus** Leistungsbilanzüberschuß *m*; ~ **credit** Kontokorrentkredit *m*; ~ **deficit** Leistungsbilanzdefizit *nt*; ~ **deposit** Sichteinlage *f*; ~ **ledger** Kontokorrentbuch *nt*; ~ **liability** Kontokorrentverbindlichkeit *f*
custodial account Treuhandkonto *nt*; **dead a.** umsatzloses Konto; **doubtful a.s** Dubiose; uneinbringliche Forderungen; **external a.** Ausländerkonto *nt*; Außenwirtschaftsbilanz *f*; **final a.(s)** Schluß-, Endabrechnung *f*; **consolidated financial a.s** Konzernabschluß *m*; **frozen a.** Sperrkonto *nt*; **interest-bearing a.** zinstragendes/verzinsliches Konto; **joint a.** gemeinsames Konto; gemeinsame Rechnung; **monthly a.** Monats(ab)rechnung *f*; **national a.s** volkswirtschaftliche Gesamtrechnung *f*; **non-interest-bearing a.** unverzinsliches Konto; **numbered a.** Nummernkonto *nt*; **open a.** offene/laufende Rechnung, Kontokorrentkonto *nt*; *(Kredit)* offenes (Zahlungs)Ziel; ~ **terms** Kontokorrentbedingungen; **outstanding a.s** (Buch)Forderungen, Außenstände; **overdrawn a.** überzogenes Konto; **overdue a.** überfällige Rechnung/Forderung; ~ **collection** Beitreibung von

Außenständen; **personal a.** Privat-, Einzelkonto *nt*; **public a.s** Staatshaushalt *m*, öffentliches Rechnungswesen; **quarterly a.s** Quartals(ab)rechnung *f*, Q.abschluß *m*; **revolving a.** laufende Rechnung; revolvierendes Konto; **running a.** laufende/offene Rechnung; **semi-annual a.** Halbjahresabschluß *m*; **settled a.** abgerechnetes Konto; **suspended a.** transitorisches/vorläufiges Konto; **third a.** fremde Rechnung; **for/on ~ a.** für/auf fremde Rechnung; **third-party a.** Treuhand-, Ander-, Fremdkonto *nt*; **unaudited a.s** ungeprüfte Bilanz

account for *v/i* ausmachen, betragen, sich belaufen auf; (Ab)Rechnung vorlegen; Rechenschaft ablegen

accountability *n* Verantwortlichkeit *f*, Haftung *f*; Rechenschafts-, Rechnungslegungspflicht *f*; **a. of the vicarious agent** [§] Haftung des Erfüllungsgehilfen

accountable *adj* verantwortlich, haftbar; rechenschafts-, rechnungslegungspflichtig

account analysis Kostenanalyse *f*

accountancy *n* Rechnungswesen *nt*, R.führung *f*, Buchhaltungs- und Bilanzwesen *nt*

accountant *n* (Bilanz)Buchhalter *m*, B.führer *m*; Wirtschaftsprüfer *m*, Revisor *m*; Steuerberater *m*; **certified a.** Bilanz-, Wirtschaftsprüfer *m*; **chartered** *[GB]*/**certified public** *[US]* **a.** (beeideter/geprüfter) Wirtschafts-, Bilanzprüfer *m*; **chief a.** Leiter des Rechnungswesens; **financial a.** Finanzbuchhalter *m*; **a.'s certificate** Prüf(ungs)bescheinigung *f*, P.vermerk *m*, Testat *nt*; **~ report** Prüfungs-, Revisionsbericht *m*, Testat *nt*

account balance Kontoguthaben *nt*, K.stand *m*, Saldo *m*; **a. billing** Werbekostenabrechnung *f*; **a. book** Kontobuch *nt*; **a. classification** Konten(auf)gliederung *f*; **a.s clerk** Buchhalter *m*; **a. collection** Rechnungseinzug *m*; **a. column** Kontenspalte *f*; **a. costing** Kontokalkulation *f*; **a. credit** Anschreibekredit *m*; **a. customer** Kreditkunde *m*; **a. day** Abrechnungs-

tag *m*; **a.s department** Buchhaltung(sabteilung) *f*, Rechnungsstelle *f*; **a. executive** Kundenbetreuer *m*, K.sachbearbeiter *m*; Kontoführer *m*; **a. form** *(Bilanz)* Kontenform *f*, K.blatt *nt*; **a. heading** Kontobezeichnung *f*; **a. holder** Kontoinhaber *m*

accounting *n* Rechnungswesen *nt*, Buchhaltungs- und Bilanzwesen *nt*; Rechnungslegung *f*; **a. and billing** Buchführung und Fakturierung *f*

commercial accounting kaufmännische Buchführung, kaufmännisches Rechnungswesen/Rechnen; **corporate a.** Rechnungswesen des Gesamtunternehmens; **cost-benefit a.** Kosten-Nutzen-Rechnung *f*; **creative a.** beschönigende Rechnungslegung; **(aggregate) economic/macroeconomic/national a.** volkswirtschaftliche Gesamtrechnung; **financial a.** Finanzbuchhaltung *f*; **fixed-asset a.** Anlagenbuchhaltung *f*; **industrial a.** Betriebsbuchhaltung *f*; **internal/managerial a.** betriebliches Rechnungswesen; **ledgerless a.** kontenlose Buchführung; **open-item a.** Offene-Posten-Buchhaltung *f*; **social a.** Sozialbilanz *f*

accounting conventions Buchhaltungs-, Bilanzrichtlinien; **a. date** Bilanzstichtag *m*; **a. department** Buchhaltung(sabteilung) *f*, Rechnungsstelle *f*; **a. entry at the close of year** Jahresabschlußbuchung *f*; **a. equation** Bilanzgleichung *f*; **a. form** Kontenblatt *nt*; **a. loss** buchmäßiger/rechnerischer Verlust, Buchverlust *m*; **a. method** Bilanzierungsweise *f*; **a. period** (Ab)Rechnungs-, Bilanz(ierungs)periode *f*; **a. policy** Bilanz(ierungs)politik *f*; **a. practice(s)** Bilanzierungsgepflogenheiten; **a. principles** Buchhaltungs-, Buchführungsgrundsätze; **generally accepted a. principles** Grundsätze ordnungsgemäßer Buchführung und Bilanzierung; **a. profit** Buchgewinn *m*, rechnerischer Gewinn; **a. record** Rechnungsbeleg *m*; **a. rule** Bilanzierungsbestimmung *f*, Buchungsregel *f*; **a. standard(s)** Bilanzierungsrichtlinien; **commercial a. standards** handelsrechtliche Buchführungsvorschriften; **a. statement** Rechnungsaufstellung *f*; **annual a. statement** Kontenabschluß *m*; **a. theory** Bilanztheorie *f*; **a. unit** Rechnungseinheit (RE) *f*; buchhalterisch selbständige Wirtschaftseinheit; **a. valuation** Bewertung zu Herstellungs- oder Anschaffungskosten; **a. value** Buch(ungs)wert *m*; **a. voucher** Buchungs-, Buchhaltungsbeleg *m*; **a. year** Geschäfts-, (Ab)Rechnungs-, Wirtschaftsjahr *nt*, Abrechnungsperiode *f*

account ledger Kontobuch *nt*; **a. maintenance charge/fee** Kontoführungsgebühr *f*; **a. management** Kontoführung *f*; **a. manager/officer** Kontenführer *m*; Kundenbetreuer *m*; **a. move(ment)** Kontobewegung *f*; **a. number** Kontonummer *f*; Kundennummer *f*

accounts payable (for supplies/goods and services) (Waren)Verbindlichkeiten (aus Lieferungen und Leistungen), Kreditoren; **~ to affiliated companies** Verbindlichkeiten gegenüber verbundenen Unternehmen; **~ and accounts receivable** Kreditoren und Debitoren; **~ accountant** Lieferantenbuchhalter *m*

account payee Gutschrift auf Konto des Zahlungsempfängers; **~ only** *(Scheck)* nur zur Verrechnung; **a. period** *(Börse)* Abrechnungsperiode *f*; **a. purchase(s) (A/P)** Einkaufsabrechnung *f*

accounts receivable *(Bilanz)* Guthaben *nt/pl*, Waren-, Buchforderungen, Debitoren; **~ for sales and services** Forderungen aus Lieferungen und Leistungen; **~ account** Debitorenkonto *nt*; **~ accounting** Debitorenbuchhaltung *f*

account reconciliation Kontoabstimmung *f*; **a. sales** Verkaufsabrechnung *f*; **a. title** Kontobezeichnung *f*

accrual *n* Zugang *m*, Zufluß *m*; *(Zinsen)* Ertrag *m*; Rechnungsabgrenzungsposten *m*; **a.s** *(Bilanz)* antizipative Posten, entstandene (aber noch nicht fällige) Verbindlichkeiten, (Soll)Abgrenzungsposten; **a.s and deferrals** Rechnungsabgrenzung(spo-

sten) *f/pl*; **a. of funds** Mittelaufkommen *nt*; **a.s and deferred income** passive Rechnungsabgrenzungsposten; **a. basis** Fälligkeitsbasis *f*; **~ of accounting** periodengerechte Aufwands- und Ertragsrechnung; **a. date** Fälligkeitstermin *m*

accrue *v/i* anfallen, auflaufen; **a.d** *adj* *(Zinsen)* aufgelaufen, angesammelt; *(Bilanz)* antizipativ, abgegrenzt

accumulate *v/ti* (sich) ansammeln, auf-, anhäufen, anwachsen, aufzinsen

accumulation *n* Anhäufung *f*, Ansammlung *f*; Kapitalbildung *f*, Thesaurierung *f*, Aufzinsung *f*; **a. of capital** Kapitalanhäufung *f*, K.bildung *f*; **~ funds** Mittelaufkommen *nt*; **~ profits**; **surplus a.** Gewinnthesaurierung *f*; **~ savings** Sparkapital-, Spareinlagenbildung *f*; **a. fund** Thesaurierungsfonds *m*; **a. period** Zinseszinsperiode *f*

accused *n* [§] Angeklagter *m*

achieve *v/t* erzielen, erreichen

achievement *n* Leistung *f*, Errungenschaft *f*; **a. of quotas** Planerfüllung *f*; **technological a.** technische Errungenschaft; **a. potential** Leistungsfähigkeit *f*; **a. test** Leistungsprüfung *f*

acid *n* ⟨○ Säure *f*; **a. test** *(fig)* Verhältnis der liquiden Aktiva zu den laufenden Verbindlichkeiten, Nagelprobe *f* *(fig)*; **~ ratio** Liquidität ersten Grades, Ermittlung des Verhältnisses der Barmittel und Forderungen zu den kurzfristigen Verbindlichkeiten

acknowledge *v/t* anerkennen; bestätigen, beglaubigen, bescheinigen

acknowledgment *n* Anerkennung *f*, Dank *m*; Bestätigung *f*, Bescheinigung *f*; **a. of an order** Auftragsbestätigung *f*; **~ payment** Zahlungsbestätigung *f*; **~ receipt** Quittung *f*, Empfangsbestätigung *f*

ACP countries *n* AKP-Länder (Afrika, Karibik, Pazifik)

ac|quire *v/t* erwerben, an-, beschaffen; **a.quirer**; **a.quiror** *n* Erwerber *m*

acquisition *n* Erwerb(ung) *m/f*, Beschaffung *f*; **a. in good faith** gutgläubiger Erwerb; **a. of an interest** Erwerb einer Beteiligung; **a. in kind** Sachübernahme *f*; **a. of a right** Rechtserwerb *m*; ~ **title** [§] Eigentums-, Rechtserwerb *m*; **conditional a.** bedingtes Anschaffungsgeschäft; **first/ original a.** Ersterwerb *m*; **a. cost(s)** Anschaffungskosten *pl*, Einstandswert *m*, E.kosten *pl*; *(Vers.)* Abschlußkosten *pl*; **a. or construction c.(s)** *(Bilanz)* Anschaffungs- oder Herstellungskosten *pl*

ac|quisitive *adj* erwerbsorientiert; **a.- quit** *v/t* [§] freisprechen, entlasten; **a.quittal** *n* [§] Freispruch *m*; (Schulden)Erlaß *m*

acreage *n* 🖰 Boden-, Anbau-, Betriebsfläche *f*

across-the-board *adj* pauschal, allgemein

act *n* [§] Tat *f*, (Rechts)Akt *m*, Handlung *f*; Gesetz *nt*, Verordnung *f*

act of bankruptcy/insolvency Konkurshandlung *f*, K.vergehen *nt*; **A. of God** *[GB]*/**nature** *[US]* *(Vers.)* Höhere Gewalt, Elementarereignis *nt*; **a. of sale** Kaufvertrag *m*; ~ **transfer** Abtretungserklärung *f*

authorized act genehmigtes Rechtsgeschäft; **juristic/lawful/legal a.** Rechtsgeschäft *nt*; **notarial a.** notarielle Urkunde; **tortious a.** Straftat *f*, Delikt *nt*, unerlaubte Handlung; **unlawful a.** unzulässiges Rechtsgeschäft

act *v/i* handeln, funktionieren, tätig werden; amtieren

acting *adj* geschäftsführend, amtierend, verantwortlich

action *n* Handlung(sweise) *f*, Handeln *nt*, Tätigkeit *f*; [§] Prozeß *m*, Verfahren *nt*, Klage *f*; **for further a.** zur weiteren Veranlassung

action for annulment Anfechtungsklage *f*; ~ **breach of contract** Klage auf Vertragserfüllung; ~ **breach of warranty** Klage wegen Gewährleistungsbruch; ~ **cancellation of contract; a. to dissolve a contract** Klage auf Wand(e)lung; **a. for damages** Schaden(s)ersatzklage *f*; ~ **an injunction** Unterlassungsklage *f*; ~ **payment** Klage auf Zahlung des Kaufpreises; ~ **contractual performance** Klage auf Vertragserfüllung; ~ **possession** Räumungsklage *f*; ~ **restitution** Klage auf Herausgabe; **a. in tort** Klage aus unerlaubter Handlung; **a. of/for trespass** Eigentums-, Besitzstörungsklage *f*; **a. under a warranty** Gewährleistungsklage *f*

to bring (in)/enter/file an action Prozeß/Klage anstrengen, (ver)klagen; **to contest an a.** Prozeß/Klage anfechten; **to dismiss an a.** Klage abweisen; ~ **with costs** Klage kostenpflichtig abweisen; **to drop an a.** Klage zurücknehmen; **to settle an a.** Verfahren durch Vergleich beilegen; **to stay an a.** Verfahren aussetzen/einstellen; **to take an a.** tätig werden, Maßnahmen ergreifen; ~ **industrial a.** in den Ausstand treten; ~ **legal a.** gerichtlich vorgehen/belangen; **to withdraw an a.** Klage fallen lassen

administrative action Verwaltungsakt *m*; **affirmative a.** *[US]* positive Diskriminierung; **anti-trust a.** Kartellklage *f*; **civil a.** Privatklage *f*, Zivilprozeß *m*; **collusive a.** abgekartetes Vorgehen; **concerted a.** konzertierte Aktion, abgestimmtes Verhalten; **corporate a.** Klage einer Gesellschaft; **industrial a.** Ausstand *m*, Arbeitskampf(maßnahme) *m/f*; **legal a.** Rechtsweg *m*, gerichtliche Schritte, Prozeß *m*; **redhibitory a.** Wand(e)lungsklage *f*; **remedial a.** Abhilfe *f*; **representative a.** Verbandsklage *f*; **unauthorized a.** eigenmächtiges Vorgehen

actionable *adj* (gerichtlich) verfolgbar, justitiabel

(civic) action group Aktionsgemeinschaft *f*, Bürgerinitiative *f*

activate *v/t* aktivieren, in Betrieb nehmen

activity *n* Tätigkeit *f*, Betätigung *f*, Aktivität *f*, Beschäftigung *f*; **economic a. in an industry** Branchenkonjunktur *f*; **commercial a.** gewerbliche/geschäftliche Tätigkeit; **downstream a.** 🖰 nachgeschaltete Tätigkeit

economic activity Konjunktur(lage) *f*, K.klima *nt*; **aggregate ~ a.** gesamtwirtschaftliche Tätigkeit; **domestic ~ a.** Binnen-, Inlandskonjunktur *f*;

increasing ~ a. Konjunkturbelebung *f*

gainful activity Erwerbstätigkeit *f*; **industrial a.** gewerbliche Tätigkeit; **normal a.** Normalbeschäftigung *f*, N.auslastung *f*; **outside a.** außerberufliche Tätigkeit; **private-sector a.** privatwirtschaftliche Tätigkeit; **productive a.** werbende/gewinnbringende Tätigkeit; **professional a.** Berufstätigkeit *f*; **upstream a.** ⬛ vorgeschaltete Tätigkeit

activity accounting Abteilungserfolgs-, Grenzplankostenrechnung *f*; **charge** *[US]* Kontoführungsgebühr *f*; **a. level** Beschäftigungsgrad *m*, B.niveau *nt*; **a. report** Tätigkeitsbericht *m*

actuar|ial *adj* versicherungsmathematisch; **a.y** *n* Versicherungsmathematiker *m*

ad *n* → **advert; advertisement**

classified/small ad Kleinanzeige *f*

adapt *v/ti* (sich) anpassen, angleichen; **a.ation** *n* Angleichung *f*, Anpassung *f*; ~ **inflation** Anpassungsinflation *f*; ~ **subsidy** Anpassungs(bei)hilfe *f*

add *v/t* addieren, hinzufügen, hinzuzählen, nachtragen, beipacken; **a. up** sich rechnen, zusammenrechnen

addition *n* Addition, Zusammenrechnung *f*; Zusatz *m*, Ergänzung *f*; Zuschreibung *f*, Zugang *m* (beim Anlagevermögen); **a. to fixed assets** Sachanlagenzugang *m*; ~ **capacity** Kapazitätserweiterung *f*; **a.s to capital account** Anlagenzugänge; ~ **and improvements** *(Bilanz)* Wertveränderungen; ~ **to plant and equipment** Anlagenzugänge, A.erweiterung *f*; ~ **to stocks** Lageraufstockung *f*, L.zugänge

additional *adj* ergänzend, zusätzlich

address *n* Adresse *f*, Anschrift *f*; **a. for service** ⬛ Gerichtsstand *m*, Zustelladresse *f*; ~ **shipment** Versandanschrift *f*; **postal a.** Postanschrift *f*, P.adresse *f*

addressee *n* Adressat *m*, Empfänger *m*

ad|herence *n* Einhaltung *f*, Befolgen *nt*; **a.hesion** *n* *(Vertrag)* Beitritt *m*; **a.journ** *v/ti* (sich) vertagen; **a.journment** *n* Aufschub *m*, Vertagung *f*; ~ **of a meeting** Sitzungsunterbrechung *f*

adjudicate *v/ti* ⬛ Recht sprechen; als Schiedsrichter fungieren

adjudication *n* ⬛ gerichtliche/richterliche Entscheidung; **a. in bankruptcy** Konkurserklärung *f*, Eröffnungsbeschluß *m*; **a. order** gerichtliche Anordnung/Verfügung; Konkurseröffnungsbeschluß *m*

adjust *v/t* angleichen, anpassen; ⬛ bereinigen; *(Vers.)* Schaden abwickeln/regulieren; **a.er** *n* Schadens(sach)bearbeiter *m*, S.regulierer *m*

adjustment *n* Anpassung *f*, Angleichung *f*; ⬛ Bereinigung *f*; Berichtigungsbuchung *f*; Schadensregulierung *f*, S.festsetzung *f*

adjustment of average *(Havarie)* Regulierung *f*; **downward** ~ **capacity** Kapazitätsbereinigung *f*; ~ **capital** Kapitalberichtigung *f*; ~ **a claim/damages** Schadensregulierung *f*; **a. for depreciation** Wertberichtigung *f*; **a. of interest rates** Zinskorrektur *f*; ~ **the terms** Bedingungsanpassung *f*; *(Hypothek)* Konditionsanpassung *f*; ~ **value** Einzelwertberichtigung *f*; **a. to going-concern value** Teilwertberichtigung *f*; **a. for wear and tear** Wertberichtigung für Abnutzung

amicable adjustment gütliche Beilegung; **cyclical/economic a.** Konjunkturanpassung *f*; **external a.** außenwirtschaftliche Anpassung; **seasonal a.** Saisonbereinigung *f*; **structural a.** strukturelle Anpassung

adjustment clause Preis-, Wertanpassungsklausel *f*; **a. entry** Berichtigungseintrag *m*, B.buchung *f*; **a. item** Berichtigungsposten *m*; **a. letter** Antwort auf eine Beschwerde; **a. loan** Anpassungsdarlehen *nt*

administer *v/t* handhaben, verwalten; *(Preise)* reglementieren

administration *n* Verwaltung(sbehörde) *f*, Führung *f*; *[US]* Regierung *f*; ⬛ Nachlaßverwaltung *f*; **a. of assets** Vermögensverwaltung *f*; ~ **a bankrupt's estate** Masseverwaltung *f*, Konkursabwicklung *f*; ~ **an estate/inheritance** Nachlaßverwaltung *f*; ~ **justice** Rechtsprechung *f*, R.pflege *f*;

~ **property** Vermögensverwaltung *f*
fiduciary administration Treuhandverwaltung *f*; **industrial a.** Betriebswirtschaft *f*; **local/municipal a.** Stadt-, Kommunalverwaltung *f*; **public a.** öffentliche Verwaltung
administration expenditure budget Verwaltungshaushalt *m*; **a. order** [§] *(Konkurs)* Konkurseröffnungsbeschluß *m*; **a. overheads** Verwaltungsgemeinkosten *pl*
administrator *n* Verwalter *m*, Geschäftsführer m; Nachlaßpfleger *m*; **a. of a bankrupt's estate** Konkursverwalter *m*; **a. in composition proceedings** Vergleichsverwalter *m*
admission *n* Zugang *m*, Zutritt *m*, Zulassung *f*; *(Börse)* Zulassung(serteilung) *f*; **temporary a. for inward processing** ⊖ vorübergehende Einfuhr zur aktiven Vered(e)lung; **a. of securities** Börsenzulassung *f*; **a. charge** Eintritt(sgebühr) *m/f*; **a. fee** Aufnahme-, Zulassungsgebühr *f*
adopt *v/t* an-, übernehmen; *(Abschluß)* feststellen; *(Gesetz)* verabschieden
adoption *n* Adoption *f*; Einführung *f*; *(Haushalt/Gesetz)* Verabschiedung *f*; **a. of the annual accounts** Feststellung des Jahresabschlusses; ~ **the balance sheet** Genehmigung der Bilanz
ad valorem (ad val.) *adj (lat.)* ⊖ nach Wert
advance *n* Fortschritt *m*, Verbesserung *f*; (Kurs-/Preis)Steigerung *f*, Anstieg *m*; Vorschuß *m*, Kredit *m*; Beförderung *f*
advance on current account Kontokorrentkredit *m*; **a.s to customers** Kundendebitoren; **a. on goods/merchandise** Warenbevorschussung *f*; ~ **salary** Gehaltsvorschuß *m*; **a.(s) on securities** Effektenbeleihung *f*, E.lombard *m*; ~ **shipping documents** Bevorschussung von Verschiffungsdokumenten
payable in advance pränumerando *(lat.)*/im voraus zahlbar; **collateral a.** Lombardvorschuß *m*, Effektenlombard *m*; **repayable and interest-free a.** rückzahlbarer und unverzinslicher Vorschuß; **unsecured a.** Blanko-

vorschuß *m*
advance *v/ti* vorwärtskommen, Fortschritte machen, vordringen; *(Kurs/ Preis)* ansteigen, anziehen; *(Geld)* vorstrecken, vorschießen; *(Termin)* vorverlegen
advantage *n* Vorteil *m*, Nutzen *m*, Vorzug *m*; **a. in productivity** Produktivitätsvorsprung *m*; **a. of site** Standortvorteil *m*; **to take a. of sth.** sich etw. zunutze machen; **competitive a.** Wettbewerbsvorteil *m*, W.vorsprung *m*; **locational a.** Standort-, Fühlungsvorteil *m*; **pecuniary a.** geldwerter/materieller Vorteil
adventure *n* Risiko *nt*; Risiko-, Spekulationsgeschäft *nt*; **gross a.** *⚓* Bodmerei *f*
ad|verse *adj* nachteilig, widrig; *(Bilanz)* defizitär, negativ, passiv; **a.-vert** *n* → **advertisement**; **a.vertise** *v/ti* annoncieren, werben für, ausschreiben, inserieren
advertisement (ad; advert) *n* (Werbe)Anzeige *f*, Inserat *nt*, Annonce *f* *[frz.]*; **a. of a vacancy** Stellenausschreibung *f*; **to answer an a.** sich auf ein Inserat hin melden; **blind/box-number/keyed a.** Chiffre-, Kennziffernanzeige *f*; **classified a.** Kleinanzeige *f*; **a. columns** Anzeigenteil *m*; **a. hoarding** Plakatwand *f*
advertiser *n* Inserent *m*, Ausschreiber *m*; Anzeigenblatt *nt*
advertising *n* Werbung *f*, Reklame *f*
camouflaged advertising Schleichwerbung *f*; **classified a.** Kleinanzeigenwerbung *f*; **comparative/competitive a.** vergleichende Werbung; **corporate a.** Firmenwerbung *f*; **direct-mail a.** (Post)Wurfsendung *f*; **disparaging a.** herabsetzende Werbung; **educational/ informative a.** Aufklärungswerbung *f*; **follow-up a.** Nachfaßwerbung *f*; **institutional a.** Prestige-, Firmenwerbung *f*; **keyed a.** Chiffre-, Kennziffernwerbung *f*; **persuasive a.** Überzeugungswerbung *f*; **puff(ing) a.** reißerische Werbung; **selective/targeted a.** gezielte Werbung
advertising account Kundenetat *m*, Etatkunde *m*; **a. agency** Werbe-, Re-

klameagentur *f*, Anzeigenannahmestelle *f*; **a. appeal** Werbewirkung *f*, W.kraft *f*; **a. budget** Werbeetat *m*; **a. campaign** Werbe-, Reklamefeldzug *m*; **a. columns** *(Zeitung)* Reklameteil *m*; **a. copy** Werbetext *m*; **a. department** Werbe-, Anzeigenabteilung *f*; **a. expenditure** Werbeaufwand *m*; **a. gimmick** Werbegag *m*; **a. insert** Anzeigenbeilage *f*; **a. letter** Werbesendung *f*, Reklamebrief *m*; **a. literature** Prospektmaterial *nt*, Werbeschriften *pl*; **a. manager** Leiter der Werbeabteilung; **a. medium (media** *pl***)** Werbemittel *nt*, W.träger *m*; **a. rate** Anzeigenpreis *m*, A.tarif *m*; **a. slogan** Werbespruch *m*; **a. spot** *(Fernsehen/Radio)* Werbedurchsage *f*, W.sendung *f*; **a. supplement** Anzeigen-, Werbebeilage *f*

advice *n* Rat(schlag) *m*; Benachrichtigung *f*, Mitteilung *f*, Avis *m/nt* *[frz.]*; **a. of credit** Gutschriftanzeige *f*; ~ **damage** Schadensmitteilung *f*, S.anzeige *f*; ~ **debit** Lastschriftanzeige *f*; ~ **delivery** Lieferanzeige *f*; ~ **despatch/dispatch/shipment** Versand-, Verschiffungsanzeige *f*; ~ **payment** Zahlungsanzeige *f*; ~ **receipt** Empfangsschreiben *nt*; **financial a.** Finanzberatung *f*; **technical a.** Fachberatung *f*; **written a.** schriftliche Mitteilung/Benachrichtigung; **a. note** Benachrichtigung(sschreiben) *f/nt*

advise *v/t* empfehlen; avisieren, informieren, anzeigen

adviser; advisor *n* Berater *m*; **financial a.** Finanzberater *m*; **legal a.** Rechtsberater *m*, R.beistand *m*; *(Gesellschaft)* Justitiar *m*

advocate *n* (Rechts)Anwalt *m*; Verfechter *m*

aerospace *adj* Luft- und Raumfahrt-; **a. group** Luft- und Raumfahrtkonzern *m*; **a. industry** Luft- und Raumfahrtindustrie *f*

affair *n* Fall *m*, Sache *f*; **financial a.s** Finanzangelegenheiten, Geldgeschäfte

affect *v/t* beeinflussen, betreffen, sich auswirken auf; **a. adversely** beeinträchtigen

affidavit *n* [§] eidliche Erklärung; **a. of means** Offenbarungseid *m*; ~ **service** Zustellungsurkunde *f*

affiliate *n* Verbundunternehmen *nt*, Konzerngesellschaft *f*; **a.d** *adj* angeschlossen

affiliation *n* Anschluß *m*, Angliederung *f*; Organschaft *f*; **a. to a group** Konzernzugehörigkeit *f*

affirmative *adj* bestätigend, zustimmend

af|fluence *n* Wohlstand *m*, Überfluß *m*; **a.fluent** *adj* wohlhabend, reich

afford *v/t* es sich leisten (können); gewähren; **a.able** *adj* erschwinglich

affreight *v/t* befrachten; **a.ment** *n* Schiffsfrachtvertrag *m*, Befrachtung(svertrag) *f/m*

afloat (aflt.) *adj* ⚓ an Bord, schwimmend

after|-effect *n* Folgeerscheinung *f*; **a.--hours** *adj* nachbörslich, Nachbörsen-; **a.-tax** *adj* nach Steuer, versteuert

age *n* Alter *nt*, Lebensdauer *f*; **a. of consent; legal a.** Volljährigkeit *f*; **employable a.** erwerbsfähiges Alter; **old a.** Alter *nt*; ~ **allowance/exemption** *(Steuer)* Altersfreibetrag *m*; ~ **pension** Altersrente *f*, (Alters)Ruhegeld *nt*; **pensionable a.** Renten-, Pensionsalter *nt*; **a. bracket/group** Altersklasse *f*, A.stufe *f*; **a. limit** Altersgrenze *f*

agency *n* Agentur *f*, Vertretung(sverhältnis) *f/nt*; Filiale *f*, Repräsentanz *f*; Dienststelle *f*, Behörde *f*; **a. of necessity** [§] Geschäftsführung ohne Auftrag; **to establish an a.** Vertretung einrichten; **to take up an a.** Vertretung übernehmen

capital-raising agency Kapitalsammelstelle *f*; **commercial a.** (Handels)Auskunftei *f*, H.agentur *f*, H.vertretung *f*; **exclusive a.** Generalagentur *f*, Alleinvertretung *f*; **federal a.** Bundes(dienst)stelle *f*, B.amt *nt*; **regulatory a.** Kontroll-, Aufsichtsbehörde *f*; **sole a.** Alleinvertretung *f*; **sponsoring a.** Träger *m*; **supervisory a.** Aufsichtsbehörde *f*

agency agreement Agentur-, Vertretervertrag *m*; **a. business** Kommissionshandel *m*; **a. commission** Agenturvergütung *f*; **a. expenses** Vertreterkosten; **a. fee** Vertreterprovision *f*; **a. law** Recht der (Handels)Vertretung; **a. manager** Außendienstleiter *m*; **a. network** Vertreternetz *nt*; **a. report** Kreditauskunft(bericht) *f/m*; **a. worker** Leih-, Zeitarbeiter *m*

agenda *n (lat.)* Tagesordnung *f*

agent *n* Vertreter *m*, Bevollmächtigter *m*; Makler *m*, Handelsvertreter *m*; Kommissionär *m*, Zwischenhändler *m* **accredited agent** zugelassener Vertreter; **authorized a.** Vertretungsberechtigter *m*, Handlungsbevollmächtigter *m*; **commercial/mercantile a.** Handelsvertreter *m*, Kommissionär *m*; **forwarding a.** Spediteur *m*; **general a.** Generalagent *m*, G. vertreter *m*; *(Vers.)* Bezirksdirektor *m*; **independent a.** selbständiger Handelsvertreter; **local a.** Platzagent *m*; **paying a.** Zahlstelle *f*; **resident a.** ortsansässiger Vertreter; **underwriting a.** Versicherungsagent *m*, V.vertreter *m*; **vicarious a.** [§] Erfüllungs-, Verrichtungsgehilfe *m*

agent|'s authority Vertretungsbefugnis *f*; ~ **commission** Vertreterprovision *f*; ~ **report** Vertreterbericht *m*; ~ **territory** Vertreterbezirk *m*

age pattern Altersaufbau *m*; **a. qualification** Altersgrenze *f*; **a. relief** *(Steuer)* Altersfreibetrag *m*; **a. structure** Altersstruktur *f*

agglomeration *n* Ballungsgebiet *nt*

aggregate *n* Gesamtheit *f*; volkswirtschaftliche Gesamtgröße; **economic a.s** makroökonomische/gesamtwirtschaftliche Größen; **monetary a.** Geldmenge *f*; Geldaggregat *nt*; *v/ti* sich insgesamt belaufen auf; zusammenfassen; *adj* gesamt(wirtschaftlich), Gesamt-

aggrieved *adj* [§] geschädigt

agio *n* Agio *nt*, Aufgeld *nt*

agrarian *adj* land-, agrarwirtschaftlich

agree *v/ti* vereinbaren, übereinkommen; einwilligen, zustimmen

agreement *n* (vertragliche) Abmachung *f*, Vertrag *m*, Abkommen *nt*; Einwilligung *f*, Zustimmung *f*; **as per a.** vertragsgemäß; **a. to the contrary** gegenteilige Abmachung; **a. in princi-**

ple Grundsatzvertrag *m*; ~ **restraint of trade** Wettbewerbsabsprache *f* **to abide by an agreement** sich an eine Vereinbarung/einen Vertrag halten; **to arrive at/come to an a.** zu einer Einigung gelangen; **to be in a. (with)** übereinstimmen/einig sein (mit); **to break an a.** Abmachung verletzen; **to conclude an a.** Vertrag schließen; **to eliminate by a.** abbedingen; **to reach (an) a.** übereinkommen, Einvernehmen/Übereinstimmung erzielen; **to terminate an a.** Vertrag (auf)kündigen

amicable agreement gütliche Einigung; **basic a.** Rahmenvertrag *m*, Grundsatzabkommen *nt*; **binding a.** bindende Abmachung/Vereinbarung; **collateral a.** Nebenabrede *f*; **collective/industrial a.** Tarifvertrag *m*; **collusive a.** geheime Absprache; **contractual a.** vertragliche/schuldrechtliche Vereinbarung; **express a.** ausdrückliche Vereinbarung; **informal a.** formlose Vereinbarung, formloser Vertrag; **mutual a.** gegenseitige Vereinbarung; **oppressive/tying a.** Knebelungsvertrag *m*; **oral/parol a.** mündliche Vereinbarung; **outline a.** Rahmenabkommen *nt*; **preferential a.** Meistbegünstigungsregelung *f*; **price-fixing a.** Preiskartell *nt*; **restrictive a.** wettbewerbsbeschränkende Vereinbarung, Kartellabsprache *f*; **standard a.** Formvertrag *m*; **tacit a.** stille/stillschweigende Übereinkunft; **void a.** ungültige Vereinbarung; **written a.** schriftlicher Vertrag, schriftliche Vereinbarung

agri|cultural *adj* land-, agrarwirtschaftlich; **a.culture** *n* Landwirtschaft *f*, Agrarsektor *m*; ~ **and forestry** Land-- und Forstwirtschaft *f*

agro|-industry *n* Agrarwirtschaft *f*, A.industrie *f*; **a.nomics** *n* Agrarwissenschaft *f*, Agronomie *f*; **a.nomist** *n* Agronom *m*, Agrarwissenschaftler *m*

aid *n* Hilfe, (Hilfs)Mittel *nt*; [§] Beihilfe *f*

agricultural aid Agrarsubvention *f*; **economic a.** Wirtschaftshilfe *f*; **financial a.** Kapital-, Kredithilfe *f*; **foreign a.** Entwicklungshilfe *f*; **legal a.** *[GB]* (kostenlose) Rechtshilfe *f*; **public a.**

[US] Sozialhilfe *f*; **soft a.** niedrig verzinsliches Entwicklungs(hilfe)darlehen; **structural a.** Strukturhilfe *f*; **technical a.** technische Hilfe; **tied a.** Entwicklungshilfe mit Lieferbindung

aid *v/t* helfen, unterstützen

aid commitment Hilfszusage *f*; **a. programme** Förderungsprogramm *nt*

ailing *adj* kränkelnd, marode

air *n* Luft *f*; **by a.** auf dem Luftweg, per Luftfracht; **a.bill** *n [US]* Luftfrachtbrief *m*; **a. cargo** Luftfracht *f*; ~ **carrier** Luftfrachtspediteur *m*; ~ **shipment** Luftfrachtsendung *f*; **a. carrier** Fluggesellschaft *f*; **a. charter** Luftcharter *f/m*; ~ **party** Luftfrachtvertrag *m*; **a. consignment note** Luftfrachtbrief *m*; **a. courier** Luftkurier *m*

aircraft *n* Flugzeug(e) *nt/pl*; **free on a. (f.o.a.)** frei an Bord (des Flugzeugs); **a. hull insurance** Luft-, Flugzeugkaskoversicherung *f*; **a. industry** Flugzeug-, Luftfahrtindustrie *f*

air crew fliegendes Personal; **a. express** *[US]* **(cargo)** Luftteilgut *nt*, L.expreßfracht *f*; **a. fare** Flugpreis *m*; **a. freight** Luft(verkehrs)fracht *f*; **a.freight** *v/t* per Luftfracht versenden; **a. freight bill** Luftfrachtbrief *m*; **a.freighter** *n* Luftfrachtunternehmen *nt*; Frachtflugzeug *nt*; **a. freight forwarder** Luftfrachtführer *m*; **a. letter** ⊠ Luftpostbrief *m*; **a.line** *n* Flug-, Luftverkehrsgesellschaft *f*; **a.liner** *n* Verkehrs-, Linienflugzeug *nt*; **a.line ticket** Flugschein *m*; **a. mail** Luftpost *f*; ~ **consignment** Luftpostsendung *f*; ~ **rate** Luftpostgebühr *f*; **a. passenger** Fluggast *m*; **a. pollution** Luftverschmutzung *f*

airport *n* Flughafen *m*; **free ... a.** frei ... (Ab)Flughafen; **a. of departure** Ab(gangs)flughafen *m*; ~ **destination** Bestimmungsflughafen *m*

air route Flugstrecke *f*; **a. service** Luftverkehrsdienst *m*; **regular/scheduled a. service** Linienflugdienst *m*; **a. shipment** Luftfrachtsendung *f*; **a. tourism/travel** Flugtourismus *m*, F.touristik *f*, Flugreisen *pl*; **a. traffic** Luft-, Flugverkehr *m*; **a. transport** Lufttransport *m*, L.verkehr *m*; ~ **company** Lufttransportunternehmen *nt*, L.verkehrsgesellschaft *f*; ~ **insurance** Lufttransportversicherung *f*; **a.ways** *n* Luftverkehrs-, Fluggesellschaft *f*; **a.way bill** Flugzeug-, Luft(transport)frachtbrief *m*

alien *n* Ausländer *m*; **a.ate** *v/t* entfremden; zweckentfremden; *(Kunden)* abwerben

align (with) *v/t* anpassen, angleichen; **a.ment** *n* Anpassung *f*, Harmonisierung *f*

al‖legation *n* Be-, Anschuldigung *f*; **a.lege** *v/t* Behauptung aufstellen, behaupten; **a.locate** *v/t* zuteilen, zuweisen; kontingentieren

allocation *n* Zuteilung *f*, Zuweisung *f*; Kontingent *nt*; *(Effekten)* Repartierung *f*

allocation of cost(s) Kostenumlage *f*, K.verrechnung *f*; ~ **earnings** Erfolgszurechnung *f*; ~ **funds** Finanzzuweisung *f*, Mittelverteilung *f*; ~ **profits** Gewinnzurechnung *f*; **a. to reserves** Zuweisung an die Reserven/Rücklagen; **a. of resources** Mittelverwendung *f*; ~ **rights and duties** Kompetenzverteilung *f*; ~ **shares** *[GB]*/**stocks** *[US]* Aktienzuteilung *f*; **a. by tender** Vergabe im Submissionswege; **a. of work** Arbeitsaufteilung *f*, A.zuteilung *f*

financial allocation Mittelzuweisung *f*; **lump-sum a.** Pauschalzuweisung *f*

allocation formula Verteilungs-, Umlageschlüssel *m*

allot *v/t* ver-, zu-, aufteilen

allotment *n* Zuteilung *f*, Zuweisung *f*; Parzelle *f*, Schrebergarten *m*; **a. of shares** *[GB]*/**stocks** *[US]* Aktienzuteilung *f*; **a. certificate/letter** Bezugsrechtszuteilung *f*

allow *v/t* erlauben, genehmigen; gewähren, einräumen; **a. for** berücksichtigen, in Rechnung stellen

allowance *n* Beihilfe *f*, Zuschuß *m*; Zuteilung *f*; Vergütung *f*; Anrechnung *f*; ⊖ zollfreie Menge; (Steuer)Freibetrag *m*

allowance for bad and doubtful accounts Abschreibung auf Forderungen, Wertberichtigungen auf zweifelhafte Forderungen; ~ **children** Kinderfreibetrag *m*; ~ **depreciation;** ~ **wear and tear** Wertberichtigung auf das Anlagevermögen, *(Steuer)* Abschreibung/Absetzung für Abnutzung (AfA); **a. of a discount** Nachlaß-, Skontogewährung *f*; **a. against tax** steuerliche Absetzung

to grant an allowance Zuschuß bewilligen

accelerated allowance beschleunigte Abschreibung; **annual a.** Jahresabschreibung *f*, J.freibetrag *m*; **blanket a.** Vorsorgepauschale *f*; **daily a.** Tage(s)geld *nt*, Tagesspesen *pl*; **duty-free a.** ⊖ Zollfreibetrag *m*; **fixed/flat-rate a.** Fixum *nt*, Pauschalbetrag *m*; **married a.** Steuerfreibetrag für Verheiratete; **overseas a.** Auslandszulage *f*; **personal a.** *(Steuer)* Grundfreibetrag *m*; **professional a.** Werbungsaufwand *m*, W.kosten *pl*; **special a.** Sonderzuwendung *f*, *(Steuer)* Sonderausgabe *f*, S.freibetrag *m*; **tax-free a.** (Steuer)Freibetrag *m*; **weighted a.** Ortszuschlag *m*

all|-purpose *adj* Allzweck-, multifunktional, universell; **a.-time** *adj* beispiellos, historisch, Rekord-

amalgamat|e *v/ti* (sich) vereinigen, (sich) zusammenlegen; **a.ion** *n* Verbindung *f*, Vereinigung *f*, Zusammenschluß *m*

amelioration *n* ⚓ (Ver)Besserung *f*

amend *v/t* verbessern, berichtigen, ergänzen

amendment *n* (Ab)Änderung *f*, Ä.santrag *m*, Berichtigung *f*; Ergänzung *f*, Gesetzesänderung *f*; **a. of a policy** *(Vers.)* Zusatz zu einer Police; ~ **terms** Änderung der Bedingungen

amenity *n* Annehmlichkeit *f*; Freizeitanlage *f*

amicable *adj* einvernehmlich, gütlich

American Federation of Labor/Congress of Industrial Organizations (AFL/CIO) Dachverband der amerikanischen Gewerkschaften

amortization *n* Absetzung für Abnutzung (AfA); Amortisation *f*, (Schulden)Tilgung *f*; **a. fund** Tilgungsfonds *m*; **a. loan** Amortisations-, Tilgungsanleihe *f*; **a. mortgage** Tilgungs-, Amortisationshypothek *f*; **a. payment** Tilgungsleistung *f*; **a. reserve** Rückstellungen für Abschreibung; **a. term** Tilgungsfrist *f*

amortize *v/t* amortisieren, abschreiben, tilgen

amount *n* Betrag *m*, Menge *f*, Summe *f*

amount in arrears rückständiger Betrag; ~ **cash** Bar(geld)betrag *m*, B.bestand *m*; ~ **controversy/dispute** Streitwert *m*; ~ **excess** Überschußbetrag *m*; **a. of invoice** Rechnungsbetrag *m*; ~ **loss** Schadensbetrag *m*, S.summe *f*; **a. at risk** Risikosumme *f*; **targeted a. of savings** Sparziel *nt*

amount borrowed Darlehenssumme *f*; **a. brought/carried forward** Vortrag *m*, (Rechnungs)Übertrag *m*; **a. to be collected** Nachnahmebetrag *m*; **a. covered/insured** *(Vers.)* Deckungs-, Versicherungssumme *f*; **a. due** fällige Summe, fälliger Betrag; **a. guaranteed** Garantie-, Haftungssumme *f*; **a. invested** investiertes Kapital, Anlagebetrag *m*; **a. invoiced** Rechnungssumme *f*, R.betrag *m*; **a. involved** [§] Streitwert *m*; **a. overdrawn** Überziehungsbetrag *m*; **a. overdue** überfälliger Betrag; **a. owing** ausstehender/geschuldeter Betrag; **a. paid out** Auszahlungsbetrag *m*; **a. payable** auszuzahlender Betrag; **a. received** Betrag erhalten; **a. refunded** *(Vers.)* Erstattungsbetrag *m*; **a. stated** ausgewiesener Betrag; **a. withheld** einbehaltener Betrag

aggregate amount Gesamtbetrag *m*; **average a.** Durchschnittsbetrag *m*; **basic a.** Sockelbetrag *m*; **budgeted a.** eingeplanter Betrag; **duty-free a.** ⊖ zollfreie Menge; **invoiced a.** Rechnungsbetrag *m*; **missing a.** Fehlbetrag *m*; **partial a.** Teilbetrag *m*; **remaining a.** Restbetrag *m*; **tax-exempt/tax-free a.** Steuerfreibetrag *m*; **vast a.** Unsumme *f*

amount to *v/i* betragen, sich belaufen auf, ausmachen

amusement *n* Vergnügen *nt*; **a. tax** Vergnügungssteuer *f*

analysis *n* Analyse *f*, Untersuchung *f*;

break-even a. Deckungsrechnung f; **economic** a. Wirtschaftlichkeitsstudie f; **external** a. Betriebsvergleich m; **in-depth** a. gründliche Analyse; **macroeconomic** a. volkswirtschaftliche Gesamtanalyse; **operational** a. Betriebsanalyse f, Operations Research (OR); **structural** a. Strukturanalyse f; **a. sheet** *(Buchführung)* Bilanzzergliederungsbogen m

analyst n Analytiker m, Analyst m

anchor n ♫ Anker m; **to cast/drop a.** Anker werfen; **to weigh a.** Anker lichten; **a.age** n Ankerplatz m; ~ **dues** Anlege-, Hafen-, Ankergebühr(en) f/pl

animal n Tier nt; **live a.s** lebende Tiere; adj tierisch; **a. breeding** Tier-, Viehzucht f; **a. feed(stuff)s** Tierfutter(mittel) nt/pl, Futter nt; **a. product** tierisches Produkt

annex *[US]*/**annexe** n *[GB]* ⌂ Anbau m, Nebengebäude nt; § *(Vertrag)* Anhang m

anniversary n Jahrestag m, (Dienst)Jubiläum nt

announce v/t ankündigen, bekanntmachen; **a.ment** n Bekanntmachung f, Ankündigung f; **official a.ment** amtliche Bekanntmachung

annual adj jährlich, Jahres-; **a.ization** n Umrechnung aufs Jahr; **a.ize** v/t aufs Jahr umrechnen

annuitant n Rentenempfänger m

annuity n (Versorgungs-/Leib-/Jahres)Rente f; **to capitalize an a.** Rente kapitalisieren; **to settle an a. on so.** für jdn eine Rente aussetzen

capitalized annuity Kapitalrente f; **deferred** a. Anwartschaftsrente f; **joint and survivor** a. Rente an Ehegatten und Überlebende; **participating** a. Rente mit Gewinnbeteiligung; **perpetual** a. lebenslängliche Rente; **reversionary** a. Anwartschafts-, Heimfallrente f

annuity assurance *[GB]*/**insurance** *[US]* (Leib)Rentenversicherung f; **a. bond** *[US]* Rententitel m, R.schuldverschreibung f; **a. loan** Annuitätendarlehen nt; **a. mortgage** Hypothek auf Rentenversicherungsbasis; **a. payment**

Rentenzahlung f; **a. policy** Leibrentenversicherungspolice f; **a. portfolio** Rentenbestand m; **a. settlement** Rentenbestellung f

annul v/t annullieren, aufheben, widerrufen; **a.ment** n Annullierung f, Aufhebung f

per annum (p.a.) *(lat.)* per/pro Jahr, jährlich

answer n Antwort f, Beantwortung f, Bescheid m; v/ti (be)antworten; **a. for so./sth.** für jdn/etw. verantwortlich sein; **a. in the affirmative** bejahen; **a.ing machine** ☏ (automatischer) Telefon-/Anrufbeantworter m

ante|date v/t zurück-, nachdatieren; *(Termin)* vorverlegen, vorziehen

anti|-business adj unternehmensfeindlich; **a.cipate** v/t erhoffen, erwarten; vorwegnehmen; **a.cipation** n Erwartung f; Vorgriff m, Vorwegnahme f; **a.-competitive** adj wettbewerbsbeschränkend, w.feindlich; **a.-employee** adj arbeitnehmerfeindlich; **a.-employer** adj arbeitgeberfeindlich; **a.-recession package** Konjunkturprogramm nt; **a.social** adj unsozial; **a.--union** adj gewerkschaftsfeindlich

apartment n Apartment nt, (Etagen)Wohnung f; **a. house** *[US]* Mehrfamilienhaus nt, Wohnblock m

apology n Entschuldigung f; **to offer one's apologies** sich entschuldigen

apparatus n Apparat m, Gerät nt; **a. engineering** Instrumentenbau m

apparel n Bekleidung f; **a. industry** Bekleidungsindustrie f

appeal n Appell m, Gesuch nt; Anziehungs-, Zugkraft f; § Revision f, Berufung f; **to allow an a.** Berufung zulassen; **to bring/lodge an a.** Rechtsmittel einlegen; **to dismiss an a.** Berufung/Revision verwerfen; **to uphold an a.** einer Berufung/Revision stattgeben; **a. (to so.)** v/ti appellieren; (bei jdm) Anklang finden; Berufung/Revision einlegen; **a. court** Berufungsgericht nt

ap|pellant n § Berufungs-, Revisionskläger m; **a.pendix** n § (Urkunden)Anhang m, Zusatz m

appliance n Apparat m, Gerät nt; **domestic a.** Haushaltsgerät nt; **electrical**

a. Elektrogerät *nt*; **domestic** ~ **a.s** weiße Ware

applic|able *adj* anwendbar, verwertbar; 〔§〕 geltend; **a.ant** *n* Antragsteller *m*; (Stellen)Bewerber *m*; (Patent)Anmelder *m*

application *n* Antrag *m*, Gesuch *nt*; (Patent)Anmeldung *f*; 〔§〕 Rechtsbegehren *nt*; (Stellen)Bewerbung *f*; Nutzungsmöglichkeit *f*, Verwendung *f*

application for admission Aufnahmeantrag *m*, Zulassungsgesuch *nt*; ~ **bankruptcy proceedings** Antrag auf Konkurseröffnung; ~ **entry** Beitrittsantrag *m*; **a. of funds** Kapital-, Mittelverwendung *f*; **a. for a job** Stellenbewerbung *f*; ~ **leave** Urlaubsantrag *m*; ~ **listing/quotation** Antrag auf Börsenzulassung; ~ **a loan** Kreditantrag *m*; ~ **a patent** Patentanmeldung *f*; ~ **payment** Zahlungsaufforderung *f*; **a. to stay proceedings** 〔§〕 Antrag auf Einstellung des Verfahrens; **a. for a transfer** Versetzungsgesuch *nt* **to allow an application** Antrag genehmigen; **to decline an a.** Antrag ablehnen; **to file an a.** beantragen, Antrag einreichen/stellen; **to invite a.s for** ausschreiben; **to send an a. to** Bewerbung richten an

final application letzte Zahlungsaufforderung; **industrial a.** gewerbliche Verwertung/Nutzung; **informal a.** formloser Antrag; **possible a.(s)** Nutzungspotential *nt*; **written a.** schriftlicher Antrag

application date Anmelde-, Bewerbungstermin *m*; **a. documents** Bewerbungs-, Anmeldeunterlagen; **a.s engineer** Anwendungstechniker *m*; **a. form** Anmelde-, Antragsformular *nt*; Personalfragebogen *m*; **a.-orient(at)ed** *adj* anwendungsorientiert; **a. procedure** Antrags-, Bewerbungsverfahren *nt*

apply *v/ti* anwenden; gelten; Antrag stellen, sich bewerben; *(Pat.)* anmelden

appoint *v/t* anstellen, ernennen, berufen; verabreden

appointment *n* Verabredung *f*, Ter-

min *m*; Ernennung *f*, Berufung *f*; **a. of a date** Terminfestsetzung *f*; **a. for life** Ernennung/Berufung auf Lebenszeit; **a. of a receiver** Bestellung eines Konkursverwalters; **to break an a.** Verabredung/Termin nicht einhalten; **to cancel an a.** Termin absagen; **to keep an a.** Termin wahrnehmen, Verabredung einhalten; **a.s book/diary** Terminkalender *m*

apportion (among) *v/t (Kosten)* umlegen (auf)

apportionment *n* Zu-, Aufteilung *f*, Aufschlüsselung *f*, Umlage *f*; Repartierung *f*; **a. of assets and liabilities** Vermögensauseinandersetzung *f*; ~ **cost(s)** Kostenumlage *f*; ~ **funds** Mittelzuweisung *f*; **a. formula** Verteilungs-, Umlageschlüssel *m*

appraisal *n* (Ab)Schätzung *f*, Bewertung *f*; Beurteilung *f*; **a. by results** ergebnisbezogene Leistungsbewertung; **a. cost(s)** Schätz(ungs)kosten *pl*; **a. factor** Bewertungsmerkmal *nt*; **a. fee** Taxe *f*, Schätzgebühr *f*; **a. interview** *(Personal)* Beurteilungsgespräch *nt*; **a. value** Schätzwert *m*, Taxpreis *m*

appraise *v/t* (ab)schätzen, bewerten, beurteilen; **a.r** *n* Schätzer *m*, Gutachter *m*, Taxator *m*; Schadenssachverständiger *m*

appreciate *v/ti* einsehen, verstehen; aufwerten, Preis/Kurs/Wert erhöhen, im ~ steigen

appreciation *n* Verständnis *nt*; Wertsteigerung *f*, Kurs-, Preisanstieg *m*; **a. of principal** Kapitalzuwachs *m*; ~ **stocks** Höherbewertung von Lagerbeständen

apprentice *n* Lehrling *m*, Auszubildender *m*; **clerical/commercial a.** Bürolehrling *m*, kaufmännischer Lehrling/Auszubildender; **industrial a.** gewerblicher Lehrling

apprenticeship *n* Lehre *f*, Ausbildung(splatz) *f/m*, A.sverhältnis *nt*; **to serve an a.** in der Lehre/Ausbildung sein, Lehre/Ausbildung machen; **commercial a.** kaufmännische Lehre/Ausbildung; **industrial a.** gewerbliche Lehre/Ausbildung; **a. pay** Ausbildungs-, Lehrlingsvergütung *f*

approach *n*   Annäherung *f*, Vorgehen *nt*, Ansatz *m*; **commercial a.** wirtschaftliche Betrachtungsweise; **macroeconomic a.** gesamtwirtschaftliche Betrachtungsweise

appropriate *v/t*   sich aneignen, beschlagnahmen; *(Geldmittel)* bereitstellen, bewilligen; *adj* angemessen, angebracht, sachgemäß

appropriation *n*   Inbesitznahme *f*, Besitzergreifung *f*; *(Geldmittel)* Bereitstellung *f*, Zuweisung *f*, (Haushalts-/Etat)Ansatz *m*; *(Bilanz)* Einstellung *f*; **a. of earnings/net income/profit(s)** Ergebnis-, Gewinnverwendung *f*; ~ **funds** Mittelzuweisung *f*, Kapitalbewilligung *f*; **a. to reserves** Zuführung zu den Reserven; **budgetary a.** Ausgabenbewilligung *f*; **itemized a.** Einzelzuweisung *f*; **supplementary a.** Nach(trags)bewilligung *f*, Ergänzungszuweisung *f*; **a. account** Bereitstellungskonto *nt*; **a.s commission** Bereitstellungsprovision *f*

approval *n*   Zustimmung *f*, Billigung *f*, Zulassung *f*; *(Vorstand)* Entlastung(serteilung) *f*; **on a.** zur Ansicht, auf/zur Probe; **subject to a.** zulassungs-, genehmigungspflichtig; **a. of the minutes** Genehmigung des Protokolls; ~ **annual financial statements** Feststellung des Jahresabschlusses; **to give a. to** billigen; **to send on a.** zur Ansicht senden; **conditional/qualified a.** bedingte Zustimmung; **tacit a.** stillschweigende Genehmigung; **a. procedure** Genehmigungsverfahren *nt*; **a. sale** Kauf auf Probe

approve (of sth.) *v/ti* genehmigen, billigen; bewilligen; **a.d** *adj* zugelassen; anerkannt

ap|proximate *v/ti* annähern; in etwa entsprechen; *adj* ungefähr; **a.proximation** *n* Annäherung(swert) *f/m*

apron *n*   Talon *m [frz.]*, Abschnitt *m*

aptitude *n*   Eignung *f*, Befähigung *f*; **vocational a.** berufliche Eignung; **a. check/test** Eignungsuntersuchung *f*

arable *adj* ✤ anbaufähig, urbar

arbitrage *n*   Schlichtung *f*, Arbitrage *f [frz.]*; **a. in securities** Effektenarbitrage *f*; **a. activity** Arbitragegeschäft *nt*;

a. dealer Arbitragehändler *m*; **a. profit** Kursschnitt *m*

arbi|trary *adj*   willkürlich, eigenmächtig; **a.trate** *v/ti* durch Schiedsspruch beilegen, schlichten, vermitteln

arbitration *n*   Schlichtungs-, Schieds(gerichts)verfahren *nt*, Schlichtung *f*; **to go to a.** Schiedsgericht anrufen; **to refer to a.** zur Schlichtung überweisen; **to settle by a.** durch Schiedsspruch schlichten; **compulsory a.** Zwangsschlichtung *f*; **industrial a.** Schlichtung von Arbeitsstreitigkeiten

arbitration agreement Schlichtungsabkommen *nt*; **a. award** Schiedsspruch *m*; **a. board** Einigungs-, Schlichtungsstelle *f*; **a. commission** Schiedskommission *f*; **a. procedure/proceedings** Schieds(gerichts)-, Schlichtungsverfahren *nt*; **a. rules** Schieds-, Schlichtungsordnung *f*; **a. tribunal** Schieds(gerichts)hof *m*

arbitrator *n*   Schiedsmann *m*, Schlichter *m*

area *n*   (Teil)Gebiet *nt*, Fläche *f*, Bereich *m*; **a. of application** Anwendungsbereich *m*; **a. under crops/cultivation** ✤ Anbaufläche *f*; **a. of operation** Betriebs-, Geschäftsbereich *m*; ~ **production** Produktionssparte *f*

bonded area ⊖ Zollfreizone *f*; **built-up a.** ⌂ geschlossene Ortschaft; **economic a.** Wirtschaftsgebiet *nt*, W.raum *m*; **industrial a.** Industriegebiet *nt*; **postal a.** ⊠ Zustellbezirk *m*; **preferential a.** ⊖ Präferenzgebiet *nt*; **rehabilitated a.** saniertes Baugebiet; **residential a.** Wohngegend *f*, W.gebiet *nt*; **urban a.** Großstadtgebiet *nt*

area code ☎ Vorwahl(nummer) *f*, Ortskennzahl *f*; **a. manager** Bezirks-, Bereichsleiter *m*; *(Vers.)* Bezirksinspektor *m*, B.direktor *m*; **a.-wide** *adj* flächendeckend

arithmetic *n*   Arithmetik *f*, Rechnen *nt*; **commercial a.** kaufmännisches Rechnen; **fiscal a.** Finanz-, Steuerarithmetik *f*

arm *n*   Arm; *(fig)* Zweig *m*; Bereich *m*; *(Firma)* Tochter(gesellschaft) *f*

armament *n*   ✕ Bewaffnung *f*, Rüstung *f*; **a.s** Waffen, Rüstungsgüter;

a.(s) industry Rüstungsindustrie *f*, R.wirtschaft *f*

arms ✗ Waffen, Rüstungsgüter; **a. dealer** Waffenhändler *m*; **a. industry** Rüstungsindustrie *f*, R.wirtschaft *f* **at arm's length** auf Armeslänge; **a. l. sale** selbständiger Verkauf an Dritte

arms manufacturer Rüstungsfirma *f*; **a. trade** Waffenhandel *m*

arrange *v/ti* arrangieren, vereinbaren, verabreden; vermitteln, disponieren; ordnen

arrangement *n* Vereinbarung *f*, Übereinkunft *f*; Verabredung *f*; Anordnung *f*, Gliederung *f*; **a.s** (Geschäfts)Dispositionen; **a. in bankruptcy** (Zwangs)Vergleich *m*; **a. with (the) creditors** Übereinkunft mit den Gläubigern, Gläubigervergleich *m*; **a. on generous terms** Kulanzregelung *f*; **to come to/make an a.** sich vergleichen, Vergleich schließen; Absprache treffen; **advance a.** Vorausdisposition *f*; **amicable a.** einvernehmliche Regelung, gütliche Erledigung; **contractual a.** vertragliche Vereinbarung; **informal a.** formlose Vereinbarung; **permanent a.** Dauerregelung *f*; **special a.** Einzelabrede *f*; **transitional a.** Übergangsbestimmung *f*; **a. fee** (Kredit)Bereitstellungsgebühr *f*

arrears *n* Rückstand *m*; Schulden, (Zahlungs)Verzug *m*; **in a.** im Rückstand, im Verzug; **a. letter** Mahnung *f*, Mahnschreiben *nt*

arrest *n* § Verhaftung *f*, Festnahme *f*; Beschlagnahme *f*; ⤳ Aufbringen *nt*; **a. of a debt** Forderungspfändung *f*; ∼ **goods** Warenbeschlagnahme *f*; *v/t* festnehmen, verhaften; in Beschlag nehmen; **a. warrant** Haftbefehl *m*

arrival *n* Ankunft *f*; (Waren)Eingang *m*; **a.s and departures** Ankunfts-- und Abfahrzeiten

arts *n* Geisteswissenschaften; **a. and crafts** Kunsthandwerk *nt*, K.gewerbe *nt*

article *n* Erzeugnis *nt*, Artikel *m*; § Paragraph *m*; **a.s of association** *[GB]*/**copartnership** *[US]*/**incorporation** *[US]* (Firmen-/Gesellschafts)Satzung *f*, G.vertrag *m* (mit den Teilha-

bern); ∼ **partnership** Gesellschaftsvertrag einer Personengesellschaft (OHG/KG); **a. of value** ⊠ Wertstück *nt*, W.sache *f*

branded/proprietary/trademarked article Markenartikel *m*, M.erzeugnis *nt*; **fashionable a.** Trend-, Modeartikel *m*; **fast-moving/high-volume a.** Absatzrenner *m*, Verkaufsschlager *m*; **giveaway a.** Werbegeschenk *nt*; **manufactured a.** gewerbliches Erzeugnis; **mass-produced a.** Massenartikel *m*, M.erzeugnis *nt*; **seasonal a.** Saisonartikel *m*; **unsal(e)able a.** Ladenhüter *m* *(coll)*

articled *adj* in der Lehre

artisan *n* Handwerker *m*

artist *n* Künstler *m*; **commercial/industrial a.** Werbe-, Gebrauchsgraphiker *m*

ascertain *v/t* ermitteln, feststellen; **a.-ment** *m* Ermittlung *f*, Feststellung *f*; *(Ware)* Konkretisierung *f*; ∼ **of damage/loss** Schaden(s)feststellung *f*; ∼ **of the facts** Feststellung des Tatbestandes

asked *adj* angeboten; *n* *(Börse)* Brief *m*, geforderter Preis; **a. and bid** *(Börse)* Brief und Geld (Angebot und Nachfrage)

assay *n* Metallprüfung *f*, (Fein)Gehaltsbestimmung *f*; **a. mark** Prüfzeichen *nt*; **a. value** Metall-, Münzwert *m*

assemble *v/ti* montieren, zusammenbauen; sich versammeln

assembly *n* ⬛ Fertigung *f*, Montage *f*, Zusammenbau *m*; Versammlung *f*; **final a.** End-, Fertigmontage *f*; **general a.** Voll-, Generalversammlung *f*; **progressive a.** (Fließ)Bandmontage *f*; **a. belt/line** Fließband *nt*; **a. operation** Montage(tätigkeit) *f*; **a. plant** Montagewerk *nt*; **a. point** Sammelplatz *m*; **a. worker** Montagearbeiter *m*

assess *v/t* beurteilen, einschätzen, bewerten, taxieren; *(Steuern)* veranlagen, besteuern

assessment *n* Schätzung *f*, Begutachtung *f*; *(Steuer)* Veranlagung *f*; **a. of damages** Schaden(s)feststellung *f*; ∼ **demand** Bedarfsermittlung *f*; ∼ **economic efficiency** Wirtschaftlichkeits(be)rechnung *f*; ~ **income tax** Einkommen(s)steuerveranlagung *f*; **a. for tax (purposes)** steuerliche Veranlagung; **a. of value** Wertermittlung *f*; **general/principal a.** *(Steuer)* Hauptveranlagung *f*; **joint a.** Zusammenveranlagung *f*; **a. date** Veranlagungszeitpunkt *m*; **a. notice** Steuerfestsetzung *f*, S.bescheid *m*; **a. period** (Steuer)Veranlagungszeitraum *m*

assessor *n* Schätzer *m*, Taxator *m*, Gutachter *m*; *(Vers.)* Schadensregulierer *m*

asset *n* Wirtschafts-, Anlagegut *nt*, Sach-, Vermögenswert *m*; *(Bilanz)* Aktivposten *m*; Vorzug *m*, Vorteil *m*; **a.s** Betriebsvermögen *nt*; *(Bilanz)* Aktiva; Nachlaß *m*; (Konkurs)Masse *f*; ~ **and liabilities** Aktiva und Passiva, Soll und Haben, Kreditoren und Debitoren; **a. and liability statement/ position** Vermögensbilanz *f*; **a.s employed** eingesetztes Aktivvermögen; ~ **received** Finanzanlagenzugang *m*

to carry/recognize as assets aktivieren; **to erode a.** Vermögen/Kapital aufzehren; **to freeze a.** Guthaben blockieren; **to realize a.** Kapital/Vermögenswerte verkaufen; **to seize a.** Vermögen beschlagnahmen; **to strip a.** *(coll) (Firma)* ausschlachten; **to write back as a.** Anlagen reaktivieren

active assets Aktivkapital *nt*, Betriebsaktiva; **accrued a.** antizipative Aktiva; **base a.** Betriebsvermögen *nt*; **blocked a.** Sperrvermögen *nt*; **internally produced and capitalized a.** aktivierte Eigenleistungen; **circulating a.** Umlaufvermögen *nt*; **company-manufactured a.** selbsterstellte Anlagen, Eigenleistungen; **corporate a.** *(AG)* Gesellschaftsvermögen *nt*; **current a.** (kurzfristiges) Umlaufvermögen *nt*, Gegenstände des Umlaufvermögens; ~ **ratio** Verhältnis Anlage- zum Umlaufvermögen; **depreciable a.** abschreibungsfähige Anlagegüter; **earning a.** werbende Aktiva; **economic asset** Wirtschaftsgut *nt*; **financial a.** Kapitalvermögen *nt*, Finanzanlagen

fixed asset Gegenstand des Anlagevermögens, (unbewegliches) Anlage-

gut *nt*; **f. a.s** Anlagevermögen *nt*, Sachanlagen, nicht realisierbares Vermögen; ~ **as shown in the balance sheet** buchmäßiges Anlagevermögen; **intangible f. a.s** immaterielles Anlagevermögen; **tangible f. a.s** Sachanlagevermögen *nt*; **f. a.s account** (Sach)Anlagenkonto *nt*; ~ **depreciation** Abschreibung auf Sachanlagen; ~ **investments** Anlageinvestitionen; ~ **-to-net-worth ratio** Anlagendeckungsgrad *m*

floating assets flüssige Anlagen/Mittel, flüssiges Umlaufvermögen; **foreign a.** Auslandsanlagen, A.vermögen *nt*; **frozen a.** blockierte Guthaben; **human a.** Humankapital *nt*; **individual a.** Privatvermögen der Gesellschafter; **industrial a.** gewerbliches Vermögen; **intangible a.** immaterielle Aktiva; **fixed** ~ **a.** Finanzanlagen; **interest-bearing a.** werbende/verzinsliche Aktiva; **liquid a.s** Umlaufvermögen *nt*; *(Bilanz)* kurzfristige Forderungen; ~ **ratio** Liquiditätskennziffer *f*; **marketable asset** fungibler Vermögenswert; **material a.** Vermögenssubstanz *f*, Sachwerte; **negative a.** Verbindlichkeiten; **net asset** (Netto)Forderungssaldo *m*; ~ **a.** Eigenkapital *nt*, Nettoaktiva; **non-financial a.** Sachvermögen *nt*; **operating a.** Betriebsvermögen *nt*; **personal a.** Privatvermögen *nt*; **physical asset** Sachgut *nt*, materieller Vermögenswert; ~ **a.** Sachanlagen, materielle (Wirtschafts)Güter; **private a.** Privatvermögen *nt*; **productive a.** Produktionsanlagen; werbende Aktiva; **quick a.** liquide Mittel, Umlaufvermögen *nt*; *(Bilanz)* flüssige Mittel und Forderungen; **real asset** Realwert *m*; ~ **a.** unbewegliches Vermögen, Grundbesitz *m*; **tangible asset** materieller Vermögensgegenstand *m*; ~ **a.** Sach(anlage)vermögen *nt*, Realkapital *nt*, Sachanlagegüter; **total a.** Gesamtvermögen *nt*, (Bilanz)Summe *f*, Vermögenssubstanz *f*; **wasting asset** kurzlebiger/abnutzbarer Vermögenswert, Wirtschaftsgut *nt*; **working a.** Umlaufvermögen *nt*

asset backing Vermögenswerte pro Aktie; **a. base** Substanz *f*; **a. consumption** Auszehrung des Eigenkapitals; **a. cost(s)** Anschaffungskosten *pl*; **a. depreciation range** betriebsgewöhnliche Nutzungsdauer; **a. erosion** Substanzverlust *m*, S.verzehr *m*; **a. growth** Anlagenzuwachs *m*; **a. retirement** Anlagevermögensabgang *m*; **a. side** *(Bilanz)* Aktivseite *f*; **a.-strip** *v/t (coll)* ausschlachten; **a. stripping** *(coll)* Ausschlachtung von Anlagen, Vermögensverlagerung *f*; **a. valuation** Anlagenbewertung *f*; **a.(s) value** Anlage-, Buchwert *m*

assign *n* Rechtsnachfolger *m*, Abtretungsempfänger *m*, Forderungsübernehmer *m*; *v/t* anweisen; zuweisen; übereignen, übertragen; **a.ation** *n* Zuteilung *f*, Zuweisung *f*; Abtretung *f*, Übertragung *f*

assignment *n* (Forderungs)Abtretung *f*, Zession *f*, Vermögensübertragung *f*; Aufgabengebiet *nt*; **a. of accounts receivable** Sicherungs-, Forderungsabtretung *f*; **a. in blank** Blankozession *f*; **a. of a claim/debt** Anspruchs-, Forderungsabtretung *f*; ~ **duties** Aufgabenzuweisung *f*; ~ **a policy** Policenabtretung *f*; ~ **wages** Lohnabtretung *f*; **blanket/general a.** Global-, Mantelabtretung *f*; **collateral a.** Sicherungsübereignung *f*

assist *v/t* (aus)helfen, unterstützen, fördern

assistance *n* (Bei)Hilfe *f*, Unterstützung(sleistung) *f*; Zuschuß *m*; **to render a.** Hilfestellung leisten; **economic a.** Wirtschaftshilfe *f*; **financial a.** Kapital-, Finanzhilfe *f*; **legal a.** Rechtsbeistand *m*, R.hilfe *f*; **mutual a.** gegenseitige Unterstützung; **national/public/social a.** Sozialhilfe *f*, staatliche Fürsorge

assistant *n* Assistent *m*, Gehilfe *m*; **clerical a.** Bürogehilfe *m*; **managerial a.** Mitarbeiter der Geschäftsleitung, Betriebsassistent *m*; **personal a. (PA)** persönlicher Assistent *m*; **a. manager** Direktionsassistent *m*, Substitut *m*

associate *n* Gesellschafter *m*, Teilhaber *m*, Konsorte *m*; *v/ti* verbinden, vereinigen, (sich) assoziieren

association *n* Verband *m*, Verein(igung) *m/f*; Partnerschaft *f*
beneficiary association Versicherungsverein auf Gegenseitigkeit (VVaG); **commercial a.** Wirtschaftsverein(igung) *m/f*; **federal a.** Bundesverband *m*; **industrial a.** Industrie-, Fachverband *m*; **mutual a.** Vereinigung auf Gegenseitigkeit; **non-profit(-making) a.** gemeinnütziger Verband; **professional a.** Berufsverband *m*, Standesvertretung *f*; **protective a.** Schutzgemeinschaft *f*; **provident a.** Privatkrankenkasse *f*; **registered a.** eingetragener Verein (eV); **special-purpose a.** Zweckverband *m*; **unincorporated a.** nicht eingetragener Verein; **voluntary a.** freiwilliger Zusammenschluß

association advertising Gemeinschaftswerbung *f*; **a. director/manager** Verbandsgeschäftsführer *m*; **a. marketing** Verbandsvertrieb *m*

assorted *adj* sortiert

assortment *n* Auswahl *f*, Sortiment *nt*; **a. of samples** Musterkollektion *f*; **a. brand** Dachmarke *f*

assumption *n* Annahme *f*, Vermutung *f*; Übernahme *f*; **a. of debt** Schuld-, Forderungsübernahme *f*; ~ **liability** Haftungsübernahme *f*; ~ **(a) risk** Risikoübernahme *f*

assurance *n* Ver-, Zusicherung *f*; *[GB]* Lebensversicherung(sgesellschaft) *f*; **industrial a.** Kleinlebensversicherung *f*; **straight-life a.** Versicherung auf den Todesfall; **temporary a.** Risiko(lebens)versicherung *f*; **a. benefit** *(Lebensvers.)* Versicherungsleistung *f*; **a. company** (Lebens)Versicherungsgesellschaft *f*, Lebensversicherer *m*

assure *v/t* (ver-/zu)sichern, gewährleisten; **a. o.s.** *[GB]* (Lebens)Versicherung abschließen

assured *n* Versicherungsnehmer *m*, Versicherter *m*; **you may rest a.** *(Brief)* Sie können versichert sein

attach *v/ti* beifügen, beigeben, beilegen; [§] gehören zu; [§] beschlagnahmen, pfänden; *(Vers.schutz)* beginnen; **a.able** *adj* pfändbar, beschlagnahmefähig; **a.ed** *adj* anbei, beilie-

gend, beigefügt; ~ **please find** *(Brief)*
beiliegend/in der Anlage übersenden
wir
attachment *n* [§] Vollstreckung *f*, (dinglicher) Arrest *m*, Beschlagnahme *f*;
🚗 Zubehörteil *nt*
attachment and sale of all assets
Kahlpfändung *f*; **a. of a claim;** ~
debts Forderungspfändung *f*; ~ **debts
by garnishee order** Beschlagnahme
durch Pfändungs- und Übernahmebe-
schluß; ~ **earnings** Gehalts-, Lohnpfändung *f*; **a. by execution** Vollstreckung *f*; **a. of funds** Vermögens-
pfändung *f*; ~ **property** Beschlagnahme des Vermögens; ~ **risk** Risikobe-
ginn *m*
judicial attachment gerichtliche Beschlagnahme; **a. order** [§] Anordnung
der Zwangsvollstreckung, Pfändungsbeschluß *m*
attend *v/ti* teilnehmen, besuchen; warten, (be)dienen; **a. to** sich befassen
mit, sich kümmern um
attendance *n* Besuch(erzahl) *m/f*, An-
wesenheit *f*; Bedienung *f*, Wartung *f*;
good a. rege Beteiligung; **poor a.**
schwache Beteiligung; **a. allowance**
Anwesenheitsprämie *f*; **a. fee** Sit-
zungsgeld *nt*; **a. figure(s)** Teilnehmer-
zahl *f*; **a. list/record** Anwesenheitsli-
ste *f*; **a. time** Anwesenheitszeit *f*
attention *n* Aufmerksamkeit *f*, Wartung *f*, Bedienung *f*; **a. (attn.);** for the
a. of zu Händen von (z.Hd.); **for your
kind a.** zur gefälligen Kenntnisnahme;
to come to so.'s a. jdm zur Kenntnis
gelangen; **to receive a.** *(Brief)* bear-
beitet werden; **due a.** gebührende
Sorgfalt; **for immediate a.** zur sofortigen Erledigung; **a. value** Werbe-, Re-
klamewert *m*
attest *v/t* (at)testieren, bestätigen, (no-
tariell) beglaubigen; **a.ation** *n* Bestätigung *f*, Beglaubigung *f*, Testat *nt*; ~
clause Beurkundungsvermerk *m*
attorney *n* *[US]* [§] (Rechts)Anwalt *m*;
corporate a. Justitiar *m*, Syndikus *m*;
a.'s fee Anwaltshonorar *nt*
attract|ion *n* Zugkraft *f*; **a.ive** *adj* reiz-
voll, zugkräftig
attributable *adj* zurechenbar

attrition *n* *(Personal)* natürlicher (Belegschafts)Abgang; **a. rate** Schwund-
quote *f*
auction *n* Auktion *f*, Versteigerung *f*;
to buy at a. auf einer Auktion kaufen,
ersteigern; **to come up for a.** zum Ver-
kauf/zur Versteigerung kommen; **to
put up at/for a.; to sell by a.** versteigern; **to sell by public a.** zwangsver-
steigern; **judicial a.** gerichtliche Versteigerung; *v/t* versteigern
auctioneer *n* Auktionator *m*, Versteige-
rer *m*
auction fees Versteigerungsgebühren;
a. proceeds Versteigerungserlös *m*
audio|typing *n* Schreiben mit Diktierge-
rät *nt*; **a.typist** *n* Phonotypist(in) *m/f*
audit *n* Revision *f*, Rechnungs-, Bilanzprüfung *f*; **annual a.** Jahres(abschluß)prüfung *f*, Prüfung des Jahresabschlusses; **continuous a.** laufende
Buchprüfung; **external/independent a.**
betriebsfremde Prüfung, Außenprüfung *f*; **financial a.** Finanzprüfung *f*;
internal/operational a. Innenrevisi-
on *f*; **qualified a.** einschränkendes Testat; **statutory a.** Pflichtprüfung *f*; **unqualified a.** uneingeschränktes Testat
audit *v/t* Bilanzprüfung/Revision
durchführen, Bücher prüfen
audit certificate Prüfungsbericht *m*, Testat *nt*; **qualified a. c.** einschränkendes
Testat; **unqualified a. c.** uneingeschränktes Testat
audit court Rechnungshof *m*; **a. department** Revisionsabteilung *f*
auditing *n* Rechnungs-, Buchprüfung *f*,
Revision *f*; **a. of accounts** Buch-, Bilanzprüfung *f*; **operational a.** Prüfung
der Arbeitsabläufe; **a. board** Prü-
fungsausschuß *m*; **a. company** (Wirtschafts)Prüfungsgesellschaft *f*; **a.
principles** Prüfungsgrundsätze; **a.
standards** Prüfungsvorschriften,
P.grundsätze
audit item Prüfungsposten *m*; **a. office**
Rechnungs(prüfungs)amt *nt*
auditor *n* (Buch)Revisor *m*, (Betriebs-/
Wirtschafts)Prüfer *m*; **certified a.**
Wirtschaftsprüfer *m*; **independent a.**
externer Prüfer; **internal a.** Innenrevi-
sor *m*; **statutory a.** satzungsgemäßer

Rechnungsprüfer; **a.'s certificate/
note/opinion** Prüf(ungs)-, Bestätigungsvermerk *m*, Testat *nt*; ~ **report** Prüfungs-, Revisionsbericht *m*
audit period Prüfungszeitraum *m*, Berichtsperiode *f*; **a. report** Prüf(ungs)-, Revisionsbericht *m*; **qualified a. report** einschränkendes Testat; **unqualified a. report** uneingeschränktes Testat; **a. result** Prüfungsergebnis *nt*; **a. standards** Prüfungsvorschriften
austerity *n* Entbehrung *f*; **a. budget** Sparhaushalt *m*; **a. measures/package** Spar-, Notmaßnahmen, Not-, Sparprogramm *nt*
autarchic *adj* autark
autarchy; autarky *n* Autarkie *f*, Selbstversorgung(swirtschaft) *f*
authenticat|e *v/t* beurkunden, beglaubigen; **a.ion** *n* Beglaubigung *f*, Beurkundung *f*
author *n* Autor *m*, Verfasser *m*, Schriftsteller *m*; **a. and publisher** Selbstverlag *m*
authoritative *adj* maßgeblich, *(Text)* verbindlich
authority *n* Autorität *f*, (Handlungs)Vollmacht *f*, Berechtigung *f*; Amt *nt*, Behörde *f*, Organ *nt*; *(Person)* Kapazität *f*, Sachverständiger *m*; **as per a.** laut Vollmacht; **by a.** mit amtlicher Genehmigung; **a. in charge** zuständige Behörde, Träger *m*; **a. to dispose** Verfügungsmacht *f*; ~ **do sth.** Vollmacht, etw. zu tun; ~ **pay** Zahlungsermächtigung *f*; ~ **sign** Zeichnungsberechtigung *f*, Unterschriftsvollmacht *f*; **to act without a.** eigenmächtig vorgehen; **to exceed one's a.** seine Befugnisse/Kompetenzen überschreiten
administrative authority Verwaltungsbehörde *f*; **appropriate/competent a.** zuständige Behörde/Stelle; **commercial a.** Handlungsvollmacht *f*; **federal a.** Bundesbehörde *f*
local authority Kommunalbehörde *f*, städtische Verwaltung, Gemeinde *f*; ~ **bond** Kommunalobligation *f*, ~ **employee** Kommunalangestellter *m*; ~ **worker** städtischer Arbeiter
managerial authority Weisungsbefug-

nis *f*; **maritime a.** Schiffahrtsbehörde *f*; **monetary a.** Währungsbehörde *f*; **municipal a.** Kommunalbehörde *f*, städtische Verwaltung; **national a.** *(EG)* innerstaatliche Stelle; **public a.** öffentliche Hand; **regional a.** Gebietskörperschaft *f*; **self-regulating a.** Selbstverwaltungsorgan *nt*; **special a.** Sondervollmacht *f*; **subordinate a.** nachgeordnete Behörde; **supervisory a.** Aufsichtsorgan *nt*, A.behörde *f*, Kontrollorgan *nt*; **written a.** schriftliche Vollmacht
authorization *n* Genehmigung *f*, Bewilligung *f*, Ermächtigung *f*; **written a.** schriftliche Vollmacht
authorize *v/t* bevollmächtigen, ermächtigen, bewilligen
authorized *adj* befugt, ermächtigt; **a. to collect** einzugs-, inkassoberechtigt; ~ **dispose** verfügungsberechtigt; ~ **sign** zeichnungs-, unterschriftsberechtigt
author's royalties Autorenhonorar *nt*
authorship *n* Autoren-, Urheberschaft *f*
auto|-financing *n* Selbstfinanzierung *f*; **a.maker** *n* [US] Automobilhersteller *m*; **a.mat** *n* Verkaufsautomat *m*; **a.mate** *v/t* automatisieren; **a.mation** *n* Automatisierung *f*
automobile *n* Auto(mobil) *nt*, Kraftfahrzeug (Kfz.) *nt*; **a. component(s) industry** Kraftfahrzeugzulieferungsindustrie *f*; **a. engineering** Kraftfahrzeugtechnik *f*, K.bau *m*; **a. industry** Kraftfahrzeug-, Auto(mobil)industrie *f*
automobile insurance Auto-, Kfz-Versicherung *f*; **comprehensive a. i.** Vollkaskoversicherung *f*; **third-party a. i.** Kfz-Haftpflichtversicherung *f*; **a. personal liability and property damage i.** Haftpflicht- mit Kaskoversicherung *f*
automobile manufacturer Automobilhersteller *m*; **a. show** Automobilausstellung *f*; **a. trade** Kraftfahrzeughandel *m*, K.branche *f*
autumn *n* Herbst *m*; **a. fashion** Herbstmode *f*; **a. trade fair** Herbstmesse *f*
availability *n* Verwendbarkeit *f*, Verfügbarkeit *f*, Lieferbarkeit *f*; **ready a.** sofortige Verfügbarkeit; **a. date** *(Da-*

tum) Valuta *f*, Wert *m*; Wertstellung *f*
available *adj* verfügbar, vorrätig, lieferbar; **readily a.** sofort verfügbar; **a.
while stocks last** nur lieferbar, solange
der Vorrat reicht; **to make a.** bereitstellen; *(Ausrüstung)* gestellen; **freely
a.** frei erhältlich
aval *n* Aval *m*, Wechselbürgschaft *f*
average *n* ⤳ Havarie *f*; *(Versicherungs)*Schaden *m*; π Durchschnitt *m*,
Mittel(wert) *nt/m*; **above a.** überdurchschnittlich; **below a.** unterdurch-
schnittlich; **on a.** durchschnittlich; **Mr
A.** *(coll)* Durchschnittsbürger *m*,
Otto Normalverbraucher *(coll)*; **free
from a.** ⤳ unbeschädigt; **with a. (w.a.)**
⤳ ohne Beschränkung, mit Teilschaden; **to adjust/settle the a.** Havarie
aufmachen
annual average Jahresmittel *nt*,
J.durchschnitt *m*; **deductible a.**
(Vers.) Selbstbehalt *m*; **fair a.** guter
Durchschnitt; **general/gross a.** ⤳ all-
gemeine/große Havarie; **industrial a.**
Branchendurchschnitt *m*; **mean a.** π
arithmetisches Mittel
particular average (loss) (p.a.) ⤳ Teil-
schaden(verlust) *m*; **free of p. a.
(F.P.A.; f.p.a.)** frei von Beschädigung; **with p. a. (w.p.a.)** mit Teilschaden, Teilschäden eingeschlossen
petty average ⤳ kleine/besondere Havarie; **(trade-)weighted a.** *(Kurs)*
gewichteter/gewogener Durch-
schnitt(swert), Mittelwert *m*; **yearly a.**
Jahresdurchschnitt *m*
average *v/t* durchschnittlich/im Durchschnitt betragen
average account ⤳ Havarierech-
nung *f*; **a. adjuster/agent** (Havarie)Dispacheur *m [frz.]*, Havarieve-
treter *m*; **a. adjustment** Dispache *f
[frz.]*, Schadensregulierung *f*; **a. loss**
Havarieschaden *m*; **a. statement** Dispache *f*, Schadensaufmachung *f*
aviation *n* Luftfahrt *f*; **civil a.** Zivilluft-
fahrt *f*; **commercial a.** Verkehrsfliege-
rei *f*; **a. industry** Flugzeug-, Luftfahrtindustrie *f*; **a. insurance** Luft-
(fahrt)versicherung *f*
avoidance *n* Vermeidung *f*, Umge-
hung *f*; **a. of bankruptcy** Konkursab-

wendung *f*; **~ risks** Risikovermei-
dung *f*; **~ a sale** [§] *(Rücktritt vom
Kaufvertrag)* Wand(e)lung *f*
award *n* [§] Schieds-, Urteilsspruch *m*;
Entschädigungssumme *f*; Auftragsvergabe *f*, A.erteilung *f*; Preis(verleihung) *m/f*; **a. of a contract** Auftragserteilung *f*, Zuschlag(serteilung) *m/f*;
~ damages Zuerkennung von Scha-
den(s)ersatz *m*; **arbitral a.** Schiedsur-
teil *nt*, S.spruch *m*; **interim a.** [§] vorläufige Entscheidung; *v/t* (durch
Schiedsspruch) zuerkennen, zuspre-
chen; *(Auftrag)* vergeben; *(Preis)*
verleihen
axe *n* *(fig)* radikale Kürzung; *v/t (Arbeitsplatz)* abbauen, streichen

B

back *n* Rückseite *f*; *v/t* (unter)stützen;
(Wechsel) indossieren, girieren; dek-
ken; **b. bond** Rück-, Gegenbürg-
schaft *f*; **b. charges** Rückspesen; **b.-
date** *v/t* (zu)rückdatieren
backer *n* Befürworter *m*; *(Wechsel)* In-
dossierer *m*, Girant *m*, Wechselbürge *m*; **financial b.** Geldgeber *m*
back freight *n* Rückfracht *f*
background *n* Hintergrund *m*, Werdegang *m*; **educational b.** Ausbildungs-
gang *m*; **professional b.** fachliche Vor-
bildung
backing *n* (Unter)Stützung *f*, Befür-
wortung *f*; Indossament *nt*, Giro *nt*;
(Banknoten) Deckung *f*
back instalment rückständige Rate; **b.
interest** rückständige Zinsen; **b. load**
Rückfracht *f*
backlog *n* (Arbeits-/Auftrags)Rück-
stand *m*; **b. of orders** Auftragsrück-
stand *m*, A.überhang *m*, A.polster *nt*;
to clear/work off the b. Rückstand aufarbeiten, Auftragsbestand abarbeiten;
b. demand Nachholbedarf *m*
back pay rückständiger Lohn; **b. shift**
Spätschicht *f*; **b.-up** *n* Unterstützung *f*; **~ service(s)** ergänzende
Dienstleistungen

backwardation *n* *(Rohstoffbörse)* Aufpreis der Kassaware/Spotware gegenüber Terminware

bad *n* Defizit *nt*, Minus *nt*; **to the b.** ins Defizit/Minus; *adj* schlecht; *(Kunde/Wechsel)* faul

bag *n* Beutel *m*, Sack *m*, Tüte *f*; *v/t* in Säcke/Tüten abfüllen, einsacken; **b. cargo** *n* Sackgut *nt*

baggage *n* *[US]* (Reise)Gepäck *nt*; **excess b.** Mehrgepäck *nt*; **b. handling** Gepäckabfertigung *f*; **b. insurance** (Reise)Gepäckversicherung *f*

bail *n* Ⓢ Bürgschaft *f*, Kaution *f*, Sicherheitsleistung *f*; **to give/provide/put up b.** Kaution hinterlegen; **to jump b.** Bürgschaft/Kaution schießen (lassen); **to stand b. for so.** für jdn Kaution stellen, ~ Sicherheit leisten; **commercial b.** kaufmännische Bürgschaft; *v/t* Kaution leisten/stellen; ~ **out** *(Börse)* aussteigen; *(fig)* sanieren

bailee *n* Pfandgläubiger *m*, Bürgschaftsempfänger *m*

bailiff *n* Ⓢ Gerichtsvollzieher *m*, Vollstreckungsbeamter *m*

bailment *n* Kaution *f*, Bürgschaftsleistung *f*

bailor *n* Hinterleger *m*, Treugeber *m*

balance *n* Bilanz *f*; Kontostand *m*, Saldo *m*; Guthaben *nt*; Gleichgewicht *nt*; **in b.** ausgeglichen; **on b.** per Saldo

balance of account(s) Saldo *m*, Kontenstand *m*; **b. on current account** (Saldo der) Leistungsbilanz *f*; Bilanz der laufenden Posten; **b.s with banks** Bankguthaben; **b. on capital account;** **b. of capital transactions** Kapital(verkehrs)bilanz *f*; **b. in cash; b. in/on hand** Bar-, Kassenbestand *m*; **b. in (one's) favour** Guthabensaldo *m*; **b. of invoice** Rechnungssaldo *m*; ~ **visible and invisible items** (Waren- und Dienst)Leistungsbilanz *f*; **b. on merchandise account** Bilanz des Warenverkehrs, Handelsbilanz *f*

balance of payments Zahlungsbilanz *f*; ~ **on capital account** Kapitalverkehrsbilanz *f*; ~ **on current account** (Waren- und Dienst)Leistungsbilanz *f*, Bilanz der laufenden Posten; **active/fa-**vourable **b. of p.** aktive Zahlungsbilanz; **adverse/unfavourable b. of p.** defizitäre/passive Zahlungsbilanz

balance of payments account Zahlungsbilanzsaldo *m*; ~ **deficit** Zahlungsbilanzdefizit *nt*, passive Zahlungsbilanz; ~ **(dis)equilibrium** Zahlungsbilanz(un)gleichgewicht *nt*; ~ **surplus** Zahlungsbilanzüberschuß *m*; ~ **surplus on current account** Leistungsbilanzüberschuß *m*

balance on services (Dienst)Leistungsbilanz *f*

balance of trade (Waren)Handelsbilanz *f*; **active/favourable b. of t.** aktive Handelsbilanz; **adverse/unfavourable b. of t.** passive/defizitäre Handelsbilanz; ~ **deficit** Handelsbilanzdefizit *nt*; ~ **surplus** Handelsbilanzüberschuß *m*

balance of unilateral transfers Bilanz der Übertragungen, ~ unentgeltlichen Leistungen; ~ **tourist travel** Reiseverkehrsbilanz *f*

balance brought forward (b/fwd); b. carried down/forward (bal. c/d; bal. c/fwd) Saldovortrag *m*, Vortrag auf neue Rechnung; **b. due/outstanding** (noch) ausstehender/restlicher Betrag, offener Saldo, Debetsaldo *m*

to clear the balance Saldo ausgleichen; **to draw up a b.** Bilanz aufstellen; **to pay/settle the b.** Saldo/Differenz/Unterschiedsbetrag begleichen, Rest bezahlen; **to show a b. (of)** Saldo/Guthaben/Stand aufweisen (von); **to strike the b.** Saldo/Bilanz ziehen

active/favourable balance Aktivsaldo *m*, aktive Zahlungsbilanz; **actual b.** Istbestand *m*; **adverse/unfavourable b.** negativer Saldo, Passivsaldo *m*; **annual b.** Jahresabschluß *m*; **available b.** freies/verfügbares Guthaben; **closing/final b.** (Ab)Schlußbilanz *f*; **consolidated b.** konsolidierte Bilanz, Konzernbilanz *f*; **current b.** offener Saldo, laufende Bilanz; **declining b. (method of) depreciation** degressive Abschreibung; **external b.** Außenwirtschaftsbilanz *f*; außenwirtschaftliches Gleichgewicht; **interim/preliminary b.** vorläufige Bilanz; **invisible b.** *(Außenhan-*

del) Dienstleistungsbilanz *f*; **net b.**
Nettobilanz *f*, reiner Saldo; **opening
b.** Eröffnungsbilanz *f*; **rough b.** Roh-
saldo *m*, R.bilanz *f*; **surplus b.** Über-
schußguthaben *nt*; **unpaid b.** Restschuld *f*; **visible b.** Handelsbilanz *f*
balance *v/ti* (sich) ausgleichen; sich
aufheben; bilanzieren, saldieren;
(Konto) abstimmen
balance date Bilanzstichtag *m*; **b. entry**
Ausgleichsbuchung *f*; **b. reconciliation**
Saldenabstimmung *f*
balance sheet (Geschäfts)Bilanz *f*,
Rechnungs-, Jahresabschluß *m*; **~ at
the beginning of the year** Eröffnungs-,
Anfangsbilanz *f*; **closing ~ of the
company in liquidation** Abwick-
lungs(schluß)bilanz *f*
to approve the balance sheet Rechnungsabschluß testieren, (Jahres)Bi-
lanz genehmigen; **to audit a b. s.** Bilanz prüfen; **to draw up/prepare a b.
s.** Bilanz aufstellen, bilanzieren; **to
show in the b. s.** bilanziell erfassen, in
der Bilanz ausweisen
annual balance sheet Jahres(abschluß)bilanz *f*; **audited/certified b. s.**
geprüfte Bilanz; **closing b. s.** Schlußbi-
lanz *f*; **commercial b. s.** Handelsbilanz *f*; **consolidated b. s.** konsolidierte
Bilanz, Konzernbilanz *f*; **interim b. s.**
Zwischen-, Halbjahresbilanz *f*; **opening b. s.** Anfangs-, Eröffnungsbilanz *f*; **worldwide b. s.** Weltbilanz *f*
balance sheet account Bilanzkonto *nt*;
~ analysis Bilanzanalyse *f*; **~ audit**
Bilanzprüfung *f*; **~ date** Bi-
lanz(stich)tag *m*; **~ item** Bilanzposten *m*; **~ loss** Bilanzverlust *m*; **~
loss/profit** Bilanzergebnis *nt*; **~ profit**
Bilanzgewinn *m*; **~ total** Bilanzsum-
me *f*
balance statement Saldoanzeige *f*
balancing *n* Bilanzierung *f*, (Konto)Ausgleich *m*; **b. of an account** Kontoabschluß *m*; **~ accounts** Rechnungsabschluß *m*, Bilanzierung *f*; **b.
item** Restposten *m*
bale *n* Ballen *m*
ballot *n* Wahl(gang) *f/m*, Urabstimmung *f*; **postal b.** Briefwahl *f*; **secret
b.** geheime Wahl; *(Gewerkschaft)* Ur-

abstimmung *f*; *v/ti* geheim abstimmen
(lassen), Urabstimmung durchführen;
b. box (Wahl)Urne *f*; **b. paper** Stimmzettel *m*
ban *n* (amtliches) Verbot *nt*, Beschränkung *f*; **b. on advertising** Werbever-
bot *nt*; **~ competition** Wettbewerbsverbot *nt*; **~ imports** Import-, Ein-
fuhrstopp *m*; **~ recruitment** Einstel-
lungsstopp *m*; **to impose a b.** Verbot
verhängen; **to lift a b.** Verbot aufheben; *v/t* verbieten
band *n* Bereich *m*; *(IWF)* Bandbreite *f*, Korridor *m*; (Eisen)Band *nt*
bank *n* → **banking** Bank *f*, Geld-,
Bank-, Kreditinstitut *nt*; Bankgebäu-
de *nt*; **b.s** Kreditgewerbe *nt*; **due from
b.s** Bankendebitoren; **due to b.s** Ban-
kenkreditoren
accepting bank Remboursbank *f*; **ac-
count-managing b.** kontoführende
Bank; **advising b.** *(Akkreditiv)* Korrespondenzbank *f*
central bank Zentral-, Notenbank *f*; **~
board/council** Zentralbankrat *m*; **~
loan** Notenbankkredit *m*; **~ money**
Zentral-, Notenbankgeld *nt*; **~ support** Stützungskäufe der Zentralbank
chartered bank zugelassene/konzessio-
nierte Bank; *[CAN]* Geschäfts-
bank *f*; **collecting b.** Inkassobank *f*;
commercial b. Handels-, Geschäfts-
bank *f*; **confirming b.** *(Akkreditiv)*
bestätigende Bank; **cooperative b.** Genossenschaftsbank *f*, Volksbank *f*;
correspondent/corresponding b. *(Akkreditiv)* zweitbeauftragte/korrespon-
dierende Bank; **depositary b.**Hinterle-
gungsstelle *f*; **federal b.** Bundesbank *f*
[BRD]; **high-street b.** *[GB]* Ge-
schäftsbank *f*; **issuing b.** eröffnende/
akkreditivstellende Bank; Emissionsbank *f*; **leading b.** (feder)führende
Bank, Konsortialführer *m*; **multi-pur-
pose/universal b.** Universalbank *f*;
municipal b. Kommunalbank *f*; **national b.** *[US]* bundesstaatlich konzessionierte Bank; **note-issuing b.** Notenbank *f*; **notifying b.** *(Akkreditiv)* avi-
sierende Bank; **opening b.** eröffnende/
akkreditivstellende Bank
bank *v/ti* Banktätigkeit ausüben; bei

einer Bank einzahlen/hinterlegen; **b. with** Konto haben bei
bankable *adj* akzept-, diskontfähig
bank acceptance Bankakzept *nt*, B.wechsel *m*
bank account Bankkonto *nt*; **to open a b. a.** Konto eröffnen; **corporate b. a.** Firmenkonto *nt*; **numbered b. a.** Nummernkonto *nt*
bank advance/credit Bankkredit *m*, B.darlehen *nt*; **b. assets** Bankvermögen *nt*; **b. balance** Bankguthaben *nt*; **b. bill** Bankwechsel *m*; *[US]* Kassenanweisung *f*; **b. branch** Bankfiliale *f*; **b. card** Scheck-, Bankkundenkarte *f*; **b. charges** Kontoführungs-, Bankgebühren; **b. cheque** *[GB]*/**check** *[US]* Bankscheck *m*, B.anweisung *f*; *[GB]* Kassenscheck *m*; **b. client/customer** Bankkunde *m*; **b. code (number); b. sort code** Bankleitzahl (BLZ) *f*; **b. crash** Bankzusammenbruch *m*; **b. debit** Kontobelastung *f*, Lastschrift *f*; **b. deposit(s)** Bankeinlage(n) *f/pl*, B.guthaben *nt*; **b. discount** Bank-, Wechseldiskont *m*, Damnum *nt* *(lat.)*; **b. draft (B.D.)** Bankscheck *m*, B.tratte *f*, B.wechsel *m*
banker *n* → **bank** Bankier *m*; Bank *f*; Bankverbindung *f*; **corporate b.(s)** Hausbank *f*; **personal b.** Kundenbetreuer *m*
banker's bank Zentralbank *f*; ~ **commission** Bankprovision *f*; ~ **order** Überweisungs-, Dauer-, Bankauftrag *m*; ~ **trade acceptance** bankgirierter Warenwechsel
bank failure Bankzusammenbruch *m*; **b. group** Bankenkonsortium *nt*; **b. guarantee** Bankbürgschaft *f*, B.aval *m/nt*; **b. identification number** Bankleitzahl (BLZ) *f*
banking *n* → **bank** Bankwesen *nt*, B.gewerbe *nt*, Kreditwesen *nt*; **commercial b.** Einlagen- und Kreditgeschäft *nt*; **corporate/wholesale b.** Firmenkundengeschäft *nt*, Bankgeschäfte mit Unternehmen; **personal b.** Privatkundengeschäft *nt*; **b. system** Bank(en)apparat *m*
bank inquiry Bankauskunft *f*; **b. ledger** Kontokorrentbuch *nt*; **b. lending**

Bankausleihungen *pl*; ~ **rate** *[US]* Darlehenszins(satz) *m*; **b. loan** Bankkredit *m*, B.darlehen *nt*; **b. manager** Bankdirektor *m*, Zweigstellenleiter *m*; **b. money** Bank-, Giral-, Buchgeld *nt*; ~ **order** Bank-, Zahlungsanweisung *f*
banknote *n* Banknote *f*, Geldschein *m*; **foreign b.s and coins** Sorten; **b. issue** Notenausgabe *f*
bank overdraft Überziehungskredit *m*, Kontoüberziehung *f*; **b. raid** Bankraub *m*, B.überfall *m*; **b. rate** Diskontsatz *m*, (amtlicher) Diskont *m*; **b. base rate** Eck-, Leitzins *m*; **b. reference** Bankreferenz *f*, B.auskunft *f*; **b. remittance** Banküberweisung *f*; **b. report** *[US]*/**return** *[GB]* Bankausweis *m*
bankrupt *n* Konkursschuldner *m*; **adjudicated b.** Gemeinschuldner *m*; **discharged b.** rehabilitierter Gemeinschuldner; *v/t* ruinieren, in den Konkurs treiben; *adj* bankrott, pleite *(coll)*; **to go b.** in Konkurs gehen, Pleite machen *(coll)*; **b.'s assets** Konkursmasse *f*
bankruptcy *n* Bankrott *m*, Konkurs *m*, Pleite *f* *(coll)*; **b. of an estate** Nachlaßkonkurs *m*; **to file for b.** Konkurs anmelden; **fraudulent b.** betrügerischer Bankrott; **involuntary b.** Zwangskonkurs *m*
bankruptcy assets Konkursmasse *f*; **b. claim** Konkursforderung *f*; **b. court** Konkursgericht *nt*; **b. fraud** Konkursdelikt *nt*; **b. notice** *[GB]* Konkurs-, Bankrotterklärung *f*; **b. offence** Konkursvergehen *nt*; **b. order** § (Konkurs)Eröffnungsbeschluß *m*; **b. petition** Konkursantrag *m*; **b. proceedings** Konkursverfahren *nt*
bankrupt('s) estate (Konkurs)Masse *f*; **b.'s liabilities** Masseschulden
bank safe; b. safety deposit box Banksafe *m*, B.schließfach *nt*; **b. secrecy** Bankgeheimnis *nt*; **b. statement** Konto-, Bankauszug *m*; Bankausweis *m*, Geschäftsbericht einer Bank; **b. transfer** (Bank-/Giro)Überweisung *f*; **b. vault** (Bank)Tresor *m*
bar *n* *(Diagramm)* Säule *f*; **b. chart** Stab-, Balken-, Säulendiagramm *nt*, Histogramm *nt*; **b. code** Streifen-, Bal-

kenkode *m*
bargain *n* (günstiges) Geschäft *nt*, günstiger Kauf; Abschluß *m*, Übereinkunft *f*; *(Börse)* Schluß *m*, Geschäft *nt*; **to be a b.** spottbillig sein; **to drive a hard b.** hart verhandeln; **to strike a b.** Handel/Geschäft abschließen; **fixed-date b.** Termingeschäft *nt*; **real b.** Schnäppchen *nt (coll)*; **special b.** Sonderangebot *nt*; **b. (for)** *v/i* feilschen, handeln; abmachen, vereinbaren
bargain basement price Ausverkaufs-, Spottpreis *m*; **b. buy** Preisschlager *m*, Schnäppchen *nt (coll)*; **b. counter** Wühltisch *m*; **b. goods** Niedrigpreisartikel
bargaining *n* Ver-, Aushandeln *nt*; **collective b.** Tarif(vertrags)verhandlungen *pl*; **free ~ b.** Tarifautonomie *f*, T.hoheit *f*; **industry-wide b.** Manteltarifvertragsverhandlungen *pl*; **plant--level b.** Verhandlungen auf Betriebsebene; **b. agent** *(Tarifverhandlungen)* Verhandlungspartner *m*; **b. point** Verhandlungsobjekt *nt*; **b. round** Verhandlungs-, Tarifrunde *f*
bargain offer Sonder-, Billigangebot *nt*; **b. price** Niedrigpreis *m*; **b. sale** Verkauf zu herabgesetzten Preisen
barge *n* ⚓ Lastschiff *nt*, Leichter *m*; **b. owner** Partikulier *m*
barley *n* ⚓ Gerste *f*
barrel *n* Hohlmaß für Öl (ca. 156 l); Faß *nt*
barren *adj* unfruchtbar, brachliegend
barrier *n* Sperre *f*, Schranke *f*; Schwelle *f (fig)*; **b.(s) to entry** Zugangsbeschränkung *f*; **b. to trade** Handelshemmnis *nt*; **non-tariff ~ trade** nichttarifäres Handelshemmnis; **protective b.** Schutzwall *m*
barter *n* Naturaltausch *m*, Tauschhandel *m*; *v/ti* in Tausch geben/nehmen, Tauschhandel treiben; **b. business/deal** Kompensations-, Koppelungsgeschäft *nt*; **b. economy** Tausch-, Naturalwirtschaft *f*; **b. terms of trade** reales Austauschverhältnis; **b. trade** Tauschhandel *m*, Kompensationsverkehr *m*; **b. transaction** Tausch-, Kompensationsgeschäft *nt*

base *n* Grundlage *f*; 📊 Grund-, Bezugswert *m*; **productive b.** Produktionsstandort *m*; **taxable b.** Steuerbemessungsgrundlage *f*; *adj* unecht, unedel
based in *adj* ansässig in, mit Sitz in
base level Ausgangsniveau *nt*; **b. pay** Grundlohn *m*; **b. period** Basis-, Bezugs-, Vergleichszeitraum *m*; **b. price** Grund-, Basispreis *m*; **b. rate** Grund-, Eckzins *m*; Grundlohn(satz) *m*; **b. stock** eiserner Bestand
basing point *n* Paritätspunkt *m*
basis *n* Sockel *m*, Basis *f*, Grundlage *f*; **b. of apportionment** Verteilungsschlüssel *m*; **~ assessment** *(Steuer)* Veranlagungs-, Berechnungsgrundlage *f*; **~ consolidation** Konsolidierungskreis *m*; **on a firm b.** auf solider Grundlage; **~ non-profit-making b.** nicht gewinnorientiert; **b. year** Bezugsjahr *nt*
basket *n* Korb *m*; **b. of commodities** Warenkorb *m*; **~ currencies** Währungskorb *m*; **b. currency** Korbwährung *f*
batch *n* Los *nt*, (Liefer)Menge *f*, Posten *m*, Stapel *m*, Serie *f*; **b. card** Laufkarte *f*, L.zettel *m*; **b. processing** 🖥 Stapelverarbeitung *f*; **b. production** Serienfertigung *f*; **small b. production** Kleinserienfertigung *f*; **b. size** Los-, Partiegröße *f*
bear *n* Baissier *m* *[frz.]*, Baissespekulant *m*; **to sell a b.** auf Baisse spekulieren; *v/t* (er)tragen, verkraften; *(Börse)* auf Baisse spekulieren; **b. covering** Deckungskäufe *pl* (der Baissiers)
bearer *n* Träger *m*, Überbringer *m*; **b. of a bill** Wechselinhaber *m*; **~ a cheque** *[GB]*/**check** *[US]* Überbringer *m*, Scheckinhaber *m*; **made out to b.** auf den Inhaber/Überbringer lautend; **b. bond/debenture** Inhaberobligation *f*, I.schuldverschreibung *f*; **b. certificate** Inhaberzertifikat *nt*; **b. cheque** *[GB]*/**check** *[US]* Überbringer-, Inhaberscheck *m*; **b. clause** Überbringer-, Inhaberklausel *f*; **b. instrument/paper** Inhaberpapier *nt*; **b. securities** Inhabereffekten; **b. share**

*[GB]/*stock *[US]* Inhaberaktie *f*
bearish *adj* pessimistisch, zur Baisse
tendierend, zur Schwäche neigend
bear market Baisse(markt) *f/m*; **b. position** Leerposition *f*; **b. purchase**
Kauf à la Baisse; **b. sale/selling** Leerverkauf *m*
beginning *n* Anfang *m*, Beginn *m*; **b. of
a period** Fristbeginn *m*; ~ **work** Ar-
beitsaufnahme *f*, A.antritt *m*, Dienst-
beginn *m*
behaviour *n* Verhalten *nt*, Führung *f*;
anti-competitive b. wettbewerbswidri-
ges Verhalten; **budgetary b.** Haushaltsgebaren *nt*
belongings *n* Habe *f*; **personal b.** Privateigentum *nt*, Hab und Gut *nt*
below-mentioned (b/m) *adj* unten auf-
geführt/erwähnt
belt *n* Gürtel *m*, Riemen *m*; **industrial
b.** Industriegürtel *m*
benchmark *n* Maßstab *m*, Bezugs-
punkt *m*; **b. data** Eckdaten; **b. figures**
Vergleichszahlen; **b. job** Vergleichs-,
Richtarbeitsplatz *m*; **b. price** Orientie-
rungs-, Richtpreis *m*; **b. (wage) rate**
Ecklohnsatz *m*
beneficial *adj* förderlich, nützlich
beneficiary *n* Begünstigter *m*, Empfänger *m*, Nutznießer *m*, Berechtigter *m*;
Versicherungs-, Kreditnehmer *m*; Un-
terstützungs-, Leistungsempfänger *m*;
authorized beneficiary Empfangsbe-
rechtigter *m*; **contingent/secondary b.**
Zweitbegünstigter *m*; **first/primary b.**
Erstbegünstigter *m*; **prospective b.**
Anwartschaftsberechtigter *m*
benefit *n* Nutzen *m*, Gewinn *m*, Vorteil *m*; Versicherungsleistung *f*; Krankengeld *nt*; Beihilfe *f*, Unterstüt-
zung(sleistung) *f*; **b. in kind** Sachleistung *f*; **eligible for b.** leistungs-, un-
terstützungsberechtigt; **to claim b.s**
Unterstützungsanspruch geltend machen; **to draw b.s** Unterstützung beziehen; **to pay b.s** Leistungen erbringen/
ausbezahlen; **to reap b.s from** Gewinn/
Nutzen ziehen aus
daily benefit *(Vers.)* Tagegeld *nt*; **economic b.** gesamtwirtschaftlicher Nutzen; **in-kind/non-cash b.** Sachleistung *f*; **medical b.s** Kassenleistung *f*;

old-age b. Altersruhegeld *nt*; **primary
b.** *(Vers.)* Grundrente *f*; **short-time b.**
Kurzarbeitergeld *nt*; **social b.(s)**
Fürsorgeleistung(en) *f/pl*; Sozialhilfe *f*, S.leistungen *pl*; *(VWL)* gesamtwirtschaftlicher / volkswirtschaftlicher
Nutzen; **standard b.s** *(Vers.)* Grund-
leistungen; **statutory b.** gesetzliche/
staatliche Sozialleistung; **supplementary b.** *[GB]* Sozialhilfe *f*
benefit (from sth.) *v/i* Nutzen ziehen
(aus)
benefit claim Sozialanspruch *m*; **b.-cost
analysis** Nutzen-Kosten-Analyse *f*; **b.
entitlement** Anspruch auf Sozialhilfe;
(Vers.) Leistungsanspruch *m*; **b. fund**
Versicherungsfonds *m* (auf Gegenseitigkeit); **b. payment** Unterstützungszahlung *f*; **b. period** *(Vers.)* Lei-
stungszeitraum *m*; **b. recipient** Lei-
stungs-, Versorgungsempfänger *m*; **b.
society** Versicherungsverein auf Gegenseitigkeit (VVaG)
berth *n* ⚓ Anker-, Liegeplatz *m*; **loading b.** (Ver)Ladeplatz *m*; **roll-on/roll--
off b.** Anker-/Liegeplatz für kranlose
Verladung; **unloading b.** Löschplatz *m*
berthage *n* ⚓ Anlege-, Kaige-
bühr(en) *f/pl*
berth cargo Auffülladung *f*; **b. freighting** Stückgutbefrachtung *f*; **b. rate**
Stückguttarif *m*
best *adj* beste(s, r), äußerst; **at b.**
(Börse) *(Verkauf)* bestens; *(Kauf)*
billigst; **b. before** haltbar bis; **to close
at the day's b.** *(Börse)* zu Tages-
höchstkursen schließen; **b.-selling** *adj*
meistgekauft
bet *n* Wette *f*, Wetteinsatz *m*
betterment *n* Wertzuwachs *m*, W.stei-
gerung *f*; **b. tax** Wertzuwachssteuer *f*
betting *n* Wetten *nt*; **b. duty/tax**
(Renn)Wettsteuer *f*
beverage *n* Getränk *nt*; **alcoholic b. tax**
Steuer auf alkoholische Getränke; **b.
industry** Getränkeindustrie *f*
bias *n* Befangenheit *f*, Unausgewogen-
heit *f*; *(Zeitung)* Tendenz *f*; **b.ed** *adj*
voreingenommen, befangen
bid *n* (Kauf)Angebot *nt*, Gebot *nt*, Offerte *f*; *(Börse)* Geld(kurs) *nt/m*;
Submission(sofferte) *f*; **b. and asked**

(Börse) Geld und Brief; **closing b.** letztes/höchstes Gebot; **firm b.** Festgebot *nt*; **higher b.** Mehrgebot *nt*; **highest b.** Höchst(an)gebot *nt*; **opening b.** *(Auktion)* erstes Gebot; **rigged b.** Scheingebot *nt*; **winning b.** Zuschlagsangebot *nt*

bid *v/t* bieten, (Lieferungs-/Preis)Angebot machen, Gebot abgeben

bid bond Bietungsgarantie *f*; **b. closing date** Submissionsschluß *m*

bidder *n* Bieter *m*, Submittent *m*; **to auction off/sell to the highest b.** meistbietend verkaufen/versteigern; **successful b.** *(Auktion)* Ersteher *m*; erfolgreicher (An)Bieter

bidding *n* Steigern *nt*, Bieten *nt*; Submissionsangebot *nt*, Abgabe eines Angebots; **collusive b.** (abgekartete) Angebotsabsprache *f*; **competitive b.** Ausschreibungswettbewerb *m*; **b. period** Ausschreibungs-, Submissionsfrist *f*; **b. price** Bietungskurs *m*, Erstangebot *nt*

bid opening Angebotseröffnung *f*; **b. price** gebotener Preis; Kaufkurs *m*; **b. terms** Übernahmebedingungen; Angebotsbedingungen

bill *n* Rechnung *f* (für Dienstleistungen); Tratte *f*; Banknote *f*; Gesetzentwurf *m*

bill of acceptance Akzept *m*, akzeptierter Wechsel; **b. (payable) to bearer** Inhaberwechsel *m*; **b. of charges** Gebühren-, Unkostenrechnung *f*; **b.s in circulation** Wechselumlauf *m*; **b. of clearance** ⊖ Zollabfertigungsschein *m*; **b. for/of collection** Inkasso-, Einzugswechsel *m*; **b. of consignment** Frachtbrief *m*; ~ **conveyance** Speditionsrechnung *f*; ~ **costs** *[GB]* Gebührenrechnung *f*; **b. in foreign currency** Auslandswechsel *m*; **b. of entry** ⊖ Einfuhrerklärung *f*

bill of exchange (B/E) Wechsel *m*; **to accept a b. of e.** Wechsel akzeptieren/querschreiben; **to draw a b. of e. on** Wechsel ziehen auf; **to endorse a b. of e.** Wechsel indossieren/girieren; **to honour a b. of e.** Wechsel honorieren; **domiciled b. of e.** domizilierter Wechsel; **first b. of e.** Originalwechsel *m*,

Wechselprima *f*; **guaranteed b. of e.** Bürgschafts-, Sicherheits-, Avalwechsel *m*; **non-negotiable b. of e.** Rektawechsel *m*; **single/sole b. of e.** Eigen-, Solawechsel *m*

bill of expenses Spesenrechnung *f*; ~ **fees** Honorarrechnung *f*; ~ **freight** Frachtbrief *m*; **b.s in hand** Wechselportefeuille *nt*, W.bestand *m*; **b. of health** Gesundheitszeugnis *nt*; ~ **indictment** [§] Anklageschrift *f*

bill of lading (B/L) Konnossement *nt*, (Schiffs)Frachtbrief *m*; ~ **to bearer** Inhaberkonnossement *nt*; ~ **to order** Orderkonnossement *nt*

alongside bill of lading Längsseits-Konnossement *nt*; **claused/dirty/foul/unclean b. of l.** eingeschränktes/unreines Konnossement; **clean b. of l.** echtes/reines Konnossement; **collective/consolidated/omnibus b. of l.** Sammelfrachtbrief *m*; **negotiable b. of l.** Inhaber- oder Orderkonnossement *nt*; **on-board b. of l.** Bordkonnossement *nt*; **received-for-shipment b. of l.** Übernahme-, Empfangskonnossement *nt*; **shipped b. of l.** Verschiffungskonnossement *nt*; **straight b. of l.** Namens-, Rektakonnossement *nt*; **through b. of l.** Transit-, Durchfuhrkonnossement *nt*

bill of materials/quantities Material-, Stückliste *f*; Leistungsverzeichnis *nt*; **b. to order** Orderwechsel *m*; **b. of quantity** ◯ Aufmaß *nt*, Kostenvoranschlag *m*; ~ **sale (B.S.; B/S)** Übereignung *f*; Kaufvertrag *m*; *[US]* Liefervertrag *m*; **conditional** ~ **sale** Sicherungsübereignungsvertrag *m*; **b.s in a set** Wechsel in mehrfacher Ausfertigung; **b. after sight** Nachsichtwechsel *m*; **b. at sight** Sichtwechsel *m*; **b. of sight (B/St)** ⊖ Zollerlaubnisschein *m*; ~ **weight** Waageschein *m*

bills accepted Wechselobligo *nt*, W.verbindlichkeiten; **b. discounted** Diskontverbindlichkeiten; **b. payable (B.P.)** fällige Rechnungen, Kreditoren; fällige Wechsel; Wechselschulden; **b. receivable (B.R.)** (ausstehende) Wechselforderungen, W.debitoren

to accept a bill Wechsel anerkennen/akzeptieren; ~ **b.s for collection** (Diskont)Wechsel zum Einzug/Inkasso hereinnehmen; ~ **b.s for discount** Wechsel zum Diskont hereinnehmen; **to ask for the b.** Rechnung verlangen; **to cash a b.** Wechsel einziehen/einlösen; **to collect a b.** Rechnungsbetrag (ein)kassieren; Wechsel einziehen; **to cover a b.** Wechseldeckung anschaffen; **to discount a b.** Wechsel diskontieren; **to dishonour a b.** Wechsel zu Protest gehen lassen; **to draw a b.** (**on so.**) Wechsel (auf jdn) ziehen; **to endorse a b.** Wechsel mit Akzept/Giro versehen; **to guarantee a b.** Wechsel avalieren; **to have a b. collected** Wechsel zum Inkasso geben; ~ **discounted** Wechsel diskontieren; ~ **noted/protested; to note/protest a b.** Wechsel zu Protest gehen lassen; **to honour a b.** Wechsel honorieren/bezahlen; Rechnung bezahlen; **to make out a b.** fakturieren, Rechnung ausfertigen/ausstellen; **to negotiate a b.** Wechsel begeben; **to offer a b. for discount** Wechsel zum Diskont einreichen; **to pay a b.** Rechnung bezahlen; Wechsel einlösen/zahlen; **to receipt a b.** Rechnung quittieren; **to renew a b.** Wechsel prolongieren; **to sight a b.** Wechsel mit Sichtvermerk versehen

accepted bill (angenommenes) Akzept *nt*; **after-date b.** Datowechsel *m*; **bankable b.** diskontfähiger Wechsel; **collateral(ized) b.** Lombard-, Sicherheitswechsel *m*; **commercial b.** Waren-, Handelswechsel *m*; **discountable b.** diskontierbarer Wechsel; **discounted b.** Diskontwechsel *m*; **dishonoured b.** Protestwechsel *m*; **documentary b.** Dokumententratte *f*; **domiciled b.** Domizilwechsel *m*; **eligible b.** rediskontierbarer/rediskontierfähiger Wechsel; **financial b.** Finanzwechsel *m*; **guaranteed b.** avalierter Wechsel; **honoured b.** eingelöster Wechsel; **matured b.** abgelaufener Wechsel; **negotiable b.** übertragbarer Wechsel; **non-negotiable b.** nur durch Abtretung übertragbarer Wechsel; **noted/protested b.** protestierter Wechsel, Protestwechsel *m*; **outstanding b.** unbezahlte Rechnung;

prime b. Primawechsel *m*; **rediscountable b.** refinanzierungsfähiger Wechsel; **three-month(s) b.** Dreimonatswechsel *m*

bill *v/t* fakturieren, berechnen, in Rechnung stellen, Rechnung ausstellen

bills account Wechselkonto *nt*

billboard *n* Werbe-, Reklamefläche *f*, Plakatwand *f*; **b. advertising** Plakatwerbung *f*

bill book Wechselbuch *nt*, W.kladde *f*; **b. brokerage provision** Wechselcourtage *f*; **b. charges** Wechselspesen; **b. collection** Wechseleinzug *m*; **b. cover(age)** Wechseldeckung *f*; **b. creditor** Wechselgläubiger *m*; **b. debtor** Wechselschuldner *m*; **b. discount (rate)** Wechseldiskont(satz) *m*; **b. discounting** Wechseldiskontierung *f*; **b. endorsement** Wechselindossament *nt*; **b. guarantee** Wechselbürgschaft *f*, W.garantie *f*; **b. holdings** Akzeptbestand *m*, Wechselportefeuille *nt*

billing *n* Fakturieren *nt*, Rechnungsausstellung *f*, R.ausfertigung *f*; Werbung *f*; Agenturumsatz *m*; **monthly b.** monatliche Abrechnung; **b. department** Rechnungsabteilung *f*

billion (bn) *n* [GB] Billion *f*; [US]/[GB] Milliarde *f* (Mrd)

bill|posting *n* Plakatierung *f*; **b. protest** Wechselprotest *m*; **b. register** Wechselverfallbuch *nt*; **b. tax** Wechselsteuer *f*; **b. transaction** Wechselgeschäft *nt*

bind *v/t* [§] (durch Bürgschaft) verpflichten; **b.er** *n* (Vers.) (vorläufige) Deckung(szusage) *f*; **b.ing** *adj* bindend, verbindlich

bio|degradable *adj* biologisch abbaubar; **b.technology** *n* Biotechnologie *f*

black *adj* schwarz; **in the b.** in den schwarzen Zahlen; **to be ~ b.** schwarze Zahlen schreiben

black|ing *n* Boykott(ierung) *m/f*; **b.leg** *n* (pej.) Streikbrecher *m*; **b.list** *n* schwarze Liste; *v/t* auf die schwarze Liste setzen

blank *n* Zwischenraum *m*; Blankoformular *nt*, Formblatt *nt*; **to fill in the b.s** (Formular) Lücken ausfüllen; *adj* blanko, leer

blanket(-rate) *adj* pauschal, Pauschal-, Gesamt-

block *n* (Aktien)Paket *nt*; *v/t* blockieren, hemmen; *(Konto)* sperren; *(Geld)* einfrieren, binden

block appropriation Globalbewilligung *f*, G.zuweisung *f*; **b. booking** Gruppenbuchung *f*; **b. credit** Rahmenkredit *m*; **b. discounting** *(Bankdiskont)* Sammelgeschäft *nt*; **b. floating** *(EWS)* Schlange ohne Tunnel *(fig)*; **b. grant** Global-, Pauschalzuweisung *f*

blocking *n* *(Konto)* (Verfügungs)Sperre *f*, *(Geld)* Festschreibung *f*; **b. of expenditure** Ausgabensperre *f*; **b. period** Bindungsdauer *f*; Festlegungsfrist *f*

block insurance/policy Sammel-, Pauschalversicherung *f*; **b. trade/trading** *(Börse)* Block-, Pakethandel *m*; **b. vote** Globalbewilligung *f*; geschlossene Stimmabgabe

blueprint *n* Blaupause *f*; Entwurf *m*, Projektstudie *f*

board *n* (Anschlag)Brett *nt*, A.tafel *f*; Karton *m*, Pappe *f*; Kost(geld) *f/nt*, Verpflegung *f*; Amt *nt*, Behörde *f*; Vorstand *m*, Unternehmensleitung *f*, Verwaltungsrat *m*, Direktorium *nt*; Ausschuß *m*; **across the b.** linear, pauschal

board of appeal [§] Beschwerdekammer *f*; ~ **arbitration/conciliation** Schlichtungsausschuß *m*, Schiedsstelle *f*; ~ **audit** (Landes)Rechnungshof *m*; ~ **directors** Aufsichtsrat *m*, Vorstand *m*, Verwaltung(srat) *f/m*; ~ **governors** Börsenvorstand *m*; Zentralbankrat *m*; **b. and lodging** Unterkunft und Verpflegung; **b. of management** Vorstand *m*, Direktorium *nt*; **B. of Trade** *[US]* Handelskammer *f*; *(Chicago)* Warenbörse *f*; **b. of trustees** Aufsichtsrat *m*, Stiftungs(bei)rat *m*

free on board (FOB) frei Schiff, ~ an Bord; **to ship on b.** an Bord verladen

advisory board (Verwaltungs)Beirat *m*; **executive b.** (Haupt)Vorstand *m*; **full b.** Vollpension *f*; **half b.** Halbpension *f*; **supervisory b.** Aufsichtsrat *m*

board decision Aufsichtsrats-, Vorstandsbeschluß *m*; **at b. level** auf Vorstands-/Aufsichtsratsebene; **b. meeting** Verwaltungsrats-, Aufsichtsrats-, Vorstandssitzung *f*; **b. member** Verwaltungsrats-, Aufsichtsrats-, Vorstandsmitglied *nt*; **b.room** *n* Führungs-, Vorstandsetage *f*; **b. structure** Leitungsorganisation *f*

boat *n* Boot *nt*, Schiff *nt*; **b.load** *n* Schiffsladung *f*

body *n* Körper *m*; Komplex *m*, Hauptteil *m*; Körperschaft *f*, Organisation *f*, Gremium *nt*; **b. of assets** Vermögensmasse *f*; ~ **creditors** Gläubigergemeinschaft *f*; ~ **a letter** Brieftext *m*

administrative body Verwaltungsbehörde *f*; **advisory b.** beratendes Organ, (Sachverständigen)Beirat *m*; **corporate/legal b.** [§] Körperschaft *f*, juristische Person; **decision-making b.** Entscheidungsinstanz *f*, Beschlußorgan *nt*; **executive b.** Geschäftsführungsorgan *nt*; **federal b.** Bundesbehörde *f*; **funding b.** Träger *m*; **governing b.** Direktorium *nt*, leitendes Organ; **managing b.** Verwaltungsorgan *nt*; **public b.** Körperschaft des öffentlichen Rechts; **regulatory/supervisory b.** Kontrollbehörde *f*, K.instanz *f*, Aufsichtsorgan *nt*; **self-governing b.** Selbstverwaltungsorgan *nt*

body corporate [§] Körperschaft *f*, juristische Person

bona fide *adj* *(lat.)* gutgläubig, auf Treu und Glauben

bond *n* Bürgschaft *f*, Kaution *f*, Verpflichtung *f*, Schuldschein *m*; Anleihe(titel) *m*, Pfandbrief *m*, Schuldverschreibung *f*, Obligation *f*, Rentenpapier *nt*; ⊖ Zollverschluß *m*; **b.s** Rentenwerte, Festverzinsliche; **in b.** ⊖ unter Zollverschluß; **out of b.** ⊖ verzollt; **b. (payable) to bearer** Inhaberschuldverschreibung *f*; **b.s and debentures** Renten(papiere); **b. with warrant** Wandelanleihe *f*, W.schuldverschreibung *f*

to call in bond|s Obligationen kündigen; **to draw b.s** Obligationen auslosen; **to forfeit a b.** Kaution verwirken; **to issue b.s** Obligationen/Schuldverschreibungen ausgeben; **to retire a b.**

Schuldverschreibung tilgen; **to subscribe a b.** Pfandbrief zeichnen; **to take out of b.** ⊖ aus dem Zollverschluß nehmen

blanket bond Sicherungsabtretung f; **callable b.** vorzeitig kündbare Schuldverschreibung; **collateral b.** wertpapiergesicherte Schuldverschreibung; **convertible b.** Wandelanleihe f; **corporate b.** *[US]* Industrieanleihe f; **federal b.** Bundesobligation f, B.anleihe f; **fixed-interest(-bearing) b.** festverzinsliche Anleihe/Schuldverschreibung; **index-linked b.** indexierte Obligation; **interest-bearing b.** verzinsliche Anleihe/Schuldverschreibung; **irredeemable b.** unkündbare Obligation; **junior b.** nachrangig gesicherte Obligation; **legal b.** *[US]* mündelsichere Obligation; **municipal b.** Kommunalobligation f; **negotiable b.** begebbare Schuldverschreibung; **participating b.** Gewinnschuldverschreibung f; **personal b.** §️ persönliche Garantie; **public(- authority/public-sector) b.s** öffentliche Anleihen, Staatspapiere; **registered b.** Namensschuldverschreibung f; **senior b.** Vorzugsobligation f; **serial b.** Serienanleihe f; **unsecured b.** ungesicherte Schuldverschreibung

bond v/t verpfänden, hypothekisieren; ⊖ unter Zollverschluß einlagern

bond capital Anleihekapital nt; **b. certificate** Interimsschein f für Inhaberschuldverschreibung; **b. coupon** Zinsschein m; **b. creditor** Pfandbriefgläubiger m; **b. flo(a)tation** Anleiheemission f; **b.holder** n Obligationär m, Pfandbriefbesitzer m; **b.ing** n ⊖ Zolleinlagerung f; **b. issue** Pfandbrief-, Anleiheemission f; **b. market** Anleihe-, Renten-, Pfandbriefmarkt m; **b. money** Kaution(ssumme) f; **b. note/warrant** ⊖ Zollbegleitschein m; **b. portfolio** Rentenbestand m; **b. price** Rentenkurs m; **b. rate** Nominalverzinsung von Obligationen; **b. redemption** Anleihetilgung f; **b. trading** Pfandbrief-, Rentenhandel m; **b. yield** Renten-, Anleiherendite f

bonus n Bonus m, Gratifikation f, Prämie f, Tantieme f; Leistungs-, Lohnzulage f; **b. for shift work** Schicht(arbeiter)zuschlag m; **cost-of-living b.** Teuerungszulage f; **end-of-year b.** Abschlußvergütung f; **final/terminal b.** *(Vers.)* Schlußgewinnanteil m, S.dividende f; **incentive b.** Leistungszulage f; **no-claim(s) b.** *(Vers.)* Schaden(s)freiheitsrabatt m; **performance-related b.** Erfolgsprämie f; **profit-linked b.** gewinnabhängige Zulage; **reversionary b.** *(Vers.)* Summenzuwachs m, Beitragsrückerstattung f

bonus earnings Prämienverdienst m; **b. income** Tantiemeneinkünfte pl; **b. issue** Gratisaktie f; Ausgabe von Gratisaktien; **b. payment** Prämienvergütung f, (betriebliche) Sonderzahlung f; **b. scheme** Prämien(lohn)system nt; **b. share/GB//stock** *[US]* Gratis-, Berichtigungsaktie f; **b. wage** Prämienlohn m

book n Buch nt; **b.s (of account)** Geschäftsbücher; **on closing our b.s** bei Schließung/Abschluß unserer Bücher; **on inspecting our b.s** bei Durchsicht unserer Bücher

to audit/examine the books Bücher prüfen; **to balance the b.s** Bücher abstimmen/saldieren; **to carry in the b.s** verbuchen; **to cook/doctor the b.s** *(coll)* Bilanz verschleiern, (Geschäfts)Bücher frisieren *(coll)*; **to square the b.s** Bücher abschließen

book v/t (ver)buchen, reservieren, vormerken; **b. in advance** im voraus bestellen

book claim Buchforderung f; **b. debt** Buchschuld f

booking n Voranmeldung f, Reservierung f; **advance b.** Vorverkauf m; Vor(aus)bestellung f, Reservierung f; **b. clerk** Schalterbeamter m; **b. fee** Reservierungsgebühr f; **b. office** Buchungs-, Reservierungsstelle f; **b. voucher** Buchungsbeleg m

book inventory Buchbestand m; Buchinventur f; **b.keeper** n Buchhalter m, B.führer m

bookkeeping n Buchführung f, B.haltung f, Rechnungswesen nt; **commercial b.** kaufmännische Buchführung;

double-entry b. doppelte Buchführung, Doppik *f*; **single-entry b.** einfache Buchführung; **b. clerk** Buchhalter *m*; **b. department** Buchhaltung(sabteilung) *f*; **b. error** Buchungsfehler *m*; **b. loss** Buch(ungs)verlust *m*

book|let *n* Broschüre *f*, Heft *nt*; **b. loss** Buchverlust *m*, rechnerischer Verlust; **b. money** Buch-, Giralgeld *nt*; **b. profit/surplus** Buchgewinn *m*, rechnerischer/buchmäßiger Überschuß, technischer Gewinn; **b. rate of return** (rechnerische) Rendite *f*; **b. value** (Netto)Buchwert *m*

boom *n* Hochkonjunktur *f*, Hausse *f* *[frz.]*, (Konjunktur)Aufschwung *m*, Boom *m*; **b. in the capital goods industry** Investitionsgüterkonjunktur *f*; ~ **consumer goods** Verbrauchsgüterkonjunktur *f*; ~ **demand** lebhafte Nachfrage; **curbing the b.** Konjunkturdämpfung *f*; **cyclical b.** Hochkonjunktur *f*, konjunkturbedingte Hausse *[frz.]*; **domestic b.** Inlands-, Binnenkonjunktur *f*; **overheated b.** (Konjunktur)Überhitzung *f*; **sectoral b.** Branchenkonjunktur *f*; *v/i* florieren, (Hoch)Konjunktur haben

boom|flation *n* Inflation bei gleichzeitiger Hochkonjunktur; **b.ing** *adj* blühend, florierend; **b.let** Minikonjunktur *f*; **b. market** Haussemarkt *m*; **b. tendency** Aufschwungstendenz *f*

boost *n* Auftrieb *m*, Verstärkung *f*; *v/t* ankurbeln, verstärken

booth *n* Ausstellungs-, (Messe)Stand *m*

border *n* Grenze *f*; **free b.** frei Grenze

border clearance ⊝ Grenzabfertigung *f*; **b. control(s)** Grenzkontrolle *f*; **b. crossing** Grenzübergang *m*; **b. formalities** Grenzformalitäten *f*; **b. levy** Grenzausgleich *m*; **b. tax(es) (on imports)** ⊝ Einfuhrausgleichsabgabe *f*

borough *n* Gemeinde *f*

borrow *v/t* (aus-/ent)leihen, Kredit aufnehmen

borrower *n* Kredit-, Darlehensnehmer *m*; **commercial b.** kommerzieller Kreditnehmer; **corporate b.** kreditaufnehmende Firma; **first-class b.** erste Adresse; **industrial b.** gewerblicher Kreditnehmer; **personal/private b.**

(Bank) Privatkunde *m*; **prolific b.** Dauerschuldner *m*, D.emittent *m*; **b.'s bank** Hausbank *f*; ~ **note** Schuldschein *m*

borrowing *n* Mittel-, Geld-, Kredit-, Kapitalaufnahme *f*; Fremdfinanzierung *f*; **b.s** Fremdkapital *nt*; **commercial b.** Kreditaufnahme der Wirtschaft; **corporate b.** Kreditaufnahme der Unternehmen; **domestic b.** heimische Kreditaufnahme; **foreign b.** Auslandskredite *pl*; **b.(s)** Neuverschuldung *f*; **public(-sector) b.** Kreditaufnahme der öffentlichen Hand

borrowing capacity/power Kreditfähigkeit *f*; **b. costs** Kreditkosten; **b. customer** Kreditkunde *m*; **b. facility** Kreditspielraum *m*; **b. limit** Kreditlinie *f*, K.plafond *m*; **b. rate** Kredit-, Darlehenszinssatz *m*; **b. requirement(s)** Kredit-, Finanzierungsbedarf *m*; **public-sector b. requirement (PSBR)** Kreditbedarf der öffentlichen Hand

bottle *n* Flasche *f*; **disposable/non-returnable b.** Einwegflasche *f*; *v/t* in Flaschen abfüllen; **b. bank** (Alt)Glascontainer *m*; **b. deposit** Flaschenpfand *nt*; **b.neck** *n (fig)* Stau *m*, (Kapazitäts)Engpaß *m*

bottom *n* Boden *m*, Grund *m*, Tiefpunkt *m*; Konjunkturtief *nt*; **to hit b.** Tiefstand/Talsohle *(fig)* erreichen; **b. out** *v/i* sich abflachen, sich auf niedrigem Niveau stabilisieren; **b. line** *[US] (Bilanz)* Jahresüberschuß *m* bzw. J.fehlbetrag *m*, Saldo *m*; **b. lines** Massen-, Grundgeschäft *nt*; **b. price** Preisuntergrenze *f*

bottomry *n* ⚓ Bodmerei *f*, Schiffsverpfändung *f*; **b. bond** Schiffspfandbrief *m*; **b. insurance** Bodmereiversicherung *f*

bought *adj* gekauft; **b. in** eingedeckt; **b. for cash** bar/gegen Kasse gekauft; **b.--in** *adj* fremdbezogen; **b. note** *(Makler)* Schlußbeschein *m*

bounce *n* geplatzter Wechsel; *v/i (Scheck/Wechsel)* platzen

boundary *n* → **border**; **frontier** Grenze *f*

bounty *n* (Export)Prämie *f*, Subvention *f*

bourse n *[frz.]* (europäische) Börse f
box n Schachtel f, (kleine) Kiste f;
safe-deposit b. Bank(schließ)fach nt;
v/t einpacken, in Kisten/Kartons verpacken
boycott n Boykott m; v/t boykottieren
branch n Filiale f, Zweigstelle f, Niederlassung f; *(Gewerkschaft)* Be-
triebs-, Ortsgruppe f; **b. of business**
Geschäftszweig m; ~ **industry** Indu-
strie-, Gewerbezweig m; ~ **production**
Produktionsbereich m
account-holding branch kontoführende
(Zweig)Stelle/Filiale; **industrial b.**
(Vers.) Industrie(versicherungs)spar-
te f; **main b.** Hauptfiliale f; **non-life b.**
(Vers.) Sachzweig m; **overseas b.** Aus-
landsfiliale f
branch bank Bankfiliale f; Filial-
bank f; **b. establishment** Zweiggrün-
dung f, Filiale f; **b.less** adj filiallos; **b.**
manager Filial-, Zweigstellenleiter m;
b. network Zweigstellen-, Filial-
netz nt; **b. office** Niederlassung f, Ge-
schäfts-, Zweigstelle f, Filiale f; **b.**
plant Zweigwerk nt; **b. sales office**
Verkaufsbüro nt
brand n (Handels)Marke f, Sorte f,
Warenzeichen nt, Markenartikel m;
cheap b. Billigmarke f; **in-house/own**
b. hauseigene Marke, Hausmarke f;
no-name b. namenlose Handelsmarke;
popular b. gut eingeführte Marke; **pro-**
prietary b. Markenfabrikat nt; v/t
kennzeichnen, markieren; **b. accept-**
ance Markenakzeptanz f; **b. advertis-**
ing Marken(artikel)werbung f; **b. im-**
age Markenprofil m
branding n Warenzeichenpolitik f,
Markenausstattung f
brand loyalty Markentreue f; **b. leader**
Markenführer m; **b. manager** Pro-
dukt(gruppen)manager m; **b. name**
Markenname m, Gütezeichen nt; **b.--**
new adj fabrikneu; **b. preference** Mar-
kenbevorzugung f
breach n ⑤ Bruch m, Übertretung f,
Verstoß m
breach of agreement Vertragsbruch m;
~ **confidence** Vertrauensbruch m; ~
contract Vertragsbruch m, Nichterfüllung eines Vertrages; **in ~ contract**

vertragswidrig; ~ **duty** Pflichtverletzung f; **in ~ good faith** wider Treu
und Glauben; ~ **(the) law** Gesetzes-
übertretung f; ~ **the rules** Regelver-
stoß m; ~ **secrecy** Verletzung der
Schweigepflicht; ~ **trust** Treu-, Vertrauensbruch m; ~ **warranty** Garan-
tieverletzung f
bread n *(fig)* Lebensunterhalt m; **b.--**
and-butter lines Grundgeschäft nt;
b.line n Existenz-, Lebensmini-
mum nt; **b.winner** n Ernährer m (der
Familie)
break n Bruch m; Rast f; (Arbeits)Pause f; **b. in prices** Kurssturz m; ~ **the economic trend** Kon-
junkturumbruch m; **commercial b.**
Werbe-, Reklamesendung f
break v/ti (zer)brechen; Konkurs/
Bankrott machen; **b. down***(Gespräch)*
scheitern; aufschlüsseln, (auf)glie-
dern; **b. even** Gewinnschwelle/schwar-
ze Zahlen erreichen, mit plus-minus
Null abschließen; **b. up** ˣy abwracken;
(Kartell) entflechten
breakage n Bruch(schaden) m
breakdown n ⊚ Ausfall m, (Betriebs)Störung f; Aufstellung f, Übersicht f; *(Verhandlungen)* Abbruch m,
Scheitern nt; **b. of accounts** Konten-
aufgliederung f; ~ **cost(s)** Ko-
sten(auf)gliederung f; ~ **expendi-**
ture(s) Aufschlüsselung/Aufgliede-
rung der Ausgaben; **b. by industries**
Sektoren-, Branchen(auf)gliede-
rung f; ~ **occupations** berufliche
Gliederung; **b. pension** Erwerbs-, Berufsunfähigkeitsrente f; **b. value** Substanzwert m
breakeven analysis n Deckungsbeitragsrechnung f; **b. load** kosten-
deckende Ladung/Auslastung; **b.**
point Rentabilitätsgrenze f, Gewinn-
schwelle f; **b. rent** Ertragsmiete f; **b.**
result ausgeglichenes Ergebnis
break|-in n Einarbeitung f; **b.-proof** adj
bruchsicher; **b.-up** n Auflösung f, Zer-
schlagung f, Entflechtung f; ~
value Schrott-, Altmaterialwert m;
(Zwangsauflösung) Zerschlagungs-
wert m
bridging n Überbrückung f; **b. credit/**

loan Zwischenkredit *m*; **b. finance** Zwischenfinanzierung *f*

brief *n* Aufgabenbereich *m*, A.gebiet *nt*; Kurzbericht *m*; [§] *(Anwalt)* Mandat *nt*; *v/t* einweisen, informieren; *adj* kurz, knapp; **b.ing** *n* Einweisung *f*, Unterrichtung *f*, Einsatzbesprechung *f*

bring *v/t* bringen, einreichen; **b. down** *(Preis)* senken; **b. forward** *(Termin)* vorverlegen

brisk *adj* lebhaft, rege

broadcast *n* Radio-, Rundfunksendung *f*; **commercial b.** Werbesendung *f*; *v/t* ausstrahlen, senden

brochure *n* Prospekt *m/nt*, Broschüre *f*; **glossy b.** Hochglanzbroschüre *f*

broker *n* Makler *m*, Zwischenhändler *m*; **certified/inside b.** amtlich zugelassener Makler; **official b.** *(Börse)* amtlicher (Kurs)Makler; **outside/unofficial b.** Frei(verkehrs)makler *m*

brokerage *n* Maklerprovision *f*, M.gebühr *f*, (Makler)Courtage *f [frz.]*; **b. contract** Maklervertrag *m*; **b. house** Maklerfirma *f*

broker|s' charges/commission Maklergebühr *f*; **b.'s loan** Effektenkredit *m*; ∼ **note** Schlußschein *m*

brought down *(Seitenende)* Über-, Vortrag *m*; **b. forward** *(Seitenanfang)* Vor-, Übertrag *m*

budget *n* (Staats)Haushalt *m*, Etat *m [frz.]*, Finanzplan *m*; **balancing the b.** Etatausgleich *m*, Haushaltssanierung *f*

to approve the budget Etat/Haushalt genehmigen; **to draw up the b.** Etat/Haushalt(splan) aufstellen; **to exceed the b.** Etat/Haushalt überschreiten; **to include in the b.** in den Haushalt einstellen, etatisieren; **to slash the b.** Kürzungen im Haushalt vornehmen

administrative budget Verwaltungshaushalt *m*; **annual b.** Jahresetat *m*; **departmental b.** Teilhaushalt *m*; **ordinary b.** ordentlicher Haushalt/Etat; **public b.** öffentlicher Haushalt; **supplementary b.** Nachtragshaushalt *m*

budget *v/t* (im Haushalt ein)planen, voraus-, verplanen; **b. for** in Ansatz bringen

budget account Kunden(kredit)konto *nt*; **b. appropriation** Ausgabenbewilligung *f*, Finanzzuweisung *f*

budgetary *adj* haushalts-, etatmäßig

budget costs Plankosten; **b. cut(s)** Etat-, Haushaltskürzung *f*; **B. Day** *[GB]* Tag der Einbringung des Haushalts; **b. draft** Haushaltsentwurf *m*; **b. estimate** Haushaltsvoranschlag *m*; **b. funds** Haushaltsmittel

budgeting *n* Finanzplanung *f*, Haushaltsaufstellung *f*; **managerial b.** Finanzplanung der Unternehmung

budget item Haushaltstitel *m*, H.posten *m*; **b. management** Haushaltsgebaren *nt*; **b. overrun** Etatüberschreitung *f*; **b.-price** *adj* preisgünstig, Niedrigpreis-; **b. resources** Haushaltsmittel; **b. total** Haushaltsvolumen *nt*

buffer *n* Puffer *m*; **b. pool** Ausgleichsreserve *f*; **b. stock(s)** (Rohstoff)Ausgleichslager *nt*, Pufferbestände *pl*

build *v/t* (er-/auf)bauen; **b. up** *(Lager)* aufstocken, auffüllen

builder *n* ⌂ Bauunternehmer *m*, B.träger *m*; **b.'s estimate** Bau(kosten)voranschlag *m*; ∼ **merchant** Baustoffhändler *m*; ∼ **risk insurance** Bau(herren)haftpflichtversicherung *f*

building *n* → **construction** Gebäude *nt*, Bau *m*, Haus *nt*; Bautätigkeit *f*; **b. and civil engineering** Bauhauptgewerbe *nt*; ∼ **industry/trade**; ∼ **trade and industry** Gewerbebau *m*; **b.s and plants under construction** Anlagen im Bau

commercial building Geschäftshaus *nt*, Wirtschaftsgebäude *nt*; ∼ **and industrial b.(s)** Gewerbebau(ten) *m/pl*; **high-rise b.** Hochhaus *nt*; **industrial b.** Fabrik-, Wirtschaftsgebäude *nt*; Gewerbebau *m*; **non-residential b.** gewerblich genutztes Gebäude; **old b.** Altbau *m*; **prefabricated b.** Fertigbau *m*; **public b.** öffentliches Gebäude; **residential b.** Wohngebäude *nt*; Wohnungsbau *m*

building activity Bautätigkeit *f*, B.konjunktur *f*; **b. and loan association** *[US]* Bausparkasse *f*; **b. boom** Baukonjunktur *f*; **b. contractor** Bauunternehmer *m*

building costs Baukosten; **ancillary b. c.** Baunebenkosten; **estimated b. c.** Baukosten(vor)anschlag *m*

building credit Baudarlehen *nt*; **b. estimate** Baukosten(vor)anschlag *m*; **b. industry** Baugewerbe *nt*, B.wirtschaft *f*; **b. inspection** Bauaufsicht *f*, B.abnahme *f*; **b. insurance** Gebäudeversicherung *f*; **b. land** Bauland *nt*; **prospective b. land** Bauerwartungsland *nt*

building materials Baustoffe; **b. operation(s)** Bauausführung *f*; **b. permit** Baugenehmigung *f*; **b. plot** Baugrundstück *nt*; **b. project** Bauobjekt *nt*, B.vorhaben *nt*; **b. site** Baustelle *f*

building society *[GB]* Bausparkasse *f*; **~ deposits/funds** Bauspargelder, Bausparkassenmittel; **~ ('s) interest rate** Bausparzins *m*; **~ loan** Bauspar(kassen)kredit *m*; **~ mortgage** Bauspar(kassen)hypothek *f*; **~ saver** Bausparer *m*

building starts Neubauten; **b. supplies** Baubedarf *m*

building trade Baugewerbe *nt*; **ancillary b. t.** Baunebengewerbe *nt*; **primary b. t.** Rohbau-, Bauhauptgewerbe *nt*

building tycoon Baulöwe *m (coll)*; **b. work** (Roh)Bauarbeiten *pl*, B.leistung *f*; **b. worker** Bauhandwerker *m*, Bau(fach)arbeiter *m*

build-up *n* Aufbau *m*, Anwachsen *nt*, Anstieg *m*; *(Lager)* Aufstockung *f*; **b. of reserves** Reservebildung *f*; **~ stocks** Bevorratungsmaßnahme *f*, Lageraufbau *m*

bulk *n* Menge *f*, der größte Teil; **in b. en gros** *[frz.]*, lose, ohne Verpackung; in Bausch und Bogen; **to break b.** umpacken, Ladung brechen; **to buy in b.** in großen Mengen/Großgebinden/en gros *[frz.]* kaufen; *adj* en gros *[frz.]*, unverpackt

bulk articles Massengüter, M.artikel; **b. business** Breiten-, Massengeschäft *nt*; **b. buyer** Großeinkäufer *m*; **b. buying** Großeinkauf *m*; **b. cargo** Massen(fracht)-, Schüttgut *nt*; **b. carrier** ♺ Massengutfrachter *m*, Schüttguttransporter *m*; **b. commodities/goods** lose/unverpackte Waren, Massen-, Schüttgut *nt*; **b. consignment** Massensendung *f*, lose Ladung; **b. consumer** Großverbraucher *m*, G.abnehmer *m*; **b. discount** Mengenrabatt *m*; **b. mail** ✉ Postwurfsendung *f*; **b. order** Großbestellung *f*; **b. pack** Großpackung *f*, G.gebinde *nt*; **b. price** Mengenpreis *m*; **b. product** Massenerzeugnis *nt*; **b. production** Massenfertigung *f*, M.produktion *f*; **b. purchase** Masseneinkauf *m*; **b. rate/ tariff** Großkunden-, Großabnehmer-, Mengentarif *m*; Schüttguttarif *m*; **b. sale** Massenverkauf *m*; **b. shipment** Massengutsendung *f*; **b. transport** Massen(gut)transport *m*

bulky *adj* massig, sperrig

bull *n* *(fig)* Haussier *m* *[frz.]*, (Hausse)Spekulant *m*; **to be all b.s** haussieren; **b. account** Hausseposition *f*

bullion *n* ungemünztes Gold/Edelmetall; **b. dealing/trade** Edelmetallhandel *m*; **b. market** Gold-, Silberbörse *f*

bullish *adj* haussierend, optimistisch

bull market Aktien-, Effekten-, Börsenhausse *f*; **b. operator** Haussier *m* *[frz.]*

bundle *n* Ballen *m*, Bündel *nt*

buoyancy *n* *(Markt)* Elastizität *f*, steigende Tendenz, Festigkeit *f*; (Hoch)Konjunktur *f*

buoyant *adj* lebhaft, schwungvoll, steigend, blühend, florierend

burden *n* Bürde *f*, Last *f*, Belastung *f*; Gemeinkosten *pl*; **b. of proof** [§] Beweis(führungs)last *f*; **~ tax(ation)** Steuerbelastung *f*, Steuerlast *f*

absorbed burden verrechnete (Fertigungs)Gemeinkosten; **departmental b.** Abteilungs-, (Kosten)Stellengemeinkosten *pl*; **environmental b.** Umweltbelastung *f*; **financial b.** finanzielle Belastung

burden *v/t* belasten, *(Last)* aufbürden

burden (absorption) rate Gemeinkostenverrechnungssatz *m*; **b. centre/department** Kostenstelle *f*; **b.-sharing** *n* Lastenverteilung *f*, L.ausgleich *m*

bureau *n* → **office** Amt *nt*, Geschäfts-, Dienststelle *f*; Büro *nt*; *[US]* Schreibtisch *m*; **b. de change** *[frz.]* Wechsel-

stube *f*; **b. of standards** *[US]* Eich-
amt *nt*; **federal b.** Bundesamt *nt*
burglar *n* Einbrecher *m*, Dieb *m*; **b.ize**
v/t einbrechen; **b.-proof** *adj*
einbruch-, diebstahlsicher; **b.y** *n* §
Einbruchsdiebstahl *m*; ~ **insurance**
Einbruchs(diebstahl)versicherung *f*
burst *n* Ausbruch *m*, plötzliches Erscheinen; **b. of inflation** Inflations-
schub *m*; ~ **investment** Investitionsstoß *m*
business *n*   Geschäft(sbetrieb) *nt/m*,
Firma *f*, Unternehmen *nt*; Gewer-
be *nt*; Wirtschaft(sleben) *f/nt*; Wirt-
schafts-, Geschäftszweig *m*, Branche *f*
[frz.]; Beruf *m*; *(Vers.)* Prämienvolu-
men *nt*, Neugeschäft *nt*; **in b.** selbständig tätig; **in the b.** in der Branche; **on
b.** geschäftlich, dienstlich
business for/on one's own account Ei-
gengeschäft *nt*; **b. with customers**
Kundengeschäft *nt*; **b. in force** *(Vers.)*
Versicherungsbestand *m*; **any other b.
(aob)** *(Tagesordnung)* Verschiede-
nes *nt*; **how is b.?** wie gehen die Geschäfte?; **open for b.** verkaufsoffen,
geöffnet; **b. to be transacted** Tagesordnung *f*
to be in business Kauf-/Geschäftsmann
sein; ~ **away on b.** auf Geschäftsreise
sein; **to chase b.** sich um Aufträge be-
mühen; **to commence b.** Geschäftsbetrieb aufnehmen; **to do b.** Geschäfte
tätigen; **to drum up b.** Geschäft ankur-
beln/anbahnen, Werbetrommel rüh-
ren; **to found a b.** Firma gründen; **to
get down to b.** *(fig)* zur Sache kommen; **to go out of b.** Betrieb schließen,
Geschäft aufgeben; **to manage/run a
b.** Geschäft führen/leiten; **to open a
b.** Betrieb eröffnen; **to pick up b.** Ge-
schäfte/Umsatz machen; **to retire
from b.** Geschäft aufgeben, sich aus
dem Geschäftsleben zurückziehen; **to
secure new b.** neue Abschlüsse tätigen;
to set up (in)/start (a) b. sich selbständig machen, sich niederlassen; **to talk
b.** Geschäftliches besprechen; *(fig)*
zur Sache kommen; **to transact b.** Geschäfte abschließen; **to travel on b.** geschäftlich unterwegs sein/reisen
ancillary business Nebengeschäft *nt*;

big b. Hochfinanz *f*, Großkapital *nt*;
brisk b. reges/lebhaftes Geschäft; **current b.** laufende Geschäfte; **daily/day--
to-day b.** laufender (Geschäfts)Be-
trieb, Tagesgeschäft *nt*; **domestic b.**
Inlandsgeschäft *nt*; **family-run b.** Familienunternehmen *nt*, F.betrieb *m*;
flourishing b. gutgehendes Geschäft;
foreign b. Auslandsgeschäft *nt*; **in--
force b.** (Versicherungs)Bestand *m*;
loss-making b. Verlustgeschäft *nt*;
main b. Kern-, Hauptgeschäft *nt*; **new
b.** neue Aufträge/Abschlüsse, Neugeschäft *nt*; **official b.** Amts-, Dienstsa-
che *f*; **one-man b.** Einzelfirma *f*;
over-the-counter b. außerbörslicher
(Effekten)Handel, Tafelgeschäft *nt*;
paying/profitable/remunerative b. ge-
winnbringendes/lohnendes Geschäft;
physical b. Effektivgeschäft *nt*; **risky
b.** riskante Angelegenheit; **seasonal b.**
Saisonbetrieb *m*; **slack/sluggish b.**
schleppender Geschäftsgang
small business; ~ **and medium-sized
b.es** Mittelstand *m*, mittelständische
Wirtschaft; ~ **b. loan** Mittelstands-
kredit *m*
sound business solides Geschäft, gesun-
des Unternehmen; **subsidized b.** Zu-
schußbetrieb *m*; **well-run b.** ordentlich
geführter Betrieb
business account Geschäfts-, Firmenkonto *nt*; **b. activity** Geschäftsver-
kehr *m*, G.tätigkeit *f*, G.gang *m*;
overall b. activity Konjunktur *f*, gesamtwirtschaftliche Tätigkeit; **b. address** Geschäftsadresse *f*, Firmenanschrift *f*; **b. administration** Betriebs-
wirtschaft(slehre) (BWL) *f*; **b. administrator** Betriebswirt(schaftler) *m*; **b.
appointment** geschäftliche Verabredung; **b. assets** Betriebs-, Geschäfts-
vermögen *nt*; **b. associate** Geschäfts-
partner *m*; **b. budgeting** (Finanz)Pla-
nungsrechnung *f*; **b. call** Geschäftsbe-
such *m*; ☏ Dienstgespräch *nt*; **b. capital** Geschäftskapital *nt*, Betriebsvermögen *nt*; **b. card** Geschäfts-, Visiten-
karte *f*; **b. centre** Geschäftszen-
trum *nt*; **b. circles/community**
Handels-, Wirtschaftskreise *pl*, Ge-
schäfts-, Wirtschaftswelt *f*; **b. climate**

Konjunkturklima *nt*, Marktverfassung *f*; **b. college** *[US]* Wirtschaftshochschule *f*; (Höhere) Handelsschule *f*; **b. conference** geschäftliche Besprechung; **b. confidence** Konjunkturoptimismus *m*; **b. connection** geschäftliche Beziehung; **to enter into b. connections** Geschäftsverbindung anbahnen, in ~ treten; **b. consultant** Unternehmens-, Wirtschaftsberater *m*; **b. consulting** Unternehmens-, Wirtschaftsberatung *f*; **b. contact** Geschäftsverbindung *f*, G.kontakt *m*; **b. correspondence** Geschäfts-, Handelskorrespondenz *f*; **b. custom** Geschäftsusance *f*; **b. customer** gewerblicher Kunde; **b. customers** gewerbliche Kundschaft

business cycle Wirtschaftskreislauf *m*, Konjunkturzyklus *m*; ~ **analyst** Konjunkturforscher *m*; ~ **contraction** Abschwung(phase) *m/f*; ~ **expansion** Aufschwung(phase) *m/f*; ~ **policy** Konjunkturpolitik *f*

each business day werktäglich; **b. deal** Geschäftsabschluß *m*; **b. debts** Betriebsschulden; **b. documents** Geschäftsunterlagen; **b. earnings** Unternehmergewinn(e); **b. economics** Betriebswirtschaft(slehre) (BWL) *f*; **b. enterprise** Wirtschaftsunternehmen *nt*, gewerblicher Betrieb; **b. entity** Wirtschaftseinheit *f*; **b. environment** wirtschaftliche Rahmenbedingungen; **b. establishment** Geschäftseinrichtung *f*, G.betrieb *m*; **b. expansion** Geschäftserweiterung *f*; **b. expenses** Geschäftskosten *pl*, Betriebsausgaben *pl*; **b. failure** Firmenpleite *f*; **b. finance** Unternehmensfinanzierung *f*; **b. forecasting** Konjunkturprognose *f*; **b. friend** Geschäftsfreund *m*; **b. hours** Geschäftszeit *f*, Öffnungszeiten; **b. income** gewerbliches Einkommen, Unternehmereinkommen *nt*; **b. insurance** Betriebs-, Sachversicherung *f*; **b. interest** Geschäftsbeteiligung *f*, Firmenanteil *m*; **b. interruption insurance** Betriebsunterbrechungsversicherung *f*; **b. inventory** Betriebsinventar *nt*; **b. investment** betriebliche/gewerbliche Investition(en); **b. law** Wirtschafts-

recht *nt*; **b. leader** Wirtschaftsführer *m*; **b. letter** Geschäftsbrief *m*; **b. licence** Gewerbeschein *m*; **b.-like** *adj* geschäftstüchtig, g.mäßig; **b. magazine** Wirtschaftsmagazin *nt*; **b. mail** Geschäftspost *f*

businessman *n* Geschäfts-, Kaufmann *m*, Unternehmer *m*; **b. by registration** Sollkaufmann *m*; **prudent b.** umsichtiger Geschäftsmann; **small b.** mittelständischer Unternehmer

business management Betriebs-, Unternehmensführung *f*; **b. manager** kaufmännischer Direktor; **b. matter** geschäftliche Angelegenheit; **b. methods** Geschäftsgebaren *nt*; **b. name** Firmenname *f*; **b. news** Wirtschaftsnachrichten; **b. operation** Geschäft(stätigkeit) *nt/f*; **b. organisation** Handels-, Geschäftsorganisation *f*; **b. pages** *(Zeitung)* Wirtschaftsteil *m*; **b. park** Einkaufs-, Gewerbezentrum *nt*; **b. policy** Unternehmenspolitik *f*; **b. practice(s)** Wirtschaftspraxis *f*; **b. premises** Geschäftsräume, Laden-, Geschäftslokal *nt*; **b. principles** kaufmännische Grundsätze; **b. profit** Unternehmensgewinn *m*; **b. property** Geschäfts-, Betriebsgrundstück *nt*; **b. prospects** Konjunkturaussichten; **b. quarters** Wirtschaftskreise; **b. records** Geschäftsbücher; **b. registration** Gewerbeanmeldung *f*; **b. relations** Geschäftsbeziehungen; **b. reply** ⊠ Antwort beantwort *f*; **b. report** Geschäfts-, Rechenschaftsbericht *m*; **b. research** Konjunkturforschung *f*; **b. revival** Konjunkturbelebung *f*; **b. risk** unternehmerisches Risiko, Betriebsrisiko *nt*; **b. school** Handels(hoch)schule *f*; wirtschaftswissenschaftliche/betriebswirtschaftliche Fakultät; **b. science/studies** Wirtschaftswissenschaften *pl*, Betriebswirtschaft(slehre) (BWL) *f*; **b. section** *(Zeitung)* Wirtschaftsteil *m*; **b. start-up** Unternehmens-, Geschäfts(neu)gründung *f*, G.eröffnung *f*; **b. statistics** Betriebs-, Wirtschaftsstatistik *f*; **b. tax** Gewerbe(ertrags)steuer *f*; **b. travel** Geschäftsreisen *pl*; **b. trend** Konjunktur-, Wirtschaftsentwicklung *f*; **b. under-**

taking/venture Unternehmung *f*, Geschäftsunternehmen *nt*; **b. volume** Geschäftsumfang *m*; **b.woman** *n* Geschäfts-, Kauffrau *f*; **b. year** Wirtschafts-, Geschäftsjahr *nt*
bust *adj (coll)* bankrott, pleite *(coll)*
busy *adj* lebhaft, beschäftigt; ✎ *[US]* besetzt
buy *n* (An-/Ein)Kauf *m*
buy *v/t* → **purchase** (ein)kaufen, (käuflich) erwerben; **b. firm** fest kaufen; **b. first-hand** aus erster Hand kaufen; **b. forward** per Termin kaufen; **b. in** einkaufen, sich eindecken; **b. out** frei-, aufkaufen; **b. outright** per Kasse/gegen sofortige Lieferung kaufen; **b. second-hand** aus zweiter Hand kaufen
buy-back *n* Rückkauf *m*; **b. deal** Rückkauf-, Kompensationsgeschäft *nt*
buyer *n* Käufer *m*, Erwerber *m*; Einkäufer *m*; **central b.** Zentraleinkäufer *m*; **chief b.** Einkaufsleiter *m*, Leiter der Einkaufsabteilung; **first(-time) b.** Ersterwerber *m*; **industrial b.** gewerblicher Abnehmer; **potential/prospective b.** (Kauf)Interessent *m*, Kaufanwärter *m*; **second/subsequent b.** Zweiterwerber *m*
for buyer's account and risk auf Rechnung und Gefahr des Käufers; **b.'s credit** Bestellerkredit *m*; **b. group** Käuferschicht *f*; **b.'s market** Käufer-, Nachfragemarkt *m*; **at ~ option** nach Wahl des Käufers; **~ pass/permit** Einkaufs-, Einkäuferausweis *m*; **b.(s') resistance** Kaufwiderstand *m*; **b.'s risk** Käuferrisiko *nt*; **at ~ and expense** auf Rechnung und Gefahr des Käufers
buying *n* Erwerb *m*, Bezug *m*; **b. for cash** Barkauf *m*; **b. on margin** Effektenkauf mit Einschuß; **b. for a rise** Kauf auf Hausse; **b. and selling** (Ein)Kauf und Verkauf; **b. on time** Kauf auf Raten; **direct b.** Direktbezug *m*; **follow-through b.** Anschlußkäufe *pl*; **forward b.** Zeit-, Terminkauf *m*; **speculative b.** Meinungskäufe *pl*; **stockless b.** lagerlose Beschaffung
buying agency Einkaufsvertretung *f*; **b. agent** Einkäufer *m*; **b. behaviour** Kaufverhalten *nt*; **b. costs** Erwerbskosten; **b. habits** Käufergewohnheiten, K.ver-

halten *nt*; **b. market** Beschaffungsmarkt *m*; **b. order** Kaufauftrag *m*; **b. price** Kaufpreis *m*; Ausgabekurs *m*; **b. rate** (Devisen)Ankaufkurs *m*
buyout *n* (Unternehmens)Aufkauf *m*; **leveraged b.** Firmenkauf mit Kreditmitteln
bye-law(s); bylaw(s) *n* § Satzung *f*, Statuten *pl*
by-product *n* Neben-, Abfallprodukt *nt*

C

cable *n* Telegramm *nt*; *v/t* kabeln, telegraphieren; **c. address** Telegramm-, Kabeladresse *f*; **c.gram** *n* Kabel-(tele)gramm *nt*; **c. money order** Kabelanweisung *f*; **c. transfer** telegraphische Überweisung
cafeteria system *n [US]* Vergütung mit Wahl des Verhältnisses von Grundgehalt und Nebenleistungen
calamity *n* Katastrophe *f*; **c. cover(age)** *(Vers.)* Katastrophendeckung *f*
calculate *v/t* kalkulieren, (er-/be)rechnen
calculation *n* Kalkulation *f*, Be-, Errechnung *f*; **c. of costs** Kostenkalkulation *f*; **~ earning power** Rentabilitäts(be)rechnung *f*; **~ freight (charges)** Frachtberechnung *f*; **~ interest** Zins(be)rechnung *f*; **compound ~ interest** Zinseszinsrechnung *f*; **~ profits** Gewinnermittlung *f*; **approximate c.** Näherungsrechnung *f*; **rough c.** Überschlagsrechnung *f*
calendar *n* (Termin)Kalender *m*; **c. of events** Veranstaltungskalender *m*; **c. year** Kalenderjahr *m*
call *n* (Auf)Ruf *m*; ✎ Anruf *m*, Gespräch *nt*, Telefonat *nt*; Besuch *m*; Zahlungsaufforderung *f*; Kaufoption *f*, Vorprämie *f*; **on c.** auf Abruf/ tägliche Kündigung; *(Personal)* in Bereitschaft; **c. for bids** Ausschreibung *f*; **~ additional cover** *(Börse)* Nachschußaufforderung *f*; **~ redemption** Kündigung *f*; **~ a strike**

Streikaufruf *m*; **to give for the c.**
(Börse) Vorprämie kaufen; **to take
for the c.** Vorprämie nehmen/verkaufen
closing call *(Börse)* Schlußkurs(e)
m/pl; **cold c.** *(Vertreter)* unangemeldeter Besuch; **follow-up c.** Nachfaßbesuch *m*; **international c.** ☎ Auslandsgespräch *nt*; **long-distance c.** ☎ Ferngespräch *nt*; **opening c.** *(Börse)* Eröffnungskurs(e) *m/pl*; **reversed-charge c.**
☎ *[GB]* R-Gespräch *nt*; **toll-free c.** ☎
gebührenfreier Anruf
call *v/ti* rufen, nennen; telefonieren,
anrufen; kündigen, einfordern; *(Versammlung)* einberufen; **c. at** ⚓ *(Hafen)* anlaufen; ✈ anfliegen; **c. in** bei-,
hinzuziehen; *(Kredit)* (auf)kündigen;
c. off absagen; *(Streik)* beenden
call box ☎ Telefon-, Fernsprechzelle *f*;
c. charge ☎ Gesprächsgebühr *f*; **c. deposit(s)** abrufbare Einlagen, täglich
fälliges Guthaben, Sichteinlagen *pl*
to be called for ✉ postlagernd
caller *n* Besucher *m*; Anrufer *m*
call letter *n* Einzahlungsaufforderung *f*; **c. loan/money** täglich kündbares Darlehen, ~ abhebbares Guthaben, Tagesgeld *nt*; **c. number** Ruf-, Telefonnummer *f*; **c. option** Kaufoption *f*; **c. order** Abrufauftrag *m*; **c. premium** *(Optionshandel)* Vorprämie *f*;
(Anleihe) Tilgungsaufgeld *nt*; **c. price**
Vorprämienkurs *m*; **c. purchase** Kauf
auf Abruf; **c. rate** (Zins)Satz für Tagesgeld; **c. signal** ☎ Rufzeichen *nt*; **c.
workforce** Betriebsreserve *f*, Springer *pl*
campaign *n* Aktion *f*, Kampagne *f*,
Feldzug *m*; **introductory c.** Einführungskampagne *f*; **promotional c.**
Werbekampagne *f*
canal *n* Kanal *m*; **c. dues** Kanalgebühren *pl*; **c. port** Kanalhafen *m*
cancel *v/t* entwerten; rückgängig/ungültig machen; abbestellen, stornieren, kündigen
cancellation *n* Abbestellung *f*, Stornierung *f*, Kündigung *f*; **c. of (a) contract**
Vertragsauflösung *f*; ~ **a debt** Schuldenerlaß *m*; ~ **an entry** Löschung eines Eintrags; ~ **a mortgage** Löschung

einer Hypothek; ~ **an order** Widerruf/Zurückziehung einer Bestellung;
~ **sale** Wand(e)lung *f*; **c. charge/fee**
Rücktritts-, Stornogebühr *f*; **c. stamp**
Entwertungsstempel *m*
candidate *n* Bewerber *m*, Kandidat *m*
canteen *n* Kantine *f*, Gemeinschaftsküche *f*
canvass *n* persönliche Werbung; *v/t*
(Kunden) ansprechen; akquirieren;
c.er *n* Akquisiteur *m*, Vertreter *m*
capability *n* Tauglichkeit *f*, Fähigkeit *f*, Leistungsvermögen *nt*; **operational/operative c.** betriebliches Potential
capable *adj* tüchtig, (handlungs-/leistungs)fähig; **legally c.** geschäfts-, vertragsfähig
capacity *n* Kapazität *f*, Fassungs-, Leistungsvermögen *nt*; Ladefähigkeit *f*;
Stellung *f*, Funktion *f*
capacity to contract; ~ **act in law** [§]
Geschäftsfähigkeit *f*; ~ **compete**
Wettbewerbsfähigkeit *f*; ~ **pay** Zahlungsfähigkeit *f*; ~ **sue and be sued**
[§] Parteifähigkeit *f*
to close capacity Kapazität (endgültig)
stillegen; **to operate at full c.**; **to work
to c.** mit voller Leistung/Kapazität arbeiten, voll beschäftigt sein; ~ **near
full c.** nahe an der Kapazitätsgrenze
arbeiten
in an advisory capacity in beratender
Funktion; **budgeted c.** Plankapazität *f*; **carrying c.** Ladefähigkeit *f*, Zuladung *f*; **excess/spare/surplus c.** freie/
überschüssige Kapazität, Kapazitätsüberhang *m*; **financial c.** finanzielle
Leistungsfähigkeit *f*; **idle c.** freie/ungenutzte Kapazität; **legal c.** Geschäfts-, Rechtsfähigkeit *f*; **in a managerial c.** in leitender Stellung; ~ **an
official c.** in offizieller/amtlicher Eigenschaft; **productive c.** 🏭 Leistungsfähigkeit *f*, Produktionskapazität *f*;
tax-paying c. steuerliche Leistungsfähigkeit *f*, Steuerkraft *f*
capacity closure Kapazitätsstillegung *f*; **c. constraint(s)/restraint** Kapazitätsengpaß *m*; **c. cost(s)** Fix-, Kapazitätskosten *pl*; **c. limit** Kapazitätsgrenze *f*; **c. output; full c. utilization**

Vollbeschäftigung *f*; **c. reserve(s)** ungenutzte Kapazität; **c. utilization** (Kapazitäts)Auslastung *f*

per capita *adj (lat.)* pro Kopf/Person

capital *n* Kapital *nt* (Geld)Mittel *pl*, Vermögen *nt*; *(Bilanz)* Kapitalanteil *m*, Eigenkapital *nt*; Produktionsfaktor Kapital; Unternehmertum *nt*

capital and retained earnings Eigenkapital und Rücklagen; ~ **labour** Kapital und Arbeit; ~ **reserves** *(Bilanz)* Eigenkapital *nt*; **c. at risk** Risikokapital *nt*

capital employed eingesetztes/betriebsbedingtes Kapital; **c. subscribed** gezeichnetes Kapital; ~ **in kind** Sachkapital *nt*

to adjust capital Kapital berichtigen; **to call in c.** Kapital einziehen; **to charge to c.** aktivieren; **to contribute c.** Kapital einbringen; **to dilute c.** (Aktien)Kapital verwässern; **to increase c.** Kapital aufstocken, Kapitalerhöhung vornehmen; **to invest c.** Kapital anlegen; **to lock/tie up c.** Kapital festlegen/binden; **to procure c.** Kapital beschaffen; **to put up/raise c.** Kapital aufnehmen/aufbringen; **to write down/off c.** Kapitalschnitt vornehmen

active/current capital Aktiva *pl*, Betriebskapital *nt*; **authorized c.** genehmigtes Kapital, Stammkapital *nt*; **borrowed c.** fremdes/aufgenommenes Kapital, Fremdkapital *nt*; **brought-in c.** Kapitaleinlage *f*; **called-up c.** (zur Einzahlung) aufgerufenes Kapital; **circulating/floating c.** Umlauf-, Betriebskapital *nt*; **cooperative c.** Genossenschaftskapital *nt*; **corporate c.** *[US]* Gesellschaftskapital *nt*; **dead/idle c.** totes/brachliegendes Kapital; **employed c.** Produktivkapital *nt*; **fixed c.** Anlage-, Sachvermögen *nt*, Anlagekapital *nt*; ~ **formation** Investitionsausgaben *pl*; **foreign c.** Auslandskapital *nt*; **human c.** Humankapital *nt*; **interest-bearing c.** verzinsliches Kapital; **invested/paid-in c.** Kapitalanlage *f*, Anlagevermögen *nt*; **issued c.** begebenes Kapital; **nominal c.** Nenn-, Nominal-, Stammkapital *nt*; **outside c.** Fremdkapital *nt*, betriebsfremde Mit-

tel; **outstanding c.** Restschuld *f*, ausstehendes Kapital; **physical c.** Sachanlagevermögen *nt*; **productive c.** Produktivkapital *nt*; **real c.** Sach-, Realkapital *nt*; **risk-bearing c.** Risikokapital *nt*; **start-up c.** Anfangs-, Startkapital *nt*; **working c.** Eigen-, Betriebskapital *nt*, (Netto)Umlaufvermögen *nt*

capital account Kapitalkonto *nt*, K.rechnung *f*, Vermögenshaushalt *m*, V.rechnung *f*; **c. accumulation** Kapitalansammlung *f*, K.bildung *f*; **c. adjustment** Kapitalberichtigung *f*; **c. aid** Kapitalhilfe *f*; **c. appreciation** Kapitalwerterhöhung *f*, K.zuwachs *m*; **c. appropriation** Kapitalverwendung *f*, K.einsatz *m*; **c. asset** Investition *f*, Anlagegegenstand *m*; **c. assets** Sachanlagen, Anlagevermögen *nt*; **c. backing** Kapitalausstattung *f*; **c. base** Kapitalbasis *f*, K.decke *f*; **c. bonus** *[GB]* Stockdividende *f*, Gratisaktie *f*; **c. budget** Investitions-, Vermögenshaushalt *m*; **c. budgeting** Investitions-, Kapitalbedarfsrechnung *f*; **c. charges** Kapitalkosten; **c. consolidation** Kapitalzusammenlegung *f*; **c. consumption** Kapitalaufzehrung *f*, K.verzehr *m*; **c. contribution** Kapitalzuschuß *m*, K.einschuß *m*, Einlage *f*; **non-cash c. contribution** Sacheinlage *f*; **c. controls** Kapitalverkehrskontrolle *f*; **c. cost(s)** Kapitalkosten *pl*; **c. cover** Kapitaldecke *f*, K.deckung *f*; **c. demand** Kapitalbedarf *m*; **c. depreciation** Kapitalabschreibung *f*, K.verschleiß *m*, Anlage(n)abschreibung *f*; **c. dilution** Kapitalverwässerung *f*; **c. distribution** (Kapital-/Bar)Ausschüttung *f*; **c. drain** Kapitalabfluß *m*; **c. duty** Vermögensabgabe *f*; **c. endowment** Kapitalausstattung *f*; **c. equipment** Anlagegüter *pl*, Sachkapital *nt*; ~ **industry** Produktionsgüterindustrie *f*

capital expenditure(s) (Anlage)Kapitalaufwand *m*, K.kosten *pl*, Investitionsausgaben *pl*; *(Bilanz)* aktivierungspflichtiger Aufwand; **c. e. on physical assets** Sachinvestitionen *pl*; ~ **equipment** Ausrüstungsinvestitionen *pl*; **fixed c. e.** Anlageinvestitionen *pl*; **c. e. account** Investitionsrechnung *f*; ~

budget Investitionshaushalt m; ~ **ratio** Kapitalintensität f
capital expenses Kosten der Aktienemission, Emissionskosten pl; **c. export(s)** Kapitalexport m, K.ausfuhr f; **c. flow** Kapitalfluß m; **c. formation** Kapital-, Vermögensbildung f; **gross domestic c. formation** Bruttoinlandsinvestitionen pl
capital gain (realisierter) Kursgewinn m, Vermögenszuwachs m, Kapitalertrag m; **c. g.s** Gewinn aus der Veräußerung von Vermögen; ~ **and losses** Veränderungen im Anlagevermögen; ~ **tax** Kapitalertrags-, Spekulationssteuer f
capital gearing Fremdkapitalanteil m, Verschuldungsgrad m, Kapitalintensität f; **c. goods** Investitions-, Produktionsgüter; ~ **industry** Investitionsgüterindustrie f; **c. grant** Kapitalzuschuß m, K.(bei)hilfe f; **c. growth** Kapitalzuwachs m; **c. holding** Kapitalbesitz m; **c. import(s)** Kapitalimport m, K.einfuhr f; **c. income** Kapitaleinkünfte pl, Einkünfte aus Kapitalvermögen; **c. increase** Kapitalaufstockung f, K.erhöhung f; ~ **for cash;** ~ **against cash contribution** Barkapitalerhöhung f; **c. increment** Vermögenszuwachs m; **c. inflow** Kapitalzufluß m, K.import m; **c. injection** Kapitalzufuhr f; **c. input** Kapitaleinsatz m; **c.-intensive** adj kapitalintensiv; **c. interest** Kapitalbeteiligung f
capital investment (langfristige) Kapital-, Geldanlage f; ~ **grant** Investitionsbeihilfe f; ~ **reserves** Investitionsrücklage f
capitalism n Kapitalismus m
capital issue Effekten-, Kapitalemission f
capitalist n Kapitalist m; **c.(ic)** adj kapitalistisch
capitalization n Kapitalisierung f, Kapitalstruktur f, K.ausstattung f, Anlageintensität f; Aktivierung f; **c. of reserves** Kapitalerhöhung aus offenen Rücklagen; **c. issue** Bezugsrechtsemission f, Ausgabe von Gratisaktien; **c. share** Gratisaktie f
capitalize v/t (Börse) bewerten; kapi-

talisieren, mit Kapital ausstatten; **c. on** Nutzen ziehen aus
capital leverage Kapitalhebelwirkung f, Fremdkapitalanteil m, Verschuldungsgrad m; **c. levy** Vermögensabgabe f; **c. lockup** Kapitalbindung f; **c. loss** Kapitalverlust m
capital market Finanz-, Geldmarkt m; **eligible for the c. m.** kapitalmarktfähig; **c. m. control(s)** Kapitalmarktsteuerung f; ~ **funds** Kapitalmarktmittel; ~ **issue** Kapitalmarktemission f; ~ **rates** Kapitalmarktsätze; ~ **security** Kapital(markt)titel m
capital movement(s) Kapitalverkehr m; **c. needs/requirements** Kapitalbedarf m; **c. outflows** Kapitalabfluß m, K.exporte; **c. outlay/spending** Investition(sausgaben) f/pl, I.aufwand m, investive Ausgaben, Kapitalaufwand m; **c. procurement** Kapitalbeschaffung f; **c. profit** Kapital-, Veräußerungsgewinn m; **c. project** Investitionsobjekt nt, I.vorhaben nt; **c. reconstruction** (finanzielle) Sanierung f; ~ **scheme** Sanierungsplan m; **c. redemption** Kapitalablösung f, K.tilgung f; **c. reduction** Kapitalherabsetzung f, K.schnitt m; **c. reserve(s)** Kapitalreserve f, Reservekapital nt, (Sonder)Rücklagen pl; **c. resources** Kapitalausstattung f; **c. restructuring** Kapitalumschichtung f; **c. return** Kapitalverzinsung f
capital stock Aktien(kapital) pl/nt, Stammkapital nt; **authorized c. s.** genehmigtes (Aktien)Kapital; **issued c. s.** ausgegebenes/begebenes (Aktien)Kapital; **outstanding c. s.** nicht eingezahltes Grundkapital; **preferred c. s.** Vorzugsaktien pl, bevorrechtigtes Kapital
capital structure Kapitalstruktur f; **c. sum** Kapitalbetrag m; (Vers.) Versicherungssumme f; **c. supply** Kapitalaufkommen nt; **c. surplus** Kapitalüberschuß m; [US] Emissions-, Aktienagio nt; **c. tax** Vermögensabgabe f; **c. transactions** Kapital(überweisungs)verkehr m; ~ **tax** Kapitalverkehrssteuer f; **c. transfer** Kapitalübertragung f, K.transfer m; ~ **tax** [GB]

Erbschafts- und Schenkungsssteuer *f*; **c. turnover** Kapitalumschlag *m*; **c. utilization** Kapitalnutzung *f*, K.einsatz *m*; **c. value** Geldwert *m*; **c. write--down** Kapitalschnitt *m*, K.herabsetzung *f*; **c. yield** Kapitalertrag *m*

capitation fee Kopfbebühr *f*; **c. tax** Kopfsteuer *f*

captain *n* (Schiffs)Kapitän *m*, S.führer *m*; **c. of industry** führender Industrieller; **c.'s copy** *(Konnossement)* Durchschrift für den Kapitän

caption *n* (Bild)Unterschrift *f*, Schlagzeile *f*

car *n* 🚆 (Kraft)Wagen *m*, Auto *nt*; *[US]* 🚃 Güterwagen *m*, Waggon *m*; **consolidated c.** Sammelwaggon *m*; **flat c.** 🚃 Niederbordwagen *m*

carbon paper Kohle-, Durchschlagpapier *nt*

car boom Autofrühling *m (fig)*, A.mobilkonjunktur *f*; **c. boot sale** *[GB]* Kofferraumverkauf *m*, Trödelmarkt *m*

car component Autozubehörteil *nt*; **c. c.s industry** Autozulieferindustrie *f*

card *n* (Visiten-/Einladungs-/Mitglieds)Karte *f*; **to ask for one's c.s** Entlassungspapiere anfordern, kündigen; **to get one's c.s** entlassen/gefeuert *(coll)* werden

cardboard *n* Karton(papier) *m*/*nt*, Pappe *f*; **corrugated c.** Wellpappe *f*; **c. box** Pappkarton *m*

car dealer Fahrzeug-, Autohändler *m*

card holder Karteninhaber *m*

care *n* Sorgfalt(spflicht) *f*, (Für)Sorge *f*, Pflege *f*; **c. of (c/o)** ⊠ per Adresse, bei, zu Händen (z. Hd.) von; **with due c.** mit gebührender Sorgfalt; **due c. and attention** verkehrsübliche Sorgfalt; **handle with c.** Vorsicht!; **customary c.** verkehrsübliche Sorgfalt; **reasonable c.** angemessene Sorgfalt; **c. allowance** Pflegezuschuß *m*

career *n* Beruf *m*, (beruflicher) Werdegang *m*, Laufbahn *f*, Lebenslauf *m*; **professional c.** beruflicher Werdegang; **career advancement** Berufsförderung *f*; **c. advice/counselling/guidance** Berufsberatung *f*; **c. break** Unterbrechung der Berufstätigkeit; **c. management**

Karriereplanung *f*; **c. opportunities** Berufs-, Aufstiegsmöglichkeiten; **c. path/progression** beruflicher Werdegang; **c. prospects** berufliche Möglichkeiten, Aufstiegschancen; **c. structure** Berufslaufbahn *f*

cargo *n* (See)Fracht *f*, Ladung *f*, Beförderungsgut *nt*

to carry cargo Fracht(gut) befördern; **to close for c.** Ladeschluß haben; **to handle c.** Fracht umschlagen

dry cargo Schütt-, Trockengut *nt*; ~ **carrier/ship** Trockengutschiff *nt*, T.frachter *m*; **floating c.** schwimmende Ladung; **general/mixed c.** gemischte Fracht, Stückgut *nt*, S.(gut)fracht *f*, Partiefracht *f*; **inward c.** Herfracht *f*; **joint c.** Sammelladung *f*; **liquid c.** flüssige/nasse Ladung; **loose c.** bewegliche Ladung; **outward c.** Hinfracht *f*, abgehende/ausgehende Fracht; **perishable c.** verderbliche Ladung

cargo agent Frachtspediteur *m*; **c. capacity** Ladefähigkeit *f*, L.kapazität *f*; **c. deck** Ladedeck *nt*; **c. handling** Frachtumschlag *m*; **c. hold** 🚢/⚓ Fracht-, Laderaum *m*; **c. insurance** Fracht-, Güterversicherung *f*; **c. liner** ⚓ Linienfrachter *m*; **c. manifest** Ladungsverzeichnis *nt*; **c. movement(s)** Frachtumschlag *m*; **c. rate** Frachtrate *f*

car insurance Fahrzeugversicherung *f*; **comprehensive c. i.** Vollkasko-, Fahrzeugvollversicherung *f*

car load (c.l.) 🚃 Waggon-, Komplettladung *f*; **less than c. l. (LCL)** Teilladung *f*, Stückgutpartie *f*; **c. l. freight** Waggonfracht *f*; ~ **lot** 🚃 Waggonladung *f*; ~ **shipment** Waggonsendung *f*

car|maker; c. manufacturer *n* Auto(mobil)hersteller *m*; **c. owner** (Kraft)Fahrzeugbesitzer *m*, (K.)Fahrzeughalter *m*; **c. pool** Fahrgemeinschaft *f*; **c. production** (Kraft)Fahrzeug-, Auto(mobil)produktion *f*; **c. rental** Autoverleih *m*

carriage *n* Transport *m*, Beförderung *f*; Transportkosten *pl*, Frachtgeld *nt*, F.gebühr *f*; 🚃 Reisezugwagen *m*

carriage by air Luftbeförderung *f*; **c. of goods** Güter-, Warenbeförderung *f*; **c. by land** Transport zu Lande; ~ **rail** Transport per Bahn, Schienentransport *m*; ~ **road** Transport per LKW, Straßentransport *m*; ~ **sea** Beförderung auf dem Seewege; ~ **water** Transport zu Wasser

carriage forward (carr. fwd.) unfrei, Fracht (be)zahlt Empfänger; **c. free** frachtfrei, franko; **c. inwards** Eingangsfracht *f*, Frachtspesen *pl*; **c. outwards** Versandkosten *pl*, Frachtspesen *pl*; **c. paid (c.p.; cge. paid; c/p)** Fracht (voraus)bezahlt, (fracht)frei, franko; **c. prepaid** frachtfrei, Fracht bezahlt; **c. and duty prepaid** franko Fracht und Zoll

additional carriage Frachtzuschlag *m*, F.aufschlag *m*

carriage charge(s) Fracht(gebühr) *f*, Beförderungs-, Transportkosten *pl*; **c. insurance** Frachtversicherung *f*; **c.way** *n* 🚉 Fahrbahn *f*

carried down (c.d.) *adj* Übertrag *m*; **c. forward (c/f)/over** Vor-, Übertrag *m*

carrier *n* Beförderer *m*, Spediteur *m*, Transportunternehmer *m*, Frachtführer *m*, Spedition *f*; ✈ Fluggesellschaft *f*; **free c. (FCA)** frei Frachtführer

common carrier (öffentlicher/gewerbsmäßiger) Spediteur/Transportunternehmer *m*; **connecting c.** Korrespondenzspediteur *m*; **marine c.** Seefrachtführer *m*; **private c.** Werksverkehr *m*, W.spedition *f*; **scheduled c.** ✈ Linienfluggesellschaft *f*; ⚓ Linienreederei *f*

carrier bag Tragetasche *f*; **c.'s charges** Speditionsgebühren; ~ **liability** Haftung/Haftpflicht des Frachtführers, ~ Spediteurs; ~ **lien** Zurückbehaltungsrecht des Spediteurs; ~ **manifest** Ladungsverzeichnis *nt*; ~ **risk (C.R.)** Risiko des Spediteurs

carry *n* Über-, Vortrag *m*; *v/t* tragen, (über)bringen, transportieren, befördern; *(Artikel)* führen; **c. back** zurücktragen; **c. down** *(Saldo)* vortragen; **c. forward/over** vor-, übertragen; **c. out** durchführen, abwickeln

carryback *n* Rück(über)trag *m*, Ver-

lustrücktrag *m*

carrying *n* Transport *m*, Beförderung *f*; **c.s** Beförderungszahlen; **c. capacity** Nutzlast *f*; **c. charges** Transport-, Beförderungskosten

carryover *n* (Rechnungs)Übertrag *m*, Verlustvortrag *m*

cartage *n* Rollfuhr *f*; Roll-, Fuhrgeld *nt*, (Fracht)Zustellgebühr *f*; **c. rate** Rollfuhrtarif *m*

cartel *n* Kartell *nt*; **c. agreement** Kartellabsprache *f*; **c. division** §️ Kartellsenat *m*; **c.ize** *v/ti* Kartell bilden, zu einem K. vereinigen; **c. office** Kartellamt *nt*, K.behörde *f*

cart|er *n* Rollfuhrunternehmen *nt*; **c.ing (service)** *n* Rollfuhr(dienst) *f/m*; **c.load** *n* Fuhre *f*

carton *n* (Papp)Karton *m*; *(Zigaretten)* Stange *f*

car trade Kraftfahrzeughandel *m*

cascade tax *n* Kaskadensteuer *f*, Allphasen-Umsatzsteuer *f*

case *n* §️ (Streit)Fall *m*, Rechtssache *f*; Kiste *f*, Etui *nt [frz.]*

in case of emergency im Notfall, bei Gefahr; **c. at issue/under review** vorliegender/strittiger Fall; **as the c. may be** je nach Sachlage, ~ Lage des Falles

to bring a case against so. Verfahren gegen jdn einleiten; **to decide a c. on its merits** nach Sachlage entscheiden; **to dismiss a c.** Klage abweisen; **to hear a c.** in einer/über eine Sache verhandeln; **to lose a c.** Prozeß verlieren; **to open a c.** Verfahren eröffnen; **to win a c.** Prozeß gewinnen

civil case Zivilsache *f*, Z.prozeß *m*; **commercial c.** Handelssache *f*; **contentious c.** streitige Angelegenheit; **exceptional c.** Ausnahmefall *m*; **leading c.** Präzedenzfall *m*; **non-litigious c.** nichtstreitige Sache; **pending c.** anhängige (Rechts)Sache; **urgent c.** Dringlichkeitsfall *m*

case history Vorgeschichte *f*; **c. law** §️ Fall-, Präzedenzrecht *nt*; **c. records** §️ Prozeßakten; **c. worker** Sachbearbeiter *m*; Sozialarbeiter *m*

cash *n* Barzahlung *f*, B.geld *nt*, B.mittel *pl*; Kassenbestand *m*, Kassen-, Bankguthaben *nt*; **c. (down); against/**

for **c.** (gegen) bar
cash in advance (c.i.a.) Vorauszahlung *f*, Vorkasse *f*; **c. at/in bank** Bankguthaben *nt/pl*; **c. at call** Kontokorrentguthaben *nt/pl*, Sichteinlagen *pl*
cash and carry Abholgroßhandel(smarkt) *m*; ~ **price** Mitnahmepreis *m*; ~ **store** Verbrauchermarkt *m*; ~ **wholesaler** (Selbst)Abholgrossist *m*
cash on delivery (COD; c.o.d.) (per/gegen) Nachnahme *f*, Bar-/Bezahlung bei Lieferung, Verkauf gegen Nachnahme; **c. less discount** bar abzüglich Rabatt; **c. against documents (c.a.d.)** Dokumente gegen Kasse, Kasse gegen Dokumente; **c. in/on hand** Barmittel *pl*, B.(geld)bestand *m*, B.guthaben *nt*, Kassenbestand *m*; **c. with order (c.w.o.)** Bezahlung bei Bestellung/ Auftragserteilung
cash paid bar bezahlt; **c. received** (Betrag) bar erhalten
to pay (in) cash bar (be)zahlen; **to raise c.** Mittel beschaffen
hard cash Bar-, Hartgeld *nt*; **net c.** netto Kasse, bar ohne Abzug; **prompt** ~ **c.** sofort netto Kasse; **ready c.** Bargeld *nt*; **surplus c.** Kassenüberschuß *m*
cash *v/t* (in bar) einlösen, (ein)kassieren; **c. in on sth.** von etw. profitieren, aus etw. Kapital schlagen
cash account Kassakonto *nt*; **c. accounting** Kassenführung *f*; **c. advance** Bar-, Kassenvorschuß *m*; **c. allowance** Barzuschuß *m*; **c. assets** Kassenbestand *m*, K.vermögen *nt*, Bankguthaben *nt*, liquide Mittel, *(Bilanz)* flüssige/bare Vermögenswerte; **c. audit** Kassenrevision *f*; **c. balance** Bar-, Kassenguthaben *nt*, K.bestand *m*; **c. base of accounting** Einnahmen- und Ausgabenrechnung *f*; **c. benefit** Bar(geld)leistung *f*; **c. bonus** *(Vers.)* Bardividende *f*; **c. book** Kassenbuch *nt*; **c. budget** Kassenvoranschlag *m*; **c. call** (Bar)Geld-, Zahlungsaufforderung *f*, Aufforderung zur Kapitaleinzahlung; **c. card** Geldautomatenkarte *f*; **c. crop** *[US]* ~~c~~ (leicht)verkäufliches Agrarprodukt; **c.**

customer Barzahlungskunde *m*; **c. deficit** Kassendefizit *nt*, K.fehlbetrag *m*; **c. deposit** Bareinlage *f*; Hinterlegung in bar; **c. desk** Kasse(nschalter) *f/m*, Ladenkasse *f*; **c. disbursement(s)** Zahlungsausgang *m*; **c. discount** Skonto *m/nt*, (Barzahlungs)Rabatt *m*; **c. dispenser** Bank-, (Bar)Geldautomat *m*; **c. down** Bar-, Sofortzahlung *f*; **c. drain** Bargeld(ab)fluß *m*; **c. drawing** Barabhebung *f*; **up-front c. expenditure(s)** Anlauf-, Vorlaufzahlungen *pl*
cash flow betrieblicher Geldumlauf, Liquidität *f*, Cashflow *m*, Bargeldfluß *m*; ~ **position** Bruttoertragslage *f*, Liquiditätsposition *f*; ~ **problem** Liquiditätsproblem *nt*, L.schwierigkeiten *pl*; ~ **statement** Kapitalabschluß-, Finanz(fluß)-, Liquiditätsrechnung *f*
cash generation Geldschöpfung *f*; **c. grant** Barzuschuß *m*; **c. holdings** Kassen-, Bar(geld)bestand *m*
cashier *n* (Haupt)Kassierer *m*; **chief c.** Hauptkasse *f*; erster Kassierer; **c.'s cheque** *[GB]/* **check** *[US]* Kassen-, Bankscheck *m*; ~ **desk** Kassenschalter *m*
cash injection Finanz-, Kapitalspritze *f*; **c.-in price** Rücknahmepreis *m*; **c.less** *adj* bargeldlos, unbar; **c. limit** Kreditbegrenzung *f*; *(Geld)* Höchstgrenze *f*; **c. liquidity** Kassen-, Barliquidität *f*; **c. loan** Bar-, Kassendarlehen *nt*; **c. management** Kassenhaltung *f*, Gelddisposition *f*; **c. market** Kassamarkt *m*, K.handel *m*; ~ **price** Kassakurs *m*; **c. needs/requirements** (Bar)Geld-, Liquiditätsbedarf *m*; **c. offer** Bar(zahlungs)-, B.abfindungsangebot *nt*; **c. order** Kassenanweisung *f*; Sichtwechsel *m*; **c. payment** Barzahlung *f*, B.abfindung *f*; **c. price** Kassakurs *m*; Barzahlungspreis *m*; **c. purchase** Kassakauf *m*; Bar(ein)kauf *m*; **c. quotation** Kassakurs *m*; **c. receipt** Kassenquittung *f*; **c. receipts** (Bar)Einnahmen, B.eingänge; **c. refund** Barvergütung *f*; **c. register** Registrier-, Ladenkasse *f*; **c. remittance** Bar(geld)sendung *f*, B.überwei-

sung *f*

cash reserve(s) Bar-, Liquiditätsreserve(n) *f/pl*; **minimum c. r.(s)** Mindestrücklage *f*, M.reserve(n) *f/pl*; **c. r. requirement** Kassenbedarf *m*, Bedarf an Bargeldreserven

cash resources flüssige Mittel, Kassenmittel *pl*; **c.-rich** *adj* hochliquide, zahlungs-, kapitalkräftig; **c. sale** Bar(ver)kauf *m*, Verkauf gegen bar; **c. settlement** Barzahlung *f*, B.abfindung *f*; **c. short** Kassenfehlbetrag *m*; **c. shortage** Bargeldmangel *m*, B.mittelverknappung *f*; **c.-starved**; **c.-strapped** *adj* knapp bei Kasse *(coll)*; **c. statement** Kassenabschluß *m*, K.ausweis *m*; **c. strain** Liquiditätsanspannung *f*; **c. surplus** Kassen-, Liquiditätsüberschuß *m*; **c. surrender value** Barablösungswert *m*; *(Vers.-Police)* Rückkaufwert *m*; **c. takings** Bareinnahmen; **c. terminal** (Bar)Geldautomat *m*; **c. terms** Barzahlungsbedingungen; **c. transaction** Barzahlungs-, Effektivgeschäft *nt*; **c. transfer** Barüberweisung *f*; **c. value** Bar-, Kapital-, Kurswert *m*; **c. withdrawal** Barentnahme *f*, B.abhebung *f*

casualty *n* (Unfall)Opfer *nt*; **c. insurance** Unfall(schaden)versicherung *f*

catalogue *[GB]*/**catalog** *n [US]* Katalog *m*, Verzeichnis *nt*; **c. company** Versandhaus *nt*; **c. price** Katalog-, Listenpreis *m*; **c. selling** Versandverkauf *m*

catch *n (Fisch)* Fang(ergebnis) *m/nt*; **c.ment area** *n* Einzugsgebiet *nt*; **c. sale** Lockvogelangebot *nt*

category *n* Kategorie *f*, Klasse *f*, Rubrik *f*; **c. of goods** Artikelgruppe *f*; **occupational c.** Berufsgruppe *f*

caterer *n* Gastronom *m*, Fertiggerichtelieferant *m*

catering *n* Gaststättengewerbe *nt*, Gastronomie *f*; **industrial c.** Großküchen-, Gemeinschaftsverpflegung *f*; **c. industry/trade** Gaststättengewerbe *nt*; **c. size** Großpackung *f*

cattle *n* Vieh *nt*, Rinder *pl*; **c. breeding** Rinderzucht *f*; **c. market** Viehmarkt *m*; **c. trade** Viehhandel *m*

cause *n* (Ur)Sache *f*, Grund *m*; **c. for complaint** Beschwerde(grund) *f/m*; *v/t*

veranlassen, verursachen, verschulden

caution *n* Vorsicht *f*, (Ver)Warnung *f*; §§ Rechts(mittel)belehrung *f*; *v/t* §§ (ver)warnen; **c. marks** Vorsichtsmarkierungen

caveat *n (lat.)* §§ Vorbehalt *m*, Einspruch *m*; **c. emptor** *(lat.)* Gewährleistungs-, Sach(mängel)ausschluß *m*

cease *v/ti* aufgeben, einstellen; **c. to manufacture** Produktion einstellen

ceiling *n* Höchstbetrag *m*, H.grenze *f*; **c. on lending** Darlehensstopp *m*; **c. price** Höchstpreis *m*; **c. rate** (Zins)Höchstsatz *m*

census *n* (Bestands)Erhebung *f*, Zählung *f*; **c. of employment** *[GB]* Arbeitsmarktstatistik *f*; ~ **production** Produktionsstatistik *f*; **official c.** amtliche Erhebung

Central Statistical Office (CSO) *[GB]* Zentralamt für Statistik

centre *[GB]*/**center** *[US] n* Zentrum *nt*, Mittelpunkt *m*; **c. of commerce; commercial c.** Handelszentrum *nt*; ~ **distribution** Vertriebszentrum *nt*; **administrative c.** Verwaltungszentrum *nt*; **financial c.** Finanzzentrum *nt*

cereal *n* 🌾 Korn *nt*, Getreide *nt*; **c. farming** Getreideanbau *m*

certificate *n* (amtliche) Bescheinigung *f*, Urkunde *f*, Zeugnis *nt*

certificate of acceptance Abnahmebescheinigung *f*; ~ **acknowledgment** Beglaubigungsvermerk *m*; ~ **allotment** *(Wertpapier)* Zuteilungsbenachrichtigung *f*; ~ **attendance** Teilnahmebescheinigung *f*; ~ **clearance inward(s)** ⊖ Einfuhrbescheinigung *f*; ~ **clearance outward(s)** ⊖ Ausfuhrbescheinigung *f*; ~ **good conduct** Führungszeugnis *nt*; ~ **deposit (C/D)** Einzahlungsbeleg *m*, Hinterlegungsschein *m*, H.urkunde *f*, Einzahlungszertifikat *nt*; ~ **disability** Arbeitsunfähigkeitsbescheinigung *f*; ~ **discharge** Bescheinigung der Zahlungsfähigkeit; ~ **employment** Arbeitsbescheinigung *f*, Beschäftigungsnachweis *m*; ~ **incorporation** Gründungsbestätigung *f*, Handelsregistereintragung *f*; ~ **indebtedness** Schuldanerkenntnis *f*; ~ **inspection** (Qualitäts)Abnahmeschein *m*; ~

insurance (c/i) Versicherungsschein *m*; ~ **origin** Ursprungszeugnis *nt*; ~ **pledge** Pfandschein *m*; ~ **posting** ☒ (Post)Einlieferungsschein *m*; ~ **qualification** Befähigungsnachweis *m*; ~ **quality** Qualitätszeugnis *nt*; ~ **receipt** (Spediteur)Übernahmebescheinigung *f*; ~ **shipment** Verschiffungsbescheinigung *f*; ~ **trading** Gewerbeschein *m*; ~ **value** Wertbescheinigung *f*; ~ **weight** Gewichtsbescheinigung *f*, G.nota *f*

collateral certificate Pfandschein *m*; **consular c.** konsularische Bescheinigung; **medical c.** ärztliches Attest; **school-leaving c.** (Schul)Abgangs-, Entlassungszeugnis *nt*

certificate *v/t* bescheinigen

certificate holder Diplominhaber *m*

certification *n* Beurkundung *f*, (amtliche) Beglaubigung *f*, Bestätigungsvermerk *m*; **c. of correctness** Richtigbefund *m*; **c. mark** Gütemarke *f*, Prüfzeichen *nt*

certi|fied *adj* (öffentlich) beglaubigt, beurkundet; **c.fy** *v/t* (amtlich) bestätigen/beglaubigen, Bescheinigung ausstellen

cessation *n* Einstellung *f*; *(Prokura)* Erlöschen *nt*; **c. of business** Geschäftsaufgabe *f*; ~ **payment** Zahlungseinstellung *f*

cession *n* [§] (Rechts)Abtretung *f*, Zession *f*

chain *n* Kette *f*; Einzelhandelskette *f*, Filialbetrieb *m*

chain of authority Leitungssystem *nt*, Hierarchie *f*; ~ **command** Leitungsspanne *f*; ~ **distribution** (Güter)Verteilungs-, Vertriebskette *f*; ~ **shops** *[GB]*/**stores** *[GB]* Ladenkette *f*

cold chain Kühlkette *f*; **voluntary c.** freiwillige (Handels)Kette

chain store Kette(nladen) *f/m*, Filialbetrieb *m*; ~ **company/operator** Filialunternehmen *nt*, Filialist *m*

chair *n* Stuhl *m*; Vorsitz *m*, Präsidium *nt*; **to take the c.** Vorsitz übernehmen; *v/t* Vorsitz führen

chairman *n* (Vorstands)Vorsitz(ender) *m*, Präsident *m*, Sitzungsleiter *m*; **c. of the board (of directors)** Verwaltungsratsvorsitzender *m*; **c.'s report/ statement** (Rechenschafts-/Geschäfts)Bericht des Vorsitzenden

chair|person *n* Sitzungsleiter(i) *m/f*, Vorsitzende(r) *f/m*; **c.woman** *n* Vorsitzende *f*

chamber *n* Kammer *f*; **c. of agriculture** Landwirtschaftskammer *f*; ~ **commerce** (Wirtschafts-/Handels)Kammer *f*; **foreign ~ commerce** Auslandshandelskammer (AHK); ~ **handicrafts** Handwerkskammer *f*; ~ **industry and commerce** Industrie- und Handelskammer (IHK) *f*; ~ **lawyers** (Rechts)Anwaltskammer *f*

chance *n* Zufall *m*, Gelegenheit *f*; **c. customer** Laufkunde *f*

chancellor *n* Kanzler *m*; **C. of the Exchequer** *[GB]* Schatzkanzler *m*, Finanzminister *m*

change *n* Wechsel *m*, Veränderung *f*; (Wechsel-/Klein)Geld *nt*

change of address Adressenänderung *f*; **c. in bank rates** Leitzinsänderung *f*; ~ **demand** Verschiebung der Nachfrage; **c. of employment/job** Arbeitsplatzwechsel *m*; **c. in interest rates** Zins(satz)änderung *f*; **c. of mood** *(Börse)* Stimmungsumschwung *m*; **c. in ownership/possession/title** Besitz-, Eigentumswechsel *m*; ~ **portfolio holdings** Bestandsumschichtung *f*; ~ **rates** Kursänderung *f*; Änderung der Zinssätze; **c. of structure** Strukturwandel *m*; **c. in supply** *(VWL)* Verschiebung der Angebotskurve

to be subject to change(s) Veränderungen unterliegen

cyclical change Konjunkturumschwung *m*; **fundamental c.** tiefgreifende/grundlegende (Ver)Änderung; **loose/small c.** Kleingeld *nt*; **profound/ radical c.** durchgreifende Änderung, Umbruch *m*; **structural c.** Strukturwandel *m*

change *v/ti* (sich ver)ändern, (aus-/ um)tauschen; ✎/✚ umsteigen

changeover *n* Umstellung(smaßnahme) *f*

channel *n* (Leitungs)Kanal *m*; **c. of distribution** Vertriebs-, Absatzweg *m*; **to go through c.s** Instanzen-/Dienstweg

einhalten; **official c.s** Instanzen-, Dienstweg *m*; *v/t* kanalisieren, lenken
chapter *n* Kapitel *nt*, Abschnitt *m*
character *n* Charakter *m*, Persönlichkeit *f*; **c.s per minute** *(Schreibmaschine)* Anschläge pro Minute; **c. reference** persönliche Referenz
charge *n* Gebühr *f*, Preis *m*, (finanzielle) Last *f*, Berechnung *f*; Hypothek *f*; *(Konto)* Belastung *f*; [§] Anklage(punkt) *f/m*; **in c.** federführend, zuständig; **~ of** verantwortlich für; **without c.(s)** kostenlos
charge|s for delivery Liefergebühren; **~ discharge** Löschgebühren; **c. per item** Posten-, Stückgebühr *f*; **c.s for loading/trans(s)hipment** Umschlaggebühren
charge|s to be collected Kostennachnahme *f*; **~ deducted** abzüglich (der) Spesen; **c.s forward (cf. fwd.)** per Nachnahme; **all c.s paid** nach Abzug aller Kosten; **free of c. (f.o.c.)** gebührenfrei, kostenlos, gratis
to bring a charge against [§] Anklage erheben gegen; **to drop/withdraw a c.** Anklage zurücknehmen/fallenlassen; **to file a c.** [§] Anzeige erstatten (gegen); **to make a c. for** (etw.) berechnen; **to waive c.s** [§] Kosten niederschlagen; Gebühren erlassen
account-keeping charge|s Kontoführungsgebühr(en) *f/pl*; **additional c.** Zuschlag *m*, Mehrkosten *pl*, Nachgebühr *f*; **base/basic c.** Grundgebühr *f*, G.preis *m*; **countervailing c.** Ausgleichsabgabe *f*; **deferred c.s** *(Aktiva)* (Rechnungs)Abgrenzungs-, Berichtigungsposten *pl*, transitorische Posten/ Aktiva; **extra c.** (Preis)Aufschlag *m*, Aufgeld *nt*, Nebenkosten *pl*; **extraordinary c.(s)** *(Bilanz)* außerordentliche Belastungen; **financial c.s** Finanzlasten; **fiscal c.s** Steuerbelastung *f*; **flat c.** Pauschalgebühr *f*, Pauschale *f*; **floating c.** schwebende Belastung; **late c.** *(Teilzahlung)* Verzugsgebühr *f*, V.zinsen *pl*; **legal c.s** Anwalts-, Prozeßgebühren; **minimum c.** Mindestgebühr *f*; **nominal c.** Schutzgebühr *f*; **postal c.s** Porto-, Postgebühren; **registered c.** Grundschuld *f*; **rental c.**

Pacht(gebühr) *f*; **supplementary c.** Zuschlag *m*
charge *v/t* in Rechnung stellen, abbuchen, belasten, berechnen; [§] anklagen; **c. against** verrechnen (mit); **c. back** zurückbelasten; **c. forward** nachnehmen; **c. off** ab-, ausbuchen
chargeable *adj* gebührenpflichtig
charge account Kunden(kredit)-, Anschreibekonto *nt*; **c.-back** *n* Ausgleichsbuchung *f*; **c. card** (Einkaufs)Kreditkarte *f*; **c. customer** Kreditkunde *m*; **c. hand** Vorarbeiter *m*; **c.-off** *n* Abschreibung *f*, Ausbuchung *f*; **c. purchase** Kreditkauf *m*; **c. sale** Kreditverkauf *m*
charity *n* Wohlfahrtsverband *m*, karitativer Verband; **to contribute to c.** für wohltätige Zwecke spenden
chart *n* Schaubild *nt*, Graphik *f*, Tabelle *f*; **c. of accounts** Kontenplan *m*; **standard ~ accounts** Kontenrahmen *m*; **breakeven c.** Kostendiagramm *nt*; **organisational c.** Organigramm *nt*; **c. analysis** (chart)technische (Aktien)Analyse
charter *n* Charter *f/m*, Statut *nt*, (Gesellschafts)Konzession *f*, Gründungsurkunde *f*; Chartervertrag *m*; **c. pays dues (c.p.d.)** Befrachter zahlt Abgaben; **corporate c.** *(AG)* Gründungsurkunde *f*; **part(ial) c.** Teilcharter *m*; *v/t* chartern, mieten, befrachten, konzessionieren
charter business Chartergeschäft *nt*; **c. carrier** ⚓ Charterfluggesellschaft *f*; **c. contract** Fracht-, Chartervertrag *m*; **c.er** *n* (Schiffs)Befrachter *m*; **c. flight** Charterflug *m*; **c. party** ⚓ Frachtkontrakt *m*, Chartervertrag *m*; **c. plane** ⚓ Charterflugzeug *nt*; **c. rate** Befrachtungstarif *m*
chattel(s) *n* [§] bewegliches (Sach)Vermögen/Eigentum, Mobiliar *nt*; **personal c.s** persönliche Habe; **c. loan/ mortgage** Sicherungsübereignung *f*
cheap *adj* preisgünstig, p.wert, billig
check *n* *[US]* → **cheque** Scheck *m*, Bankanweisung *f*; *[US] (Restaurant)* Rechnung *f*; Kassenzettel *m*, Bon *m*; (Über)Prüfung *f*, Kontrolle *f*; **visual c.** Sichtkontrolle *f*

check v/t (über-/nach)prüfen, kontrollieren; eindämmen; **c. in** ⚓ sich zur Abfertigung melden, sich anmelden; **c. off** abhaken; *[US]* automatisch einbehalten; **c. out** sich abmelden

check account Scheck-, Girokonto nt

check-in n ⚓ Abfertigung f, Anmeldung f; **~ counter/desk** Abfertigungsschalter m

checking n Über-, Nachprüfung f, Kontrolle f; **c. of accounts** Buchprüfung f, Bücherrevision f; **c. in detail** Einzelabstimmung f; **c. account** *[US]* Scheck-, Girokonto nt, laufendes Konto; **c. deposits** Sichteinlagen, Giralgeld nt

check mark Haken m, Kontrollvermerk m; **c. number** Prüfnummer f; **c.-off** n *[US]* Beitragsabzug m; **c.out** n Ausgangskontrolle f, Abfertigung f; *(Hotel)* Abmeldung f; *(Supermarkt)* Kasse f; **c.-up** n Überprüfung f, Kontrolle f; **medical c.-up** ⚕ Vorsorgeuntersuchung f; **c. weighing** Gewichtskontrolle f

chemical n Chemieprodukt nt, Chemikalie f; **c.s** *(Börse)* Chemieaktien, Farbenmarkt m, F.nachfolger pl *[BRD]*; **c.(s) company** Chemieunternehmen nt

cheque n *[GB]* → check *[US]* Scheck m

cheque to bearer Inhaber-, Überbringerscheck m; **c.s in circulation** Scheckumlauf m; **c. without cover** ungedeckter Scheck; **c.s in hand** Scheckbestand m; **c. to order** Orderscheck m

to cancel/stop a cheque Scheck stornieren/sperren; **to cash a c.** Scheck einlösen; **to cross a c.** Scheck mit Verrechnungsvermerk versehen; **to endorse a c.** Scheck girieren; **to honour a c.** Scheck einlösen; **to issue/make out a c.** Scheck ausstellen; **to present a c. for collection** Scheck zum Einzug/Inkasso überreichen; **to pay by c.** per/mit Scheck zahlen

bad/uncovered cheque ungedeckter Scheck; **blank c.** Blankoscheck m; **bounced c.** geplatzter Scheck; **crossed c.** Verrechnungsscheck m; **open c.** Kassen-, Barscheck m; **postal c.** Postscheck m; **stale c.** verjährter/verfallener Scheck

cheque book Scheckheft nt; **~ money** Buch-, Giralgeld nt; **c. (guarantee) card** Scheck-, Bankkundenkarte f; **c. clearance/clearing** Scheckabrechnung(sverkehr) f/m; **c. collection** Scheckinkasso nt, S.einzug m; **c. money** Buchgeld nt; **c. number** Schecknummer f

chest n Kiste f, Truhe f

child n Kind nt; **c. allowance/relief** *(Steuer)* Kinderfreibetrag m; **c. benefit** Kinderzulage f, K.geld nt; **c. labour** Kinderarbeit f

chip n ⌑ Mikrobaustein m, Chip m; Spielmarke f; **blue c.** Standardaktie f, S.wert m; **c. in (with ...)** v/i *(coll)* *(Geld)* beisteuern, sich (finanziell) beteiligen

choice n (Aus)Wahl f; Sortiment nt; **c. of goods** Warenauswahl f; **~ location** Standortwahl f; adj erstklassig, (aus)erlesen; **c. articles/goods** Qualitätsware f; **c. brand** feinste Sorte; **c. quality** (aus)erlesene Qualität

choke v/ti zurückdrängen

chop v/t radikal kürzen

chore n Arbeit f, Last f

Christmas allowance/bonus Weihnachtsgeld nt, W.gratifikation f

cinema n Kino nt; **c. advertising** Kinoreklame f

cipher n Kode m, Chiffre f *[frz.]*

circle n Kreis m, Zirkel m; **commercial c.s** Handels-, Kaufmannskreise; **financial c.s** Finanzkreise; **industrial c.s** Industrie-, Unternehmerkreise

circular n Rundbrief m, R.schreiben nt; **c. to shareholders** *[GB]*/**stockholders** *[US]* Aktionärszeitschrift f, A.brief m; **c.ization** n Drucksachenwerbung f, Versendung von Rundschreiben; **c.ize** v/t Rundschreiben versenden, benachrichtigen

circulate v/ti kursieren, umlaufen, in Umlauf bringen/setzen

circulation n Umlauf m, Verbreitung f, Auflage(nhöhe) f; **in c.** *(Geld)* umlaufend; **out of c.** außer Kurs; **c. of banknotes** (Bank)Notenumlauf m; **~ bills** Wechselumlauf m; **free ~ goods** freier Warenverkehr; **~ money** (Bar)Geld-

umlauf *m*; **to put into c.** in Umlauf/
Verkehr bringen; **to withdraw from c.**
aus dem Verkehr ziehen; *(Geld)* außer
Kurs setzen; **economic c.** Wirtschaftskreislauf *m*; **sold c.** Verkaufsauflage *f*;
c. capital Umlaufkapital *nt*; **c. manager** Vertriebsleiter *m*

circumstance *n* Lage *f*, Sachverhalt *m*,
Umstand *m*; **economic c.s** wirtschaftliche Lage/Umstände; **financial/pecuni-
ary c.s** finanzielle Verhältnisse; **personal c.s** individuelle/persönliche Situation; **unforeseen c.s** unvorhergesehene Umstände

cite *v/t* zitieren, anführen; § *(Gericht)*
vorladen

citizen *n* (Staats)Bürger *m*; **senior c.**
Rentner *m*; **c.ship** *n* Staatsangehörig-
keit *f*

city *n* (Innen-/Groß)Stadt *f*; **the C.**
[GB] Londoner Finanzkreise/F.welt;
c. branch Stadtfiliale *f*; **c. center** *[US]/*
centre *[GB]* Innenstadt *f*, Stadtzen-
trum *nt*; **C. editor** *[GB]* Wirtschaftsredakteur *m*; **c. news** *[GB]*
Wirtschafts-, Börsenteil *m*; **c. treasurer** Stadtkämmerer *m*

Civil Aviation Authority (CAA) *[GB]*
Luftsicherheits-, Zivilluftfahrtbehör-
de *f*; **c. code** Bürgerliches Gesetzbuch
(BGB) *[BRD]*; **c.-law** *adj* § zivil-
rechtlich

claim *n* § Anspruch *m*, Forderung *f*,
Titel *m*; Werbeanspruch *m*; Behauptung *f*; Mängelrüge *f*, Reklamation *f*; Versicherungsanspruch *m*,
Schaden(sfall) *m*

claim for adjustment Ausgleichsan-
spruch *m*; **c. in bankruptcy** Konkursforderung *f*; **c. against the bankrupt's
estate** Masseforderung *f*; **c. for com-
pensation/damages** Schaden(s)ersatz-
anspruch *m*; **c. against an estate**
Nachlaßforderung *f*; **c. to exemption**
Aussonderungsanspruch *m*; **c. under a
guarantee** Garantieanspruch *m*; **c. for
payment** Zahlungsanspruch *m*; **c. to
performance** Erfüllungsanspruch *m*;
c. for refund/reimbursement (Rück)Er-
stattungsanspruch *m*; **c. in respect of
a loan** Darlehensforderung *f*; **c. for
restitution** (Rück)Erstattungs-, Her-

ausgabeanspruch *m*; **c. of rights** §
rechtmäßiger Anspruch, Rechtsanspruch *m*

to acknowledge a claim Anspruch/For-
derung anerkennen; **to adjust a c.**
Schaden regulieren; **to assert/bring/
lodge/put in a c.** Anspruch/Forderung
geltend machen; **to assign a c.** Forderung abtreten; **to collect a c.** Forderung eintreiben; **to enforce a c.** An-
spruch/Forderung durchsetzen; **to file
a c.** Forderung geltend machen; Schaden anmelden; **to handle c.s** *(Vers.)*
Schadensfälle bearbeiten; **to offset a
c.** Forderung verrechnen; **to pay a c.**
Versicherungsanspruch befriedigen;
to press a c. auf einer Forderung bestehen; **to put in a c. for damages** Scha-
den(s)ersatz beanspruchen; **to reject/
repudiate a c.** Forderung zurückweisen; **to relinquish/waive a c.** auf einen
Anspruch verzichten; **to satisfy a c.**
Forderung befriedigen; **to settle a c.**
Schaden regulieren; **to substantiate a
c.** Nachweis einer Forderung erbringen

assigned claim abgetretene Forderung;
civil c. § zivilrechtlicher Anspruch;
conditional/contingent c. Eventualan-
spruch *m*; **contractual c.** vertraglicher
Anspruch; **enforceable c.** (ein)klagba-
rer/vollstreckbarer Anspruch; **equitable c.** berechtigte/billige Forderung,
Billigkeitsanspruch *m*; **false/mislead-
ing c.** unberechtigter Anspruch, un-
wahre Werbeangabe; **financial c.**
Geldforderung *f*; **fraudulent c.** betrügerischer Schaden(s)ersatzanspruch;
lawful/legal c. rechtmäßiger Anspruch; **litigious c.** § strittige Forderung; **monetary/pecuniary c.** geldwerte Forderung, vermögensrechtlicher
Anspruch; **possessory c.** Besitzan-
spruch *m*; **preferential/preferred/pri-
or/senior c.** bevorrechtigte/vorrangige
Forderung; **principal c.** Hauptforde-
rung *f*; **recoverable c.** einklagbare
Forderung; **residual c.** Restforde-
rung *f*; **small c.** Bagatellforderung *f*;
sound c. begründeter Anspruch; **stale/
statute-barred c.** verjährter Anspruch;
third-party c.s Ansprüche Dritter; **un-**

founded/unjustified/unsubstantiated c. unbegründeter Anspruch
claim *v/t* (ein)fordern, beanspruchen, *(Anspruch)* geltend machen; behaupten
claims adjuster *(Vers.)* Schadensregulierer *m*; **c. adjustment** Schadensabwicklung *f*, S.regulierung *f*
claimant *n* Antrag-, Anspruchsteller *m*, Beschwerdeführer *m*; *(Vers.)* Leistungsanwärter *m*
claims assessment *(Vers.)* Schadenfestsetzung *f*; **c. assessor** Schadensregulierer *m*; **c. department** Schadensabteilung *f*; **c. experience** Schadensentwicklung *f*; **claim letter** Beschwerdeschreiben *nt*, Mängelrüge *f*; **c.(s) management** Schadensbearbeitung *f*; ~ **reserve** Schadensrückstellung *f*, S.reserve *f*; **c. settlement** Regelung/Regulierung eines Versicherungsfalls
class *n* (Regel)Klasse *f*, Gruppe *f*, soziale Stellung; Jahrgang *m*
class of business Geschäftszweig *m*, G.sparte *f*; ~ **consumers** Verbraucherschicht *f*; ~ **goods** Warenart *f*, W.gruppe *f*
entrepreneurial class Unternehmerschicht *f*, Einstufung *f*; **first c.** erster Klasse, erstklassig, Ia; **middle c.** Mittelstand *m*; **social c.** gesellschaftliche Schicht; **working c.** arbeitende Klasse, Arbeiterklasse *f*
class barriers Klassenschranken; **c. conflict** Klassenkampf *m*; **c.-conscious** *adj* klassen-, standesbewußt
classification *n* Anordnung *f*, Einteilung *f*, Einstufung *f*; ⊖ Tarifierung *f*; **c. of goods** Wareneinstufung *f*; ~ **risks** *(Vers.)* Gefahreneinteilung *f*; **industrial c.** branchenmäßige Aufgliederung; **occupational c.** berufliche Gliederung
classify *v/t* tarifieren, klassifizieren, (ein)gruppieren
clause *n* 🖏 Klausel *f*, Paragraph *m*; **c. of warranty** Garantieklausel *f*
all-purpose/blanket clause Generalklausel *f*; **collateral c.** Nebenbestimmung *f*; **customary c.** handelsübliche Klausel, Usancebestimmung *f*; **deductible c.** Selbstbehaltsklausel *f*; **dis-**

cretionary c. Kannvorschrift *f*; **final c.s** Schlußbestimmungen; **jurisdictional c.** Gerichtsstandsklausel *f*; **most-favoured-nation c.** ⊖ Meistbegünstigungsklausel *f*; **non-negotiability c.** Sperrvermerk *m*; **non-negotiable/not--to-order c.** Rektaklausel *f*, negative Orderklausel; **penal c.** Strafklausel *f*; **restrictive c.** Sperrklausel *f*; **tie-in** *[US]*/**tying** *[GB]* **c.** Ausschließlichkeitsklausel *f*, Knebelvereinbarung *f*
clawback *n* *(Steuer)* (Rück)Erstattung *f*
clean *v/t* reinigen, säubern; *adj* sauber, rein(lich); *(Akkreditiv)* rein; umweltschonend, u.freundlich
clear *v/ti* (auf)räumen, ausverkaufen; *(Schulden)* bezahlen; ⊖ (aus)klarieren, verzollen; ver-, abrechnen, glattstellen; **c. in(ward)** ⊖ einklarieren; **c. outward** ⊖ ausklarieren; *adj* unbelastet, schuldenfrei
clearance *n* Leerung *f*, Räumung *f*; ⊖ Verzollung *f*, (Zoll)Abfertigung *f*; Genehmigung *f*, grünes Licht *(fig.)*; **c. of payments** Zahlungsausgleich *m*
clearance certificate Verzollungspapier *nt*, Zollabfertigungsschein *m*; **c. charges** Zoll(abfertigungs)gebühren; **c. inwards** Einklarierung *f*, Einfuhrabfertigung *f*; **c. outwards** Ausklarierung *f*, Ausfuhrabfertigung *f*; **c. sale** (vollständiger) Ausverkauf *m*, Räumungs(aus)verkauf *m*
clearer *n* *[GB]* Giro-, Verrechnungsbank *f*
clearing *n* Verrechnung(sverkehr) *f/m*; Zahlungsausgleich unter Banken; (Lager)Räumung *f*; **c. of an account** Kontoglattstellung *f*; ~ **a debt** Schuldbegleichung *f*
clearing account Verrechnungskonto *nt*; **c. balance** Verrechnungsbilanz *f*; **c. bank** Giro-, Verrechnungsbank *f*; **c. certificate** ⊖ Zollabfertigungsschein *m*; **c. currency** Verrechnungswährung *f*; **c. formalities** ⊖ Zollformalitäten; **c. house** Verrechnungsstelle *f*, Girozentrale *f*, Landeszentralbank (LZB) *f [BRD]*; **c. sale** Räumungs-, Ausverkauf *m*; **c. system** Verrechnungssystem *nt*, bargeldloser

(Zahlungs)Verkehr
clearout (of unsold stocks) *n* Lagerräumung *f*
clerical *adj* Büro-, Angestellten-
clerk *n* (Büro)Angestellter *m*, Sachbearbeiter *m*; **chief c.** Disponent *m*, Bürovorsteher *m*
client *n* (Geschäfts)Kunde *m*, Klient *m*; § Mandant *m*; Auftraggeber *m*; **prospective c.** Interessent *m*; **c.ele** *n* Kunden *pl*, Abnehmerkreis *m*
climate *n* Klima *nt*; **c. for growth** Wachstumsklima *nt*; ~ **investment** Investitionsklima *nt*; **cyclical/economic c.** Konjunkturlage *f*, K.klima *nt*; **favourable economic c.** *(Konjunktur)* Schönwetterlage *f* *(fig)*; **industrial c.** soziales Klima, Betriebsklima *nt*
clock in *v/i* Arbeitsantritt registrieren; **c. out** Arbeitsschluß registrieren
close *n* Schluß *m*, Ende *nt*; Briefschluß *m*; **c. of exchange** Börsenschluß *m*; **at the ~ the period** am Schluß der (Ab)Rechnungsperiode; **complimentary c.** *(Brief)* höfliche Schlußformel
close *v/t* (ab)schließen, stillegen; *(Konto)* auflösen; **c. down** *(Betrieb)* stillegen, Geschäft aufgeben; **c. off** abbuchen; **c. out** ausbuchen
close-down (of business) *n* Geschäftsaufgabe *f*
closing *n* Schließung *f*, Stillegung *f*
closing of an account Kontoauflösung *f*; ~ **the books** Bücherabschluß *m*; ~ **business** Geschäftsaufgabe *f*; **at the ~ business** bei Börsen(ab)schluß *m*; **c. for cargo** Ladeschluß *m*; **c. of the sale** Verkaufsabschluß *m*
annual closing Werksferien *pl*; **early/half-day c.** früher Laden-/Geschäftsschluß, verkaufsfreier Nachmittag
closing account (Ab)Schlußrechnung *f*; **c. balance** Schluß-, Endsaldo *m*; **c. bid** Höchstgebot *nt*; **c. date** End-, Schlußtermin *m*, Meldeschluß *m*; Einsendeschluß *m*; **c. day** Abschluß(stich)tag *m*; **c. down** Betriebs-, Geschäftsaufgabe *f*; ~ **sale** Räumungs-, Totalausverkauf *m*; **c. entry** Abschlußbuchung *f*; **c. inventory/stock**

Schlußinventar *nt*, Schluß-, Endbestand *m*; **c. statement** Endabrechnung *f*, Kontoabschluß *m*; **c. time** Laden-, Büro-, Geschäftsschluß *m*
closure *n* → **closing** Stillegung *f*, Betriebsaufgabe *f*; **c. costs** Kosten der Geschäftsaufgabe/Betriebsschließung, Stillegungskosten
cloth *n* Tuch *nt*, Stoff *m*; **c.es; c.ing** (Be)Kleidung *f*; **c.ing industry** Bekleidungsindustrie *f*
cluster *n* (An)Häufung *f*; 🏭 (geschlossene) Erfassungsgruppe *f*; **c. sample** Klumpenstichprobe *f*
coach *n* Reisebus *m*; 🚂 Reisezugwagen *m*; **c. operator** Busunternehmer *m*; **c. travel** Busreisen *pl*
coal *n* Kohle *f*; **brown/soft c.** Braunkohle *f*; **hard/mineral c.** Steinkohle *f*
Coal and Steel Community Montanunion *f*; **c., iron and steel company** Montangesellschaft *f*; **c. conversion** Kohlevered(e)lung *f*; **c.field** *n* (Stein)Kohlenrevier *nt*; **c.(, iron) and steel industries** Montanindustrie *f*; **c.mine** *n* Kohlenbergwerk *nt*, Zeche *f*; **c. mining** Kohlenbergbau *m*; **c. output** Kohlenförderung *f*; **c. unit** Steinkohleneinheit (SKE) *f*
coast *n* Küste *f*; **c.er** *n* 🚢 Küsten(motor)schiff *nt*; **c.ing** *n* Küstenschiffahrt *f*; ~ **trade** Küstenhandel *m*
cocoa *n* 🍫 Kakao *m*
c.o.d.; C.O.D. → **cash/collect on delivery**
code *n* Chiffre *f* *[frz.]*, Kode *m*; 📞 Vorwahl(nummer) *f*
code of conduct Verhaltensnormen *pl*; ~ **honour** Ehrenkodex *m*; ~ **practice** Richtlinien *pl*; ~ **civil procedure** § Zivilprozeßordnung (ZPO) *f*; ~ **penal procedure** Strafprozeßordnung (StPO) *f*
civil code Bürgerliches Gesetzbuch (BGB) *[BRD]*; **commercial c.** Handelsgesetzbuch (HGB) *nt* *[BRD]*; **criminal/penal c.** Strafgesetzbuch (StGB) *nt* *[BRD]*; **fiscal c.** Abgabenordnung *f*; **industrial c.** Gewerbeordnung *f*; **postal c.** Postleitzahl (PLZ) *f*
code *v/t* verschlüsseln
code name Deckname *f*; **c. number**

Kennummer f, Kontrollziffer f
co-determination n　Mitbestimmung f;
c. at plant level betriebliche Mitbestimmung
coding n　Verschlüsselung f
co|efficient n　Wirkungsgrad m, Koeffizient m; **c.emption** n *(Ware)* Aufkauf des gesamten Vorrats; **c.erce** v/t 🛇 nötigen, zwingen
coffee n　Kaffee m; **green c.** 🌿 Rohkaffee m; **c. exchange** Kaffeebörse f; **c. vending machine** Kaffeeautomat m
co|-finance v/t mitfinanzieren; **c.-found** v/t mitbegründen; **c.heir** n Miterbe m; **c.herence** n Zusammenhang m
coin n　(Geld)Münze f, Geldstück nt; **c.s** (Hart)Geld nt; ~ **in circulation** Münzumlauf m; v/t *(Geld)* münzen; prägen; **c. box** 📞 Telefonzelle
co|incide v/i　übereinstimmen, sich überschneiden; **c.incidence** n Übereinstimmung f, Zufälligkeit f
coin-operated adj　münzbetrieben, Münz-
co|-insurance n　Mitversicherung f, Versicherung mit Selbstbeteiligung; **c.-insure** v/t mit-, rückversichern
cold n　Kälte f; **c.-call** v/t ohne Vorwarnung anrufen/aufsuchen; **c.-store** v/t kühl/im Kühlhaus lagern
collaborat|e v/i　zusammen-, mitarbeiten; **c.ion** n　Zusammenwirken nt, Z.arbeit f, Mitarbeit f
collapse n　Scheitern nt, Zusammenbruch m; Pleite f *(coll)*; **c. of a bank** Bankkrach m; ~ **the market** Marktverfall m; Börsenkrach m; ~ **prices** Kurs-, Preissturz m; ~ **share** *[GB]*/ **stock** *[US]* **prices** Kursverfall m, K.sturz m; **financial c.** finanzieller Zusammenbruch; v/i zusammenbrechen; *(Preis)* stürzen; pleite gehen *(coll)*
collateral n　Pfand nt, Sicherheit(sgegenstand) f/m, Bank-, Kreditsicherheit f; **acceptable as c.;** **eligible (to serve) as c.** beleihungsfähig; *(Wertpapier)* deckungs(stock)fähig; **putting up c.** Bestellung von Sicherheiten; **to furnish c.** Sicherheit(en) stellen; **to secure by c.** dinglich sichern; adj dinglich; *(Umstände)* begleitend
collateralization n　Besicherung f, Bestellung von Sicherheiten, Lombardierung f
col|lateralize; c.laterate v/t (durch Verpfändung) besichern, lombardieren
colleague n　Kollege m, Mitarbeiter m
collect v/t　*(Geld)* (ein)kassieren, einnehmen, (ein)sammeln; abholen; *(Steuern)* einziehen
collect on delivery (c.o.d.; C.O.D.) *[US]* (gegen) Nachnahme f; ~ **charges** *[US]* Nachnahmespesen; **c. call** *[US]* 📞 R-Gespräch nt; **c.-on-d. letter** ✉ Nachnahmebrief m; ~ **parcel** Nachnahmepaket nt
collectible adj　inkassofähig, einziehbar
collecting n　Sammeln nt, Einziehung f, Inkasso nt; **c. agency** Inkassostelle f; **c. agent** Inkassovertreter m; **c. clerk** Kassenbote m; **c. point/station** Sammelstelle f
collection n　*(Geld)*Sammlung f, Spende f; Inkasso(wesen) nt, Einzug m, Mahnwesen nt; Abholung f; *(Steuer)* Erhebung f; ✉ (Briefkasten)Leerung f; Sortiment nt; Datenerfassung f; **for c.** zum Einzug/Inkasso
collection of outstanding accounts; ~ **accounts receivable** Ein-/Beitreibung von Außenständen; ~ **bills** Wechselinkasso nt; ~ **cheques** *[GB]*/**checks** *[US]* Scheckeinzug m; ~ **debts** Schuldenbeitreibung f; **c. and delivery** Abhol- und Zustellgebühr f; **c. against documents** Dokumenteninkasso nt; **c. of freight charges** Frachtinkasso nt; ~ **income tax** Einkommen(s)steuererhebung f; ~ **letters** ✉ Postabholung f; ~ **receivables** Forderungs-, Einzug m; ~ **samples** Musterkollektion f; **c. at source** Quellenbesteuerung f; **c. of tax(es)** Einzug/Erhebung von Steuern; **c. from works** Abholung vom Werk
ready for collection abruf-, abholbereit; **c.s receivable** Forderungen aus Inkassogeschäften
enforced collection (Zwangs)Beitreibung f; **late c.** ✉ Nachtleerung f
(commercial) collection agency (Handels)Inkassostelle f; **c. business** Inkassogeschäft nt; **c. charges** Inkassospesen; **c. credit** Sammelgut-

schrift *f*; **c. date** 🏭 Erhebungsstichtag *m*; **c. expenses** Inkassospesen; **c. insurance** Sammelversicherung(svertrag) *f/m*; **c. letter** Mahnbrief *m*, M.schreiben *nt*; **c. order** Inkasso-, Einziehungsauftrag *m*; **c. rate** Mahngebühr *f*; **c. risk** Delkredererisiko *nt*

collective *adj* gemeinsam, gemeinschaftlich

collector *n* Inkassobeamter *m*, Kassierer *m*; Abholer *m*; **c.'s item** Liebhaberobjekt *nt*, Sammlerstück *nt*

collect shipment Frachtnachnahme *f*

college *n* Hochschule *f*, Akademie *f*; **agricultural c.** landwirtschaftliche Fach-/Hochschule; **commercial c.** Höhere Handelsschule, Wirtschaftsakademie *f*; **industrial c.** Gewerbeschule *f*

collide *v/i* zusammenstoßen, kollidieren

collision *n* Zusammenstoß *m*, Kollision *f*; **c. clause** *(Vers.)* Kollisionsklausel *f*; **c. insurance** ⚓ Kasko-, Kollisionsversicherung *f*

col|lude *v/i* in heimlichem Einverständnis stehen, unerlaubt zusammenwirken; **c.lusion** *n* heimliche (Preis)Absprache, unerlaubte Verabredung; **c.lusive** *adj* verabredet

column *n* Rubrik *f*, Sparte *f*; **financial c.s** *(Zeitung)* Wirtschaftsteil *m*

co|-maker *n* Mitunterzeichner *m*; **c.--manage** *v/t* mitführen, einem Konsortium angehören; **c.-manager** *n* Konsortialmitglied *nt*

combination *n* Verbund *m*, Verbindung *f*, Zusammenschluß *m*; Konzern *m*, Kartell *nt*; **c. of inputs** Faktorkombination *f*; **c. in restraint of competition/trade** wettbewerbsbeschränkender Zusammenschluß, Wettbewerbskartell *nt*

horizontal/lateral combination horizontaler Zusammenschluß/Konzern; **industrial c.** Industriekonzern *m*; **inter-industry c.** branchenfremder Zusammenschluß; **vertical c.** vertikaler Zusammenschluß/Konzern

combination carrier ⚓ Kombischiff *nt*; **c. policy** kombinierte Versicherung

combine *n* → **combination** Unternehmenszusammenschluß *m*, Konzern *m*, Kartell *nt*

comfort *n* Bequemlichkeit *f*, Komfort *m*; **c. letter** *(Wertpapieremission)* Bericht über begrenzte Abschlußprüfung; Patronatserklärung *f*

command *n* Befehl *m*, Kommando *nt*; **c. economy** Plan-, Befehls-, Kommandowirtschaft *f*; **c. structure** Hierarchie *f*

commencement *n* Beginn *m*, Anfang *m*; **c. of bankruptcy proceedings** Konkurseröffnung *f*; ~ **a contract** Vertragsbeginn *m*; ~ **cover(age)** Versicherungs-, Deckungsbeginn *m*; ~ **trading** Geschäftsaufnahme *f*

commensurate *adj* angemessen

commerce *n* Handel(sverkehr) *m*; **c. and industry** Handel und Gewerbe; **C. Department** *[US]* Handelsministerium *nt*

commercial *n* Werbe-, Reklamesendung *f*; **c.s** *(Radio/Fernsehen)* Werbeblock *m*; *adj* Geschäfts-, kaufmännisch, kommerziell, handelspolitisch; **c.ize** *v/t* geschäftlich verwerten

commission *n* Bestellung *f*, Auftrag *m*, Order *f*; Provision *f*, Vermittlungsgebühr *f*; **on c.** auf Provisionsbasis, in Kommission

commission for acceptance Akzeptprovision *f*; ~ **collecting** Einzugsprovision *f*; **c. on purchase** Einkaufsprovision *f*; ~ **turnover** Umsatzprovision *f*

to buy and sell on commission Provisionsgeschäfte machen; **to charge a c.** Provision berechnen; **to put into c.** in Dienst stellen; **to sell on c.** gegen Provision verkaufen

executive commission Verwaltungsrat *m*, Geschäftsleitung *f* (einer Gesellschaft); **fixed c.** Fixum *nt*; **initial c.** *(Vers.)* Abschlußprovision *f*; **managing c.** geschäftsführender Ausschuß, Vorstand *m*

commission *v/t* in Auftrag geben, beauftragen; ⚙/⚓ in Dienst stellen, in Betrieb nehmen

commission account Provisionskonto *nt*; **c. agent** Provisionsvertreter *m*; **c. basis** Provisionsbasis *f*; **c. broker** Provisions-, Kommissionsmakler *m*; **c. business** Auftragsgeschäft *nt*; **c.**

charge Courtage *f [frz.]*, Provision *f*
commissioner *n* Bevollmächtigter *m*,
Kommissionsmitglied *nt*; **C. of Audits**
[GB] Rechnungshof *m*
commission fee Provisionsgebühr *f*; **c.
house** Kommissionsfirma *f*; *[US]*
Brokerfirma *f*
commissioning *n* Auftragsvergabe *f*;
Inbetriebnahme *f*
commission merchant (Verkaufs)Kom-
missionär *m*; **c. note** Provisionsgut-
schrift *f*; **c. payment** Provisionszah-
lung *f*; **c. rate** Provisionssatz *m*; **c.
stocks** Kommissionslager *nt*; **c. trade**
Kommissionsgeschäft *nt*
commit *v/t* übertragen; [§] begehen,
verüben; **c. o.s.** sich festlegen/ver-
pflichten
commitment *n* Verpflichtung *f*, Zusicherung *f*, Zusage *f*; **c. of funds** Mit-
telbindung *f*; **c.s and contingent liabilities** bedingte Verpflichtungen aus be-
stehenden Verträgen
advance commitment Kreditzusage *f*;
contractual c. vertragliche Verpflichtung; **financial c.** Finanzierungszusa-
ge *f*; **total c.(s)** Zusagevolumen *nt*
commitment authorization Verpflich-
tungsermächtigung *f*; **c. ceiling** Zusa-
gerahmen *m*; **c. charge** Bereitstellungsgebühr *f*; **c. credit** Bereitstel-
lungskredit *m*; **c. interest** Bereitstel-
lungszinsen *pl*; **c. period** *(Geld)* Bindungsdauer *f*
committee *n* Ausschuß *m*, Komitee *nt*,
Kommission *f*; **c. of experts** Sachver-
ständigenausschuß *m*, S.gremium *nt*
administrative committee Verwaltungs-
ausschuß *m*; **advisory c.** Beirat *m*; **au-
thorizing c.** Bewilligungsausschuß *m*;
central c. Hauptausschuß *m*; **disciplinary c.** Disziplinarausschuß *m*; **economic c.** Wirtschaftsausschuß *m*; **ex-
ecutive/managing c.** (geschäftsführender) Vorstand *m*; **monetary c.** Wäh-
rungsausschuß *m*; **select c.** Fachaus-
schuß *m*; **standing c.** ständiger Ausschuß
committee meeting Ausschuß-, Arbeits-
sitzung *f*
commodity *n* Ware *f*, Gut *nt*, Erzeugnis *nt*, Produkt *nt*; Rohstoff *m*; **agri-**

cultural commodities landwirtschaftliche Erzeugnisse; **basic/primary/staple
commodities** unverarbeitete Rohstoffe
commodity advance Warenlombard *m*;
c. bill Warenwechsel *m*; **c. broker**
Rohstoff-, Warenmakler *m*; **c. credit**
Warenkredit *m*; **c. exchange/market**
Waren-, Produkten-, Rohstoffbörse *f*,
Rohstoff-, Produktenmarkt *m*; **c. fu-
tures** Warentermingeschäft *nt*; ~
exchange Warenterminbörse *f*; **c.
group** Warenart *f*; **c. price** Rohstoff-,
Warenpreis *m*; **c. rate** *[US]* Stückgut-,
Einzelfrachttarif *m*; **c. terms of trade**
Warenaustauschverhältnis *nt*; **c. trading** Rohstoff-, Warenhandel *m*
Common Agricultural Market *(EG)*
Gemeinsamer Agrarmarkt; ~ **Policy
(CAP)** EG-Landwirtschaftspolitik *f*;
C. External Tariff (CET) *(EG)* Gemeinsamer Außenzoll; **C. Market**
(EG) Gemeinsamer Markt
communication *n* Mitteilung *f*, Über-
mittlung *f*, Nachricht *f*; **confidential
c.** vertrauliche Mitteilung; **official c.**
amtliche/dienstliche Mitteilung; **c.
channel** Kommunikationsweg *m*; **c.s
network** Nachrichtennetz *nt*, Netz der
Verkehrswege und Fernmeldeverbin-
dungen; ~ **technology** Kommunikati-
onstechnik *f*
community *n* Gemeinschaft *f*, Allgemeinheit *f*, (Orts)Gemeinde *f*; **financial c.** Finanzwelt *f*
Community aid *(EG)* Gemeinschafts-
hilfe *f*; **C. budget** *(EG)* Gemein-
schaftshaushalt *m*; **c. charge** *[GB]*
Bürger-, Einwohnersteuer *f*; **C. currency** *(EG)* Gemeinschaftswährung *f*; **c. funds** Gemeinschaftsmittel;
C. law *(EG)* Gemeinschaftsrecht *nt*;
C. levy *(EG)* Gemeinschaftsabgabe *f*;
C. preference *(EG)* Gemeinschafts-
präferenz *f*; **C. product** *(EG)* Ge-
meinschaftserzeugnis *nt*; **C. tariff**
(EG) ⊖ Gemeinschaftszoll *m*
commutation *n* Pauschalierung *f*; Umwandlung *f*; **c. debt** Ablösungs-
schuld *f*
commute *v/ti* pendeln
commuter *n* (Aus-/Ein)Pendler *m*;
cross-border/trans-frontier c. Grenz-

gänger *m*; **c. area/belt** (städtischer) Einzugsbereich *m*; **c. traffic** Berufs-, Pendlerverkehr *m*

company *n* → **corporation** Unternehmung *f*, (Handels)Gesellschaft *f*, Firma *f*; *%y* Mannschaft *f*

company in default notleidende Gesellschaft; ~ **liquidation** Liquidationsgesellschaft *f*, Abwicklungsfirma *f*; **c. limited by shares** Aktiengesellschaft (AG) *f*

to control a company Gesellschaft beherrschen; **to establish/form a c.** Gesellschaft gründen; **to float a c.** an die Börse gehen, Unternehmen an die Börse bringen; **to incorporate/register a c.** Gesellschaft/Firma handelsgerichtlich eintragen (lassen); **to wind up a c.** Firma/Gesellschaft liquidieren

affiliated company verbundene/angegliederte Gesellschaft; **associate(d) c.** Beteiligungsgesellschaft *f*; **brass-plate c.** Briefkastenfirma *f*; **civil-law c.** Gesellschaft bürgerlichen Rechts (GbR); **commercial c.** Handelsunternehmen *nt*; **consolidated c.** konsolidierte Gesellschaft; Konzern *m* **controlling c.** Ober-, Muttergesellschaft *f*; **dependent c.** abhängige Gesellschaft; **electricity-generating c.** Stromerzeuger *m*, Energieversorgungsunternehmen (EVU) *nt*; **family-owned c.** Familiengesellschaft *f*; **highly geared/leveraged c.** Unternehmen mit hohem Fremdkapitalanteil; **incorporated c.** *[US]* eingetragene (Handels)Gesellschaft, Kapitalgesellschaft *f*; **industrial c.** Industrieunternehmen *nt*; **interlocking c.** Schachtelgesellschaft *f*; **international c.** Weltunternehmen *nt*; **joint-stock c.** Aktiengesellschaft (AG) *f*; *[GB]* Kapitalgesellschaft *f*; *[US]* Gesellschaft mit beschränkter Haftung (GmbH); **collateral ~ c.** *[US]* offene Handelsgesellschaft auf Aktien; **leading c.** federführendes Konsortialmitglied; Dachgesellschaft *f*

limited (liability) company *[GB]* Kapitalgesellschaft *f*; **private ~ c. (LTD; Ltd)** Gesellschaft mit beschränkter Haftung (GmbH), Familien-AG *f*; **public ~ c. (PLC; plc)** Aktiengesell-

schaft (AG) *f*

listed company (börsen)notierte Gesellschaft; **managing c.** Betriebsführungsgesellschaft *f*; **medium-sized c.** mittelständisches Unternehmen; **multinational c.** multinationales Unternehmen, Multi *m (coll)*; **mutual c.** Versicherungsverein auf Gegenseitigkeit (VVaG); **nationalized c.** *[GB]* staatliche/verstaatlichte Gesellschaft; **non--profit(-making) c.** gemeinnützige Gesellschaft; **non-trading c.** Dienstleistungsgesellschaft *f*; **offshore c.** Gesellschaft (mit Sitz) im Ausland; **one-man c.** Einzelfirma *f*; **operating c.** Betriebsgesellschaft *f*; **private c.** Privatfirma *f*, P.gesellschaft *f*, Gesellschaft bürgerlichen Rechts (GbR); **proprietary c.** Dach-, Holdinggesellschaft *f*; **public/quoted c.** Aktien-, Kapitalmarkt-, Publikumsgesellschaft *f*; **public-law c.** öffentlich-rechtliche Gesellschaft; **receiving c.** *(Fusion)* Auffanggesellschaft *f*; **registered c.** eingetragene/zugelassene Firma; **state-controlled c.** staatlich kontrolliertes Unternehmen; **state-owned c.** Staatsbetrieb *m*, S.unternehmen *nt*; **statutory c.** Körperschaft/Gesellschaft (des) öffentlichen Rechts; **subsidiary c.** Tochter-, Konzerngesellschaft *f*; **unincorporated c.** Personengesellschaft *f*; **unlimited c.** Offene Handelsgeselllschaft (OHG)

company accommodation/dwelling Werkswohnung *f*; **c. accounts** Betriebsbuchhaltung *f*; **c. address** Firmenanschrift *f*; **c. assets** Betriebs-, Firmenvermögen *nt*; **c. benefits** betriebliche Sozialleistungen; **c. board** Aufsichts-, Verwaltungsrat *m*; **c. borrowing** gewerbliche Kreditaufnahme; **c. capital (stock)** Unternehmens-, Firmenkapital *nt*; **c. constitution** Unternehmensverfassung *f*; **companies court** Handelsgericht *nt*; **at c.'s expense** auf Firmen-/Geschäftskosten; **c. failure** Unternehmenspleite *f*; **c. financing** Unternehmensfinanzierung *f*; **c. formation/foundation** Unternehmens-, Firmengründung *f*; **c. funds** Gesellschafts-, Firmenmittel; **c. headquarters** Firmenhauptverwaltung *f*,

(Firmen)Zentrale *f*; **c. health insurance (scheme)** Betriebskrankenkasse *f*; **c. incorporation** *[US]* Firmenregistrierung *f*; **c. law** Gesellschafts-, Unternehmens-, Aktienrecht *nt*; **c. lawyer** Firmenanwalt *m*, Syndikus *m*, Justitiar *m*; **c. liabilities** Gesellschafts-, Firmenverbindlichkeiten; **c. magazine/newspaper** Werkszeitschrift *f*; **c. management** Unternehmens-, Geschäfts-, Firmenleitung *f*, Unternehmensführung *f*; **c. officer** Prokurist *m*, Generalbevollmächtigter *m*; **c. official** Firmenvertreter *m*; **c.-owned** *adj* betriebs-, firmeneigen; **c. pension (scheme)** Firmen-, Betriebsrente *f*, betriebliche Altersversorgung; **c. policy** Unternehmens-, Firmenpolitik *f*; **c. premises** Firmen-, Betriebskomplex *m*, Geschäftsräume; **c. profit** Unternehmensgewinn *m*; **c. promoter** Unternehmens-, Firmengründer *m*; **c. property** Betriebsvermögen *nt*, Firmeneigentum *nt*; **c. register** Firmen-, Gesellschaftsregister *nt*; **c. registration** Eintragung einer Gesellschaft; **c. reorganisation** Sanierung *f*; **c. report** Gesellschafts-, Unternehmensbericht *m*; **c. reporting** Berichtswesen *nt*; **c. secretary** Verwaltungsdirektor *m*; Syndikus *m*; **c.-specific** *adj* firmen-, unternehmensspezifisch; **c. spokesman** Firmensprecher *m*; **c. stationery** Geschäftspapier *nt*; **c. structure** Gesellschafts-, Unternehmensstruktur *f*; **c. suggestion scheme** betriebliches Vorschlagswesen; **c. treasurer** Finanzvorstand *m*

comparison *n* Vergleich *m*; **intercompany c.** Betriebsvergleich *m*; **sectoral c.** Branchenvergleich *m*

compatibility *n* Vereinbarkeit *f*; **environmental c.** Umweltverträglichkeit *f*

com|patible *adj* vereinbar, verträglich; **c.pensate** *v/t* entschädigen, ersetzen, vergüten

compensation *n* Schaden(s)ersatz(leistung) *m/f*, Wiedergutmachung *f*, Abfindung *f*, Vergütung *f*

compensation in cash Barbezüge *pl*; **c. of/for (a) damage** Schaden(s)ersatz *m*; **c. for inflation** Inflationsausgleich *m*;

~ **loss of earnings** Verdienstausfallentschädigung *f*; ~ **services rendered** Leistungsausgleich *m*; ~ **travel expenses** Fahrtkostenentschädigung *f*; ~ **use** Nutzungsentgelt *nt*; ~ **wear and tear** Abnutzungsentschädigung *f*

to claim compensation Entschädigung beanspruchen; **to pay c.** Schaden(s)ersatz leisten

fair (and reasonable) compensation angemessene Entschädigung; **financial c.** Finanzausgleich *m*; **flat-rate/lump--sum c.** Pausch(al)vergütung *f*; **monetary/pecuniary c.** Barabfindung *f*; **non-cash c.** Sachbezüge *pl*, S.leistungen *pl*

compensation amount Ausgleichsbetrag *m*; **c. claim** Schaden(s)ersatzanspruch *m*; **c. delivery** Ersatzlieferung *f*; **c. package** Gesamtvergütung *f*; **c. pay** Ausgleichslohn *m*; **c. payment** Augleichs-, Abfindungszahlung *f*; **c. transaction** Kompensationsgeschäft *nt*

compensatory *adj* Ausgleichs-

compete *v/i* konkurrieren, in Wettbewerb stehen/treten

competence *n* Fähigkeit *f*, Tüchtigkeit *f*; Befugnis *f*, Zuständigkeit *f*; **exceeding one's c.** Überschreiten der Zuständigkeit; **occupational c.** berufliche Eignung; **technical c.** Fachkompetenz *f*

competent *adj* zuständig, befugt; befähigt, tüchtig

competition *n* Konkurrenz(kampf) *f/m*; Wettbewerb *m*; Preisausschreiben *nt*

to distort competition Wettbewerb verzerren; **to enter into c. with** konkurrieren mit; **to impair c.** Wettbewerb beschränken; **to meet c.** der Konkurrenz die Spitze bieten; **to restrict c.** Wettbewerb behindern/verzerren

cutthroat/ruinous competition mörderischer Wettbewerb, Verdrängungswettbewerb *m*; **distorted c.** Wettbewerbsverzerrung *f*; **fair c.** lauterer Wettbewerb; **fierce/keen/stiff c.** harter Wettbewerb; **foreign c.** ausländische Konkurrenz; **fraudulent/unfair c.** unlauterer Wettbewerb; **open c.** freier

Wettbewerb

competition rules Wettbewerbsbestimmungen

competitive *adj* konkurrenz-, wettbewerbsfähig; **highly c.** *(Markt)* heiß umkämpft; **c.ness** *n* Wettbewerbs-, Konkurrenzfähigkeit *f*

competitor *n* Konkurrent *m*, Mitbewerber *m*; **c.s** Konkurrenz *f*; **to disparage a c.** Konkurrenz anschwärzen; **to eliminate c.(s)** Konkurrenz ausschalten; **to undercut c.s** Konkurrenz unterbieten; **cut-price c.** Billiganbieter *m*

compilation *n* Erfassung *f*; **c. of a catalog(ue)** Zusammen-/Erstellung eines Katalogs

com|pile *v/t* zusammenstellen, z.fassen; **c.plain** *v/i* sich beschweren, reklamieren; **c.plainant** *n* Beschwerdeführer *m*

complaint *n* Beschwerde *f*, Mängelrüge *f*, Reklamation *f*, Beanstandung *f*; **c. of unfair dismissal** Kündigungsschutzklage *f*

to adjust/redress/remedy a complaint einer Beschwerde abhelfen; **to file/lodge a c.** Beschwerde einlegen, sich beschweren; **to reject/repudiate a c.** Beschwerde/Reklamation zurückweisen

complaint|s department Beschwerdeabteilung *f*; **c. letter** Beschwerdebrief *m*, Mängelrüge *f*; **c.s procedure** Beschwerde-, Reklamationsverfahren *nt*

complement *n* Ergänzung *f*; Komplementärgut *nt*; ⚓ Besatzung *f*; **c.ary (to)** *adj* (sich) ergänzend

complete *adj* vollständig, komplett, vollzählig; *v/t* be-, vollenden, fertigstellen, vervollständigen

completion *n* Abschluß *m*, Vollendung *f*, Fertigstellung *f*; **c. of contract** Vertragserfüllung *f*; **c. on schedule** fristgemäße Fertigstellung; **c. date** Fertigstellungstermin *m*

compliance *n* Erfüllung *f*, Einhaltung *f*; *[US]* Steuermoral *f*; **c. with a/ the contract** Vertragstreue *f*; **in ~ your order** auftragsgemäß; **defective c.** mangelhafte Erfüllung

complicity *n* § Komplizen-, Mittäterschaft *f*

compliment *n* Kompliment *nt*, Empfehlung *f*; **with c.s** zur gefälligen Kennt-

nisnahme; **"With C.s"** slip Empfehlungskarte *f*

comply with *v/i (Anordnung)* (be)folgen, einhalten

component *n* Bestand-, Bauteil *nt*; **bought-in c.s** Fremdbezug *m*; **subcontracted c.** Zulieferteil *nt*; **c.s assembly** Teilemontage *f*; **c. firm** Zulieferbetrieb *m*; **c.s industry** Zulieferindustrie *f*; **c. maker/supplier** Zulieferer *m*

composition *n* § Vergleich *m*, gütliche/ einvernehmliche Regelung; **c. in bankruptcy** Konkursvergleich *m*; **c. with creditors** Gläubigervergleich *m*; **to settle by c.** durch Vergleich regeln; **compulsory c.** Zwangsvergleich *m*; **c. proceedings** (Konkurs)Vergleichsverfahren *nt*

compound *n* Zusammensetzung *f*; Verbund; *v/ti* Vergleich/Übereinkunft treffen, durch Vergleich regeln; aufzinsen; pauschalieren

com|prehensive *adj* global, umfassend; **c.prise** *v/t* einschließen, umfassen; **c.promise** *n* Kompromiß *m*, vergleichsweise Regelung; **~ and settlement** § Vergleich *m*

comptroller *n* Rechnungsprüfer *m*, Leiter der Buchhaltung

compulsory *adj* zwangsweise, obligatorisch, Zwangs-

computation *n* π Er-, Berechnung *f*; **c. of costs** Kostenberechnung *f*, K.kalkulation *f*; **~ interest** Zins(be)rechnung *f*; **~ pensions** Rentenberechnung *f*; **actuarial c.** versicherungsmathematische Berechnung; **approximate c.** Näherungsrechnung *f*

compute *v/t* be-, ausrechnen

computer *n* Computer *m*, Rechner *m*, Datenverarbeitungsanlage *f*; **desk-top c.** Tischrechner *m*; **c. centre** Rechenzentrum *nt*; **c.-controlled** *adj* computergesteuert; **c.ization** *n* Umstellung auf Computer; **c. language** Computer-, Programmiersprache *f*; **c. network** Rechnerverbund *m*; **c. programme** Rechenprogramm *nt*; **c. time** Rechenzeit *f*

concern *n* Betrieb *m*, Unternehmen *nt*, Konzern *m*; Sorge *f*, Anliegen *nt*

big concern Großkonzern *m*; **family-**

run c. Familienunternehmen *nt*; **going c.** bestehendes Unternehmen, arbeitender/aktiver Betrieb; **industrial c.** Industriebetrieb *m*, I.konzern *m*; **profitable c.** einträglicher Betrieb

concern *v/t* betreffen, angehen; **to whom it may c.** Bescheinigung *f*, wen es angeht

concerning *prep* betreffs

concession *n* Zulassung *f*, Genehmigung *f*, Zugeständnis *nt*; **c.aire** *n* Konzessionsinhaber *m*, Vertragshändler *m*; **c.ary** *adj* lizensiert; verbilligt

conciliate *v/t* schlichten

conciliation *n* Schiedsspruch *m*, Schlichtung(sverfahren) *f/nt*; **c. agreement** Schlichtungsabkommen *nt*; **c. board** Schlichtungsstelle *f*, S.amt *nt*; **c. committee** Schlichtungsausschuß *m*; **c. proceedings** Schlichtungsverfahren *nt*

conclusion *n* Ergebnis *nt*, (Ab)-Schluß *m*; **c. of an agreement;** ~ **a contract** Vertragsabschluß *m*; ~ **a bargain/deal** Geschäftsabschluß *m*; ~ **a sale** Verkaufsabschluß *m*

conclusive *adj* beweiskräftig, schlüssig; **c.current** *adj* gleichlaufend, g.zeitig; §) kollidierend, konkurrierend; **c.demn** *v/t [US]* beschlagnahmen, enteignen; △ Abriß verfügen; **c.demnation** *n* Beschlagnahme *f*, (Zwangs)Enteignung *f*; ~ **order** Enteignungsbeschluß *m*; △ Abrißverfügung *f*

condition *n* Bedingung *f*; Zustand *m*, Lage *f*; wesentliche Vertragsbestimmung, Klausel *f*; **on c.** freibleibend, in Kommission

conditions of acceptance Übernahmebedingungen; ~ **affreightment** Befrachtungsbedingungen; ~ **carriage** Beförderungsbestimmungen; ~ **contract** Vertragsbedingungen; ~ **credit** Kreditbedingungen; ~ **employment** Beschäftigungsbedingungen; ~ **insurance** Versicherungsbedingungen; ~ **sale** Verkaufsbedingungen; **General** ~ **Sale** Allgemeine Verkaufs- und Lieferbedingungen; ~ **service** Anstellungs-, Beschäftigungsbedingungen

to comply with conditions Konditionen erfüllen; **to impose c.** etw. zur Auflage machen

competitive condition|s Wettbewerbsverhältnisse, W.bedingungen; **under fully ~ c.s** unter den Bedingungen des freien Wettbewerbs; **defective c.** *(Waren)* mangelhafter Zustand; **economic c.s** Konjunktur(lage) *f*, konjunkturelle Rahmenbedingungen; **general c.s** allgemeine Geschäftsbedingungen; **local c.s** örtliche Verhältnisse/Gegebenheiten, Standortbedingungen; **perfect c.** einwandfreier/mangelfreier Zustand; **in poor c.** schlecht erhalten, in schlechtem Zustand; **preferential c.s** Vorzugsbedingungen; **suspensive c.** aufschiebende Bedingung

con|ditional *adj* vertragsgemäß, bedingt; **c.dominium** *n [US]* Mitbesitz *m*, Eigentumswohnung *f*

conduct *n* Führung *f*, Verhalten *nt*, Gebaren *nt*; **c. of affairs/business** Führung der Geschäfte, Geschäftsführung *f*, G.gebaren *nt*; ~ **negotiations** Verhandlungsführung *f*; **financial c.** Finanzgebaren *nt*; **good c.** einwandfreie/gute Führung; **professional c.** standesgemäßes Verhalten; *v/t* führen, leiten

con|fectionery *n* Konditorei-, Süßwaren *pl*; **c.federation** *n* Verband *m*; **C.federation of British Industry (CBI)** britischer Industrie-/Unternehmerverband; **c.fer** *v/ti* gewähren, erteilen; §) übertragen; ~ **(cf.)** vergleiche (vgl.)

conference *n* Sitzung *f*, Konferenz *f*, (Dienst)Besprechung *f*; **annual c.** Jahrestagung *f*; **economic c.** Wirtschaftskonferenz *f*; **interdepartmental c.** Ressortbesprechung *f*; **residential c.** mehrtägige Konferenz

conference centre Kongreßzentrum *nt*; **c. interpreter** Konferenz-, Verhandlungsdolmetscher *m*; **c. member** Tagungsteilnehmer *m*; **c. room** Konferenz-, Besprechungszimmer *nt*

confidence *n* Vertrauen *nt*; **c.-building** *adj* vertrauensbildend

confidential *adj* geheim, vertraulich; **strictly c.** streng vertraulich/geheim; **to treat as c.** vertraulich behandeln; **c.ity** *n* Vertraulichkeit *f*, Diskretion *f*

confirm *v/t* bestätigen, bekräftigen; **c.**

in writing schriftlich/brieflich bestätigen

confirmation n Bestätigung f; **subject to c.** unverbindlich; **c. of accounts receivable and payable** Saldenbestätigung f; ~ **cover(age)** Versicherungs-, Deckungsbestätigung f; ~ **an order** Auftragsbestätigung f; ~ **receipt** Eingangs-, Empfangsbestätigung f; **c. in writing** schriftliche Bestätigung; **written c.** schriftliche Bestätigung

con|fiscate v/t beschlagnahmen, konfiszieren; **c.fiscation** n Beschlagnahme f; ~ **order** Beschlagnahmeverfügung f; **c.flagration** n (Groß)Brand m

conflict n Streit m, Kontroverse f; **c. of interest(s)** Interessenkollision f; **industrial c.** Arbeitskampf m

conform v/ti (sich) anpassen; **c. to/with** übereinstimmen mit, sich richten nach

conformity n Übereinstimmung f; **in c. with** in Übereinstimmung mit; ~ **the articles/statutes** satzungsgemäß; **to book/enter in c.** gleichlautend buchen

con|fuse v/t verwechseln; **c.fusion** n Verwechs(e)lung f; **c.gest** v/t verstopfen, überschwemmen; **c.gestion** n Verstopfung f, Überfüllung f, Stau m; **c.glomerate** n (Misch)Konzern m; **c.glomeration** n Zusammenballung f; **c.gratulate** v/t beglückwünschen, gratulieren; **c.gratulation** n Glückwunsch m; **c.gress** n Kongreß m, Tagung f; **c.junction** n Verbindung f; ~ **with** in Verbindung mit; **c.nection** n Verbindung f, Beziehung f; ✆ Fernsprechverbindung f; ✍/✦ Anschluß m; **c.nivance** n (stillschweigende) Duldung f

consent n Einverständnis nt, Einwilligung f; **subject to your c.** vorbehaltlich Ihrer Zustimmung; **c. in writing; written c.** schriftliche Einwilligung; **implied c.** stillschweigende Zustimmung; v/i einwilligen, zustimmen

consequence n Folge(erscheinung) f, Konsequenz f; **to be of c.** ins Gewicht fallen; **harmful c.s** negative Folgen; **indirect c.** mittelbare Folge; **legal c.s** gerichtliches Nachspiel

conservation n Konservierung f; Einsparung f; **ecological/environmental c.** Umweltschutz m; **rural c.** Landschaftspflege f; **c. area** Naturschutzgebiet nt; **c. order** ⌂ Veränderungssperre f

consider v/t in Betracht/Erwägung ziehen, berücksichtigen; **c. favourably** wohlwollend prüfen; **c.able** adj beträchtlich, erheblich; **c.ate** adj entgegenkommend, rücksichtsvoll

consideration n Erwägung f, Überlegung f; Rücksichtnahme f, Berücksichtigung f; Entgelt nt, Vergütung f; **for a c.** gegen Entgelt, entgeltlich; **c. other than cash** unbare Leistung; **c. for services rendered** Leistungsentgelt nt; **commercial c.s** kaufmännische Gesichtspunkte; **after due c.** nach reiflicher Erwägung/Überlegung; **pecuniary/valuable c.** geldwerte Gegenleistung, Entgelt nt

consign v/t ver-, absenden; ✍ aufgeben, verladen; in Kommission geben

consignee n Adressat m, Ladungs-, Fracht-, Warenempfänger m; Verkaufskommissionär m; **to collect from c.** vom Empfänger zu erheben; **at c.'s risk** auf Gefahr des Empfängers

consignment n Lieferung f, (Waren)Sendung f, (Versand)Partie f, Frachtgut nt; Versand m, Verfrachtung f; Konsignations-, Kommissionsware f

collective / consolidated / grouped/mixed consignment Sammelladung f; **floating c.** schwimmende Ware; **on-approval c.** Ansichtssendung f; **undeliverable c.** unzustellbare Sendung; **valuable c.** Wertsendung f

consignment account Kommissionskonto nt; **c. goods** Kommissions-, Konsignationsware f; **c. note** Frachtbrief m, Waren(begleit)schein m, Verladebescheinigung f; **c. sale** Kommissions-, Konsignationsverkauf m; **c. stock(s)** Konsignations-, Kommissionslager nt

consignor n Ver-, Absender m, Verfrachter m, Verlader m; **at c.'s risk** auf Gefahr des Ver-/Absenders

con|sistency n Beständigkeit f; **c.solidate** v/t konsolidieren, zusammenfassen; [US] fusionieren; (Aktien) zusammenlegen

consolidation *n*   Zusammenfassung *f*; Konsolidierung *f*; Fusion *f*; **c. of capital/investments**   Kapitalkonsolidierung *f*; ~ **shares** *[GB]*/**stocks** *[US]* Zusammenlegung des Aktienkapitals; **corporate c.** Fusion(ierung) von Aktiengesellschaften; **financial c.** Konsolidierung der Finanzen; **c. loan** Fundierungsanleihe *f*; **c. profit** Fusionsgewinn *m*; **c. sale** Gemeinschaftsverkauf *m*; **c. warehouse** Sammellager *nt*

consortium *n*   Konsortium *nt*, Syndikat *nt*, Gruppe *f*; **c. bank** Konsortialbank *f*; **c. loan** Konsortialkredit *m*

con|stituent *n*   Bestandteil *m*; **c.stitute** *v/t* konstituieren, bilden; darstellen, ausmachen; **c.stitution** *n* Satzung *f*, Verfassung *f*; **corporate c.stitution** Unternehmensverfassung *f*

constraint *n*   Zwang *m*; **monetary c.** Geldmengenbeschränkung *f*

construction *n*   → **building** (Auf)Bau *m*, Errichtung *f*; Konstruktion *f*, Bauweise *f*; 〖§〗 Interpretation *f*, Auslegung *f*; **under c.** im Bau

construction & engineering Anlagenbau *m*; **c. under licence** Nachbau *m*; **c. in process/progress** in Bau befindliche Anlage(n)

industrial construction Industriebau *m*; **lightweight c.** Leichtbau(weise) *m*/*f*; **prefabricated c.** Fertigbau(weise) *m*/*f*; **residential c.** Wohnungsbau(tätigkeit) *m*/*f*

construction boom Baukonjunktur *f*; **c. company** Baufirma *f*, B.unternehmen *nt*; **c. cost(s)** Bau-, Erstellungskosten *pl*; **c. engineering** Hoch-, Ingenieurbau *m*; **c. industry** Bauwirtschaft *f*, B.industrie *f*; **c. job** Bauberuf *m*; **c. loan** Baukredit *m*, B.darlehen *nt*; **c. output** Bauleistung *f*; **c. site** Baustelle *f*; **c. start(-up)** Baubeginn *m*; **c. work** Bauleistung *f*, B.maßnahme *f*; **c. worker** Bauhandwerker *m*, B.arbeiter *m*

con|structive *adj*   konstruktiv; fördernd; baulich; 〖§〗 angenommen; **c.strue** *v/t* 〖§〗 auslegen, interpretieren; **c.sular** *adj* Konsulats-, konsularisch; **c.sulate** *n* Konsulat *nt*

consult *v/t*   um Rat fragen, zu Rate ziehen; **c.ancy** *n* Beratung(sfirma) *f*, B.sbüro *nt*, B.stätigkeit *f*; ~ **agreement** Beratervertrag *m*

consultant *n*   Berater *m*; Gutachter *m*; **financial c.** Finanzberater *m*; **outside c.** unabhängiger Berater

consultation *n*   Beratung *f*, Rücksprache *f*; **in c. with** im Benehmen mit; **without prior c.** ohne vorherige Absprache; **c. fee** Beratungsgebühr *f*

consultative *adj*   beratend

consulting *n*   Beratung *f*; **c. agency** Beraterfirma *f*; **c. engineer** beratender Ingenieur, technischer Berater; **c. hours** Sprechstunde *f*

consume *v/t*   auf-, verbrauchen

consumer *n*   Abnehmer *m*, Verbraucher *m*, Konsument *m*

average consumer (Otto) *(coll)* Normalverbraucher *m*; **domestic/private/small c.** Privatverbraucher *m*, Kleinabnehmer *m*; **final/ultimate c.** End-, Letztverbraucher *m*; **industrial c.** gewerblicher Abnehmer; **large-scale c.** Großkunde *m*

consumer acceptance Kaufbereitschaft *f*; **c. advice/counselling** Verbraucher-, Kundenberatung *f*; ~ **centre** Verbraucherzentrale *f*; **c.(s') association** Verbrauchervereinigung *f*; **c. boom** Verbraucherkonjunktur *f*; **c. confidence** Verbrauchervertrauen *nt*; **c. cooperative** Konsumgenossenschaft *f*; **c. credit** Verbraucher-, Kunden-, Kleinkredit *m*; ~ **agency/company** Kundenkredit-, Teilzahlungsbank *f*; **c. demand** Verbrauchernachfrage *f*; **c. disposables** kurzlebige Konsumgüter; **c. durables** dauerhafte Verbrauchsgüter; **c. expenditure** Verbraucherausgaben *pl*; **c.s' fair** Verbraucherausstellung *f*; **c. finance** Konsumfinanzierung *f*

consumer goods Gebrauchs-, Verbrauchs-, Konsumgüter; **perishable c. g.** kurzlebige Konsumgüter; **c. g. industry** Konsum-, Verbrauchsgüterindustrie *f*

consumer habits Verbrauchs-, Kaufgewohnheiten; **c. industry** Verbrauchsgüterindustrie *f*

consumerism *n*   Verbraucher(schutz)bewegung f

consumer loan Anschaffungsdarlehen nt, A.kredit m; **c. loyalty** Kundentreue f; **c. market** Konsumgütermarkt m; **cut-price c. market** Verbrauchermarkt m; **c. organisation** Verbraucherverband m; **c. preference** Bevorzugung durch den Verbraucher; **c. price** Verbraucherpreis m; ~ **index** Lebenshaltungs(preis)index m; **c. product** Konsumgut nt; **c. protection** Verbraucherschutz m; **c. research** Verbraucherbefragung f; **c. resistance** Kaufzurückhaltung f; **c. saving(s)** Ersparnisbildung der privaten Haushalte; **c. spending** Konsumausgaben pl, konsumtive Ausgaben; **c. stocks** *(Börse)* Konsumwerte; **c. wants** Verbraucherbedürfnisse

consumption n Konsum m, Verbrauch m; (Substanz)Verzehr m; **c. on the premises** Verzehr an Ort und Stelle; **to enter for c.** ⊖ Abfertigung zum freien Verkehr beantragen; **unfit for (human) c.** (für Menschen) ungenießbar

additional consumption Mehrverbrauch m; **aggregate c.** gesamtwirtschaftlicher Konsum; **average c.** Durchschnittsverbrauch m; **deferred c.** Verbraucherverzicht m; **domestic c.** inländischer/einheimischer Verbrauch; **industrial c.** gewerblicher Verbrauch; **per-capita c.** Pro-Kopf-Verbrauch m; **personal/private c.** Privat-, Eigenverbrauch m; **public c.** Staatsverbrauch m

consumption credit Kunden-, Verbraucherkredit m; **c. demand** Verbraucher-, Konsumgüternachfrage f; **c. goods** Konsum-, Verbrauchsgüter; **c. pattern(s)** Konsumverhalten nt, Verbrauchsgewohnheiten pl; **c. tax** Verbrauchssteuer f

contact n Beziehung f, Kontakt m; Kontaktperson f, Ansprechpartner m; v/t Fühlung/Verbindung aufnehmen, sich in Verbindung setzen mit

contain v/t enthalten; begrenzen, eindämmen

container n (Groß-/Transport-/Versand)Behälter m, Container m; **col-**lapsible c. Collico m; **disposable/non--returnable/one-trip c.** Einweg-, Einmal-, Wegwerfbehälter m, W.pakkung f; **c. depot** Containerstellplatz m; **c. glass** Behälter-, Hohlglas nt

container|ization n Umstellung auf Containerverkehr; Verpackung in Container; **c.ize** v/t auf Behälter/Container umstellen; in Containern verpacken

full container load (F.C.L.) Container--Komplettladung f; **less than c. load (L.C.L)** Teilladung f; **c. port** Containerhafen m; **c. service/traffic** Containerverkehr m; **c. ship/vessel** Containerschiff nt; **c. terminal** Containerterminal nt, C.umschlagstelle f

contaminate v/t verschmutzen, verseuchen, verunreinigen

contamination n Verschmutzung f, Verseuchung f, Verunreinigung f; **environmental c.** Umweltverseuchung f; **industrial c.** industriebedingte Verseuchung

contango n *(Börse)* Report(prämie) m/f; Aufgeld nt; *(Devisen)* Kursaufschlag m; v/t prolongieren, Reportgeschäft abschließen; **c. business** Report-, Prolongationsgeschäft nt; **c. rate** Report m, Prolongationsgebühr f, Aufgeld nt

contempt of court n [§] Mißachtung des Gerichts

contender n (Mit)Bewerber m

content(s) n Inhalt m, Gehalt m, Fassungsvermögen nt; Hausrat m; Inhaltsverzeichnis nt; **c. of a letter** Briefinhalt m; **domestic/local c.** (ein)heimischer Liefer-/Fertigungsanteil; **foreign c.** ausländischer Lieferanteil

contentious adj strittig

contest n Wettbewerb m, Streitfall m; **to drop out of the c.** aus dem Wettbewerb ausscheiden; v/t anfechten

continental adj festländisch, kontinental

contingency n Eventualfall m, Möglichkeit f; Rückstellung f; **contingencies** Rücklagen für unvorhersehbare Verluste, Nebenkosten

contingency account Delkrederekonto *nt*; **c. bond** Versicherung gegen außergewöhnliche Risiken; **c. fee** ⟨§⟩ Erfolgshonorar *nt*; **c. fund** Not-, Sicherheitsrücklage *f*, Delkredererückstellung *f*; **c. insurance** Ausfall-, Risikoversicherung *f*; **c. plan** Krisenplan *m*; **c. reserve** Sonder-, Sicherheits-, Verlustrücklage *f*, V.rückstellung *f*, Rückstellung für Eventualverbindlichkeiten; **c. risks** außergewöhnliche Risiken; **c. stocks** Notvorrat *m*

continuation Fortsetzung *f*, F.führung *f*; **c. of insurance** Weiterversicherung *f*; ~ **operations** Betriebsfortführung *f*; ~ **payment** Weiterzahlung *f*

continuation bill Prolongationswechsel *m*; **c. course** Aufbaulehrgang *m*; **c. loan** Anschlußkredit *m*; **c. policy** *(Vers.)* Erneuerungspolice *f*; **c. rate** Reportprämie *f*

contraband (goods) *n* ⊖ Schmuggelware *f*

contract *n* Abkommen *nt*, Vertrag *m*, Auftrag *m*; **as per c.** laut Vertrag/Kontrakt; **subject to c.** ⟨§⟩ vorbehaltlich des/eines Vertragsabschlusses

contract of affreightment (Schiffs)Befrachtungsvertrag *m*; ~ **agency** Agenturvertrag *m*; ~ **apprenticeship** Ausbildungsvertrag *m*; ~ **carriage** Beförderungsvertrag *m*; ~ **delivery** Liefervertrag *m*; **c. for future delivery** Terminkontrakt *m*; **c. of employment** Arbeitsvertrag *m*, A.verhältnis *nt*; ~ **hire** Mietvertrag *m*; ~ **insurance** Versicherungsvertrag *m*; ~ **lease** Miet-, Pachtvertrag *m*; **c. of/to manufacture**; **c. for the procurement of a product**; ~ **work and labour** Werkvertrag *m*; **c. of partnership** Teilhabervertrag *m*; ~ **purchase/sale** Kaufvertrag *m*; **c. to supply** Lieferkontrakt *m*, L.vertrag *m*; **c. in writing** schriftliche Abrede, schriftlicher Vertrag

established by contract vertraglich vereinbart; **stipulated by c.** vertraglich festgelegt

to avoid a contract Vertrag anfechten; **to award a c.** Auftrag vergeben/erteilen, Zuschlag erteilen; **to be in breach of c.** vertragsbrüchig sein; **to cancel a c.** Vertrag auflösen/aufheben; **to**

conclude/enter into a c. Vertrag abschließen; **to discharge a c.** Vertrag erfüllen; **to draw up a c.** Vertrag aufsetzen; **to hold (so.) to the c.** auf dem Vertrag bestehen; **to honour a c.** Vertrag erfüllen; **to negotiate a c.** Vertrag aushandeln; **to repudiate/rescind a c.** Vertrag widerrufen; **to sign a c.** Vertrag unterzeichnen; **to tender for a c.** sich um einen Auftrag bewerben; **to terminate a c.** Vertragsverhältnis beenden/lösen, Vertrag kündigen

binding contract rechtsgültiger Vertrag; **blanket c.** Generalvertrag *m*; **cost-plus c.** Vertrag mit Preisgleitklausel; **exclusive c.** Ausschließlichkeitsvertrag *m*; **fixed-price c.** Festpreisauftrag *m*; **forward c.** *(Börse)* Terminkontrakt *m*; **immoral c.** sittenwidriger Vertrag; **implied c.** stillschweigend abgeschlossener Vertrag; **major c.** Großauftrag *m*; **open-end c.** unbefristeter Vertrag; **public c.** öffentlicher Auftrag; **standard(-form) c.** Modell-, Mustervertrag *m*; **tying c.** Knebelungsvertrag *m*; **void c.** ungültiger Vertrag

contract *v/ti* sich vertraglich verpflichten; schrumpfen; **c. out** Unterauftrag vergeben, fremdvergeben, Auftrag außer Haus geben; vertraglich ausschließen/abbedingen

contract award Zuschlag *m*, (Auftrags)Vergabe *f*; **c. bond** Erfüllungs-, Leistungsgarantie *f*; **c. carrier** Vertragsspediteur *m*, V.reederei *f*; **c. costing** Auftragskalkulation *f*; **c. goods** Vertragsware *f*; **c. guarantee** Erfüllungsgarantie *f*

contracting out *n* Freizeichnung *f*; Fremdvergabe *f*

contraction *n* Schrumpfung *f*, Rückgang *m*; **c. of debts** Schuldenaufnahme *f*; **c. of/in demand** Nachfrageschrumpfung *f*, N.rückgang *m*; **cyclical c.** Konjunkturabschwung *m*, Rezession *f*

contract labour Leih(arbeits)kräfte *pl*, L.arbeit *f*; **c. law** ⟨§⟩ Vertrags-, Schuldrecht *m*; **c. note** Schlußnote *f*, S.schein *m*; Auftragsbestätigung *f*; Abrechnung *f* (des Börsenmaklers)

contractor *n* Lieferant *m*; Auftraggeber *m*; **general c.** Generalunternehmer *m*

contract penalty Konventionalstrafe *f*; **c. period** Laufzeit des Vertrags; **c. personnel** Leihpersonal *nt*, L.arbeitskräfte *pl*; **c. price** Vertrags-, Lieferpreis *m*; **c. processing** Lohnvered(e)lung *f*; **c. production** Auftrags-, Lohnfertigung *f*; **c. quantity** vertraglich vereinbarte Menge; **c. research** Auftragsforschung *f*; **c. sheet** Abrechnungsbogen *m*; **c. terms** Vertragsbedingungen; **c. value** Auftragswert *m*; **c. worker** Leiharbeiter *m*

contra|cyclical *adj* antizyklisch; **c.vene** *v/t* [§] zuwiderhandeln; **c.vention** *n* Zuwiderhandlung *f*, Verstoß *m*

contribute *v/t* beisteuern, beitragen; *(Geld)* zuschießen

contribution *n* Beitrag *m*, Zuschuß *m*, Spende *f*; *(Schadens)*Beteiligung *f*; Kapital-, Deckungsbeitrag *m*; **c. of/to capital** Kapitaleinlage *f*; **c. other than cash**; **c. in kind** Sacheinlage *f*; **c. to costs** Unkostenbeitrag *m*; ~ **the partnership capital** Gesellschaftseinlage *f*; ~ **profits** Gewinnbeitrag *m*

charitable contribution Spende für mildtätige Zwecke; **financial c.** Geldbeitrag *m*; **lump-sum c.** Pauschalbeitrag *m*; **own c.(s)** Eigenleistung *f*; **statutory c.** Pflichtbeitrag *m*

contribution costing Deckungsbeitragsrechnung *f*; **c.(s) income/receipts** Beitragsaufkommen *nt*, B.einnahmen *pl*; **c. margin** *(Gewinn)* (Kosten)-Deckungsbeitrag *m*; **c. rate** Beitragssatz *m*

contributor *n* Beitragszahler *m*; *(Zeitung)* Mitarbeiter *m*

control *n* Steuerung *f*, Lenkung *f*, Aufsicht *f*, Beherrschung *f*; Regulierung *f*; **c. of the market** Marktsteuerung *f*; ~ **supply** Angebotssteuerung *f*

budgetary control Haushaltskontrolle *f*, H.überwachung *f*; **cost-revenue c.** Erfolgskontrolle *f*; **fiscal c.** Steueraufsicht *f*; **monetary c.** Geldmengensteuerung *f*; Devisenbewirtschaftung *f*; **overall c.** Globalsteuerung *f*

control *v/t* (be)herrschen, kontrollieren, lenken, steuern, überwachen

control board Aufsichtsamt *nt*; **c. engineering** Meß- und Regeltechnik *f*

controller *n* *[US]* Leiter der Abteilung Rechnungswesen

control measure Bewirtschaftungs-, Kontrollmaßnahme *f*

con|urbation *n* Ballungsgebiet *nt*, B.raum *m*; **c.vene** *v/t* einbe-, zusammenrufen

convenience *n* Komfort *m*, Annehmlichkeit *f*; **at your c.** bei Gelegenheit; ~ **earliest c.** *(Brief)* sobald wie möglich; **c. food** Fertig-, Schnellgerichte *pl*; **c. goods** (Konsum)Güter des täglichen Bedarfs; **c. store** *[US]* Nachbarschaftsladen *m*

con|venient *adj* bequem, (verkehrs)günstig, vorteilhaft; **c.venor** *n* Vorsitzender der Vertrauensleute, Betriebsratsvorsitzender *m* *[BRD]*

convention *n* Tagung *f*, Versammlung *f*; Gepflogenheit *f*; Übereinkunft *f*; **local c.s** Verkehrssitte *f*; **c.al** *adj* üblich, gewöhnlich; vertragsgemäß; **c. centre** Kongreßzentrum *nt*

conversion *n* (Um)Tausch *m*, Eintausch *m*; (Währungs)Umstellung *f*; **c. into foreign currency** Umrechnung in fremde Währung; **c. of debt(s)** Umschuldung *f*

conversion balance Umschuldungsguthaben *nt*; **c. cost(s)** Umstellungskosten *pl*; **c. grant** Umstellungsbeihilfe *f*; **c. issue/loan/stock** Wandelanleihe *f*; **c. offer** Umtauschangebot *nt*; **c. period** Umtauschfrist *f*; **c. price/rate** Umrechnungs-, Wandlungspreis *m*; **c. table** Umrechnungstabelle *f*; **c. terms** Wandlungsbedingungen

convert *v/t* (um)tauschen, einwechseln, umrechnen; *(Gesellschaft)* umgründen

convertibility *n* Austausch-, Konvertierbarkeit *f*; **full/unrestricted c.** uneingeschränkte Konvertierbarkeit; **limited/restricted c.** beschränkte Konvertierbarkeit

convertible *adj* umtauschbar, konvertierbar

convey *v/t* transportieren, senden, befördern; [§] *(Grundstück)* auflassen, übertragen

conveyance n Beförderungs-, Transportmittel nt; Transport m, Beförderung f; [§] (Grundstücks)Übertragung f, Auflassung f, Umschreibung f; **c. of passengers** Personenbeförderung f; ~ **property/real estate** Eigentums-, Grundstücksübertragung f; ~ **title** Rechtsübertragung f; v/t [§] *(Besitz)* auflassen, umschreiben

conveyancing n [§] (notarielle) Eigentumsübertragung f

conveyor n ⊙ Förderanlage f; **overhead c.** Hochtransportband nt; **c. belt** Fließ-, Transportband nt

conviction n Überzeugung f; [§] Schuldspruch m; **previous c.** [§] Vorstrafe f

convocation n Einberufung f, Versammlung f

cook v/t *(Bilanz)* fälschen, frisieren *(coll)*; **c.ing of accounts** n Bilanzfälschung f

cooling-off n Abkühlung f (der Konjunktur); **c. agreement** Stillhalteabkommen nt; **c. period** Bedenk-, Karenz-, Wartezeit f

co|-op n Genossenschaft f, Konsum m; **c.operate** v/i zusammenarbeiten

cooperation n Mit-, Zusammenarbeit f, Mitwirkung f; **economic c.** wirtschaftliche Zusammenarbeit; **smooth c.** reibungslose Zusammenarbeit

cooperative n (Betriebs)Genossenschaft f; **agricultural c.** landwirtschaftliche Genossenschaft; **commercial c.** Handelsgenossenschaft f; **industrial c.** gewerbliche Genossenschaft; adj gemeinwirtschaftlich, genossenschaftlich; **C. Society (Co-op)** Konsumgenossenschaft f

co|-owner n Miteigentümer m; ⅋ Parten-, Mitreeder m; **c.-ownership** n Miteigentum nt, gemeinschaftlicher Besitz; ~ **share** Miteigentumsanteil m; **c.partner** n Mitinhaber m, Gesellschafter m; **c.partnership** n Teilhaber-, Genossenschaft f, Sozietät f

copier n Kopierautomat m, Vervielfältigungsgerät nt

co|-product n Nebenerzeugnis nt; **c.-proprietor** n Miteigentümer m, M.gesellschafter m

copy n Kopie f, Nachahmung f, N.bau m, Duplikat nt, (Zweit)Ausfertigung f; Exemplar nt; ⬚ Druckvorlage f; Werbetext m; **c. of the bill** Wechselausfertigung f; ~ **the invoice** Rechnungsdurchschlag m; ~ **the register** Registerauszug m

to certify a copy Kopie beglaubigen; **to write c.** Werbetexte schreiben

complimentary/free copy *(Buch)* Frei-, Werbeexemplar nt; **second c.** Zweitausfertigung f; **true c.** genaue Abschrift; **certified** ~ **c.** Richtigkeit der Abschrift beglaubigt

copy v/t kopieren; imitieren; nachahmen

copyright n Nach-, Abdruck-, Urheberrecht nt, Copyright nt, Abdruckerlaubnis f; **protected by c.** urheberrechtlich geschützt; **c. reserved** Nachdruck verboten

copyright fee Urheberrechtsgebühr f; **c. holder** Urheberrechtsinhaber m; **c. infringement** Urheberrechtsverletzung f; **c. protection** Urheber(rechts)schutz m; **c. royalty** Urheberlizenz f

copy typist Schreibkraft f; **c.write** v/t *(Werbung)* texten; **c.writer** n Werbe-, Anzeigentexter m

core n Kern m; **c. activity** Haupttätigkeit f; **c. business** Kern-, Basisgeschäft nt; **c. industry** Schlüsselindustrie f; **c. product** Hauptprodukt nt; **c. worker** Stammarbeiter m; **c. workforce** Stammbelegschaft f, S.personal nt

corn n ⇶ Korn nt, Getreide nt; *[US]* Mais m

corner n Ecke f, Winkel m; Aufkäufergruppe f; **c. shop** *[GB]* Tante-Emma--Laden m *(coll)*

corn exchange Getreidebörse f

corporate adj Betriebs-, Gesellschafts-, Unternehmens-

corporation n → **company** Körperschaft f, juristische Person; Kapitalgesellschaft f; *[US]* Konzern m; Stadtverwaltung f, Gemeinde f; **c. under private law** Körperschaft des Privatrechts; ~ **public law** Körperschaft des öffentlichen Rechts

affiliated/associated corporation angegliederte/verbundene Gesellschaft; **aggregate c.** Gesellschaft mit mehreren Teilhabern; **chartered c.** *[GB]* Stiftung *f*; *[US]* zugelassene Gesellschaft; **civil c.** *[US]* Gesellschaft bürgerlichen Rechts (GbR); **close c.** *[US]* Gesellschaft mit beschränkter Mitgliederzahl; **commercial c.** Handelsgesellschaft *f*; **consolidated c.** *[US]* konsolidierte Gesellschaft; **financial c.** *[US]* aktienrechtlich organisierte Bank/Versicherung; **industrial c.** *[US]* Industriekonzern *m*; **joint-stock c.** *[US]* Aktiengesellschaft (AG) *f*; **listed c.** Kapitalmarktgesellschaft *f*, (börsen)notiertes Unternehmen; **moneyed c.** *[US]* Kredit-, Finanzinstitut *nt*, Bank *f*; Versicherung(sgesellschaft) *f*; **non-profit(-making) c.** *[US]* gemeinnütziges Unternehmen; **one–man c.** *[US]* Einpersonengesellschaft *f*; **open c.** *[US]* Publikums-, Aktiengesellschaft (AG) *f*; **private c.** privatrechtliche Körperschaft; **public c.** Publikumsgesellschaft *f*; **public-law c.** Anstalt/Körperschaft öffentlichen Rechts; öffentliches Unternehmen, Staatsunternehmen *nt*; **subsidiary c.** *[US]* Organ-, Tochtergesellschaft *f*

corporation bond *[US]* Industrieschuldverschreibung *f*; **c. financing** *[US]* Unternehmensfinanzierung *f*; **c. law** *[US]* Aktien-, Gesellschaftsrecht *nt*; **c. loan** Kommunalschuldverschreibung *f*, K.obligation *f*; **c. meeting** *[US]* Gesellschafts-, Hauptversammlung (HV) *f*; **c. stocks** Kommunalschuldverschreibungen, K.obligationen

corporation tax Körperschafts-, Gesellschaftssteuer *f*; **advance c. t.** Körperschaftssteuervorauszahlung *f*; **mainstream c. t.** (normale) Körperschaftssteuer auf einbehaltene Gewinne

correspond *v/i* korrespondieren, Briefwechsel führen; **c. to** übereinstimmen mit, entsprechen

correspondence *n* Briefwechsel *m*, Schriftverkehr *m*, Korrespondenz *f*; **to handle the c.** Schriftverkehr erledigen; **commercial c.** Handels-, Geschäftskorrespondenz *f*; **c. course** Fernlehrgang *m*

correspondent *n* Briefpartner *m*, Geschäftsfreund *m*; **commercial c.** Handelskorrespondent *m*; **c. bank** Korrespondenzbank *f*

corroborate *v/t* bekräftigen

corrupt *v/t* korrumpieren, bestechen; **c.ion** *n* Korruption *f*, Bestechung *f*

co-signatory *n* Mitunterzeichner *m*

cost(s) *n* Kosten *pl*, Preis *m*, Aufwand *m*; [§] Verfahrenskosten *pl*; **at c.** zum (Selbst)Kostenpreis; **with c.s** [§] kostenpflichtig

cost of acquisition Beschaffungskosten *pl*; **c.(s) of capital** Kapitalkosten *pl*; ~ **carrying** Kosten der Lagerhaltung; ~ **changeover** Rüstkosten *pl*; ~ **collection** Einzugskosten *pl*; ~ **delivery** Liefer-, Versandkosten *pl*; ~ **development** Entwicklungsaufwand *m*; ~ **finance** Finanz(ierungs)-, Geldbeschaffungskosten *pl*

cost of living Lebenshaltungskosten *pl*; ~ **adjustment** Teuerungsausgleich *m*; ~ **allowance** Teuerungszulage *f*; ~ **escalator** Lohngleitklausel *f*; ~ **index** Lebenshaltungs(kosten)index *m*

cost(s) of material(s) Materialkosten *pl*, M.aufwand *m*; ~ **direct materials** Materialeinzelkosten *pl*; ~ **materials and services** Sach- und Dienstleistungskosten *pl*; ~ **money** Geldbeschaffungskosten *pl*; ~ **production** Herstellungs-, Produktionskosten *pl*; ~ **rework** Nach(arbeits)kosten *pl*; ~ **sales** Vertriebs-, Absatzkosten *pl*; ~ **per unit (of output)** Stück-, Einheitskosten *pl*

net of cost|(s) *(Preis)* netto; **not affecting c.s** kostenneutral; **pushing up c.s** kostentreibend; **c.s charged forward** unter Nachnahme aller Kosten; **all c.s deducted** nach Abzug aller Kosten; **c.(s) incurred** angefallene Kosten

cost and freight (c/f; c & f) Kosten und Fracht bezahlt; **c., insurance (c.i.)** (Verlade)Kosten und Versicherung; ~ **, freight (CIF)** (Verlade)Kosten, Versicherung und Fracht (bezahlt); einschließlich Kosten, Versicherung und Fracht

to absorb cost(s) Kosten auffangen; **to allocate c.(s)** Kosten umlegen; **to award c.s against so.** [§] jdm die Kosten (des Verfahrens) auferlegen; **to break down c.s** Kosten aufschlüsseln; **to contain c.(s)** Kosten eindämmen; **to cut c.(s)** Kosten abbauen; **to dismiss with c.(s)** [§] kostenpflichtig abweisen; **to incur c.(s)** Kosten eingehen; **to meet c.(s)** Kosten begleichen; **to pass on c.(s)** Kosten weiter-/überwälzen; **to refund c.(s)** Kosten (zurück)erstatten/ersetzen; **to share the c.** sich die Kosten teilen

absorbed cost(s) verrechnete Gemeinkosten; **accrued c.(s)** aufgelaufene Kosten; **actual c.(s)** Ist-, Effektivkosten *pl*; **additional c.(s)** Zusatz-, Mehrkosten *pl*; **allocated c.(s)** verrechnete Kosten; **apportionable c.(s)** Gemein-, Schlüsselkosten *pl*, zurechenbare Kosten; **average c.(s) (AC)** Durchschnittsaufwand *m*; **budgeted c.(s)** Sollkosten *pl*; **capitalized c.(s)** aktivierte Kosten; **constant c.(s)** Fixkosten *pl*; **current c.(s)** laufende Kosten, betrieblicher Aufwand, Kostenaufwand zu Marktpreisen; **decreasing c.(s)** Kostendegression *f*; **departmental c.(s)** Stellen-, Abteilungskosten *pl*; **direct c.(s)** direkte/leistungsabhängige Kosten; **economic c.(s)** Anschaffungs-, Herstellungskosten *pl*; **effective c.(s)** Istkosten *pl*; **escalating c.(s)** Kostensteigerung *f*; **estimated c.(s)** Schätzkosten *pl*; **external c.(s)** volkswirtschaftliche Kosten; **extra c.(s)** Mehr-, Sonderkosten *pl*; **fixed c.(s)** Fix-, Gemeinkosten *pl*; **follow-up c.(s)** Folgekosten *pl*; **front-end c.(s)** Vorlaufkosten *pl*; **historic(al) c.(s)** ursprüngliche Anschaffungskosten; **imputed c.(s)** kalkulatorische Kosten; **incremental/marginal c.(s)** Grenzkosten *pl*; **indirect c.(s)** indirekte/mittelbare Kosten; **initial c.(s)** Anschaffungspreis *m*, Anlaufkosten *pl*; **legal c.(s)** Rechtskosten *pl*; **mixed c.(s)** Mischkosten *pl*; **net c.(s)** Nettokosten *pl*, N.preis *m*; **non-budget c.(s)** außerplanmäßige Kosten; **non-recurring c.(s)** einmalige Kosten; **non-wage c.s** Lohnnebenkosten;

operating/running c.(s) Betriebskosten *pl*; **original/primary/prime c.(s)** Herstell-, Einstands-, Gestellungskosten *pl*, Herstellungsaufwand *m*; **output-related c.(s)** leistungsabhängige Kosten; **overhead c.(s)** Gemeinkosten *pl*; **rising c.(s)** steigende Kosten, Kostensteigerung *f*; **runaway c.(s)** Kostenexplosion *f*; **scheduled/standard c.(s)** Plan-, Standardkosten *pl*; **soaring c.(s)** sprunghaft steigende Kosten; **standby c.(s)** Bereitschafts-, Bereitstellungskosten *pl*; **start-up c.(s)** Gründungs-, Anlaufkosten *pl*; **sundry c.(s)** verschiedende Kosten; **supplementary c.(s)** Preisaufschlag *m*; **total c.(s)** Gesamtkosten *pl*, Kostenvolumen *nt*; **up-front c.(s)** Vorlaufkosten *pl*; **variable c.(s)** veränderliche/variable Kosten

cost *v/ti (Preis)* (aus-/vor)kalkulieren, Kosten veranschlagen; kosten

cost absorption Vollkostenrechnung *f*, Kostenübernahme *f*, K.zurechnung auf Kostenträger; **c. account** Kostenanschlag *m*

cost accounting betriebliches Rechnungswesen, betriebswirtschaftliche Erfolgskontrolle; **current c. a.** Istkostenrechnung *f*, Kalkulation zu Marktpreisen; **c. a. department** Kalkulationsabteilung *f*, Betriebsbuchhaltung *f*

cost accrual Kostenanfall *m*; **c. advantage/benefit** Kostenvorteil *m*; **c. allocation** Kostenverrechnung *f*, K.zurechnung *f*; **c. awareness** Kostenbewußtsein *nt*; **c. benefit analysis** Kosten-Nutzen-Analyse *f*; **c. breakdown** Kostenaufgliederung *f*; **c. budget** Kostenplan *m*; **c. centre/department** (Haupt)Kostenstelle *f*, K.träger *m*; ~ **comparison** Kostenstellenvergleich *m*; ~ **overhead(s)** indirekte Stellenkosten; **c. comparison** Preisvergleich *m*, Kostenvergleich(srechnung) *m/f*; **c.--conscious** *adj* kostenbewußt; **c.-consciousness** Kostenbewußtsein *nt*, K.denken *nt*; **c. control** Kostenkontrolle *f*, K.überwachung *f*; **c. cutting** Kosteneinsparungen *pl*, K.abbau *m*; **c.-cutting** *adj* kostendämpfend, k.senkend; **c.-effective** *adj* kostenwirksam, wirtschaftlich; **c.-effectiveness** *n* Kostenwirksamkeit *f*, Wirtschaftlichkeit *f*; **c. estimate** (Vor)Kalkulation *f*, Kostenansatz *m*; **c. factor** (Un)Kostenfaktor *m*; **c. increase** Kostensteigerung *f*; **c.-induced** *adj* kostenbedingt

costing *n* Kosten(be)rechnung *f*, Kalkulation *f*; **actual c.** Istkostenrechnung *f*; **combined c.** Mischkalkulation *f*; **departmental c.** Kostenstellenrechnung *f*; **direct c.** Deckungsbeitragsrechnung *f*; **standard c.** Plan-, Normal-, Standardkostenrechnung *f*; *(Vorrat)* Bewertung zu Festpreisen

costing clerk Kalkulator *m*, Kostenrechner *m*; **c. department** Kostenbuchhaltung *f*, Kalkulationsabteilung *f*; **standard c. rate** fester Gemeinkostenzuschlag

cost|-intensive *adj* kostenintensiv; **c. item** Kostenart *f*; **c.ly** *adj* teuer, kostspielig; **c. method** Kosten(be)rechnungsart *f*, K.methode *f*; **c. overabsorption** Kostenüberdeckung *f*; **c. overrun/overshoot** Kostenüberschreitung *f*; **c.-plus** *n* Gestehungskosten plus Gewinnspanne

cost price (Selbst)Kosten-, Gestehungs-, Herstellungspreis *m*; **at c. p.** zum (Selbst)Kosten-/Anschaffungspreis; **below c. p.** unter (Einkaufs)Preis

cost pricing Berechnung zum Selbstkostenpreis; **c. push** Kostensteigerung *f*; **~ inflation** durch Kostensteigerung bedingte Inflation; **c. rate** Gemeinkostenzuschlag *m*; **c. recovery** Kostendeckung *f*; **~ ratio** Kostendeckungsgrad *m*; **c. reduction** Kostensenkung *f*; **c. refund** Kosten(rück)erstattung *f*; **c. saving** Kosteneinsparung *f*, K.ersparnis *f*; **c.-saving** *adj* kostensparend, k.dämpfend; **c. sharing** Kostenteilung *f*, (Un)Kostenbeteiligung *f*; **c. sheet** Kostenabrechnung *f*, K.blatt *nt*; **c. standard** Kalkulationsnorm *f*; **c. structure** Kostenstruktur *f*, K.gefüge *nt*; **c. system** Kostenrechnung *f*; **full c. system** *(Vers.)* Vollkasko *nt*; **c. trend** Kostenverlauf *m*; **c. type** Kostenart *f*; **c. underabsorption**

Kostenunterdeckung *f*; **c. unit** Kostenstelle *f*, K.einheit *f*, K.träger *m*; **~ accounting** Kostenträgerrechnung *f*; **c. value** Einstands-, Anschaffungswert *m*; **c. variance** Kostenabweichung *f*

co|-subsidiary *n* Schwestergesellschaft *f*; **c.surety** *n* Mit-, Nebenbürge *m*; **c.-terminous** *adj* gleichlaufend, fristenkongruent

cottage *n* Häuschen *nt*; **c. industry** Heimarbeit *f*

cotton *n* Baumwolle *f*; **c. exchange** Baumwollbörse *f*; **c. industry** Baumwollindustrie *f*; **c. trade** Baumwollhandel *m*

council *n* Rat *m*, Ausschuß *m*; **c. of economic experts** Sachverständigenrat *m* *[BRD]*; **C. of Ministers** *(EG)* Ministerrat *m*

administrative council Verwaltungsrat *m*, geschäftsführender Ausschuß; **advisory c.** (Sachverständigen-/Verwaltungs)Beirat *m*; **economic c.** Wirtschaftsausschuß *m*; **executive c.** Exekutivausschuß *m*; **local c.** Gemeinderat *m*

council chairman Ratsvorsitzender *m*; **c. flat** *[GB]* Sozialwohnung *f*; **c. house** *[GB]* gemeindeeigenes Wohnhaus; **~ building/construction; c. housing** *[GB]* sozialer Wohnungsbau; **c. rent** *[GB]* Sozialmiete *f*; **c. worker** Gemeindearbeiter *m*

co-underwriter *n* Mitkonsorte *m*; Mitversicherer *m*

counsel *n* Rat(schlag) *m*; [§] Rechtsbeistand *m*; **c. for the defence** Verteidiger *m*; **~ plaintiff** (Rechts)Anwalt des Klägers; **~ prosecution** Anklagevertreter *m*; **corporate/in-house c.** Hausjurist *m*, Justitiar *m*, Syndikus *m*; **legal c.** Rechtsbeistand *m*; *v/t* (be)raten; **c.'s fee** Anwaltshonorar *nt*

counselling *n* Beratung *f*; **financial c.** Finanzberatung *f*; **legal c.** Rechtsberatung *f*; **start-up c.** Existenzaufbauberatung *f*

counsellor *n* Berater *m*; *[US]* [§] Rechtsbeistand *m*; **vocational c.** Berufsberater *m*

counsel's opinion [§] Rechtsgutachten *nt*

count *n*   (Aus)Zählung *f*, (Be)Rechnung *f*; Anklagepunkt *m*; *v/t* (mit-/ab)zählen, rechnen; *(Stimmen)* auszählen

counter *n*   Ladentisch *m*, L.theke *f*; Bankschalter *m*; **over the c.** am Schalter; *(Börse)* freihändig, im Freiverkehr, außerbörslich

counter account Gegenkonto *nt*; **c.action** *n* Gegensteuerung *f*, G.maßnahme *f*; **c.balance** *n* Gegengewicht *nt*; Gegen-, Rückbuchung *f*; *v/t* aufwiegen, kompensieren; **c.bid** *n* Gegen(an)gebot *nt*; *v/t* mitbieten; **c. bill** Gegen-, Rückwechsel *m*; **c. bond** Gegensicherheit *f*, Rückschein *m*, R.bürgschaft *f*; **c. card** Thekenaufsteller *m*; **c.check** *n* Gegenkontrolle *f*, G.probe *f*; **c. check** *[US]*/**cheque** *[GB]* Kassenscheck *m*; **c.claim** *n* [§] Gegenanspruch *m*, G.forderung *f*; **c. clerk** Schalterbeamter *m*; **c.cyclical** *adj* antizyklisch, konjunkturdämpfend; **c. display** Thekenaufstellung *f*; **c.entry** *n* Gegen-, Rückbuchung *f*; **c.feit** *n* Fälschung *f*, Nachahmung *f*; *v/t* (ver)fälschen, nachmachen; **c.feiter** *n* Fälscher *m*, Falschmünzer *m*; **c.foil** *n* Kontrollbeleg *m*, K.abschnitt *m*, Kupon *m*, Scheckleiste *f*, Belegabschnitt *m*; **c.guarantor** *n* Rückbürge *m*; **c. hall** Kassenraum *m*, Schalterhalle *f*; **c.insurance** *n* Rück-, Gegenversicherung *f*

countermand *n*   Absage *f*, Annullierung *f*, Storno *m/nt*; Schecksperre *f*; **c. of payments** Zahlungsstopp *m*; *v/t* aufheben, sperren, stornieren, rückgängig machen

counter|measure *n*   Gegenmaßnahme *f*; **c.offer** *n* Gegen(an)gebot *nt*; **c.order** *n* Gegenorder *f*, G.auftrag *m*, Stornierung *f*; *v/t* absagen, abbestellen, stornieren; **c.part** *n* Gegenüber *nt*, G.stück *nt*; **c.performance** *n* Gegenleistung *f*; **c.productive** *adj* das Gegenteil bewirkend; **c. sales** Einzelhandelsumsätze; Schalterumsätze; **c. service** Bedienung *f* (an der Theke); Schalterdienst *m*; **c.sign** *v/t* gegenzeichnen; **c.signature** *n* Gegenzeichnung *f*; **c. staff** Bedienungs-, Schalterperso-

nal *nt*; **c.trade** *n* Tausch-, Kompensationsgeschäft *nt*, Tauschhandel *m*

country *n*   Staat *m*, Land *nt*; **c. of departure** Abgangsland *nt*; ~ **destination** Bestimmungs-, Zielland *nt*; ~ **domicile/incorporation** Sitzstaat *m*; ~ **importation** Einfuhrland *nt*; ~ **manufacture** Hersteller-, Herstellungsland *nt*; ~ **origin** Bezugs-, Ursprungsland *nt*; ~ **shipment** Verschiffungs-, Absenderland *nt*

agricultural country Agrarland *nt*; **beneficiary c.** ⊖ präferenzbegünstigtes Land; **borrowing c.** kreditnehmendes Land; **capital-exporting c.** Kapitalausfuhrland *nt*; **capital-importing c.** Kapitaleinfuhrland *nt*; **least developed countries (LLDC)** am wenigsten entwickelte Länder; **less developed c. (LDC)**; **developing c.** Entwicklungsland *nt*; **exporting c.** Export-, Ausfuhrland *nt*; **high-wage c.** Hochlohnland *nt*; **importing c.** Import-, Einfuhrland *nt*; **industrialized c.** Industrieland *nt*; **newly** ~ **c. (NIC)** Schwellenland *nt*; **low-income c. (LIC)** Entwicklungsland mit sehr geringem Einkommen; **low-pay/low-wage c.** Niedriglohnland *nt*; **middle-income c. (MIC)** Entwicklungsland mit geringem Einkommen; **native c.** Geburtsland *nt*; **non-EC c.** *(EG)* Drittland *nt*; **non-member c.** Nichtmitgliedsland *nt*; **oil-exporting/petroleum-exporting c.** (Erd)Ölexportland *nt*; **oil-producing c.** (Erd)Ölförderland *nt*; **third c.** Drittland *nt*

country bank *[GB]* Provinzbank *f*; **c. bill** *[GB]* Provinzwechsel *m*; **c. exchange** Regionalbörse *f*; **c. planning** Landesplanung *f*; **c.-wide** *adj* landesweit

county *n*   *[GB]* Grafschaft *f*; *[US]* Landkreis *m*; **c. borough** kreisangehörige Gemeinde; **c. council** *[GB]* Grafschaftsrat *m*; *[US]* Kreistag *m*; **c. court** [§] Bezirks-, Grafschaftsgericht *nt*

couple *n*   Paar *nt*; **married c.'s allowance** *(Steuer)* Freibetrag für Verheiratete; **two-career/two-income c.** Doppelverdiener(ehepaar) *pl/nt*

coupon *n* Kupon *m*, Gutschein *m*, Bezugsmarke *f*; **to carry a c.** mit einem (Zins)Gutschein ausgestattet sein; **yearly c.** Jahreszinsschein *m*

coupon bond *[US]* Inhaberschuldverschreibung *f*, Obligation *f* (mit Zinsschein); **c. date** Zinstermin *m*; **c. rate** Zinssatz *m*; **c. sheet** Zins(schein)-, Dividendenbogen *m*; **c. tax** Kuponsteuer *f*; **c. yield** *(Obligation)* Jahreszins *m*, Rendite *f*

courier *n* Eilbote *m*, Kurier *m*; Reiseleiter *m*; **c. service** Boten-, Kurierdienst *m*

course *n* Verfahren *nt*, Methode *f*, Verlauf *m*; Lehrgang *m*; ↘ Kurs *m*

course of business Geschäftsgang *m*, G.verlauf *m*; **in the normal ~ business** im gewöhnlichen Geschäftsverlauf; **~ conduct** Verhaltensweise *f*; **~ the (business/trade/economic) cycle; ~ the economy** Wirtschafts-, Konjunkturentwicklung *f*; **in the ~ the week** im Wochenverlauf

advanced course Aufbau-, Fortgeschrittenenkurs *m*; **vocational c.** Ausbildungslehrgang *m*

course attendance Kurs-, Lehrgangsteilnahme *f*; **c. fee** Kurs-, Lehrgangsgebühr *f*

court *n* [§] Gericht(shof) *nt/m*

court of appeal Revisionsinstanz *f*, Berufungsgericht *nt*; **~ arbitration** Schiedsgericht *nt*; **~ auditors** Rechnungshof *m*; **~ bankruptcy** Konkursgericht *nt*; **~ honour** Disziplinar-, Ehrengericht *nt*; **~ first instance** erste Instanz; **~ last instance** letztinstanzliches Gericht; **~ justice/law** Gericht(shof) *nt/m*

to appear in court vor Gericht erscheinen; **to bring before a c.; to go to c.** Gericht anrufen, Rechtsweg beschreiten; **to settle out of c.** sich außergerichtlich einigen/vergleichen; **to take to c.** vor den Richter bringen, verklagen

administrative court Verwaltungsgericht *nt*; **civil c.** Zivilgericht *nt*; **commercial c.** Handelsgericht *nt*; **criminal c.** Strafgericht *nt*, S.kammer *f*; **disciplinary c.** Disziplinar-, Ehrenge-

richt *nt*; **federal c.** Bundesgericht *nt*; **fiscal c.** Finanzhof *m*, F.gericht *nt*; **high c.** oberster Gerichtshof; **industrial c.** Arbeitsgericht *nt*; **lower c.** untergeordnete Instanz; **in open c.** in öffentlicher Verhandlung; **supreme c.** Verfassungsgericht *nt*; oberstes Bundesgericht

court award Richterspruch *m*; **c. case** Prozeß *m*, Rechtsfall *m*, Verfahren *nt*; **c. decision** Gerichtsentscheid(ung) *m/f*, Urteil *nt*; **c. division** Kammer *f*; **c. documents/files** Gerichtsakten; **c. fees** Gerichtskosten; **c. finding(s)** Richterspruch *m*; **c. hearing** Gerichtsverhandlung *f*; **c. injunction** gerichtliche/einstweilige Verfügung; **c. interpreter** Gerichtsdolmetscher *m*; **c. order** richterliche Verfügung, Gerichtsbeschluß *m*; **c. practice(s)** Rechtsprechung *f*; **c. procedure/proceedings** Gerichtsverfahren *nt*; **c. protection** gerichtlicher Schutz; **to seek ~ from creditors** Vergleich beantragen; **c. record(s)** Gerichtsurkunde *f*, G.protokoll *nt*; **c.room** *n* Gerichts-, Verhandlungssaal *m*; **c. ruling** Gerichtsentscheid(ung) *m/f*, (G.)Urteil *nt*; **c. settlement** gerichtlicher Vergleich

covenant *n* [§] vertragliche Verpflichtung/Zusage, Vertrag *m*; *v/ti* vereinbaren, sich durch Vertrag verpflichten

cover *n* Hülle *f*, (Brief)Umschlag *m*, Kuvert *nt*; Titelblatt *nt*; (Geld)Deckung *f*, Sicherheit *f*; *(Vers.)* Versicherungsschutz *m*; **c. of assurance** *[GB]* *(Lebensvers.)* Deckungskapital *nt*; **eligible as c.** deckungsfähig; **under (the) same c.** beiliegend; **~ separate c.** mit getrennter Post

to furnish/provide cover Deckung anschaffen; **to take out c.** Versicherung abschließen

all-risks/full cover volle Deckung; **comprehensive c.** Vollkaskoversicherung *f*; **part-comprehensive c.** Teilkaskoversicherung *f*; **open c.** Generalpolice *f*; **provisional c.** ⁄ *(Vers.)* vorläufige Deckung(szusage)

cover *v/t* (ab)decken; (ab)sichern, versichern; *(Kosten)* bestreiten; einschließen, beinhalten; *(Gebiet)* bearbeiten; **c. for** jdn vertreten; **c. o.s.** sich versichern; ~ **forward** Deckungsgeschäft abschließen

coverage *n* → **cover** Versicherungs-, Deckungsschutz *m*; Marktdurchdringung *f*; Verbreitung *f*; *(Presse)* Berichterstattung *f*

cover funds Deckungsbestand *m*, D.stock *m*; **eligible for c. f.** deckungsstockfähig

covering *n* Absicherung *f*, (Ab)Deckung *f*; Deckungskauf *m*; **commercial c.** *(Außenhandel)* Kurssicherungsgeschäft *nt*; **c. letter** Begleitbrief *m*, B.schreiben *nt*; **c. purchase** Deckungskauf *m*

cover note *(Vers.)* (vorläufige) Deckungszusage *f*

craft *n* Fahrzeug *nt*, Schiff *nt*; Gewerbe *nt*, Handwerk *nt*; **c. apprentice** gewerblicher Lehrling; **c. guild** (Handwerks)Innung *f*

craftsman *n* (gelernter) Facharbeiter *m*, Handwerker *m*; **c.ship** *n* handwerkliches Können, Geschicklichkeit *f*; Wertarbeit *f*

craft union Fach(arbeiter)gewerkschaft *f*

cranage *n* Krangeld *nt*

crane *n* Kran *m*; **hoisting/lifting c.** Hebekran *m*; **loading c.** Ladekran *m*; **c. dues** Krangeld *nt*

crash *n* *(fig)* Zusammenbruch *m*, Ruin *m*, Pleite *f*; *v/i (coll)* pleite/in Konkurs gehen; **c. course** Schnell-, Intensivkurs *m*

crate *n* (Bretter-/Latten)Kiste *f*, (Holz-/Latten)Verschlag *m*

create *v/t* gestalten, erzeugen, errichten

creation *n* Erzeugung *f*; **c. of (new) capital** Kapitalbildung *f*; ~ **credit** Kreditschöpfung *f*; ~ **employment** Arbeitsbeschaffung *f*; ~ **money** Geld-(mittel)schöpfung *f*; ~ **a mortgage** Bestellung einer Hypothek; ~ **needs** Bedarfsweckung *f*; ~ **reserves** Rücklagenbildung *f*; ~ **a trust** Treuhanderrichtung *f*

credit *n* Haben(saldo) *nt/m*, Guthaben *nt*, G.schrift *f*; Kredit *m*; Kreditwürdigkeit *f*; Kreditbrief *m*, Akkreditiv *nt*; *(Steuer)* Freibetrag *m*; **in c.** in

den schwarzen Zahlen *(fig)*; **c.s and debits** Soll und Haben, Kreditoren und Debitoren; **c. in/on goods** Warenkredit *m*; **c. against security** Kredit gegen Sicherheit; **bought on c.** auf Ziel/Kredit gekauft; **at one month's c.** auf 1 Monat Ziel

to allow a credit Darlehen/Kredit gewähren; **to amortize/redeem/repay a c.** Kredit tilgen/zurückzahlen; **to buy on c.** auf Kredit kaufen; **to extend a c.** Zahlungsziel einräumen; **to grant (a) c.** Kredit bewilligen; **to issue/open a c.** Akkreditiv eröffnen; **to obtain (a) c.** sich Kredit verschaffen; **to pass to the c.** gutschreiben; **to pay to so.'s c.** zu jds Gunsten einzahlen; **to raise a c.** Kredit aufnehmen; **to sell on c.** auf Kredit verkaufen; **to tighten c.s** Kredite verknappen

advance credit Vorauszahlung *f*, Vorschuß *m*; **agricultural c.** Bodenkredit *m*; **cheap c.** Billigkredit *m*; **clean c.** **(c/c)** Barkredit *m*, B.akkreditiv *nt*; **collateral c.** *[US]* gedeckter/(ab)gesicherter Kredit; **commercial c.** (kurzfristiger) Warenkredit *m*; **30 days c.** 30 Tage Ziel; **deferred c.** *[US]* Teilzahlungskredit *m*; ~ **c.s** *(Passiva)* Rechnungsabgrenzungsposten *m*, antizipative Guthaben

documentary credit Dokumentenakkreditiv *nt*;: **(ir)revocable d. c.** (un)widerruflicher Kreditbrief, (un)widerrufliches Dokumentenakkreditiv

financial credit Barkredit *m*; **fixed-rate c.** Festsatzkredit *m*; **flat c.** zinsloser Kredit; **guaranteed c.** Bankbürgschaft *f*, Avalkredit *m*; **negotiable c.** negoziierbares Akkreditiv; **non-interest-bearing c.** zinsloses Darlehen; **open c.** Kontokorrentkredit *m*; **operational c.** Betriebsmittelkredit *m*; **personal c.** Kleinkredit *m*; **red-clause c.** Akkreditivbevorschussung *f*; **revolving c.** sich automatisch erneuernder Kredit; **secured c.** Bürgschafts-, Realkredit *m*; **standby/tide-over c.** Bereitstellungs-, Überbrückungskredit *m*, Ü.darlehen *nt*; **syndicated c.** Konsortialkredit *m*; **tied c.** gebundener Kredit; **uncovered/unsecured c.** Blankokredit *m*

credit *v/t* gutschreiben, kreditieren, im Haben buchen, Gutschrift erteilen

credit account kreditorisches Konto, Kreditkonto *nt*; **c. advice** Haben-, Eingangsanzeige *f*, Gutschrift(anzeige) *f*; **c. agency** (Kredit)Auskunftei *f*; **c. agreement** Kreditabkommen *nt*; **c. application** Kreditantrag *m*; **c. approval** Kreditzusage *f*

credit association Kreditanstalt *f*, K.genossenschaft *f*; **agricultural c. a.** landwirtschaftliche Kreditgenossenschaft; **cooperative c. a.** Kreditgenossenschaft *f*

credit balance Guthaben *nt*, Aktivsaldo *m*; **c. bank** Kreditkasse *f*, K.bank *f*; **c. bill** Finanzwechsel *m*; **c. bureau** (Kredit)Auskunftei *f*; **c. business** Kreditgeschäft *nt*; **c. card** Kreditkarte *f*; ~ **holder** Kreditkarteninhaber *m*; **c. collection** Kreditinkasso *nt*; **c. commission** Kreditprovision *f*; **c. commitment** Kreditbewilligung *f*, K.zusage *f*, K.bereitstellung *f*; **c. conditions** Kreditbedingungen; **c. control(s)** Kreditkontrolle *f*, restriktive Geldpolitik

credit cooperative Kreditgenossenschaft *f*; **agricultural c. c.** Raiffeisenbank *f*, landwirtschaftliche Kreditgenossenschaft; **industrial c. c.** Industriekreditgenossenschaft *f*

credit cost(s) Kreditaufwand *m*, K.kosten *pl*; **c. entry** Gutschrift *f*, Habenbuchung *f*; **c. expansion** Kreditschöpfung *f*, K.ausweitung *f*; **c. facility** Kreditrahmen *m*; **c. fraud** Kreditbetrug *m*; **c. freeze** Kreditsperre *f*; **c. guarantee** Kreditbürgschaft *f*, K.garantie *f*; **c. information** Kreditauskunft *f*; **c. inquiry** Kreditanfrage *f*, (Bitte um) Kreditauskunft *f*; **c. institution** Kreditinstitut *nt*, K.anstalt *f*; **c. instrument** Kreditinstrument *nt*, K.papier *nt*, Finanzierungsmittel *nt*; **c. insurance** Kredit-, Darlehensversicherung *f*; **c. item** Gutschrift-, Habenposten *m*; **c. limit/line** Kreditplafond *m*, K.(ober)grenze *f*, K.rahmen *m*; **c. loss** Kreditausfall *m*; ~ **insurance** Warenkreditversicherung *f*; **c. manager** Leiter der Kreditabteilung; **c. maturity**

Kreditlaufzeit *f*; **c. memo** *[US]* Gutschrift(anzeige) *f*; **c. money** Buch-, Giralgeld *nt*

creditor *n* (Forderungs-/Waren)Gläubiger *m*, Darlehensgeber *m*; **c.s** *(Bilanz)* Haben *nt*, Kreditseite *f*; Lieferverbindlichkeiten; **c. of a bankrupt's estate** Massegläubiger *m*; **c. in bankruptcy** Konkursgläubiger *m*; ~ **composition proceedings** Vergleichsgläubiger *m*; **c. by priority** privilegierter/bevorrechtigter Gläubiger

to compound with one's creditor|s sich mit seinen Gläubigern vergleichen; **to satisfy a c.** Gläubiger befriedigen; **to secure a c.** Gläubiger sicherstellen

commercial creditor Gläubigerfirma *f*; **deferred/junior/subordinated c.** nachrangiger (Konkurs)Gläubiger; **existing c.** Altgläubiger *m*; **general/non-privileged/unsecured c.** Massegläubiger *m*; **joint (and several) c.** Mit-, Gesamt(hands)gläubiger *m*; **other c.s** *(Bilanz)* sonstige Verbindlichkeiten; **prior/preferred/secured c.** bevorzugter/bevorrechtigter/gesicherter Gläubiger; **unsatisfied c.** nicht befriedigter Gläubiger

creditor account Kreditoren-, Guthabenkonto *nt*; **c. bank** Gläubigerbank *f*; **c.'s claim** Gläubigeranspruch *m*; **c.s' meeting** Gläubigerversammlung *f*

credit order Kreditauftrag *m*; **c. period** Zahlungsziel *nt*, Z.frist *f*; **c. policy** Kreditpolitik *f*; **c. procurement fee** Kreditbeschaffungsgebühr *f*, K.provision *f*; **c. rating** Kreditbeurteilung *f*, K.würdigkeit *f*, Bonität(seinstufung) *f*; **c. renewal** Kreditverlängerung *f*; **c. report** Kreditauskunft *f*; **c. restriction** Krediteinschränkung *f*, K.verknappung *f*; **c. risk** Kreditrisiko *nt*; **c. rules** Kreditrichtlinien; **c. sale** Kredit(ver)kauf *m*; **c. shortage** Kreditmangel *m*, K.knappheit *f*; **c. side** Kredit-, Habenseite *f*; *(Bilanz)* Forderungen *pl*; **c. slip** Einzahlungsbeleg *m*, Gutschriftanzeige *f*; **agricultural c. society** landwirtschaftliche Genossenschaftsbank, Raiffeisenbank *f*; **c. squeeze** Kreditklemme *f*, K.beschränkung *f*, K.knappheit *f*; **c. standing/ status** Bonität *f*, Kreditwürdigkeit *f*; **c. terms** Kreditbedingungen; *(Lieferant)* Zahlungsbedingungen; **c. tightening** Kreditverknappung *f*; **c. transaction** Kreditgeschäft *nt*; **c. transfer** Giro-, Banküberweisung *f*; **c. union** *[US]* Kreditgenossenschaft *f*; **c. voucher** Gutschriftbeleg *m*; **c.worthiness** *n* Kreditfähigkeit *f*, K.würdigkeit *f*, Bonität *f*; **c.worthy** *adj* kreditwürdig, k.fähig

crew *n* (Flugzeug-/Schiffs)Besatzung *f*, Mannschaft *f*; **c. member** Mannschafts-, Besatzungsmitglied *nt*

crime *n* Verbrechen *nt*, (Straf)Tat *f*; **to commit a c.** Verbrechen/Straftat begehen; **to constitute a c.** Tatbestand einer strafbaren Handlung erfüllen; **commercial/white-collar c.** Wirtschaftsdelikt *nt*, W.straftat *f*; ~ **c.s** Wirtschaftskriminalität *f*; **petty c.** Bagatellvergehen *nt*

criminal *n* Krimineller *m*, Verbrecher *m*; **professional c.** Berufsverbrecher *m*; **white-collar c.** Wirtschaftsverbrecher *m*, Täter mit weißem Kragen

crisis *n* Krise *f*; **ecological/environmental c.** Umweltkrise *f*; **economic c.** Wirtschafts-, Konjunkturkrise *f*; **financial c.** Finanz-, Liquiditätskrise *f*; **monetary c.** Geld-, Währungskrise *f*; **structural c.** Strukturkrise *f*

crisis area Krisengebiet *nt*; **c. management** Krisenmanagement *nt*, K.steuerung *f*; **c.-stricken** *adj* krisengeschüttelt

crop *n* 🜨 Ernte(ertrag) *f/m*; (Anbau)Sorte *f*, Feldfrucht *f*; **c. damage** Feld-, Ernteschaden *m*; **c. failure** Fehl-, Mißernte *f*; **c. insurance** Ernteversicherung *f*; **c. prospects** Ernteaussichten; **c. rotation (system)** Fruchtfolge *f*, Mehrfelderwirtschaft *f*; **c. season** Erntezeit *f*, Kampagne *f*; **c. yield** Ernte-, Bodenertrag *m*

cross *v/t* *(Wechsel/Scheck)* querschreiben; **c. acceptance** Wechselreiterei *f*; **c. bill** Gegen-, Rückwechsel *m*; **c.-border; c.-frontier** *adj* grenzüberschreitend; **c.-check** *n* *[US]* Verrechnungsscheck *m*; *v/t* (genauestens) überprü-

fen; **c. entry** Gegen-, Umbuchung *f*: **c. exchange** Wechselarbitrage *f*; **c. holding** gegenseitige Kapitalbeteiligung, Kapitalverflechtung *f*

crossing *n* *(Scheck)* Querschreiben *nt*, Kreuzung *f*; *(Grenze)* Übergang *m*; **c. point** ⊖ Übergangspunkt *m*, Ü.stelle *f*

cross liability wechselseitige/beiderseitige Haftpflicht; **c. licensing** Patent-, Lizenzaustausch *m*; **c. order** Kompensationsauftrag *m*; **c. rate** *(Währung)* Umtauschsatz *m*, Kreuzparität *f*; **c.-- reference** *n* Quer-, Rückverweis *m*; **c. section** *n* (repräsentativer) Querschnitt *m*; **c. shareholding** wechselseitige Beteiligung, Kapitalverflechtung *f*; **c. subsidization** indirekte Kostenüberwälzung; *(Konzern)* interner Verlustausgleich; **c. trade** Kompensationsgeschäft *nt*

crowd *n* (Menschen)Menge *f*; **c. out** *v/t* hinaus-, verdrängen; **c. puller** Attraktion *f*, Kassenmagnet *m*

crown *n* Krone *f*; **c. court** *[GB]* § Schwur-, Krongericht *nt*

crude *n* Rohöl *nt*; *adj* roh, unverarbeitet

crumble *v/i* *(Preise)* abbröckeln, nachgeben

crunch *n* Knappheit *f*, Krisenlage *f*; **financial c.** Liquiditätsschwierigkeiten *pl*, L.engpaß *m*

cul|mination *n* Höhepunkt *m*, Gipfel *m*; **c.tivate** *v/t* 🜨 anbauen, bebauen; **c.tivation** *n* 🜨 Feldbestellung *f*, Anbau *m*, Bewirtschaftung *f*; ~ **of the market** Marktpflege *f*

culture *n* Kultur *f*; **corporate c.** Unternehmensphilosophie *f*; *(Firma)* inneres Erscheinungsbild

cum *prep* *(lat.)* mit, inklusive; **c. all** einschließlich aller Rechte; **c. dividend (cum div.)** einschließlich/mit Dividende; **c. interest** mit (laufenden) Zinsen; **c. rights** inklusive/mit Bezugsrecht

cumulat|e *v/t* kumulieren, anhäufen; **c.ion** *n* Kumulierung *f*

curator *n* § (Nachlaß)Pfleger *m*, Vormund *m*

curb *n* Dämpfung *f*, Drosselung *f*; *[US]* Nach-, Straßen-, Freiverkehrs-

börse *f*; **c.s on consumption** Konsumdrosselung *f*; **c. on exports** Exportbeschränkung *f*, E.bremse *f* *(fig)*; ~ **imports** Einfuhr-, Importbeschränkung *f*; ~ **spending** Ausgabenbeschränkung *f*
curb broker *[US]* Freiverkehrsmakler *m*; **c. exchange/market** *[US]* Frei(verkehrs)börse *f*, (geregelter) Freiverkehr(smarkt) *m*; **c. service** *[US]* Bedienung am Auto; **c. stock** *[US]* Freiverkehrswert *m*
currency *n* (Geld)Währung *f*, Zahlungsmittel(umlauf) *nt/m*, Geld *nt*; Geltungsbereich *m*; **c. of a bill** Wechsellaufzeit *f*; ~ **money** Geldumlauf *m*
to debase/depreciate/devalue a currency Währung entwerten; **to float a c.** Wechselkurs einer Währung freigeben; **to revalue a c.** Währung aufwerten
common currency *(EG)* Gemeinschaftswährung *f*; **controlled c.** bewirtschaftete Währung; **convertible c.** konvertierbare Währung; **domestic c.** Landeswährung *f*
foreign currency → **foreign exchange** Fremd-, Auslandswährung *f*, Devisen *pl*; ~ **account** (Fremd)Währungs-, Devisenkonto *nt*; ~ **assets** Fremdwährungsanlagen; ~ **balance** Fremdwährungsguthaben *nt*; ~ **bill** Fremdwährungswechsel *m*; ~ **cheque** *[GB]*/**check** *[US]* Fremdwährungsscheck *m*; ~ **credit** Fremdwährungskredit *m*; ~ **debt(s)** Fremdwährungsschuld *f*; ~ **holdings** Devisenbestand *m*; ~ **loan** Fremdwährungsanleihe *f*; ~ **market** Devisenmarkt *m*; ~ **remittance** Auslandsüberweisung *f*; ~ **reserves** Devisenreserven
hard/strong currency stabile Währung; **leading c.** Leitwährung *f*; **national c.** Landeswährung *f*; **pegged c.** künstlich gehaltene Währung; **soft/weak c.** Weichwährung *f*; **undervalued c.** unterbewertete Währung
currency account Währungskonto *nt*; **c. agreement** Devisen-, Währungsabkommen *nt*; **c. alignment** Währungsanpassung *f*; **c. appreciation** (Geld-/Währungs)Aufwertung *f*; **c. area**

Währungsgebiet *nt*; **c. authorities** Währungsbehörden; **c. backing** Stützung der Währung; **c. balance** Währungsguthaben *nt*; **c. band** (Wechselkurs)Bandbreite *f*; **c. basket** Währungskorb *m*; **c. bill** Devisen-, Fremdwährungswechsel *m*; **c. block** Währungsblock *m*, W.verbund *m*; **c. clause** Wechselkurs-, Valutaklausel *f*; **c. control(s)** Devisenbewirtschaftung *f*; **c. conversion** Währungsumtausch *m*; **c. convertibility** Währungskonvertibilität *f*; **c. depreciation/devaluation/down-valuation** (Währungs-/Geld)Abwertung *f*; **c. differential** Währungsgefälle *nt*; **c. earner** Devisenbringer *m*; **c. exchange** Geldumtausch *m*; **c. fluctuation** Wechselkursschwankung *f*; **c. hedge/hedging** (Wechsel)Kurssicherung *f*; **c. inflow** Devisenzufluß *m*; **c. loss** Währungsverlust *m*; **c. market** Devisenmarkt *m*; **forward c. market** Devisenterminbörse *f*; **c. movements** Wechselkursbewegungen, W.schwankungen; **forward c. operation** Devisentermingeschäft *nt*; **c. outflow** Devisenabfluß *m*; **c. rate** Devisen-, Wechselkurs *m*; **c. realignment** Wechselkursneuordnung *f*; **c. reserve(s)** Devisenbestände *pl*; **c. restrictions** Devisen(verkehrs)beschränkungen; **c. revaluation/upvaluation** (Währungs-/Geld)Aufwertung *f*; **c. risk** Währungs-, Wechselkursrisiko *nt*; **c. shortage** Devisenmangel *m*; **c. snake** *(fig)* *(EWS)* Währungsschlange *f* *(fig)*, europäischer Wechselkursverbund; **c. stability** Währungs-, Geldwertstabilität *f*; **c. standard** Währungseinheit *f*; **c. swap** Swapgeschäft *nt*; **c. trader** Devisenhändler *m*; **c. transaction** Währungs-, Devisengeschäft *nt*; **c. translation** Währungsumtausch *m*, W.umrechnung *f*; **c. union** Währungsunion *f*
current *adj* laufend, gegenwärtig, gültig; aktuell; umlaufend, gängig, (landes)üblich
curriculum *n* Lehr-, Studienplan *m*; **c. vitae (CV)** *(lat.)* Lebenslauf *m*
cushion *n* *(fig)* Puffer *m*, Bewertungsreserve *f*; **financial c.** Finanzpol-

ster *nt*; *v/t* abfedern, dämpfen

custodian *n* [§] Vormund *m*, Sorgeberechtigter *m*; Hinterlegungs-, Verwahrungsstelle *f*; **c. business** Depotgeschäft *nt*; **c.ship** *n* [§] Vormundschaft *f*; Treuhänderschaft *f*; *(Bank)* Effektenverwaltung *f*; ~ **account** *[US]* Ander-, Depotkonto *nt*

custody (of) *n* (Ob)Hut *f*, Verwaltung *f*, Aufbewahrung *f*; [§] Sorge(recht) *f/nt*; **to remand in c.** (vorübergehende) Haft anordnen; **to take into c.** inhaftieren; **collective c.** Sammelverwahrung *f*; **legal/official c.** amtliche Verwahrung

safe custody (Depot)Aufbewahrung *f*; ~ **of securities** Verwahrung von Wertpapieren, Depotgeschäft *nt*; ~ **account** Effektenkonto *nt*, E.depot *nt*; **collective ~ account** (Giro)Sammeldepot *nt*

custody account Ander-, Treuhandkonto *nt*; **c. bill of lading** Lagerhalterkonnossement *nt*; **c. receipt** Depot-, Verwahrungsquittung *f*

custom *n* Kundschaft *f*, Kunden(kreis) *pl/m*; Übung *f*, Praxis *f*, Gepflogenheit *f*, Gewohnheit *f*; **c. of trade** Handelsbrauch *m*

to attract custom Kunden/Kundschaft anziehen; **to get so.'s c.** jdn als Kunden gewinnen; **to take one's c. elsewhere** zur Konkurrenz abwandern

commercial/mercantile custom Handelsbrauch *m*; **legal c.** Rechtsbrauch *m*, Gewohnheitsrecht *nt*; **local c.** ortsüblicher Brauch; **Uniform C.s and Practices for Commercial Documentary Credits** einheitliche Richtlinien und Gebräuche für Dokumentenakkreditive

customary *adj* gebräuchlich, (branchen-/verkehrs)üblich, gewohnheitsmäßig

custom|-build *v/t* nach Kundenangaben anfertigen; **c.-built** *adj* maß-, sondergefertigt

customer *n* (Geschäfts)Kunde *m*, Abnehmer *m*; **c.s** Kunden-, Abnehmerkreis *m*, Kundschaft *f*; **to canvass c.s** Kunden werben; **to draw/entice c.s away** Kunden abspenstig machen;

to target c.s Kunden gezielt ansprechen

big/large customer Großkunde *m*, G.abnehmer *m*; **borrowing c.s** Kreditkundschaft *f*; **commercial/corporate c.** Firmenkunde *m*; **foreign c.** Auslandskunde *m*; **industrial c.** gewerblicher Abnehmer; **irregular c.s** Laufkundschaft *f*; **old/regular/standing c.** Stammkunde *m*; ~ **c.s** Kundenstamm *m*, Stammkundschaft *f*; **potential/prospective/would-be c.** möglicher/potentieller Kunde, möglicher Abnehmer, (Kauf)Interessent *m*

customer|s' accounts Debitoren, Forderungen auf Waren und Leistungen; Kundenbuchhaltung *f*; **c. call** Kundenbesuch *m*; **c.(s') deposits** Kundengelder; **c. exposure** Außenstände *pl*; **c. group** Käuferschicht *f*; **c. liabilities** Kundenverbindlichkeiten; **c.s' needs** Kundenbedürfnisse; **c. number** Kundennummer *f*; **c. receivables** Kundenaußenstände; **c. sales** Kunden-, Drittumsatz *m*; **c. service** Kundenbetreuung *f*, K.dienst *m*

customize *v/t* gesondert/auf Bestellung anfertigen, nach Kundenangaben herstellen

customs *n* Einfuhrzölle; Zoll(behörde) *m/f*, Z.wesen *nt*; **c. and excise (duties)** Zölle und Verbrauchssteuern; **to clear (through) c.** beim Zoll/zollamtlich abfertigen

customs agent Zollagent *m*, Z.spediteur *m*; **c. allowance** (Zoll)Freimenge *f*; **c. authorities** Zollverwaltung *f*; **c. barrier** Zollschranke *f*; **c. bill of entry** Zolleingangsdeklaration *f*; **c. bond** Zollkaution *f*, Z.garantie *f*; **c. certificate** Zollbescheinigung *f*; **c. clearance** Verzollung *f*, Grenz-, Zollabfertigung *f*; **to enter for c. clearance** zur Verzollung anmelden; **c. clearing** Zollabfertigung *f*; **c. control(s)** Zollkontrolle *f*; **c. declaration** Zoll(inhalts)erklärung *f*; **accompanying c. documents** Zollbegleitpapiere; **c. documentation** Zollpapiere *pl*; Zollformalitäten *pl*; **c. drawback** Export(rück)vergütung *f*, Rückzoll *m*; **c. dues** Zollgebühren; **c. duty** Zoll(gebühr) *m/f*, Warenzoll *m*;

c. entry Zollanmeldung *f*, Z.erklärung *f*; **c. evasion/fraud** Zollhinterziehung *f*; **c. examination/inspection** zollamtliche Untersuchung, Zollkontrolle *f*; **c.-exempt** *adj* zollfrei; **c. formalities** Zollformalitäten; **c. house** Zollamt *nt*; **c. invoice** Zollfaktura *f*, Z.rechnung *f*; **c. inward** Einfuhrzoll *m*; **c. manifest** Zolladungsverzeichnis *nt*; **c. nomenclature** Zolltarifschema *nt*; **c. offence** Zolldelikt *nt*, Z.vergehen *nt*; **c. office** Zollamt *nt*, Z.stelle *f*; ~ **of destination** Bestimmungszollstelle *f*; ~ **of entry** Eingangszollstelle *f*; **c. officer** Zöllner *m*, Zollbeamter *m*; **c. outward** Ausfuhrzoll *m*; **c. papers** Zollpapiere; **c. permit** Zollabfertigungs-, Zollbegleitschein *m*; **c. port** Zollhafen *m*; **c. procedure** Zollverfahren *nt*; **c. receipt** Zollquittung *f*; **c. refund** Zoll(rück)erstattung *f*, Rückzoll *m*; **c. regulations** zollamtliche Bestimmungen; **c. seal** Zollplombe *f*, Z.verschluß *m*; **c. search** Zolldurchsuchung *f*, Z.fahndung *f*; **c. tariff** Zolltarif *m*; **c. territory** Zollgebiet *nt*; **c. transit** Zollgutversand *m*; ~ **shed** (Zoll)Durchgangsschuppen *m*; **c. treatment** Zollbehandlung *f*; **c. union** Zollunion *f*; **c. valuation** Zollwertfestsetzung *f*; **c. value** Zollwert *m*; **c. visa** Zollvermerk *m*; **c. (bonded) warehouse** (öffentliches) Zollager *nt*

cut *n* Kürzung *f*, Senkung *f*; (Personal)Abbau *m*; (coll) (Gewinn)Anteil *m*; **c. in output** Produktionskürzung *f*; **across-the-board c.** lineare/globale Kürzung; *v/t* (ver-/ab)kürzen, reduzieren, abbauen, senken; **c.back** *n* Reduzierung *f*, Einschränkung *f*; (Personal)Abbau *m*; (Produktions-)Kürzung *f*

cutoff *n* (Bilanz) periodengerechte Abgrenzung; Lieferstopp *m*; **c. date** Ausschlußtermin *m*; **c. point** Ober-, Untergrenze *f*

cutthroat *adj* knallhart, ruinös

cycle *n* Zyklus *m*, Arbeitsgang *m*; **economic c.** Konjunktur(zyklus) *f/m*; **c. count of inventories** permanente Inventur

cyclical *adj* zyklisch, konjunkturell, Konjunktur-

D

dairy *n* Milchhandlung *f*; Molkerei(betrieb) *f/m*; **d. farming** Milchwirtschaft *f*; **d. produce/products** Milch-, Molkereierzeugnisse

damage *n* Beschädigung *f*; Schaden *m*, Verlust *m*; **d.s** Schaden(s)ersatz(summe) *m/f*, Entschädigung(ssumme) *f*; ~ **for non-delivery** Schaden(s)ersatz wegen ausgebliebener Lieferung; **d. by sea** ✲ᵧ Seeschaden *m*, Havarie *f*; **d. in transit** Transportschaden *m*; **d. due to an Act of God**; ~ **force majeure** [frz.] Schaden infolge höherer Gewalt

answerable/liable for (a) damage (schadens)ersatz-, entschädigungspflichtig; **entitled to d.s** (schadens)ersatzberechtigt; **d.s awarded** zugesprochener Schaden(s)ersatz; **d.s incurred/sustained** eingetretener/entstandener Schaden(s)ersatzanspruch

to adjust a damage/damages Schaden(sersatzanspruch) feststellen/regulieren; **to appraise/assess a d.** Schaden festsetzen/aufnehmen; **to award d.s** Schaden(s)ersatz zuerkennen; **to be awarded d.s** Schaden(s)ersatz zugesprochen bekommen; **to claim d.s** (Schadens)Ersatz fordern/beanspruchen; **to inflict d.** Schaden zufügen; **to inspect the d.** Schaden besichtigen; **to make good a d.** Schaden wiedergutmachen/ersetzen; **to order to pay d.s** [§] zu(r) Schaden(s)ersatz(leistung) verurteilen; **to pay/refund/reimburse a d./d.s** Schaden(s)ersatz leisten; **to repair a d.** Schaden beheben; **to sue for d.s** wegen Schaden(s)ersatz belangen, auf Schaden(s)ersatz (ver)klagen

accidental damage Unfallschaden *m*; **actual d. (or loss)** tatsächlicher Schaden; **awarded d.s** zuerkannter Schaden(s)ersatz; **consequential d.(s)** Folgeschaden *m*; ~ **insurance** Versicherung gegen Folgeschäden; **environmental d.** Umweltschaden *m*; **fair d.s** angemessene Entschädigung; **intangible d.** immaterieller Schaden; **irreparable d.** nicht wiedergutzumachender Schaden; **liquidated d.s** festgesetzte Schadenssumme, Konventionalstrafe *f*; **personal d.** *(Vers.)* Personenschaden *m*; **physical d.** Sachschaden *m*; **wilful d.** vorsätzliche (Be)Schädigung

damage *v/t* (be)schädigen, schaden

damage claim (Schadens)Ersatzanspruch *m*; **d. report** Schadensbericht *m*; ᛃ Havariebericht *m*

data *n* Daten, Unterlagen, Informationen; **economic d.** Konjunkturdaten, Wirtschaftszahlen; **operational d.** Betriebsdaten; **personal d.** Personalangaben, Personalien; **primary d.** Stammdaten; **statistical d.** statistische Daten/Angaben

data acquisition/collection/gathering Datenerfassung *f*; **d. bank/base** Datenbank *f*; **d. carrier/medium** Datenträger *m*; **d. communication** Datenaustausch *m*, D.übermittlung *f*; **d. comparison** Datenabgleich *m*; **d. display** Datenanzeige *f*; **d. entry/input/logging** Dateneingabe *f*, D.erfassung *f*; **d. file** Datei *f*; **d. handling** Datenverarbeitung *f*; **d. interchange** Daten(aus)tausch *m*; **d. management** Datenverwaltung *f*

data processing Datenverarbeitung *f*; **automated d. p.** automatisierte Datenverarbeitung; **electronic d. p. (EDP)** elektronische Datenverarbeitung (EDV); **remote d. p.** Datenfernverarbeitung *f*; **d. p. centre** Rechenzentrum *nt*; ~ **terminal** Datenendgerät *nt*

data protection Datensicherung *f*, D.schutz *m*; **d. retrieval** Datenzugriff *m*; **d. sheet** Tabelle *f*, Personalbogen *m*; **personal d. sheet (PDS)** (tabellarischer) Lebenslauf *m*; **d. stock** Datenbestand *m*; **d. storage** Datenspeicherung *f*; **d. terminal** Datenendstelle *f*; **(remote) d. transfer/transmission** Daten(fern)übertragung *f*

date *n* Termin *m*, Datum *nt*, Zeit-

punkt *m*; **after d.** nach Datum; **out of d.** überholt, veraltet; **up to d.** auf dem neuesten Stand

date of application Antrags-, Bewerbungsdatum *nt*; ~ **balance sheet** Bilanzstichtag *m*; ~ **delivery** Liefertermin *m*; ~ **despatch/dispatch/shipment** Versanddatum *nt*, Absendetermin *m*; ~ **drawing** Auslosungstag *m*; ~ **entry** Buchungsdatum *nt*; ~ **expiry/maturity** Fälligkeitsdatum *nt*, (Wechsel)Verfallstag *m*; ~ **invoice** Rechnungsdatum *nt*; ~ **issue** Ausstellungs-, Emissionstag *m*; ~ **order** Bestelldatum *nt*; ~ **payment** Zahlungstermin *m*; ~ **performance** Erfüllungszeitpunkt *m*; ~ **receipt** Empfangsdatum *nt*

of the same date gleichen Datums

to appoint/fix a date Termin ansetzen, Datum anberaumen

closing date Schlußtermin *m*; **due d.** Fälligkeitstag *m*; **effective d.** Zeitpunkt/Tag des Inkrafttretens, Stichtag *m*; **final d.** End-, Schlußtermin *m*; **use-by d.** Verfalls-, Haltbarkeitsdatum *nt*

date *v/t* datieren; **d. back** zurückdatieren; **d. forward** vordatieren

date bill/draft Datowechsel *m*; **d. stamp** Tages-, Eingangsstempel *m*

day *n* Tag *m*, Termin *m*; **per d.** täglich

day|s after acceptance (d/a) Tage nach Akzept; **d. of account** Abrechnungstag *m*; ~ **delivery** Liefer(ungs)termin *m*; **d.s of grace/respite** Sicht-, Frist-, Verzugstage; *(Wechsel)* Respektstage; **d. of issue** Emissions-, Ausgabetag *m*; ~ **payment** (Fälligkeits)Termin *m*; **d.s after sight (d/s)** *(Wechsel)* Tage nach Sicht

to appoint/fix a day Termin anberaumen/festlegen

appointed day Stichtag *m*, Termin *m*; **closing d.** Schlußtag *m*; **open d.** Tag der offenen Tür

day bill Tag-, Datowechsel *m*; **d. book** Kladde *f*, Journal *nt* *[frz.]*, Strazze *f*; **d. labourer** Tagelöhner *m*; **d. loan** Tagesgeld *nt*; **d. lost** Ausfalltag *m*; **d. rate** Tageskurs *m*; **d. shift** Frühschicht *f*; **d.time** *n* Tageszeit *f*; **d.'s wage** Tagelohn *m*; ~ **work** Tagewerk *nt*

deadline *n* letzter/äußerster Termin, Stichtag *m*, Frist *f*; **d. for applications** (An)Melde-, Bewerbungsschluß *m*; ~ **entries** letzter Abgabetermin; ~ **tenders** Ausschreibungsfrist *f*; **to exceed the d.** Termin/Frist überschreiten; **to fix/set a d.** Frist/Termin setzen; **to meet/observe the d.** Termin/Frist einhalten; **final d.** Nachfrist *f*

deadweight (dwt) *n* Leer-, Eigengewicht *nt*; **d. (loading) capacity** Tragfähigkeit *f*, Ladevermögen *nt*; **d. tonnage** Leertonnage *f*

deal *n* (Geschäfts)Abschluß *m*; Vereinbarung *f*, Abmachung *f*; **to clinch/make/strike a d.** Geschäft/Abschluß erzielen, Geschäftsabschluß tätigen, Abkommen/Abmachung treffen; **fair/square d.** reelles Geschäft; **firm d.** fester Abschluß; **forward d.** Termingeschäft *nt*; **three-cornered d.** Dreiecksgeschäft *nt*

deal *v/i* handeln, vermitteln, Geschäfte machen, Handel treiben; **d. with sth.** zum Gegenstand haben; sich mit etw. befassen

dealer *n* Händler *m*, Kaufmann *m*, Makler *m*; **appointed/authorized/exclusive d.** Vertragshändler *m*; zugelassener Devisenhändler; **d. commission** Händlerprovision *f*; **d. mark-up** Händlerverdienstspanne *f*; **d. network** Händlernetz *nt*; **d. stock(s)** Händlerlager *nt*

dealing(s) *n* (Effekten-/Wertpapier-)Handel *m*, Geschäft(sverkehr) *nt/m*; Umsätze *pl*

dealing for one's own account Eigen-, Properhandel *m*; **d. at arm's length rule** Dritt-, Fremdvergleich *m*; **d. for cash** Kassageschäft *nt*; **d.s in foreign exchange** Währungs-, Devisengeschäft *nt*, D.handel *m*; ~ **in options** Prämiengeschäft *nt*; ~ **securities** Wertpapiergeschäft *nt*, Effektenhandel *m*; ~ **shares** *[GB]*/**stocks** *[US]* Aktienhandel *m*

after-hours dealing|s Nachbörse(nge-schäfte) *f/pl*; **before-hours d.s** Vorbörse(ngeschäfte) *f/pl*; **brisk d.** lebhafter Handel, stürmische Geschäftstätig-

keit; **cross d.s** Kompensationsgeschäfte; **official d.s** amtlicher Handel; **unofficial d.s** Freiverkehr *m*

dealing expenses Handelsspesen; **d. profits** Handelsgewinn *m*

death *n* Tod(esfall) *m*; **d. benefit** Sterbegeld *nt*; Hinterbliebenenrente *f*; **d. duty** Erbschaftssteuer *f*; **d. rate** Sterbeziffer *f*, S.rate *f*

debasement *n* Verschlechterung *f*, Wertminderung *f*

debenture *n* (Industrie)Obligation *f*, (Teil)Schuldverschreibung *f*; **d. to bearer** Inhaberschuldverschreibung *f*; **to redeem/retire d.s** Schuldverschreibungen einlösen/tilgen

convertible debenture (stock) Wandelanleihe *f*; **fixed-interest d.** festverzinsliche Schuldverschreibung; **guaranteed d.** durch Bürgschaft gesicherte Schuldverschreibung; **(ir)redeemable d.** (un)kündbare Schuldverschreibung; **participating d.** gewinnberechtigte Schuldverschreibung; **registered d.** *[GB]* Namensschuldverschreibung *f*

debenture bond Pfandbrief *m*; ⊖ Rückzollschein *m*; **d. capital** Fremd-, Anleihekapital *nt*; **d. holder** Pfandbriefinhaber *m*; **d. issue** Begebung/Emission von Schuldverschreibungen; **d. loan** Anleihe *f*; **d. stock** Schuldverschreibung *f*

debit *n* Soll(seite) *nt/f*, Debet(seite) *nt/f*; Lastschrift *f*; **d.(s) and credit(s)** Soll und Haben, Lastschriften und Gutschriften, Debet und Kredit

direct debit Lastschrift *f*, automatische Abbuchung *f*; ~ **form** Lastschriftformular *nt*; ~ **mandate** Einzugs-, Abbuchungsermächtigung *f*, Lastschriftauftrag *m*

debit *v/t* belasten, im Soll buchen, abbuchen

debit account debitorisches/belastetes Konto; **d. advice** Belastungs-, Lastschriftanzeige *f*; **d. balance** Soll-, Passivsaldo *m*; *(VWL)* passive Zahlungsbilanz; **d. card** *(Bank)* Kunden-, Abbuchungskarte *f*; **d. entry** Lastschrift *f*, Sollbuchung *f*, S.posten *m*; **d. and credit entries** Last- und Gutschriften

debiting n Einziehung f, Abbuchung f; **direct d.** Lastschrift-, Einzugs-, Abbuchungsverfahren nt; ~ **authorization/mandate** Lastschriftauftrag m, Einzugsermächtigung f; ~ **transactions** Lastschriftverkehr m; **d. instruction** Abbuchungs-, Lastschriftauftrag m

debit interest Soll-, Kreditzins(en) m/pl; **d. item** Soll-, Lastschriftposten m; **d. memo(randum)/note** Belastungs-, Lastschriftanzeige f

debitors and creditors → **debit(s) and credit(s)**

debit rate Sollzins(satz) m; **d. side** Soll-, Minusseite f; **d. slip/voucher** Abbuchungs-, Lastschriftbeleg m; **automatic d. transfer (system)** Einzugsverfahren nt

debt n Schuld f, Verschuldung f; **d.s** Forderungen, Verbindlichkeiten, Passiva; **d. on mortgage** Hypothekenschuld f; **d. to owners' equity ratio** Verschuldungsgrad m; **d.s to suppliers** Lieferantenschulden; **d. due (and payable)** fällige Forderung; **burdened with d.s** verschuldet; **clear of (all) d.s** frei von (allen) Schulden; **d. lying in prender** Holschuld f; ~ **render** Bringschuld f; **d. secured by collateral** dinglich gesicherte Schuld; ~ **real estate** Grundpfandschuld f; ~ **mortgage** Hypothekenschuld f

to amortize a debt Schuld tilgen; **to arrest a d.** Forderung pfänden; **to cancel a d.** Schuld löschen; **to claim a d.** Schuld einfordern; ~ **against a bankrupt** Forderung gegen einen (Konkurs)Schuldner erheben; **to clear/discharge d.s** Schulden begleichen; **to collect d.s** Schulden eintreiben, Außenstände einziehen; **to contract/incur d.s** Schulden machen, sich verschulden; **to default on a d.** Schuld nicht bezahlen; **to guarantee a d.** sich für eine Schuld verbürgen; **to honour d.s** Verbindlichkeiten begleichen; **to pay one's d.s** seine Schulden bezahlen/begleichen; ~ **off/redeem/repay d.s** Schulden tilgen/abzahlen; **to prove one's d.** Konkurs anmelden, Forderung zur Konkursmasse anmelden; **to**

recover a d. Schulden eintreiben/beitreiben; **to secure a d.** Forderung/Schuld (ab)sichern; **to service d.s** Schuldendienst/Zins- und Tilgungszahlungen leisten; **to waive a d.** Schuld erlassen; **to write off d.s** Schulden/Forderungen abschreiben

accrued/accumulated debt(s) aufgelaufene Verbindlichkeit(en)/Schulden; **active d.s** ausstehende Forderungen, Außenstände; **assigned d.(s)** abgetretene Debitoren/Forderungen

bad debt faule/uneinbringliche Schuld; **b. d.s** uneinbringliche/zweifelhafte Forderungen, Dubiose; **b. d. allowance** (Wertberichtigung) Forderungsabschreibung f; ~ **losses** Forderungsausfälle; ~ **provisions** Rückstellungen, Abschreibung auf Forderungen; ~ **write-off** Abbuchung uneinbringlicher Forderungen

bonded debt Anleiheverschuldung f, verbriefte Schuld; **collateral d.** Lombardschuld f; **commercial d.** Warenschuld f; **contingent/doubtful d.(s)** ungewisse Schulden, zweifelhafte Forderungen, Dubiose; **current/floating d.** kurzfristige Schulden/Verbindlichkeiten; **discharged d.** getilgte Schuld; **existing d.(s)** bestehende Forderung; **Altschulden** pl; **external/foreign d.(s)** Auslandsschulden pl, A.verschuldung f; **funded d.(s)** fundierte Schuld, Anleiheschuld f; **good d.** sichere Forderung; **interest-bearing d.** verzinsliche Forderung; **irrevocable d.s** uneintreibbare/uneinbringliche Schulden, verlorene Außenstände; **liquid d.** (sofort) fällige Forderung; **matured d.** fällige Schuld; **mortgaged d.** hypothekarisch gesicherte Schuld; **national d.** Staatsschuld(en) f/pl, S.verschuldung f; **net d.(s)** Schuldenüberhang m, Nettoverbindlichkeiten pl; **ordinary d.** nicht bevorrechtigte Forderung, Buchschuld f; **outstanding d.s** Außenstände, offene Verbindlichkeiten; **pending/running d.** laufende/schwebende Schuld; **preferential/preferred d.** bevorrechtigte Forderung; **public(-authority/public-sector) d.** Verschuldung der öffentlichen Hand, öffentliche Verschuldung; **recoverable d.** beitreibbare Forderung/Schuld; **residual d.** Restschuld *f*; **secured d.** dinglich gesicherte Forderung; **securitized d.** verbriefte Forderung; **stale/statute-barred d.** verjährte Forderung; **unsecured d.** ungesicherte (Konkurs)Forderung

debt burden Schuldenberg *m*, S.last *f*; **d. capital** Fremdkapital *nt*; **d. ceiling** Verschuldungsgrenze *f*; **d. certificate** Schuldurkunde *f*; **d. clearance** Entschuldung *f*, Schuldentilgung *f*; **d. collection** Schuldeneinziehung *f*, Forderungseinzug *m*; ~ **agency** Inkassobüro *nt*; **d. collector** Schuldeneintreiber *m*, Inkassobeauftragter *m*, I.büro *nt*; **d. conversion** Umschuldung *f*; **d. crisis** Verschuldungs-, Schuldenkrise *f*

debtee *n* Gläubiger *m*, Forderungsberechtigter *m*

debt|-equity swap Umwandlung von Schulden in Eigenkapital; **d. financing** Fremdfinanzierung *f*; **d. funds** Fremdkapital *nt*, F.mittel *f*; **d. instrument** Schuldtitel *m*, S.urkunde *f*; **d. interest** Schuldzinsen *pl*; **d. issue** Schuldenaufnahme *f*; **d. management** Schuldenpolitik *f*

debtor *n* Schuldner *m*, Darlehens-, Kreditnehmer *m*; **d.s** (Waren)Forderungen, Debitoren; **d. in arrears/default** säumiger Schuldner; ~ **composition proceedings** Vergleichsschuldner *m*; **d.s and creditors** Forderungen und Verbindlichkeiten; **to be liable as (a) principal d.** selbstschuldnerisch haften; **to dun a d.** Schuldner bedrängen

assigned debtor Zessions-, Drittschuldner *m*; **attached d.** gepfändeter Schuldner; **bad/defaulting/delinquent d.** säumiger/zahlungsunfähiger Schuldner; **common d.** Gemeinschuldner *m*; **dubious d.** unsicherer Schuldner; **insolvent d.** Konkursschuldner *m*; **joint (and several) d.** Mit-, Gesamt(hands)schuldner *m*; **other d.s** sonstige Forderungen; **primary/principal d.** Erst-, Hauptschuldner *m*; **sundry d.s** sonstige/diverse Debitoren, ~

Forderungen; **third-party d.** Drittschuldner *m*

debtor's assets Konkursmasse *f*; **d. country/nation** Schuldnerland *nt*; **d.'s statement of affairs** Konkursstatus *m*, K.bilanz *f*, Offenbarungseid *m*

debt overhang Schuldenberg *m*; **d.s payable** Verbindlichkeiten; **d. position** Schuldenstand *m*; **d.s receivable** Forderungen, Außenstände; **d. recovery** Forderungseinzug *m*; **d. redemption/repayment(s)** Schuld(en)tilgung *f*; **d. relief** Schuld(en)erlaß *m*; **d. rescheduling** Umschuldung *f*; **d. retirement** Schuldenabbau *m*; **d.-ridden** *adj* überschuldet; **d. service/servicing** Schulden-, Kapitaldienst *m*; **d. service payments** Schuldendienst(leistungen) *m/pl*; **d. settlement** Schuldenbereinigung *f*; **d. terms** Kreditbedingungen; **d. write-down** Forderungsabschreibung *f*

decartelize *v/t* entflechten, entkartellisieren

decimal *n* Dezimalzahl *f*; *adj* Dezimal-; **floating d.** Gleitkomma *nt*

decision *n* Entscheidung *f*, Entschluß *m*; Bescheid *m*; **d. to buy** Kaufentschluß *m*; **pending a d.** bis zur Entscheidung; **to annul a d.** Beschluß aufheben; **to appeal against a d.** [§] Entscheidung anfechten; **to reverse a d.** Entscheidung aufheben

administrative decision Verwaltungsentscheidung *f*; **adverse d.** abschlägiger Bescheid; **appellate d.** [§] Berufungsentscheidung *f*; **discretionary d.** Ermessensentscheidung *f*; **interim d.** vorläufiger Bescheid; **judicial d.** [§] Gerichtsentscheidung *f*, Richterspruch *m*; **wrong d.** Fehlentscheidung *f*

decision exercise Unternehmensplanspiel *nt*; **d.-maker** *n* Entscheidungsträger *m*; **d.-making** *n* Entscheidungsfindung *f*, E.bildung *f*

deck *n* ⚓ (Schiffs)Deck *nt*; **to ship on d.** an Deck verladen; **dangerous d. (d.d.)** sehr gefährliche Güter - Verladung nur auf Deck; **d. cargo/load** Deckgüter *pl*, D.ladung *f*

de|clarable *adj* ⊖ zoll(melde)pflichtig;

d.clarant *n* Zoll(wert)anmelder *m*; *(Erklärung)* Abgeber *m*

declaration *n* Erklärung *f*; ⊖ Anmeldung *f*

declaration of acceptance Annahmeerklärung *f*; ~ **assignment** Abtretungserklärung *f*, A.urkunde *f*; ~ **bankruptcy** Bankrott-, Konkurserklärung *f*; ~ **contents** ⊖ Inhaltsangabe *f*; ~ **a dividend** Dividendenbeschluß *m*; ~ **goods** ⊖ Warenanmeldung *f*; ~ **imports** ⊖ Einfuhrerklärung *f*; ~ **income** Einkommen(s)steuererklärung *f*; ~ **insolvency** Vergleichsanmeldung *f*; ~ **intent** Absichtserklärung *f*, Kaufzusage *f*; **d. in lieu of oath** eidesstattliche Erklärung; **d. on oath** eidliche Erklärung; **d. of value** Wertangabe *f*; ~ **weight** Gewichtsangabe *f*

further declaration ⊖ Nachanmeldung *f*; **solemn d.** [§] eidesstattliche Versicherung; **d. inwards** ⊖ Zolleinfuhrdeklaration *f*, Z.erklärung *f*; **d. list** ⊖ Gestellungsverzeichnis *nt*; **d. outwards** ⊖ Zollausfuhrdeklaration *f*, Z.erklärung *f*

declare *v/ti* (sich) erklären, bekanntmachen; ⊖ verzollen, (zur Verzollung) anmelden

decline *n* → **decrease** Abschwächung *f*, Abnahme *f*, Rückgang *m*, Schrumpfung *f*, Rückläufigkeit *f*

decline in (cyclical/economic) activity konjunkturelle Abschwächung, Konjunkturabschwung *m*, nachlassende Konjunktur, Rezession *f*; ~ **business** Geschäftsabschwächung *f*; ~ **demand** Nachfragerückgang *m*; ~ **employment** Beschäftigungseinbruch *m*, B.rückgang *m*; **d. in/of investment** nachlassende Investitionstätigkeit; **d. in (new) orders** Auftragsrückgang *m*; **d. in/of prices** Preis-, Kursrückgang *m*; ~ **sales/turnover** Absatzeinbruch *m*, Umsatzeinbuße *f*

across-the-board/widespread decline (Preis-/Kurs)Rückgang auf breiter Front; **cyclical/economic d.** Rezession *f*, Konjunkturabschwung *m*

decline *v/ti* absagen, (höflich) ablehnen; abnehmen, nachlassen, zurück-

gehen, sinken; *(Preis/Kurs)* nachgeben, sinken, fallen

de|clining *adj* rückläufig, abnehmend; **d.commission** *v/t* stillegen, außer Betrieb setzen; **d.concentration** *n* (Konzern)Entflechtung *f*

decontrol *n* → **deregulation** Aufhebung der (Preis)Kontrolle, Freigabe *f*, Liberalisierung *f*; **d. of imports** Einfuhrliberalisierung *f*, Importfreigabe *f*; *v/t* Zwangswirtschaft abbauen, liberalisieren

decrease *n* Abnahme *f*, Rückgang *m*, Verringerung *f*, Senkung *f*; **d. of earnings** Erlös-, Ergebnisrückgang *m*; **d. in inventories/stocks** Lager-, Vorratsabbau *m*; **without** ~ **pay** bei vollem Lohnausgleich; ~ **prices** Kurs-, Preisrückgang *m*; ~ **sales/turnover** Absatz-, Umsatzrückgang *m*; ~ **staff** Personalabbau *m*, P.rückgang *m*; *v/ti* (sich) vermindern, abnehmen, reduzieren, senken, sinken

decree *n* (behördliche/gesetzliche/richterliche) Verfügung *f*, Verordnung *f*, (amtlicher) Erlaß *m*; **d. in bankruptcy** Konkurseröffnungsbeschluß *m*; **administrative d.** Verwaltungsverordnung *f*; **final d.** rechtskräftiges Urteil; **interim d.** [§] vorläufige Entscheidung; *v/t (Verordnung)* erlassen; *(Gericht)* entscheiden

deduct *v/t* abrechnen, abziehen, in Abzug bringen, absetzen; **d.ible** *adj* (steuerlich) abzugsfähig, absetzbar

deduction *n* Abzug *m*, Rabatt *m*, Absetzung *f*; Lohnabzug *m*; *(Steuer)* abzugsfähiger Betrag; **without any d.** rein netto

deduction for depreciation Absetzung für Abnutzung (AfA); **d. of discount** Skontoabzug *m*; ~ **running expenses** Betriebsausgabenabzug *m*; ~ **input tax** Vorsteuerabzug *m*; **d. (of tax) at source** Steuererhebung an der Quelle, Quellen(steuer)abzug *m*; **d. for taxes** Abzug/Rückstellung für Steuern

allowable deduction *(Steuer)* Freibetrag *m*, abzugsfähiger Betrag; **fixed/flat-rate/standard** *[US]* **d.** *(Steuer)* Frei-, Pausch(al)betrag *m*

deed *n* Tat *f*, Handlung *f*; (Übertragungs-/Vertrags)Urkunde f

deed of arrangement/composition
Vergleichsvereinbarung f, Schulden-
regelungsvertrag m; ~ **assignment**
Übertragungs-, Abtretungsurkun-
de f; ~ **ownership** Eigentums-, Besitz-
urkunde f; ~ **partnership** Gesellschaftsvertrag m; ~ **sale** Kaufvertrag m; ~ **transfer** Abtretungs-,
Übertragungsurkunde f; ~ **trust**
Treuhandvertrag m

default n Verzug m, Mangel m,
(Pflicht)Versäumnis nt, Nichterfüllung f, Zahlungsunfähigkeit f, Z.ein-
stellung f; Fristversäumnis nt, Leistungsverzug m; Liefer(ungs)verzug
m; **in d.** säumig, notleidend; **d. in/of
delivery** Liefer(ungs)verzug m; **d. of
interest** Zinsverzug m; **d. in/of payment** Nichtzahlung f, Zahlungsverzug m; **to be in d.** in (Zahlungs)Verzug
sein, säumig sein; **to hold so. in d.** jdn
in Verzug setzen; v/i seinen (Zahlungs)Verpflichtungen nicht nachkommen, in Verzug kommen, säumig
sein; [§] nicht vor Gericht erscheinen

defaulter n säumiger Zahler/Schuldner,
Insolvent m, Zahlungsunfähiger m; [§]
Nichterschienener m

default fee/fine Säumnisgebühr f; **d. interest** Verzugszinsen pl; **d. proceedings**
Säumnisverfahren nt

defect n Fehler m, Defekt m, Mangel m; **d. of construction** Konstruktionsfehler m; **d. in the goods** Mangel
in der Ware; ~ **material** Materialfeh-
ler m; **d. of title** [§] Rechtsmangel m;
free from d.s mangelfrei; **to be liable
for d.s** für Mängel haften; **to mend/
remedy a d.** Defekt/Fehler beseitigen;
to warrant for a d. für einen Mangel
haften

apparent/obvious/patent defect offener/
offensichtlicher Mangel; **ascertained
d.** festgestellter Mangel; **concealed/la-
tent d.** versteckter Mangel; **inherent/
intrinsic d.** (Vers.) Beschaffenheits-
schaden m; innerer Mangel; **redhibitory d.** Wand(e)lungs-, Gewährlei-
stungsfehler m; **structural d.** Konstruktionsfehler m

defective adj schadhaft, beschädigt,

mangelhaft

defence [GB]/**defense** n [US] Verteidi-
gung f; **court-assigned d.** Pflichtvertei-
digung f; **legal d. insurance** Rechtsschutzversicherung f; **d. budget** Ver-
teidigungs-, Rüstungsetat m; **d. contract** Rüstungsauftrag m; **d. counsel** [§]
(Straf)Verteidiger m; **d. expenditure(s)**
Verteidigungsausgaben pl; **d. industry**
Rüstungsindustrie f

defendant n [§] Be-, Angeklagter m

defer v/t ver-, aufschieben; (Bilanz)
abgrenzen; **d.ment/d.ral** n Aufschub m, Verschiebung f; transitorische Rechnungsabgrenzung

deficiency n Ausfall(betrag) m, Fehlbe-
stand m, F.menge f, (Kasse) Man-
ko nt, Minus(betrag) nt/m; **d. compensation** Ausfallentschädigung f; **d.
note** Fehlmengenmitteilung f; **d. payment** (EG) ⇥ Ausgleichszahlung f

deficient adj fehlerhaft, unzureichend

deficit n Defizit nt, Fehlbetrag m, Verlust m; Fehlmenge f; (Haushalts-)
Deckungslücke f; (Kasse) Minderbe-
stand m; Passivsaldo m; **in d.** defizitär, passiv, in den roten Zahlen; **d.
on current/external account** Leistungsbilanzdefizit nt; **d. in trade and services** Passivsaldo im Waren- und Dienstleistungsverkehr

to close with a deficit mit einem Fehlbetrag abschließen; **to cover/eliminate a
d.** Verlust (ab)decken; **to make good
a d.** Verlust ausgleichen; **to run (up)
a d.** mit Verlust arbeiten; **to show a
d.** Defizit/Verlust ausweisen

annual deficit Jahresfehlbetrag m; **budgetary d.** Haushaltsdefizit nt, H.lük-
ke f; **current (account) d.** Leistungsbilanzdefizit nt; **external d.** Zahlungsbilanzdefizit nt

deficit account Verlustkonto nt; **d. balance** Fehlabschluß m; **d. budgeting**
(Haushalt) Haushaltsfinanzierung
durch Schuldenaufnahme; **d. guarantee** Ausfallbürgschaft f; **d.-ridden** adj
defizitär, chronisch passiv; **d. spending**
öffentliche Verschuldung durch Kreditaufnahme, Defizitspending nt

deflat|e v/t Konjunktur dämpfen;
d.ion n Deflation f, Inflationsab-

bau *m*; **d.ionary** *adj* deflationistisch

defraud *v/t* betrügen, hinterziehen; **d.ation** *n* Betrug *m*, Unterschlagung *f*; **d.er** *n* Betrüger *m*, Steuerhinterzieher *m*

defray *v/t* *(Kosten)* bestreiten; **d.al** *n* Bestreitung *f*; ~ **of costs/expenses** Aufkommen für Kosten/Ausgaben

deglomerat|e *v/t* entflechten; **d.ion** *n* Entflechtung *f*

degree *n* (akademischer) Grad *m*, Titel *m*, Diplom *nt*; Stand *m*; **d. of efficiency** Nutzungsgrad *m*; ~ **employment** Beschäftigungsintensität *f*; ~ **liquidity** Liquiditäts-, Flüssigkeitsgrad *m*; ~ **unionization** *(Gewerkschaft)* Organisationsgrad *m*

de|gression *n* Degression *f*, degressive Abnahme; **d.gressive** *adj* *(Kosten)* unterproportional, degressiv

delay *n* Säumnis *nt*, Verzögerung *f*, Verspätung *f*, Verzug *m*; **d. in delivery** Lieferverzug *m*; **d. of payment** Zahlungsverzug *m*; **d. in performance** Leistungsverzögerung *f*; *v/t* (ver)zögern, auf-, hinausschieben

del credere *n* Delkredere *nt*, Bürgschaft *f*; **to stand d. c.** (für einen Wechsel) Bürgschaft leisten; **d. c. agent** Provisionsagent *m*, Delkrederevertreter *m*; ~ **commission** Delkrederekommission *f*, D.provision *f*; ~ **risk** Delkredere-, Inkassorisiko *nt*

delegate *n* Delegierter *m*, Bevollmächtigter *m*; *v/t* beauftragen, bevollmächtigen, übertragen; **d. down the line** weiterdelegieren

delegation *n* Abordnung *f*, Delegation *f*; Bevollmächtigung *f*; *(Aufgabe)* Übertragung *f*; **d. of authority** Vollmachtserteilung *f*

de|lete *v/t* löschen, tilgen; ~ **as appropriate** Nichtzutreffendes streichen; **d.letion** *n* Löschung *f*, Tilgung *f*, Streichung *f*; **d.list** *v/t* *(Börse)* nicht mehr notieren; **d.liver** *v/t* (aus-/an)liefern, zustellen, übergeben

delivered *adj* (aus)geliefert, zugestellt; **d. at** franko ab; ~ **frontier named place of delivery** geliefert Grenze benannter Lieferort; **d. free** frei Haus

delivery *n* (Aus)Lieferung *f*; ⊠ Zustellung *f*; Aushändigung *f*; [§] (Eigentums)Übergabe *f*; Erfüllung(sgeschäft) *f/nt*

delivery free of charge kostenlose/unentgeltliche Lieferung; ~ **domicile/ house** Lieferung/Zustellung frei Haus; **d. and erection** Lieferung und Aufstellung; **d. of goods** Waren(aus)lieferung *f*; **d. against payment** Wertnachnahme *f*; **deliveries and other performances** Lieferungen und sonstige Leistungen; **d. at quay** Kaianlieferung *f*; **d. upon request** Versand auf Abruf; **d. by way of security** Übergabe als Sicherheit; **d. alongside** (the) **ship/vessel** Längsseitslieferung *f*; **d. at our works** (Werks)Anlieferung *f*; **d. ex works** Lieferung ab Werk, Fabrikauslieferung *f*

available for prompt delivery kurzfristig lieferbar; **collect on d.** (C.O.D.; c.o.d.) *[US]* Nachnahme *f*, zahlbar bei Lieferung; **pay(able) on d.** (P.O.D.) zahlbar bei (Ab)Lieferung; **ready for d.** lieferbar, auf Abruf; **taking d.** Abnahme *f* **to accept/take delivery** Lieferung/Ware annehmen, in Empfang nehmen; **to collect on d.** nachnehmen; **to effect d.** Lieferung vornehmen, liefern; **to expedite/speed up d.** (Aus)Lieferung beschleunigen; **to pay on d.** bei Empfang/Lieferung (be)zahlen; **to refuse d.** Herausgabe verweigern; ~ **to accept/ take d. (of the goods)** Annahme der Waren/Warenannahme verweigern; **to tender d.** Lieferung anbieten

additional delivery Nachlieferung *f*; **advance d.** Vorauslieferung *f*; **carriage--paid d.** frachtfreie Lieferung; **consolidated d.** Sammelauslieferung *f*; **defective d.** fehlerhafte/mangelhafte Lieferung; **deferred/delayed d.** Lieferverzug *m*, L.verzögerung *f*, verspätete (Aus)Lieferung; **door-to-door d.** Lieferung von Haus zu Haus; **duty-free d.** ⊖ zollfreie Lieferung; **express d.** Expreßzustellung *f*, (Zustellung) durch Eilboten; **free d.** (porto)freie Zustellung, Versand frei Haus; **for future d.** per Termin; **general d.** *[US]* ⊠ postlagernd, postlagernde Sendung; **good d.** bestimmungsgemäße Ablieferung;

immediate d. sofortige/umgehende Lieferung; **internal deliveries** Konzern-, Innenumsätze; **just-in-time d.** einsatzsynchrone Anlieferung; **late d.** verspätete (Ab)Lieferung; ☒ Spätzustellung f; **less-than-carload d.** *[US]* ℱ Stückgutlieferung f; **part(ial) d.** Teil(an)lieferung f; **postal d.** Postzustellung f; **for ready d.** schnell/sofort lieferbar; **special d.** *[US]* ☒ Eilbrief m, E.zustellung f, durch E.boten
delivery address Lieferanschrift f; **bond** Lieferkaution f; **d. charge(s)** Zustell(ungs)gebühr f, Lieferspesen; **d. date** Liefertermin m; **d. deadline** Lieferfrist f; **d. delay** Lieferverzögerung f, L.verzug m; **d. guarantee** Liefer(ungs)garantie f; **d. instructions** Versandvorschriften, V.anweisungen; **recorded d. letter** ☒ Einschreiben nt (mit Empfangsbestätigung); **d. man** Auslieferungsfahrer m, Zusteller m; **d. note/sheet** Lieferschein m, L.anzeige f; **d. order (D/O)** *(Anweisung)* Liefer-, Ablieferungsschein m; Auslieferungsauftrag m; **d. period** Lieferfrist f; **d. price** Liefer(ungs)preis m; **d. receipt** Warenempfangsschein m, W.eingangsbescheinigung f
delivery service Zustell(ungs)-, Lieferdienst m; **door-to-door d. s.** Haus-zu--Haus-Verkehr m; **special d. s.** *[US]* Eilzustellung(sdienst) f/m
delivery shipside Anlieferung an Schiffsseite; **d. slip/ticket** Lieferschein m, L.zettel m; **d. terms** Liefer(ungs)bedingungen; **d. time** Ablieferungsfrist f, (effektive) Lieferzeit f; **d. truck** *[US]*/**van** *[GB]* 🚗 Lieferwagen m
demand n Nachfrage(interesse) f/nt, Bedarf m; Forderung f, Anspruch m; **in d.** gefragt; **in line with d.** nachfragegerecht; **on d.** auf Aufforderung/Verlangen, bei Sicht
demand from abroad Auslandsnachfrage f; **d. for capital** Kapitalbedarf m; **~ capital goods** Investitions(güter)nachfrage f; **~ consumer goods** Konsumgüternachfrage f; **~ credit** Kreditnachfrage f; **~ labour** Arbeitskräftenachfrage f; **~ payment** Zah-

lungs(auf)forderung f, Mahnung f; **~ services** Dienstleistungsnachfrage f; **d. in writing** schriftliche Aufforderung
demand exceeds (ability to) supply die Nachfrage übersteigt das Angebot; **due/payable on d.** zahlbar bei Verlangen/Aufforderung; **owing to a lack of d.** mangels Nachfrage
to choke off demand Nachfrage dämpfen; **to create a d.** Nachfrage wecken; **to stimulate d.** Nachfrage beleben/ankurbeln
active/brisk demand starke/rege Nachfrage; **aggregate/macroeconomic/ overall d.** (volkswirtschaftliche) Gesamtnachfrage f; **deferred d.** Konsumverzicht m; **domestic d.** Binnennachfrage f; **external/foreign d.** Auslandsnachfrage f; **falling/flagging/slackening/weakening d.** nachlassende/rückläufige/abnehmende Nachfrage, Nachfragerückgang m; **growing d.** steigende Nachfrage; **peak d.** Nachfrage-, Bedarfsspitze f; **pent-up/suppressed d.** Nachholbedarf m, aufgestaute Nachfrage; **seasonal d.** jahreszeitlich bedingte/saisonbedingte Nachfrage; **slack/sluggish d.** schwache/lustlose Nachfrage
demand v/t (er)fordern; anfordern: Forderung geltend machen; nachfragen
demand backlog Nachfragestau m; **d. bill** Sichtwechsel m; **d. deposit** täglich fälliges Guthaben, Sichteinlage f, Tagesgeld nt; **d. draft (D.D.; D/D; d./d.)** Sichtwechsel m; **d. expansion/growth** Nachfrageausweitung f, N.zuwachs m; **d. gap** Bedarfslücke f; **d. instrument** Sichtpapier nt; **d. loan** kurzfristiges Darlehen; **d. management** Nachfragelenkung f, Globalsteuerung f; **d. note** *[US]* Schuldschein m, Eigen-, Solawechsel m; **d. pattern** Nachfragestruktur f; **d. planning** Bedarfsplanung f; **d. pull** Nachfragesog m, N.dynamik f; **d. push** Nachfrageschub m; **d. shift(ing)/switching** Nachfrageverschiebung f; **d. shortfall** Nachfrageausfall m; **d. side** Nachfrageseite f; **d. trend** Bedarfsentwicklung f

demanning n   Personal-, Belegschafts-abbau m

demarcation n   Abgrenzung f; **d. dispute** Kompetenz-, Abgrenzungsstreitigkeit f

democracy n   Demokratie f; **industrial d.** (betriebliche) Mitbestimmung f

de|**monetize** v/t   außer Kurs setzen, entwerten; d.**monstrate** v/t be-, nachweisen; vorführen, zeigen

demonstration n   Beweis m; Vorführung f; Demonstration f; **d. material** Anschauungsmaterial nt; **d. model** Vorführgerät nt

de|**monstrator** n   Beweis-, Vorführer m; Demonstrant m; female d.**monstrator** Werbedame f; d.**mote** v/t zurück-, herunterstufen; d.**motion** n Tiefer-, Zurückstufung f; d.**murrage** n (Container) Stand-, Lagergeld nt; ↘ (Über)Liegegeld nt; ↗ Wagenstandsgeld nt; d.**nationalization** n (Re)Privatisierung f, Entstaatlichung f; d.**nationalize** v/t (re)privatisieren, entstaatlichen

denial n   Dementi nt, Verneinung f; **flat d.** formelles Dementi

denominat|e v/t   benennen, bezeichnen; stückeln; **d.d in** auf; **d.ion** n Benennung f, Bezeichnung f; Stückelung f, Nennwert m; Geldsorte f, Münzeinheit f; **in d.ions of** gestückelt in

denote v/t   be-, kennzeichnen

denseness; **density** n   Dichte f; **d. of population** Bevölkerungsdichte f

department n   Abteilung f, Geschäftsbereich m; Dezernat nt, Amt nt; Kostenstelle f; Ressort nt [frz.]; Ministerium nt

actuarial department versicherungsmathematische Abteilung; **administrative d.** Verwaltung(sabteilung) f; **direct d.** Hauptkostenstelle f; **indirect d.** Fertigungshilfskostenstelle f; **technical d.** technische Betriebsabteilung

departmental adj   ressortspezifisch, ministeriell, (betriebs)intern

department manager Abteilungsleiter m

department store Waren-, Kaufhaus nt; ~ **chain** Warenhauskette f; ~ **group** Kauf-, Warenhauskonzern m

departure n   Weg-, Abgang m; Abreise f, Abfahrt f; ✈ Abflug m; (Personal) Ausscheiden nt; **d. point** Abgangsort m

dependant n   (Familien)Angehöriger m, Unterhaltsberechtigter m; **d.'s benefits/pension** Hinterbliebenenrente f

dependence n   Abhängigkeit f; **d. on exports** Ausfuhr-, Exportabhängigkeit f; ~ **raw materials** Rohstoffabhängigkeit f

dependent adj   unterhaltsbedürftig, u.berechtigt

deplete v/t   leeren, räumen; (Substanzverzehr) abschreiben

depletion n   Verringerung f, Verminderung f; (Ent)Leerung f; ⚒ Abbau m, Förderung f; **d. of assets/capital** Auszehrung des Eigenkapitals, Substanz-, Kapitalverzehr m; ~ **resources** Erschöpfung der Rohstoffvorräte; ~ **shareholders' [GB]/stockholders' [US] equity** Eigenkapitalauszehrung f; **d. allowance** Absetzung für Wertminderung/Substanzverlust

deploy v/t   einsetzen; **d.ment** n Einsatz m; ~ **of labour** Personaleinsatz m; ~ **scheduling** Personaleinsatzplanung f

de|**ponent** n   [§] Erschienener m; d.**port** n Kursabschlag m; d.**pose** v/ti [§] zu Protokoll geben/erklären

deposit n   erste Rate, Anzahlung f; Pfand(hinterlegung) nt/f, Sicherheit f, Kaution f, Depot nt [frz.]; (Geld)Einlage f; Flaschenpfand nt; ⚒ Lager(stätte) nt/f, Vorkommen nt; **d.s** (Giro)Einlagen, Guthaben nt/pl; **for d. only** zur Gutschrift; (Wechsel) nur zur Sicherheit; (Scheck) nur zur Verrechnung; **d.s on current account** Giroeinlagen; **d.s at the federal bank** Bundesbankguthaben nt; ~ **call** Sichteinlagen, täglich fällige Gelder; **d. of securities** Effektendepot nt, Sicherheitsleistung f; **d.s and withdrawals** Einzahlungen und Abhebungen/Auszahlungen; **no d.** (Flasche) ohne Pfand; **to make/pay a d.** An-/Einzahlung leisten

blocked deposit Sperrguthaben nt; **collective d.** Sammelverwahrung f, S.depot *nt*; **current d.s** Kontokorrenteinlagen; **fixed(-term) d.(s)** Kündigungs-, Festgeld *nt*, Termineinlage *f*; **general d.** Streifbanddepot *nt*; **interest-bearing d.** verzinsliche Einlage; **minimum d.** Mindestanzahlung *f*, M.ansparung *f*; **non-resident d.s** Auslandsguthaben *pl*

safe deposit Tresor(fach) *m*/*nt*, Geldschrank *m*; ~ **box** Schließfach *nt*; ~ **fee** Aufbewahrungsgebühr *f*

special deposit Sonderverwahrung *f*; ~ **d.s** *[GB]* Mindestreserven; **workable d.s** ⚒ abbaufähige/abbauwürdige Vorräte

deposit *v/t* ein-, anzahlen, deponieren, hinterlegen; *(Effekten)* einliefern, aufbewahren

deposit account Depositen-, Sparkonto *nt*, Fest(geld)konto *nt*; **fixed d. a.** Festgeldkonto *nt*

depositary *n* Verwahrer *m*, Treuhänder *m*; Hinterlegungs-, Verwahr(ungs)stelle *f*; Warenlager *nt*, Magazin *nt*

deposit balance Guthabenkonto *nt*; **d. bank** Depositen-, Girobank *f*; **d. banking** Einlagen-, Depositengeschäft *nt*; **d. book** Bank-, Kontobuch *nt*; **d. certificate** Depositenbescheinigung *f*, Kassenschein *m*; **d. currency** Buchgeld *nt*; **d. fee** Hinterlegungsgebühr *f*; **d. funds** (Spar)Einlagen

deposition *n* §eidliche Aussage, Aussageprotokoll *nt*

deposit liabilities Kontokorrentverbindlichkeiten; **d. money** Giral-, Buchgeld *nt*

depositor *n* Einzahler *m*, (Kapital)Einleger *m*, Sparer *m*; Einlieferer *m*, Hinterleger *m*

deposit payment *(Ratenkauf)* Anzahlung *f*; **d. protection** Einlagenschutz *m*; **d. rate** Haben-, Passivzinssatz *m*; **d.(s) side** Einlagenseite *f*; **d. slip** *[US]* Einzahlungs-, Einlieferungsschein *m*; Quittung *f*; **d. taker** Kapitalsammelstelle *f*; **d.-taking** *n* Geldannahme *f*; **d. warrant** Hinterlegungsschein *m*

depot *n* Aufbewahrungsort *m*, Lager(haus) *nt*, Magazin *nt*

depreciate *v/ti* abschreiben, abwerten;

im Wert/Preis fallen, an Kaufkraft verlieren

depreciation *n* Wertminderung *f*; (Wert)Herabsetzung *f*, Abnutzung *f*; *(Bilanz)* Abschreibung(saufwand) *f/m*, Absetzung/Abschreibung für Abnutzung (AfA); Kursverlust *m*, Geld-, Währungsverschlechterung *f*; **d. of current assets** Wertberichtigung auf das Umlaufvermögen; **d. on financial assets** Abschreibung auf Finanzanlagen; **d. of fixed/tangible assets** Sachanlagenabschreibung *f*; ~ **buildings** Gebäudeabschreibung *f*; ~ **a currency** Währungsverfall *m*, Geldentwertung *f*; ~ **investments** Abschreibung auf Beteiligungen; **d. of/on plant** Abschreibung auf Betriebs-/Werksanlagen; **d. of plant and equipment** Abschreibung auf Betriebsanlagen; **d. for tax purposes** steuerliche Abschreibung; **d. due to/for wear and tear** verbrauchsbedingte Abschreibung; *(Steuer)* Absetzung/Abschreibung für Abnutzung (AfA)

accelerated/extraordinary depreciation erhöhte Abschreibung; **accrued d.** Wertberichtigung *f*, passivierte Abschreibung; **annual d.** jährliche Abschreibung; **declining-balance/reducing-balance d.** (geometrisch-)degressive Abschreibung; **flat-rate/straight–line d.** lineare Abschreibung; **normal d.** planmäßige Abschreibung; **partial d.** Teilabschreibung *f*; **tax-allowable d.** steuerlich zulässige Abschreibung

depreciation account Abschreibungskonto *nt*; **d. allowance** Abschreibung(smöglichkeit) *f*; **d. charge** Abschreibungssumme *f*, A.aufwand *m*; **d. cost(s)** Abnutzungsaufwand *m*; **d. provision/reserve(s)** Wertberichtigung auf das Anlagevermögen; **d. rate** Abschreibungs(prozent)satz *m*; **d. shortfall** unterlassene Abschreibung

depress *v/t* (be)drücken; senken, herabsetzen; *(Markt)* belasten; **d.ed** *adj* gedrückt, geschwächt; **(cyclical/economic) d.ion** *n* Konjunkturrückgang *m*, K.tief *nt*, Rezession *f*, Wirtschaftskrise *f*; **worldwide d.ion** Weltwirtschaftskrise *f*

deputize (for so.) *v/i* Vertretung übernehmen

deputy *n* Stellvertreter *m*; **d. chairman** stellvertretender Vorsitzender, Vizepräsident *m*; **d. manager** stellvertretender Geschäftsführer/Leiter

de|register *v/ti* im Handelsregister löschen; ✤ ausflaggen; **d.regulate** *v/t* →

decontrol *v/t* liberalisieren, *(Tarif)* freigeben, Zwangsbewirtschaftung aufheben; **d.regulation** *n* Liberalisierung *f*, Freigabe *f*, Aufhebung der Zwangswirtschaft/Preiskontrollen

derelict *adj* ⌂ baufällig; **d.ion** *n* [§] (schuldhafte) Vernachlässigung *f*

derrick *n* Bohrturm *m*; ✤ (Schiffs-) Kran *m*

description *n* Beschreibung *f*, Darstellung *f*, Bezeichnung *f*, (Wertpapier)Gattung *f*; **d. of the goods** Warenbezeichnung *f*; ~ **securities** Wertpapiergattung *f*; **commercial d.** handelsübliche Bezeichnung

design *n* Plan *m*, Konstruktion *f*, Entwurf *m*, (graphische) Gestaltung *f*; (Geschmacks-/Gebrauchs)Muster *nt*; **faulty d.** Konstruktionsfehler *m*; **industrial d.** Industrieform *f*, Geschmacksmuster *nt*; **interior d.** Innenarchitektur *f*; **protected d.** geschütztes Geschmacks- oder Gebrauchsmuster; **registered d.** geschütztes Modell, eingetragenes Muster; **standard d.** Normalausführung *f*; *v/t* gestalten, konstruieren, entwerfen

designate *v/t* bezeichnen, nennen, markieren

designation *n* Be-, Kennzeichnung *f*, (Zweck)Bestimmung *f*, Warenbenennung *f*; **d. as a beneficiary** Begünstigung *f*; **d. of origin** Ursprungsbezeichnung *f*; **registered d.** Geschmacksmuster *nt*

design copyright Musterschutz *m*; **d. engineer** Konstrukteur *m*

designer *n* (Form)Gestalter *m*, Konstrukteur *m*

design fault Konstruktionsfehler *m*; **d. patent** Gebrauchs-, Geschmacksmuster *nt*

desk *n* Schalter *m*, Schreib-, Ladentisch *m*; **check-in d.** ✤ Abfertigungs-

schalter *m*; **d.(-top) computer** Tischrechner *m*

deskilling *n* Herabstufung von Arbeitsplätzen

desk jobber Großhändler im Streckengeschäft; **d. work** Schreibtischarbeit *f*, S.tätigkeit *f*

despatch → **dispatch**

destination *n* Bestimmungs-, Zielort *m*, Adresse *f*; ✤ Bestimmungsflughafen *m*; ✤ Zielhafen *m*; ✉ Empfangsstation *f*; **d.stitute** *adj* mittellos, unvermögend; **d.stock** *v/t* Lager(bestand) abbauen, Lager räumen; **d.stocking** *n* Lager-, Vorratsabbau *m*

destruction *n* Zerstörung *f*, Vernichtung *f*; **d. of jobs** Arbeitsplatzvernichtung *f*; ~ **records** Vernichtung von Akten/Unterlagen; **environmental d.** Umweltzerstörung *f*

detach *v/t* (ab)trennen, absondern; *(Personal)* abstellen; **d.ed** *adj* ⌂ allein-, freistehend

detail *n* Einzelheit *f*, Detail *nt*; **in d.** ausführlich, detailliert; **personal d.s** Angaben zur Person; *v/t* genau/ausführlich beschreiben; **d. audit** Vollprüfung *f*

deteriorate *v/i* schlechter werden, sich verschlechtern, verderben, an Wert verlieren

deterioration *n* Verschlechterung *f*, Verfall *m*, Verderb *m*, Wertminderung *f*; **d. in the balance of payments** Zahlungsbilanzverschlechterung *f*; **d. of earnings/profits** Ertragsverfall *m*, Ergebnisverschlechterung *f*; ~ **the market** *(Börse)* Klimaverschlechterung *f*; **d. in prices** Preisverfall *m*; **cyclical d.** konjunktureller Abschwung; **inherent d.** innerer Verderb

determination *n* Bestimmung *f*, Feststellung *f*; **d. of costs** Kostenfestsetzung *f*; ~ **demand** Bedarfsermittlung *f*; ~ **earnings/profit** Gewinnermittlung *f*; ~ **(taxable) income** Einkommensermittlung *f*; ~ **the price** Preisfestsetzung *f*

determine *v/t* ermitteln, bestimmen, festsetzen, bemessen

de|unionization *n* *[US]* Verdrängung von Gewerkschaften aus Betrieben;

d.valuate v/t ab-, entwerten
devaluation n (Währungs)Abwertung f, Entwertung f; **competitive d.** Abwertung aus Wettbewerbsgründen; **d. gain/profit** Abwertungsgewinn m
de|value v/t ab-, entwerten, im Wert vermindern; **d.velop** v/ti entwickeln, er-, aufschließen; **d.veloper** n Bauträger m, B.löwe m *(coll)*, Erschließungsgesellschaft f
development n (Weiter)Entwicklung f; Wachstum nt; ✂ Erschließung f, Aufschluß m; ◻ Grundstückserschließung f, Bebauung f; **d. of business** Geschäftsentwicklung f; **~ interest rates** Zinstendenz f, Z.trend m; **~ prices** Preisentwicklung f; **~ sales** Absatzentwicklung f; **~ the trade cycle** Konjunkturverlauf m, konjunkturelle Entwicklung
commercial development wirtschaftliche Entwicklung; **cyclical d.** Konjunkturverlauf m; **economic d.** wirtschaftliche Entwicklung; **~ programme** Wirtschaftsförderungsprogramm nt; **industrial d.** industrielle Entwicklung/Erschließung; **~ company/corporation** Wirtschafts-, Industrieförderungsgesellschaft f; **macroeconomic d.** gesamtwirtschaftliche Entwicklung; **new d.** Neuentwicklung f; Neubau(gebiet) m/nt; **professional d.** beruflicher Werdegang; **regional d.** Regionalförderung f, R.entwicklung f; **~ policy** Regionalpolitik f; **residential d.** Wohnungsbau(projekt) m/nt; **urban d.** Stadtentwicklung f
development activities Erschließungsmaßnahmen; **d. agency** Entwicklungsagentur f, E.gesellschaft f; **d. aid** Entwicklungshilfe f; **d. area** Entwicklungs-, Fördergebiet nt; **d. bank** Entwicklungsbank f; **d. company** *[GB]*/**corporation** *[US]* ◻ (Wohnungs)Baugesellschaft f, Bauträger m; **d. cost(s)/expenditure/expenses** Entwicklungsaufwendungen pl, E.ausgaben pl; Gründungskosten pl; ◻ Erschließungskosten pl, E.aufwand m; **d. department** Entwicklungsabteilung f; **d. funds** Förder(ungs)mittel; **d. land** Bauerwartungsland nt; **d. loan** Entwick-

lungs(hilfe)-, Investitionskredit m; **d. plan** ◻ *[GB]* Flächennutzungs-, Bebauungsplan m; **d. planning** Entwicklungsplanung f; **d. project/scheme** Entwicklungsvorhaben nt, E.projekt nt; **d. tax** *(Land)* Erschließungsabgabe f
device n Apparat m, Gerät nt
devolution n [§] Übertragung f; *(Politik)* Dezentralisierung f; **d. of claims** Anspruchsübergang m; **~ title** Rechtsübergang m, Eigentumsfolge f
devolve v/ti [§] übergehen, übertragen
diagram n Diagramm nt, Schaubild nt, Tabelle f
dial v/t ✆ (an)wählen; **d.ling code** n Vorwahl(nummer) f, Orts(netz)kennzahl f; **~ tone** *[GB]* Amts-, Freizeichen nt
diary n Terminkalender m
dictat|e v/t diktieren; **d.ed by ... and signed in his/her absence** adj nach Diktat verreist; **d.ing machine** n Diktiergerät nt; **d.ion** n Diktat nt; **to take d.ion** Diktat aufnehmen
differ v/i (sich) unterscheiden; abweichen
difference n Unterschied m, Differenz(betrag) f/m; Saldo m; **d.s in inflation rates** Inflationsgefälle nt; **d. in price** Preisunterschied m, P.gefälle nt; **~ quality** Qualitätsunterschied m; **to make up/pay the d.** Differenzbetrag bezahlen
differential n Unterschied m, Gefälle nt, Lohn-, Gehaltsdifferenz f; **economic d.s** Wirtschaftsgefälle nt; **d. cost** Grenzkosten pl; **d. costing** Grenz(plan)kostenrechnung f; **d. duty** ⊖ Differentialzoll m; **d. price** Preisspanne f, P.unterschied m
difficulty n Schwierigkeit f; **financial/pecuniary difficulties** Geldprobleme, finanzielle Schwierigkeiten, Schieflage f *(fig)*; **temporary ~ difficulties** Zahlungsschwierigkeiten
diligence n Sorgfalt(spflicht) f; **d. of a prudent businessman** Sorgfalt eines ordentlichen Kaufmanns; **customary/due d.** gebührende/verkehrsübliche Sorgfalt
dilute v/t verwässern

dilution n   Verwässerung f; **d. of capital** Kapitalverwässerung f; ~ **equity** Verwässerung des Aktienkapitals

diminish v/ti (sich) verringern, (sich) vermindern, abnehmen

diminution n   Abnahme f, Verringerung f, (Ver)Minderung f; **d. in value** Wertminderung f

dip n   Geschäftsrückgang m, Flaute f; **d. in prices** Preisrückgang m; ~ **profits** Gewinn-, Ertragseinbruch m; **economic d.** Konjunkturtief nt, K.einbruch m; v/ti sinken, zurückgehen, nachgeben

diploma n   Diplom nt, Zertifikat nt

direct v/t   leiten, lenken, führen, anweisen, beauftragen

direction n   Richtung f, Tendenz f, Kurs m; Führung f, Leitung f; (An)Weisung f, Richtlinie f; **d.s (for use)** Gebrauchsanweisung f

directive n   (An)Weisung f, Verordnung f; (EG) Richtlinie f

director n   Direktor m, Geschäftsführer m; Mitglied des Aufsichtsrats/Vorstands, Aufsichtsrats-, Vorstandsmitglied nt

director of engineering technischer Direktor/Leiter; ~ **finance** Finanzvorstand m, F.chef m, Leiter des Finanzwesens; ~ **operations** Betriebsleiter m; ~ **personnel**; ~ **human resources** [US] Personalvorstand m, P.chef m, P.leiter m; ~ **sales** Verkaufsleiter m, Leiter des Verkaufs

controlling director Aufsichtsratsmitglied nt; **divisional d.** Sparten-, Bereichsleiter m; **executive/managing d.** geschäftsführender Direktor, (geschäftsführendes) Vorstandsmitglied nt; **financial d.** Finanzvorstand m, Leiter des Finanzwesens; **non-executive d.** nicht geschäftsführendes Mitglied des Verwaltungs-/Aufsichtsrats; **regional d.** Bezirksleiter m; **sole d.** Alleingeschäftsführer m; **technical d.** technischer Leiter

directorate n   Direktorium nt, Geschäftsleitung f

director|s' emoluments Vorstandsvergütung f, Aufsichtsratstantiemen, A.bezüge; **d. general** Generaldirektor m, Hauptgeschäftsführer m; **d.s' report** Aufsichtsrats-, Vorstandsbericht m; **d.ship** n Aufsichtsratsmandat nt; Vorstandsposten m

directory n   ✆ Telefonbuch nt; (Branchen)Adreßbuch nt; (Inhalts)Verzeichnis nt; **classified d.** Branchenverzeichnis nt; **commercial d.** Handelsadreßbuch nt; **d. enquiries** ✆ (Telefon)Auskunft f

disability n   Arbeits-, Berufs-, Erwerbsunfähigkeit f, Invalidität f; **industrial/occupational d.** Berufs-, Erwerbsunfähigkeit f; **legal d.** [§] Rechts-, Geschäftsunfähigkeit f; **permanent d.** (Dauer)Invalidität f

disability allowance Invalidenunterstützung f; **d. benefit** Invaliditätsrente f; **d. insurance** Invalidenversicherung f; **d. pension** Invaliden-, Erwerbsunfähigkeitsrente f

disabled adj   ♦ (geh-/körper)behindert; erwerbs-, berufs-, arbeitsunfähig; **severely d.** schwerbehindert, s.beschädigt

disadvantage n   Nachteil m, Schaden m; **to sell at a d.** mit Verlust verkaufen; **competitive d.** Wettbewerbsnachteil m; **locational d.** Standortnachteil m; **d.ous** adj nachteilig, unvorteilhaft

disallow v/t   nicht anerkennen

disaster n   Katastrophe f, Unglück nt; **ecological d.** Umweltkatastrophe f; **financial d.** Finanzmisere f; **natural d.** Naturkatastrophe f; ~ **cover(age)** Versicherungsschutz gegen Naturkatastrophen; **d. fund** Katastrophenfonds m

disburse v/t   auszahlen; **d.ment** n (Aus)Zahlung f, (Geld)Ausgabe f; ~ **voucher** Kassenanweisung f

discharge n   ⚓ Aus-, Ab-, Entladen nt, Löschen nt; Entlastung(serteilung) f; Bezahlung f; Entlassung f; Schadstoffausstoß m, S.emission f

in full discharge of our accounts zum Ausgleich unserer Rechnung; **d. of a bankrupt** Entlastung eines Gemeinschuldners; ~ **a claim** Erfüllung eines Anspruchs; ~ **contract** Vertragserfüllung f; ~ **a debt** Schuldtilgung f; ~

a liability/an obligation Erfüllung einer Verpflichtung
absolute discharge bedingungslose Entlastung; **free d. (f. d.)** freies Löschen
discharge v/t ✎ löschen, aus-, entladen; Entlastung erteilen, entlasten; entlassen, kündigen; *(Arbeit)* verrichten, erfüllen; *(Schuld)* tilgen, abgelten; *(Schadstoffe)* ausstoßen, einleiten
discharge note Erledigungsvermerk m; **d. order** Konkurseinstellungsbeschluß m; **d. port** ✎ Entlade-, Löschhafen m
dis|claim v/t bestreiten; Verzicht leisten; Anspruch aufgeben; **d.claimer** n Widerruf m; (Rechts)Verzicht m, V.leistung f; Haftungsausschluß(erklärung) m/f; **d.close** v/t offenlegen, publizieren
disclosure n Offenlegung f, Bekanntgabe f; Publizität f; **d. duty/requirement(s)** Publizitätspflicht f
dis|commodity n negatives Gut; **d.continuation** n Einstellung f, Fortfall m; *(Geschäft)* Aufgabe f
discount n Skonto m/nt, Rabatt m; Abzug m, Nachlaß m; Diskont m, Disagio nt, (Kurs)Abschlag m, Abgeld nt, Damnum nt *(lat.)*, Zinsabzug m; **d.s** Skonti; diskontierte Wechsel; **at a d.** unter Nennwert/Pari; mit Abschlag/Skonto/Rabatt
discount on a bill Wechseldiskont m; **d. for cash** Skonto m/nt, Barzahlungsrabatt m; ~ **resale** Wiederverkäuferrabatt m
discount|s allowed Skontoaufwendungen; **d.(s) earned** Diskontertrag m, Skontoerträge; **d.s granted** Kundenskonti; ~ **lost** nicht in Anspruch genommene Skonti; **d. new for old** Abzug für neu
to allow/grant a discount Skonto/Nachlaß/Rabatt gewähren; *(Rechnung)* skontieren, rabattieren; **to present for d.** zum Diskont einreichen; **to sell at a d.** mit Verlust verkaufen, unter (Neu)Wert verkaufen
commercial discount handelsüblicher Diskont/Rabatt; **no-claim(s) d.** *(Vers.)* Schaden(s)freiheitsrabatt m;

special d. Sonderrabatt m
discount v/t abzinsen, (dis)kontieren, abziehen; *(Börse)* berücksichtigen; *(Wechsel)* hereinnehmen
discountable adj diskont-, bankfähig
discount bank Diskont-, Wechselbank f, diskontierende Bank; **d. bond** unverzinsliche Schuldverschreibung, abgezinste Anleihe; **d. credit** (Wechsel)Diskontkredit m; Rabattgutschrift f
discounter n Diskontierer m, Wechselmakler m; *(Handel)* Discounter m, Diskont-Warenhaus nt
discount expenses Wechselspesen; **d. house** → **discount bank**
discounting n Diskontierung f, Diskontgeschäft nt; **d. of bills** Wechseldiskontierung f, Hereinnahme von Wechseln
discount limit Wechselkontingent nt; **d. loan** Teilzahlungskredit m; **d. note** Diskontgutschrift f; **d. price** Rabattpreis m; **d. rate** Rabatt-, Diskontsatz m; **d. shop/store** Diskont-, Rabattladen m; **d. table** Rabattstaffel f; **d. terms** Rabatt-, Skontobedingungen
discrepancy n Abweichung f, Unstimmigkeit f; **d. between accounts** Kontenunstimmigkeit f, K.abweichung f
discretion n Ermessen(sspielraum) nt/m; **at so.'s d.** nach jds freiem Ermessen; **d.ary** adj beliebig, nach Gutdünken, frei verfügbar
discrimination n Diskriminierung f, Benachteiligung f, Schlechterstellung f; **sexual d.** Benachteiligung auf Grund des Geschlechts
discussion n Besprechung f, Diskussion f; **preliminary d.** Vorbesprechung f; **round-table d.** Podiumsdiskussion f
diseconomies of scale n Kostenprogression f; Größennachteile; **internal ~ s.** betriebsbedingte Größennachteile
dis|embark v/ti ✎ landen, von Bord gehen; **d.encumber** v/t entschulden; **d.encumbrance** n Entschuldung f
disequilibrium n Ungleichgewicht nt; **d. in the balance of payments** Ungleichgewicht in der Zahlungsbilanz; **d. of the economy; economic d.** wirtschaftliches

Ungleichgewicht

dishonour(ing) *n*   *(Wechsel/Scheck)* Nichteinlösung *f*; **d. by non-payment** Zahlungsverweigerung *f*; *v/t* nicht akzeptieren/bezahlen/einlösen

dis|incentive *n*   arbeitshemmender/leistungshemmender Faktor, Leistungshemmnis *nt*; **d.incorporate** *v/t* *[US]* ausgliedern, ausgründen; im Handelsregister löschen; **d.invest** *v/i* desinvestieren, Anlagekapital zurückziehen; **d.investment** *n* Investitionsabbau *m*; ~ **in stocks** Lagerabbau *m*

disk *n*   Platte *f*, Scheibe *f*; **fixed/hard d.** 🖴 Festplatte *f*; **floppy d.** 🖴 (flexible) Diskette *f*

dis|mantle *v/t*   aus-, abbauen, demontieren; ⚓ abwracken; **partly d.mantled** *adj* teilzerlegt; **d.mantling** *n* Abbau *m*, Demontage *f*; ~ **of tariffs** Zollabbau *m*; **d.miss** *v/t* entlassen, kündigen

dismissal *n*   Entlassung *f*, Kündigung *f*; **d. of (an) action** 🕮 Klage-, Prozeßabweisung *f*; **d. without cause** grundlose Entlassung; ~ **notice** fristlose Kündigung

arbitrary dismissal willkürliche Kündigung; **unfair/wrongful d.** grundlose/ ungerechtfertigte Kündigung; **wholesale d.** Massenentlassung *f*

dismissal notice Kündigungs-, Entlassungsschreiben *nt*; ~ **period** Kündigungsfrist *f*; **d. pay** Entlassungsabfindung *f*; **d. protection** Kündigungsschutz(recht) *m/nt*

disparage *v/t*   herabsetzen, verunglimpfen; **d.ment** *n* Rufschädigung *f*, Verunglimpfung *f*, Herabsetzung *f*; ~ **of competitors** Herabsetzung von Mitbewerbern

disparity *n*   Ungleichheit *f*, Unterschied *m*, Mißverhältnis *nt*; **d. of interest rates** Zinsgefälle *nt*; **d. in prices** Preisgefälle *nt*

dispatch *n*   Versand(abwicklung) *m/f*, (Güter)Expedition *f*; Spedition *f*; **d. of goods** Versandabwicklung *f*; **ready for d.** versandfertig, v.bereit; **prompt/ speedy d.** schnelle Erledigung/Abfertigung; *v/t* absenden, (ab)schicken, aufgeben

dispatch agent Abfertigungsspediteur *m*; **d. charges** Versandspesen; **d. clerk** Expedient *m*; **d. department** Versandabteilung *f*, Expedition *f*

dispatcher *n*   Expedient *m*; Leiter der Produktionsplanung und P.kontrolle

dispatch goods Eilgut *nt*

dispatching *n*   Versand *m*, Güterabfertigung *f*

dispatch manager Versandleiter *m*; **d. money** Eilgebühr *f*; **d. note** Versandanzeige *f*; **d. point** Abgangsort *m*; **d. station** 🚂 Abgangs-, Verladebahnhof *m*

displace *v/t*   ersetzen, verdrängen; entlassen, freisetzen; **d.ment** *n* Versetzung *f*, Verlagerung *f*; ⚓ (Wasser)Verdrängung *f*, Tonnage *f*; ~ **of labour/workers** Freisetzung von Arbeitskräften

display *n*   Auslage *f*, Ausstellung *f*, Dekoration *f*, Aufsteller *m*; **on d.** ausgestellt; **permanent d. of samples** Fabrikmusterlager *nt*; **visual d.** 🖴 optische Anzeige, Lichtanzeige *f*; ~ **unit (VDU)** Bildschirmeinheit *f*, (Daten)Sichtgerät *nt*; *v/t* ausstellen, zeigen, *(Fenster)* dekorieren

display advertising Großanzeige *f*, Empfehlungswerbung *f*; **d. case** Schaukasten *m*, Vitrine *f*; **d. package** Schaupackung *f*; **d. room** Ausstellungsraum *m*; **d. window** Schaufenster *nt*

disposable *adj*   (frei) verfügbar; Wegwerf-, Einweg-

disposal *n*   Absatz *m*, Verkauf *m*, Veräußerung *f*; Verfügung(srecht) *f/nt*; *(Bilanz)* (Lager)Abgang *m*; *(Müll)* Entsorgung *f*; **d. of assets** (Finanz-/Sach)Anlagenabgang *m*; **to be at so.'s d.** jdm zur Verfügung stehen; **to hold sth. (at so.'s) d.** etw. zur Verfügung halten; **to place sth. at (so.'s) d.** etw. bereitstellen; **d. facility** (Müll)Deponie *f*

dis|pose (of sth.) *v/i*   veräußern, verkaufen; verfügen (über); *(Müll)* beseitigen, entsorgen; **d.position** *n* Verfügung(sgewalt) *f*, Anordnung *f*; Verkauf *m*, Veräußerung *f*

dispossess *v/t*   enteignen; **d.ion** *n* Enteignung *f*, Besitzenthebung *f*; ~ **proceedings** Räumungsklage *f*; ~ **warrant** Räumungsverfügung *f*

dispute *n* Streit(igkeit) *m/f*, Meinungsverschiedenheit *f*; **in d.** strittig; **commercial d.** Handelsstreit *m*; **industrial d.** Arbeitskampf *m*, Tarifkonflikt *m*, tarifpolitische Auseinandersetzung; **legal d.** Rechtsstreit *m*; *v/t* bestreiten, anfechten; **d. benefit** Streikgeld *nt*; **d.s procedure** Schlichtungsverfahren *nt*

dis|qualification *n* Ausschließung *f*; ~ **of a bankrupt** [§] Rechtsverlust eines Konkursschuldners; **d.qualify (from)** *v/t* (von der Teilnahme) ausschließen, für unfähig erklären; **d.rupt** *v/t* unterbrechen, stören

disruption *n* Unterbrechung *f*, Störung *f*; **d. of business** Unterbrechung der Geschäftätigkeit; ~ **production** Produktionsstörung *f*; ~ **commercial relations** Unterbrechung der Handelsbeziehungen; ~ **trade** Unterbrechung des Handelsverkehrs

dis|save *v/i* entsparen; **d.saving** *n* Entsparung *f*, negative Ersparnisbildung

dissolution *n* Auflösung *f*, Aus-, Entgründung *f*, Entflechtung *f*; **d. of a business** Geschäftsauflösung *f*; ~ **company** Auflösung einer Gesellschaft; **d. balance sheet** Abwicklungs-, Auseinandersetzungsbilanz *f*

dissolve *v/ti* (sich) auflösen, entgründen

distance *n* Entfernung *f*, Abstand *m*, Strecke *f*; **d. capacity** Transportleistung *f*; **d. freight(age)** Streckenfracht *f*

distort *v/t* verzerren, verfälschen; **d.ion** *n* Verzerrung *f*, Verfälschung *f*; ~ **of competition** Wettbewerbsverzerrung *f*

distrain *v/t* [§] beschlagnamen, pfänden; **d. upon** *(Schuldner)* exekutieren; **d.ee** *n* Pfändungs-, Vollstreckungsschuldner *m*; **d.er** *n* Pfändungsgläubiger *m*

distraint *n* Beschlagnahme *f*, (dinglicher) Arrest *m*, Pfändung *f*, Zwangsvollstreckung *f*; **to levy a d.** Pfändung/ Vollstreckung betreiben; **d. order** Pfändungsbeschluß *m*

distress *n* Not(lage) *f*, Misere *f*; Beschlagnahme *f*, Pfändung *f*; **d. for (non-payment of) rent** Mietpfändung *f*; ~ **non-payment of tax** Steuerpfändung *f*; **to levy a d. (on)** pfänden, beschlagnahmen; **economic d.** wirtschaftliche Notlage; **d. marketing/sale** Notverkauf *m*; **d. warrant** Pfändungsbeschluß *m*

dis|tributable *adj* *(Gewinn)* ausschüttungs-, verteilungsfähig; **d.tribute** *v/t* ver-, aufteilen; *(Ware)* vertreiben; *(Gewinn)* ausschütten

distribution *n* Ver-, Aufteilung *f*; Absatz *m*, Vertrieb *m*; *(Gewinn)* Ausschüttung *f*

distribution of a dividend Dividendenausschüttung *f*; ~ **earnings/profits** Gewinnausschüttung *f*, G.verteilung *f*; ~ **an estate** Erbteilung *f*; ~ **income** Einkommensverteilung *f*; **d. in kind** Sachausschüttung *f*; **d. and partition** Nachlaßauseinandersetzung *f*; **d. of risk(s)** Risikostreuung *f*; **d. to shareholders** *[GB]*/**stockholders** *[US]* Ausschüttung an Aktionäre; **d. of wealth** Vermögensverteilung *f*

advance distribution Vorabausschüttung *f*; **exclusive d.** Alleinvertrieb *m*; **final d.** *(Dividende)* Abschlußdividende *f*; **non-cash d.** Sachausschüttung *f*; **occupational d.** berufliche Verteilung; **physical d.** Warenverteilung *f*; **wide d.** weite Verbreitung

distribution agreement Vertriebsabsprache *f*; **d. area** Absatzgebiet *nt*; **d. centre/depot** Auslieferungslager *nt*, Vertriebszentrum *nt*; **d. channel** Vertriebsweg *m*; **d. cost(s)** Verteilungs-, Vertriebskosten; **d. date** *(Dividende)* Ausschüttungstermin *m*; **d. list** Verteiler(liste) *m/f*; **d. network** Vertriebsnetz *nt*; **d. outlet** Vertriebsform *f*; **d. pattern** Vertriebsstruktur *f*; **d. warehouse** Auslieferungslager *nt*

distributor *n* Auslieferer *m*, Groß-, Zwischen-, Vertragshändler *m*; *(Bier)* Verlag *m*, Verleger *m*; **exclusive/sole d.** Alleinvertriebsberechtigter *m*; **d. discount** Händlerrabatt *m*

district *n* Bezirk *m*, Stadtteil *m*; **administrative d.** Verwaltungsbezirk *m*; **industrial d.** Industriebezirk *m*; **residen-**

tial d. Wohngebiet *nt*, W.gegend *f*; **d. authority** Kreisbehörde *f*; **d. council** Gemeinde-, Bezirksrat *m*, Kreistag *m*; **d. manager** Bezirksdirektor *m*

dis|use *n* Nichtgebrauch *m*, N.nutzung *f*; **d.used** *adj* veraltet; stillgelegt, außer Betrieb; **d.utility** *n* Nutzungsentgang *m*, negativer Nutzen

diversification *n* (Anlagen-/Risiko-/Investitions)Streuung *f*; (Sortiments-) Ausweitung *f*; **d. of investments** Anlagenstreuung *f*; ~ **production** Produktionserweiterung *f*, P.differenzierung *f*; ~ **risk(s)** Risikostreuung *f*

di|versify *v/t* streuen, diversifizieren; *(Sortiment)* ausweiten; Risikostreuung betreiben; **d.vest o.s. of sth.** *v/refl* etw. veräußern/abstoßen; **d.vestiture; d.vestment** *n* Besitzentziehung *f*; Abstoßen *nt*, Ausgliederung *f*, Veräußerung *f* (einer Beteiligung)

dividend *n* Dividende *f*, Gewinnanteil *m*; Konkursquote *f*

dividend on account Dividendenabschlag *m*, Zwischendividende *f*; **d. in/ of a bankrupt's estate; d. in bankruptcy** Konkursdividende *f*, K.quote *f*; **d. in kind** Sach(wert)dividende *f*

eligible/qualified/ranking for dividend dividenden-, ausschüttungsberechtigt; **d. off** ohne/ex Dividende; **d. on** *[US]* einschließlich/mit Dividende

to declare a dividend (Ausschüttung einer) Dividende beschließen; **to distribute a d.** Dividende ausschütten/verteilen; **to pass the d.** Dividende ausfallen lassen; **to rank for d.** dividendenberechtigt sein

accrued dividend Gewinnvortrag *m* **annual d.** Jahresausschüttung *f*; **final d.** (Jahres)Schlußdividende *f*; **interim d.** Vor-, Zwischendividende *f*, Dividendenabschlag *m*; **participating/preferential/preferred d.** Vorzugsdividende *f*; **payable d.** fällige Dividende; **special d.** Bonus *m*

dividend-bearing; d.-carrying *adj* ausschüttungs-, dividendenberechtigt; **d. claim/entitlement** Dividendenanspruch *m*; **d. coupon/warrant** Dividenden(gut)schein *m*, D.abschnitt *m*, Gewinnanteilschein *m*, Kupon *m*; **d. cov-**

er Dividendendeckung *f*; **d. distribution/payment/payout** Dividendenausschüttung *f*, D.auszahlung *f*; **d. income** Dividendenertrag *m*; **d. increase** Dividendenerhöhung *f*; **d. policy** Dividenden-, Ausschüttungspolitik *f*; **d. proposal** Dividendenvorschlag *m*; **d. rate** Dividendensatz *m*; **d. yield** Effektivvertrag *m*

division *n* (Auf-/Ein-/Ver)Teilung *f*; Ressort *nt* *[frz.]*, Geschäfts-, Unternehmensbereich *m*, Sparte *f*, Abteilung *f*; [§] Senat *m*; **d. of (net) assets** (Vermögens)Auseinandersetzung *f*; ~ **labour** Arbeitsteilung *f*; **appellate d.** [§] Revisionsinstanz *f*, Berufungsgericht *nt*; **industrial d.** Industriezweig *m*, Branche *f*; **operational d.** Betriebsabteilung *f*

divisionalization *n* Spartenorganisation *f*, Gliederung in Geschäftsbereiche

divulg|e *v/t* bekanntmachen, mitteilen; **d.ing of business/trade secrets** *n* Verletzung/Weitergabe von Betriebsgeheimnissen

dock *n* ⚓ Dock *nt*, Hafenbecken *nt*; **ex d.** *[US]* ab Kai; ~ **duty (un)paid** ⊖ ab Kai (un)verzollt; *v/ti* ⚓ (ein)docken, anlegen; *(Lohn)* kürzen

dockage *n* ⚓ Dock-, Löschgeld *nt*; Lohnabzug *m*

dock charges/dues Hafengebühren

docker *n* Hafenarbeiter *m*, Schauermann *m*

docket *n* Etikett *nt*, (Waren)Adreß-, Packzettel *m*; ⊖ Zollpassierschein *m*, Z.inhaltserklärung *f*; *v/t* *(Waren)* etikettieren

dock facilities ⚓ Dockanlagen; **d. hand** Hafenarbeiter *m*

dock|land(s) *n* ⚓ Hafengebiet *nt*, H.viertel *nt*; **d. receipt** Kaiannahme-, Kaiempfangsschein *m*; **d. siding** ⟋ Kaianschlußgleis *nt*; **d. strike** Hafenarbeiterstreik *m*; **d. warrant (DW)** Kai-, Dockempfangsschein *m*; **d. worker** Hafenarbeiter *m*, Schauermann *m*; **d.yard** *n* (Schiffs-/Reparatur)Werft *f*

doctor *n* Doktor *m*; Arzt *m*; *v/t (coll)* frisieren *(coll)*; **d.'s certificate** ärztliches Attest

document *n* Dokument *nt*, Urkunde *f*;
Schriftstück *nt*; **d.s** Dokumentation *f*;
Unterlagen; Versand-, Verschiffungs-
papiere

document|s against acceptance (D/A)
Dokumente gegen Akzept; ~ **cash/
payment (D/P)** Dokumente gegen
bar/Bezahlung, Kassa gegen Dokumente; ~ **presentation** Kassa gegen
Dokumente; **d. of title** Besitz-, Eigen-
tumsurkunde *f*; **d.s of transport** Ver-
sand-, Verschiffungspapiere

to execute a document Urkunde ausfertigen; **to forge a d.** Urkundenfäl-
schung begehen; **to furnish d.s** Doku-
mente/Unterlagen beibringen; **to have
a d. authenticated/certified** Doku-
ment/Urkunde beglaubigen lassen; **to
serve a d.** Urkunde zustellen; **to surrender d.s** Dokumente übergeben

accompanying document Warenbegleitschein *m*; **authenticated/certified d.**
beglaubigte Urkunde; **clean d.** reines
Verladedokument; **commercial d.** han-
delsübliches Dokument, Handelspa-
pier *nt*; ~ **d.s** geschäftliche Unterlagen; **consular d.** Konsulatspapier *nt*;
engrossed d. Erstausfertigung *f* (einer
Urkunde); **official d.** amtliches
Schriftstück/Dokument; **original d.**
Originalausfertigung *f*

document *v/t* dokumentieren, urkund-
lich belegen

document printer 💻 Belegdrucker *m*; **d.
reader** Belegleser *m*

do-it-yourself (DIY) *n* Selbermachen
nt; Heimwerker-, Baumarkt *m*; ~
goods Heimwerkerbedarf *m*

dole *n* *(coll)* Arbeitslosen-, Erwerbslo-
senunterstützung *f*; **on the d.** arbeitslos; **to be** ~ **d.** Arbeitslosengeld/Er-
werbslosenunterstützung beziehen, als
arbeitslos registriert sein; **d. fiddler**
(coll) Unterstützungsschwindler *m*;
d. money Arbeitslosengeld *nt*; **d. queue**
die Arbeitslosen, A.zahl *f*; **to join the
d. queue** arbeitslos werden

dollar *n* Dollar *m*; **forward d.** Termin-
dollar *m*; **green d.** grüner Dollar; **d.
area** Dollarraum *m*; **d. bond** Dollaran-
leihe *f*; **d. deposit** Dollarguthaben *nt*;
d. holdings Dollarbestände; **d. rate**

Dollarkurs *m*

domestic *adj* Binnen-, Inlands-,
(ein)heimisch, binnenwirtschaftlich

domicile *n* (Firmen-/Gesellschafts-)
Sitz *m*, Niederlassung *f*; (steuerlicher)
Wohnsitz *m*; *(Wechsel)* Erfüllungs-,
Zahlungsort *m*; **d. of a bill** Wechseldo-
mizil *nt*; **free d. after customs clearance** ⊖ frei Haus verzollt; ~ **at d.
not cleared through customs** frei Haus
unverzollt; **fiscal d.** Steuerwohnsitz *m*

domicile; domiciliate *v/t* *(Wechsel)* do-
mizilieren, zahlbar stellen

domicile bill Inlandswechsel *m*

donat|e *v/t* spenden, stiften; **d.ion** *n*
Spende *f*, Stiftung *f*; Schenkung *f*; ~
in kind Sachspende *f*

donee *n* Schenkungsempfänger *m*; **d.
country** Empfängerland *nt*

donor *n* Schenk(end)er *m*; **d. country**
Geberland *nt*

doorstep *n* (Tür)Schwelle *f*; **d. salesman**
Hausierer *m*; **d. selling/trading**
Haus(tür)verkauf *m*, Hausieren *nt*

door-to-door *adj* von Haus zu Haus

dotation *n* Dotierung *f*, Schenkung *f*

double *n* Duplikat *nt*, Kopie *f*; *(Optionshandel)* Stellage *f*; **d.-check** *v/t*
nochmals prüfen; **d.-dealing** *n* Betrü-
gerei *f*; *adj* betrügerisch; **d.-digit; d.--
figure** *adj* π zweistellig

Dow Jones (Index) *n* *[US]* amerikani-
scher Aktienindex

down *adj* niedriger, gedrückt; **to pay ...
d. ...** anzahlen; **well d. on** deutlich weniger als

down cycle rückläufiger Konjunkturzyklus; **d.grade** *v/t* herunter-, zurückstu-
fen, abgruppieren; **d.grading** *n* Rück-
stufung *f*, Abgruppierung *f*; ~ **of
skills** Qualifikationsrückstufung *f*;
d.-market *n* unteres Marktsegment;
adj weniger anspruchsvoll; **d. payment**
Anzahlung *f*; **d.side** *n* Kehrseite *f*;
d.stream *adj* 🏭 nachgelagert; **to operate d.stream** in der Vered(e)lung(sstu-
fe) tätig sein; **(cyclical/economic)
d.swing** *n* (Konjunktur)Abschwung *m*,
Rezession *f*, Talfahrt *f* *(fig)*; **d.time** *n*
🏭 (Maschinen)Ausfall-, Brach-, Still-
standszeit *f*; **d.town** *n [US]* Geschäftsviertel *nt*, Innenstadt *f*; ~ **location**

City-Lage f; **d.trend** n Abwärtsbewegung f, Abschwung m

downturn n Rückgang m, Abnahme f, Baisse f [frz.]; **d. in business** Geschäftsrückgang m; ~ **demand** Nachfragerückgang m; **cyclical/economic d.** Rezession f, Konjunkturabschwung m, K.rückgang m

down|-valuation n Abwertung f; **d.-value** v/t abwerten

dozen n Dutzend nt; **by the d.** dutzendweise

draft (dft.) n (gezogener) Wechsel m, Tratte f; Entwurf m, Skizze f

draft for acceptance Wechsel zur Annahme; **d.s and cheques** [GB]/**checks** [US] **in hand** (Bilanz) Wechsel- und Scheckbestand m; **d. of a contract** Vertragsentwurf m; ~ **letter** Briefentwurf m; **d. (payable) at sight** Sichttratte f, S.wechsel m

to accept a draft Tratte akzeptieren; **to discharge a d.** Tratte einlösen; **to discount a d.** Wechsel ankaufen/diskontieren/hereinnehmen; **to dishonour a d.** Tratte nicht akzeptieren; **to honour a d.** Akzept/Tratte einlösen

after-time draft Nachsichtstratte f; **clean d.** reine/nicht dokumentäre Tratte; **commercial d.** Handelswechsel m; **documentary d.** Dokumententratte f; **first d.** erste Fassung; **local d.** Platzwechsel m; **rough d.** Entwurfsschreiben nt, Konzept nt; Rohentwurf m; **three-months' d.** Dreimonatspapier nt

draft v/t verfassen, entwerfen

draft bill gezogener Wechsel, Tratte f; **d. book** Wechsel(kopier)buch nt; **d. budget** Haushaltsentwurf m; **d. collection** Wechselinkasso nt; **d. letter** Briefentwurf m

drain n (Kapital)Abfluß m; Beanspruchung f; **d. of liquidity** Liquiditätsabschöpfung f; ~ **money** Kapital-, Geldabfluß m; **d. on purchasing power** Kaufkraftentzug m; ~ **the resources** Inanspruchnahme der (Geld)Mittel

draper n Schnittwaren-, Tuchhändler m; **d.y** n Schnitt-, Textilware f; [GB] Stoffhandel m

draw n Attraktion f; Verlosung f, Ziehung f

draw v/t (Geld) abheben; (Wechsel) ziehen, trassieren; (Gehalt) beziehen; aus-, verlosen; **d. up** ausarbeiten, entwerfen; (Bilanz) aufstellen; **d. in blank** blanko trassieren

drawback n Nachteil m, Kehrseite f; Steuerrückvergütung f; ⊖ Rückzoll m

drawee n Bezogener m, Trassat m; **d. bank** bezogene/zahlende Bank

drawer n Wechselgeber m, (Scheck-/Wechsel)Aussteller m, Trassant m; **refer to d. (R.D.)** an den Aussteller zurück

drawing n Zeichnung f; Auslosung f, Ziehung f; Abhebung f, Abzug m; Inanspruchnahme f; (Scheck) Ausstellen nt; (Wechsel) Trassierung f

drawing up a balance sheet Bilanzerstellung f; **d. of a bill** Wechselziehung f, W.trassierung f; ~ **a cheque** [GB]/**check** [US] Scheckausstellung f; **d. on/under a (letter of) credit** Akkreditivinanspruchnahme f

personal/private drawings Privatentnahmen

drawing account Girokonto nt, laufendes Konto, Kontokorrent nt; (Unternehmer) Privatkonto nt; **d. authorization** Kontovollmacht f, Verfügungsermächtigung f; (Wechsel) Ziehungsermächtigung f; **d. credit** Trassierungs-, Wechselkredit m; **d. limit** Abhebungshöchstbetrag m; **d. right** Abhebungs-, Verfügungsrecht nt; **Special D. Right (SDR)** (IWF) Sonderziehungsrecht (SZR) nt

drift v/i treiben; **d. down/lower** (Kurse/Preise) leicht nachgeben, schwächer notieren, abbröckeln

drilling n Bohrtätigkeit f; **d. right** (Öl) Bohr-, Schürfrecht nt

drive n Energie f, Schwung m, Initiative f; Werbefeldzug m, Verkaufskampagne f; **cost-cutting d.** Maßnahmen zur Kostensenkung

drop n Sinken nt, Fallen nt, Rückgang m; Belieferung f

drop in economic activity Konjunktur-, Beschäftigungseinbruch m; ~ **business (activities)** Geschäftsrückgang m;

~ **consumption** Verbrauchsrückgang *m*; ~ **demand** Nachfragerückgang *m*; ~ **earnings/profits** Erlöseinbuße *f*; ~ **employment (figures)** Beschäftigungseinbruch *m*; ~ **orders;** ~ **order intake** Auftragsrückgang *m*; ~ **prices** Preis-, Kursrückgang *m*; ~ **sales/turnover** Ab-, Umsatzrückgang *m*, Absatzeinbruch *m*

drop *v/ti* ab-, zurückfallen; *(Preis)* nachgeben

drop|-off *n* Rückgang *m*; **d. shipment** *[US]* Streckengeschäft *nt*, S.versand *m*; ~ **wholesaler; d. shipper** Großhändler im Streckengeschäft

drug *n* $ Medikament *nt*, Arznei(mittel) *f/nt*; **d. company** Pharma-, Arzneimittelhersteller *m*; **d.s industry** Pharmaindustrie *f*, pharmazeutische Industrie

drummer *n* *[US]* Handlungsreisender *m*, Vertreter *m*

dry *v/t* trocknen; *adj* trocken; **d.-bulk** *n* Schüttgut *nt*

due *n* Anspruch *m*, Recht *nt*; **d.s** (Mitglieds)Beiträge, Abgaben; *adj* fällig; **when d.** termingerecht, bei Fälligkeit; **d. at call** täglich/jederzeit fällig; **to call d.** fällig stellen; **to fall d.** zahlbar/fällig werden; **to pay one's d.(s)** seinen Anteil/seine Schulden bezahlen; **d.s checkoff system** Beitragseinzugsverfahren *nt*

dull *adj* matt, schwunglos; *(Börse)* lustlos, gedrückt; **to be d.** *(Absatz)* schleppend verlaufen

dummy *n* Schaupackung *f*

dump *n* (Müll)Kippe *f*, Halde *f*; *v/t* abladen; verschleudern, Dumping betreiben

dumping *n* Dumping *nt*, Verschleuderung *f*, Preisunterbietung *f*; Schuttabladen *nt*; **low-wage d.** Lohndumping *nt*; **d. ground** (Schutt)Abladeplatz *m*, (Müll)Deponie *f*; **d. price** Dumping-, Verlustpreis *m*

dunning *n* Mahnung *f*; Mahnwesen *nt*; **d. charge** Mahngebühr *f*; **d. letter** Mahnbrief *m*, M.schreiben *nt*

duplicate *n* Duplikat *nt*, Doppel *nt*, Zweitschrift *f*; **d. of a bill** Wechselsekunda *f*; **to make out in d.** doppelt

ausfertigen

durable *n* Dauerprodukt *nt*; **d.s** Gebrauchsgüter, langlebige (Verbrauchs)Güter; *adj* haltbar, langlebig

duration *n* Dauer *f*; Laufzeit *f*; **d. of the contract** Laufzeit des Vertrages; ~ **cover(age)** *(Vers.)* Deckungsfrist *f*; ~ **employment** Beschäftigungsdauer *f*; ~ **an offer** Gültigkeit einer Offerte, ~ **eines Angebots;** ~ **a policy** Laufzeit einer Versicherung

dutiable *adj* ⊖ zoll(steuer)pflichtig, verzollbar

duty *n* Pflicht *f*, Aufgabe *f*, Verpflichtung *f*; Gebühr *f*; Zoll(gebühr) *m/f*; indirekte Steuer; **in accordance with (one's) d.** pflichtgemäß; **off d.** nicht im Dienst, frei; **on d.** im Dienst, diensthabend

duty per article Stückzoll *m*; **d. of disclosure** Publizitätspflicht *f*; **d. on entry/imports** Einfuhrzoll *m*; ~ **exports** Ausfuhrzoll *m*; **duties, imposts and excises** Zölle und Abgaben

exempt from duty zollfrei; **d. forward** Zoll zu Ihren Lasten; **d. paid** verzollt, zollfrei; **d. unpaid** unverzollt

to attract/carry duty zollpflichtig sein; einem Zoll/der Steuer unterliegen; **to charge d.** Zoll erheben; **to collect d.** Zoll einnehmen; **to exempt from d.** vom Zoll ausnehmen; **to impose/levy a d. (on)** mit Zoll belegen; **to pay d. on** Zoll (be)zahlen auf, verzollen

ad valorem *(lat.)* **duty** Wertzoll *m*, W.steuer *f*; **countervailing d.** Ausgleichszoll *m*; **compound d.** Mischzoll *m*; **flat-rate d.** Verzollung zum Pauschalsatz; **heavy d.** ☺ Schwerbetrieb *m*; **inland/internal d.** Binnenzoll *m*; **inward d.** Eingangs-, Einfuhrzoll *m*; **prohibitive/protective d.** Schutzzoll *m*; **specific d.** Gewichts-, Mengen-, Stückzoll *m*; **standard/uniform d.** Einheitszoll *m*

duty assessment Zollfestsetzung *f*; **d. drawback** Zollrückerstattung *f*, Rückzoll *m*; **d. entry** Zollerklärung *f*, Z.deklaration *f*; **d.-free** *adj* zoll-, gebühren-, abgaben-, steuerfrei; **d. solicitor** § Pflichtverteidiger *m*; **d. stamp** Stempelmarke *f*

E

earmark *v/t* vormerken, vorsehen, (für einen Zweck) bestimmen; **e.ed** *adj* zurück-, bereitgestellt, zweckgebunden; **e.ing** *n* Zweckbindung *f*; ~ **of funds** Bindung von Geldmitteln

earn *v/t* *(Geld)* verdienen, erwirtschaften, *(Zinsen)* bringen

earner *n* Verdiener *m*, Erwerbsfähiger *m*; **average e.** Durchschnitts-, Normalverdiener *m*; **top e.** Spitzenverdiener *m*

earning *n* → **income; profit** Einkommenserzielung *f*; *adj* ertragbringend; *(Aktiva)* werbend; **e.s** Arbeitsentgelt *nt*, A.einkommen *nt*, Bezüge, Lohn *m*, Gehalt *nt*; Einkünfte, Gewinn *m*, Ertrag *m*

earnings retained in the business einbehaltene/thesaurierte/nicht ausgeschüttete Gewinne; **e. from operations** Betriebsgewinn *m*; **e. per share** Aktienrendite *f*, Gewinn je Aktie; **e. after tax** Gewinn nach Steuern, versteuerter Gewinn; **e. before tax** Vorsteuergewinn *m*, Gewinn vor Steuern

accumulated earnings nicht ausgeschütteter Gewinn; **after-tax e.** Gewinn nach Steuern; **annual e.** Jahreseinkommen *nt*, J.(arbeits)verdienst *m*; **available/distributable e.** ausschüttungsfähiger Gewinn; **average e.** Durchschnitts-, Normalverdiener *m*; **corporate e.** Unternehmenseinkommen *nt*, U.ertrag *m*; **disposable e.** verfügbares Nettoeinkommen; **fixed e.** festes Einkommen; **gross e.** Bruttoeinkommen *nt*, B.verdienst *m*; Bruttogewinn *m*, Rohertrag *m*; **hourly e.** Stundenlohn *m*; **industrial e.** gewerbliche Einkünfte; **invisible e.** Einnahmen aus unsichtbaren Leistungen; **monthly e.** Monatseinkommen *nt*; **net e.** Nettoeinkommen *nt*, N.verdienst *m*; Reinertrag *m*, R.gewinn *m*; **consolidated** ~ **e.** Konzernbilanzgewinn *m*; **performance-related e.** erfolgsabhängige

Vergütung; **professional e.** Einkommen aus freier Berufstätigkeit; **reported e.** Gewinnausweis *m*; **retained e.** thesaurierter/einbehaltener Gewinn, Rücklagen; **standard e.** Tarifeinkommen *nt*; **tax-free e.** steuerfreie Bezüge; **weekly e.** Wochenverdienst *m*, W.lohn *m*; **yearly e.** Jahreseinkommen *nt*

earnings analysis Erfolgsanalyse *f*; **e. bracket** Verdienststufe *f*; **earning capacity/power** Ertragspotential *nt*, E.kraft *f*, Rentabilität *f*; Erwerbsfähigkeit *f*, E.potential *nt*; **e. ceiling/limit** Einkommensgrenze *f*; *(Vers.)* Beitragsbemessungsgrenze *f*; **e. cover** Dividendendeckung *f*; **e. growth** Einkommenswachstum *nt*; Gewinnzuwachs *m*; Ertragssteigerung *f*; **e.-linked; e.-related** *adj* einkommens-, ertragsabhängig; **e. multiple/ratio** Kurs-Gewinn-Verhältnis (KGV) *nt*; **e. performance** Gewinnentwicklung *f*; **e. prospects** Gewinnaussichten *f*; **e. retention** (Gewinn)Thesaurierung *f*; **e. slump** Gewinneinbruch *m*; **e. statement** Ertragsrechnung *f*, Gewinn- und Verlustrechnung (GuV) *f*, Gewinnausweis *m*

ease *v/ti* *(Preise/Börse)* (leicht) nachgeben, sich abschwächen, abbröckeln

easing *n* (Auf)Lockerung *f*; *(Börse)* Nachgeben *nt*; **e. of credit(s)** Krediterleichterung *f*; ~ **interest rates** Zinsabschwung *m*; ~ **prices** Kurs-, Preisabschwächung *f*; *adj (Börse)* rückläufig, abbröckelnd

eco|catastrophe; e.doom *n* Umwelt-, Ökokatastrophe *f*; **e.cide** *n* Umweltzerstörung *f*; **e.-label** *n* Umweltetikett *nt*; **e.logical** *adj* ökologisch; **e.logist** *n* Ökologe *m*; **e.logy** *n* Ökologie *f*, Umweltforschung *f*

economic *adj* wirtschaftsbezogen, w.politisch, w.wissenschaftlich, (volks)wirtschaftlich, konjunkturell; **e.al** *adj* sparsam, wirtschaftlich, haushälterisch

economics *n* Volkswirtschaft(slehre) (VWL) *f*, Wirtschaftstheorie *f*, W.wissenschaft(en) *f/pl*; Wirtschaftlichkeit *f*; **e. of aggregates** Makroökonomik *f*; ~ **wages** Lohntheorie *f*

aggregate economics Makroökonomie *f*; **agricultural e.** Agrarwirtschaft *f*, Agronomie *f*; **demand-side e.** nachfrageorientierte Wirtschaftstheorie; **fiscal e.** Finanzwirtschaft *f*; **general e.** allgemeine Volkswirtschaftslehre (VWL); **industrial e.** Betriebswirtschaftslehre (BWL) *f*; **international e.** Weltwirtschaftslehre *f*; **mathematical e.** Ökonometrie *f*; **monetary e.** Geldwirtschaft *f*, G.theorie *f*; **public-sector e.** öffentliche Wirtschaft

economics graduate Diplomökonom *m*, D.volkswirt *m*; **e. minister** Wirtschaftsminister *m*

economies *n* Einsparung(en) *f/pl*, Ersparnisse; **e. of scale (and scope)** Kostendegression *f*, Größen-, Massenproduktions-, Skalenvorteile, Degressionsgewinne

economist *n* Wirtschaftswissenschaftler *m*, (National)Ökonom *m*; **agrarian e.** Agrarwirtschaftler *m*, Agronom *m*; **political e.** Volkswirt(schaftler) *m*, Nationalökonom *m*

economize *v/i* haushalten, sparsam wirtschaften, sparen

economy *n* (Volks)Wirtschaft *f*, Ökonomie *f*; Ersparnis *f*; Wirtschaftlichkeit *f*; **for the e. as whole** gesamtwirtschaftlich; **safeguarding the e.** Konjunkturstützung *f*; **to boost/stimulate the e.** Wirtschaft ankurbeln, Konjunktur beleben; **to curb the e.** Konjunktur dämpfen

ailing economy kranke Wirtschaft; **balanced e.** konjunkturelles Gleichgewicht; **black e.** Schattenwirtschaft *f*; **booming e.** Hochkonjunktur *f*; **closed e.** geschlossenes Wirtschaftsgebiet; **competitive e.** freie Marktwirtschaft; **controlled/planned/socialist e.** Planwirtschaft *f*; **domestic e.** Binnenwirtschaft *f*; **free(-enterprise/free-market) e.** (freie) Marktwirtschaft *f*; **full-employment e.** Vollbeschäftigungswirtschaft *f*; **global e.** Weltwirtschaft *f*; **mixed e.** gemischte Wirtschaft(sform); **national/political e.** Volkswirtschaft *f*; **overheated e.** überhitzte Konjunktur; **sluggish e.** konjunkturelle Flaute; **socialist e.** sozialistische Wirtschaft;

weak e. schwache Konjunktur

economy drive Sparprogramm *nt*; **e. fare/rate/tariff** Spartarif *m*; **e. size** Groß-, Sparpackung *f*

eco|political *adj* umweltpolitisch; **e.system** *n* Naturhaushalt *m*, Ökosystem *nt*

ECU (European Currency Unit) basket *n* Währungskorb des Europäischen Währungssystems (EWS)

EC unit of account EG-Rechnungseinheit *f*

edge *n* knapper Vorsprung; **competitive e.** Wettbewerbsvorsprung *m*; **e. down** *v/i* (*Börse*) schwächer tendieren, abbröckeln; **e. forward/up(wards)** (*Börse*) langsam anziehen, leicht ansteigen; **e.-of-town** *adj* Stadtrand-

edibles *n* Lebens-, Nahrungsmittel

edition *n* 📖 Ausgabe *f*, Auflage *f*; **copyright(ed) e.** urheberrechtlich geschützte Ausgabe; **loose-leaf e.** Loseblattsammlung *f*; **pirated e.** Raubkopie *f*

editor *n* Herausgeber *m*; (*Verlag*) Lektor *m*; (*Zeitung*) Redakteur *m*; **financial e.** Wirtschaftsredakteur *m*

education *n* → **training** Erziehung *f*, Bildung *f*; **further e.** Fortbildung(sunterricht) *f/m*, Weiterbildung *f*; **higher e.** höhere Bildung; **professional/vocational e.** Berufsausbildung *f*; **public e.** öffentliches Schulwesen; **e. allowance** Ausbildungsbeihilfe *f*; Ausbildungsfreibetrag *m*; **e. benefit** Erziehungsgeld *nt*

effect *n* (Aus)Wirkung *f*, Folge *f*; §️ Geltung *f*; **e.s** Effekten, Vermögenswerte, Habe *f*; **without e.** §️ unwirksam; **e. on costs** Kosteneffekt *m*; **positive ~ jobs** Beschäftigungsimpuls *m*; **~ purchasing power** Kaufkrafteffekt *m*; **to come into/take e.** in Kraft treten; **to put into e.** in Kraft setzen

adverse effect negative (Aus)Wirkung; **cumulative e.** Kumulationswirkung *f*; **environmental e.** Umwelteinfluß *m*; **knock-on e.** Folgewirkung *f*; **personal e.s** bewegliches Eigentum, Privateigentum *nt*, persönliche Habe; **practical e.** Nutzeffekt *m*; **with retroactive e. from** mit rückwirkender Kraft vom

effect *v/t* vornehmen, verrichten,

durch-, ausführen, tätigen, leisten

effective *adj* effektiv, faktisch; wirksam, tatsächlich; [§] in Kraft, geltend; **e.ness** *n* Wirksamkeit *f*, Erfolg *m*

efficiency *n* Wirkungsgrad *m*, Leistung(sfähigkeit) *f*, Wirtschaftlichkeit(sgrad) *f/m*, Effizienz *f*, Produktivität *f*; **economic e.** Wirtschaftlichkeit *f*; **occupational e.** berufliche Leistungsfähigkeit

efficiency audit Wirtschaftlichkeitsprüfung *f*; **e. benefits** Rationalisierungserfolge; **e. bonus** Leistungszulage *f*, L.prämie *f*; **e. contest** Leistungswettbewerb *m*; **e. control** Erfolgskontrolle *f*; **e. drive** Rationalisierungskampagne *f*; **e. gain(s)** Produktivitätszuwachs *m*, Rationalisierungsgewinn *m*; **e.-minded; e.-orient(at)ed** *adj* leistungsorientiert; **e.-related** *adj* leistungsbezogen; **e. wage** *[US]* Leistungslohn *m*

efficient *adj* leistungsfähig, wirtschaftlich, rationell

effluent *n* Abwasser *nt*; **industrial e.s** Industrieabwässer; **e. discharge** Abwassereinleitung *f*

elasticity *n* Elastizität *f*; **e. of demand** Nachfrageelastizität *f*; ~ **supply** Angebotselastizität *f*

election *n* Wahl *f*; **e. of the auditor** *(HV)* Wahl des Abschlußprüfers; ~ **the board; corporate e.** Wahl des Verwaltungsrats, Aufsichtsrats-, Vorstandswahl *f*; **to stand for e.** sich zur Wahl stellen; **e. committee** Wahlausschuß *m*; **e. result** Wahlergebnis *nt*

electricity *n* Elektrizität *f*, Strom *m*; **to convert into e.** verstromen; **to generate e.** Elektrizität erzeugen; **e. bill** Strom-, Elektrizitätsrechnung *f*; **e. industry** Elektrizitätsindustrie *f*, E.wirtschaft *f*; **e. supply** Strom-, Elektrizitätsversorgung *f*; ~ **company** Stromversorger *m*, Elektrizitätsversorgungsunternehmen (EVU) *nt*; **e. user** Stromverbraucher *m*

electronic *adj* elektronisch; **e.s** *n* Elektronik *f*; ~ **industry** Elektronikindustrie *f*, elektronische Industrie

element *n* Element *nt*, Faktor *m*, Bestandteil *m*; **e. of costs** Kostenbe-

standteil *m*; ~ **the pay package** Einkommensbestandteil *m*

eligibility *n* (Anspruchs)Berechtigung *f*; Eignung *f*, Befähigung *f*; **e. for benefit(s)** Leistungs-, Unterstützungsberechtigung *f*; *(Vers.)* Leistungsvoraussetzungen *pl*; **e. (to serve) as collateral** *(Wertpapier)* Deckungsstock-, Lombardfähigkeit *f*; **e. for a pension** Renten-, Ruhegeldanspruch *m*; **e. requirements** Zulassungsvoraussetzungen, Berechtigungsnachweis *m*

eligible *adj* (anspruchs-/empfangs)berechtigt; qualifiziert, geeignet

eliminate *v/t* ausschließen, beseitigen

elimination *n* Ausschaltung *f*, Beseitigung *f*, Bereinigung *f*; **e. of competition/competitors** Verdrängungswettbewerb *m*; ~ **jobs** Wegrationalisierung von Arbeitsplätzen; ~ **the middleman** Ausschaltung des Zwischenhandels; ~ **a risk** Risikoausschluß *m*; **intercompany e.** Organausgleich *m*, Erfolgskonsolidierung *f*

embargo *n* Embargo *nt*, Sperre *f*; **e. on exports** Ausfuhrsperre *f*, A.verbot *nt*; ~ **imports** Einfuhrsperre *f*, E.verbot *nt*; **to impose an e.** Embargo verhängen; **to lift an e.** Embargo aufheben

embassy *n* Botschaft *f*, diplomatische Vertretung

embezzle *v/t* unterschlagen, veruntreuen; **e.ment** *n* (Geld)Unterschlagung *f*, Veruntreuung *f*

emergency *n* Ernst-, Ausnahme-, Notfall *m*, Krise *f*; **e. budget** Notetat *m*; Hilfs-, Krisenfonds *m*, Notstock *m*; **e. operation** Notbetrieb *m*; **e. package** Notstandspaket *nt*; **e. plan** Krisenplan *m*; **e. repair** Dringlichkeitsreparatur *f*; **e. sale** Notverkauf *m*; **e. service** Not-, Bereitschafts-, Katastrophendienst *m*; **e. stocks/stockpiles** Notvorrat *m*, Krisenbestände

emission *n* Emission *f*, Ausgabe *f*; **e. of pollutants** Schadstoffemission *f*, S.ausstoß *m*; **e. control(s)** Abgaskontrolle *f*; **e. levy** Emissionsabgabe *f*

emit *v/t* *(Wertpapier)* ausgeben, emittieren, begeben; **e.ter** *n* Emittent *m*,

Ausgeber *m*

emolument(s) *n*   (Dienst)Bezüge *pl*,
Aufwandsentschädigung *f*,   Vergütung *f*, Tantieme *f*

employ *n*   Dienste *pl*,   Beschäfti-
gung(sverhältnis) *f/nt*; *v/t* einsetzen,
beschäftigen, einstellen; gebrauchen,
verwerten; **e.ability** *n* Vermittlungs-,
Arbeitsfähigkeit *f*; **e.able** *adj* verwen-
dungs-, vermittlungs-, arbeits-, erwerbsfähig

employed *adj*   angestellt, berufstätig,
beschäftigt; **the e.** die Beschäftigten;
to be gainfully e. im Erwerbsleben stehen, erwerbstätig sein

employee *n*   Arbeitnehmer *m*, Beschäftigter *m*, Mitarbeiter *m*, Betriebsange-
höriger *m*; **e.s** Beleg-, Arbeitnehmerschaft *f*, Personal *nt*; **e. of many years'
standing** langjähriger Mitarbeiter

administrative employee Verwaltungs-
angestellter *m*; **clerical e.** Bürokraft *f*,
kaufmännischer Angestellter *m*; **full--
time e.** Vollzeit(arbeits)kraft *f*; **part--
time e.** Teilzeit(arbeits)kraft *f*, T.be-
schäftigter *m*; **permanent e.** Fest-,
Dauerangestellter *m*; **public(-sector) e.**
öffentlicher Bediensteter; **salaried e.**
Angestellter *m*

employee appraisal Personal-, Mitarbeiterbeurteilung *f*; **e. benefits** (freiwillige) Sozialleistungen; **e. buyout**
Aufkauf/Übernahme eines Unternehmens durch die Belegschaft; **e. discount** Personalrabatt *m*; **e. invention**
Arbeitnehmererfindung *f*; **e. involve-
ment/participation** Mitbestimmung *f*;
e. profit-sharing (scheme) Erfolgs-/Ge-
winnbeteiligung der Arbeitnehmer; **e.
rating** Personal-, Leistungsbewertung *f*; **e. representation** Personalver-
tretung *f*; **e.(s') representative** Arbeit-
nehmervertreter *m*

employee's share/stock Arbeitnehmer-,
Belegschaftsaktie *f*; **e. s.holder** Beleg-
schaftsaktionär *m*;   **e.   s.holding
(scheme)** Beteiligung der Mitarbeiter
am Unternehmen

employee suggestion scheme betriebliches Vorschlagswesen; **e. training** Mit-
arbeiterschulung *f*, betriebliches Aus-
bildungswesen; **e. turnover** (Perso-

nal)Fluktuation *f*

employer *n*   Arbeitgeber *m*, Unternehmer *m*; **e.s** Arbeitgeberschaft *f*, A.sei-
te *f*; **~ and employees** Tarif-, Sozial-
parteien, Sozialpartner; **e.s' associa-
tion/federation** Arbeitgeber-, Unter-
nehmerverband *m*; **e.'s liability** Un-
ternehmerhaftpflicht *f*; **~ liability insurance** Unternehmerhaftpflichtversi-
cherung *f*; **~ pension scheme** betriebliche Pensionskasse; **~ social security
contribution** Arbeitgeberbeitrag zur
Sozialversicherung; **in the ~ time**
während der Arbeitszeit

employment *n*   Beschäftigung(sverhältnis) *f/nt*,   Anstellung *f*,   Beschäftigungsgrad *m*;   Gebrauch *m*,   Nutzung *f*; **e. of capacity** Kapazitätsauslastung *f*; **~ capital** Kapitalverwendung *f*; **~ funds** Mitteleinsatz *m*

to change employment Stelle wechseln;
to look for/seek e. auf Stellensuche
sein; **to register for e.** sich arbeitslos
melden

casual   employment   Gelegenheitsarbeit *f*; **commercial e.** kaufmännische
Tätigkeit; **continued e.** Weiterbeschäf-
tigung *f*; **double e.** Schwarzarbeit *f*
(coll); **full e.** Vollbeschäftigung *f*; **~
economy**   Vollbeschäftigungswirtschaft *f*; **full-time e.** Ganztagsbeschäf-
tigung *f*; **gainful e.** Erwerbstätigkeit *f*; **industrial e.** Beschäftigung in
der gewerblichen Wirtschaft; **paid e.**
unselbständige Tätigkeit; **part-time e.**
Teilzeitbeschäftigung *f*,   T.arbeit *f*;
pensionable e. ruhegehaltsfähige Beschäftigung; **public(-sector) e.** Beschäftigung im öffentlichen Sektor/
Dienst; **seasonal e.** Saisonbeschäfti-
gung *f*

temporary employment vorübergehende Beschäftigung, befristetes Arbeits-
verhältnis;   Leiharbeitsverhältnis *nt*;
~   agency Leiharbeitsfirma *f*;   **~
subsidy** *[GB]* Kurzarbeitergeld *nt*

employment agency   Stellenvermitt-
lung(sbüro) *f/nt*,   Arbeitsvermittlung *f*, *[US]* Arbeitsamt *nt*; **e.-boost-
ing; e.-creating** *adj* beschäftigungs-
wirksam; **e. contract** Arbeits-, Anstel-
lungsvertrag *m*, A.verhältnis *nt*; **e.**

contraction Beschäftigungsrückgang *m*; **e. corporation** Beschäftigungsgesellschaft *f*; **e. cost(s)** Personalaufwand *m*; **e. creation** Schaffung von Arbeitsplätzen; **e. figures** Arbeitsmarktzahlen; **e. income** Arbeitseinkommen *nt*; unselbständiges Einkommen; **e. level** Beschäftigungsgrad *m*; **e. policy** Arbeitsmarkt-, Beschäftigungspolitik *f*; Personalpolitik *f*; **e. prospects** Beschäftigungs-, Arbeitsmarktaussichten; **e. rate** Erwerbsquote *f*; **e. record** Beschäftigungsnachweis *m*; **e. statistics** Beschäftigungs-, Arbeitsmarktzahlen, A.statistik *f*; **e. subsidy** Lohnbeihilfe *f*

empties *n* Leergut *nt*

empty *adj* leer, ohne Ladung

encash *v/t* (in bar) kassieren, in bar einlösen; **e.ment** *n* Inkasso *nt*, Einzug *m*; *(Scheck)* Einlösung *f*; ~ **charges** Inkassospesen; ~ **credit** Überziehungskredit *m*

en|close *v/t* beilegen, beifügen; **e.-closed** *adj* anbei, in der Anlage, beiliegend, beigefügt; **e.closure (encl.)** *n* An-, Beilage *f*

encumber *v/t* [§] dinglich/hypothekarisch belasten

encumbrance *n* (dingliche) Belastung *f*, Grundpfandrecht *nt*; **e. of real property** Grundschuld *f*; **free from e.s** schulden-, lastenfrei

end *n* Ende *nt*, Schluß *m*; Zweck *m*; **e. of insurance** Versicherungsablauf *m*; **long ~ the market** *(Börse)* Markt für Langläufer; ~ **the month** Monatsultimo *m*; ~ **the quarter** Quartalsschluß *m*; ~ **(the) season** Saisonschluß *m*; ~ **(the) term** Fristablauf *m*; ~ **the year** Jahresultimo *m*; *v/i* (be)enden, aufhören; *(Versammlung)* aufheben

endorsable *adj* → **indorsable** begebbar, indossabel, girierbar

endorse *v/t* → **indorse** bestätigen, billigen, gutheißen; begeben, indossieren, girieren, mit Giro versehen

endorsee *n* → **indorsee** Girat(ar) *m*, Indossat(ar) *m*

endorsement *n* → **indorsement** Indossament *nt*, Girierung *f*, (Wechsel)Giro *nt*, Bestätigung *f*; Billigung *f*; *(Vers.)* Nachtrag(spolice) *m/f*; **e. made out to bearer** Inhaberindossament *nt*; **e. of a bill** Wechselgiro *nt*; **e. in blank** Blankoindossament *nt*; **e. without recourse** Giro ohne Verbindlichkeit/Gewähr; **to negotiate by e.** durch Indossament übertragen

absolute/general endorsement unbeschränktes/absolutes Giro, ~ Indossament; **blank e.** Blankoindossament *nt*; **conditional/restrictive e.** bedingtes Indossament, beschränktes Giro, Rektaindossament *nt*; **full/special e.** Vollindossament *nt*; **qualified e.** Giro ohne Verbindlichkeit, Angstindossament *nt*;

endorser *n* → **indorser** Indossant *m*, Girant *m*, Wechselbürge *m*; **prior e.** Vor(der)mann *m*; **principal e.** Erstgirant *m*; **subsequent e.** Nachmann *m*

endow *v/t* dotieren, ausstatten

endowment *n* Ausstattung *f*, Dotation *f*, Stiftung *f*

endowment assurance/insurance (policy) Lebensversicherung auf den (Todes- oder) Erlebensfall, ~ mit festem Auszahlungstermin, (Er)Lebens-, Kapitalversicherung *f*; **e. and whole-life assurance/insurance** Versicherung auf den Erlebens- und Todesfall; **e. mortgage** Versicherungsdarlehen *nt*, V.hypothek *f*

end product End-, Fertigprodukt *nt*, F.erzeugnis *nt*, Endfabrikat *nt*; **e. use** Endverbrauch *m*; **e. user** End-, Letztverbraucher *m*

energy *n* Energie *f*, Leistung *f*; **atomic/nuclear e.** Atom-, Kernenergie *f*; **electric e.** elektrische Energie; **primary e.** Primärenergie *f*; **solar e.** Sonnenenergie *f*

energy conservation Energieeinsparung *f*; **e. consumption** Energieverbrauch *m*; **e.-efficient** *adj* energiesparend; **e. industry** Energiewirtschaft *f*; **e. resources** Energiequellen; **e. saving(s)** Energieeinsparungen *pl*; **e. supply** Energieversorgung *f*; ~ **company** Energieversorgungsunternehmen (EVU) *nt*; ~ **industry** Energiewirtschaft *f*

enforceable *adj* durchsetzbar, (ein-) klagbar, vollstreckbar

enforcement *n* Durchsetzung *f*, Vollstreckung *f*; **e. of judgment** [§] Zwangsvollstreckung *f* (aus einem Urteil); ~ **liability** Haftungsdurchgriff *m*; **e. action** Zwangsmaßnahme *f*; **e. agency/authority** Vollstreckungsbehörde *f*; **e. proceedings** Vollstreckungs-, Mahnverfahren *nt*

engage *v/t* an-, einstellen, beschäftigen; **e.d** *adj* beschäftigt; *[GB]* 🔒 besetzt

engagement *n* *(Personal)* Ein-, Anstellung *f*; Verabredung *f*, Termin *m*; **without e.** ohne Gewähr, freibleibend, freibleibendes Angebot; ~ **clause** Freizeichnungsklausel *f*; **contractual e.** vertragliche Bindung; **e. book/diary** Terminkalender *m*

engine *n* 🚘 Motor *m*; 🚂 Lokomotive *f*; 🛫 Triebwerk *nt*; **e. for/of (economic) growth** *(fig)* Wachstumsmotor *m* *(fig)*; ~ **economic recovery** Konjunkturmotor *m* *(fig)*, K.lokomotive *f (fig)*

engineer *n* Ingenieur *m*, Techniker *m*; **chemical e.** Chemotechniker *m*; **chief e.** leitender Ingenieur; **civil e.** (Tief)Bauingenieur *m*; **consulting e.** technischer Berater; **electrical e.** Elektroingenieur *m*; **industrial e.** Wirtschaftsingenieur *m*; **mechanical e.** Maschinenbauingenieur *m*; **qualified e.** Diplomingenieur (Dipl. Ing.) *m*; *v/t* konstruieren

engineering *n* Ingenieurwissenschaft *f*, Technik *f*; Maschinenbau *m*; **agricultural e.** Agrartechnik *f*; **chemical e.** chemische Verfahrenstechnik *f*; **civil e.** (Straßen-/Ingenieur- und) Tiefbau *m*; **electrical e.** Elektrotechnik *f*; **heavy e.** Schwermaschinenbau *m*; **high-precision e.** Feinmechanik *f*; **light e.** feinmechanische Industrie; **mechanical e.** Maschinenbau *m*; **nuclear e.** Atom-, Kerntechnik *f*

engineering company/firm Maschinenbaufirma *f*; **e. consultants** Ingenieurbüro *nt*; **e. department** Konstruktionsbüro *nt*; **e. industry** Maschinenbau *m*; **e. product** Maschinenbauerzeugnis *nt*; **e. staff** technisches Personal; **e. works** Maschinenfabrik *f*

engineer salesman technischer Verkäufer, Vertriebsingenieur *m*

en|grossed *adj* *(Urkunde)* ausgefertigt; **e.hance** *v/t* aufwerten, steigern

enjoyment *n* [§] Genuß *m*, Nutzung *f*; **beneficial e.** Nießbrauch(recht) *m/nt*; **quiet e.** ungestörte Nutzung

enquire *v/ti* → **inquire** sich erkundigen, anfragen

enquiry *n* → **inquiry** Anfrage *f*; **e. agency** Auskunftei *f*

en|richment *n* Bereicherung *f*; **e.rol(l)** *v/ti* registrieren, verzeichnen; (sich) einschreiben; **e.rolment** *n* Eintragung *f*, Anmeldung *f*, Einschreibung *f*

enter *v/t* betreten, eintreten; sich anmelden für; ⊖ anmelden, deklarieren; (ver)buchen

enterprise *n* → **company, firm** Firma *f*, Unternehmung *f*, Unternehmen *nt*

commercial enterprise Wirtschaftsunternehmen *nt*, kaufmännischer Betrieb; **dependent e.** Organgesellschaft *f*; **free e.** freies Unternehmertum, freie (Markt)Wirtschaft; **industrial e.** Industriebetrieb *m*, gewerblicher Betrieb; **nationalized e.** staatliches Unternehmen, volkseigener Betrieb (VEB) *[DDR]*; **private e.** Privatwirtschaft *f*, freie Marktwirtschaft; **proprietary e.** Eigenbetrieb *m*; **public(--sector) e.** öffentlicher Betrieb; **unincorporated e.** Unternehmen ohne eigene Rechtspersönlichkeit

enterprise economy Unternehmerwirtschaft *f*; **e. zone** Gewerbegebiet *nt*

enter|prising *adj* unternehmerisch, geschäftstüchtig; **e.tain** *v/t* bewirten

entertainment *n* Bewirtung *f*; Vergnügung *f*; **e. of customers** Kundenbewirtung *f*; **e. account** Aufwandskonto *nt*; **e. allowance** Aufwandsentschädigung *f*; **e. expenses** Bewirtungskosten; **e. tax** Vergnügungssteuer *f*

en|tice away *v/t* *(Kunden)* abwerben; **e.titled** *adj* berechtigt, ermächtigt, befugt, bevollmächtigt

entitlement *n* Anrecht *nt*, Anspruch(sberechtigung) *m/f*; **e. to benefits** Leistungsanspruch *m*; ~ **damages**

Anspruch auf Schaden(s)ersatz; ~ **dividend** Dividendenberechtigung *f*; ~ **a pension** Rentenanwartschaft *f*, Versorgungsanspruch *m*
(legal) entity *n* 　§ 　juristische Person, Rechtspersönlichkeit *f*; **corporate e.** Körperschaft *f*; **local e.** kommunale Körperschaft
entrance *n* 　Ein-, Zugang *m*, Einfahrt *f*; **e. duty** ⊖ Eingangszoll *m*; **e. fee** Eintrittsgeld *nt*, E.gebühr *f*; **e. qualification** Eingangsqualifikation *f*
entrant *n* 　Bewerber *m*, neues Mitglied
entrepôt *n* 　*[frz.]* Transit-, Zwischenlager *nt*; ⊖ Zollniederlage *f*; **e. trade** Transit-, Zwischenhandel *m*, Streckengeschäft *nt*
entrepreneur *n* 　*[frz.]* (Privat)Unternehmer *m*; **e.ial** *adj* unternehmerisch; **e.'s profit** Unternehmerlohn *m*
entry *n* 　Ein-, Beitritt *m*; (Ver)Buchung *f*; ⊖ Einklarierung *f*, Zolldeklaration *f*; ~ Einlaufen *nt*; Vermerk *m*; Marktzutritt *m*
entry under bond ⊖ Einfuhr unter Zollvormerkschein; **e. for consumption**; ~ **release for free circulation** Zollanmeldung/Antrag auf Abfertigung zum freien Verkehr; ~ **home use** ⊖ Zollantrag für Inlandsverbrauch; **free e. into a market** freier Marktzutritt; **e. in the commercial register** Handelsregistereintragung *f*; ~ **land register** Grundbucheintragung *f*
to cancel an entry *(Buchung)* stornieren; **to file an e.** Antrag stellen
closing/final entry (Ab)Schlußbuchung *f*; **compound e.** Sammelbuchung *f*; **contra e.** Storno *m/nt*, Gegenbuchung *f*; **correcting e.** Korrekturposten *m*; **free e.** ⊖ zollfreie Einfuhr; **reversing e.** Rückbuchung *f*, Storno(buchung) *m/nt/f*
entry certificate ⊖ Einfuhrbescheinigung *f*; **e. form** Anmeldeformular *nt*; **e. inwards** Einfuhrdeklaration *f*, E.erklärung *f*; **e. outwards** Ausfuhrdeklaration *f*, A.erklärung *f*
envelope *n* 　(Brief)Umschlag *m*, (Brief-)Kuvert *nt*; **padded e.** wattierter Umschlag; **prepaid/reply-paid e.** ⊠ Freiumschlag *m*, frankierter Umschlag;

self-addressed e. (SAE) adressierter Rückumschlag; **stamped, addressed e. (SAE)** freigemachter, adressierter Rückumschlag
environment *n* 　Umgebung *f*, Umwelt *f*; **competitive e.** Wettbewerbslage *f*; **economic e.** wirtschaftliches Umfeld; **external e.** Rahmenbedingungen *pl*
environmental *adj* 　umweltbedingt, u.politisch, Umwelt-; **e.ist** *n* Umweltschützer *m*, Grüner *m*
environment|-conscious; 　**e.-orient(at)ed** *adj* umweltbewußt
equality *n* 　Gleichheit *f*, Parität *f*, Gleichberechtigung *f*; **e. of opportunity** Chancengleichheit *f*
equalization *n* 　(Devisen)Ausgleich *m*; **e. of risks** Gefahrenausgleich *m*; **e. claim** Ausgleichsforderung *f*; **e. payment** Ausgleichszahlung *f*
equal-ranking *adj* 　gleichberechtigt, gleichrangig
equation *n* 　π Gleichung *f*; **cost-benefit e.** Kosten-Nutzen-Vergleich *m*
equilibrium *n* 　Gleichgewicht *nt*, Balance *f [frz.]*; **e. on current account** Leistungsbilanzausgleich *m*; **e. of supply and demand** Ausgleich von Angebot und Nachfrage; **economic e.** wirtschaftliches Gleichgewicht; **external e.** außenwirtschaftliches Gleichgewicht; **monetary e.** monetäres Gleichgewicht; **unique steady-state e.** goldener Wachstumspfad
equip *v/t* 　(aus)rüsten
equipment *n* 　Ausrüstung(sgüter) *f/pl*, Geräte *pl*; Investitionsgüter *pl*, Maschinen-, Gerätepark *m*; **e. and fittings** *(Bilanz)* Betriebs- und Geschäftsausstattung *f*
industrial equipment Industrieanlagen *pl*, I.ausrüstung *f*; **original e.** Erstausrüstung *f*; ~ **manufacturer (OEM)** Erstausrüster *m*; **standard e.** Normalausstattung *f*
equipment account Maschinenerneuerungskonto *nt*; **e. expense** Aufwendungen für Geschäftsausstattung; **e. failure** Betriebsstörung *f*; **e. goods** Ausrüstungs-, Investitionsgüter; **e. investment(s)/spending** Ausstattungs-, Ausrüstungsinvestitionen *pl*; **e. leas-**

ing Vermietung von Ausrüstungsgegenständen; **e. manufacturer/producer** Gerätehersteller *m*; **e. rental** Gerätemiete *f*

equitable *adj* billig, gerecht

equity *n* Gerechtigkeit *f*, Gleichbehandlung *f*; [§] Billigkeit(srecht) *f/nt*; Stammaktie *f*, Risikopapier *nt*; Eigenkapital *nt*; **equities** (Stamm)Aktien, Dividendenpapiere

corporate/total equity haftendes Gesamtvermögen, Eigenkapital *nt*; **industrial equities** *(Börse)* Industrieaktien, I.werte; **available net e.** verwendbares Eigenkapital; **outside e.** Beteiligungskapital *nt*; **proprietary e.** Gesellschaftsvermögen *nt*

equity base Eigenkapitalbasis *f*, E.ausstattung *f*

equity capital Anteils-, Aktien-, Risikokapital *nt*, haftendes Kapital; **e. and debt c.** Eigen- und Fremdkapital *nt*; **liable e. c.** haftendes Eigenkapital

equity capitalization/equipment Eigenkapitalausstattung *f*; **e. dilution** Verwässerung des Eigenkapitals; **e. financing** Eigen(kapital)finanzierung *f*, Kapitalbeschaffung durch Aktienausgabe; **e. holder** Anteilseigner *m*, Aktionär *m*; **e. holding/interest** Beteiligung am Aktienkapital; Kapitalbeteiligung *f*; **e. investment** Kapitalinvestition(en) *f/pl*; **e. issue** Begebung von Stammaktien; Dividendenwert *m*; **e. market** Aktienmarkt *m*; **e. participation** Kapitalbeteiligung *f*; **personal e. plan (PEP)** *[GB]* Aktiensparplan *m*; **e. ratio** Eigenkapitalquote *f*; **e. saving** Beteiligungssparen *nt*; **e. share** *[GB]/* **stock** *[US]* Stamm-, Kapitalanteil *m*, Stammaktie *f*, Risikopapier *nt*; **e. stake** Aktienpaket *nt*

equivalent *n* Entsprechung *f*, Gegenwert *m*; **the e. of** umgerechnet

ergonomic(al) *adj* ergonomisch, arbeitswissenschaftlich; **e.s** *n* Ergonomie *f*, Arbeitswissenschaft *f*

erode *v/t* aushöhlen, beeinträchtigen; *(Gewinn)* aufzehren

erosion *n* Abnutzung *f*, Verschleiß *m*; **e. of assets** Vermögensaufzehrung *f*; **~ profits** Gewinnschmälerung *f*

error *n* Irrtum *m*, Versehen *nt*; **e.s and omissions (e. & o.) (item)** *(Bilanz)* Restposten *m*, Saldo nicht aufgliederbarer Transaktionen; **~ omissions excepted (E. & O.E.)** Irrtümer und Auslassungen vorbehalten; **clerical e.** Schreibfehler *m*; **human e.** menschliches Versagen

escalate *v/ti* eskalieren, (stark) ansteigen

escalation *n* (starker) Anstieg *m*; **e. clause** (Preis)Angleichungsklausel *f*; **e. price** Gleitpreis *m*

escalator *n* Rolltreppe *f*; **e. adjustment** automatische Anpassung; *(Renten)* Dynamik *f*; **e. clause** (Preis)Gleitklausel *f*; **e. tariff** ⊖ Gleitzoll *m*

escape *n* Flucht *f*; Ausweichmöglichkeit *f*; **e. clause** salvatorische Klausel; Rücktrittsvorbehalt *m*; **e. period** Rücktrittsfrist *f*

essential *adj* wesentlich, unerläßlich; **e.s** *n* das Wesentliche; Güter des täglichen Bedarfs

establish *v/t* errichten, gründen, ansiedeln; [§] Nachweis erbringen; **e. o.s. (as)** sich niederlassen als; **e.ed** *adj* feststehend; *(Geschäft)* eingeführt

establishment *n* (Geschäfts)Gründung *f*, Errichtung *f*, Eröffnung *f*, Ansiedlung *f*; Firma *f*, Unternehmen *nt*; **e. of a company** *[GB]/* **corporation** *[US]* Gesellschafts-, Firmengründung *f*; **~ industries** Industrieansiedlung *f*; **~ a partnership** Begründung eines Gesellschaftsverhältnisses, **~** einer Offenen Handelsgesellschaft (OHG), **~** einer Kommanditgesellschaft (KG), Gesellschaftsgründung *f*

commercial establishment Handelsgeschäft *nt*, kaufmännischer Betrieb; **industrial e.** Industrieunternehmen *nt*, Gewerbebetrieb *m*; **private e.** Privatunternehmen *nt*

estate *n* (Grund)Besitz *m*, Anwesen *nt*, Landsitz *m*; Vermögen *nt*; Erbe *nt*, Nachlaß *m*; **e. in receivership** zwangsverwaltetes Vermögen

to administer an estate Nachlaß verwalten; **to disencumber an e.** Grundstück lastenfrei machen; **to encumber an e.** Grundstück belasten; **to prove against**

the e. of a bankrupt Forderung zur Konkursmasse anmelden; to settle an e. Nachlaß ordnen; to wind up an e. Nachlaß abwickeln

industrial estate Gewerbegebiet nt, Industriegelände nt, I.park m; insolvent e. Konkursmasse f; landed e. Grundbesitz m, Liegenschaften pl; movable e. Mobiliarvermögen nt; personal e. persönliches Eigentum

real estate Grund und Boden m, Grund-, Immobiliarvermögen nt, Grundstücke pl, (G.)Eigentum nt, Immobilien pl; ~ company Immobilienfirma f; ~ (investment) fund Grundstücks-, Immobilienfonds m; ~ institution Bodenkreditanstalt f; ~ loan Realkredit m; ~ register [US] Grundbuch nt, Kataster nt

residential estate Wohnsiedlung f; residual/residuary e. Restnachlaß m; taxable e. steuerpflichtiges Vermögen

estate agency [GB] Immobilien(makler)büro nt; e. agent Grundstücks-, Immobilien-, Häusermakler m; e.-- bottled adj (Wein) Erzeuger-, Originalabfüllung f; e. duty/tax Erbschafts-, Nachlaßsteuer f; e. manager (Guts)Verwalter m

estimate n (Ein)Schätzung f, (Kosten)Voranschlag m; (Haushalt/Plan) Soll nt; e.s Haushaltsvoranschlag m, Etatentwurf m; e. of expenditures Kosten(vor)anschlag m; ~ value Werttaxe f; to exceed an e.(Haushalts-/Kosten)Voranschlag überschreiten; to prepare the e.s Etat/Haushalt aufstellen

official estimate amtliche Schätzung; preliminary e. (Kosten)Voranschlag m; rough e. Überschlagsrechnung f; supplementary e.s Nachtragshaushalt m

estimate v/t (ein-/ab)schätzen, veranschlagen

estimation n Schätzung f, Hochrechnung f

Euro|bond n Euroanleihe f; ~ market Euro(bond)markt m; E.cheque n Euroscheck m; E.dollar n Eurodollar m

evaluate v/t abschätzen, (aus/be)werten

evaluation n Aus-, Bewertung f; locational e. Standortbewertung f

evasion n (Steuer) Vermeidung f, Hinterziehung f

even adj eben, glatt; to break e. mit plus-minus Null abschließen, die Gewinnzone/G.schwelle erreichen

evening n Abend m; e. shift Spätschicht f

event n Fall m, Ereignis nt, Vorfall m; damaging/loss-entailing e. Schaden(s)ereignis nt, S.sfall m; fortuitous e. (Vers.) höhere Gewalt; insured e. Versicherungsfall m

evict v/t (Besitz) entsetzen, (Wohnung) ausweisen

eviction n (Zwangs)Räumung f, (Wohnung) Ausweisung f; forcible e. gewaltsame Räumung; e. order [§] Räumungsbeschluß m

evidence n [§] Beweis(material) m/nt; Beleg m; e. of export/shipment Ausfuhrnachweis m; ~ shipment Verladenachweis m; to furnish/submit e. Nachweis erbringen; documentary e. dokumentarischer Beleg, Urkundenbeweis m; Rechnungsbeleg m; v/t be-, erweisen, bestätigen; bescheinigen

ex prep (lat.) ab, von; ohne; e. all ohne alle Dividendenrechte

examination n (Über)Prüfung f, Untersuchung f, Inspektion f, Einsichtnahme f; e. of the goods (received) Waren(eingangs)kontrolle f

careful/close examination eingehende/ sorgfältige Prüfung; cursory e. flüchtige Überprüfung; medical e. ärztliche Untersuchung; official e. amtliche Prüfung; on-the-spot e. Besichtigung an Ort und Stelle; public e. (Konkurs) Prüfungstermin m; qualifying e. Auswahlprüfung f; summary e. abgekürzte (Außen)Prüfung

examine v/t (über)prüfen, kontrollieren, begutachten; e.r n Prüfer m

ex bond ⊖ ab Zollfreilager; e. bonus ex/ohne Gratisaktien; e. cap(italization) ex/ohne Bezugsaktien

exceed v/t überschreiten, übersteigen; e.ing prep mehr als, über

except|ing prep außer, mit Ausnahme von; e.ion n Ausnahme(regelung) f,

(Risiko)Ausschluß *m*

excess *n* Mehr(betrag) *nt/m*, Überschuß *m*; *(Vers.)* Überdeckung *f*, Exzedentenbeteiligung *f*

excess of authority Vollmachts-, Kompetenzüberschreitung *f*; ~ **debt (over assets)** Schuldenüberhang *m*; ~ **demand** Nachfrageüberhang *m*; ~ **expenditure (over receipts)** Mehrausgaben *pl*; ~ **loss** Schaden(s)überschuß *m*; ~ **loss insurance** Schadensexzedentenversicherung *f*; ~ **purchasing power** Kaufkraftüberhang *m*; **e. (of) weight** Mehrgewicht *nt*

excessive *adj* übermäßig, überschüssig, überhöht

exchange *n* (Aus-/Ein-/Um)Tausch *m*, Wechsel(kurs) *m*, Tauschgeschäft *nt*; Börse *f*, Markt *m*; Devisen *pl*; ✎ Vermittlung *f*, (Telefon)Zentrale *f*; **in e. for** für, gegen, als Entgelt/Gegenleistung für; **e. of goods** Waren-, Güteraustausch *m*; ~ **goods and services** Waren- und Dienstleistungsverkehr *m*; **first of e.** Wechselerstausfertigung *f*, W.prima *f*; **second of e.** Wechselzweitausfertigung *f*, W.sekunda *f*; **to give in e.** eintauschen; **to take in e.** in Tausch nehmen; **cross e.** Wechselarbitrage *f*

foreign exchange Devisen *pl*, Fremdwährung *f*, Valuta *f*, Sorten *pl*, ausländische Währung; ~ **account** Fremdwährungskonto *nt*, Devisenbilanz *f*; ~ **assets/balances** Währungsguthaben *nt/pl*; ~ **bank** Wechselbank *f*; ~ **bill** Fremdwährungswechsel *m*; ~ **broker** Devisenmakler *m*; ~ **control(s)** Devisenkontrolle *f*, D.bewirtschaftung *f*; ~ **cover** (Wechsel)Kurssicherung *f*; ~ **dealer/trader** Devisenhändler *m*; ~ **dealings** Devisen-, Sortenhandel *m*; ~ **earner** Deviseneinnahmequelle *f*, D.bringer *m*; ~ **earnings** Deviseneinkünfte, Währungsgewinne; ~ **futures** Termindevisen; ~ **hedging** (Devisen)Kurssicherung *f*; ~ **holdings** Devisenguthaben *nt*, D.bestände; ~ **market** Devisenmarkt *m*, D.börse *f*; ~ **profits** Währungsgewinne; ~ **rate** Devisen-, Umrechnungs-, Wechselkurs *m*, Pari-

tät *f*; ~ **regulations** Devisenbestimmungen; ~ **reserves** Devisenbestände, Währungsreserven; ~ **restrictions** Devisenbeschränkungen; ~ **risk** (Wechsel)Kursrisiko *nt*; ~ **speculation** Devisen-, Währungsspekulation *f*; ~ **spot market** Devisenkassamarkt *m*; ~ **transaction** Devisen-, Währungsgeschäft *nt*

forward exchange Termindevise *f*; Devisenterminmarkt *m*

exchange *v/t* (aus-/um)tauschen, (aus-/ein-/um)wechseln

exchange broker Börsenmakler *m*; **e. control(s)** Währungs-, Devisenkontrolle *f*, D.bewirtschaftung *f*; **e. cover facilities** Kurssicherungsfazilitäten; **e. equalization** Währungsausgleich *m*; **e. listing** Börsennotierung *f*; **e. loss** (Fremd)Währungs-, Devisenverlust *m*; **e. price** Kurswert *m*, Börsenkurs *m*; Umtauschpreis *m*

exchange rate Devisen-, Sorten-, Wechselkurs *m*; **fixed e. r.** fester Wechselkurs; **floating e. r.** schwankender Wechselkurs; **forward e. r.** *(Devisen)* Terminkurs *m*; **official e. r.** amtlicher Wechselkurs; **pegged e. r.** (an eine andere Währung) gebundener Wechselkurs; **trade-weighted e. r.** gewogener Außenwert (einer Währung)

exchange rate adjustment(s) Wechselkursanpassung *f*; ~ **depreciation/devaluation/down-valuation** Wechselkursabwertung *f*; ~ **differential** Kursgefälle *nt*; ~ **fluctuations** Devisenkursschwankungen; ~ **guarantee** (Wechsel)Kursgarantie *f*; ~ **hedging** Devisenkurssicherung *f*; ~ **parity** Wechselkursparität *f*; ~ **realignment** Wechselkursanpassung *f*; ~ **risk** (Wechsel)Kursrisiko *nt*

exchange ratio Austauschrelation *f*; **e. risk** (Wechsel)Kurs-, Währungsrisiko *nt*; **e. value** Markt-, Kurswert *m*

exchequer *n* Staatskasse *f*, Fiskus *m*; **the E.** *[GB]* Finanzministerium *nt*

excise (duty/tax) *n* Verbrauchs-, Warensteuer *f*

exclusion *n* Ausschluß *m*; Versicherungsbegrenzung *f*; **e. of benefits** *(Vers.)* Leistungsausschluß *m*; **e.**

from/of liability Haftungsausschluß *m*; **e. of risks** Risikoausschluß *m*

ex dividend (xd) ohne/abzüglich Dividende (eD); **e. dock** ab Kai

execute *v/t* aus-, durchführen, (zwangs)vollstrecken; *(Urkunde)* ausfertigen

execution *n* Aus-, Durchführung *f*; (Zwangs)Vollstreckung *f*; *(Urkunde)* Ausfertigung *f*; **subject to e.** pfändbar; **by way of e.** im Wege der Pfändung

execution of contract Vertragserfüllung *f*; ~ **a deed** Unterzeichnung einer Urkunde; ~ **a document** Ausstellung einer Urkunde; ~ **a mortgage** Hypothekenbestellung *f*; ~ **an order** Auftragsabwicklung *f*, A.erledigung *f*, Ausführung eines Auftrags; ~ **a will** Testamentsvollstreckung *f*

to advise the execution of an order Ausführung eines Auftrags anzeigen; **to levy an e.** (Zwangs)Vollstreckung verfügen

faulty execution mangelhafte Ausführung

execution creditor (Zwangs)Vollstreckungsgläubiger *m*; **e. debtor** Vollstreckungsschuldner *m*; **e. proceedings** (Zwangs)Vollstreckungsverfahren *nt*; **e. sale** Zwangsversteigerung *f*

executive *n* leitender Angestellter, Führungskraft *f*, Direktor *m*, Vorstand(smitglied) *m/nt*, Geschäftsführer *m*; **chief e. (officer) (CEO)** *[GB]* (Ober)Stadtdirektor *m*; Hauptgeschäftsführer *m*, Generalbevollmächtigter *m*, G.direktor *m*, Vorstandsvorsitzender *m*; **top e.** Spitzenmanager *m*; **e. floor** Vorstandsetage *f*; **e. position** leitende Stellung

executor *n* (Testaments)Vollstrecker *m*; **e. and trustee** Testamentsvollstrecker und Vermögensverwalter *m*

exempt *v/t* befreien, freistellen; *adj* befreit

exemption *n* Befreiung *f*; *(Steuer)* Freibetrag *m*, F.grenze *f*

exemption from charges/dues Kosten-, Gebührenfreiheit *f*; ~ **contributions** Beitragsbefreiung *f*, B.freiheit *f*; ~

costs Kostenerlaß *m*; ~ **customs (duty)** ⊖ Zollfreistellung *f*; ~ **duties and taxes** Befreiung von Abgaben; ~ **liability** Haftungsausschluß *m*; ~ **sales tax** Umsatzsteuerfreiheit *f*; ~ **tax(es)** Abgaben-, Steuerbefreiung *f*

blanket/flat exemption pauschaler Freibetrag; **personal e.** persönlicher (Steuer)Freibetrag

exercise *n* Ausübung *f*, Anwendung *f*; **e. of discretion** Ermessensgebrauch *m*; ~ **option** Optionsausübung *f*; **cash--raising/fund-raising e.** Kapitalbeschaffungsmaßnahme *f*; **cost-cutting/cost--saving e.** Sparmaßnahme *f*

ex factory ab Werk/Fabrik; ~ **price** Preis ab Werk

ex gratia *(lat.)* ohne Anerkennung einer Rechtspflicht, auf dem Kulanzwege; ~ **payment** Gratifikation *f*, Entschädigung(sleistung) *f*

exhaustive *adj* erschöpfend, vollständig

exhibit *n* Ausstellungsstück *nt*, Exponat *nt*; [§] Beweisgegenstand *m*; *v/t* *(Ware)* ausstellen, auslegen

exhibition *n* → **fair** Ausstellung *f*, Messe *f*, Schau *f*; **competitive e.** Leistungsschau *f*; **industrial e.** Industrie-, Gewerbeausstellung *f*

exhibition booth/stand Ausstellungs-, Messestand *m*; **e. centre** Messeplatz *m*, M.zentrum *nt*; **e. grounds/site** Ausstellungs-, Messegelände *nt*; **e. hall** Ausstellungs-, Messehalle *f*; **e. room** Ausstellungsraum *m*

exhibitor *n* Aussteller *m*, Messeteilnehmer *m*

exit *n* Ausgang *m*; Ausreise *f*; **e. point** ⊖ Ausfuhrort *m*; Ausgangszollstelle *f*

ex mill ab Werk/Fabrik; **e. officio** *(lat.)* von Amts wegen

ex|oneration *n* Freizeichnung *f*; ~ **clause** Freizeichnungsklausel *f*; **e.pand** *v/ti* ausdehnen, ausweiten

expansion *n* (Wirtschafts)Ausweitung *f*, Ausdehnung *f*, Wachstum *nt*

expansion of business/economic activity; ~ **the economy** Konjunkturauftrieb *m*, konjunkturelles Wachstum; ~ **capacity** Kapazitätsausweitung *f*; ~ **capital stock** Kapitalaufstockung *f*; ~ **demand** Nachfrageaus-

weitung f; ~ **money supply** Geldmengenwachstum nt; ~ **plant facilities** Kapazitätserweiterung f; ~ **production** Produktionsausweitung f
cyclical/economic expansion konjunktureller/wirtschaftlicher Aufschwung; **downstream e.** Erhöhung der Verarbeitungstiefe, Vorwärtsintegration f; **monetary e.** Geld(mengen)ausweitung f; **upstream e.** Rückwärtsintegration f
expectancy n Erwartung f, Anwartschaft(srecht) f/nt
expectation n Erwartung f; **e. of life** Lebenserwartung f; ~ **loss** Schadenserwartung f
ex|pedite v/t beschleunigt abfertigen, beschleunigen; **e.pend** v/t aufwenden, ausgeben, verauslagen
expenditure(s) n → **cost(s)** (Geld-/Kosten)Aufwand m, Aufwendungen pl, Auslagen pl, (Un)Kosten pl
public expenditure on goods and services öffentlicher Verbrauch; **e. in kind** Sachaufwendungen pl; **e. on machinery and equipment** Ausrüstungsinvestitionen pl; ~ **materials** Stoffeinsatz m; ~ **personnel** Personalausgaben pl; **e. for plant and equipment** Anlageinvestitionen pl
additional expenditure Mehrausgaben pl; **administrative e.** Verwaltungsaufwand m; **budgeted/projected e.** veranschlagte Ausgaben, Ausgabenansatz m; **capitalized e.** aktivierte Aufwendung(en); **corporate e.** Unternehmensaufwand m; **current/fixed e.(s)** laufende Ausgaben; **gross e.** Rohaufwand m; **input-related e.** Vorleistungen; **net e.** Nettoaufwand m; **non-recurrent/non-recurring/one-off e.** außerordentliche Aufwendungen; **planned e.** Haushalts-, Etatansatz m; **productive e.** werbende Ausgaben; **professional e.** Werbungskosten pl; **pump-priming e.** konjunkturfördernde Ausgaben; **social e.(s)** Sozialaufwand m, S.leistung(en) f/pl; **start-up e.** Gründungskosten pl; **supplementary e.** Mehrausgaben pl; **total e.** Gesamtausgaben pl; **unbudgeted e.** außerplanmäßige Ausgaben

expenditure appropriation Ausgabenansatz m; **e. authorization** Ausgabenbewilligung f; **e. cut(s)** Ausgabenbeschränkung f, A.kürzung f; **e. shortfall** Minderausgaben pl
expense|s n → **cost(s)** (Un)Kosten, Aufwendungen, Spesen, Auslagen; **at one's own e.** auf eigene Kosten; **accrued e.s and deferred charges** (Bilanz) Rechnungsabgrenzung(sposten) f/pl; **e.s for management and administration** Betriebs- und Verwaltungskosten; ~ **of a provident nature** Vorsorgeaufwand m; ~ **incurred** Kostenaufwand m, entstandene (Un)Kosten; **all ~ paid** nach Abzug aller Unkosten; **after allowing for e.s** nach Spesenabzug; **including e.s** unter Einschluß der Spesen; **less e.s** abzüglich (der) Kosten/Spesen; **plus e.s** zuzüglich Spesen
to break down expense|s Unkosten/Spesen aufschlüsseln; **to charge to e.(s)** als Aufwand verbuchen; **to defray e.s** Kosten bestreiten; **to refund/reimburse e.s** Auslagen/Unkosten erstatten
absorbed expenses verrechnete Gemeinkosten; **accrued e.** antizipative Posten, Rechnungsabgrenzungsposten; **capitalized expense** aktivierte Eigenleistungen; **closing-down e.** Stillegungskosten; **commercial e.** Betriebsausgaben; **current e.** laufende Kosten; **deductible e.** absetzbare Ausgaben; **deferred e.** transitorische Aktiva/Posten, Rechnungsabgrenzungsposten; **departmental e.** Abteilungskosten; **direct expense(s)** direkte Kosten; **general e.** (Verwaltungs)Gemeinkosten; **incurred e.** entstandene Kosten; **legal e.** Rechtsberatungskosten; ~ **cover/insurance** Rechtsschutzversicherung f; **miscellaneous/sundry e.** sonstige Aufwendungen; **non-operating/other e.** betriebsfremde Aufwendungen; **non-recurring e.** einmalige Aufwendungen; **out-of-pocket e.** Spesen, Baraufwendungen; **overhead e.** Gemeinkosten; **prepaid e.** (Bilanz) Rechnungsabgrenzungsposten, transitorische Aktiva; **productive e.** werbende Ausgaben; **at public expense** aus öffentlichen Gel-

dern; **tax-deductible e.** abzugsfähige Ausgaben

expense *v/t* als Aufwand verbuchen

expense account Spesenkonto *nt*, S.(ab)rechnung *f*; **e. allowance** Aufwandsentschädigung *f*, Spesenpauschale *f*; **e. claim** Erstattungsantrag *m*; **e. record** Spesenabrechnung *f*

expensive *adj* teuer, kostspielig, aufwendig

experience *n* Erfahrung *f*, Fachkenntnis *f*; *(Vers.)* Schadensverlauf *m*; **managerial e.** Erfahrung in der Betriebsführung; **occupational/professional e.** Berufserfahrung *f*; **proven e.** nachweisliche Erfahrung; **e.d** *adj* (berufs)erfahren, versiert

expert *n* Experte *m*, Fachmann *m*, Gutachter *m*, Sachverständiger *m*; **officially appointed e.** amtlicher Sachverständiger; **economic e.** Wirtschaftsexperte *m*; **financial e.** Finanzsachverständiger *m*; **monetary e.** Währungsfachmann *m*; *adj* fachmännisch, fachgemäß; **e. appraisal** (Sachverständigen)Gutachten *nt*

expertise *n* Fach-, Sachkenntnis *f*; (Sachverständigen)Gutachten *nt*

expert knowledge Fachkenntnis *f*, F.wissen *nt*; **e. opinion** (Sachverständigen)Gutachten *nt*

expiration *n* Ende *nt*, Ablauf *m*, Fälligkeit *f*, Verfall *m*, Erlöschen *nt*; **e. of contract** Vertragsablauf *m*; ~ **the deadline/term** Fristablauf *m*; ~ **notice period** Ablauf der Kündigungsfrist; **e. date** Verfallsdatum *nt*, V.tag *m*

ex|pire *v/i* ablaufen, fällig werden, außer Kraft treten, erlöschen, verfallen; **e.piry** *n* → **expiration**

exploit *v/t* ausbeuten, verwerten; ⚒ abbauen; **e.able** *adj* ⚒ abbaufähig, a.würdig; **commercially/economically e.able** wirtschaftlich abbaubar/verwertbar; **e.ation** *n* Ausbeutung *f*, Verwertung *f*; ⚒ Abbau *m*; **wasteful e.ation** Raubbau *m*

export *n* (Waren)Ausfuhr *f*, Export *m*; **e.s** Exporte; Exportgüter; **direct e.(s)** Direktexport *m*; **indirect e.(s)** mittelbare Ausfuhr; **manufactured e.s** Ausfuhr/Export von Industriegütern; **in-**

visible e.s unsichtbare Ausfuhr; **third-country e.** Transitausfuhr *f*; **visible e.s** Warenausfuhr *f*, Güterexport *m*, sichtbare Ausfuhren/Exporte; *v/t* ausführen, exportieren

export agent Exportvertreter *m*

exportation *n* (Waren)Ausfuhr *f*, Export *m*; **e. and importation of goods for processing purposes** Vered(e)lungsverkehr *m*

export ban Ausfuhrverbot *nt*; **e. bank** Außenhandelsbank *f*; **e. bonus** Export-, Ausfuhrprämie *f*; **e. boom** Exportkonjunktur *f*; **e. business** Exportgeschäft *nt*; **e. certificate** Ausfuhrbescheinigung *f*; **e. clerk** Exportsachbearbeiter *m*; **e. commission agent/house** Ausfuhr-, Exportkommissionär *m*; **e. controls** Ausfuhr-, Exportbeschränkungen

export credit guarantee Exportkreditgarantie *f*, Hermes(exportkredit)-bürgschaft *f* *[BRD]*; ~ **insurance** Ausfuhr-, Exportkreditversicherung *f*; ~ **risk** Ausfuhr-, Exportkreditrisiko *nt*

export declaration ⊖ Ausfuhr-, Zollerklärung *f*; **e. department** Ausfuhr-, Exportabteilung *f*; **e. duty** ⊖ Ausfuhrzoll *m*, A.abgabe *f*; **e. earnings** Ausfuhr-, Exporterlöse *f*; **e. embargo** Ausfuhrembargo *nt*, A.sperre *f*

exporter *n* Exporteur *m*; **e.'s retention** *(Exportkredit)* Eigen-, Selbstfinanzierungsquote *f*

export finance Ausfuhr-, Exportfinanzierung *f*; **e. firm/house** Exportfirma *f*, Exporteur *m*; **e. goods** Exportgüter, E.waren; **e. guarantee** Ausfuhrbürgschaft *f*

exporting *n* Exporttätigkeit *f*, Ausfuhr *f*

export item/product Ausfuhr-, Exportartikel *m*, E.erzeugnis *nt*; **e. licence/permit** Ausfuhrgenehmigung *f*; **e. manager** Exportleiter *m*; **e. market** Ausfuhr-, Auslandsmarkt *m*; **e. order** Export-, Ausfuhr-, Auslandsauftrag *m*; **e. packing** Exportverpackung *f*; **e. premium** Ausfuhrprämie *f*; **e. price** Export-, Ausfuhrpreis *m*; **e. proceeds** Export-, Ausfuhrerlös(e) *m/pl*; **e. promotion** Export-, Ausfuhrförderung *f*; **e. quota** Export-, Ausfuhrkontingent *nt*; **e. rate** Ausfuhrtarif *m*; **e. refund** Ausfuhrrückerstattung *f*; **e. restrictions** Ausfuhrbeschränkungen; **e. risk** Ausfuhr-, Exportrisiko *nt*; **e. specification** ⊖ Ausfuhrdeklaration *f*; **e. statistics** Exportstatistik *f*; **e. subsidy** Ausfuhr-, Exportsubvention *f*; **e. surplus** Außenhandelsüberschuß *m*, aktive Handelsbilanz; **e. tariff** ⊖ Ausfuhrzoll(tarif) *m*; **e. tax** Ausfuhrsteuer *f*; **e. trade** Auslandsgeschäft *nt*, Exportwirtschaft *f*; **e. volume** Außenhandelsvolumen *nt*

exposure *n* *(Geld)* Engagement *nt* *[frz.]*, Anlagerisiko *nt*; *(Vers.)* Risiko *nt*

express *n* ⊠ Eilzustellung *f*, durch Eilboten, Expreßbrief *m*

expressage *n* *[US]* Eil(gut)-, Expreßzustellgebühr *f*

express delivery ⊠ Eil-, Schnellpaketzustellung *f*; **e. freight** Eilfracht *f*; **e. goods** Eil-, Expreßgut *nt*; **e. messenger** ⊠ Eilbote *m*; **e. package** *[US]*/**parcel** *[GB]* ⊠ Eilpaket *nt*, Expreßgut *nt*

expropriat|e *v/t* enteignen; **e.ion** *n* (Zwangs)Enteignung *f*

ex quay ab Kai; **e. rights** ohne/ex Bezugsrecht (xB); **e. scrip** ex Gratisaktien; **e. store** ab Lager

extend *v/t* ausdehnen, ausweiten; *(Frist)* verlängern, einräumen

extension *n* Ausdehnung *f*, Erweiterung *f*; (Zahlungs)Aufschub *m*, Fristverlängerung *f*; ✆ Nebenanschluß *m*, N.stelle *f*, Durchwahl *f*; **e. of credit** Kreditverlängerung *f*, K.gewährung *f*; ~ **demand** Nachfrageausweitung *f*; ~ **liability** Haftungserweiterung *f*; ~ **a loan** Kreditbereitstellung *f*; **e. for payment** Stundung *f*; **e. of time** Frist(verlängerung) *f*, Nachfrist *f*; **e. fee** Kreditverlängerungsgebühr *f*; **e. number** ✆ Nebenanschluß *m*, Durchwahl *f*

extent *n* Ausmaß *nt*, Umfang *m*; **e. of cover(age)** *(Vers.)* Deckungsumfang *m*; ~ **damage/loss** Schadensausmaß *nt*, S.umfang *m*; ~ **liability** Haf-

tungsumfang *m*; ~ **warranty** Garantieumfang *m*; **to be liable to the e. of one's investment** bis zur Höhe seiner Einlage haften; ~ **property** mit seinem ganzen Vermögen haften

ex|ternal *adj* außerbetrieblich, außenwirtschaftlich, extern, ausländisch, Außen-; **e.tinction of debts** *n* Schuldentilgung *f*; **e.tinguish** *v/t* (aus)löschen, tilgen

extortion *n* Erpressung *f*; *(Preis)* Wucher *m*; **e.ate** *adj* erpresserisch; wucherisch

extra *n* Sonderleistung *f*, S.dividende *f*, Zuschlag *m*

extract *n* Auszug *m*, Abriß *m*; **e. of account** Rechnungsauszug *m*; **e.s from the commercial register** Auszug aus dem Handelsregister; *v/t* Auszug machen; ⚒ fördern, gewinnen

extraction *n* Auszug *m*; ⚒ Abbau *m*, Gewinnung *f*; **e. of raw materials** Rohstoffgewinnung *f*

extractive *adj* rohstoffgewinnend

ex warehouse ab Lager; **e. wharf** ab Kai; **e. works** ab Werk

eye-catcher *n* Blickfang *m*, Zugartikel *m*

F

face *n* Vorderseite *f*; **f. amount** Nennwert *m*; ~ **of a bill** Wechselbetrag *m*; **f. value** Nenn-, Nominalwert *m*

facilitate *v/t* erleichtern, fördern

facility *n* Vorteil *m*, Möglichkeit *f*, Einrichtung *f*; *(Kredit)* Fazilität *f*; (Betriebs)Anlage *f*

financial facilities Finanzierungsmöglichkeiten; **industrial f.** Industrieanlagen; **productive facility** Produktionsanlage *f*; **recreational f.** Freizeiteinrichtungen; **syndicated facility** Konsortialkredit *m*

fact *n* Tatsache *f*; **material/relevant f.** ⚖ rechtserhebliche/wesentliche Tatsache; **f. finding** Tatsachenfeststellung *f*

factor *n* Faktor *m*; Makler *m*, (Verkaufs)Kommissionär *m*; **f. of produc-**

tion Produktions-, Produktivfaktor *m*
bearish/depressive factor *(Börse)* Belastungstendenz *f*, Baissefaktor *m*; **determining f.** Bestimmungsgröße *f*; **economic f.** Wirtschaftsfaktor *m*, konjunktureller Faktor; **environmental f.s** Umwelteinflüsse; **external f.** außerbetrieblicher Faktor; **human f.** menschlicher Faktor; ~ **engineering** Ergonomie *f*; **locational f.** Standortfaktor *m*
factor *v/t* auf Kommissionsbasis verkaufen
factorage *n* Provision *f*, Kommissionsgebühr *f*, K.geschäft *nt*
factor analysis Faktorenanalyse *f*; **f. cost** Faktorkosten *pl*; **f. demand** Nachfrage nach Produktionsfaktoren *f*; **f. earnings** Faktoreinkommen *nt*
factoring *n* Factoring(geschäft) *nt*, Aufkauf von Buch-/Warenforderungen; **f. company** Faktorgesellschaft *f*
factor input Faktoreinsatz *m*; **f. movements** Produktionsfaktorwanderungen; **f. payments** Faktoreinkommen *nt*, F.entlohnung *f*; **f. price** Faktorpreis *m*; **total f. productivity** Gesamtproduktivität *f*; **f. rating** Leistungsbewertung nach Einzelfaktoren
factory *n* Fabrik *f*, Werk *nt*; **ex f.** ab Werk/Fabrik; **to close a f.** Fabrik stillegen/schließen
factory|-built *adj* fabrikfertig; **f. costs** Herstellungs-, Fertigungskosten; **f. farming** *♐ (Tiere)* Intensivhaltung *f*, *(Boden)* I.bewirtschaftung *f*; **f. gate** Werks-, Fabriktor *nt*; ~ **output price** Preis ab Werk; **f. inspection** Gewerbeaufsicht *f*; **f. inspectorate** Gewerbeaufsicht(samt) *f/nt*; **at f. level** auf Betriebs-/Werksebene; **f. management** Betriebs-, Werksleitung *f*; **f. manager** Betriebs-, Werksleiter *m*; **f. overhead(s)** Betriebs-, Werksgemeinkosten *pl*; **f. owner** Fabrikbesitzer *m*, Fabrikant *m*; **f. price** Hersteller-, Fabrikpreis *m*, Preis ab Werk; **f. relocation** Betriebsverlagerung *f*, B.umsiedlung *f*; **f. siding** *[GB]*/**sidetrack** *[US]* ♐ Werksanschluß(gleis) *m/nt*; **f. site** Fabrik-, Werksgelände *nt*; **f. supplies** Hilfs- und Betriebsstoffe; **f. tour/visit** Betriebs-, Werksbesichtigung *f*; **f.**

work Fabrikarbeit *f*; **f. worker** Fabrikarbeiter *m*
factsheet *n* Tatsachendokument *nt*
fail *v/ti* scheitern; nicht bestehen/ durchkommen; Bankrott/Konkurs machen
failure *n* Fehlschlag *m*, Mißerfolg *m*; Versäumnis *nt*, Unterlassung *f*; ☺/♐ Störung *f*, Ausfall *m*; Bankrott *m*, Konkurs *m*
failure to deliver Lieferverzug *m*; ~ **disclose** mangelnde Offenlegung; ~ **meet the deadline** Fristüberschreitung *f*; ~ **meet an obligation** Leistungsverzug *m*; ~ **pay** Nichtzahlung *f*; ~ **perform** Nichterfüllung *f*, mangelnde Vertragserfüllung; ~ **reply** Nichtbeantwortung *f*
commercial failure Konkurs *m*, Bankrott *m*; **corporate f.** Unternehmenspleite *f*, Firmenzusammenbruch *m*; **human f.** menschliches Versagen
failure rate Ausfallrate *f*, A.quote *f*; Konkursquote *f*
fair *n* Messe *f*, (Verkaufs)Ausstellung *f*; **to participate in a f.** Messe beschicken; **agricultural f.** Landwirtschaftsausstellung *f*, L.schau *f*; **industrial f.** Industriemesse *f*, I.ausstellung *f*; *adj (Preis)* angemessen, marktgerecht; **f. authority** Messeleitung *f*; **f. ground/site** Ausstellungs-, Messegelände *nt*; **f. merchantable/ middling (quality) (f.m.)** gute Durchschnittsware/D.qualität; **f.ness** *n* Angemessenheit *f*, Kulanz *f*; **f. pass** Messeausweis *m*
faith *n* Glaube *m*, Vertrauen *nt*; **in bad f.** unredlich; **in good f.** in gutem Glauben
fake *n* Fälschung *f*, Imitation *f*; *v/ti* fälschen, nachahmen
fall *n* Fall *m*, Rückgang *m*; **f. in demand** Nachfragerückgang *m*; ~ **output** Produktionsrückgang *m*; **f. in/of prices** Kurs-, Preisrückgang *m*; ~ **profits** Gewinnabnahme *f*, Erlöseinbuße *f*; ~ **sales** Absatzeinbruch *m*
fall *v/i (Preis/Kurs)* nachgeben, fallen, sinken; **f. due** verfallen, fällig werden; **f. off** *(Nachfrage)* nachlassen
falling *adj* rückläufig, nachgebend

false *adj* unecht, falsch, künstlich
falsification *n* (Ver)Fälschung *f*; **f. of accounts** Buchfälschung *f*; ~ **the balance sheet** Bilanzfälschung *f*
falsify *v/t* (ver)fälschen
familiar|ization *n* Einarbeitung *f*; **f.ity** *n* Vertrautheit *f*; **f.ize** *v/t* einweisen
family *n* Familie *f*; **single-parent f.** Alleinstehende(r) mit Kind(ern); **two--earner/two-income f.** Doppelverdiener(haushalt) *pl/m*
family allowance Familienbeihilfe *f*, Kindergeld *nt*; **f. brand** Dachmarke *f*; **f. business/concern/enterprise** Familienbetrieb *m*; **f.-controlled; f.-owned** *adj* im Familienbesitz; **f. economy** Familienwirtschaft *f*; **f. grant** Familienbeihilfe *f*; **f. income** Haushaltseinkommen *nt*; ~ **supplement** Familiensozialhilfe *f*; **f. pack** Groß-, Haushaltspackung *f*; **f. residence** Einfamilienhaus *nt*; **f. size** Haushaltsgröße *f*; Groß-, Haushaltspackung *f*; **f. taxation** Familienbesteuerung *f*
fancy *n* Laune *f*; **f. articles/goods** Mode-, Geschenkartikel; **f. price** Liebhaberpreis *m*
fanfold *n* *(Papier)* Zickzacklage *f*; **continuous ~ paper** Endlospapier *nt*
fare *n* Fahr-, Flugpreis *m*; Beförderungsgebühr *f*, B.entgelt *nt*; *(Taxi)* Fahrgast *m*; **concessionary f.** ermäßigter Fahrpreis; **cut-price f.** Billigtarif *m*; **off-peak f.** Talzeittarif *m*; **supplementary f.** Zuschlag *m*; **f. refund** Fahrgelderstattung *f*; **f. stage** Tarif-, Zahlgrenze *f*
farm *n* ᴥ (Bauern)Hof *m*, landwirtschaftlicher Betrieb; **arable f.** Ackerbaubetrieb *m*; **collective f.** landwirtschaftliche Produktionsgenossenschaft (LPG) *[DDR]*; **full-time f.** Voll(erwerbs)betrieb *m*; **part-time f.** Nebenerwerbsbetrieb *m*
farm *v/ti* bewirtschaften, kultivieren; **f. out** verpachten; *(Aufträge)* an Subunternehmer weitergeben, fremdvergeben
farm aid(s) Agrarsubventionen *pl*; **f. building** Wirtschaftsgebäude *nt*; **f. co-operative** landwirtschaftliche (Produktions)Genossenschaft (LPG)

[DDR]; **f. economist** Agronom *m*; **f. equipment** landwirtschaftliche Maschinen; ~ **and machinery** totes Inventar
farmer *n* Landwirt *m*, Bauer *m*; **organic f.** Bio-Bauer *m*; **f.s' association/union** Bauernverband *m*
farm exports Agrarexporte; **f. imports** Agrarimporte; **f. income** landwirtschaftliches (Betriebs)Einkommen
farming *n* Land-, Agrarwirtschaft *f*; **organic f.** biologischer Anbau; **f. policy** Agrar-, Landwirtschaftspolitik *f*
farm labourer/worker Landarbeiter *m*; **f.land** *n* Ackerland *nt*, landwirtschaftliche Nutzfläche; **f. price** Agrarpreis *m*, landwirtschaftlicher Erzeugerpreis; ~ **regime** *(EG)* Agrarpreisordnung *f*; **f. produce/product(s)** landwirtschaftliche(s) Erzeugnis(se)/Produkt(e), Agrarerzeugnis(se) *nt/pl*; **f. production** Agrarproduktion *f*; **f. rent** Pacht(zins) *f/m*; **f. support price** *(EG)* Agrarstützpreis *m*; **f.yard** *n* Hof *m*; **free at f.yard** frei Hof
fashion *n* Mode *f*; **f. goods** Modeartikel
fast *adj* schnell; **f. as can (f.a.c.)** so schnell wie möglich; ~ **as customary (f.a.c.a.c.)** so schnell wie platzüblich; **f.-growing** *adj* wachstumsstark; **f.-selling** *adj* *(Ware)* mit schnellem Umschlag, umsatzstark
fatality *n* Todesopfer *nt*; **industrial f.** tödlicher Arbeitsunfall
fatstock *n* ᴥ Mast-, Schlachtvieh *nt*
fault *n* (Fabrikations-/Herstellungs-)Fehler *m*; Schuld *f*, Verschulden *nt*; **with all f.s** ohne Mängelgewähr; **to remedy a f.** Störung abstellen/beheben; **mutual f.** beiderseitiges Verschulden; **own f.** eigenes Verschulden; **technical f.** technische Störung; **f.less** *adj* fehler-, einwandfrei; **f. time** *(Maschine)* Ausfallzeit *f*
faulty *adj* fehlerhaft, nicht einwandfrei, schadhaft
favour *n* Gefallen *m*, Gefälligkeit *f*; **in f. of** zugunsten von; *v/t* befürworten, unterstützen; **f.able** *adj* günstig, vorteilhaft; *(Zahlungsbilanz)* aktiv; **f.ed** *adj* bevorzugt; **most f.ed** ⊖ meistbegünstigt

fax; FAX n (Tele)Fax nt; v/t faxen (coll); **f. machine** Faxgerät nt

feasibility n Aus-, Durchführbarkeit f, Machbarkeit f; **f. study** Projekt-, Machbarkeitsstudie f, Wirtschaftlichkeitsberechnung f

feasible adj (praktisch) durchführbar, machbar

featherbedding n (fig) (personelle) Überbesetzung f; Herabsetzung der Sollvorgaben

federal adj bundeseigen, b.staatlich, Bundes-; **F. Bank** Bundesbank f [BRD]; **F. Bureau of Statistics** Statistisches Bundesamt nt [BRD]; **F. Reserve Bank** [US] Zentral(noten)bank der USA, amerikanische Zentralbank; ~ **Board** [US] Bundesschatzamt nt; **F. Supreme Court** [US] Bundesgerichtshof m; **F. Trade Commission (FTC)** [US] Kartellamt nt

federation n Verband m, Vereinigung f

fee n Gebühr f, Honorar nt, Vergütung f; **f.s and expenses** Gebühren und Auslagen; **to charge/levy a f.** Gebühr erheben; **administrative f.** Verwaltungsgebühr f; **contingent f.** [§] Erfolgshonorar nt; **flat/lump-sum f.** Pauschalgebühr f; **late f.** Verzugsgebühr f

feed n 🐄 Futter nt; (Maschine) Transport m; **f.back** n Rückkoppelung f, (Informations)Rückfluß m

feeder n Zubringer m; **f. airline** Zubringerfluggesellschaft f

feed|stock(s) n Werkstoff m, Einsatzgut nt; ⊕ Vorstoff m, Vormaterial nt

fee scale Gebührenordnung f

fell v/t fällen, roden; **f.ing** n Rodung f

fellow n (Berufs)Kollege m; (Gesellschaft) Mitglied nt; **f. contractor** (Konsortium) Mitkonsorte m; **f. creditor** Mitgläubiger m; **f. debtor** Mitschuldner m; **f. partner** Mitgesellschafter m; **f. worker** Arbeitskollege m

ferry n ⚓ Fähre f, Fährschiff nt

fertile adj 🐄 fruchtbar, ertragreich

fertilizer n 🐄 Düngemittel nt

fetch v/t (Preis) erzielen, (Zinsen) (ein)bringen

fiber [US]; **fibre** n [GB] (Textil)Faser f; **man-made/synthetic f.** Kunst-, Chemiefaser f; **natural f.** Naturfaser f

fiddle n (coll) Manipulation f, Schiebung f; v/t (coll) frisieren (coll), manipulieren

fidelity n Redlichkeit f, (Pflicht)Treue f; **f. bond/guarantee** Kautionsversicherung(spolice) f, Kaution gegen Veruntreuung; **f. discount/rebate** Treuerabatt m; **f. insurance** Kautionsgarantie-, Vertrauensschadensversicherung f

fiduciary n Treuhänder m; adj treuhänderisch

field n Feld nt; Arbeits-, Fachgebiet nt; Bereich m, Sparte f; **f. of activity** Arbeits-, Betätigungsbereich m; ~ **application** Anwendungs-, Einsatzgebiet nt, E.möglichkeit f; ~ **reference** Sachgebiet nt

field agent Vertreter m (im Außendienst); **f. assembly** Außenmontage f; ~ **operations** Montagearbeiten; **f. auditing** (Steuer) Außenprüfung f; **f. auditor** Außenrevisor m; **f. crop** 🐄 Feld-, Ackerfrucht f; **f. experience** praktische Erfahrung; **f. organisation** Außen(dienst)organisation f; **f. representative/worker** Außendienstmitarbeiter m; **f. research** Primärerhebung f, Feldforschung f; **f. service** Außendienst(tätigkeit) m/f; **f. staff** Außendienstmitarbeiter pl; **f. study** Feldstudie f; **f. work** Außendienst m

FIFO (first in - first out) (Bilanz) Zuerstentnahme der älteren Bestände, Inventarbewertung nach dem 'first in - first out' Prinzip

fight n Kampf m; **f. against inflation** Inflationsbekämpfung f; ~ **unemployment** Bekämpfung der Arbeitslosigkeit

figure n Figur f; π Ziffer f, Zahl f, Betrag m; **f.s** Zahlenmaterial nt, Z.werk nt

black figure|s schwarze Zahlen; **budgeted f.** Budgetsoll nt; **half-year(ly)/interim f.s** Zwischen-, Halbjahresergebnis nt; **quarterly f.s** Vierteljahreszahlen; **red f.s** rote Zahlen; **round f.** glatte Zahl; **in** ~ **f.s** (ab-/auf)gerundet

file n Akte f, Vorgang m; 🖳 Datei f; **f.s** Ablage f, Archiv nt; Registratur f;

circulating/flip-flop f. Umlaufmappe *f*; **follow-up f.** Wiedervorlagemappe *f*; **personal f.** Personalakte *f*; **transparent f.** Klarsichthülle *f*; *v/t* ablegen, ab-, einheften, registrieren

file maintenance *(Datei)* Fortschreibung *f*; **f. management** Registratur *f*; Dateiverwaltung *f*; **f. name** Dateibezeichnung *f*, D.name *m*; **f. number** Geschäfts-, Aktenzeichen *nt*; **f. protection** Dateischutz *m*

filing *n* Registrierung *f*, Registratur *f*; (Patent)Anmeldung *f*; **f. of the action** ⑤ Einreichung der Klage; ~ **an application** Antragstellung *f*; ~ **a claim** Forderungsanmeldung *f*; ~ **joint returns** gemeinsame Steuererklärung

filing cabinet Kartei-, Aktenschrank *m*; **f. date** Anmeldedatum *nt*, Abgabetermin *m*; **f. period** Anmeldefrist *f*; **f. system** Registratur-, Ablagesystem *nt*; **f. tray** Ablage(korb) *f/m*

fill *v/t* füllen; *(Stelle)* besetzen; **f. in** *[GB]*/**out** *[US]* *(Formular)* ausfüllen

filling material Füllmaterial *nt*

final *adj* endgültig; ⑤ *(Urteil)* rechtskräftig

finance *n* Finanzwesen *nt*, F.wirtschaft *f*, Finanzen *pl*, Geldwesen *nt*; Finanzierung *f*

corporate finance Unternehmensfinanzen *pl*, betriebliche Finanzwirtschaft; **outside f.** Fremdfinanzierung *f*, F.mittel *pl*; **public f.(s)** öffentliches/staatliches Finanzwesen; **sound f.s** geordnete Finanz- und Kapitalverhältnisse; **start-up f.** Anschubfinanzierung *f*

finance *v/t* finanzieren, Kapital beschaffen, Mittel bereitstellen

finance bill *[GB]* Steuervorlage *f*; **(commercial) f. company/house** Finanz(ierungs)gesellschaft *f*, Teilzahlungs(kredit)bank *f*, Kredit-, Finanzinstitut *nt*, Kundenkreditbank *f*; **f. department** Finanzabteilung *f*; *[US]* Finanzverwaltung *f*; **f. director** Finanzvorstand *m*; **f. loan** Finanzierungskredit *m*; **f. market** Finanzmarkt *m*

financial *adj* Finanz-, finanziell, geldlich; **F. Times Stock Exchange index (FT/FTSE index)** *[GB]* britischer Aktienindex, Footsie *m (coll)*

financier *n* Finanzier *m*, Kapitalgeber *m*

financing *n* Finanzierung *f*; **f. of capital projects** Investitionsfinanzierung *f*; **f. with internally generated funds/from own resources** Eigenfinanzierung *f*; **f. of foreign trade** Außenhandelsfinanzierung *f*

advance financing Vorfinanzierung *f*; **external/outside f.** Fremdfinanzierung *f*; **interim/short-term f.** Zwischenfinanzierung *f*; **internal/own f.** Eigenfinanzierung *f*; **joint f.** Mischfinanzierung *f*; **wholesale f.** Großkreditgeschäft *nt*

financing business Finanzierungsgeschäft *nt*; **f. charge(s)/costs** Finanzierungskosten *pl*; **f. company** Finanzierungsgesellschaft *f*; **f. instrument** Finanzierungsinstrument *nt*; **f. method** Finanzierungsform *f*; **f. package** (Gesamt)Finanzierung *f*; **f. plan** Finanzierungsplan *m*; **f. power** Finanzierungsvermögen *nt*; **f. ratio** Finanzierungskennzahl *f*; **f. requirements** Finanzierungsbedarf *m*; **f. transaction** Finanzierungsgeschäft *nt*

finding *n* ⑤ Urteil *nt*; **f.s** Feststellungen, Tatbestand *m*

fine *n* (Geld)Strafe *f*, Buß-, Ordnungsgeld *nt*; *v/t* Geldstrafe verhängen

finish *n* Schluß *m*; Verarbeitung(squalität) *f*; *v/t* erledigen, (ab)schließen; (weiter)verarbeiten, veredeln

finishing *n* Vered(e)lung *f*, Fertigverarbeitung *f*; Endfertigung *f*; ⌂ Ausbau *m*; **f. industry** verarbeitende Industrie; **f. shop** 🔨 Zurichterei *f*; **f. trade** ⌂ Ausbauhandwerk *nt*, A.gewerbe *nt*

finite *adj* 𝜋 endlich, begrenzt

fire *n* Feuer *nt*, Brand *m*; **commercial f.** Gewerbefeuerversicherung *f*; **industrial f.** *(Vers.)* Industriefeuergeschäft *nt*; *v/t (coll)* entlassen

fire cover(age) (insurance) Feuerversicherung(sschutz) *f/m*; **f. damage** Brand-, Feuerschaden *m*; **f. department** Feuerversicherungsabteilung *f*; **f. hazard** Feuer-, Brandgefahr *f*

fire insurance Feuer(schutz)-, Brandversicherung *f*; **industrial f. i.** Industrie-Feuerversicherung *f*; **f. i. compa-**

ny Feuerversicherungsgesellschaft *f*
fire insurer/underwriter Feuerversicherer *m*, F.versicherungsgesellschaft *f*; **f. loss** Feuer-, Brandschaden *m*; **f. policy** Feuer-, Brandversicherungspolice *f*; **f.proof** *adj* feuerfest; **f. protection** Feuer-, Brandschutz *m*; **f. risk** Brand-, Feuergefahr *f*
firm *n* Firma *f*, Betrieb *m*, Unternehmen *nt*; Personengesellschaft *f*; **f. of good repute** renommierte Firma; ~ **solicitors** Anwaltskanzlei *f*, Sozietät *f*; **to join a f.** in eine Firma eintreten; **to trade under the f. of** firmieren als
associated firm verbundenes Unternehmen; **commercial f.** Handelsfirma *f*, H.haus *nt*; **(well-)established f.** (alt)eingesessenes Unternehmen, (gut) eingeführte Firma; **industrial f.** gewerbliches Unternehmen; **leading f.** führendes Unternehmen/Haus; **one--man f.** Einzelunternehmen *nt*, Einmannfirma *f*; **reliable f.** seriöse Firma; **small f.** mittelständisches Unternehmen; ~ **(and medium-sized) f.s** Mittelstand *m*; **sound f.** solide Firma, gut fundiertes Unternehmen; **supplying f.** Zulieferbetrieb *m*; **unincorporated f.** *[US]* Personengesellschaft *f*
firm *v/i (Börse)* sich (be)festigen, fester tendieren, anziehen; *adj* fest, sicher, verbindlich; **f.ing** *n (Preis)* Festigung *f*, Stabilisierung *f*
firm name (Handels)Name *m*, Firmenname *m*; **f.'s owner** Betriebsinhaber *m*; ~ **representative** Firmenvertreter *m*
first (of exchange) *n* Wechselerstausfertigung *f*, W.prima *f*; *adj* erste(r, s), erststellig; **f.-in, f.-out (FIFO)** *(Bilanz)* Zuerstentnahme der älteren Bestände; **f.-class; f.-rate** *adj* erstklassig, ausgezeichnet; **on a f.-come, f.-served basis** *(Bestellung)* in der Reihenfolge des Eingangs, der Reihe nach
fiscal *n [US]* Geschäfts-, Finanz-, Haushalts-, Wirtschaftsjahr *nt*; *adj* steuerlich, fiskalisch, finanziell, finanzpolitisch
fish *n* Fisch(e) *m/pl*; *v/t* fischen; **f.ery** *n* Fischfang *m*; ~ **factory vessel** Fische-

reifabrikschiff *nt*
fishing *n* Fischfang *m*, Fischerei *f*; **offshore f.** Hochseefischerei *f*; **industrial f.** gewerblicher Fischfang; **f. fleet** Fischfangflotte *f*; **f. ground(s)** Fischgrund *m*; **f. industry** Fischerei(wirtschaft) *f*; **f. port** Fischereihafen *m*; **f. rights** Fisch-, Fangrechte
fish market Fischmarkt *m*; **f.monger** *n* Fischhändler *m*; **f. processing** Fischverarbeitung *f*; **f. resources/stocks** Fischbestände
fishyback service ⚓ Transport von LKW-Anhängern auf Fährschiffen
fit *v/t* ⚙ einbauen, installieren; *adj* geeignet, tauglich
fitness *n* Eignung *f*, Tauglichkeit *f*; **f. for storage** Lagerfähigkeit *f*
fitter *n* Monteur *m*, Installateur *m*
fitting *n* Montage *f*, Installation *f*; **f.s** Ausstattung *f*, Zubehör *nt*, Ausrüstung(sgegenstände) *f/pl*
fix *v/t* arrangieren, verabreden; reparieren
fixed *adj* fest(stehend); unveränderlich; **f.-interest(-bearing)/f.-yield** *adj* festverzinslich; **f.-location** *adj* stationär; **f.-priced** *adj* preisgebunden
fixing *n* Festlegung *f*, F.schreibung *f*; amtliche Feststellung der Devisenkurse, Fixing *nt*; **f. of a deadline** Befristung *f*; ~ **quotas** (Zwangs)Bewirtschaftung *f*, Kontingentierung *f*
fixture *n* festes Inventar, Ausstattungsgegenstand *m*; **f.s** Inventar *nt*, Zubehör *nt*, fest eingebaute Anlagen; ~ **and fittings** bewegliche und unbewegliche Einrichtungsgegenstände; ~ , **fittings, tools and equipment** Betriebs- und Geschäftsausstattung *f*
flag *n* Fahne *f*, Flagge *f*; **f. of convenience** ⚓ Billigflagge *f*; **to transfer to a foreign f.** ⚓ ausflaggen; *v/i* nachlassen, nachgeben; **f. carrier** ✈ nationale Flug-/Luftverkehrsgesellschaft
flagging *adj* nachgebend, gedrückt
flagrant *adj* offenkundig
flagship *n* ⚓ Flaggschiff *nt*; *(fig)* Aushängeschild *nt (fig)*
flammable *adj* feuergefährlich
flat *n* (Etagen)Wohnung *f*; **furnished f.** möblierte Wohnung; **owner-occupied**

f. Eigentumswohnung *f*; **subsidized f.** Sozialwohnung *f*; **vacant f.** leerstehende Wohnung

flat *adj (Börse)* lustlos, geschäftslos; **f.-rate** *adj* pauschal

flaw *n* Defekt *m*, Fehler *m*; **f.less** *adj* fehlerlos, makellos

fleet *n* Flotte *f*; 🚗 Fuhrpark *m*; **f. insurance** Kraftfahrzeugsammelversicherung *f*; **f. manager** Fuhrparkleiter *m*

flexibility *n* Flexibilität *f*, Beweglichkeit *f*

flex(i)time *n* gleitende Arbeitszeit, Gleitzeit *f*

flight *n* ✈ Flug *m*, F.strecke *f*; Flucht *f*; **f. of capital** Kapitalflucht *f*; **domestic f.** Inlandsflug *m*; **international f.** Auslandsflug *m*; **regular/scheduled f.** Linienflug *m*; **f. capital** Fluchtkapital *nt*

float *n* freies Schweben der Wechselkurse; Startkapital *nt*, Kassenvorschuß *m*; kleine Kasse; *v/ti* schweben, umlaufen; *(Firma)* gründen; *(Kurs)* freigeben

floatation *n (Anleihe/Aktie)* Ausgabe *f*, Begebung *f*, Emission *f*; *(Wechsel)* Begebung *f*; *(Firma)* Gründung *f*

floater *n (Vers.)* Abschreibepolice *f*; Gelegenheitsarbeiter *m*, Springer *m*; Anleihe mit variabler Verzinsung

floating *n (Währung)* (Kurs-/Paritäts)Freigabe *f*, System flexibler Wechselkurse; *adj* fluktuierend; *(Schuld)* schwebend; *(Geld)* umlaufend; **f.-rate** *adj* variabel verzinslich, mit Zinsanpassung

flood(s) *n* Flutwelle *f*, Hochwasser *nt*; **f. of demand** Nachfragestoß *m*; ~ **money** Geldflut *f*; ~ **orders** Auftragsflut *f*; *v/t* überschwemmen; **f. insurance** Hochwasserversicherung *f*; **f. risk** Hochwasserrisiko *nt*

floor *n* ⌂ (Fuß)Boden *m*; Etage *f* *[frz.]*, Geschoß *nt*; Börsensaal *m*, (Börsen)Parkett *nt*; Untergrenze *f*; *(EWS)* unterer Interventionspunkt; **to trade off the f.** außerbörslich handeln; **f. broker** auf eigene Rechnung arbeitender Makler; **f. commission**

Maklercourtage *f*; **f. member** Börsenmitglied *nt*; **f. plan** ⌂ Grundriß *m*, Raumaufteilung(splan) *f/m*; **f. price** Mindestpreis *m*; **f. sales** Abschlüsse an Ort und Stelle

floor space Ausstellungs-, Laden-, Verkaufsfläche *f*; **industrial f. s.** gewerbliche (Nutz)Fläche; **usable f. s.** Nutzfläche *f*

floor trader auf eigene Rechnung spekulierendes Börsenmitglied; **f.walker** *n [US]* Ladenaufseher *m*, L.aufsicht *f*

flop *n (coll)* Fehlschlag *m*, Mißerfolg *m*, Reinfall *m (coll)*

flotation *n* → floatation

flourish *v/i* florieren, gedeihen

flow *n* (Durch)Fluß *m*, Umlauf *m*

flow of capital Kapitalwanderung *f*, K.verkehr *m*; ~ **commodities** Warenverkehr *m*, W.strom *m*; ~ **funds** Kapitalfluß *m*, Geldstrom *m*; ~ **funds analysis** (volkswirtschaftliche) Finanzierungsbilanz *f*, F.rechnung *f*, Bewegungsbilanz *f*; ~ **funds statement** Finanzfluß-, Kapitalbewegungsrechnung *f*; ~ **goods** Warenstrom *m*; ~ **material(s)** Materialfluß *m*; ~ **money** Geldstrom *m*, G.bewegung *f*

circular flow (Wirtschafts)Kreislauf *m*; ~ **theory** Kreislauftheorie *f*; **financial f.** Finanzierungsstrom *m*; ~ **statement** Finanz-, Kapitalflußrechnung *f*, Bewegungsbilanz *f*

flow chart Ablauf-, Flußdiagramm *nt*; **f. (shop) production** Reihen-, Fließfertigung *f*; **f. sheet** Verarbeitungsdiagramm *nt*

fluctuate *v/i* fluktuieren, schwanken

fluctuation *n* Fluktuation *f*, Schwanken *nt*, Schwankung *f*, *(Preis)* Ausschlag *m*; **f.s in the exchange rate** (Wechsel)Kursschwankungen; ~ **prices** Preisschwankungen; **cyclical/economic f.s** Konjunkturschwankungen; **seasonal f.** saisonale/jahreszeitlich bedingte Schwankung, **f. band** *(Währung)* Bandbreite für Kursschwankungen

flush *adj* hochliquide

flutter *n* Spekulation(sbewegung) *f*

flysheet *n* Gebrauchsanweisung *f*, An-

leitung *f*; Handzettel *m*
f.o.a. (free on airplane) frei Flugzeug
FOB (free on board) FOB, fob, frei an
Bord; ~ **airport** frei Abflughafen
folder *n* Mappe *f*, Ordner *m*, Akte *f*
follow *v/ti (Beruf)* ausüben; folgen,
sich ergeben; verfolgen; **f. up** nachfassen; **f.-up** *n* nachfassende Tätigkeit;
adj Anschluß-, Nachfolge-
food *n* Nahrung *f*, Essen *nt*; **f.s** Nahrungs-, Lebensmittel; **f., beverages and
tobacco** Nahrungs- und Genußmittel *pl*; **canned/tinned f.** Dosen-, Lebensmittelkonserven *pl*; **fast f.**
Schnellgericht(e) *nt/pl*; **natural f. store**
[US] Naturkostladen *m*, Reformhaus *nt*
food allowance Nahrungsmittel-, Verpflegungszuschuß *m*; **f. chain** Nahrungskette *f*; *(Handel)* Lebensmittelkette *f*; **f. coupon** Lebensmittelkarte *f*,
L.marke *f*; **f. department** Lebensmittelabteilung *f*; **f. industry** Lebensmittel-, Nahrungsmittelindustrie *f*; **f. labelling** Lebensmittelkennzeichnung *f*;
f. manufacturer Lebensmittelfabrikant *m*; **f. price** Lebensmittelpreis *m*;
f. processing Nahrungsmittelherstellung *f*, Lebensmittelverarbeitung *f*; **f.
retailer** Lebensmitteleinzelhändler *m*;
f. shop *[GB]/***store** *[US]* Lebensmittelgeschäft *nt*, L.laden *m*; **f. shortage** Lebensmittelknappheit *f*, L.mangel *m*;
f.stuff(s) *n* Nahrungs-, Lebensmittel *pl*; **f. subsidy** Nahrungsmittelzuschuß *m*; **f. supply** Lebensmittel-,
Nahrungsmittelversorgung *f*; **f. surplus** Lebensmittelüberschuß *m*
foothold *n* Stützpunkt *m*
Footsie *n (coll)* → **Financial Times
Stock Exchange index**
footwear *n* Schuhwerk *nt*, Fußbekleidung *f*; **f. industry** Schuhindustrie *f*
f.o.r. (free on rail) frei Waggon
force *n* [§] Kraft *f*, Geltung(sdauer) *f*;
Gewalt *f*, Macht *f*; **f. of demand**
Nachfragedynamik *f*; **to be in f.** [§] in
Kraft sein, gelten; **to come into f.** in
Kraft treten; **to have legal f.** rechtskräftig sein; **binding f.** bindende Kraft,
Verbindlichkeit *f*; **cyclical/economic f.**
Konjunkturdynamik *f*; **f. majeure**

[frz.] höhere Gewalt, Elementarereignis *nt*
forecast(ing) *n* Vorher-, Voraussage *f*;
Geschäftsprognose *f*; **economic f.**
Wirtschafts-, Konjunkturprognose *f*;
financial f. Finanzplanung *f*; **(economic) f.er** *n* Konjunkturberater *m*,
K.experte *m*, K.beobachter *m*
foreclose *v/t (Hypothek)* aufkündigen;
Zwangsvollstreckung betreiben
foreclosure *n (Hypothek)* Kündigung *f*; Zwangsvollstreckung *f*; **f. action/proceedings/suit** (Zwangs)Vollstreckungsklage *f*; **f. sale** Zwangsversteigerung *f*
foreign *adj* ausländisch, auswärtig; **f.--
going** *adj* ✤ auf großer Fahrt; **f.--
made** *adj* im Ausland hergestellt
foreman *n* 🖳 Vorarbeiter *m*, Meister *m*
forest *n* Wald *m*, Forst *m*; **f. damage**
Wald-, Forstschaden *m*; **f.icide** *n*
Waldsterben *nt*; **f. product** forstwirtschaftliches Produkt; **f. property**
Waldbesitz *m*
forestry *n* Forstwirtschaft *f*, F.wesen *nt*; **f. operation** forstwirtschaftlicher Betrieb; **f. worker** Forst-, Waldarbeiter *m*
forex dealer → **foreign exchange** Devisenhändler *m*
forfeit(ure) *n* [§] (Anspruchs-/
Rechts)Verwirkung *f*; **f. of a patent**
Patentlöschung *f*; ~ **shares** *[GB]/*
stocks *[US]* Aktienkaduzierung *f*; **f.
clause** Verfallsklausel *f*
forge *v/t* (ver)fälschen, nachmachen
forgery *n* (Ver)Fälschung *f*, Nachahmung *f*; **f. of bills** Wechselfälschung *f*;
~ **cheques** *[GB]/***checks** *[US]* Scheckfälschung *f*
form *n* Form *f*; Formular *nt*, Vordruck *m*
standard form of accounts Kontenrahmen *m*; **f. of address** Anrede *f*; ~ **application** Antrags-, Anmeldeformular *nt*; ~ **business/company organisation** Rechtsform der Unternehmung,
Unternehmensform *f*; ~ **payment**
Zahlungsart *f*, Z.modus *m*
to complete/fill in *[GB]/***out** *[US]* **a
form** Vordruck/Formular ausfüllen
blank form (Blanko)Formular *nt*;

columnar f. Tabellenform f; **due f.** vorgeschriebene/gehörige Form; **in ~ f.** vorschriftsmäßig, ordnungsgemäß; **in ~ f. and time** form- und fristgerecht; **legal f.** vorgeschriebene Form, Rechtsform f; **multi-part f.** Vordrucksatz m; **printed f.** Vordruck m; **standard f.** Einheitsformblatt nt, E.vordruck m; **tabular f.** (Kostenplanung) Stufen-, Tabellenform f; **in ~ f.** tabellarisch; **written f.** Schriftform f
form v/ti formen, bilden; gründen
formality n Formalität f, Formvorschrift f
formation n Gründung f, Errichtung f; (Personal)Weiterbildung f
formation of tangible assets Sachvermögensbildung f; **f. on the basis of cash and non-cash contributions** Sach--Bargründung f; **f. of a company** Unternehmensgründung f; **~ (market) prices** (Markt)Preisbildung f; **~ property** Eigentumsbildung f; **~ rates** Kursbildung f; **~ reserves** Bildung von Rücklagen; **~ wealth** Vermögensbildung f
formation audit Gründungsprüfung f; **f. cost(s)/expense(s)** (Unternehmen) Gründungs-, Errichtungkosten; **f. report** Gründungsbilanz f
form letter Form-, Schemabrief m
formula n Formel f, Schema nt; **computational f.** Berechnungsformel f
forthcoming adj bevorstehend; entgegenkommend; mitteilungsfreudig
fortune n Vermögen nt, Besitz m; **to make a f.** Vermögen erwerben
forward v/t ab-, weiter-, nach-, übersenden; **please f.** ☒ bitte nachsenden; adv auf Ziel/Zeit/Termin; **to buy f.** auf Lieferung/Termin kaufen; **brought/carried f.** Vor-, Übertrag m; **f. bought** auf Termin gekauft
forwarder n (Fracht) Spediteur m, Speditionsunternehmen m; **receiving f.** Empfangsspediteur m; **f.'s bill of lading** Spediteurkonnossement nt; **certificate/receipt** Übernahmebescheinigung des Spediteurs, Spediteur-, Speditionsübernahmebescheinigung f; **~ note (of charges)** Speditions-, Spediteurrechnung f

forwarding n Versand m, Verladung f, Weiterbeförderung f, Nachsendung f
forwarding address Versandadresse f, V.anschrift f; **f. advice** Versandanzeige f; **f. agency** Spedition(sfirma) f, Versandunternehmen nt; **f. agent** Spediteur m, Spedition(sagent) f/m; **f. agent's certificate of receipt** internationales Spediteurdurchkonnossement, S.übernahmebescheinigung f; **f. charge** Nachsendegebühr f; **f. charges** Versandspesen; **f. company** Spedition(sbetrieb) f/m; **f. commission** Speditionsprovision f; **f. conditions** Beförderungsbedingungen; **f. contract** Beförderungsvertrag m; **f. department** Speditions-, Versandabteilung f; **f. document** Frachtdokument nt; **f. expense(s)** Versandspesen; **f. instructions** Liefer-, Versandvorschriften, V.anweisungen; **f. note** Speditionsauftrag m, Frachtbrief m; **f. office** Speditionsbüro nt, Expedition f; **f. order** Transportauftrag m; **f. point** Absendeort m; **f. route** Versandweg m; **f. station** ⚓ Versandbahnhof m
f.o.t. (free on truck) [US] ⚓ frei Waggon
foul adj (Konnossement) unsauber, fehlerhaft, unrein
found v/t (be)gründen, errichten; stiften
foundation n (Be)Gründung f, Errichtung f; Stiftung f; **f. of a business** Geschäftsgründung f; **charitable f.** milde/mildtätige/wohltätige Stiftung; **incorporated f.** Stiftung des bürgerlichen Rechts; **legal f.** Rechtsgrundlage f; **f. audit** Gründungsprüfung f; **f. charter** Stiftungs-, Gründungsurkunde f
founder n (Be)Gründer m, Stifter m; **f. of a company** Firmengründer m; **f.s' liability** Gründerhaftung f; **~ meeting** Gründungsversammlung f; **f. member** Gründungsmitglied nt; **f.('s) share** Gründeraktie f, G.anteil m
foundry n ⚒ Gießerei f
fraction n π Bruch(teil) m; **f.al** adj bruchteilig; kleingestückelt
fragile adj zerbrechlich; **f. - with care** Vorsicht! zerbrechlich
fragmentation n Zersplitterung f, Zer-

schlagung *f*
framework *n*   Gefüge *nt*, Rahmen (-werk) *m*/*nt*; **economic f.** wirtschaftliche Rahmenbedingungen; **legal f.** gesetzlicher Rahmen; **f. agreement** Rahmenabkommen *nt*
franchise *n*   Konzession *f*, Lizenz *f*, Alleinverkaufsrecht *nt*; *v*/*t* konzessionieren, verpachten; **f. agent** Lizenzvertreter *m*; **f. company** Lizenzvergabegesellschaft *f*
franchisee; franchise holder *n*   Konzessionsinhaber *m*, Lizenz-, Konzessionsnehmer *m*, Konzessionär *m*
franchiser; franchisor *n*   Franchise-, Konzessions-, Lizenzgeber *m*
franchise   tax   Konzessionssteuer *f*, K.abgabe *f*
franchising *n*   Konzessionierung *f*, Lizenzvergabe *f*
franco *adj*   frei, franko; **f. domicile; f. buyer's store/warehouse** frei Haus; **f. frontier** frei Grenze; **f. quay** frei längsseits Schiff; **f. wag(g)on** frei auf Waggon
frank *v*/*t*   ⊠ frankieren, freimachen; **f.ing** Freistempelung *f*; ~ **machine** (Brief)Frankiermaschine *f*, Freistempler *m*
fraud *n*   §§ Betrug *m*, Unterschlagung *f*, (arglistige) Täuschung *f*, Wirtschaftskriminalität *f*; **attempted f.** Betrugsversuch *m*; **f. squad** *[GB]* Betrugsdezernat *nt*
fraudulent *adj*   betrügerisch, arglistig
free *v*/*t*   befreien, liberalisieren
free *adj*   frei, offen; gratis; ⊠ franko; §§ unverbindlich; freihändig; **f. in and out (f.i.o.)** frei ein und aus; **delivered f.** frei Haus; **f. and clear** frei und unbelastet; ~ **unencumbered** hypothekenfrei; **f. on aircraft (f.o.a.)** frei an Bord des Flugzeugs, frei Flugzeug; **f. from alongside (ffa; f.f.a.)** frei von längsseits des Schiffes; **f. alongside quay (f.a.q.)** frei Längsseite Kai (des Abgangshafens); ~ **ship (FAS)** (Lieferung) frei längsseits/Längsseite Schiff; **f. of average (f.o.a.; F.O.A.)** frei von Havarie; ~ **particular average (f.p.a.; F.P.A.)** frei von (Schäden in) besonderer Havarie; **f. on board (FOB; f.o.b.)**

(Lieferung) frei an Bord, fob, frei Schiff; **f. buyer's store** frei Haus; **free carrier (FCA)** frei Frachtführer; **f. of charge** frei, kostenlos, gratis; **delivered** ~ **charge** kostenlose Lieferung; ~ **damage** unbeschädigt; **f. domicile** frei Haus; **f. of duty** ⊝ zollfrei; **f. farmyard** frei Hof; **f. frontier** frei Grenze; **f. of income tax** einkommensteuerfrei; **f. on quay (f.o.q.)** frei (auf) Kai; **f. on rail (FOR; f.o.r.)** frei (Eisen)Bahn, frei Waggon Abgangsort; **f. ex ship** frei ab Schiff; **f. on ship/steamer (FOS; f.o.s.)** frei (in) Schiff; **f. site** frei Baustelle; **f. (at) station** franko/frei Bahnhof; **f. on truck (FOT; f.o.t.)/wag(g)on (f.o.w.)** ℘ frei Waggon/Güterwagen; **f. at wharf** frei längsseits Schiff
freedom *n*   Freiheit *f*, F.raum *m*; **f. from average** *(Vers.)* Integralfranchise *f*; **f. of collective bargaining** Tarifautonomie *f*; ~ **competition** Wettbewerbsfreiheit *f*; ~ **establishment** Niederlassungsfreiheit *f*; ~ **exchange movements** Freizügigkeit des Devisenverkehrs; ~ **movement** (Recht auf/der) Freizügigkeit *f*; ~ **movement for persons** freier Personenverkehr; ~ **price-fixing** Preishoheit *f*; ~ **economic pursuit** Gewerbefreiheit *f*; ~ **trade** Freizügigkeit *f*; Gewerbefreiheit *f*; **economic f.** wirtschaftliche Freiheit; Gewerbefreiheit *f*
free-for-all *n*   *(coll)* freier/hemmungsloser/unbeschränkter Wettbewerb
freehold *n*   unbeschränktes Eigentumsrecht an Grundbesitz; **f.er** *n* uneingeschränkter Eigentümer; **f. flat** Eigentumswohnung *f*; **f. property** freies Grundstück, Kaufeigentum *nt*
freelance *n*   Freiberufler *m*, freier Mitarbeiter; *v*/*i* freiberuflich tätig sein; *adj* freiberuflich (tätig)
free|-market *adj*   marktwirtschaftlich; **f.phone** *n* ☏ gebührenfreier Anruf; **f.post** *adv* ⊠ Gebühr bezahlt Empfänger; **f.-range** *adj* ⊞ Freiland-
freeze *n*   Einfrieren *nt*, (Lohn- und Preis)Stopp *m*; *v*/*t* *(Kapital)* blockieren, festlegen; (ge-/ein)frieren; binden
freezing *n*   Bindung *f*; **f. of an account** Sperrung eines Kontos; ~ **assets** Ver-

mögenssperre *f*

freight *n* Fracht(gut) *f/nt*, Ladung *f*; Frachtgebühr *f*; **f. and demurrage** Fracht- und Liegegeld *nt*; ~ **insurance** Fracht und Versicherung; **f. by weight**; **f. on a weight basis** Gewichtsfracht *f*

freight back and forth Hin- und Herfracht *f*; **f. (to) collect/forward (frt. fwd.)** Frachtkosten zu bezahlen, unfrei, Fracht zahlt Empfänger; **f. in(ward)** Frachtspesen *pl*, Eingangsfracht *f*; **f. out** Frachtspesen *pl*, Ausgangsfracht *f*; **f. (and carriage) paid** frachtfrei, Fracht bezahlt, franko; **f. prepaid (frt. ppd.)** Fracht vorausbezahlt

to group freight Fracht/Sammelladung(en) zusammenstellen; **to handle f.** Fracht umschlagen

consolidated freight Sammelfracht *f*; **containerized f.** Containerfracht *f*; **dead f.** ⚓ Leerfracht *f*; **excess/extra f.** Frachtzuschlag *m*; **homeward/inward f.** Rückfracht *f*; **outbound/outward f.** Ausgangs-, Hinfracht *f*; **prepaid f.** vorausbezahlte Fracht; **through f.** Durch(gangs)fracht *f*

freight *v/t* beladen, ver-, befrachten, befördern; ⚓ verschiffen

freightage *n* Fracht(kosten) *f/pl*

freight agent Frachtenmakler *m*; **f. bill** Frachtrechnung *f*; **f. car** *[US]* 🚃 Waggon *m*, Güterwagen *m*; **f. carried** Frachtleistung *f*, F.aufkommen *nt*; **f. charges** Frachtkosten; **f. conference** Schiffahrtskonferenz *f*; **f. contract** Frachtvertrag *m*; **f. delivery** Frachtzustellung *f*; **f. document** Fracht-, Transportdokument *nt*

freighter *n* ⚓ Frachter *m*, Frachtschiff *nt*; ✈ Frachtflugzeug *nt*; Spediteur *m*

freight exchange Frachtbörse *f*; **f. forwarder** (Güter)Spediteur *m*, Spedition *f*, Frachtführer *m*; **f. handling** Frachtabfertigung *f*, F.umschlag *m*

freighting *n* Schiffsvermietung *f*, Be-, Verfrachtung *f*

freight insurance Güter(transport)-, Frachtversicherung *f*; **f. list** (Ver)Ladeliste *f*, L.verzeichnis *nt*; **f. note**

Frachtbrief *m*; **f. rate** Beförderungs-, Frachttarif *m*; **f. receipt** Frachtempfangsbescheinigung *f*; **f. surcharge** Frachtzuschlag *m*; **f. terms** Transport-, Frachtbedingungen; **f. tonnage** Frachtraum *m*, Nutztragfähigkeit *f*; **f. traffic** Frachtumschlag *m*, Güterverkehr *m*; **private f. traffic** werkseigener Güterverkehr, Werksverkehr *m*; **f. train** 🚃 Güterzug *m*; **f. volume** Transportvolumen *nt*, Frachtaufkommen *nt*

frequency *n* Frequenz *f*, Häufigkeit *f*; **f. of deliveries/drops** Lieferfrequenz *f*; ~ **ordering** Bestellhäufigkeit *f*

friendly *adj* freundlich; **environmentally f.** umweltfreundlich, u.schonend

fringe *n* Rand(zone) *m/f*, R.gebiet *nt*; **f. bank** Teilzahlungsbank *f*; **f. benefits** freiwillige Sozialleistungen, ~ betriebliche Leistungen; **f. time** Gleitzeit(bereich) *f/m*

frontier *n* → **border** Grenze *f*; **delivered at f. (DAF)** geliefert Grenze; **external f.** *(EG)* Außengrenze *f*; **internal f.** *(EG)* Binnengrenze *f*; **f. (customs) clearance** ⊖ Grenzabfertigung *f*; **f. station** 🚃 Grenzbahnhof *m*

fruit *n* Obst *nt*, Frucht *f*; *(fig)* Gewinn *m*, Nutzen *m*; **f. farm/ranch** *[US]* 🍎 Obstplantage *f*; **f. farming** Obstanbau *m*

frustrat|e *v/t* vereiteln, verhindern; **f.ion** *n* Vereitelung *f*; ~ **of (a) contract** [§] Fortfall der Geschäftsgrundlage

fuel *n* Treib-, Brennstoff *m*, Energieträger *m*; **f. bill** Heizkosten-, Treibstoffrechnung *f*; **f. conservation/economy** Brennstoffeinsparung *f*; **f. consumption** Kraftstoffverbrauch *m*; **f.-efficient** *adj* energiesparend, verbrauchsarm, sparsam; **f. savings** Brennstoff-, Treibstofferparnis *f*; **f. shortage** Brennstoffknappheit *f*; **f. stocks** Brennstoff-, Treibstoffvorräte; **f. supply** Brennstoff-, Treibstoffversorgung *f*

fulfil *v/t* *(Vertrag)* erfüllen

full-time *adj* hauptamtlich, hauptberuflich, ganztägig (tätig); **f.-t.r** *n* Vollzeitkraft *f*

function *n* Funktion *f*, Tätigkeit *f*; **ad-**

ministrative f. Verwaltungsfunktion *f*, V.tätigkeit *f*; **distributive f.** Verteilerfunktion *f*; **managerial f.** Führungsfunktion *f*

fund *n* (Anlage)Fonds *m*, Kapital *nt*, Geldmittel *pl*; **f.s** Gelder; Finanzmittel; **in f.s** *(Geld)* liquide; **out of f.s** ohne Guthaben; **f. of f.s** Dachfonds *m*; **f.s available for investment** anlagefähige Mittel; **no f.s (N/F)** keine Deckung, kein Guthaben; **short of f.s** knapp (bei Kasse)

to allocate funds Gelder bewilligen, Mittel bereitstellen; **to launder f.** *(fig)* Geld waschen *(fig)*; **to lock/tie up f.** (Geld)Mittel binden/festlegen; **to misappropriate f.** Gelder unterschlagen; **to pool f.** Gelder zusammenlegen; **to provide f.** finanzieren, Mittel zur Verfügung stellen; **to raise f.** Geld aufbringen; **to release f.** Mittel freigeben; **to set aside f.** Geldmittel bereitstellen

accumulating/cumulative fund thesaurierender (Investment)Fonds; **appropriated f.s** bewilligte/bereitgestellte Mittel; **available f.s** flüssige/verfügbare Mittel; **borrowed f.s** Fremdfinanzierungs-, Kreditmittel; **closed(-end) f.** geschlossener (Investment)Fonds; **company-generated f.s** Eigenmittel; **contingent f.** Sicherheitsrücklage *f*, Rückstellung für unvorhergesehene Ausgaben; **corporate f.s** *[US]* Gesellschaftsmittel; **current f.s** Aktiva, Umlaufvermögen *nt*; **earmarked f.s** zweckgebundene Mittel; **external/outside f.s** Fremdkapital *nt*, F.(finanzierungs)mittel; **internally generated f.s** Eigen-, Selbstfinanzierungsmittel; **idle f.s** totes Kapital, nicht angelegte Gelder; **insufficient f.s (I/F)** ungenügende Deckung; **liquid f.s** verfügbare/flüssige Mittel; **mutual f.** Gemeinschaftsfonds *m*; Kapitalanlagegesellschaft *f*; **offshore f.** Investmentgesellschaft mit Auslandssitz; **open-end(ed) f.** offener Investmentfonds; **overnight f.s** Tagesgelder, kurzfristige Kredite; **own f.s** Eigenmittel, eigene Mittel; **provident f.** Fürsorge- und Hilfskasse *f*; **public f.s** öffentliche Gelder, die öffentliche Hand

sinking fund Amortisations-, Tilgungsfonds *m*; ~ **capital** Tilgungskapital *nt*; ~ **instalment** (Schulden)Tilgungsrate *f*; ~ **loan** Tilgungsanleihe *f*; ~ **reserve** Amortisations-, (Schulden)Tilgungsrücklage *f*

sufficient fund|s genügende/ausreichende Deckung; **surplus f.** Reserve-, Überschußfonds *m*; ~ **f.s** Liquiditätsüberschuß *m*, überschüssige Mittel; **tied-up f.s** festliegende Mittel

fund *v/t* aufbringen, finanzieren, kapitalisieren

fund assets Fondsvermögen *nt*; **f.s flow analysis/statement** Bewegungs-, Kapitalflußrechnung *f*

funding *n* Konsolidierung *f*, Finanzierung *f*, Kapitalausstattung *f*; **f. arrangements** Kredit-, Finanzierungsvereinbarungen; **f. body** Träger *m*; **f. loan** Umschuldungs-, Kapitalisierungsanleihe *f*; **f. requirement(s)** Finanzierungs-, Kapitalbedarf *m*

fund management Fondsverwaltung *f*; **f. manager** Fondsverwalter *m*; **f. raiser** Kapitalnehmer *m*, Geldbeschaffer *m*; **f. raising** Kapital-, Mittelbeschaffung *f*; **f.s statement** Kapital-, Finanzflußrechnung *f*

funds transfer Mittelumschichtung *f*; **electronic f. t. (eft)** belegloser Überweisungsverkehr; ~ **at the point of sale (eftpos)** elektronische Geldüberweisung an der Ladenkasse

fungible *adj* (überall) marktgängig

furnish *v/t* einrichten, ausstatten, bereitstellen; *(Dokumente)* beibringen, vorlegen

furnishing *n* Einrichtung *f*, Ausstattung *f*; **f. of collateral/security** Sicherheitsleistung *f*; **f.s and fixtures** Inventar *nt*

furniture *n* Möbel *pl*, Mobiliar *nt*; **f. and equipment** *(Bilanz)* Geschäftsinventar *nt*; ~ **fixtures** Betriebs- und Geschäftsausstattung *f*; **f. industry** Möbelindustrie *f*

future *n* Zukunft *f*; **f.s** *(Börse)* Termingeschäfte, T.handel *m*; Liefer-(ungs)geschäft *nt*; **financial f.s** *(Börse)* Geldtermingeschäfte, Finanztitel, F.terminkontrakte; ~ **mar-**

ket Finanzterminbörse *f*; **f.s buying**
Terminkauf *m*; ~ **contract/deal**
(Börse) Lieferungsvertrag *m*, Termingeschäft *nt*; ~ **exchange** (Waren)Ter-
minbörse *f*; ~ **market** (Waren)Ter-
minmarkt *m*; ~ **operation** Termingeschäft *nt*; ~ **price** Terminkurs *m*,
T.preis *m*; ~ **sale** Terminverkauf *m*;
~ **trading** Börsentermin-, (Waren)Terminhandel *m*

G

gain *n* → **increase** (Zu)Gewinn *m*, Zuwachs *m*, Zunahme *f*, (Wert)Steige-
rung *f*, Vorteil *m*, Nutzen *m*; **g.s from
trade** Außenhandelsgewinn(e) *m/pl*;
across-the-board g.s *(Börse)* Kursge-
winne auf breiter Front; **speculative g.**
Spekulationsgewinn *m*; *v/t* bekommen, erhalten, gewinnen; *(Börse)* anziehen; **g.ful** *adj* gewinnbringend, einträglich; **g.s tax** Gewinnabgabe *f*
gamble *n* Spekulation(sgeschäft) *f/nt*,
Risiko *nt*; *v/i* spielen, riskieren, spekulieren, wetten
gambling *n* Spielen *nt*, Wetten *nt*
gang *n* (Arbeits)Kolonne *f*, Rotte *f*; **g.
boss/leader** Vorarbeiter *m*, Rottenfüh-
rer *m*
gap *n* Lücke *f*, Kluft *f*; **g. in earnings**
Ertragsloch *nt*; ~ **interest rates** Zinsgefälle *nt*; ~ **yields** Renditediffe-
renz *f*; **demand-supply g.** Differenz
zwischen Angebot und Nachfrage; **financial g.** Finanzloch *nt*; **wage-earn-
ings g.** Lohndrift *f*
garbage *n* *[US]* → **waste** Müll *m*, Abfall *m*
garment *n* Kleidungsstück *nt*, Beklei-
dung(sartikel) *f/m*; **g. industry** Beklei-
dungs-, Konfektionsindustrie *f*
garnish *v/t* [§] vorladen, (drittschuld-
nerisch) pfänden; **g.ee** *n* Vorgelade-
ner *m*; ~ **order** Pfändungs- und
Überweisungsbeschluß *m*; **g.er** *n* For-
derungs(pfand)gläubiger *m*
garnishment *n* [§] Zahlungsverbot *nt*,
Pfändung eines Drittschuldners; **g. of**

a salary Gehaltspfändung *f*; ~ **a
wage** Lohnpfändung *f*; **g. order** Pfän-
dungs- und Überweisungsbeschluß *m*
gas *n* Gas *nt*; *[US]* Benzin *nt*; **natural
g.** Erdgas *nt*
gasoline *n* *[US]* → **petrol** ⚒ Benzin *nt*,
Kraftstoff *m*
gate *n* Tor *nt*, Pforte *f*; ⚓ Flugsteig *m*;
g.way airport *n* Luftverkehrsknoten-
punkt *m*
gather *v/ti* (auf)sammeln, erfassen;
(Steuern) einziehen; **g.ing** *n* Zusam-
menkunft *f*, Versammlung *f*
gauge *n* *[GB]* Richt-, Eichmaß *nt*; ⚒
Spurweite *f*; *v/t* (ab)messen, abschätzen
gazette *n* Amts-, Gesetz-, Verord-
nungsblatt *nt*; **federal g.** Bundesanzeiger *m*; **financial g.** Börsenzeitung *f*;
official g. Amts-, Pflichtblatt *nt*
gear *n* ⚒ Gang *m*, Getriebe *nt*; **g.
up** *v/t (Produktion)* hochfahren; **g.ed**
adj übersetzt; **highly g.ed** mit hohem
Fremdkapitalanteil, stark fremdfinanziert
gearing *n* Verhältnis von Eigen- zu
Fremdkapital; **financial g.** Kapitalausstattung *f*; **high g.** Überkapitalisie-
rung *f*; **low g.** Unterkapitalisierung *f*;
g. ratio Verhältnis von bevorrechtig-
tem Kapital zu Stammaktien
general *adj* allgemein(gültig), üblich;
**G. Agreement on Tariffs and Trade
(GATT)** Allgemeines Zoll- und Han-
delsabkommen; **G. Business Conditions** Allgemeine Geschäftsbedingungen
generat|e *v/t* erwirtschaften; ⚡ erzeu-
gen; **g.ion** *n* Generation *f*; ⚡ Erzeugung *f*
generic *adj* nicht geschützt
genuine *adj* echt, rein
geography *n* Geographie *f*; **commer-
cial/economic g.** Wirtschaftsgeogra-
phie *f*
gestation *n* Reifung(sprozeß) *f/m*; **g.
period** Ausreifungszeit des Kapitals,
Entwicklungszeit *f*
get-up *n* *(Ware)* Aufmachung *f*, Ausstattung *f*
giant *n* Riese *m*, Koloß *m*; **commercial
g.** Handelsriese *m*; **corporate g.** Rie-

senunternehmen *nt*; **industrial g.** Industriegigant *m*; **g. combine/concern** Riesenkonzern *m*, Mammutunternehmen *nt*; **g. merger** Elefantenhochzeit *f* *(fig)*

gift *n*   Schenkung *f*; Geschenk(artikel) *nt/m*; Begabung *f*, Talent *nt*; **charitable g.** wohltätige Spende; **free g.** Werbe-, Reklamegeschenk *nt*; **taxable g.** steuerpflichtige Zuwendung/ Schenkung; **g. coupon** Geschenkgutschein *m*; **g. department** Geschenkabteilung *f*; **g. shop** Geschenkartikelladen *m*; **g. tax** Schenkungssteuer *f*; **g. token** Geschenkgutschein *m*; **g.ware** *n* Geschenkartikel *pl*

gilt|s *n*   Staatspapiere, S.anleihen, mündelsichere Wertpapiere; **g.-edged** *adj* *(Wertpapier)* mündelsicher

giro *n*   *[GB]* Postscheckdienst *m*, P.verkehr *m*; **g. account** Giro-, Postscheckkonto *nt*; **g. balance** Postscheckguthaben *nt*; **g. transfer** Postscheck-, Banküberweisung *f*

giveaway *n*   Zugabe *f*, Geschenk *nt*, Werbeartikel *m*

giver *n*   Schenker *m*,   Spender *m*; *(Wechsel)* Aussteller *m*; **g. for a call** Vorprämienkäufer *m*; **g. of an option** Prämienkäufer *m*, Optionsgeber *m*; **g. for a put** Rückprämienverkäufer *m*

glamour *n*   Glanz *m*; **g. stock** spekulativer Wachstumswert, Börsenliebling *m*

glass *n*   Glas *nt*; **g., handle with care** Vorsicht! Glas!; **waste g.** Altglas *nt*; **g. breakage** Glas(bruch)schaden *m*; **~ insurance** Glas(bruch)versicherung *f*; **g. container** Behälterglas *nt*; **g. recycling** Altglasverwertung *f*; **g.ware** *n* Glas(waren) *nt/pl*; **g. works** Glashütte *f*

global *adj*   global, weltumfassend, w.weit

glut *n*   (Markt)Sättigung *f*, Schwemme *f*, Überangebot *nt*; *v/t* übersättigen, überschwemmen

go *n*   *(coll)* Tatkraft *f*; **to have a g. at a market** Vorstoß auf einen Markt machen

go *v/i*   fahren, gehen; **g. down** *(Preis)* nachlassen, nachgeben, sinken; **g. through** *(Geschäft)* zustande kommen; **g. up** *(Preis)* in die Höhe gehen

go-ahead *n*   Zustimmung *f*, grünes Licht *(fig)*

goal *n*   Ziel(setzung) *nt/f*, Zweck *m*; **corporate g.** Unternehmensziel *nt*; **g. analysis** Zielanalyse *f*

going, g., gone! *(Auktion)* zum ersten, zum zweiten, zum dritten!

gold *n*   Gold *nt*; **g. and foreign exchange reserves** Gold- und Devisenbestände; **alloyed g.** legiertes Gold; **common g.** 18-karätiges Gold; **fine/pure g.** reines Gold, Feingold *nt*; **monetary g.** Währungsgold *nt*

gold|-backed *adj*   goldgesichert; **g. backing** Golddeckung *f*; **g. bar** Goldbarren *m*; **g. bullion** Barrengold *nt*, ungemünztes Gold; **g. coin** Goldmünze *f*; **g. content** Goldgehalt *m*; **g. cover** Golddeckung *f*; **g. dollar** Golddollar *m*; **g. hoarding** Goldhort(ung) *m/f*; **g. holdings** Goldbestand *m*, G.reserve *f*; **g. market** Goldmarkt *m*; **g. mine** Goldgrube *f*; *(fig)* Bombengeschäft *nt*; **g. parity** Goldparität *f*; **g. reserve(s)** Goldbestand *m*; **g. standard** Goldstandard *m*

gondola *n*   (Einkauf-/Waren)Gondel *f*

good *n*   Gut *nt*; **g.s** Güter, Waren, Erzeugnisse; Güterladung *f*

goods (sent) on approval   Ware zur Ansicht, Ansichtsware *f*; **g. in bond** ⊖ Zollgut *nt*; **g. on commission/consignment** Konsignationsgüter, Kommissionsware *f*; **g. for consumption** Verbrauchs-, Konsumgüter; **g. to declare** ⊖ anmeldepflichtige Ware; **g. on hand** Lager-, Warenbestand *m*; **~ order** bestellte Ware; **g. in process/progress** Halbfabrikate, halbfertige Erzeugnisse; **g. (purchased) for resale** Handelsware *f*; **g. for sale** (ver)käufliche Ware; **g. on sale or return** Kommissionsware *f*; **g. and services** Güter und Dienstleistungen; **g. in general supply** gängige Ware(n); **~ short supply** Mangelware *f*; **~ transit** Transitgut *nt*, T.ware(n) *f/pl*; **~ common use** Gebrauchsartikel

handling stolen goods Hehlerei *f*; **the g. complained about** die beanstandete Ware; **g. are at buyer's risk** der Käufer

trägt die Gefahr
to accept goods Ware(n) abnehmen; **to appropriate g.** Güter konkretisieren; **to carry g.** Fracht führen; **to clear/declare g. (through customs)** ⊖ Ware(n) verzollen; **to consign/dispatch/ship g.** Ware(n) versenden; **to deliver g.** Ware(n) ausliefern; **to dump g.** Ware(n) zu Schleuderpreisen verkaufen; **to handle g.** Ware(n) umschlagen/führen; **to inspect g.** Ware(n) prüfen; **to order g.** Ware(n) bestellen; **to price g.** Ware(n) auszeichnen; **to return g.** Ware zurückgehen lassen; **to sell g. on a consignment basis** Ware(n) in Kommission verkaufen; **to stock g.** Ware(n) führen; **to supply g.** Ware(n) liefern
barrelled goods Faßware(n) *f/pl*; **bonded g.** ⊖ Zollgut *nt*; **bought-in g.** bezogene Ware(n); **branded g.** Markenartikel, M.fabrikate; **bulky g.** Sperrgut *nt*; **canned g.** Konserven; **carted g.** Rollgut *nt*; **commercial g.** Handelsware(n) *f/pl*; **common good** (All)Gemeinwohl *nt*; **damaged g.** verdorbene/beschädigte Ware(n); **dangerous g.** Gefahrgut *nt*; **defective g.** Ausschußware *f*; **dry g.** *[US]* Textilwaren, Textilien; trockene Ladung; **durable g.** haltbare Güter, Verbrauchs-, (langlebige) Gebrauchsgüter; **dutiable g.** ⊖ Zollgut *nt*; **duty-free g.** zollfreie Ware(n), Freigut *nt*; **essential g.** lebensnotwendige Güter; **ethical g.** patentgeschützte Ware(n); **fast-moving/fast-selling g.** leichtverkäufliche Ware; **finished g.** Fertigerzeugnisse, F.ware(n) *f/pl*; **free g.** zollfreie Ware(n); **generic g.** Gattungsware(n) *f/pl*; **high-quality g.** erstklassige Ware(n), Qualitätsware(n); **home-made/home-produced g.** heimische Ware(n)/Fabrikate; **industrial g.** Industriegüter, I.erzeugnisse; **low--price(d) g.** Billigpreis-, Niedrigpreisware(n) *f/pl*; **manufactured g.** Industrieerzeugnisse, Fertigware(n) *f/pl*; **marketable g.** Handelsware *f*; **merchantable g.** vertretbare Ware(n); **movable g.** bewegliches Vermögen, Güter; **no-name g.** weiße Ware; **non--durable g.** (kurzlebige) Verbrauchsgüter; **outgoing g.** Warenausgang *m*;

packaged g. abgepackte Ware(n); **perishable g.** (leicht) verderbliche Ware(n); **processed g.** verarbeitete/veredelte Ware(n); **proprietary g.** Markenartikel; **public good** Gemeinwohl *nt*; **seasonal g.** Saisonware(n) *f/pl*, S.artikel; **second-hand g.** Gebrauchtware(n) *f/pl*; **semi-finished/semi-manufactured g.** Halbfabrikate, H.zeug *nt*; **slow-moving g.** schwerverkäufliche Ware(n); **soft g.** Textilware(n), Textilien; **staple g.** Standard-, Stapelware *f*; **stolen g.** Diebesgut *nt*; **storable g.** lagerfähige Ware(n); **unbranded g.** weiße Ware; **white g.** Haushaltsgeräte; weiße Ware; **zero-rated g.** unbesteuerte Ware(n)
good *adj* gut, solide; solvent, kreditfähig; [§] rechtsgültig; **g. till cancelled/countermanded** bis auf Widerruf; **to make g.** ersetzen, (wieder)gutmachen
goods distribution Warenverteilung *f*; **g. flow** Güterstrom *m*; **g. handling** Güterumschlag *m*; **g. management** Warendisposition *f*; **g. office** Güterabfertigung *f*; **g. purchased** (Waren)Bezüge; **g. received** Wareneingang *m*; **g. receiving department** Warenannahme *f*; **g. receipt** Warenempfangsschein *m*; **g. returned** (Waren)Retouren, Rücksendungen; **g. terminal** Güterumschlagstelle *f*; **g. train** 🚂 Güterzug *m*; **g. truck/wag(g)on** 🚂 Güterwagen *m*; **g. turnover** Waren-, Güterumschlag *m*; **g. vehicle** 🚚 Nutzfahrzeug *nt*; **heavy g. vehicle (HGV)** Schwerlaster *m*, Lastkraftwagen (LKW) *m*
goodwill *n* (immaterieller) Firmenwert *m*, Goodwill *m*; (Stamm)Kundschaft *f*; **consolidated g.** Firmenwert eines Konzerns; **g. advertising** Image-, Vertrauenswerbung *f*
goods yard 🚂 Güterbahnhof *m*
go-slow *n* Bummelstreik *m*
government *n* Regierung *f*; öffentliche Haushalte; **federal g.** Bundesregierung *f*
local government Gemeinde-, Stadt-, Kreis-, Kommunalverwaltung *f*; ~ **association** Kommunalverband *m*; ~ **authority** Kommunalbehörde *f*; ~ **bond (issue)/stock** Kommunalanlei-

he *f*; ~ **employee** Kommunalbediensteter *m*; ~ **enterprise** Kommunalbetrieb *m*; ~ **officer** Gemeinde-, Kommunalbeamter *m*
municipal government *[US]* Stadt-, Kommunalverwaltung *f*
government accounting kameralistische Buchführung; **g. agency** Regierungsbehörde *f*, staatliche Stelle; **g. aid/assistance** Subvention *f*, staatliche Unterstützung; **g. authority** (staatliche) Behörde *f*; **g. banker** Zentralbank *f*; **g. bond** Staats-, Regierungsanleihe *f*; **g. borrowing** staatliche/öffentliche Kreditaufnahme; **g. broker** amtlicher Makler; **g. consumption** Staatsverbrauch *m*; **g. contract** öffentlicher Auftrag; **g. corporation** Körperschaft des öffentlichen Rechts; **g. debt** Staatsschuld(en) *f/pl*; **g. department** Behörde *f*, Ministerium *nt*; **g. enterprise** Regie-, Staatsbetrieb *m*; **g. expenditure(s)** öffentliche Ausgaben, Staatsausgaben *pl*; **g. financing** Staatsfinanzierung *f*; **g. funding** Finanzierung der Staatsausgaben; **g. grant** staatliche Subvention; **g. intervention** staatliche Intervention; **g. loan** Staatsanleihe *f*; **g. monopoly** Staatsmonopol *nt*; **g. office** amtliche Stelle; **g. official** Regierungsbeamter *m*; **g.-owned** *adj* staatseigen; **g. revenue(s)** Staatseinnahme(n) *f/pl*; **g. spending** Regierungs-, Staatsausgaben *pl*; **g. stock** öffentliche Anleihe; **g. subsidy** öffentlicher/staatlicher Zuschuß; **g. unit** Gebietskörperschaft *f*
grace (period) Aufschub *m*, (Nach-/Zahlungs)Frist *f*
grade *n* Sorte *f*, (Handels-/Güte)Klasse *f*; Rang *m*; (Lohn-/Gehalts-/Tarif)Gruppe *f*; Position *f*, Stellung *f*; *v/t* ab-, einstufen, sortieren; **g. label** Qualitätskennzeichen *nt*
grading *n* Klassifizierung *f*, Einstufung *f*, Eingruppierung *f*, Güte(klassen)einteilung *f*; **g. down** Abgruppierung *f*
graduate *n* Hochschulabgänger *m*, (H.)Absolvent *m*; **g. in business management** (Diplom)Betriebswirt *m*, D.kaufmann *m*; ~ **economics** Di-

plomökonom *m*, D.volkswirt *m*; *v/i* (Hochschulprüfung) absolvieren, akademischen Grad erlangen; *adj* mit Hochschulabschluß; **g. employment** Beschäftigung(smöglichkeit) für Hochschulabsolventen; **g. recruitment** Anwerbung/Einstellung von Hochschulabsolventen; **g. unemployment** Arbeitslosigkeit bei Hochschulabsolventen
grain *n* Korn *nt*, Getreide *nt*; **standing g.** Getreide auf dem Halm; **staple g.** wichtigste Getreidesorte, Hauptgetreidesorte *f*; **g. crop** Getreideernte *f*; **g. farming** Getreideanbau *m*
granary *n* Getreidespeicher *m*
grand *n* *(coll)* *[US]* 1 000 Dollar
granny bond *n* *(coll)* *[GB]* indexgebundener Sparbrief; **g. flat** Einliegerwohnung *f*
grant *n* Gewährung *f*, Bewilligung *f*; Zuschuß *m*, Subvention *f*, Stipendium *nt*, (Studien)Beihilfe *f*
grant of a lease Pachtgewährung *f*; ~ **a licence** Lizenzerteilung *f*; ~ **a mortgage** Hypothekenbewilligung *f*; ~ **a patent** Erteilung eines Patents; ~ **probate** [§] Erbschein *m*
annual grant Jahreszuschuß *m*; **federal g.** Bundeszuschuß *m*; **operational g.** Betriebskostenzuschuß *m*; **rate-support g.** *[GB]* Schlüsselzuweisung *f*; **supplementary g.** Nachbewilligung *f*; *v/t* bewilligen, zugestehen; *(Kredit)* auslegen
grant|ee *n* (Zuschuß)Empfänger *m*; Lizenznehmer *m*, Konzessionär *m*; **g.er**; **g.or** *n* Gewährer *m*, Lizenzgeber *m*; **g.-in-aid** *n* *[US]* (öffentlicher) Zuschuß *m*
graph *n* Graph *m*, Kurve *f*; Diagramm *nt*, Schaubild *nt*
grassland *n* ⚘ Grünland *nt*, Weide(land) *f/nt*
gratuitous *adj* unentgeltlich, kostenlos
gratuity *n* Abfindung *f*, Zuwendung *f*, Gratifikation *f*
graze *v/ti* ⚘ *(Vieh)* hüten; weiden
grazing land *n* Weideland *nt*
Great Depression Weltwirtschaftskrise *f* (von 1929)
green|field *adj* unerschlossen; ~ **site**

Standort-/(Bau)Grundstück auf der grünen Wiese; **g.grocer** n Obst- und Gemüsehändler m; **g.house** n ᵍ̶ Gewächs-, Treibhaus nt; ~ **effect** Treibhauseffekt m

grievance n Mißstand m, Beschwerde(grund) f/m; **to redress/remedy a g.** Beschwerde abstellen; **g. procedure** Beschwerde-, Schlichtungsverfahren nt

grocer n Lebensmittel(einzel)händler m; **multiple g.** Lebensmittelfilialist m; **g.'s shop** *[GB]*/**store** *[US]* Lebensmittelgeschäft nt, L.laden m; **g.ies** n Lebensmittel; **g.y outlet/shop** n Lebensmittelladen m

gross n Gros nt *[frz.]* (12 Dutzend); *adj* brutto, Brutto-; *v/t* brutto verdienen/erbringen

ground n Grund m, Ursache f; Grundbesitz m, Boden m; **g. for complaint** Beschwerdegrund m; **g.s for discharge/dismissal** Entlassungs-, Kündigungsgrund m; **open g.** freies/unbebautes Gelände; *v/t (Personal)* einführen, einweisen; **g. floor** *[GB]* ◻ Erdgeschoß nt, Parterre nt *[frz.]*; **g. plan** ◻ Grundriß m, Lageplan m; **g. rent** Boden-, Grundrente f, Pacht-, Bodenzins m

group n Gruppe f, Klasse f; Konzern(verbund) m, Organkreis m; **g. of banks** Bankenkonsortium nt; ~ **companies** Konzern(verbund) m

combined group Gesamtkonzern m, Konzernverbund m; **consolidated g.** Konzern(gruppe) m/f, Konsolidierungskreis m; **horizontal g.** Horizontal-, Gleichordnungskonzern m; **environmental g.** Umweltschutzgruppe f; **multinational g.** Multi m *(coll)*; **subordinated/vertical g.** Unterordnungskonzern m, mehrschichtiger Konzern; **voluntary g.** Einkaufsverband m

group v/t gruppieren, klassifizieren; *(Ladung)* zusammenstellen

group accident insurance Sammelunfallversicherung f

group account Konzernkonto nt; **g. a.s** Konzernbilanz f, konsolidierte Bilanz; **g. consolidated profit and loss a.** konsolidierte Gewinn- und Verlust-

rechnung

groupage n Gruppierung f; **g. bill of lading** Sammelkonnossement nt; **g. consignment** Sammelladung f; **g. freight** Sammelfracht f; **g. rate** Tarif für Sammelladungen

group consolidated balance sheet konsolidierte Konzernbilanz; **g. (executive) board** Konzernvorstand m; **g. supervisory board** Konzern-, Gesamtaufsichtsrat m; **g. buyer** Gemeinschafts(ein)käufer m; **g. buying** Gemeinschafts(ein)kauf m; **g. discount** Gruppenermäßigung f; **g. headquarters** Konzern(haupt)verwaltung f; **g. holding** Konzernbeteiligung f; ~ **company** Ober-, Dachgesellschaft f, Konzern-Holding f; **g. net income** Konzernreingewinn m; **g. insurance** Gemeinschafts-, Gruppen-, Sammelversicherung f; **g. item** *(Bilanz)* Sammelposten m; **g. liabilities** Konzernverbindlichkeiten; **g. life assurance** *[GB]*/**insurance** *[US]* Gruppen-, Sammellebensversicherung f; **g. loss** Konzernverlust m; **g. management** Konzernleitung f; **g. piece(work) rate** Gruppenakkordlohn m; **g. profit** Konzerngewinn m; **g. rate** Sammel(ladungs)tarif m; **g. sales/turnover** Konzernabsatz m, K.umsatz m; **g. statement** Konzernausweis m; **g. financial statement** Konzernabschluß m, K.bilanz f; **g. work** Gruppenarbeit f; **g. works council** Konzernbetriebsrat m

grow v/ti ᵍ̶ anbauen; (an)wachsen, zunehmen

growth n Wachstum nt, Zunahme f, Zuwachs m

growth in economic activity Konjunkturbelebung f; **g. of the balance sheet total** Bilanzsummenwachstum nt; ~ **demand** Nachfrageausweitung f; ~ **employment** Beschäftigungswachstum nt; ~ **income(s)** Einkommensentwicklung f; ~ **premium income** *(Vers.)* Beitragszuwachs m; **g. in sales** Umsatzsteigerung f

economic/industrial growth Wirtschaftswachstum nt; **export-led g.** exportinduziertes Wachstum; **monetary**

g. Geldmengenwachstum *nt*; **restrained g.** gedämpftes Wachstum; **steady/sustained g.** stetiges/gleichmäßiges Wachstum; **zero g.** Nullwachstum *nt*

growth area Entwicklungsgebiet *nt*; **g. centre** Entwicklungsschwerpunkt *m*; **g. fund** Wachstums-, Thesaurierungsfonds *m*; **g. industry** Wachstumsindustrie *f*, W.branche *f*; **g. opportunity** Wachstumschance *f*; **g. prospects** Wachstumsaussichten; **g. rate** Wachstumstempo *nt*, Steigerungs-, Zuwachsrate *f*; **g. sector** Wachstumsbranche *f*, W.industrie *f*

guarantee *[GB]*; **guaranty** *n [US]* Garantie *f*, Bürgschaft *f*, Kaution *f*, Haftungszusage *f*; Aval *nt*, Delkredere *nt*; **g. of a bill of exchange** Aval *nt*, Wechselbürgschaft *f*; **g. against defective material and workmanship** (Gewähr)Leistungsgarantie *f*; **g. of payment** Zahlungsgarantie *f*; ~ **quality** Qualitätsgarantie *f*; **to furnish (a) g.** Garantie leisten/übernehmen; **to stand g. for** haften für

back-to-back guarantee Rückbürgschaft *f*; **blanket g.** Mantelgarantie *f*; **expired g.** abgelaufene Garantie; **money-back g.** Rückerstattungsgarantie *f*, bei Nichtgefallen Geld zurück; **no-quibble g.** Umtausch jederzeit möglich

guarantee *v/ti* garantieren, (ver)bürgen, gewährleisten, Bürgschaft übernehmen

guarantee bond Garantieerklärung *f*; **g. capital** haftendes Kapital; **g. commission** Delkredereprovision *f*; **g. deposit** Sicherheitshinterlegung *f*; **g. fund** Bürgschafts-, Feuerwehrfonds *m*; **g. insurance** Bürgschafts-, Garantieversicherung *f*; **commercial g. insurance** Vertrauensschaden(s)versicherung *f*; **g. limit/line** Bürgschaftsrahmen *m*; **g. period** Gewährleistungsfrist *f*, Garantiezeit *f*

guarantor *n* (Aval-/Wechsel)Bürge *m*, Garant *m*; **joint g.** Mitbürge *m*

guaranty *n [US]* → **guarantee**

guardian *n* [§] Vormund *m*, Sorgeberechtigter *m*

guest *n* Gast *m*; **g.house** *n* Gäste-haus *nt*, Fremdenpension *f*; **g. worker** Gastarbeiter *m*

guidance *n* (An)Leitung *f*, Unterweisung *f*, Rat *m*; **occupational/vocational g.** Berufsberatung *f*; ~ **service** Berufsberatungsdienst *m*

guideline *n* Richtlinie *f*, R.schnur *f*; **g.s** Orientierungsrahmen *m*; **g. price** Richtpreis *m*

H

habit *n* (An)Gewohnheit *f*; **h.s of consumption** Konsum-, Verbrauchsgewohnheiten; **h. survey** Untersuchung über Verbrauchergewohnheiten

half *n* Hälfte *f*, Halbzeit *f*, H.jahr *nt*; **h.-board** *n* Halbpension *f*; **h.-price** *adj* zum halben Preis; **h.-time** *n* halbe Arbeitszeit; ~ **job** Halbtagsarbeit *f*, H.beschäftigung *f*; **h.-timer** *n* Halbtagskraft *f*; **h.-yearly** *adj* halbjährlich

hallmark *n* Güte-, Kennzeichen *nt*; *(Edelmetall)* Feingehaltsstempel *m*

hand *n* Hand *f*; Handschrift *f*; (angelernter) Arbeiter *m*; *ʾͽ* Besatzungsmitglied *nt*; **on h.** vorrätig, vorliegend; **to change h.s** Eigentümer/Besitzer wechseln; **to obtain (at) first h.** direkt beziehen; **to place a matter into so.'s h.s** jdm eine Angelegenheit übertragen; **to put a matter in h.** etw. in Angriff nehmen, Auftrag bearbeiten; ~ **into the h.s of the receiver** Angelegenheit dem Konkursverwalter übertragen; **(at) second h.** aus zweiter Hand; **h. over** *v/t* aushändigen, übergeben

hand|bill *n* Reklame-, Handzettel *m*; **h.book** *n* Leitfaden *m*, Handbuch *nt*

handicraft *n* (Kunst)Handwerk *nt*; **h. business/enterprise** Handwerksbetrieb *m*; **h. production** handwerkliche Fertigung

handle *v/t* handhaben, erledigen, bearbeiten, abfertigen, umladen

handling *n* Handhabung *f*, Erledigung *f*, Beförderung *f*, Umschlag *m*; Abfertigung *f*; (Sach)Bearbeitung *f*; **h. of business** Geschäftsabwicklung *f*;

~ **goods** Güterumschlag *m*; ~ **mail** Postbearbeitung *f*; **improper h.** unsachgemäße Behandlung; **rough h.** *(Transport)* grobe Behandlung

handling capacity Umschlagskapazität *f*; **h. charge(s)** Verwaltungs-, Bearbeitungs-, Abfertigungsgebühr *f*; **h. costs** Bearbeitungskosten; **h. facilities** Umschlaganlagen; **h. fee** Bearbeitungs-, Verwaltungsgebühr *f*

hand|made *adj* handgearbeitet; **h.-operated** *adj* handbetrieben; **h.-out** *n* Hand-, Werbezettel *m*; Unterstützung *f*, Zuwendung *f*; **golden h.shake** *n (coll)* (großzügige) Abfindung *f*

handyman *n* Gelegenheitsarbeiter *m*, Handlanger *m*

harbour *n* ⌇ Hafen *m*; **inner h.** Binnenhafen *m*; **outer h.** Vor-, Außenhafen *m*; **h. board** Hafen(meister)amt *nt*, H.behörde *f*; **h. dues** Hafengebühren; **h.master** *n* Hafenmeister *m*

hard *adj* hart, mühevoll; **h. to place** *(Arbeitsloser)* schwer vermittelbar; ~ **sell** schlecht verkäuflich; **to be h. up** *(coll)* knapp bei Kasse sein *(coll)*; **h.-currency** *adj* valutastark, Hartwährungs-

harden *v/i* *(Preise)* anziehen, fester tendieren; **h.ing** *n* *(Börse)* Befestigung *f*

hardship *n* Bedrängnis *f*, Härte *f*, (wirtschaftliche) Not(lage) *f*; **h. allowance** Härteausgleich *m*; **h. pay** Erschwerniszulage *f*

hardware *n* Metall-, Eisen-, Haushaltswaren *pl*; Maschinenausrüstung *f*; **h. failure** Maschinenstörung *f*; **h. merchant** Eisenwarenhändler *m*; **h. shop** *[GB]*/**store** *[US]* Haushalts-, Metallwarengeschäft *nt*

hard|-wearing *adj* strapazierfähig, verschleißfest; **h.-working** *adj* fleißig, leistungsfähig

harmful *adj* (gesundheits)schädlich, gefährlich; **ecologically h.** umweltfeindlich, u.belastend

harmless *adj* ungefährlich, unschädlich; **to hold h.** schadlos halten

harmonization *n* Harmonisierung *f*, Vereinheitlichung *f*; **h. of customs duties** Zollharmonisierung *f*; ~ **laws**

(EG) Rechtsangleichung *f*, R.vereinheitlichung *f*; ~ **taxation/taxes** Steuervereinheitlichung *f*, S.harmonisierung *f*

harmonize *v/t* harmonisieren, vereinheitlichen

harvest *n* ⌇ Ernte(zeit) *f*, E.ertrag *m*; **h.ing** *n* Ernte(arbeit) *f*; **h. yield** Ernteergebnis *nt*

haul *n* Transport(weg) *m*; Fang *m*, Fischzug *m*; *v/t* befördern, transportieren

haulage *n* Beförderung *f*, Transport(geschäft) *m/nt*, Spedition(sgebühren) *f/pl*; **h. business** Transport-, Fuhr-, Speditionsgeschäft *nt*; **h. company/firm** Fracht-, Transportunternehmen *nt*, Spedition(sfirma) *f*; **h. contractor** Fracht-, Transportunternehmer *m*, Frachtführer *m*; **h. industry/trade** Transport-, Speditionsgewerbe *nt*, Straßengüterverkehr *m*

haulier *n* → **haulage contractor**

hawk *v/t* hausieren, (ver)hökern; **h.er** *n* fliegender Händler, Hausierer *m*

hazard *n* Wagnis *nt*, Risiko *nt*, Gefahr *f*; **commercial h.** unternehmerisches Risiko, Unternehmerwagnis *nt*; **ecological h.** Umweltgefahr *f*; **occupational h.** Berufs-, Arbeitsplatzrisiko *nt*; **h. bonus** Risikoprämie *f*, Gefahrenzulage *f*; **h.ous** *adj* gefahrgeneigt, gefahrbringend, gefährlich

head *n* (Ober)Haupt *nt*, Kopf *m*, Chef *m*, Direktor *m*, Leiter *m*; **h.s** *(Münze)* Kopf-, Wappenseite *f*; **per h.** pro Kopf/Person

head of accounting; ~ **the accounting department;** ~ **bookkeeping** Leiter der Buchhaltung, ~ Abteilung Rechnungswesen; ~ **administration** Verwaltungsdirektor *m*; ~ **the advertising department** Werbeleiter *m*; ~ **cattle** Stück (Rind)Vieh; ~ **(the) department** Referats-, Abteilungsleiter *m*; ~ **the household** Haushalt(ung)svorstand *m*; ~ **personnel** Personalleiter *m*; ~ **purchasing;** ~ **the purchasing department** Einkaufsleiter *m*; ~ **the sales department** Verkaufsleiter *m*, Leiter des Verkaufs

to be head over heels in debt tief/bis

über den Kopf in Schulden stecken; **to have a h. for business** kaufmännisch gewandt sein

departmental head Abteilungsleiter *m*
head *v/ti* leiten, (an)führen, lenken, vorstehen
head branch Kopf-, Hauptfiliale *f*; **h. buyer** Einkaufsleiter *m*; **h. clerk** Bürovorsteher *m*; **h.-hunt(ing)** *n (fig)* Jagd auf Führungspersonal
heading *n* Briefkopf *m*; Überschrift *f*; Rubrik *f*
head office Zentrale *f*, Hauptverwaltung *f*, H.geschäftsstelle *f*; Generaldirektion *f*; **h. organisation** Dach-, Spitzenverband *m*, Dachorganisation *f*; **h. post office** Hauptpostamt *nt*
headquarters *n* Hauptverwaltung *f*, H.geschäftsstelle *f*, H.sitz *m*, Zentrale *f*; **corporate h.** Unternehmenszentrale *f*, Hauptverwaltung *f*
health *n* Gesundheit *f*; **for reasons of ill h.** krankheitshalber; **environmental h.** Umwelthygiene *f*; **industrial h.** betriebliches Gesundheitswesen; **h. authority** Gesundheitsbehörde *f*; **h. care** Gesundheitsfürsorge *f*; **industrial h. care** betriebliches Gesundheitswesen; **h. centre** *[GB]* Gemeinschaftspraxis *f*; **h. certificate** Gesundheitsattest *nt*; **h. food shop** Naturkostladen *m*, Reformhaus *nt*; **h. hazard** Gesundheitsrisiko *nt*
health insurance Krankenversicherung *f*, K.kasse *f*; **private h. i.** Privatkrankenkasse *f*; **statutory h. i. scheme** gesetzliche Krankenversicherung
health officer Gesundheitsbeamter *m*; **h. resort** Kurort *m*; **h. shop** → **health food shop**
hearing *n*   [§]   Termin *m*, Anhörung(sverfahren) *f*/*nt*
heavy-duty *adj* strapazier-, hochleistungsfähig, Hochleistungs-
hedge *n* (Preis-/Kurs)Absicherung *f*, Deckungs-, Sicherungsgeschäft *nt*; **h. against inflation** Absicherung gegen die Inflation; **h. (against)** *v/ti* (sich) absichern, *(Risiko)* eingrenzen; **h. buying** Deckungs-, Sicherungskauf *m*; **h. selling** Deckungs-, Sicherungsverkauf *m*; **h. transaction** Hedge-, Kurssi-

cherungsgeschäft *nt*
hedging *n* → **hedge** Kurs-, Preis(ab)sicherung(sgeschäft) *f*/*nt*; **h. operation** (Devisen-/ Kurs-/ Preis(ab))Sicherungsgeschäft *nt*
heir *n* Erbe *m*, Erbberechtigter *m*; **forced h.** Pflichtteilsberechtigter *m*; **joint h.** Miterbe *m*; **lawful h.** rechtmäßiger Erbe; **universal h.** Alleinerbe *m*; **h. testamentary** testamentarisch bestimmter Erbe
help *n* Hilfe *f*, Unterstützung *f*, Beihilfe *f*; Gehilfe *m*; **domestic h.** Haushaltshilfe *f*; **secretarial h.** Schreibhilfe *f*
helper *n* Helfer *m*, Gehilfe *m*; **h.s** Hilfspersonal *nt*
hereditaments *n* vererbliche Vermögensgegenstände
heritage *n* Erbe *nt*, Erbgut *nt*
hide *n* Haut *f*, Leder *nt*
hierarchy *n* Rangordnung *f*, Hierarchie *f*; **administrative h.** Verwaltungshierarchie *f*; **decision-making h.** Entscheidungshierarchie *f*
high *n* Höchstkurs *m*, H.stand *m*; **all--time/record h.** absoluter/historischer Höchststand; **all-year h.** Jahreshöchststand *m*; **H. Authority** *(EG)* Hohe Behörde; **h.-cost** *adj* kostenintensiv; hochwertig; **h.-coupon** *adj* hochverzinslich, h.rentierlich; **h.-earning** *adj* hochbezahlt; sehr profitabel; **h.-efficiency** *adj* Hochleistungs-; **h.--end** *adj* *[US]* im oberen Marktsegment
higher|-priced *adj* teurer; **h.-ranking** *adj* höherstehend
high|-grade *adj* erstklassig, hochwertig; **h.-income** *adj* hochrentierlich; einkommensstark
highlight *n* Glanzpunkt *m*; **corporate h.s** wichtigste Jahresergebnisse; *v/t* hervorheben, unterstreichen
high|-performance *adj* Hochleistungs-; hochrentierlich; **h.-priced** *adj* teuer, kostspielig; **h.-quality** *adj* hochwertig; **h.-risk** *adj* risikoreich; **h.-tech (hi--tech)** *n* Zukunfts-, Spitzentechnologie *f*, modernste Technologie; *adj* technologisch hochwertig; **h.-volume** *adj* umsatzstark; **h.-wage** *adj*

lohnintensiv, Hochlohn-

highway *n* Fern-, Bundesstraße *f*; **h. code** Straßenverkehrsordnung (StVO) *f*

high-yield(ing) *adj* hochrentierlich, h.verzinslich

hike *n* *(coll)* Steigerung *f*, Preisanstieg *m*

hire *n* (Sach)Miete *f*, Mietpreis *m*; (Arbeits)Lohn *m*; **for h.** zu (ver)mieten; *v/t* (an)mieten, pachten; *(Personal)* einstellen; **h. out** verleihen, vermieten; **h. and fire** (an)heuern und feuern

hire purchase (H.P.; h.p.) *n* *[GB]* Abzahlungs-, Miet-, Teilzahlungs-, Ratenzahlungskauf *m*; **to buy on h. p.** auf Ab-/Teilzahlung kaufen

hire purchase agreement Abzahlungs-, Teilzahlungsvertrag *m*; ~ **buyer** Mietkäufer *m*; ~ **charges** Abzahlungskosten; ~ **commitments/debts** Ratenzahlungs-, Abzahlungsverpflichtungen; ~ **credit** Teilzahlungs-, Ratenkredit *m*; ~ **customer** Mietkäufer *m*, Teilzahlungskunde *m*; ~ **finance company** Abzahlungsbank *f*, Teilzahlungskreditbank *f*; ~ **instalment** Teilzahlungsrate *f*; ~ **loan** Raten-, Teilzahlungskredit *m*; ~ **payment** Ratenzahlung *f*; ~ **price** Ratenpreis *m*; ~ **sale** Abzahlungsgeschäft *nt*, Ratenzahlungsverkauf *m*; ~ **terms** Raten(kredit)-, Teilzahlungsbedingungen

hiring *n* Anmietung *f*; (Personal)Einstellung *f*; **h. age** Einstellungalter *nt*; **h. out** Ausleihung *f*; ~ **of employees** Arbeitnehmerverleih *m*, A.überlassung *f*

histogram *n* Säulendiagramm *nt*, S.graphik *f*

history *n* (Vor)Geschichte *f*, Werdegang *m*; **economic h.** Wirtschaftsgeschichte *f*; **personal h.** Lebenslauf *m*

hit *n* *(fig)* Renner *m*, Publikumserfolg *m*, Verkaufsschlager *m*

hi-tech *n* → **high-tech**

hive off *v/t* verkaufen, abstoßen, ausgliedern

hiving-off *n* Ausgliederung *f*, Ausgründung *f*

hoard *n* Hort *m*, Schatz *m*; *v/t* horten, hamstern *(coll)*; **h.ing** *n* Anschlag-,

Reklametafel *f*, Plakatwand *f*; Hortung *f*, Hamstern *nt* *(coll)*

hog *n* ⚡ Mast-, Schlachtschwein *nt*

hold *n* ⚓ Raum *m*, (Ver)Lade-, Schiffs(lade)raum *m*

hold *v/ti* (ent)halten, Platz bieten für; *(Amt)* bekleiden; [§] für Recht erkennen; **h. beneficially** *(Wertpapiere)* in Eigenbesitz haben; **h. over** verschieben, stunden; **h. up** *(Preis/Nachfrage)* sich halten

holder *n* Besitzer *m*, Berechtigter *m*; *(Effekten)* Eigentümer *m*

holder of a bank account Kontoinhaber *m*; ~ **bills** Wechselinhaber *m*; ~ **a cheque** *[GB]*/**check** *[US]* **card** Scheckkarteninhaber *m*; ~ **a claim** Forderungsinhaber *m*; **h. in due course** rechtmäßiger Inhaber/Eigentümer; **h. of an interest** Anteilsinhaber *m*, Miteigentümer *m*; **h. for life** Besitzer auf Lebenszeit; **h. of a safe custody account** Depotinhaber *m*

bona-fide *(lat.)* **holder** gutgläubiger Inhaber/Besitzer; **joint h.** Mitinhaber *m*; **mala-fide** *(lat.)* **h.** bösgläubiger Inhaber; **previous h.** Vorbesitzer *m*; *(Wechsel)* Vordermann *m*; **registered h.** eingetragener Inhaber

holding *n* Anteil *m*, Beteiligung *f*; Lager *nt*, Vorrat *m*; (Aktien)Besitz *m*; Grundbesitz *m*; **h.s** Effektenportefeuille *nt*, Beteiligungen, Beteiligungsvermögen *nt*; **beneficial h.s** Wertpapiere in Eigenbesitz; **financial h.** Finanzholding *f*; **industrial h.** Industriebeteiligung *f*; **small h.** ⚡ Klein-, Nebenerwerbsbetrieb *m*

holding company Beteiligungs-, Dach-, Obergesellschaft *f*; **h. costs** Lagerhaltungskosten; **h. level** Lagerbestand *m*

hold-up *n* Verzögerung *f*, Stockung *f*; **h. in payments** Zahlungsstockung *f*

holiday *n* Urlaub *m*, Ferien *pl*; Feiertag *m*; **annual h.** Jahresurlaub *m*; **legal/public/statutory h.** gesetzlicher Feiertag; **statutory minimum h.** gesetzlicher Mindesturlaub; **paid h.** Tariflaub *m*

holiday allowance/pay Urlaubsgeld *nt*; **h. insurance** Ferien-, Urlaubsversicherung *f*; **h. job** Ferienarbeit *f*; **h.mak-**

er *n* Urlauber *m*; **h. resort** Ferien-, Urlaubsort *m*; **h. shutdown** urlaubsbedingte Schließung; **h. travel** Urlaubsreisen *pl*

home *n* Heim *nt*, Haus *nt*, Wohnung *f*; **at h. and abroad** im In- und Ausland; **bringing h.** Heimführung *f*; **owner-occupied h.** Eigenheim *nt*; **permanent h.** ständiger Wohnsitz; *adj* inländisch, (ein)heimisch, Binnen-

home construction Eigenheimbau *m*; **h. buyer** Hauskäufer *m*; **h. consumption** einheimischer/inländischer Verbrauch; **h. contents insurance** Hausrat(s)versicherung *f*; **h. demand** Binnennachfrage *f*; **h. furnishings** Heimtextilien *pl*; **h.-grown** *adj* ⊕ selbstgezogen; **h. improvement loan** *(Haus)* Instandsetzungs-, Modernisierungsdarlehen *nt*; **h. income plan** Rente auf Hypothekenbasis; **h. industry** einheimische Industrie; Heimarbeit *f*; **h. insurance** Hausversicherung *f*; **h.--made** *adj* selbst-, hausgemacht; inländisch, einheimisch; **h. market** Binnen-, Inlandsmarkt *m*; **h. mortgage** Eigenheimhypothek *f*; **h. owner** Eigenheimbesitzer *m*; **h. ownership** Wohn(ungs)eigentum *nt*; **h. produce** ⊕ Landeserzeugnisse; **h. purchase** Eigenheimerwerb *m*; **h.stead** *n* ⊕ Gehöft *nt*; **h. trade** Binnenwirtschaft *f*, B.handel *m*; ⚓ kleine Fahrt, Küstenhandel *m*, K.schiffahrt *f*; **to clear for h. use** ⊖ zum freien Verkehr abfertigen; **h.ward-bound** *adj* ⚓ auf der Rückreise (befindlich)

honest *adj* ehrlich, redlich

honour *n* Ehre *f*; *v/t (Scheck/Wechsel)* akzeptieren, einlösen; **h.ing (a bill of exchange)** *n* Aufnahme einer Tratte, (Wechsel)Einlösung *f*

on the hoof *n* *(Tiere)* lebend

hop(s) *n* ⊕ Hopfen *m*

horti|cultural *adj* gärtnerisch, Gartenbau-; **h.culture** *n* Gartenbau *m*

hospital *n* ⚕ Krankenhaus *nt*, Klinik *f*; **h. benefit insurance** Krankenhausversicherung *f*, Versicherung für stationäre Krankenhausbehandlung, Krankenhaus(kosten)versicherung *f*; **h. bill** Krankenhausrechnung *f*; **h. charges/**

cost(s)/expense(s) Krankenhaus(pflege)kosten

hospitalization *n* Krankenhausaufnahme *f*; **h. (benefit) insurance** *[US]* → **hospital benefit-insurance**

hotel *n* Hotel *nt*, Beherbergungsbetrieb *m*; **h.s and restaurants; h. and catering trade** Hotel- und Gaststättengewerbe *nt*; **h. accommodation** Hotelunterbringung *f*; **h. bill** Hotelrechnung *f*; **h. industry** Hotel-, Beherbergungsgewerbe *nt*; **h. manager** Hoteldirektor *m*

hour *n* Stunde *f*; **after h.s** nach Feierabend; nach Geschäfts-/Ladenschluß; nach Börsenschluß, nachbörslich; **before h.s** vor Börsenbeginn, vorbörslich; **by the h.** stundenweise; **h.s of attendance** Anwesenheitszeit *f*; **~ business** Öffnungs-, Geschäftszeiten, *(Bank)* Schalterstunden; **~ work** Arbeitszeit *f*; **h.s absent** Fehlstunden, F.zeiten; **actual h.s worked** tatsächliche Arbeitszeit; **to be paid by the h.** stundenweise bezahlt werden; **to work short h.s** kurzarbeiten; **agreed/contractual h.s** tariflich festgelegte Arbeitszeit; **flexible h.s** Gleitzeit *f*; **normal/regular h.s** normale/betriebsübliche Arbeitszeit

house *n* Haus *nt*, Wohnung *f*; **to mortgage a h.** Hypothek auf ein Haus aufnehmen; **commercial h.** Handelshaus *nt*; **financial h.** Kreditinstitut *nt*; **owner-occupied h.** Eigenheim *nt*; *v/t* unterbringen, beherbergen

house brand Haus-, Eigenmarke *f*; **h. building** Haus-, Wohnungsbau *m*; **~ output** Wohnungsbauleistung *f*; **h. buyer** Eigenheim-, Häusererwerber *m*; **h. contents** Hausrat *m*; **~ insurance** Hausrat(s)versicherung *f*

household *n* Haushalt *m*; **private h.** Privathaushalt *m*; **single-person h.** Einpersonenhaushalt *m*

household account *(Vers.)* Hausrat(s)versicherungssparte *f*; **h. appliance** Haushaltsgerät *nt*; **h. articles** Haushaltswaren *pl*; **h. budget** Haushaltskasse *f*; **h. contents insurance** Hausrat(s)versicherung *f*; **h. effects** Hausrat *m*

householder *n* Hausinhaber *m*, H.halt(ung)svorstand *m*

household expenditure(s) Haushalt(ung)skosten *pl*; **h. furnishings** Wohnungseinrichtung *f*; **h. goods** Hausrat *m*, H.haltsartikel; **h. income** Haushaltseinkommen *nt*; **h. (and personal effects) insurance** → **house(hold) contents insurance**; **h. refuse** Haushaltsmüll *m*

house insurance Gebäudeversicherung *f*; **h.keeping** *n* Haushaltsführung *f*; **~ allowance/money** Haushalt(ung)s-, Wirtschaftsgeld *nt*; **h. purchase** Hauskauf *m*, Eigenheimerwerb *m*; **h. tax** Gebäudesteuer *f*; **h.work** *n* Hausarbeit *f*

housing *n* Unterbringung *f*, U.kunft *f*; Wohnungsbau *m*, W.wesen *nt*

newly constructed housing Wohnungsneubau(ten) *m/pl*; **controlled h.** Wohnraumbewirtschaftung *f*; **privately financed h.** freier/frei finanzierter Wohnungsbau; **public(-sector) h.** öffentlicher/sozialer Wohnungsbau; **residential h.** Wohnungsbau *m*

housing allowance Mietzuschuß *m*, Wohngeld *nt*; **h. association** Wohnungs(bau)-, Siedlungsgenossenschaft *f*; **h. authority** Wohnungsamt *nt*; **h. benefit** Wohngeld(beihilfe) *nt/f*, Mietzuschuß *m*; **h. construction** Wohnungsbau(tätigkeit) *m/f*; **h. control(s)** Wohnraumbewirtschaftung *f*; **h. demand** Wohnraumbedarf *m*; **h. estate** (Wohn)Siedlung *f*; **h. finance** Wohnungs(bau)finanzierung *f*; **h. industry** Wohnungswirtschaft *f*; **h. loan** Wohnungsbaudarlehen *nt*; **h. market** Wohnungsmarkt *m*; **h. project** Wohnungs(bau)projekt *nt*; **h. shortage** Wohnungsnot *f*, Wohnraummangel *m*; **h. start** *(Haus)* Baubeginn *m*; **h. stock** Wohnungsbestand *m*

hull *n* (Schiffs-/Flugzeug)Rumpf *m*; **h. coverage/insurance** (Luft-/Schiffs-)Kaskoversicherung *f*

humanization *n* Humanisierung *f*; **h. of jobs/work** Humanisierung der Arbeit(splätze)

hundredweight *n* (50,8 kg) *[GB]*/(45,4 kg) *[US]* Zentner *m* (50 kg) *[BRD]*/(100 kg) *[A/CH]*

husband *n* (Ehe)Mann *m*; **h. and wife** Eheleute *pl*; **working h.** mitarbeitender Ehegatte; *v/t* haushalten, sparsam umgehen mit; **h.ry** *n* 🐄 (Boden)Bewirtschaftung *f*, Landwirtschaft *f*; Sparsamkeit *f*

hygiene *n* Hygiene *f*, Gesundheitspflege *f*; **industrial h.** Arbeitshygiene *f*

hype *n* *(coll)* Werberummel *m*; **h. (up)** *v/t* hochjubeln *(coll)*

hyper|inflation *n* galoppierende Inflation, Hyperinflation *f*; **h.market** *n* Verbraucher(groß)-, Einkaufsmarkt *m*

hypo *n* *(coll) [US]* Konjunkturspritze *f*; **h.thecate** *v/t* dinglich belasten, *(Immobilie)* beleihen; **h.thecation** *n* (Immobilien)Beleihung *f*

I

identification *n* Identifizierung *f*, Kennzeichnung *f*; **i. of goods** Warenbeschreibung *f*, W.bezeichnung *f*; **personal i. number (PIN)** *(Bank)* Geheimzahl *f*

identify *v/t* identifizieren, erkennen; kennzeichnen; *(Güter)* konkretisieren

identity *n* Identität *f*; Nämlichkeit *f*; **corporate i.** einheitliches äußeres (und inneres) Erscheinungsbild einer Unternehmung, Unternehmensstil *m*; **i. (ID) card** Ausweis(karte) *m/f*, Dienst-, Personalausweis *m*

idle *adj* inaktiv, unproduktiv, unbeschäftigt, brachliegend, stillgelegt; *(Kapital)* ungenutzt, nicht angelegt

ill-equipped *adj* schlecht ausgerüstet/ausgestattet

illiquid *adj* illiquide, nicht flüssig; **i.ity** *n* mangelnde Liquidität, Illiquidität *f*

image *n* (Erscheinungs)Bild *nt*, Image *nt*; **corporate i.** *(Firma)* äußeres Erscheinungsbild, Firmenimage *nt*; **i. advertising** Prestige-, Repräsentationswerbung *f*; **i. building** Imagepflege *f*

imbalance *n* Ungleichgewicht *nt*, Un-

ausgewogenheit *f*, Mißverhältnis *nt*;
budgetary i. Haushaltsungleichgewicht *nt*; **external i.** außenwirtschaftliches Ungleichgewicht
imitat|e *v/t* nachahmen, nachbauen, kopieren; **i.ion** *n* Nachahmung *f*, N.bildung *f*, Kopie *f*; ~ **goods** Nachahmungen, nachgemachte Waren
im|material *adj* unwesentlich, unerheblich; **i.mobilization** *n* Lahmlegung *f*, Stillegung *f*, Immobilisierung *f*; *(Kapital/Geld)* Festlegung *f*, Bindung *f*; **i.mobilize** *v/t* lahmlegen, immobilisieren; *(Geld)* binden, festlegen; **i.movable** *adj* unbeweglich, unverrückbar
impact *n* (Ein-/Aus)Wirkung *f*; **i. on the economy** konjunkturpolitischer Effekt; ~ **employment** Beschäftigungseffekt *m*; **environmental i.** Umwelteinfluß *m*; **inflationary i.** inflatorische Kräfte; **i. advertising** Stoßwerbung *f*; **i. analysis/study** Werbewirksamkeitsanalyse *f*; **i. test** (Werbe)Wirksamkeitsprüfung *f*
impair *v/t* beeinträchtigen, schwächen, nachteilig beeinflussen
impairment *n* Beeinträchtigung *f*, Schmälerung *f*; **i. of earning capacity** Minderung der Erwerbsfähigkeit; ~ **capital** Überschuldung *f*
im|pecunious *adj* mittellos, unbemittelt; **i.pede** *v/t* (be)hindern, beeinträchtigen
impediment *n* [§] Hindernis *nt*, Hemmnis *nt*; **i. to growth** Wachstumsbremse *f*; ~ **trade** Handelshemmnis *nt*
implement *n* (Arbeits)Gerät *nt*, Werkzeug *nt*; *v/t* aus-, durchführen
implementation *n* Ausführung *f*, Vollzug *m*, (praktische) Durchführung *f*; **i. order** Durchführungsverordnung *f*; **i. phase/stage** Aus-, Durchführungsphase *f*
import *n* Einfuhr *f*, Import *m*; **i.s** Import-, Einfuhrartikel, Importgüter; **i. of capital** Kapitalimport *m*, K.einfuhr *f*; **i.s and exports** Ein- und Ausfuhr *f*, Außenhandel *m*; **invisible ~ exports** Dienstleistungsverkehr *m*, D.bilanz *f*
agricultural imports Agrarimporte, A.einfuhren; **cheap i.s** Billigimporte; **commercial and industrial i.s** gewerbli

che Einfuhren; **duty-free i.s** zollfreie Einfuhren/Importe; **invisible i.s** unsichtbare Einfuhren/Importe; **non-quota i.s** kontingentfreie Einfuhren/ Importe; **preferential i.s** ⊖ (präferenz)begünstigte Einfuhren/Importe; **temporary i.** vorübergehende Einfuhr; **visible i.s** sichtbare Einfuhren/Importe
import *v/t* einführen, importieren
import agency Einfuhrstelle *f*; **i. agent** Importagent *m*
importation *n* Import *m*, Einfuhr *f*; **i. of goods** Wareneinfuhr *f*; **temporary i. for processing** (aktiver Lohn-) Vered(e)lungsverkehr *m*; **duty-free i.** zollfreie Einfuhr
import ban Einfuhr-, Importverbot *nt*; **i. barrier** Importhemmnis *nt*; **i. bill** Höhe der Einfuhren; **i. certificate** Einfuhr-, Importbescheinigung *f*; **i. clearance** ⊖ Einfuhrabfertigung *f*; **i. controls** Einfuhr-, Importkontrolle *f*; **i. customs office** Eingangszollstelle *f*; **i. declaration/entry** ⊖ Import(zoll)deklaration *f*; **i. dues** Einfuhrabgaben; **i. duty** ⊖ Einfuhr-, Importzoll *m*
importer *n* Importeur *m*, Importfirma *f*
import formalities Einfuhrformalitäten; **i. levy** ⊖ (Einfuhr)Abschöpfung *f*, E.abgabe *f*; **i. licence/permit** Einfuhrgenehmigung *f*; **i. merchant** Importeur *m*, Importkaufmann *m*; **i. and export merchant** Außenhandelskaufmann *f*; ~ **merchant** Außenhandelsunternehmen *nt*; **i. penetration** Importanteil *m*; **i. price** Einfuhr-, Importpreis *m*; **i. quota** Einfuhr-, Importkontingent *nt*, mengenmäßige Einfuhrbeschränkung; **i. regulations** Einfuhrbestimmungen; **i. restriction** Import-, Einfuhrbegrenzung *f*, E.beschränkung *f*; **i. surcharge** ⊖ Einfuhrsonderzoll *m*; **i. surplus** Einfuhr-, Importüberschuß *m*; **i. tariff** ⊖ Einfuhr-, Importzoll *m*, Einfuhrabgabe *f*; **i. tax** Einfuhr-, Importsteuer *f*; **i. trade** Einfuhr-, Importhandel *m*; **i.-export trade** Ein- und Ausfuhr *f*, Außenhandel *m*; **i. turnover tax** Einfuhrumsatzsteuer *f*
impose *v/t* verhängen, verfügen, auferlegen

imposition n Auferlegung f; **i. of import quotas** Importkontingentierung f; ~ **taxes** Besteuerung f
im|post n Abgabe f, Steuer f; ⊖ (Einfuhr)Zoll m; **i.pound** v/t § beschlagnahmen, pfänden; **i.print** n (Stempel)Aufdruck m; **i.proper** adj unzulässig, unsachgemäß, mißbräuchlich; **i.-prove** v/ti auf-, verbessern; sich erholen; (im Kurs/Preis) steigen
improvement n Verbesserung f, Erholung f, Steigerung f
improvement of earnings/profits Ertragsverbesserung f; ~ **efficiency** Rationalisierungserfolg m; ~ **materials** Materialvered(e)lung f; **i. in pay** Gehaltsaufbesserung f; ~ **prices** Preis-, Kursanstieg m; ~ **productivity** Produktivitätsfortschritt m; ~ **quality** Qualitätsverbesserung f
cost-reducing improvement|s kostensparende Maßnahmen; **environmental i.** Umweltverbesserung f; **marked i.** nachhaltige Besserung; **public i.s** Erschließungsanlagen; **structural i.** Strukturverbesserung f
improvement area Erschließungsgebiet nt; **industrial i. area** industrielles Sanierungsgebiet; **i. grant** Modernisierungsbeihilfe f; **i. industry** Vered(e)lungswirtschaft f
improver n Praktikant(in) m/f, Volontär m, Anlernling m
impulse n Impuls m, Anstoß m; **to buy on i.** spontan kaufen; **i. buy/purchase** Impulsiv-, Spontankauf m; **i. buying** Stimmungskäufe pl; **i. goods/items** Impuls(kauf)güter; **i. selling** (Börse) Stimmungsabgabe(n) f/pl
imputation n Zuschreibung f, Zu-, Anrechnung f; **i. of corporation tax** Körperschaftssteueranrechnung f
impute v/t zuschreiben, beimessen
in|active adj untätig; (Börse) flau, lustlos; **i.admissible** adj unzulässig, unstatthaft; **i.appropriate** adj unangebracht, unangemessen; **i.-built** adj eingebaut, integriert; **i.capable** adj unfähig, untauglich; ~ **of working** arbeitsunfähig; **i.capacitated** adj behindert, arbeitsunfähig
incapacity n Unvermögen nt, Unfähig-

keit f, Erwerbs-, Berufsunfähigkeit f; **i. to contract** § Geschäftsunfähigkeit f; ~ **sue** § aktive Prozeßunfähigkeit; ~ **be sued** § passive Prozeßunfähigkeit
incentive n (Leistungs)Anreiz m; **i. to buy** Kaufanreiz m; ~ **invest** Investitionsimpuls m, I.anreiz m; ~ **save** Sparanreiz m; ~ **work** Arbeitsanreiz m; **financial i.** finanzieller Anreiz; **i. bonus** Leistungsprämie f, L.zulage f; **i. fee** Erfolgshonorar nt; **i. pay/wage** leistungsbezogene Entlohnung, Prämien-, Leistungslohn m; **i. payment** Gratifikation f, Erfolgsprämie f
incidence n Vorkommen nt, Auftreten nt, (statistische) Häufigkeit f; **i. of customs duties** ⊖ Zollbelastung f; ~ **damage** Schadensquote f; ~ **loss** Schadenshäufigkeit f; ~ **taxation** Verteilung der Steuerlast, Steuerbelastung f
in|cidentals n Nebenkosten; **i.cinerate** v/t verbrennen; **i.cineration** n Verbrennung f; ~ **plant** Verbrennungsanlage f
inclination n Neigung f, Veranlagung f; **i. to buy** Kauflust f; ~ **invest** Investitionsfreudigkeit f; ~ **sell** (Börse) Abgabebereitschaft f
in|clude v/t einschließen, enthalten, hinzufügen, hinzurechnen; **i.cluding (incl.)** prep einschließlich, inklusive; **i.clusion** n Einbeziehung f, Erfassung f, Berücksichtigung f; ~ **as assets** (Bilanz) Aktivierung f; **i.clusive** adj einschließlich, inbegriffen
income n Einkommen nt, Einkünfte pl, Erträge pl, Gewinn m, Bezüge pl
income from affiliates; ~ **investments in affiliated companies** Organertrag m, Erträge aus Beteiligungen; ~ **capital** Einkünfte aus Kapitalvermögen; ~ **employment** Erwerbs-, Arbeitseinkommen nt; ~ **paid employment** Einkünfte/Einkommen aus nichtselbständiger Arbeit; **i. and expenditure** Einnahmen und Ausgaben; **i. from interest** Zinseinnahmen pl, Z.einkünfte pl; ~ **investments** Kapitalerträge, Erträge aus Beteiligungen; ~ **loss absorption** Ertrag aus Verlustübernahme; **i., prof-**

it and net worth Einkommen, Ertrag und Vermögen; **i. from property** Ertrag aus Grund und Boden; ~ **rent and lease** Einkommen aus Vermietung und Verpachtung; ~ **sales** Erträge aus Warenverkäufen; ~ **sources other than employment** Nebeneinkünfte *pl*; ~ **subsidiaries** Organ(schafts)ertrag *m*; **i. after tax** Einkommen nach (Abzug der) Steuern, Nachsteuergewinn *m*; **i. before tax** Gewinn vor (Abzug der) Steuern, Vorsteuergewinn *m*

accrued income *(Bilanz)* antizipative Aktiva, aktive Rechnungsabgrenzung, (Rechnungs)Abgrenzungsposten *m*; **accumulated i.** nicht ausgeschütteter Gewinn; **aggregate i.** Gesamteinkommen *nt*, G.betrag der Einkünfte; *(VWL)* Volkseinkommen *nt*; **available/disposable i.** (frei) verfügbares Einkommen; **combined i.** gemeinsames Einkommen; **corporate i.** Einkommen einer AG, Gewinne einer Kapitalgesellschaft; **current i.** Periodenertrag *m*, laufende Erträge; **deferred i.** *(Passivseite)* antizipatorisches Einkommen, passive Rechnungsabgrenzung, (Rechnungs)Abgrenzungsposten *m*; **earned i.** Arbeits-, Erwerbseinkommen *nt*, Einkünfte aus selbständiger und nicht selbständiger Arbeit; ~ **allowance/relief** Einkommen(s))Steuerfreibetrag für Arbeitnehmer; **eligible i.** versicherungspflichtiges Entgelt; **entrepreneurial i.** Unternehmereinkommen *nt*, U.lohn *m*; **extraordinary i.** Sondererträge *pl*; **fixed i.** festes Einkommen; **gross i.** Brutto-, Roheinkommen *nt*; **national i.** Volkseinkommen *nt*, Nettosozialprodukt zu Faktorpreisen; **net i.** Netto-, Reingewinn *m*, Betriebsergebnis *nt*, Jahresüberschuß *m*, Bilanzgewinn *m*; Nettoeinkommen *nt*, N.verdienst *m*; **non-operating i.** betriebsfremde Erträge; **pensionable i.** ruhegehaltsfähiges Einkommen; **per-capita i.** Pro-Kopf-Einkommen *nt*; **post-tax i.** Gewinn nach Steuern; **prepaid i.** *(BWL)* transitorische Passiva; **pre--tax i.** Vorsteuergewinn *m*, Einkommen/Gewinn vor Steuerabzug; **profes-**

sional i. Einkommen aus freier Berufstätigkeit; **real i.** effektives Einkommen; **retained i.** Gewinnrücklage *f*, thesaurierter Gewinn; **self-employed (earned) i.** Einkommen aus selbständiger Tätigkeit; **taxable i.** steuerpflichtiges/zu versteuerndes Einkommen; **tax-exempted i.** steuerfreies Einkommen; **unearned i.** Einkommen aus Vermögen, Kapitaleinkommen *nt*; **yearly i.** Jahreseinkommen *nt*, J.einkünfte *pl*

income and expenditure account *(gemeinnütziges Unternehmen)* Gewinn- und Verlustrechnung (GuV) *f*; **i. bracket** Einkommenskategorie *f*, E.gruppe *f*; Einkommen(s)steuerklasse *f*; **i. distribution** Einkommensverteilung *f*; Gewinnausschüttung *f*

income earner Einkommensbezieher *m*; **big/high i. e.** Großverdiener *m*; **low i. e.** Kleinverdiener *m*

income equalization Einkommensnivellierung *f*; **i. group** Einkommensklasse *f*, E.gruppe *f*; **i. growth** Ertragszunahme *f*, E.wachstum *nt*; **i. increment** Einkommenssteigerung *f*; **i. level** Einkommenshöhe *f*; **i. limit** Einkommensgrenze *f*; **i.s policy** Lohn- und Einkommenspolitik *f*; **i.-producing** *adj* ertragbringend

income statement *[US]* Einkommen(s)steuererklärung *f*; Gewinn- und Verlustrechnung (GuV) *f*; **consolidated i. s.** Konzernerfolgs-, Konzernertragsrechnung *f*; **national i. s.** volkswirtschaftliche Gesamtrechnung

income supplement Einkommensbeihilfe *f*; **i. support** *[GB]* Sozialhilfe *f*

income tax Einkommen(s)-, Lohn-, Körperschaftssteuer *f*; **i. t. on wages (and salaries)** Lohnsteuer *f*; **exempt from i. t.** einkommen(s)-, lohnsteuerfrei; **liable for/to i. t.** lohn-, einkommen(s)steuerpflichtig

to assess for income tax zur Einkommen(s)steuer veranlagen; **to evade i. t.** Einkommen(s)steuer hinterziehen; **to exempt from i. t.** von der Einkommen(s)steuer befreien; **to withhold i. t.** Einkommen(s)steuer einbehalten

corporate income tax *[US]* Körperschaftssteuer *f*; **deferred i. t.** Rückstel-

lung für Einkommen(s)steuer
income tax allowance/credit *[US]* Einkommen(s)steuerfreigrenze *f*, E.freibetrag *m*; ∼ **assessment** Einkommen(s)steuerveranlagung *f*, E.bescheid *m*; ∼ **base** Einkommen(s)steuerbemessungsgrundlage *f*; ∼ **liability** Einkommen(s)steuerschuld *f*; ∼ **rate** Einkommen(s)steuertarif *m*, E.satz *m*; ∼ **relief** Einkommen(s)steuerermäßigung *f*, E.freibetrag *m*
income tax return *[GB]* Einkommen(s)steuererklärung *f*; **to file an** ∼ **r.** Einkommen(s)steuererklärung abgeben; **to prepare an** ∼ **r.** Einkommen(s)steuererklärung ausfüllen
income tax revenue(s) Einkommen(s)steueraufkommen *nt*; **i. t. schedule** *[US]* Einkommen(s)steuerformular *nt*; ∼ **statement** *[US]* Einkommen(s)steuererklärung *f*; ∼ **surcharge** Ergänzungs-, Ausgleichsabgabe *f*
income threshold Einkommensschwelle *f*; *(Sozialvers.)* Beitragsbemessungsgrenze *f*
in|coming *adj* einlaufend, eingehend; **i.comings** *n* Eingänge, Einkünfte; **i.-- company** *adj* innerbetrieblich, betriebsintern; **i.competent** *adj* unfähig, untauglich; **i.consistent** *adj* widersprüchlich; ∼ **with** unvereinbar mit; **i.convenience** *n* Unannehmlichkeit *f*; *v/t* Unannehmlichkeiten bereiten; **i.convenient** *adj* unpassend; **i.convertible** *adj* unkonvertierbar
incorporat|e *v/t* gründen, vereinigen; *[US]* als Kapitalgesellschaft/AG/ GmbH eintragen; **i.ed** *adj [US]* (handelsgerichtlich/amtlich) eingetragen; **i.ion** *n* Eingliederung *f*, Zusammenschluß *m*; [§] Gründung *f*; ∼ **certificate** *[US]* Gründungsurkunde *f*; **i.or** *n [US]* Gründer *m*, Gründungsmitglied *nt*
Incoterms (International Commercial Terms) *n* international anerkannte/ vereinbarte Lieferklauseln
increase *n* Zunahme *f*, Zuwachs *m*, Wachstum *nt*, Anstieg *m*; *(Preis)* Anziehen *nt*, Steigerung *f*; *(Bilanz)* Zugang *m*

increase of the balance sheet total Bilanzsummenwachstum *nt*; ∼ **the bank rate** Diskonterhöhung *f*; ∼ **capacity** Kapazitätserweiterung *f*; **i. in/ of capital** Kapitalerhöhung *f*, K.aufstockung *f*; ∼ **costs** Kostensteigerung *f*, K.anstieg *m*; ∼ **demand** Nachfragesteigerung *f*, N.belebung *f*; ∼ **earnings** Ertragssteigerung *f*, Einkommensanstieg *m*; **i. in equity (capital)** Eigenkapitalstärkung *f*; ∼ **interest rates** Zinssteigerung *f*, Z.erhöhung *f*; ∼ **inventories/stocks** Bestandszuwachs *m*, B.erhöhung *f*, Lagerzugänge *pl*; ∼ **labour costs** Lohnkostensteigerung *f*; ∼ **orders** Auftragsanstieg *m*, A.zuwachs *m*; ∼ **output/production** Produktionszuwachs *m*, P.ausweitung *f*, P.steigerung *f*; ∼ **productivity** Produktivitätssteigerung *f*, P.fortschritt *m*; ∼ **profitability** Rentabilitätszuwachs *m*; **i. in/of purchasing power** Kaufkraftzuwachs *m*; **i. in sales** Absatzbelebung *f*; ∼ **real terms** realer Zuwachs; ∼ **turnover** Absatz-, Umsatzsteigerung *f*, U.wachstum *nt*; ∼ **value** Wertzuwachs *m*, W.steigerung *f*; **i. in/of net worth** Vermögensmehrung *f*
increase *v/ti* (sich) vergrößern, erweitern, zunehmen; *(Gehalt)* aufbessern, aufstocken; *(Preis)* steigen, anziehen
in|crement *n* (Wert)Zuwachs *m*, Steigerung *f*; (automatische) Gehaltserhöhung *f*; **i.debted** *adj* verschuldet; **i.debtedness** *n* Verschuldung(sgrad) *f/m*, Schuld *f*; **i.demnification** *n* Entschädigung(sleistung) *f*, Schaden(s)ersatz *m*, Wiedergutmachung *f*; **i.demnify (against)** *v/t* abgelten, entschädigen, (wieder)gutmachen, Schaden(s)ersatz leisten; **i.demnitee** *n* Entschädigungsberechtigter *m*; **i.demnitor** *n* Regreßpflichtiger *m*
indemnity *n* Abfindung *f*, Schaden(s)ersatz *m*, Entschädigung(ssumme) *f*; Abfindungs-, Abstandssumme *f*; **double i.** *(Lebensvers.)* Summenverdopp(e)lung bei Unfalltod; **i. bond** Ausfallbürgschaft *f*, Garantieverpflichtung *f*; **i. claim** Schaden(s)ersatzanspruch *m*; **i. insurance** Scha-

dens(ersatz)-, Haftpflichtversicherung *f*; **i. payment** Versicherungsleistung *f*, Abstand(szahlung) *m/f*
indent *n*   Auslandsauftrag *m*; *v/t* als
Lehrling verpflichten
indentation *n*   ⃞ (Zeilen)Einzug *m*
indenture *n*   Vertragsurkunde *f*; Lehr-,
Ausbildungsvertrag *m*
in|dependence *n*   Selbständigkeit *f*, Ei-
genständigkeit *f*; **i.dependent** *adj* selbständig, eigenständig; **i.-depth** *adj* detailliert, eingehend
index *n*   Kartei *f*; Tabelle *f*, Index *m*;
Richt-, Kennzahl *f*, (Sach)Register *nt*;
i. of general business activity Konjunk-
turindex *m*; ~ **retail prices** Einzelhan-
dels(preis)index *m*; ~ **shares** *[GB]/*
stocks *[US]* Aktien(markt)index *m*
seasonally adjusted index   saisonberei-
nigter Index; **cost-of-living i.** Lebens-
haltungs(kosten)index *m*; **industrial i.**
Industrieindex *m*; **trade-weighted i.**
nach Handelsvolumen gewichteter Index
index *v/t*   dynamisieren, indexieren;
i.ation *n* Indexierung *f* Indexbindung
f, *(Sozialleistungen)* Dynamisierung
f; *(Vers.)* (automatische) Summenanpassung *f*; ~ **of pensions** Rentendy-
namik *f*; **i.-based; i.-linked** *adj* inde-
xiert, indexgebunden, dynamisiert, In-
dex-; **i.-linking** *n* Dynamisierung *f*,
Indexierung *f*; *(Vers.)* (automatische)
Summenanpassung *f*
indicator *n*   Konjunkturindikator *m*,
K.barometer *nt*; **cyclical/economic i.**
Konjunkturindikator *m*; ~ **i.s** Konjunkturdaten; **leading i.** Frühindikator *m*; **i. price** Richt-, Orientierungspreis *m*
economic indices   *(lat.)* Konjunkturzif-
fern, K.kennzahlen
in|digenization *n*   ⃞ Umstellung auf
verstärkten Inlandsanteil; **i.dige-
nous** *adj* (ein)heimisch; **i.dispen-
sable** *adj* unabdingbar, unentbehrlich
individual *n*   Individuum *nt*, Privatper-
son *f*; **i.s** Private; *adj* einzeln, einzel-
wirtschaftlich
indorse *adj*   → endorse
induce *v/t*   bewegen, veranlassen; **i.ment**
n Beweggrund *m*, Anlaß *m*, Anreiz *m*;

~ **to buy** Kaufanreiz *m*; ~ **to invest**
Investitionsanreiz *m*
induction *n*   (Amts)Einführung *f*, Ein-
arbeitung(szeit) *f*; **i. course** Einfüh-
rungslehrgang *m*; **i. training** (Mitarbeiter)Einweisung *f*
industrial *adj*   industriell, Industrie-; **i.s**
(Börse) Industriewerte; *adj* industri-
ell, gewerblich; arbeitsrechtlich;
i.ization *n* Industrialisierung *f*; **i.ize**
v/t industrialisieren; **highly i.ized** *adj*
hochindustrialisiert; **i.ist** *n* (Groß)In-
dustrieller *m*, Unternehmer *m*
industry *n*   Industrie *f*, Branche *f*, Ge-
werbe-, Wirtschaftszweig *m*
agricultural industry   Landwirtschaft *f*;
ailing i. notleidende Branche; **automo-
tive i.** Automobil-, Kraftfahrzeugindustrie *f*; **basic i.** Grundstoff(güter)-,
Schlüsselindustrie *f*; **chemical i.** chemische Industrie; **crisis-ridden i.** Kri-
senbranche *f*; **cyclical i.** konjunktur-
abhängiger Wirtschaftszweig; **declining i.** niedergehende/schrumpfende
Industrie; **domestic/indigenous i.**
(ein)heimische Industrie; **downstream
i.** weiterverarbeitende/nachgelagerte
Industrie; **electrical i.** Elektroindu-
strie *f*; **expanding i.** Wachstumsindustrie *f*, W.branche *f*; **extractive i.** Ab-
bauwirtschaft *f*, Grundstoffsektor *m*;
finishing i. Vered(e)lungsindustrie *f*;
fledgling/infant i. junger Industrie-/
Wirtschaftszweig; **food-retailing i.** Le-
bensmitteleinzelhandel *m*; **food-pro-
cessing i.** Nahrungs- und Genußmit-
telindustrie *f*; **heavy i.** Schwerindu-
strie *f*; **iron-working i.** eisenverarbei-
tende Industrie; **labour-intensive i.**
lohnintensive Industrie; **light i.**
Leichtindustrie *f*; **metal-processing/
metal-working i.** metallverarbeitende
Industrie; **nationalized i.** verstaatlichte
Industrie; **non-manufacturing industries** Dienstleistungsgewerbe *nt*; **pa-
per-processing i.** papierverarbeitende
Industrie; **petrochemical i.** Petroche-
mie *f*, Mineralölindustrie *f*; **pharma-
ceutical i.** Pharmaindustrie *f*, Arz-
nei(mittel)hersteller *pl*; **primary i.**
Grundstoffindustrie *f*; **private(-sec-
tor) i.** Privatwirtschaft *f*; **secondary i.**

weiterverarbeitende Industrie; **tertiary i.** Tertiärsektor *m*, Dienstleistungsbereich *m*, D.gewerbe *nt*; **upstream i.** vorgelagerte Industrie/Branche; **wood-processing/wood-working i.** holzverarbeitende Industrie

industry analyst Branchenkenner *m*; **i. average** Branchendurchschnitt *m*; **i. location** Industriestandort *m*; **i. ratio** Branchenkennziffer *f*; **i. study/survey** Branchenanalyse *f*; **i.-wide** *adj* branchenweit

in|effective *adj* unwirksam; **i.efficiency** *n* Unwirtschaftlichkeit *f*, mangelnde Produktivität; **i.efficient** *adj* unwirksam, unzulänglich, leistungsschwach, unproduktiv, unwirtschaftlich; **i.eligible** *adj* nicht berechtigt

inertia *n* Trägheit *f*, Beharrungsvermögen *nt*; **i. selling** Verkauf ohne Bestellung

in|ferior *adj* minderwertig, mittelmäßig, nachrangig; **i.flammable** *adj* entzündbar, entflammbar, feuergefährlich; **highly i.flammable** Vorsicht Feuergefahr!, leicht entflammbar/entzündlich; **i.flate** *v/t (Währung)* aufblähen; *(Geldumlauf)* in die Höhe treiben

inflation *n* Inflation *f*, Teuerung *f*, (Geld)Entwertung *f*; **adjusted for i.** inflationsbereinigt; **to curb i.** Inflation eindämmen

accelerating inflation sich beschleunigende Inflation; **camouflaged/concealed/hidden/suppressed i.** verdeckte Inflation; **cost-induced/cost-push i.** Kosten(druck)inflation *f*; **demand-induced/demand-pull i.** Nachfrageinflation *f*; **raging/runaway i.** galoppierende Inflation; **rising i.** steigende Inflation; **supply-push i.** Angebotsinflation *f*; **wage-push i.** lohninduzierte Inflation

inflation accounting inflationsneutrale Rechnungslegung, Substanzerhaltungsrechnung *f*

inflation|ary; i.ist *adj* inflationär, inflatorisch, preistreibend

inflation differential(s) Inflationsgefälle *nt*; **i. hedge** Absicherung gegen die Inflation; **i.-induced** *adj* inflationsbedingt; **i.-prone** *adj* inflationsanfällig;

i.-proof *adj* inflationssicher; **i. rate** Inflations-, Teuerungs-, Preissteigerungsrate *f*; **i. surcharge** Teuerungszuschlag *m*

inflow *n* Zufluß *m*, Zustrom *m*; **i. of capital** Kapitalzufluß *m*; ~ **foreign currency/exchange** Devisenzuflüsse *pl*; ~ **funds** Mittelzufluß *m*, M.aufkommen *nt*; ~ **liquidity** Liquiditätszufuhr *f*; ~ **orders** Auftragseingang *m*

influence *n* Einfluß *m*, Einwirkung *f*; **environmental i.s** Umwelteinflüsse; **monetary i.s** Währungseinflüsse; **outside i.s** äußere Einflüsse

influx *n* → **inflow**

inform *v/t* mitteilen, informieren, unterrichten, benachrichtigen; **i. by/in writing** schreiben, schriftlich mitteilen

informatics *n* Informatik *f*, Informationswissenschaft *f*; **economic/commercial i.** Wirtschaftsinformatik *f*

information *n* Information(en) *f/pl*, Auskunft *f*, Nachricht *f*; **according to the best of my i. and belief** nach bestem Wissen und Gewissen; **to decline i.** Auskunft verweigern; **to disclose/divulge i.** Auskünfte/Information(en) preisgeben; **to furnish/provide/supply i.** Auskunft erteilen; **to obtain i.** Auskunft einholen

advance information Vorab-, Vorausinformation *f*, V.benachrichtigung *f*; **confidential i.** vertrauliche Information; **detailed i.** Einzelheiten *pl*, ausführliche Informationen; **inside i.** Interna *pl (lat.)*; **legal i.** Rechtsauskunft *f*

information desk Auskunft(sschalter) *f/m*; **i. disclosure** Berichtswesen *nt*; **i. office** Pressestelle *f*, Auskunftsbüro *nt*; **i. processing** 🖳 Datenverarbeitung *f*; **i. retrieval** 🖳 Datenabruf *m*; **i. science(s)** Informatik *f*, Informationswissenschaft *f*; **i. sharing/swap** Informationsaustausch *m*

infrastructure *n* Infrastruktur(einrichtungen) *f/pl*

infringe *v/t* beeinträchtigen; [§] *(Gesetz)* brechen, *(Vertrag)* verletzen

infringement *n* Beeinträchtigung *f*; [§] (Rechts)Bruch *m*, (Rechts)Verletzung *f*, Verstoß *m*; **i. of a contract** Vertragsbruch *m*, V.verletzung *f*; **~ a patent** Patentverletzung *f*; **~ trade customs** Handelsmißbrauch *m*; **~ a trademark** Warenzeichenverletzung *f*

ingot *n* Barren *m*; **i. gold** Gold in Barren

in|gredient *n* Bestandteil *m*; **i.habitant** *n* Einwohner *m*; **i.herit** *v/t* (be)erben; **i.heritance** *n* Erbe *nt*, Nachlaß *m*, Erbschaft *f*; **~ tax** Erbschafts-, Nachlaßsteuer *f*; **i.-house** *adj* innerbetrieblich, (betriebs)intern

initial *n* Initiale *f*, Paraphe *f*; *v/t* abzeichnen, paraphieren; *adj* anfänglich, ursprünglich

initiate *v/t* anregen, einleiten, in die Wege leiten

initiative *n* Initiative *f*, Unternehmungsgeist *m*

injection *n* *(Kapital)* Zuführung *f*; **i. of capital** Kapitalzufuhr *f*, K.spritze *f*; **~ capital spending** Investitionsstoß *m*; **~ money** Geld-, Finanzspritze *f*

injunction *n* 〔§〕 (einstweilige) Verfügung *f*; **to grant an i.** (einstweilige) Verfügung erlassen; **to seek an i.** (einstweilige) Verfügung beantragen; **interim / preliminary / provisional / temporary i.** einstweilige Verfügung; **i. suit** Unterlassungsklage *f*

injured *adj* ge-, beschädigt; **i. party/ person** Geschädigter *m*

injury *n* (Personen)Schaden *m*; (Rechts)Verletzung *f*; Nachteil *m*; **i. to life and property** Personen- und Sachbeschädigung *f*; **industrial/occupational i.** Berufs-, Arbeits-, Betriebsunfall *m*; **~ benefit/insurance** Berufs-, Betriebsunfallrente *f*; **material i.** Sachschaden *m*

ink *n* Tinte *f*; **to write with black i.** *(fig)* schwarze Zahlen schreiben *(fig)*; **~ red i.** *(fig)* rote Zahlen schreiben *(fig)*

inland *adj* inländisch, binnen-, Binnen-; **I. Revenue Department** *[GB]* (Einkommen(s))Steuerbehörde *f*

in|novation *n* Neuheit *f*, Neuerung *f*, Neuentwicklung *f*; **~ potential** Innovationsfähigkeit *f*; **i.novative** *adj* innovationsfreudig; **i.operative** *adj* 〔§〕 (rechts)unwirksam, ungültig; funktionsunfähig, nicht in Betrieb; **i.payment** *n* Zahlungseingang *m*, Einzahlung *f*; **i.-plant** *adj* innerbetrieblich, werksintern

input *n* (Energie-/Material)Einsatz(menge) *m/f*, Betriebsmittel *pl*, Vorleistung(en) *f/pl*

input data 💻 Eingabedaten *pl*; **i. factor** Einsatzfaktor *m*; **i. market** Beschaffungs-, Faktormarkt *m*; **i. material(s)** Vorprodukt *nt*, Vormaterial *nt*, Vorstoffe *pl*, Einsatzgüter *pl*; **i. price** Einstands-, Faktorpreis *m*; **i. tax** *[GB](Mehrwertsteuer)* Vorsteuer *f*; **~ deduction** Vorsteuerabzug *m*

inquire (into) *v/ti* untersuchen, erfragen, (nach)fragen

inquiry *n* → **enquiry** Anfrage *f*, Nachforschung *f*, Untersuchung *f*; Warenanfrage *f*; **on/upon i.** auf Nachfrage/ Anfrage; **to make inquiries** Erkundigungen einziehen, Nachforschungen anstellen, sich umhören; **judicial i.** 〔§〕 Ermittlungsverfahren *nt*; **official i.** amtliche Untersuchung; **i. agency** (Handels/Kredit)Auskunftei *f*; **i. agent** Privatdetektiv *m*

inroad *n* Einfall *m*, Übergriff *m*; **i. into the market** Markteinbruch *m*; **to make i.s (into/on)** Einbrüche erzielen, Marktanteile gewinnen

insert *n* Inserat *nt*, Anzeige *f*; *(Zeitung)* Beilage *f*; *v/t (Anzeige)* einrücken lassen, aufgeben, inserieren; *(Münze)* einwerfen; **i.ion** *n* Inserat *nt*, Anzeige(nplazierung) *f*; *(Zeitung)* Beilage *f*; *(Münze)* Einwurf *m*

inshore *adj* an der Küste, Küsten-

insider *n* Eingeweihter *m*; **i.s** eingeweihte Kreise; **i. dealings** Insidergeschäfte; **i. information** vertrauliche Information(en), Insiderwissen *nt*

insolvency *n* Zahlungsunfähigkeit *f*, Insolvenz *f*, Konkurs *m*, Bankrott *m*; **i. estate** Konkursmasse *f*; **i. petition** Konkursantrag *m*; **i. proceedings** Vergleichsverfahren *nt*

insolvent *n* Zahlungsunfähiger *m*; *adj* zahlungsunfähig, bankrott

inspect *v/t* begutachten, prüfen, sichten

inspection *n* Einsicht(nahme) *f*, Prüfung *f*, Durchsicht *f*, Begutachtung *f*; Qualitätskontrolle *f*; ⊖ Beschau *f*; ⊙ Abnahme *f*
inspection and approval Gebrauchsabnahme *f*; **i. of (the) books (and records)** Einsicht in Bücher; ~ **files/records** Akteneinsicht *f*; ~ **goods** Warenkontrolle *f*; ~ **incoming goods** Wareneingangskontrolle *f*
for your kind inspection zur gefälligen Durchsicht; **to be available for i.** zur Einsicht ausliegen
on close inspection bei näherer Prüfung; **final i.** Endabnahme *f*; **sampling i.** Teilprüfung *f*
inspection agency/authority Prüfstelle *f*; **i. certificate** Prüf-, Abnahmebescheinigung *f*; **i. copy** Prüf-, Ansichtsexemplar *nt*; **i. report** Abnahmeprotokoll *nt*; **i. sample** Ansichtsmuster *nt*; **i. stamp** Kontrollmarke *f*, Prüfstempel *m*; **i. tour** Besichtigungsfahrt *f*
inspector *n* Inspektor *m*, Prüfer *m*, Revisor *m*; ⊙ Abnahmebeauftragter *m*; **i. of factories** Gewerbeaufsicht *f*; ~ **taxes** Steuerinspektor *m*; **i.'s report** Abnahme-, Prüf(ungs)bericht *m*
inst. → **instant**
instability *n* Unbeständigkeit *f*; **monetary i.** Währungsturbulenz *f*
install *v/t* aufstellen, installieren, montieren, einbauen
installation *n* Anlage *f*, Einrichtung *f*, Montage *f*, Einbau *m*; **i. charges** Montagekosten; **i. loan** Einrichtungskredit *m*; **i. wages** Montagelöhne
instalment *[GB]*; **installment** *n* *[US]* Teil-, Raten-, Abschlagszahlung *f*, Rate *f*, Teilbetrag *m*; Teillieferung *f*; **by i.s** auf/in Raten
final instalment Schlußrate *f*, Abschlußzahlung *f*, letzte Rate; **first i.** Anzahlung *f*, erste Rate; **monthly i.** Monatsrate *f*; **outstanding i.** rückständige Rate; **past-due i.** überfällige Rate
instalment arrears Ratenrückstand *m*, R.verzug *m*; **i. business** Abzahlungs-, Teilzahlungs-, Ratengeschäft *nt*; **i. buying** Abzahlungs-, Ratenzahlungs-, Teilzahlungskauf *m*; **i. commitments** Abzahlungs-, Ratenzahlungsver-

pflichtungen; **i. contract** Raten-, Teilzahlungsvertrag *m*
instalment credit Abzahlungs-, Teilzahlungs-, Ratenzahlungskredit *m*; ~ **institution** Teilzahlungsbank *f*; ~ **terms** Teilzahlungsbedingungen
instalment debts Abzahlungs-, Ratenzahlungsverpflichtungen; **i. house** *[US]* Kundenkreditbank *f*; **i. lending (business)** Teilzahlungs(kredit)geschäft *nt*; **i. loan** Abzahlungsdarlehen *nt*, Raten(zahlungs)kredit *m*; **i. mortgage** Abzahlungs-, Amortisationshypothek *f*; **i. note** *[US]* *(Teilzahlung)* Schuldschein mit Unterwerfungsklausel; **i. payment** Ratenzahlung *f*; **i. plan** Teilzahlungs-, Abzahlungsplan *m*; **to buy on the i. plan** auf Abzahlung kaufen; **i. price** Teilzahlungs-, Abzahlungspreis *m*; **i. purchase** Ratenkauf *m*, Kauf auf Raten; **i. receivables** *[US]* *(Bilanz)* ausstehende Raten-/Teilzahlungen; **i. sale** Ab-, Teil-, Ratenzahlungsgeschäft *nt*; **i. sales financing** Absatzfinanzierung *f*; **i. saving** Ratensparen *nt*; **i. terms** Ratenzahlungsbedingungen
instance *n* §§ (Gerichts)Instanz *f*; **appellate/second i.** Berufungs-, Revisionsinstanz *f*
instant *n* Moment *m*; *adj* sofort(ig), unmittelbar; **inst. (instant)** des/dieses Monats
instinct *n* Instinkt *m*; **i. for business** Geschäftssinn *m*
institute *n* Institut *nt*, Anstalt *f*; **i. cargo clause** *(Vers.)* Klausel für Seeschaden(s)versicherung
institution *n* Einrichtung *f*, Institution *f*, Anstalt *f*; *(Börse)* institutioneller Anleger, Kapitalsammelstelle *f*; **i. of bankruptcy proceedings** Einleitung/ Eröffnung des Konkursverfahrens; ~ **composition proceedings** Eröffnung des Vergleichsverfahrens; ~ **(legal) proceedings** Klageerhebung *f*, Einleitung gerichtlicher Schritte
charitable institution Wohltätigkeitsorganisation *f*; **deposit-taking i.** Kapitalsammelstelle *f*; **financial i.** Kredit-, Geldinstitut *nt*; **non-profit(-making) i.** gemeinnützige Einrichtung; **public(--**

law) i. Anstalt des öffentlichen Rechts
institutional *adj* institutionell
instruct *v/t* (be)lehren, an-, unterweisen
instruction *n* Auftrag *m*, Befehl *m*, Anordnung *f*; Schulung *f*; **in accordance
with/in compliance with/according to
your i.s** gemäß/entsprechend Ihren
Anweisungen; **as per i.s** laut Weisung,
weisungsgemäß; **in the absence of i.s
to the contrary** mangels gegenteiliger
Weisung; **i.s for use** Gebrauchsanweisung *f*; **to comply with i.s** Anordnun-
gen befolgen; **to issue i.s** Weisungen
erteilen; **implementing i.** Durchfüh-
rungsbestimmung *f*; **i. book(let)/man-
ual** Gebrauchsanweisung *f*, Bedie-
nungsanleitung *f*
instructor *n* Ausbilder *m*
instrument *n* Schriftstück *nt*, Dokument *nt*; [§] Urkunde *f*; **i.s** Instrumentarium *nt*; Papiere; **i. (payable) to
bearer** Inhaberpapier *nt*; **i.s of monetary policy** währungspolitisches Instrumentarium; **i. of title** Eigentumsti-
tel *m*; **i. in writing** beurkundeter Vertrag
commercial instrument Urkunde des
Handelsverkehrs, kaufmännisches
Wertpapier; **enforceable i.** vollstreck-
bare Urkunde; [§] (vollstreckbarer)
Titel *m*; **financial i.** Finanzierungs-,
Kreditinstrument *nt*; **high-yield i.**
hochverzinsliches Wertpapier; **negotiable i.** verkehrsfähiges Papier, begeb-
bares/übertragbares (Wert)Papier,
Orderpapier *nt*; **non-negotiable i.**
nicht begebbares/übertragbares Wertpapier
instrumentation technology *n* Meß- und
Regeltechnik *f*
instrument(s) engineering Apparate-
bau *m*
insurable *adj* versicherbar, versiche-
rungsfähig
insurance *n* Versicherung *f*; Versiche-
rungswesen *nt*, Assekuranz *f*
insurance against breakage Bruchscha-
denversicherung *f*; **i. for legal costs**
Rechtsschutz(versicherung) *m/f*; **i.
against all risks** Versicherung gegen
alle Gefahren; **i. of future risks** Vor-
sorgeversicherung *f*; ~ **value** Wert-

versicherung *f*
to effect/write insurance Versicherung
geben, versichern; **to take out (an) i.**
Versicherung abschließen, (sich) versichern lassen
all-in/blanket insurance Gesamt-, Pauschalversicherung *f*; **all-risk(s) i.** Ein-
heitsversicherung *f*; **commercial i.**
Vertrauensschaden-, Garantieversicherung *f*; **composite/comprehensive i.**
Universalversicherung *f*; **compulsory
i.** Pflicht-, Zwangsversicherung *f*; **ex-
cess-loss i.** Schaden(s)exzedenten-,
S.rückversicherung *f*; **industrial i.** Ge-
werbeunfall-, Arbeitgeberhaftpflicht-
versicherung *f*; **legal i.** Rechtsschutzversicherung *f*; **marine i.** Schiffahrts-,
See(schadens)transportversicherung *f*;
medical i. Krankenversicherung *f*; **private** ~ **i.** private Krankenkasse/
K.versicherung; **mutual i.** Versicherung auf Gegenseitigkeit; **national i.**
[GB] Sozialversicherung *f*; ~ **contribution (NIC)** Sozialversicherungsbeitrag *m*; **optional i.** freiwillige Versicherung; **paid-up i.** beitragsfreie/prämien-
freie Versicherung; **participating/
with-profits i.** (Lebens)Versicherung
mit Gewinnbeteiligung; **reciprocal i.**
Versicherung auf Gegenseitigkeit; **social i.** Sozialversicherung *f*; **statutory
i.** Pflichtversicherung *f*; **stop-loss i.**
Gesamtschaden(s)exzedentenrückver-
sicherung *f*; **supplementary i.** Zusatz-
versicherung *f*; **third-party i.** (private)
Haftpflichtversicherung *f*
insurance agent Versicherungsvertre-
ter *m*; **mutual i. association** Versicherungsverein auf Gegenseitigkeit
(VVaG); **i. benefit** Versicherungsleistung *f*; **i. broker** Versicherungsmak-
ler *m*; **i. business** Versicherungswirtschaft *f*, V.geschäft *nt*; **to write i. business** Versicherungsabschlüsse tätigen,
versichern; **i. certificate** Versiche-
rungs(anteil)schein *m*; **i. claim** Versi-
cherungs-, Schadensanspruch *m*; ~
adjuster Versicherungssachverständi-
ger *m*, Schadensregulierer *m*; **i. clerk**
Versicherungsangestellter *m*
insurance company Versicherung(sgesellschaft) *f*, Versicherer *m*; **compo-**

site/general i. c. *[US]* Universalversicherung(sgesellschaft) *f*; **mutual i. c.** Versicherungsverein auf Gegenseitigkeit (VVaG)

insurance contract Versicherungsvertrag *m*; **i. contribution** Versicherungsbeitrag *m*; **i. cover(age)** Deckungs-, Versicherungsschutz *m*; **i. fraud** Versicherungsbetrug *m*; **i. holder** Versicherungsnehmer *m*; **i. industry** Assekuranz *f*, Versicherungswirtschaft *f*; **i. number** Versicherungsnummer *f*

insurance policy Versicherungspolice *f*, V.schein *m*; **comprehensive i. p.** Kasko(versicherungs)police *f*; **expired i. p.** abgelaufene Versicherungspolice; **paid-up i. p.** beitragsfreie/prämienfreie Versicherungspolice

insurance portfolio Versicherungsbestand *m*; **i. premium** Versicherungsprämie *f*, V.beitrag *m*; **i. regulators** Versicherungsaufsicht(samt) *f/nt*; **i. reserve** Deckungsrücklage *f*; **i. scheme** Versicherung *f*; **i. underwriter** Versicherer *m*, Versicherungsgesellschaft *f*

insure *v/t* versichern, gewährleisten; sich versichern (lassen), Versicherung nehmen/geben

in|sured *n* Versicherungsnehmer *m*, Versicherter *m*; **i.sured's retention** Risikobeteiligung des Garantienehmers; Eigen-, Selbstbeteiligung *f*; **i.suree** *n* Versicherungsnehmer *m*, Versicherter *m*; **i.surer** Versicherer *m*, Versicherungsgeber *m*, V.gesellschaft *f*

intake *n* *(Aufträge)* Eingang *m*

intangible *adj* immateriell; **i.s** immaterielle Anlagen

integration *n* Integration *f*, Verflechtung *f*, Vernetzung *f*; **backward i.** Rückwärtsintegration *f*; **economic i.** wirtschaftlicher Zusammenschluß; **forward i.** Vorwärtsintegration *f*; **occupational i.** Eingliederung in den Arbeitsprozeß, ~ das Arbeitsleben

intend *v/t* beabsichtigen; **i.ed for** *adj* bestimmt für

intent *n* §️ Absicht *f*, Wille *m*; **with i.** vorsätzlich; **i. to defraud; fraudulent i.** Betrugsabsicht *f*, betrügerische Absicht; **gainful i.** Gewinnabsicht *f*

intention *n* Absicht *f*, Vorhaben *nt*; **i.**

to deceive Täuschungsabsicht *f*

inter|bank *adj* unter Banken, interbankmäßig; **i.change** *n* Austausch *m*; Schnittstelle *f*; **i.company** *adj* konzernintern, überbetrieblich; **i.connection** *n* ⚡ Durchleitung *f*; **i.department(al)** *adj* ressort-, abteilungs-, bereichsübergreifend

interdependence *n* Verflechtung *f*, gegenseitige Abhängigkeit; **i. of foreign trade** außenwirtschaftliche Verflechtung

inter|dependent *adj* wechselseitig abhängig; **i.disciplinary** *adj* fachübergreifend, interdisziplinär

interest *n* Interesse *nt*, Belang *m*; Nutzen *m*; Zins(fuß) *m*, Verzinsung *f*, Zinsen *pl*; (Kapital)Beteiligung *f*, (Geschäfts)Anteil *m*; Versicherungsgegenstand *m*; **out at/on i.** verzinslich ausgeliehen

interest on current account Kontokorrentzinsen *pl*; ~ **arrears** Verzugszinsen *pl*; ~ **borrowings/credits** Schuldzinsen *pl*; ~ **capital** Kapitalzinsen *pl*, K.verzinsung *f*; **i. for/on deposits** Einlagenzinsen *pl*, Habenzins *m*; **i. on equity (capital)** Eigenkapitalverzinsung *f*; ~ **indebtedness** Schuldzinsen *pl*; ~ **loan capital** Darlehens-, Kreditzinsen *pl*; **i. at market rates** marktüblicher Zins(satz); **i. on overdraft** Überziehungs(kredit)zinsen *pl*; **i. and repayments (of principal)** Zinsen und Tilgung; **i. on savings (deposits)** Sparzinsen *pl*

and interest plus Stückzinsen; **free of i.** zinsfrei, z.los

to carry/earn interest Zinsen (ein)bringen/abwerfen, sich verzinsen; **to charge i.** Zinsen belasten/berechnen; **to have an i. (in sth.)** teilhaben an, beteiligt sein an; **to pay i.** verzinsen, Zinsen zahlen; **to put out at i.** verzinslich anlegen; **to yield i.** Zinsen tragen, sich verzinsen

accrued interest aufgelaufene Zinsen, Stückzinsen *pl*; **beneficial i.** Nutznießung *f*, Nießbrauch(recht) *m/nt*; Versicherungsanspruch *m*; **compound/cumulative i.** (Zins und) Zinseszins *m*; **conflicting i.s** kollidierende/konkurrierende Interessen; **controlling i.** maßgebliche Beteiligung, Kapitalmehrheit *f*; **current i.** Marktzins *m*, marktüblicher Zins; **effective i.** effektiver Jahreszins, Effektivzins *m*; **equitable i.** billiger Anspruch; **excessive/exorbitant i.** Wucherzins *m*; **financial i.s** finanzielle Beteiligungen; **foreign i.s** Auslandsbeteiligungen; **insurable i.** Versicherungsgegenstand *m*; **insured i.** versicherte Sache; **interlocking i.** Schachtelbesitz *m*, S.beteiligung *f*; **legitimate i.** schutzwürdiges/berechtigtes Interesse; **moneyed i.s** Finanzwelt *f*; **negative i.** Strafzins *m*; **nominal i.** Nominalzins(fuß) *m*; **notional i.** Anerkennungszinsen *pl*; **outside i.** Fremdbeteiligungen; **participating i.s** Beteiligungen; **public i.** öffentliches Interesse/Wohl; **in the ~ i.** gemeinnützig; **reversionary i.** Anwartschaft(srecht) *f/nt*; **simple i.** reiner Zins; **sliding-scale i.** Staffelzinsen *pl*; **standard i.** Eckzins *m*; **substantial i.** maßgebliche Beteiligung; **variable i.** Gleitzins *m*; **vested i.** verbrieftes Recht; **~ i.s** Besitzstand *m*

interest accrued aufgelaufene Zinsen; **i. arrears** Zinsrückstände; **i. balance** Zinssaldo *m*; **i.-bearing** *adj* zinstragend, verzinslich; **i. burden** Zinsbelastung *f*; **i. calculation/computation** Zins(be)rechnung *f*; **i. charge(s)** Zinskosten *pl*, Z.belastung *f*; **i. coupon** Zinsschein *m*, Z.abschnitt *m*; **i. differential(s)** Zinsdifferenz *f*, Z.gefälle *nt*; **i. earned/earnings/income** Zinsertrag *m*, Z.einkünfte *pl*, Z.einnahmen *pl*; **i. expenditures/load/paid** Zinslast *f*, Z.aufwand *m*; **i.-free** *adj* zinslos, unverzinslich; **i. freeze** Zinsstopp *m*; **i. holiday** zinsfreie Zeit; **i. margin** Zinsspanne *f*; **i. payable** Habenzinsen *pl*; **i. payment** Zinszahlung *f*; **i. period** Zinsperiode *f*

interest rate Zinssatz *m*, Z.rate *f*, Z.fuß *m*; **commercial i. r.** handelsüblicher Zinssatz; **effective i. r.** Effektivzins *m*; **fixed i. r.** Festzins(satz) *m*; **floating/variable i. r.** variabler Zinssatz, Gleitzins *m*; **i. r. adjustment** Zinsanpassung *f*; **~ differential** Zins-

gefälle *nt*; **~ guarantee** Zinsfestschreibung *f*; **~ policy** (Kapital)Zinspolitik *f*; **~ relief** Zinsvergünstigung *f*

interest receipts/received/revenue Zinseingänge, Z.einnahmen; **i.-sensitive** *adj* zinsempfindlich, z.reagibel; **i. statement** Zinsabrechnung *f*; **i.-subsidized** *adj* zinsbegünstigt; **i. table** Zinsstaffel *f*; **i. yield** Zinsertrag *m*, Z.rendite *f*; **i.-yielding** *adj* verzinslich

inter|fere *v/i* eingreifen, sich einmischen; **i.ference** *n* (störender) Eingriff *m*, Eingreifen *nt*, Einmischung *f*

interim *n* Abschlags-, Zwischendividende *f*

inter|locking *n* Verschachtelung *f*; **~ of capital** Kapitalverflechtung *f*; **i.mediary** *n* (Ver)Mittler *m*, Mittelsmann *m*, Zwischenhändler *m*; **financial i.mediary** Finanzmakler *m*; **i.mediate** *adj* mittelfristig, Zwischen-

internal *adj* einheimisch, binnenwirtschaftlich, Binnen-, Inlands-; innerbetrieblich, (betriebs)intern; **I. Revenue Authority/Office** *[US]* Steuerbehörde *f*

international *adj* international, weltpolitisch; **I. Chamber of Commerce (ICC)** Internationale Handelskammer; **I. Labour Office/Organization (ILO)** Internationales Arbeitsamt, Weltarbeitsamt *nt*; **I. Monetary Fund (IMF)** Internationaler Währungsfonds (IWF), Weltwährungsfonds *m*; **I. Standards Organisation (ISO)** Internationale Standardorganisation; **I. Telecommunication Union (I.T.U.)** Internationaler Fernmeldeverein

interplant *adj* über-, zwischenbetrieblich

interpretation *n* Auslegung *f*; **authoritative i.** maßgebliche/verbindliche Auslegung; **legal i.** Rechtsauslegung *f*

interruption *n* (Arbeits)Unterbrechung *f*, (Betriebs)Störung *f*; **i. of business** Betriebs-, Geschäftsunterbrechung *f*; **i. in supply** Lieferunterbrechung *f*; **i. of a term** Fristunterbrechung *f*; **i. insurance** Betriebsunterbrechungsversicherung *f*

inter|-union *adj* zwischengewerkschaftlich; **i.val** *n* (Zeit)Abstand *m*, Pause *f*, Unterbrechung *f*; **i.vene** *v/i* eingreifen; vermitteln

intervention *n* Eingreifen *nt*; Vermittlung *f*; **i. in the capital market** Kapitalmarktintervention *f*; ~ **market** Markteingriff *m*; **i. agency** *(EG)* Interventionsstelle *f*; **i. buying** Interventionskäufe *pl*; **i. point** Interventionspunkt *m*; **i. price** *(EG)* Ankaufs-, Interventionspreis *m*; **i. stocks** Interventionslager *nt*, I.bestände *pl*

interview *n* Vor-, Einstellungsgespräch *nt*; Interview *nt*, (persönliche) Befragung *f*; **follow-up i.** Nachfaßinterview *nt*; **point-of-purchase i.** Kaufortinterview *nt*; *v/t* interviewen, (persönlich) befragen; Vorstellungsgespräch führen; **i.ee** *n* Befragter *m*, befragte Person; **i.er** *n* Fragesteller *m*, Interviewer *m*

intestate *adj* ohne Testament

intra|-company; **i.-firm** *adj* innerbetrieblich; **i.-group** *adj* konzernintern; **i.-industry** *adj* brancheninntern; **i.--plant** *adj* werksintern, innerbetrieblich

in-tray *n* (Post)Eingangskorb *m*

introduce *v/t* einführen, in Verkehr bringen

introduction *n* Einführung *f*; *(Person)* Vorstellung *f*; **i. of a new product** Produkteinführung *f*; **i. price** Einführungspreis *m*

introductory *adj* einleitend, einführend, Einführungs-

invalid *n* Invalide *m*, Körperbehinderter *m*; *adj* [§] ungültig, (rechts)unwirksam; körperbehindert; **i.ate** *v/t* außer Kraft setzen, für ungültig erklären, entwerten; **i.ation** *n* Annullierung *f*, Kraftloserklärung *f*, Entwertung *f*

invalidity *n* Ungültigkeit *f*; [§] Rechtsunwirksamkeit *f*; Invalidität *f*; **i. allowance** Invalidenfreibetrag *m*; **i. benefit** Arbeitsunfähigkeits-, Invaliditätsbeihilfe *f*; **i. pension** Invaliden-, Berufsunfähigkeitsrente *f*

invaluable *adj* unschätzbar

invent *v/t* erfinden; **i.ion** *n* Erfindung(sgegenstand) *f/m*; **patentable i.ion** patentfähige Erfindung; **i.ive** *adj* erfinderisch, schöpferisch; **i.or** *n* Erfinder *m*

inventory *n* Inventar(verzeichnis) *nt*, (Lager-/Waren)Bestand *m*; Bestandsaufnahme *f*, B.liste *f*, Stückverzeichnis *nt*; **inventories** Vorratsvermögen *nt*, Lagerbestände; **i. at cost** Inventar zum Anschaffungspreis; **to draw up/prepare an i.**; **to take i.** Inventur machen

annual inventory Jahresinventur *f*; **closing i.** End-, Schlußbestand *m*; Schlußinventur *f*; **continuous/permanent/running i.** (fort)laufende/permanente Inventur; **opening/original i.** Anfangs(waren)-, Eröffnungsbestand *m*; **physical i.** Bestands-, Lageraufnahme *f*

inventory account Lager-, (Waren)Bestandskonto *nt*; **i. accounting** Lagerabrechnung *f*, L.bestands(buch)führung *f*; **i. additions** Materialzugang *m*; **i. audit** Bestandsprüfung *f*; **i. book** Lagerbestandsbuch *nt*; **i. buffer** Sicherheitsbestand *m*; **i. build-up** Lagerauffüllung *f*, L.aufstockung *f*; **i. clearance** Lagerräumung *f*; **i. clerk** Lagersachbearbeiter *m*, L.verwalter *m*; **i. control** Bestands-, Lagerkontrolle *f*, L.wirtschaft *f*; **i. damage** Lagerschaden *m*; **i. decrease/reduction** Vorrats-, Lagerabbau *m*, Bestandsverringerung *f*, B.(ver)minderung *f*; **i. growth** Bestandszuwachs *m*, B.zunahme *f*; **i. increase** Lageraufstockung *f*, Bestandserhöhung *f*; **i. investment** Vorratsinvestition(en) *f/pl*; **i. level** Lagerbestand *m*; **i. list** Warenbestandsliste *f*; **i. management** Lagerhaltung *f*, L.verwaltung *f*, Materialwirtschaft *f*; **i. number** Inventarnummer *f*; **i. pricing** Vorratsbewertung *f*; **i. record/sheet** Lagerkartei *f*, Inventar-, Bestandsverzeichnis *nt*; **i. reserve** Sicherheits-, Mindestbestand *m*; **i. sales ratio** Umschlagshäufigkeit des Warenbestandes; **i. stocks** Vorräte, Bestände; **i. taking** Inventur *f*, Bestandsaufnahme *f*; **i. turnover** Lagerumschlag *m*; **i. valuation** Vorrats-, Bestandsbewertung *f*; **i. value** Inventar-, Lagerbestandswert *m*; **i. write-down** (Waren)Bestandsabschreibung *f*

invest v/t anlegen, investieren

investigat|e v/t ermitteln, prüfen, untersuchen; **i.ion** n Untersuchung f, Ermittlung f, Überprüfung f; **preliminary i.ion** Voruntersuchung f; **i.or** n (Schadens)Ermittler m

investment n (Geld-/Kapital-/Vermögens)Anlage f, Investition(en) f/pl, Investitionstätigkeit f, I.ausgaben pl; Beteiligung(en) f/pl; **i.s** *(Bilanz)* Beteiligungen, Wertpapiere (des Anlagevermögens)

investment|s held as current assets Wertpapiere des Umlaufvermögens; **i. in financial assets** Finanzanlageinvestition(en) f/pl; ~ **fixed assets** (Sach)Anlageinvestition(en) f/pl; ~ **bonds** Rentenanlage f; ~ **capital goods** Anschaffung von Investitionsgütern; **i.(s) in foreign countries** Auslandsinvestition(en) f/pl; **i. in kind** Sacheinlage f; ~ **plant and equipment** Ausrüstungsinvestitionen pl; Betriebsausstattung f; ~ **property** Immobilienanlage f; ~ **securities** Effekten-, Wertpapieranlage f; ~ **shares** *[GB]*/**stocks** *[US]* Aktienanlage f; **i.s in subsidiaries and associated companies** *(Bilanz)* Beteiligungen

to cut back on investment Investitionstätigkeit verringern

capital-forming investment vermögenswirksame Anlage; **corporate i.** Unternehmensinvestionen pl, Investitionstätigkeit der Unternehmen; **crisis--proof i.** krisensichere Anlage; **current i.** Wertpapiere des Umlaufvermögens; **direct i.** Direkt-, Beteiligungsinvestition(en) f/pl; **domestic i.s** Investitionen im Inland; **financial i.(s)** Kapital-, Finanzanlage(n) f/pl, Beteiligungen pl; **fixed i.** Sach(anlage)investition(en) f/pl, Anlagevermögen nt; **fixed-interest(-bearing)/fixed-yield i.** festverzinsliche Investition/Anlage; **foreign i.** Auslandsinvestition(en) f/pl; **industrial i.** gewerbliche Investitionstätigkeit; **initial/original i.** Anfangs-, Startkapital nt, Gründungseinlage f; **intangible i.** immaterielle Investition; **interest--bearing/interest-earning i.** verzinsliche Kapitalanlage; **legal i.s** *[US]* mündel-

sichere Anlagepapiere; **offshore i.(s)** Auslandsinvestition(en) f/pl; **permanent i.s** langfristige (Kapital)Anlagen; **private-sector i.** Privatinvestition(en) f/pl; **productive i.** Produktivinvestition(en) f/pl, Sachvermögensbildung f; **public i.** staatliche Investitionstätigkeit; **secure i.** sichere Kapitalanlage; **sound i.** solide Kapitalanlage; **speculative i.** spekulative Anlage; **temporary i.** Wertpapiere des Umlaufvermögens

investment abroad Auslandsanlage f, A.investition f; **i. account** Anlage-, Beteiligungskonto nt; **i. activity** Investitionstätigkeit f; **i. advice** Vermögensberatung f, Anlageempfehlung f; **i. adviser/advisor** Effekten-, Anlageberater m; **i. analysis** Finanzanalyse f; **i. analyst** Anlage-, Vermögensberater m; **i. appraisal** Anlagebewertung f, Investitionsrechnung f; **i. bank** Effekten-, Finanzierungsbank f; *(Effekten)* Emissionsbank f, E.haus nt; **i. banking** Anlage-, Emissions-, Konsortialgeschäft nt; **i. capital** Investitionskapital nt, investives Kapital; **i. climate** Investitionsklima nt

investment company Investment-, (Kapital)Anlage-, Beteiligungsgesellschaft f; **closed-end i. c.** geschlossene Investmentgesellschaft; **open-end(ed) i. c.** offene Investmentgesellschaft

investment consultant/counsellor Anlage-, Wertpapierberater m; **i. corporation** *[US]* Kapitalanlagegesellschaft f; **i. counselling** Effekten-, Vermögens-, Anlageberatung f; **i. earnings** Anlage-, Kapitalerträge, Beteiligungsertrag m; **i. expenditure** Investitionsausgaben pl, I.aufwand m; **i. finance/financing** Investitions-, Anlagefinanzierung f; **i. fund** → **investment trust** (Anlage-/ Beteiligungs-/ Investment-) Fonds m; **i. grant** Investitionsbeihilfe f, I.zuschuß m; **i. income** Kapitaleinkommen nt, K.erträge pl, Beteiligungsertrag m; *(Vers.)* Zinserträge pl; Einkommen aus Kapitalvermögen, Erträge aus Finanzanlagen; ~ **tax** Kapitalertragssteuer f; **i. management** Anlage-, Effekten-, Vermögens-

verwaltung *f*; **i. manager** Anlageberater *m*, Vermögensverwalter *m*; **i. performance** Anlageergebnis *nt*, A.er-
folg *m*; **i. plan** Investitionsvorha-
ben *nt*; Sparvertrag *m*; **i. portfolio** Effektenportefeuille *nt*, Wertpapierbestand *m*; **i. premium** Investitionszula-
ge *f*; **i. project** Investitionsvorha-
ben *nt*, I.projekt *nt*; **i. ratio** Investitionsquote *f*, I.rate *f*; **i. reserve**
Wertberichtigung auf Beteiligungen,
Kapitalreserve *f*; **i. resources** Anlage-,
Investitionsmittel; **i. return** Anlageertrag *m*, Kapitalrendite *f*; **i. revenue**
Kapitaleinkommen *nt*, K.verzin-
sung *f*; **i. saver** Effekten-, Wertpapier-
sparer *m*; **i. saving** Effekten-, Wertpa-
pier-, Beteiligungssparen *nt*; **i. securities** Anlagewerte, Wertpapiere des
Anlagevermögens; **i.-seeking** anlage-
interessiert, anlagebereit; **i. spending** investive Ausgaben, Investitions-
aufwand *m*; **i. strategy** Anlagepolitik *f*; **i. tax** Investitionsabgabe *f*,
I.steuer *f*; **~ credit** Investitionsprä-
mie *f*
investment trust Investmentgesellschaft *f*, I.fonds *m*, Kapitalanlagegesellschaft *f*; **closed-end i. t.** geschlossener Investmentfonds; **open-end(ed) i.
t.** offener Investmentfonds; **i. t. company** Kapitalanlagegesellschaft *f*; **~
unit** Investmentanteil *m*
investment yield Wertpapier-, Kapitalrendite *f*, K.ertrag *m*; *(Gewinn)* An-
lageerfolg *m*
investor *n* (Geld-/Kapital)Anleger *m*;
i.s Anlagepublikum *nt*, Anlegerkreise;
institutional i. Kapitalsammelstelle *f*,
institutioneller Anleger; **prospective i.**
Anlageinteressent *m*; **small i.** Kleinan-
leger *m*
invisible *adj* unsichtbar; **i.s** *n* unsichtbare Einkünfte, unsichtbarer Handel,
Dienstleistungen, (unsichtbare) Ein-
und Ausfuhren
invitation *n* Einladung *f*; Ausschreibung *f*; **i. to apply/bid/tender** Ausschreibung *f*, Submission *f*; **~ subscribe** Zeichnungsaufforderung *f*;
public i. öffentliche Ausschreibung
invoice *n* (Einkaufs-/Waren)Rech-

nung *f*, Faktura *f*; **as per i.** laut Rechnung; **i. in duplicate** Rechnung in dop-
pelter Ausfertigung; **as per i. enclosed**
gemäß beigefügter Rechnung; **to
make out an i.** Rechnung ausstellen;
to settle an i. Rechnung begleichen
collective invoice Sammelrechnung *f*,
S.faktura *f*; **commercial i.** Handels-
faktura *f*; **consular i. (C.I.)** Konsulatsfaktura *f*; **duplicate i.** Rechnungsdop-
pel *nt*; **pro-forma i.** vorläufige Rechnung, Proformarechnung *f*
invoice *v/t* Rechnung ausstellen/schrei-
ben, fakturieren
invoice amount Rechnungsbetrag *m*; **i.
copy** Rechnungskopie *f*
invoiced *adj* in Rechnung gestellt, be-
rechnet
invoice date Rechnungsdatum *nt*; **i.
number** Rechnungsnummer *f*; **i. price**
Rechnungspreis *m*; **i. total** Rech-
nungs-, Gesamtbetrag *m*
invoicing *n* Fakturieren *nt*, Rechnungsausstellung *f*
involve *v/t* zur Folge haben, mit sich
bringen; **i.ment** *n* Engagement *nt*
[frz.], Beteiligung *f*
inward-bound *adj* ⚓ auf der Rückreise
(befindlich)
IOU (I owe you) *n* Schuldschein *m*
iron *n* Eisen *nt*; **crude i.** Roheisen *nt*; **i.
industry** eisenschaffende Industrie; **i.
and steel(-producing) industry** Eisen-
und Stahlindustrie *f*; **i. ore** ⚒ Eisen-
erz *nt*; **i.works** *n* Eisenhütte(nwerk)
f/nt
ir|recoverable *adj* uneinbringbar, un-
eintreibbar; **i.redeemable** *adj* nicht
einlösbar/tilgbar; **i.regular** *adj* regel-,
vorschriftswidrig, uneinheitlich, unre-
gelmäßig, unstatthaft; **i.regularity** *n*
Formfehler *m*, Unregelmäßigkeit *f*,
Verstoß *m*; **i.reparable** *adj* nicht wie-
dergutzumachen; **i.revocable** *adj* un-
widerruflich
issuance *n* → **issue** Emission *f*, Begebung *f*, (Lizenz)Vergabe *f*
issue *n* (Sach-/Streit)Frage *f*, Problem *nt*; (Akkreditiv)Ausstellung *f*,
Ausfertigung *f*; (Wertpapier)Emissi-
on *f*, Begebung *f*; (Material)Ausga-
be *f*; Erteilung *f*

issue of banknotes Emission/Ausgabe von Banknoten; ~ **bonus shares** Ausgabe von Gratis-/Berichtigungsaktien; ~ **a letter of credit** Akkreditiveröffnung f; ~ **a patent** Patenterteilung f; ~ **securities** Ausgabe/Emission von Wertpapieren, Effektenemission f; ~ **shares** [GB]/**stocks** [US] Ausgabe von Aktien, Aktienemission f; **i. from store** Lagerabgang m

to be at issue strittig sein; **to die without i.** ohne Nachkommen sterben; **to float/launch an i.** Anleihe/Emission begeben; **to place an i.** Emission plazieren/unterbringen

direct issue Direktemission f; **fixed-interest(-bearing) i.** festverzinsliches Wertpapier; **floating-rate i.** Emission mit variablem Zinssatz; **high-coupon i.** hochverzinslicher Wert; **new i.** Neuemission f; **secondary i.** (Börse) Nebenwert m

issue v/t ausstellen, emittieren; (Anleihe) begeben; (Wechsel/Kreditbrief) ausfertigen

issue price Ausgabe-, Emissions-, Zeichnungspreis m

issuer n Emittent m, Aussteller m

issuing n Ausgabe f; **i. bank/company/house** Emissionbank f, E.haus nt; **i. date** Ausstellungstag m; **i. prospectus** Emissionsprospekt m

item n (Buchungs-/Rechnungs)Posten m, Titel m; Verkaufsgegenstand m, Stück nt; (Programm-/Tagesordnungs)Punkt (TOP) m; **i. of/on the agenda** Tagesordnungspunkt (TOP) m

to cancel an item Posten austragen; **to credit an i.** gutschreiben; **to debit an i.** Posten belasten; **to deduct i.s from an account** Rechnungsposten abziehen; **to post an i.** Posten buchen

accrued item|s (Aktiva) Rechnungsabgrenzungsposten; **adjusting i.** Abgrenzungsposten m; **balancing i.** (Bilanz) Rest-, Differenzposten m; **defective i.s** Ausschuß m; **deferred i.** (Passiva) Rechnungsabgrenzungsposten m; **end-of-year i.** Abschlußposten m; **extraordinary i.** Sonderposten m; **fast-moving/fast-selling/high-volume i.** gutge-

hende Ware, gutgehender/gängiger/umsatzstarker Artikel; **imputed i.** kalkulatorischer Posten; **invisible i.s** unsichtbare Bilanzposten; (Handel) unsichtbare Ein- und Ausfuhren; **loose i.s** lose/nicht abgepackte Ware; **mass--produced i.(s)** Dutzendware f; **miscellaneous i.s** verschiedene Posten; **non--recurring i.** einmaliger (Rechnungs)Posten; **open i.** offener Posten; (Rechnung) offenstehender Betrag; **out-of-stock i.** ausgegangener/nicht vorrätiger Artikel; **top-selling i.** Verkaufsschlager m, Umsatzrenner m; **transitory i.s** durchlaufende Mittel; **visible i.s** sichtbare Ein- und Ausfuhren

item charge Postengebühr f; **i. costing** Posten-, Stück(kosten)kalkulation f

itemize v/t aufgliedern, (einzeln) auflisten

J

jacket n Umschlag m, Schutzhülle f; (Wertpapier) Streifband nt

jargon n Jargon m, Berufs-, Fachsprache f; **technical j.** Fachchinesisch nt (coll)

jeopard|ize v/t gefährden; **j.y** n Gefahr f, Risiko nt

jet n 🚀 Düsenflugzeug nt; **j. freighter** Düsenfrachtflugzeug nt; **j.sam (of cargo)** n ⚓ Seewurf m

jettison n ⚓ See-, Not(aus)wurf m; v/t ⚓ (Ladung/Güter) über Bord werfen

jetty n ⚓ Anlege-, Landebrücke f, L.steg m

jiffy-bag n Versandtasche f

job n Arbeit(splatz) f/m, (A.s)Stelle f, Beschäftigung(sverhältnis) f/nt; Aufgabe f, Pflicht f; (Fertigungs)Auftrag m; **on the j.** am Arbeitsplatz; **out of a j.** adj arbeitslos

to advertise a job Stelle ausschreiben; **to apply for a j.** sich um eine Stelle bewerben; **to cut j.s** Arbeitsplätze streichen/abbauen; **to create j.s** Arbeitsplätze schaffen; **to go with the j.**

im Zusammenhang mit dem Arbeits-
verhältnis stehen; **to look for a j.** Ar-
beit/Stelle suchen; **to shed j.s** Arbeitskräfte freisetzen/abbauen
available job verfügbare Stelle; **blue--
collar/industrial j.** gewerblicher Arbeitsplatz; **casual j.** Gelegenheitsarbeit *f*; **clerical j.** Schreib-, Büroarbeit *f*; **full-time j.** Ganztagsbeschäfti-
gung *f*; **part-time j.** Teilzeit-, Halb-
tagsbeschäftigung *f*; **permanent j.**
Dauerarbeitsplatz *m*; **rush j.** Eil-, So-
fortauftrag *m*; **seasonal j.** Saisonar-
beitsplatz *m*; **temporary j.** Aushilfs-
stelle *f*, befristete Tätigkeit; **vacant j.**
freie/offene Stelle; **white-collar j.** Bü-
roarbeitsplatz *m*
job *v/ti* Gelegenheitsarbeiten verrichten; *(Börse)* mit Aktien handeln, ma-
keln
job advertisement Stellenanzeige *f*; **j.
applicant** (Stellen)Bewerber *m*; **j. application** Stellengesuch *nt*, Bewerbung *f*
jobber *n* Aktien-, Eigen-, Effektenhändler *m*; Zwischenhändler *m*; Gelegenheitsarbeiter *m*
jobbing *n* Maklergeschäft *nt*, Effekten-,
Börsenhandel *m*; Zwischenhandel *m*;
Gelegenheitsarbeit *f*; **j. work** Auf-
trags-, Akzidenzarbeit *f*
job card Arbeitszettel *m*; **j. centre**
*[GB]/***center** *[US]* Stellenbörse *f*,
S.nachweis *m*, Arbeitsvermittlung *f*;
j. change Stellen-, Arbeitsplatzwechsel *m*; **j. content** Arbeitsinhalt *m*; **j.
contract** Lohn(fertigungs)auftrag *m*;
j. cost(s) Auftragskosten *pl*; **j. costing**
Auftragskostenrechnung *f*, A.kalku-
lation *f*; **j. counselling** Berufsberatung *f*; **j. counsellor** Berufsberater *m*;
j.-creating *adj* arbeitsplatzschaffend;
j. creation Arbeitsbeschaffung *f*,
Schaffung von Arbeitsplätzen; ~ **programme** Arbeitsbeschaffungsmaßnah-
me (ABM) *f*; **j. cuts** Stellenstrei-
chung *f*, S.abbau *m*; **j. description**
Stellen-, Arbeits(platz)beschreibung
f; **j. discrimination** berufliche Diskriminierung; **j. enlargement** Aufgaben-
erweiterung *f*; **j. enrichment** Arbeits-
platzaufwertung *f*; **j. entrant** Berufs-

anfänger *m*; **j. evaluation** Ar-
beits(platz)bewertung *f*; **j. experience**
Berufserfahrung *f*; **j. familiarization**
Einarbeitung *f*; **j. holder** Stelleninha-
ber *m*; **j. hunt** Stellen-, Ar-
beits(platz)suche *f*; **j. hunter** Arbeit-,
Stellensuchender *m*; **j. instruction** Ar-
beitsanweisung *f*; **j. interview** Vorstel-
lungs-, Einstellungsgespräch *nt*
the jobless *n* Arbeits-, Erwerbslose *pl*;
adj arbeits-, erwerbslos; **j. total** Gesamtzahl der Arbeitslosen, Arbeitslosenzahl *f*
job loss Arbeitsplatzverlust *m*; **j. lot**
Ramschpartie *f*, Partieware *f*; **j. market** Stellen-, Arbeitsmarkt *m*; **j. opening** Arbeitsplatz *m*, offene Stelle; **j. opportunity** Beschäftigungsmöglich-
keit *f*, Berufschance *f*
job order Arbeits-, (Lohn)Fertigungs-
auftrag *m*; ~ **cost(s)** Auftragskosten *pl*; ~ **cost accounting/costing**
Stückkostenrechnung *f*
job performance Arbeitsleistung *f*, berufliche Leistung; **j. placement** Stellenvermittlung *f*; **j. production** Einzel-,
(Lohn)Auftrags-, Stückfertigung *f*; **j.
profile** Arbeitsprofil *nt*; **j. prospects**
Beschäftigungschancen *pl*, Arbeitsmarktaussichten *pl*; **j. rating** Ar-
beits(platz)bewertung *f*; **j. requirements** Stellen-, Arbeits(platz)anforde-
rungen; **j. retraining** Umschulung *f*; **j.
rotation** Stellenrotation *f*; **j. safety** Sicherheit am Arbeitsplatz, Arbeits-
schutz *m*; **j. satisfaction** berufliche Zu-
friedenheit; **j. security** Arbeitsplatzgarantie *f*, A.sicherheit *f*; **j. seeker** Ar-
beits-, Stellungssuchender *m*; **j. sharing** Arbeitsplatzteilung *f*; **j. shedding**
(Stellen)Freisetzung *f*, S.abbau *m*; **j.
shop** Werkstattfertigung *f*; Betrieb für
Auftragsfertigung; **j. situation** Be-
schäftigungs-, Arbeitsplatzsituation *f*;
j. splitting Arbeitsplatzteilung *f*; **j.
start** Berufsbeginn *m*; **j. ticket** Ak-
kord-, Arbeits(lauf)zettel *m*; **j. title**
Arbeitsplatz-, Stellenbezeichnung *f*; **j.
training** Berufsausbildung *f*; **j. vacancy** offene/freie Stelle; **j. work** Akkordarbeit *f*; Einzelanfertigung *f*
join *v/t* bei-, eintreten, Mitglied wer-

den; (miteinander) verbinden, zusammenfügen

joint *adj* gemeinsam, gemeinschaftlich; **j. and several** Ⓢ gesamtschuldnerisch

journal *n* (Fach)Zeitschrift *f*, Journal *nt [frz.]*; Kladde *f*, Tagebuch *nt*; **federal j.** Bundesanzeiger *m*; **official j.** *(EG)* Amts-, Pflichtblatt *nt*; **j. entry** Journalbuchung *f*; **j. voucher** Buchungsbeleg *m*

journey *n* Reise *f*, Fahrt *f*; **inward j.** Rück-, Heim-, Herfahrt *f*; **outward j.** Hinreise *f*, H.fahrt *f*; **j.man** *n* Geselle *m*

judge *n* Richter *m*; **j. in bankruptcy** Konkursrichter *m*; **j. at a commercial court** Handelsrichter *m*; **appellate j.** Berufungsrichter *m*; **presiding j.** vorsitzender Richter; *v/ti* (be)urteilen, bewerten; richten

judgment *n* (Prozeß-/Gerichts)Urteil *nt*, Ermessen *nt*; Meinung *f*; **j. on appeal; j. of the appeal court** Berufungsurteil *nt*; **j. with costs** kostenpflichtige Verurteilung; **j. for damages** Verurteilung zu Schaden(s)ersatz; **j. in default** Abwesenheitsurteil *nt*

to appeal against a judgment Rechtsmittel/Revision einlegen; **to award by j.** durch Urteil zuerkennen; **to enforce a j.** aus einem Urteil vollstrecken, Urteil vollstrecken (lassen); **to pronounce j.** Urteil sprechen; **to reverse a j.** Urteil aufheben; **to secure j.** Urteil erwirken

commercial judgment kaufmännisches Urteilsvermögen; **enforceable j.** vollstreckbares Urteil; **final j.** rechtskräftiges Urteil; **summary j.** Urteil im abgekürzten Verfahren; Mahnbescheid *m*; **void j.** nichtiges Urteil

judgment creditor Urteilsgläubiger *m*; **j. debt** Urteils-, Vollstreckungsschuld *f*; **j. debtor** Urteilsschuldner *m*; **j. note** Schuldanerkenntnisschein *m*

judicial *adj* gerichtlich, rechtlich

judiciary *n* Justiz(wesen) *f/nt*, J.gewalt *f*; *adj* richterlich, gerichtlich

juggernaut *n* *(coll)* 🚚 Schwerlaster *m*, dicker Brummer *(coll)*

jumble *n* Trödel *m*; **j. sale** Flohmarkt *m*

jump *n* sprunghafter Anstieg; **j. in earnings** sprunghafter Ertragsanstieg; ∼

interest rates scharfer Zinsanstieg; ∼ **prices** sprunghafter Preisanstieg

junk *n* Plunder *m*, Ramsch *m*, Kitsch *m*; **j. bond** ungesicherte/hochriskante Schuldverschreibung; **j. mail** *n* Papierkorbpost *f*; **j. shop** Ramsch-, Trödelladen *m*

jurisdiction *n* Gerichtsbarkeit *f*, Rechtsprechung *f*; Gerichtsstand *m*; Kompetenz-, Verantwortungs-, Aufgabenbereich *m*; **j. at the place of performance** Gerichtsstand des Erfüllungsortes; **to decline j.** sich für unzuständig erklären; **to have j.** zuständig sein; **to stipulate j.** Gerichtsstand vereinbaren

appellate jurisdiction Berufungsgerichtsbarkeit *f*; **commercial j.** Handelsgerichtsbarkeit *f*; **exclusive j.** ausschließliche Zuständigkeit; **fiscal j.** Steuer-, Finanzhoheit *f*; **industrial j.** Arbeitsgerichtsbarkeit *f*; **maritime j.** Seegerichtsbarkeit *f*; **original j.** erstinstanzliche Rechtsprechung

jurisprudence *n* Rechtswissenschaft *f*

juror *n* Geschworener *m*, Schöffe *m*

jury *n* Schöffen(bank) *pl/f*, Geschworene *pl*; Preisgericht *nt*; Jury *f [frz.]*; **j. list** Geschworenenliste *f*

just *adj* (ge)recht, angemessen; **j. and equitable** recht und billig

justice *n* Justiz *f*; Richter *m*; Gerechtigkeit *f*; **chief j.** *[GB]* Oberrichter *m*, *[US]* Oberster Bundesrichter

just-in-time *(Anlieferung)* einsatzsynchron, produktionssynchron

K

keen *adj* eifrig, lebhaft; *(Preis)* knapp kalkuliert

keep *n* (Lebens)Unterhalt *m*; *v/ti* (er)halten, (auf)bewahren, verwahren; *(Bücher)* führen; *(Waren)* auf Lager halten; **k. dry** Trocken aufbewahren!

keeping (of) the minutes *n* Führung des Protokolls; **k. of records** Registerführung *f*; Führung von Geschäftsbüchern; **k. for sale** Feilhalten *nt*; **k. in stock** Lagerhaltung *f*; **k. period** Aufbewahrungsfrist *f*

kerb *n* → **curb** *[GB]* Vor-, Nachbörse *f*; **in the late k.** nachbörslich; **k. broker** Freiverkehrsmakler *m*; **k. market** Frei(verkehrs)börse *f*, F.verkehrsmarkt *m*

key *n* Schlüssel *m*; Kennziffer *f*, Chiffre *f* *[frz.]*; **k. (in)** *v/t* ⌨ eingeben, eintippen; *adj* Schlüssel-, Haupt-

key account *(Werbung)* Haupt-, Großkunde *m*; **k.board** *n* ⌨ Tastatur *f*; **k. currency** Schlüssel-, Leitwährung *f*; **k. customer** wichtiger Kunde; **k. economic data** gesamtwirtschaftliche Eckdaten; **k. date** Stichtag *m*; **k. factor** wichtigster Faktor; **k. industry** Schlüsselindustrie *f*, S.branche *f*

keying (of advertisements) *n* Kennwort-, Kennziffermethode *f*; **k. in** ⌨ Eingabe *f*; **k. error** (Ein)Tast-, Tippfehler *m*

key (interest) rate Leitzins(satz) *m*; **k. job** Richtarbeitsplatz *m*; **k. money** Abstandsgeld *nt*; Mietvorschuß *m*; **k. personnel/staff** Stamm-, Kernbelegschaft *f*; **k. position** Schlüsselposition *f*, S.stellung *f*; **k. strike** Schwerpunktstreik *m*; **k. worker** Schlüsselarbeiter *m*

kind *n* Art *f*, Sorte *f*; Naturalien *pl*; **in k.** in natura *(lat.)*/Naturalien, als Sachleistung; **of average k. and quality** von mittlerer Art und Güte; **to pay in k.** in Naturalien (be)zahlen, als Sachleistung zahlen

kiosk *n* Verkaufspavillon *m*, (Zeitungs)Kiosk *m*

kit *n* Ausrüstung *f*, Bausatz *m*

kite *n* Gefälligkeitswechsel *m*; ungedeckter Scheck; Versuchsballon *m*; **k. flying** Wechselreiterei *f*; **k. mark** *[GB]* Qualitäts-, Gütezeichen *nt*

knitwear *n* Strickwaren *pl*; **k. factory** Wirkerei *f*

knock *v/ti* (an)klopfen; **k. down** *(Auktion)* zuschlagen; *(Kurs)* drücken; **k. off** *(Preis)* ab-, nachlassen, Nachlaß gewähren

knock-down *n* *(Auktion)* Zuschlag(serteilung) *m/f*; **k. price** *(Auktion)* Mindestpreis *m*; Schleuderpreis *m*

knocked down (k.d.) *adj* zerlegt; **completely k. d. (c.k.d.)** vollständig zerlegt

knock-for-knock *n* *(Vers.)* gegenseitige Aufrechnung

know-how *n* Know-how *nt*, Fachwissen *nt*, Sachverstand *m*; **industrial k.** Betriebserfahrung *f*

knowledge *n* (Fach)Kenntnis(se) *f/pl*; **to the best of my k. and belief** nach bestem Wissen und Gewissen; **k. of the goods** Warenkenntnisse *pl*; ~ **languages** Sprachkenntnisse *pl*; ~ **the trade** Branchenkenntnisse *pl*

kraft paper *n* Kraftpapier *nt*, festes braunes Papier

L

label *n* → **brand** Etikett *nt*, Zettel *m*, Schild(chen) *nt*; Kennzeichnung *f*; (Schutz)Marke *f*; **adhesive l.** Haftetikett *nt*, (Auf)Klebezettel *m*; **private l.** Eigen-, Hausmarke *f*; *v/t* kennzeichnen, beschriften, etikettieren

labelling *n* (Preis-/Waren)Auszeichnung *f*, Etikettierung *f*; **l. instructions** Auszeichnungs-, Kennzeichnungsbestimmungen

labour *[GB]*/**labor** *n* *[US]* Produktionsfaktor Arbeit; (Hand)Arbeit *f*; Arbeiter *pl*, Arbeitskräfte *pl*, Arbeitnehmer *pl*; **l. and management** Tarifpartner *pl*, T.parteien *pl*; ~ **material(s)** Löhne und Materialkosten

black labour Schwarzarbeit *f*; **casual l.** Gelegenheitsarbeit *f*; Aushilfsarbeiter *pl*; **cheap l.** billige Arbeitskräfte; **direct l.** Fertigungs-, Fabrikationslöhne *pl*; **indigenous l.** einheimische Arbeitskräfte; **indirect/non-productive l.** Fertigungsgemeinkosten *pl*; **manual l.** Handarbeit *f*; ungelernte Arbeitskräfte; **non-union(ized) l.** (gewerkschaftlich) nicht organisierte Arbeitnehmer; **organised/unionized l.** (gewerkschaftlich) organisierte Arbeitnehmer; **semi-skilled l.** angelernte Arbeitskräfte; **skilled l.** Facharbeiter *pl*, ausgebildete Arbeitskräfte; **surplus l.** Arbeitskräfte-, Personalüberhang *m*; **unskilled l.** Hilfsarbeiter *pl*, ungelernte

Arbeiter
labour *v/i* schwer arbeiten
(collective) labour agreement/contract
Tarifvertrag *m*; **l. charge(s)/content**
Lohnkosten(anteil) *pl/m*; **l. conflict**
Arbeitskampf *m*
labour cost|(s) Arbeits-, Lohn-, Perso-
nalkosten *pl*, Lohn- und Gehaltsko-
sten *pl*; **direct l. c.(s)** Fertigungs-, Fabrikationslöhne *pl*; **indirect l. c.(s)**
Lohnnebenkosten *pl*; **l. c. advantage**
Lohnkostenvorteil *m*
labour court Arbeitsgericht *nt*; **Labor
Day** *[US]* Tag der Arbeit; **l. dispute**
Arbeitskampf *m*, arbeitsrechtliche
Auseinandersetzung
labourer *n* (ungelernter) Arbeiter *m*,
Hilfsarbeiter *m*; **agricultural l.** Landarbeiter *m*; **casual l.** Gelegenheitsarbeiter *m*; **manual l.** Handarbeiter *m*
labour exchange Arbeitsamt *nt*, A.ver-
mittlung *f*
labour force Arbeitskräfte *pl*, Belegschaft *f*, Personal(bestand) *nt/m*, die
Beschäftigten, B.zahl *f*; **to reduce the
l. f.** Arbeitskräfte abbauen, Belegschaft verringern; **seasonal l. f.** Sai-
sonarbeitskräfte *pl*; **total l. f.** Gesamt-
belegschaft *f*
labour input Arbeitsaufwand *m*,
A.kräfteeinsatz *m*; Lohnkosten *pl*; **l.--
intensive** *adj* arbeits(kosten)-, perso-
nal-, lohnintensiv; **l. law** Arbeitsrecht *nt*
labour market Arbeitsmarkt *m*; ~ **data**
Arbeitsmarktdaten *pl*; ~ **research** Ar-
beitsmarktforschung *f*; ~ **situation**
Beschäftigungssituation *f*
labour movement Arbeiter-, Gewerkschaftsbewegung *f*; **l. office** Arbeitsamt *nt*, A.verwaltung *f*, A.vermitt-
lung *f*; **l. productivity** Arbeitsprodukt-
tivität *f*, A.leistung *f*; **l. relations** Verhältnis zwischen den Tarifparteien,
soziales Klima; **l. resources** verfügbare
Arbeitskräfte; **l.-saving** *adj* ar-
beits(kräfte)sparend; **l. shedding** Personalabbau *m*; **l. shortage** Personal-,
(Arbeits)Kräftemangel *m*; **l. statistics**
Arbeits(markt)statistik *f*; **l. supply**
verfügbare Arbeitskräfte; **l. surplus**
Arbeitskräfteüberangebot *nt*; **l. time**

standard Arbeitszeitvorgabe *f*; **l. turnover** (Personal)Fluktuation *f*; **labor
union** *[US]* (Arbeiter)Gewerkschaft *f*
lack *n* Mangel *m*, Fehlen *nt*; **for l. of**
in Ermangelung von
lack of authority mangelnde Vollmacht; ~ **capital/funds** Kapitalmangel *m*; ~ **demand** fehlende Nachfrage;
~ **interest** Desinteresse *nt*; ~ **jobs** Ar-
beitsplatzmangel *m*; ~ **money** Geldmangel *m*; ~ **orders** Auftragsman-
gel *m*; ~ **work** Arbeitsmangel *m*; ~
skilled workers Facharbeitermangel *m*
fully laden *adj* voll beladen
lading *n* Ver-, Beladung *f*
lag *n* Zurückbleiben *nt*, Rückstand *m*,
Verzögerung *f*; *v/ti* zurückbleiben; **l.
behind** hinterherhinken; **l.ger** *n* Spät-
indikator *m*
laid|-off *adj* freigestellt; **l.-up** *adj* stillge-
legt; ⌁ eingemottet *(fig)*
laisser-faire; laissez-faire *n* *[frz.]*
Laisser-faire *nt*, wirtschaftlicher Libe-
ralismus
land *n* Grund und Boden, Land *nt*,
(Produktionsfaktor) Boden *m*; *(Bilanz)* Grundstücke *pl*; **l. and buildings**
(Bilanz) Grundstücke und Gebäude,
unbebaute und bebaute Grundstücke
to cultivate land Land urbar machen;
to develop l. Bauland/Grundstück erschließen; **to farm/work the l.** Hof/
Land bewirtschaften; **to lease l.; to
take l. on lease** Grundstück pachten;
to mortgage l. Grundstück (hypothekarisch) belasten
agricultural land landwirtschaftlich genutztes Land, ~ genutzter Boden; **arable l.** Ackerland *nt*; **built-up l.** bebau-
tes Land; **derelict/waste l.** Brachflä-
che *f*, Brache *f*, Ödland *nt*; **develop-
able l.** Bauerwartungsland *nt*; **developed l.** erschlossenes Grundstück; **industrial l.** gewerblich genutzte Fläche;
derelict ~ **l.** Industriebrache *f*, industrielle Altlast; **marginal l.** Grenzer-
tragsboden *m*; **owner-occupied l.** ei-
gengenutztes Grundstück; **public l.s**
Staatsländereien
land *v/ti* ⌁ anlegen, ankommen, landen; *(Ladung)* löschen
land acquisition Land-, Grunder-

werb *m*; **l. agency** *[US]* Immobilien(makler)büro *nt*; **l. agent** *[US]* Grundstücksmakler *m*; **l. bank** Bodenkreditanstalt *f*, Hypothekenbank *f*; *[US]* Landwirtschaftsbank *f*; Vorratsland *nt*; **l. charge** [§] Grunddienstbarkeit *f*, G.schuld *f*; **l. consolidation** Flurbereinigung *f*; **industrial l. contamination** Bodenverseuchung durch Industrie; **l. credit** Immobiliarkredit *m*; **l. development** Bauland-, Grundstückserschließung *f*; **l.fill (disposal site)** *n* (Auffüll)Deponie *f*; **l. frontier** ⊖ grüne Grenze; **l. improvement** (Grundstücks)Melioration *f*; **l. improvements** Aufschließungsmaßnahmen, Erschließungsanlagen

landing *n* ⚓ Landen *nt*, Landung *f*; ⚓ (An)Landen *nt*, Ausladen *nt*, Löschen *nt*; **l. certificate** Lande-, Löschschein *m*; **l. charges** Landegebühr *f*; Löschgebühren

land investment Grundstücksanlage *f*; **l.lady** *n* (Zimmer)Vermieterin *f*; Wirtin *f*; **l.lord** *n* Grund-, Hauseigentümer *m*, Hauswirt *m*; Wirt *m*; ~ **and tenant** Mieter und Vermieter; **l. mortgage bank** Bodenkreditbank *f*, B.anstalt *f*; **l.owner** *n* Grundbesitzer *m*; **l. price** Grundstückspreis *m*; **l. purchase** Grundstücks-, Landerwerb *m*; **l. reclamation** 📗 Urbarmachung *f*; 📗 Altlastenbeseitigung *f*; **l. reform** Boden-, Landreform *f*; **l. register** Grundbuch *nt*, Kataster *nt*; **l. registration** Grundbucheintragung *f*; **l. registry** Grundbuch-, Kastasteramt *nt*; **l. sale** Grundstücksverkauf *m*; **l. speculation** Grundstücks-, Bodenspekulation *f*; **l. survey** Landvermessung *f*; **l. tenancy/ tenure** Grundstücks-, Landpacht *f*; **l. transfer tax** Grunderwerbssteuer *f*; **l. use** Boden-, Flächennutzung *f*; **l. value** Grundstückswert *m*; **l. zoning** Flächennutzungsplanung *f*

language *n* Sprache *f*; **commercial l.** Handelssprache *f*; **foreign l. correspondent** Fremdsprachenkorrespondent *m*; **official l.** Amts-, Verkehrssprache *f*

lapse *n* *(Vers.)* Erlöschen *nt*, Verfall *m*; Wegfall *m*; Irrtum *m*, Versäumnis *nt*;

l. of duty Pflichtversäumnis *nt*; ~ **a policy** Policenverfall *m*; ~ **time** Fristablauf *m*; *v/i* weg-, entfallen, erlöschen; *(Angebot)* gegenstandslos werden

larceny *n* [§] Diebstahl *m*

launch *n* *(Firma)* Gründung *f*; *(Produkt)* (Neu)Einführung *f*; *v/t* auf den Markt bringen, einführen; *(Firma)* gründen; **l. advertising** Einführungswerbung *f*; **l. capital** Startkapital *nt*

launching *n* Start *m*; *(Produkt)* Einführung *f*; **l. finance** Anschubfinanzierung *f*

law *n* Recht *nt*, Gesetz *nt*, Rechtswissenschaft *f*; **by l.** von Rechts/Gesetzes wegen, gesetzlich; **in l.** rechtlich, gesetzlich

law of agency Recht der Vertretung; ~ **association(s)** Gesellschaftsrecht *nt*; ~ **contract** Vertrags-, Schuldrecht *nt*; ~ **employment** Arbeitsrecht *nt*; ~ **equity** Billigkeitsrecht *nt*; ~ **exchange** Wechselrecht *nt*; **the ~ the land** geltendes Recht; ~ **landlord and tenant** Miet- und Pachtrecht *nt*; ~ **nations** Völkerrecht *nt*; **l. and order** Sicherheit und Ordnung, öffentliche Ordnung; **l. of precedent** Fallrecht *nt*; ~ **property** Eigentums-, Vermögensrecht *nt*; ~ **diminishing returns** Gesetz vom abnehmenden (Boden)Ertrag; ~ **sales** Kauf(vertrags)recht *nt*; ~ **cooperative societies** Genossenschaftsrecht *nt*; ~ **supply and demand** Gesetz von Angebot und Nachfrage; ~ **torts** Recht der unerlaubten Handlungen, Schaden(s)ersatzrecht *nt*

pending at law rechtshängig; **protected by l.** gesetzlich geschützt (ges. gesch.); **required by l.** den gesetzlichen Bestimmungen gemäß; **valid in l.** rechtgültig

to breach/infringe the law Gesetz übertreten/verletzen; **to comply with the l.** Gesetz beachten, sich an die gesetzlichen Vorschriften halten; **to go to l.** vor Gericht gehen, Klageweg beschreiten, Prozeß anstrengen

administrative law Verwaltungsrecht *nt*; **anti-trust l.** Kartellgesetz *nt*; **commercial l.** Handelsrecht *nt*; **common l.** Gewohnheitsrecht *nt*; **contrac-**

tual l. Vertragsrecht *nt*; **criminal** l. Strafrecht *nt*; **economic** l. Wirtschaftsrecht *nt*; ökonomisches/volkswirtschaftliches Gesetz; **existing** l. geltendes Recht; **financial** l. Finanzrecht *nt*; **fiscal** l. Finanz-, Steuerrecht *nt*; **industrial** l. Arbeits-, Gewerberecht *nt*; **national** l. *(EG)* einzelstaatliches Recht; **private** l. Privat-, Zivilrecht *nt*, bürgerliches Recht; **procedural** l. Verfahrens-, Prozeßrecht *nt*; **public** l. öffentliches Recht; **statutory/written** l. geschriebenes Recht

law cost(s) Kosten des Rechtsstreits; l. **firm** (Anwalts)Sozietät *f*; l.**ful** *adj* rechtmäßig, gesetzlich, recht(lich); l. **merchant** Handelsrecht *nt*; l. **practice** Anwaltspraxis *f*; l.**suit** *n* Klage *f*, Gerichtsverfahren *nt*

lawyer *n* Jurist *m*, (Rechts)Anwalt *m*; **to brief/instruct a** l. Anwalt bestellen; **to retain a** l. sich einen Anwalt nehmen; **to put the matter into the hands of a** l. Sache einem Rechtsanwalt übergeben; **commercial/industrial** l. Wirtschaftsjurist *m*; **corporate/in-company/in-house** l. Firmenjurist *m*, Justitiar *m*, Syndikus *m*; l.**'s office** Anwaltskanzlei *f*

lay *v/t* legen; l. **aside** zurücklegen, z.stellen; l. **in** (ein)lagern; l. **off** vorübergehend entlassen, freisetzen; l. **on** *(Gas/Wasser)* anschließen; l. **out** auslegen, verausgaben; l. **up** ꜱ stillegen, einmotten *(coll)*

lay days ꜱ Lösch-, Liegetage; l.**-off** *n* vorübergehende Entlassung; ~ **benefit** Entlassungsabfindung *f*

layout *n* Anordnung *f*, Gestaltung *f*, Aufmachung *f*; l. **of a letter** Briefgestaltung *f*; ~ **the workplace** Arbeitsplatzgestaltung *f*

lead *n* Führung *f*, Leitung *f*; Vorsprung *m*; Hinweis *m*, Anhaltspunkt *m*; l.**s and lags** Phasenverschiebung *f*; *(Außenhandel)* kurzfristige Änderungen der Zahlungsgewohnheiten; ~ **of trade** Schwankungen im Handelsverkehr; l. **bank** *(Emission)* Konsortialführerin *f*; l. **contractor** Generalunternehmer *m*

leader *n* Führer *m*, Leiter *m*; federfüh-

rendes Konsortialmitglied; Spitzenreiter *m*; *(Börse)* Spitzenwert *m*; Lockvogel *m (fig)*; Frühindikator *m*; Leitartikel *m*

leadership *n* Führung *f*, Leitung *f*; **economic** l. Wirtschaftsführung *f*; l. **abilities** Führungsqualitäten; l. **style** Führungsstil *m*

lead|-manage *v/t* Konsortium führen, Konsortialführer(in) sein; l.**-management** Feder-, Konsortialführung *f*; l. **manager** Konsortialführer *m*, Führungsbank *f*; l. **underwriter** Erstversicherer *m*

leaflet *n* Broschüre *f*, (Werbe)Prospekt *m*, Faltprospekt *m*

leak *n* Leck *nt*; *v/ti* lecken, auslaufen; l.**age** *n* Verlust *m*, Schwund(verlust) *m*, Sickerquote *f*; ~ **and breakage** Leckage und Bruch

lean *v/ti* dürftig; straff organisiert; durchrationalisiert

lease *n* Miete *f*, Pacht(besitz) *f/m*, P.verhältnis *nt*; l. **in perpetuity** Erbpacht *f*; **to sign a** l. Mietvertrag abschließen; **to terminate a** l. Mietvertrag kündigen; *v/t* pachten, (an)mieten; vermieten, verpachten

lease|back *n* Wiederanmietung *f*; Rückverpachtung *f*; l.**hold** *n* (Zeit)Pacht *f*, P.besitz *m*, Erbpacht *f*; l.**holder** *n* Mieter *m*, Pächter *m*, Pachtbesitzer *m*, Erbbauberechtigter *m*; l.**hold land** Pachtland *nt*; ~ **property** (Erb)Pachtgrundstück *nt*; ~ **rent** Pachtzins *m*; ~ **tenure** Pachtdauer *f*

leasing *n* Verpachtung *f*, Vermietung *f*; Leasing *nt*, Anmietung *f*, Anpachtung *f*; **financial** l. Finanzierungsleasing *nt*; l. **agreement** Pacht-, Mietvertrag *m*; l. **company** *[GB]* Leasinggesellschaft *f*; l. **finance** Leasingfinanzierung *f*; l. **rental** Pachtertrag *m*

leave *n* Urlaub *m*; Erlaubnis *f*, Bewilligung *f*; l. **of absence** Beurlaubung *f*; l. **with pay** bezahlter Urlaub; l. **without pay** unbezahlter Urlaub; **to be absent without** l. unentschuldigt fehlen/fernbleiben; **to grant** l. beurlauben

annual leave Jahresurlaub *m*; **paid** l. bezahlter Urlaub; **sick** l. Krankheitsurlaub *m*; **on** ~ l. krankgeschrieben;

terminal l. Resturlaub *m*

leave *v/ti* (be)lassen; abfahren, abreisen; Stelle aufgeben; vererben

ledger *n* Haupt-, Geschäftsbuch *nt*; **l. clerk** Hauptbuchführer *m*; **l.less** *adj* kontenlos; **l. posting** Hauptbucheintragung *f*

legacy *n* [§] Vermächtnis *nt*, Hinterlassenschaft *f*, Erbschaft *f*

legal *adj* gesetzlich, rechtlich; **l.ization** *n* Beglaubigung *f*, Beurkundung *f*; **l.ize** *v/t* amtlich/notariell beglaubigen

legislation *n* Gesetzgebung *f*; **l. on competition** Wettbewerbsrecht *nt*; **anti-cartel/anti-trust** *[US]* **l.** (Anti)Kartellgesetzgebung *f*; **anti-pollution l.** Gesetz gegen Umweltverschmutzung; **concurrent l.** konkurrierende Gesetzgebung; **environmental l.** Umweltschutzgesetzgebung *f*; **fiscal l.** Steuer-, Finanzgesetzgebung *f*; **industrial l.** Arbeitsgesetzgebung *f*; **national l.** *(EG)* einzelstaatliches Recht

legitimate *adj* gesetzlich (erlaubt)

leisure *n* Freizeit *f*; **l. activity** Freizeitgestaltung *f*; **l. amenities/facilities** Freizeitangebot *nt*, F.einrichtungen; **l. company/enterprise** Freizeitgesellschaft *f*; **l. industry** Freizeitindustrie *f*; **l. time** Freizeit *f*

lend *v/t* (aus-/ver)leihen, Darlehen gewähren

lender *n* Darlehens-, Kreditgeber *m*; **l. of capital** Kapital-, Geldgeber *m*; ~ **last resort** letztinstanzlicher Kapitalgeber

lending on bills *n* Wechsellombard *m*; ~ **goods** Warenlombard *m*, W.kredit *m*; ~ **securities** (Wertpapier)Lombard *m*, L.geschäft *nt*

foreign/international lending(s) Auslandskredite *pl*; **long-term l.(s)** langfristige Ausleihungen; **short-term l.(s)** kurzfristige Kredite, Kassenkredite *pl*; **syndicated l.** Konsortial(kredit)geschäft *nt*; **total l.(s)** Kreditvolumen *nt*

lending business Kreditgeschäft *nt*, K.wesen *nt*; **l. ceiling** Beleihungsgrenze *f*; **l. commitment** Kreditzusage *f*; **l. control(s)** Kreditbeschränkung *f*; **l.**

margin Kreditrendite *f*

lending rate Kreditzins *m*; **base l. r.** Mindestzinssatz *m*; **minimum l. r. (MLR)** *[GB]* Mindestdiskontsatz *m*; **prime l. r.** Sollzins(fuß) für erste Adressen

length *n* Dauer *f*, Länge *f*; **l. of credit** Kreditdauer *f*; ~ **life** Lebensdauer *f*, L.erwartung *f*

less *adv* weniger, abzüglich; **l.ee** *n* Mieter *m*, Pächter *m*, Leasingnehmer *m*; **l.or** *n* Verpächter *m*, Vermieter *m*, Leasinggeber *m*; **l.-than-carload (L.C.L.)** *n* Stückgut(fracht) *nt/f*, S.ladung *f*, Partiefracht *f*

let *n* Vermietung *f*, Verpachtung *f*; Mietdauer *f*; *v/t* vermieten, verpachten

letter *n* Schreiben *nt*, Brief *m*; **by l.** schriftlich

letter of acceptance Annahmeerklärung *f*; ~ **acknowledgment** Bestätigungsschreiben *nt*; ~ **advice** Benachrichtigungsschreiben *nt*, Versandanzeige *f*; ~ **allotment** Bezugsrechtsmitteilung *f*; ~ **apology** Entschuldigungsbrief *m*; ~ **application** Bewerbungsschreiben *nt*; ~ **authority** Vollmachtserklärung *f*, Ermächtigungsschreiben *nt*; ~ **complaint** Beschwerdebrief *m*, Mängelrüge *f*; ~ **confirmation** Bestätigungsschreiben *nt*, schriftliche Bestätigung

letter of credit (L/C) Akkreditiv *nt*, Kreditbrief *m*; **opening a ~ c.** Akkreditivstellung *f*, Kreditbrieferöffnung *f*; **to confirm a ~ c.** Akkreditiv bestätigen; **to open a ~ c.** Akkreditiv eröffnen

commercial letter of credit (Waren)Akkreditiv *nt*, W.kreditbrief *m*; **confirmed l. of c.** bestätigter Kreditbrief, bestätigtes Akkreditiv; **documentary l. of c.** dokumentarischer Kreditbrief *m*, Dokumentenakkreditiv *nt*; **irrevocable l. of c.** unwiderrufliches Akkreditiv, unwiderruflicher Kreditbrief; **confirmed ~ l. of c.**; ~ **and confirmed l. of c.**; **straight l. of c.** bestätigtes unwiderrufliches Akkreditiv; **revocable l. of c.** widerrufliches Akkreditiv; **revolving l. of c.** sich automatisch erneu

erndes Akkreditiv; **unconfirmed l.** of
c. unbestätigtes Akkreditiv
letter of dismissal Kündigungsschrei-
ben *nt*, K.mitteilung *f*; ~ **enquiry/in-
quiry** Anfrage *f*; ~ **grant** Bewilligungsbescheid *m*; ~ **indemnity**
(schriftliche) Garantieerklärung *f*,
Ausfallbürgschaft *f*; ~ **intent** Kaufzusage *f*, (schriftliche) Willenserklä-
rung *f*; ~ **introduction/recommenda-
tion** Empfehlungsschreiben *nt*; ~ **licence** Erlaubnis zur Geschäftsführung; **l. to shareholders** *[GB]*/**stockholders** *[US]* Aktionärsbrief *m*; **l. of
tender** *(Ausschreibung)* Offerte *f*
to answer a letter Brief beantworten;
to collect l.s Briefkasten leeren; **to confirm by l.** brieflich bestätigen; **to deliver l.s** Post zustellen; **to exchange l.s**
korrespondieren; **to learn from a l.**
(aus) einem Brief entnehmen; **to mail
[US]/post *[GB]* a l.** Brief aufgeben/ab-
schicken; **to write in printed l.s** in
Druckschrift schreiben
accompanying/covering letter Begleitschreiben *nt*, B.brief *m*; **circular l.**
(Werbe)Rundschreiben *nt*, Brief-
drucksache *f*; **commercial l.** Geschäftsbrief *m*; **dunning l.** Mahnschreiben *nt*, Mahnung *f*; **follow-up l.**
Nachfaßbrief *m*, Erinnerungsschrei-
ben *nt*; **incoming l.s** Post-, Briefein-
gang *m*; **insured l.** Wertbrief *m*; **introductory l.** Einführungs-, Empfehlungsschreiben *nt*; **official l.** amtliches
Schreiben; **personal/private l.** persön-
licher/vertraulicher Brief; **registered l.**
⊠ Einschreibebrief *m*, Einschreiben *nt*; **separate l.** getrenntes Schreiben; **set-form/set-pattern l.** Form-
schreiben *nt*, Schemabrief *m*; **standard l.** Standardbrief *m*
letter balance/scales Briefwaage *f*; **l.
book** Brieftagebuch *nt*; **l. box** Briefkasten *m*; ~ **company** Briefkastengesellschaft *f*; **l.head** *n* Geschäftsbogen *m*;
Briefkopf *m*; **l.s patent** Patent *nt*; **l.
post** ⊠ Briefpost *f*; **l. rate** Briefpor-
to *nt*; **l.s received** Brief-, Postein-
gang *m*; ~ **testamentary** [§] Erbschein *m*
level *n* Niveau *nt* *[frz.]*, Höhe *f*,

Stand *m*
level of absenteeism Abwesenheitsquo-
te *f*; ~ **activity** Beschäftigungsgrad *m*, Kapazitätsauslastung *f*; ~
authority Hierarchiestufe *f*; ~ **capacity utilization** Kapazitätsauslastung *f*; ~ **claims** *(Vers.)* Schadens-
höhe *f*; ~ **contribution** Beitragshö-
he *f*; ~ **demand** Nachfragevolumen *nt*; ~ **education** Bildungs-
stand *m*, B.grad *m*; ~ **employment**
Beschäftigungslage *f*; Erwerbsquote
f; ~ **income** Einkommenshöhe *f*,
E.niveau *nt*; ~ **inflation** Inflationsni-
veau *nt*; ~ **interest (rates)** Zinsni-
veau *nt*, Z.höhe *f*; ~ **management**
Leitungsebene *f*; ~ **orders** Auftragsbestand *m*; .~ **output** Produktionsni-
veau *nt*; ~ **pollution** Schadstoffbela-
stung *f*; ~ **prices** Preis-, Kursni-
veau *nt*; ~ **productivity** Produktivi-
tätsniveau *nt*; ~ **sales** Absatz(volumen) *m*/*nt*; ~ **unemployment** (Grad
der) Arbeitslosigkeit *f*, A.losenquo-
te *f*; ~ **unionization** (gewerkschaftlicher) Organisationsgrad *m*
commercial level Handelsstufe *f*; **managerial l.** Führungsebene *f*, F.etage *f*
level *v/t* nivellieren, gleichmachen; **l.
off** (sich) abflachen; *(Preise)* sich abschwächen; *(Nachfrage)* abflauen; **l.
up** *(Preise)* hinaufschrauben;
(Löhne) erhöhen
levelling *n* Nivellierung *f*; **l. of incomes**
Einkommensnivellierung *f*; **l. off** Abschwächung *f*
level-peg *v/i* auf gleicher Höhe sein
leverage *n* Hebelwirkung *f* (der Finan-
zierungsstruktur); Verhältnis von Ei-
gen- zu Fremdkapital, Fremdfinanzie-
rungsgrad *m*; **l.d** *adj* fremdfinanziert
levy *n* (Steuer)Abgabe *f*, Belastung *f*,
Umlage *f*; Beschlagnahme *f*; **l. on
capital** Vermögen(s)steuer *f*; **l. of execution** Pfändung *f*, Zwangsvollstreckung *f*
additional levy Zusatzabschöpfung *f*;
agricultural l. (Agrar)Abschöpfung *f*;
compensatory l. *(EG)* Ausgleichsabgabe *f*; **statutory l.** Zwangsabgabe *f*;
political l. *[GB]* *(Gewerkschaft)* Par-
teiumlage *f*; **supplementary l.** Ergän-

zungsabgabe *f*
levy *v/t* beschlagnahmen, pfänden; *(Abgaben)* erheben; besteuern
liability *n* Haftung(sverhältnis) *f/nt*, Haftpflicht *f*, Verbindlichkeit *f*; Verpflichtung *f*; *(Vers.)* Leistungspflicht *f*; **liabilities** Passiva
liability on current account Kontokorrentverbindlichkeit *f*; **liabilities to banks** Verbindlichkeiten gegenüber Kreditinstituten; **l. on/under a bill** Wechselhaftung *f*, W.obligo *nt*; **l. for breach of warranty** Gewährleistungshaftung *f*; **~ further calls** Nachschußpflicht *f*; **l. in contract** vertragliche Haftung; **l. to contribute** Nachschußpflicht *f*; **l. for damages; l. to pay damages** Schaden(s)ersatzpflicht *f*; **l. for defects** (Sach)Mängelhaftung *f*; **l. under a guarantee** Garantiehaftung *f*; **l. for income tax** Einkommen(s)steuerpflicht *f*; **l. to make good a loss** Schaden(s)ersatzpflicht *f*; **~ provide maintenance** *[GB]*/**support** *[US]* Unterhaltspflicht *f*; **l. of partners** Haftung der Gesellschafter; **l. for recourse** Regreßpflicht *f*; **~ tax/taxation** Steuer-, Abgabepflicht *f*; **l. in tort** Haftung aus unerlaubter Handlung
to carry as liabilities passivieren; **to contract/incur a liability** Haftung eingehen; **to decline liability** *(Vers.)* Haftung ablehnen; **to discharge a liability** einer Verbindlichkeit nachkommen; **to exempt from liability** von der Haftung ausnehmen; **to honour/meet l.** Verbindlichkeiten begleichen, Verpflichtungen erfüllen; **to limit liability** Haftung beschränken; **to satisfy l.** Schulden tilgen
absolute liability Gefährdungshaftung *f*; **accrued liabilities** antizipative Schulden/Passiva; **aggregate/collective l.** Kollektivhaftung *f*; **contingent l.** Eventualverbindlichkeit *f*; **contractual l.** vertragliche Haftpflicht; **corporate l.** Unternehmenshaftung *f*; **current liabilities** kurzfristige/laufende Verbindlichkeiten; **deferred l.** langfristige Verbindlichkeit; **fiscal liabilities** Steuerschulden; **fixed liabilities** langfristige Verbindlichkeiten; **indirect l.**

Eventualverbindlichkeit *f*; **intra--group liabilities** Konzernverbindlichkeiten; **joint (and several) l.** ⑤ Solidarhaftung *f*; **limited l.** beschränkte Haftung; **~ capital** haftendes Kapital, Haft-, Kommanditkapital *nt*; **~ company** *[GB]* Aktiengesellschaft (AG) *f*; Gesellschaft mit beschränkter Haftung (GmbH); **long-term liabilities** langfristige Verbindlichkeiten, langfristiges Fremdkapital; **net liabilities** Nettoverbindlichkeiten, Passivsaldo *m*; **personal liabilities** Privatschulden; **primary l.** selbstschuldnerische Haftung; **public l.** Staats-, Amtshaftung *f*; **reserve-carrying liabilities** (mindest)reservepflichtige Verbindlichkeiten; **secondary l.** subsidiäre Haftung; **short--term liabilities** laufende/kurzfristige Verbindlichkeiten; **statutory l.** gesetzliche Haftung/Haftpflicht; **third-party l.** Haftung gegenüber Dritten; **~ car/motor insurance** Kraftfahrzeug-, Kfz-, Autohaftpflichtversicherung *f*; **tortious l.** deliktische Haftung, Delikthaftung *f*; **unlimited l.** unbeschränkte Haftung, Vollhaftung *f*; **vicarious l.** Haftung für fremdes Verschulden, ~ den Erfüllungsgehilfen
liability account Passivkonto *nt*; **l. bond** Haftungserklärung *f*; **l. business** *(Vers.)* Haftpflichtgeschäft *nt*; **l. capital** Hafteinlage *f*, H.kapital *nt*; **l. claim** *(Vers.)* Haftpflicht-, Haftungsanspruch *m*; **l. cover(age)** Haftungssumme *f*, Haftpflichtdeckung *f*
liability insurance Haftpflichtversicherung *f*; **personal l. i.** (Privat)Haftpflichtversicherung *f*; **professional l. i.** Berufshaftpflichtversicherung
liability insured Deckungsumfang *m*; **l. limit** Haftungsgrenze *f*; **l. loss** Haftungsschaden *m*; **l. policy** Haftpflicht(versicherungs)police *f*; **l. provisions** Haftungsvorschriften; **l. reserves** Rückstellungen für ungewisse Verbindlichkeiten; **l. risk** Haftungsrisiko *nt*; **liabilities side** *(Bilanz)* Passivseite *f*; **to enter/show on the ~ side** passivieren
liable *adj* haftend, (finanziell) haftbar; verantwortlich; **to be l.** haften; **~ ful-**

ly l. uneingeschränkt/voll haften; ~ **jointly (and severally)** l. §⃝ solidarisch/ gesamtschuldnerisch haften; ~ **vicariously** l. §⃝ für den Erfüllungsgehilfen haften; **to hold so.** l. jdn haftbar machen

libel *n* §⃝ (schriftliche) Verleumdung *f*, üble Nachrede

liberalization *n* Liberalisierung *f*; **l. of imports** Einfuhrliberalisierung *f*, Importfreigabe *f*; ~ **trade** Handelsliberalisierung *f*

liberalize *v/t* freigeben, liberalisieren

LIBOR *n* → **London interbank offered/ overnight rate**

licence *[GB]*/**license** *n [US]* Erlaubnis(bescheid) *f/m*, Lizenz *f*, Genehmigung *f*, Berechtigung *f*; **l. to operate** Betriebsgenehmigung *f*; ~ **trade** Gewerbeschein *m*; **to issue a l.** Lizenz/ Konzession erteilen; **to build/manufacture under l.** in Lizenz bauen, nachbauen; **to take out a l.** Lizenz erwerben; **exclusive l.** ausschließliche Lizenz; **professional l.** Genehmigung zur Ausübung eines Berufs

licence agreement Lizenzvertrag *m*, L.abkommen *nt*; **l. holder** Lizenzinhaber *m*, L.nehmer *m*; **l. royalties** Lizenz-, Konzessionsgebühren; **l. tax** Lizenzgebühr *f*, Konzessionssteuer *f*

license *v/t* lizensieren, konzessionieren; **l.e** *n* Lizenzinhaber *m*, L.nehmer *m*, Konzessionär *m*; **l.r**; **licensor** *n* Konzessionsvergeber *m*, Lizenz(ver)geber *m*

licensing *n* Zulassung(serteilung) *f*, Lizenz-, Konzessionsgewährung *f*, K.vergabe *f*, Konzessionierung *f*; **l. agreement** Lizenzvertrag *m*; **l. authority** Genehmigungsbehörde *f*; **l. certificate** Zulassungsurkunde *f*; **l. procedure** Zulassungsverfahren *nt*; **l. provisions/regulations** Zulassungsbestimmungen; **l. requirements** Genehmigungsvorschriften

lien *n* Pfand(recht) *nt*; **to create a l.** Pfand(recht) bestellen; **contractual l.** Vertragspfand(recht) *nt*; **equitable l.** sicherungsübereignete Gegenstände; **mercantile l.** kaufmännisches Zurückbehaltungsrecht; **prior/senior l.** bevor-

rechtigtes Pfandrecht; **l. bond** Schuldverschreibung *f*, Obligation *f*; **l. creditor**; **l. holder** Pfandinhaber *m*, P.gläubiger *m*

life *n* Leben *nt*; Lebenserwartung *f*; Nutzungs-, Lebensdauer *f*; Gültigkeitsdauer *f*; *(Anleihe)* Laufzeit *f*

life of (a) contract Vertragsdauer *f*; ~ **a letter of credit** Gültigkeitsdauer/ Laufzeit eines Akkreditivs; ~ **a loan** Kreditlaufzeit *f*; ~ **a patent** (Geltungs)Dauer/Laufzeit eines Patents; ~ **a policy** Versicherungslaufzeit *f*

to appoint for life auf Lebenszeit anstellen/ernennen

actual life tatsächliche Nutzungsdauer; **assured/insured l.** versichertes Leben; **average l.** Durchschnittslaufzeit *f*, durchschnittliche Laufzeit/Lebensdauer; **expected l.** gewöhnliche Nutzungsdauer; **impaired l.** *(Lebensvers.)* erhöhtes Risiko; **long l.** *(Anleihe)* lange Laufzeit; **physical l.** Gesamtnutzungsdauer *f*; **private l.** Privatleben *nt*; **professional l.** Berufs-, Arbeitsleben *nt*; **standard l.** *(Lebensvers.)* durchschnittliche Lebensdauer; **useful l.** (betriebsgewöhnliche) Nutzungsdauer *f*

life annuity Lebens-, Leibrente *f*

life assurance *[GB]* Lebens-, Sterbefallversicherung *f*; **deferred l. a.** aufgeschobene Lebensversicherung; **extended l. a.** beitragslos gestellte Lebensversicherung; **industrial l. a.** Kleinlebensversicherung *f*; **mutual l. a. company** Lebensversicherungsgesellschaft/L.verein auf Gegenseitigkeit; **participating l. a.** Lebensversicherung mit Gewinnbeteiligung; **straight l. a.** Todesfall-, Großlebensversicherung *f*; **temporary l. a.** Risikolebensversicherung *f*; **whole l. a.** (Lebens)Versicherung auf den Todesfall; **l. a. premium** Lebensversicherungsprämie *f*

life business Lebensversicherungsgeschäft *nt*; **l. company** Lebensversicherungsgesellschaft *f*; **industrial l. company** Kleinlebensversicherungsgesellschaft *f*; **l. cover(age)** Lebensversicherungsschutz *m*; **l. cycle** Produkt-, Lebenszyklus *m*

life expectancy Lebenserwartung *f*; **average l. e.** durchschnittliche Lebenserwartung; **useful l. e.** betriebsgewöhnliche Nutzungsdauer

life expectation Lebenserwartung *f*; **l. insurance [US]** → **l. assurance**; **l. interest** Leibrente *f*, Nutzungsrecht auf Lebenszeit; **l. office** Lebensversicherungsgesellschaft *f*, L.versicherer *m*; **l. pension** Pension auf Lebenszeit

life policy Lebensversicherung(spolice) *f*; **industrial l. p.** Kleinlebensversicherungspolice *f*; **joint l. p.** verbundene Lebensversicherung

life premium Lebensversicherungsprämie *f*; **l. span** Lebensdauer *f*; **l. table** *(Lebensvers.)* Sterblichkeitstabelle *f*, Sterbetafel *f*; **l. tenancy** Pacht auf Lebenszeit; **l. tenant** Pächter auf Lebenszeit; **l. tenure** lebenslängliche Anstellung; **l.time** *n* Lebenszeit *f*; ~ **income** Lebenseinkommen *nt*; **l. underwriter** Lebensversicherer *m*

lifo; LIFO (last in first out) *(Vorratsbewertung)* Lifo-Methode *f*

lift *v/t* (an)heben; *(Dividende)* erhöhen; ✿ *(Bodenfrüchte)* roden, (ab)ernten; *(Öl)* fördern; *(Bestimmung)* aufheben; **l.ing** *n* *(Öl)* Förderung *f*; ✿ *(Bodenfrüchte)* Ernte *f*, Rodung *f*; *(Bestimmung)* Aufhebung *f*

lighter *n* ⚓ Leichter(schiff) *m/nt*, Lastkahn *m*; **l.age** *n* ⚓ Leichtergeld *nt*, L.lohn *m*

light|-industrial *adj* leichtindustriell; **l.ning** *n* Blitz *m*; ~ **damage** Blitzschaden *m*; ~ **strike** spontaner Streik, Blitzstreik *m*; **l. pen** 💻 Lichtstift *m*, L.griffel *m*

limit *n* (Preis)Grenze *f*, Höchstbetrag *m*, Rahmen *m*; **l. of credit** Kredit-, Beleihungsgrenze *f*; ~ **indemnity** Haftungs-, Entschädigungsgrenze *f*; **l.s of taxation** Grenzen der Besteuerung; **financial l.s** finanzieller Spielraum; **legal l.** *(Vers.)* Deckungsgrenze *f*; *v/t* befristen, begrenzen, beschränken

limitation *n* Ein-, Beschränkung *f*, Begrenzung *f*; **l. of authority** Voll-

machtsbeschränkung *f*; ~ **claims** Anspruchsverjährung *f*; ~ **indemnity** Deckungssummenbegrenzung *f*; ~ **liability** Haftungsbegrenzung *f*, H.beschränkung *f*; ~ **in time** Verjährung *f*; ~ **the range of goods** Angebotsbegrenzung *f*; **l. period** [§] Verjährungsfrist *f*

limited (Ltd.) *adj* limitiert, begrenzt, beschränkt; mit beschränkter Haftung

limit order *(Börse)* limitierter Auftrag, Limitauftrag *m*; **l. price** Limitkurs *m*

line *n* Linie *f*, Strich *m*, Zeile *f*; *(Lloyd's)* Versicherungshöchstgrenze *f*; (Artikel-/Waren)Sortiment *nt*, Fertigungs-, Lieferprogramm *nt*; (Fach)Gebiet *nt*, Branche *f*; **below the l.** unter dem Strich; **down the l.** nachgeordnet; **up the l.** vorgeordnet

line of acceptance Akzeptlimit *nt*; **l.(s) of authority/command** Leitungsstruktur *f*, Führungshierarchie *f*; **l. of business** (Industrie)Sparte *f*, Geschäftszweig *m*, Branche *f*; ~ **credit** Kreditlinie *f*, K.spielraum *m*, K.rahmen *m*; ~ **goods/merchandise** Artikelserie *f*, (Waren)Sortiment *nt*; ~ **insurance** Versicherungssparte *f*; ~ **production** Produktionssparte *f*, P.zweig *m*

to come on line 🏭 in Betrieb gehen; **to discontinue a l.** etw. aus der Produktion nehmen; **to hold the l.** ✆ am Apparat bleiben

bottom line Hauptsparte *f*, H.umsatzträger *m*, Kerngeschäft *nt*; **busy [US]/engaged [GB] l.** ✆ besetzte Leitung; **discontinued l.** Auslaufmodell *nt*; **main l.s** Breitengeschäft *nt*; **organisational l.s** betriebliche Instanzen; **vacant l.** ✆ freie Leitung

line *v/t* linieren; *(Kiste)* auskleiden, füttern

line balancing 🏭 Fließbandabstimmung *f*, Bandabgleichung *f*; **l. chart** Linienschaubild *nt*; **l. control** Leitungssteuerung *f*; **l. manager** Fachgebietsleiter *m*; **l. organisation** Linien-, Skalarorganisation *f*; **l. and staff organisation** Stablinienorganisation *f*

liner *n* ⚓ Linienschiff *nt*; **l. conference** Linien-, Schiffahrtskonferenz *f*; **l. ser-**

vice Liniendienst *m*, L.verkehr *m*
line speed 🚢 Bandgeschwindigkeit *f*
lining *n (Kiste)* Auskleidung *f*
link *n* (Binde-/Ketten)Glied *nt*, Verbindung *f*; **cross-border economic l.s** grenzüberschreitende Wirtschaftsbeziehungen; **financial l.s** finanzielle Verflechtung; *v/t* verflechten, verbinden, verketten
linkage *n* Verflechtung *f*, Verkettung *f*; **backward l.** Verflechtung mit vorgelagerten Sektoren; **forward l.** Verflechtung mit nachgelagerten Sektoren; **organisational l.** Organisationsverbund *m*
liquid *adj* flüssig; kapitalkräftig, liquide, solvent; **l.ate** *v/t* flüssigmachen, liquidieren, Schulden abtragen, saldieren, *(Börse/Konto)* abrechnen; abwickeln
liquidation *n* Abrechnung *f*, Tilgung *f*; *(Börse)* Glattstellung *f*; Abwicklung *f*: Realisierung *f*, Liquidation, Verflüssigung *f* (von Vermögenswerten); **in l.** in Abwicklung/Liquidation; **l. by arrangement** gütliche Liquidation; **l. of a bankrupt's estate** Konkursabwicklung *f*; ~ **damage** Schadensliquidation *f*; ~ **debts** Schuldenbegleichung *f*; ~ **inventories/stocks** Lagerabbau *m*, L.auflösung *f*; **to put into l.** liquidieren, abwickeln
compulsory liquidation Zwangsauflösung *f*; **long l.** *(Börse)* Glattstellung einer Hausseposition; **short l.** *(Börse)* Glattstellung einer Baisseposition; **voluntary l.** freiwillige Liquidation
liquidation account Abwicklungskonto *nt*; **l. balance sheet** Abwicklungs-, Liquidationsbilanz *f*; **l. dividend** Vergleichs-, Schlußquote *f*; **l. gain** Verwertungsgewinn *m*; **l. payment** Tilgungszahlung *f*; **l. sale** Verkauf wegen Geschäftsaufgabe; **l. value** Liquidations-, Veräußerungswert *m*
liquidator (in bankruptcy) *n* (Konkurs)Abwickler *m*, Masse-, Konkursverwalter *m*; **official l.** gerichtlich bestellter Konkursverwalter
liquidity *n* (Geld)Flüssigkeit *f*, Liquidität *f*, Zahlungsbereitschaft *f*, Geldmenge M1; **to absorb/soak up l.** Liqui-

dität abschöpfen; **excess/surplus l.** Liquiditätsüberhang *m*
liquidity|-absorbing *adj* liquiditätsabschöpfend; **l. build-up** Liquiditätsanstieg *m*; **l. injection** Liquiditätshilfe *f*; **l. loss** Liquiditätsentzug *m*; **l. manager** Gelddisponent *m*; **l. pooling** *(Konzern)* Liquiditätsausgleich *m*; **l. position** Liquiditätsstatus *m*; **l. ratio** Liquiditätskennzahl *f*, L.koeffizient *m*, Deckungsgrad *m*; **l. requirements** Liquiditätsbedarf *m*, L.erfordernisse; **l. reserve** Liquiditätspolster *nt*; **l. shortage/squeeze** Liquiditätsknappheit *f*, L.engpaß *m*
list *n* (Einkaufs)Liste *f*, Verzeichnis *nt*; Liste der börsenfähigen Wertpapiere
list of assets Vermögensverzeichnis *nt*; ~ **candidates** Bewerberliste *f*; ~ **charges** Gebührenverzeichnis *nt*; ~ **creditors** Gläubigerverzeichnis *nt*; ~ **customers** Kundenkartei *f*; ~ **events** Veranstaltungskalender *m*, Messeprogramm *nt*; ~ **(foreign) exchange** Devisenkurszettel *m*; ~ **goods** Warenaufstellung *f*, W.liste *f*; ~ **non-liberalized goods** ⊖ Negativliste *f*; ~ **tax--free goods** ⊖ Freiliste *f*; ~ **investments** Vermögensaufstellung *f*; ~ **materials** Materialverzeichnis *nt*; ~ **orders** Bestelliste *f*; ~ **prices** Preisliste *f*, P.verzeichnis *nt*; ~ **quotations** Kurszettel *m*; ~ **shareholders** *[GB]/* **stockholders** *[US]* Aktionärsverzeichnis *nt*, A.register *nt*; ~ **subscribers** Zeichnerliste *f*; ~ **suppliers** Lieferantenliste *f*
black list schwarze Liste; **computerized l.** EDV-Liste *f*; **free l.** ⊖ (Zoll)Freiliste *f*; **itemized l.** Einzelaufstellung *f*; **official l.** amtlicher Kurszettel; **short l.** engere Wahl
list *v/t* aufführen, verzeichnen, listenmäßig erfassen; *(Börse)* zulassen, (amtlich) notieren; **l.ed** *adj* börsengängig, b.fähig, b.notiert
listing *n* Auflistung *f*; Börsenzulassung *f*, B.einführung *f*, B.notierung *f*; **to seek a l.** *(Börse)* an die Börse gehen; **official l.** offizielle Zulassung (zum Börsenhandel); **l. committee** (Börsen)Zulassungsausschuß

m; **l. procedure** (Börsen)Zulassungs-
verfahren *nt*; **l. prospectus** Einfüh-
rungs-, Zulassungsprospekt *m*; **l. requirements** Zulassungsbedingungen
list price Listen-, Katalogpreis *m*;
(Börse) Kurswert *m*
literature *n* (Fach)Literatur *f*, Prospek-
te *pl*, Informations-, Prospektmaterial *nt*; **free l.** kostenloses Informations-
material; **promotional l.** Verkaufslite-
ratur *f*, Werbeprospekte *pl*
liti|gant *n* § (Prozeß)Partei *f*; **l.gate** *v/i*
prozessieren, Prozeß anstrengen/füh-
ren; **l.gation** *n* Klage(weg) *f/m*, Prozeß *m*, Rechtsstreit *m*, R.sweg *m*; **to
resort to l.gation** Klageweg beschreiten, Prozeß anstrengen; **l.gious** *adj*
strittig, streitig
litter *n* Unrat *m*, (Papier)Abfall *m*
livelihood *n* (Lebens)Unterhalt *m*, Auskommen *nt*, Existenz(grundlage) *f*; **to
earn one's l.** seinen (Lebens)Unterhalt
verdienen
livestock *n* ⚘ Vieh(bestand) *nt/m*; **l.
farming** Viehzucht *f*; **l. fattening** Tier-
mast *f*; **l. market** Viehmarkt *m*
living *n* (Lebens)Unterhalt *m*, Existenz *f*; **to earn one's l.** seinen Lebensunterhalt verdienen; **l. conditions** Le-
bens-, Existenzbedingungen; **l. costs/
expenses** Lebenshaltungskosten; **l.
standard** Lebensstandard *m*; **l. wage**
Existenzminimum *nt*
load *n* (Lade)Gewicht *nt*, Last *f*,
Fracht *f*; *(Investmentfonds)* Provisionsbelastung *f*
base load ⚡ Grundlast *f*; **complete/full
l.** Komplettladung *f*; **dead l.** Totlast *f*; **front-end l.** Anfangsbela-
stung *f*; **heavy l.** Schwertransport *m*;
less-than-car l. (L.C.L.) ⚘ (Wagen)Teilladung *f*; **maximum l.**
Höchstladegewicht *nt*, H.last *f*; **net l.**
Nutzlast *f*; **part l.** Partiefracht *f*,
Stückgut *nt*; **~ traffic** Stückgutver-
kehr *m*; **peak l.** Spitzenbelastung *f*; ⚡
Höchstlast *f*; **~ business** Stoßge-
schäft *nt*; **permanent l.** ☺ Dauerbean-
spruchung *f*; **unitized l.** Einheitsla-
dung *f*
load *v/t* laden, be-, verladen, befrachten

load capacity Trag-, Ladefähigkeit *f*; **l.
compartment** *(LKW)* Laderaum *m*; **l.
displacement** ⚓ Wasserverdrängung
bei voller Beladung; **l. factor** Kapazi-
tätsauslastung(sgrad) *f/m*
loading *n* (Auf)Laden *nt*, Be-, Verladung *f*; Verwaltungskosten-, Unko-
stenzuschlag *m*; *(Vers.)* Zuschlag für
Verwaltungskosten und Gewinn; **l.
and unloading** Be- und Entladen *nt*;
ready for l. ladebereit; **to be l.** Ladung
nehmen; **front-end l.** *(Kredit)* An-
fangsbelastung *f*, Provisionsbelastung
bei Kreditaufnahme; *(Investmentfonds)* Provisionsbelastung bei Erster-
werb/Anteilskauf
loading area Ladefläche *f*; **l. bay** Ladeplatz *m*; **l. berth** ⚓ Ladeplatz *m*; **l. capacity** Ladefähigkeit *f*, Zuladung *f*; **l.
charge/fee** *(Fondsanteil)* Ausgabege-
bühr *f*; **l. charges** Verladungskosten,
Ladespesen; **l. facility** Verladeeinrich-
tung *f*; **l. ga(u)ge** ⚘ Lademaß *nt*; **l.
gear/tackle** Ladevorrichtung *f*, L.ge-
schirr *nt*; **l. hatch** Ladeluke *f*; **l. height**
Ladehöhe *f*; **l. list** Lade-, Schiffsli-
ste *f*; **l. officer** Lademeister *m*; **l. plat-
form/ramp** (Ver)Laderampe *f*; **l. point**
(Ver)Ladestelle *f*; **l. port** ⚓ (Ver)La-
dehafen *m*; **l. quay/wharf** ⚓ (Ver)La-
dekai *m*; **l. space** Ladefläche *f*,
L.raum *m*; **l. time** Ladefrist *f*,
L.zeit *f*; **l. weight** (Ver)Ladegewicht *nt*
load run Nutzfahrt *f*
loan *n* → **credit** Darlehen *nt*, Kredit *m*;
Leihgabe *f*; Anleihe *f*
loan on bottomry ⚓ Bodmereikredit *m*; **l.s to small and medium-sized
businesses** Mittelstandskredite; **l.
against/on collateral** besichertes Darlehen; **l. to customers** Kundendarle-
hen *nt*; **~ employees** Arbeitnehmer-
darlehen *nt*; **l.s to industry** Industrie-
kredite; **l. on overdraft** Kontokorrentkredit *m*; **l. and savings bank** Spar-
und Darlehensbank/D.kasse *f*; **l.
against/on securities** Effektenlom-
bard(kredit) *m*; **l.s for a term of** Ausleihungen mit einer Laufzeit von; **~
to trade and industry** gewerbliche Kredite
to apply for a loan Kredit/Darlehen be-

antragen; **to arrange a l.** Kredit vermitteln/bereitstellen; **to call (in) a l.** Kredit kündigen; **to collateralize/securitize a l.** Kredit besichern; **to declare a l.** overdue Kredit für notleidend erklären; **to extend a l.** Kredit verlängern; **to grant a l.** Kredit/Darlehen gewähren; **to issue a l.** Anleihe auflegen; **to negotiate/place a l.** Anleihe unterbringen/plazieren; **to pay off/repay/redeem/retire a l.** Kredit/Darlehen/Anleihe zurückzahlen, ~ tilgen; **to raise a l.** Kredit/Darlehen aufnehmen; **to service a l.** Anleihe bedienen, Schuldendienst leisten; **to subscribe a l.** Anleihe zeichnen

actuarial loan Versicherungsdarlehen nt; **agricultural l.** Landwirtschaftskredit m; **amortizable l.** Tilgungsanleihe f; **bad l.** notleidender Kredit; **bridging l.** Überbrückungsdarlehen nt; **callable l.** (täglich) kündbares Darlehen; **collateral(ized) l.** Lombard-, Wertpapierkredit m; **commercial l.** Geschäfts-, Warenkredit m; **convertible l.** Wandelanleihe f, W.obligation f, W.schuldverschreibung f; **corporate l.** Industrieschuldverschreibung f; **day-to-day l.** Tagesgeld nt, täglich fälliges Geld; **fiduciary l.** ungesichertes Darlehen; **financial l.** Finanzkredit m; **fixed-interest l.** Festzinsdarlehen nt; **floating-rate l.** Kredit mit variabler Verzinsung, ~ Zinsanpassung; **foreign l.** Auslandsanleihe f; **high-coupon l.** hochverzinsliche Anleihe; **index-linked l.** Indexanleihe f; **industrial l.** Industriekredit m, I.anleihe f, gewerblicher Kredit; **interest--bearing l.** verzinsliche Anleihe, verzinsliches Darlehen; **low-interest l.** niedrig verzinsliche Anleihe; (zins)verbilligter Kredit; **maritime l.** Bodmereikredit m; **monthly l.s** Monatsgeld nt; **overnight l.** Tagesgeld nt; **personal l.** Anschaffungsdarlehen nt, Kleinkredit m; **public(-authority) l.** öffentliche Anleihe, Staatsanleihe f; **redeemable l.** kündbare Anleihe, Tilgungsdarlehen nt; **rescheduling l.** Tilgungsstreckungsdarlehen nt; **secured l.** gedeckter/(ab)gesicherter/besicher-

ter Kredit, Bürgschaftskredit m; **sinking-fund l.** Tilgungsanleihe f; **small l.** Klein-, Teilzahlungskredit m; **soft l.** Kredit zu verbilligtem Zinssatz, (zins)verbilligter Kredit; **start-up l.** Existenzgründungsdarlehen nt; **syndicated l.** Konsortialkredit m; **tied l.** (projekt)gebundene Anleihe, zweckgebundener Kredit; **uncallable l.** unkündbares Darlehen, unkündbare Anleihe; **unsecured l.** unbesicherte Anleihe, ungesichertes Darlehen

loan v/ti (aus)leihen, verleihen

loan agreement Kreditvereinbarung f; **l. application** Kredit-, Darlehensantrag m; **l. appraisal** Kredit-, Bonitätsprüfung f; **l. association** Kreditgenossenschaft f; **l. bank** Kreditanstalt f, Darlehensbank f; **l. business** (Bank) Aktivgeschäft nt; **l. capital** Fremd-, Anleihekapital nt; **l. commitment/covenant** Kreditzusage f; **l. commitment/origination fee** Kreditbereitstellungsprovision f; **l. creditor** Kreditgeber m; **l. debtor** Anleihe-, Darlehensschuldner m; **l. demand** Kreditnachfrage f; **l. department** Kreditabteilung f; **l. facility** Kreditrahmen m, K.linie f; **l. fee** Kreditbearbeitungsgebühr f; **l. guarantee** Kreditbürgschaft f; **l. insurance** Kreditversicherung f; **l. issue** Anleiheemission f; **l. loss** Kreditverlust m, K.ausfall m; ~ **provision** Kreditausfallrücklage f; **l. manager** Leiter der Kreditabteilung; **l. note** Schuldschein m; **l. officer** Kredit(sach)bearbeiter m; **l. portfolio** Kreditvolumen nt; **l. principal** Darlehensbetrag m; **l. proceeds** Auszahlungswert m; **l. processing** Kreditbearbeitung f; **l. repayment** Darlehensrückzahlung f, D.tilgung f; **l. rescheduling** Anleiheumschuldung f; **l. service/servicing** (Tilgungs- und) Zinsendienst m, Schuldendienst m; **l. shark** (pej.) Kredithai m (pej.)

loan society Kredit-, Darlehenskasse f; **industrial l. s.** gewerblicher Kreditverein; **mutual l. s.** [GB] Kreditgenossenschaft f

loan stock Anleihe f, A.papier(e) nt/pl; **convertible l. stock** Wandelanleihe f,

W.schuldverschreibung *f*; **l. syndicate** Anleihe-, Kreditkonsortium *nt*; **l. terms** Kredit-, Anleihebedingungen

lobby *n* Lobby *f*, Interessengruppe *f*

local *n* Einheimischer *m*; *adj* örtlich, ortsansässig, einheimisch

locate *v/ti* ermitteln, ausfindig machen; *(Industrie)* ansiedeln, sich niederlassen

location *n* Lage *f*, Platz *m*, Standort *m*; **l. of industry** Industriestandort *m*, I.ansiedlung *f*; **city-centre l.** City-Lage *f*; **edge-of-town l.** Stadtrandlage *f*; **greenfield/out-of-town l.** Standort auf der grünen Wiese; **industrial l.** Industriestandort *m*

locking-up *n* *(Geld)* Festschreibung *f*, F.legung *f*; **~ of capital** Kapitalbindung *f*

lockout *n* Aussperrung *f*

loco *adv* *(lat.)* loco, ab hier, ab Werk; **l. price** Lokopreis *m*

lodge *v/t* *(Geld)* deponieren; *(Gegenstand)* hinterlegen; *(Antrag/Beschwerde)* einreichen; **l.r** *n* (Unter)Mieter *m*

lodging *n* Unterkunft *f*; **l.s** möblierte(s) Zimmer; **l. of a claim** Erhebung eines Anspruchs; **~ a security** Hinterlegung einer Sicherheit; **l. allowance** Wohngeld(zuschuß) *nt/m*

log *v/t* aufzeichnen; **l. book** 🚗 Fahrtenbuch *nt*

logistics *n* Logistik *f*; **l. of distribution** Vertriebs-, Distributionslogistik *f*

logo *n* Namens-, Firmenschriftzug *m*, F.symbol *nt*, Logo *nt*

lombard facility/window Lombardfenster *nt*; **l. (lending) rate** Lombardzins(satz) *m*; **l. loan** Lombardkredit *m*

London International Financial Futures Exchange (LIFFE) Londoner Finanzterminmarkt *m*; **L. interbank offered/overnight rate (LIBOR)** Angebotszinssatz Londoner Banken; **L. Metal Exchange (L.M.E.)** Londoner Metallbörse; **L. Stock Exchange (LSE)** Londoner Börse

long *n* *(Börse)* langfristige Anleihe, Langläufer *m*; Haussespekulant *m*; **l.s and shorts** Hausse- und Baissegeschäfte; *(Anleihen)* Kurz- und Langläufer;

l.-standing *adj* langjährig; **l.-term** *adj* langfristig, auf lange Sicht

loophole *n* Schwachstelle *f*, Lücke *f*; **l. in a/the contract** Vertragslücke *f*

loose-leaf *n* Einlege-, Einlageblatt *nt*; *adj* Loseblatt-

lorry *n* *[GB]* 🚛 Lastkraftwagen (LKW) *m*; **articulated l.** *[GB]* Sattelschlepper *m*, S.zug *m*; **l. fleet** Fuhrpark *m*; **l. load** (Last)Wagenladung *f*

loss *n* Verlust *m*, Schaden *m*, Einbuße *f*; Versicherungsschaden *m*; ↘ Untergang *m*

loss of assets Vermögensverlust *m*; **~ business** Geschäftsverlust *m*; **~ capital** Kapitalverlust *m*; **~ custom** Kundenschwund *m*; **~ earnings** Verdienstausfall *m*; **~ earning capacity** Verlust der Erwerbsfähigkeit; **~ employment/(a) job** Arbeitsplatzverlust *m*; **l. by fire** Feuerschaden *m*; **l. of income** Einkommensverlust *m*, E.einbuße *f*; **~ interest** Zinsverlust *m*; **~ money** Geldverlust *m*; **~ pay** Lohn-, Verdienstausfall *m*; **~ production** Produktionseinbuße *f*; **~ profit** Gewinnausfall *m*, entgangener Gewinn; **~ receivables** Forderungsausfall *m*; **~ rent** Mietausfall *m*; **~ sales** Umsatzrückgang *m*, U.ausfall *m*; **~ time** Zeitverlust *m*; **~ use** Nutzungsausfall *m*; **~ wages** Lohn-, Verdienstausfall *m*; **l. for the year** Ergebnis des Geschäftsjahres

loss brought/carried forward Verlustvortrag *m*

to assess a loss Versicherungsschaden aufnehmen; **to carry back a l.** Verlustrücktrag vornehmen; **~ forward a l.** Verlust vortragen; **to close at a l.** mit Verlust abschließen; **to cut one's l.es** Schaden begrenzen; **to incur/suffer/sustain a l.** Verlust/Schaden erleiden; **to inflict a l.** Verlust/Schaden zufügen; **to operate/run at a l.** mit Verlust arbeiten/betreiben; **to post/report/show a l.** Verlust ausweisen; **to recoup a l.** Verlust ausgleichen; **to sell at a l.** mit Verlust verkaufen

accidental loss Unfallverlust *m*; **actual l.** tatsächlicher/eingetretener Verlust; **after-tax l.** Verlust nach Steuern; **an-**

nual l. Jahres-, Bilanzverlust *m*; **consequential l.** Folgeschaden *m*; ~ **insurance** Folge-, Vermögensschaden(s)versicherung *f*; **consolidated l.** (negatives) Konzernergebnis *nt*, K.verlust *m*; **deductible l.** Verlustabzug *m*; **excess l.** Schadensexzedent *m*; ~ **insurance** Exzedentenrückversicherung *f*; **financial l.** Vermögensschaden *m*, finanzieller Verlust; **indirect l.** Folgeschaden *m*; **insured l.** *(Vers.)* versicherter Schaden; **irreparable l.** uneinbringlicher Schaden, unersetzlicher Verlust; **minor/petty l.** Bagatell-, Kleinschaden *m*; **net l.** Netto-, Bilanzverlust *m*; **operational l.** Betriebsverlust *m*; **partial l.** Teilschaden *m*; **pecuniary l.** Vermögensnachteil *m*, geldwerter Schaden; **reported l.** ausgewiesener Verlust; **severe l.** empfindlicher Verlust; *(Vers.)* Großschaden *m*; **start-up l.es** Anlaufverluste; **total l.** Totalschaden *m*, T.ausfall *m*

loss adjuster Schadens(sach)bearbeiter *m*, S.regulierer *m*; **l. adjustment** Schadensaufmachung *f*, S.aufstellung *f*, S.abwicklung *f*, S.regulierung *f*; **l. apportionment** Verlustumlage *f*; **l. appraisal/assessment** Schadensbegutachtung *f*, S.abschätzung *f*; **l. assessor** Schadens-, Regulierungsbeauftragter *m*; ˙ᵧ Havarieexperte *m*; **l. assumption** Verlustübernahme *f*; **l. carry-back** Verlustrücktrag *m*; **l. carry-forward** Verlustvortrag *m*; **l. department** Schadensabteilung *f*; **l. equalization reserve** Schwankungsrückstellung *f*, S.reserve *f*; **l. excess cover(age)** Schaden(s)exzedentendeckung *f*; **l. experience** Schadensverlauf *m*; **l. exposure** Risiko *nt*; **l. leader** Lockartikel *m*, L.vogel(angebot) *m/nt*; **l.-maker** *n* Verlustträger *m*, V.bringer *m*; **l.-making** *adj* verlustreich, defizitär, unrentabel; **l. provisions** Verlustrückstellungen; **l. rate/ratio** Ausfall-, Verlust-, Schadensquote *f*; **l. relief** Verlustabzug *m*; **l. reserve** Schadensreserve *f*, S.rückstellung *f*; **l. retention** Schaden(s)selbstbehalt *m*; **l. sharing** Verlustbeteiligung *f*

lot *n* Losgröße *f*; (Liefer-/Waren)Po-

sten *m*, Partie *f*; Handelseinheit *f*; Bau-, Fertigungslos *nt*; Grundstück *nt*; Aktienpaket *nt*

broken lot nicht handelsübliche Losgröße; **even/round l.** *(Börse)* voller Schluß, Abschlußeinheit *f*; **fractional l.** *(Börse)* Paket von weniger als 100 Aktien; **less-than-carload l. (LCL)** *[US]* ᵍᵖ Stückgut *nt*, Partiefracht *f*, Teilwaggonladung *f*; **odd l.** Restpartie *f*; ~ **l.s** Restanten

lot number Losnummer *f*; **l. size** Losgröße *f*

low *n* Tief(stand) *nt/m*, Talsohle *f* *(fig)*; **all-time l.** absoluter/historischer Tiefststand *m*; **l.-cost** *adj* kostengünstig, billig, preiswert, wirtschaftlich; **l.-coupon** *adj* niedrigverzinslich; **l.-duty** *adj* niedrig besteuert; **l.-emission** *adj* schadstoffarm; **l.-end** *adj* *[US]* im unteren Marktsegment

lower *v/t* senken, reduzieren, heruntersetzen, ermäßigen; **l. of cost or market principle** *(Bilanz)* Niederstwertprinzip *nt*

lowering *n* Reduzierung *f*, Herabsetzung *f*; **l. of interest rates** Zinssenkung *f*

low|-geared; **l.-lever(ag)ed** *adj* mit niedrigem Anteil an Fremdkapital, mit hohem Eigenkapitalanteil; **l.-grade** *adj* minderwertig; **l.-income** *adj* einkommensschwach; **l.-interest** *adj* niedrigverzinslich; **l.-margin** *adj* scharf kalkuliert; **l.-paid** *adj* niedrig bezahlt; **l.-price(d)** *adj* preisgünstig, p.wert; **l.-risk** *adj* risikoarm; **l.-volume** *adj* umsatzarm; ▦ Kleinserien-; **l.-yield** *adj* ertragsschwach, niedrigverzinslich

luggage *n* *[GB]* (Reise)Gepäck *nt*; **excess l.** Übergepäck *nt*; **l. allowance** ⚓ Freigepäck *nt*; **l. handling** Gepäckabfertigung *f*; **l. insurance** (Reise)Gepäckversicherung *f*

lull *n* Flaute *f*, Stagnation *f*; **l. in economic activity** Konjunkturflaute *f*

lumber *n* *[US]* (Bau-/Nutz)Holz *nt*; **l. industry** Holzwirtschaft *f*; **l. trade** Holzhandel *m*

lump *n* Masse *f*, Menge *f*; **l. allowance** Pauschalabschreibung *f*; **l. sum** Pau-

schalbetrag m, P.summe f, Pauschbetrag m, Pauschale f; ~ **payment** Pau-
schalzahlung f, einmalige Zahlung
lunch n   Mittagsmahlzeit f, M.essen nt;
l. break Mittagspause f; **l.eon** n Mittagsmahlzeit f; ~ **voucher (LV)** *[GB]*
Essensgutschein m, E.marke f
luxury n   Luxus m, Aufwand m; **l.
goods; luxuries** Luxusartikel, L.güter;
l. foods/foodstuffs Genußmittel; **l. tax**
Luxussteuer f

M

machine n   Maschine f, Apparat m, Automat m; **duplicating m.** Vervielfältigungsgerät nt; v/t (maschinell) bearbeiten
machine accounting/bookkeeping Ma-
schinenbuchhaltung f; **m. failure** Ma-
schinenausfall m; **m.-finished; m.--
made** adj maschinell hergestellt; **m.
hour** Maschinen-, Betriebsstunde f;
m. insurance Maschinenversiche-
rung f; **m. load(ing)** Maschinenbela-
stung f; **m. loading and scheduling**
Maschinenbelegung f; **m. operator**
Maschinist m; **m. production** maschinelle Produktion; **m.-readable** adj
computerlesbar, maschinenlesbar; **m.
rental** Maschinenmiete f
machinery n   Maschinen(park) pl/m;
Mechanismus m; **m. and equipment**
(Bilanz) Maschinen- und (Betriebs)Ausrüstung f; **official m.** Be-
hördenapparat m
machine scheduling Maschinenbelegung f; **m. set-up** Einrichtung f; **m.
shop** Maschinenhalle f, (Reparatur)Werkstatt f; **m. time** Maschi-
nen(lauf)-, Nutzungszeit f; 🖳 Rechenzeit f; **m. down/idle time** ablauf-
bedingte Brachzeit, Maschinenaus-
fall-, Maschinenstillstandszeit f; **m.
tool** Werkzeugmaschine f; **m. utilization** Maschinenauslastung f
machining n   maschinelle Bearbeitung;
m. production spanabhebende Fertigung

machinist n   🖳 Maschinist m, Maschi-
nenschlosser m
macro|economic adj   volkswirtschaft-
lich, gesamtwirtschaftlich, makroöko-
nomisch; **m.economics** n   Volkswirt-
schaftlehre (VWL) f, Makroökonomie f
made adj   hergestellt; **m.-to-order** adj
kundenspezifisch, auf Bestellung
magazine n   (Waren)Speicher m, W.la-
ger nt; Zeitschrift f
magistrate n   *[GB]* § Amts-, Einzel-
richter m
magnitude n   Ausmaß nt, Größenord-
nung f
mail n   → **post** Post(sendung) f; **by m.**
per Post; **by return of m.** mit umge-
hender Post, umgehend, postwendend; **by the same m.** mit gleicher
Post; **to order by m.** mit der Post bestellen
direct mail   Postwerbesendung f; ~
advertising (Werbung durch) Postwurfsendung f,   Drucksachenwerbung f; **express m.** Eilsendung f;
first-class m. bevorzugt abgefertigte
Briefpost; **incoming m.** Postein-
gang m; **interoffice m.** Hauspost f;
metered m. durch Freistempel freige-
machte Post; **outgoing m.** Postaus-
gang m, Ausgangspost f; **registered
m.** Einschreibesendung f; **by separate
m.** mit getrennter Post
mail v/t   (Post) aufgeben/einwerfen
mail|bag n   Postsack m; **m. delivery**
Brief-, Postzustellung f
mailer n   Versender m; Frankierautomat m;   Adressiermaschine (Adre-
ma) f
mailing n   (Post)Einwurf m, Einliefe-
rung f; **m. address** Post-, Zustellan-
schrift f; **m. date** Postaufgabeda-
tum nt; **m. department** Postabtei-
lung f; **m. list** Adressenliste f, Vertei-
ler-,   Anschriftenverzeichnis nt; **m.
machine** Frankierautomat m; **m. office**
Aufgabepostamt nt
mailman n   *[US]* Briefträger m
mail order   Postversand(auftrag) m,
Versandhandel m; ~ **business/trade**
Versandhandel m; ~ **catalogue** Ver-
sand(haus)katalog m; ~ **firm/house**

Versandhaus *nt*

mail|room *n*   Poststelle *f*;   **(direct)**
m.shot *n* Haus-, (Post)Wurfsendung *f*;
m. transfer briefliche Auszahlung, po-
stalische Überweisung; **electronic m.**
transfer elektronische Postüberwei-
sung

main|frame *n*   ⌨ Groß-, Zentralrech-
ner *m*; **m.stay** *n* Hauptstütze *f*, Rück-
grat *nt*; ~ **of sales** (Haupt)Umsatzträ-
ger *m*; **m.tain** *v/t* aufrechterhalten;
(Preis) stabil halten; instandhalten,
warten

maintenance *n*   Beibehaltung *f*; Unter-
halt(ung) *m/f*;   Instandhaltung *f*,
Wartung *f*; **m. of the asset base** Sub-
stanz-, Vermögenserhaltung *f*; ~ **li-**
quidity Liquiditätsvorsorge *f*; **m. and**
repairs Instandhaltung und Reparatu-
ren, Unterhaltung und Instandsetzung; **deferred m.** unterlassene Wartung und Instandhaltung; **preventive**
m. vorbeugende Wartung/Instandhal-
tung

maintenance allowance   Unterhaltsbe-
trag *m*, U.geld *nt*; **m. bond** *[US]* (Gewähr)Leistungsgarantie *f*; **m. charges**
Wartungs-, Unterhaltungskosten(umlage) *pl/f*; **m. claim** 🆂 Unterhaltsan-
spruch *m*; **m. contract** Wartungsvertrag *m*; **m. cost(s)** Instandhaltsko-
sten *pl*, Wartungsaufwand *m*; **m. engi-**
neer Wartungstechniker *m*; **m.--**
free *adj* wartungsfrei, pflegeleicht; **m.**
guarantee (Gewähr)Leistungsgaran-
tie *f*; **m. order** 🆂 Unterhaltsurteil *nt*;
m. reserve Instandsetzungsrücklage *f*;
m. service Wartungsdienst *m*; **m. shop**
Reparaturwerkstatt *f*; **m. suit** 🆂 Un-
terhaltsklage *f*; **m. work** Instandhal-
tungsarbeit(en) *f/pl*

major *n*   Großunternehmen *nt*;   *adj*
groß, bedeutend

majority *n*   Mehrheit *f*, M.zahl *f*, Ma-
jorität *f*; Volljährigkeit *f*; **m. of shares**
[GB]/**stocks** *[US]* Aktien-, Kapitalmehrheit *f*; **to control a** ~ **votes** über
eine Stimmenmehrheit verfügen; **con-**
trolling m. *(Aktien)* Mehrheitspa-
ket *nt*, Kapitalmehrheit *f*

majority holding/interest(s) Mehrheitsbeteiligung *f*, Kapital-, Aktienmehr-

heit *f*; **m.-owned** *adj* im Mehrheitsbe-
sitz; **m. partner** Mehrheitsgesellschaf-
ter *m*; **m. shareholder** *[GB]*/**stockhold-**
er *[US]* Mehrheitsaktionär *m*; **m.**
shareholding(s) *[GB]*/**stake/stockhold-**
ing(s) *[US]* Mehrheitsbeteiligung *f*

make *n*   Marke *f*, Fabrikat *nt*, Typ *m*,
Bauart *m*; **own m.** Eigenfabrikat *nt*,
E.anfertigung *f*

make *v/t*   machen, herstellen; *(Geld)*
verdienen; **m. for** ⚓ Kurs haben auf;
m. out *(Scheck)* ausstellen, ausschreiben; ~ **in blank** blanko ausstellen; **m.**
over abtreten, übertragen; **m. up** zusammenstellen, ausfertigen

maker *n*   Erzeuger *m*, Hersteller *m*;
(Wechsel) Aussteller *m*, Trassant *m*;
m.'s certificate ⊙ Typenbescheini-
gung *f* (des Herstellers)

make|shift *n*   Behelf *m*, Notlösung *f*;
adj provisorisch, notdürftig; **m.-up** *n*
Aufbau *m*, Zusammensetzung *f*, Ausstattung *f*, (Ver)Packung *f*; **m.-work** *n*
unproduktive Tätigkeit

making *n* Herstellung *f*, Produktion *f*

mala fide *adj   (lat.)* 🆂 bösgläubig

malfunction *n*   (Funktions)Störung *f*,
Defekt *m*

malpractice *n*   🆂 (Amts)Mißbrauch *m*,
A.vergehen *nt*, standeswidriges Verhalten; **medical m.** ärztlicher Kunst-
fehler; **m. insurance** Haftpflichtversicherung für freie Berufe

man *n* Mensch *m*; Mann *m*; **economic**
m. homo oeconomicus *(lat.)*; **odd-job**
m. Gelegenheits-, Aushilfsarbeiter *m*;

manage *v/t*   leiten, führen, verwalten,
bewirtschaften, (Geschäftsführung)
ausüben; bewerkstelligen; bewälti-
gen; **m.able** *adj* handhabbar, über-
schaubar, machbar

management *n*   (Betriebs-/Geschäfts-/
Unternehmens)Führung *f*, (Betriebs-/
Geschäfts-/Unternehmens)Leitung *f*,
Vorstand *m*; Handhabung *f*

management of the business of the com-
pany Führung der Gesellschaft, Geschäftsführung *f*; ~ **demand** *(VWL)*
Globalsteuerung *f*,   Nachfragelenkung *f*; ~ **the economy** Wirtschaftslenkung *f*, Konjunkturpolitik *f*; **m.**
and labour/the unions Sozial-, Ta-

rif(vertrags)partner *pl*, T.parteien *pl*, Arbeitgeber und A.nehmer *pl*; **m. of the money supply** *(VWL)* Geldmengensteuerung *f*; **m. by objectives** Führung durch Zielvorgaben; ~ **results** Führung durch Erfolgsmessung, ergebnisorientierte Kontrolle

corporate management Firmen-, Geschäftsleitung *f*; **divisional m.** Bereichs-, Spartenleitung *f*; **economic m.** *(VWL)* Konjunktursteuerung *f*; **financial m.** Finanzgebaren *nt*, Haushaltsführung *f*; **front-line m.** operative Führungsebene; **industrial m.** Betriebswirtschaft(slehre) (BWL) *f*; Betriebsführung *f*; **joint m.** gemeinsame Leitung, betriebliche Mitbestimmung; **junior m.** Führungsnachwuchs *m*; **middle m.** mittlere Führungsebene; **operational m.** Betriebsführung *f*; **senior m.** obere Leitungsebene, Geschäftsleitung *f*; **top m.** oberste Leistungsebene, Unternehmensleitung *f*

management accounting betriebliches/ internes Rechnungswesen; **m. board** (geschäftsführender) Vorstand *m*; **m. buyout (MBO)** Firmenaufkauf durch das Führungspersonal; **leveraged m. buyout (LBO)** fremdfinanzierter Firmenaufkauf durch das Führungspersonal; **m. chain of command** Leitungssystem *nt*; **m. charge(s)** Verwaltungs-, Konsortialgebühr *f*; **m. company** Betriebsführungsgesellschaft *f*; **m. consultant** Betriebs-, Unternehmensberater *m*; **m. consulting** Betriebs-, Unternehmensberatung *f*; **m. decision** Vorstands-, Direktionsbeschluß *m*; **m. (decision) game** Unternehmensplanspiel *nt*; **m. department** Stabsabteilung *f*, Vorstandsressort *nt*; **m. fee** Verwaltungskosten *pl*; *(Konsortialkredit)* Führungsprovision *f*; **m. information system** Managementinformationssystem *nt*; **m. level** Führungsebene *f*; **m. objective** Betriebsziel *nt*; **m. overheads** Verwaltungsgemeinkosten; **m. planning** Betriebs-, Unternehmensplanung *f*; **m. report** Lagebericht *m*; **m. reporting** Berichtswesen *nt*; **m. science/studies** Betriebswirtschaft(slehre)

(BWL) *f*; **m. style** Führungsstil *m*; **abrasive m. style** autoritärer Führungsstil; **m. takeover** Übernahme durch das Management; **m. technique/ tool(s)** Führungsinstrument *nt*; **m. trainee** Nachwuchskraft *f*; **m. training** Ausbildung von Führungskräften; **m. trust** Kapitalanlagegesellschaft *f* (mit offener Anlagepolitik)

manager *n* Geschäftsführer *m*, Leiter *m*, Direktor *m*; Disponent *m*; **m. in charge** geschäftsführender Leiter; **m. with sole power of representation** alleinvertretungsberechtigter Geschäftsführer

commercial manager kaufmännisches Vorstandsmitglied; **departmental m.** Abteilungsleiter *m*; **divisional m.** Abteilungs-, Bereichs-, Spartenleiter *m*; **executive m.** Generalbevollmächtigter *m*, Vorstandsmitglied *nt*; **general m.** Generaldirektor *m*, G.bevollmächtigter *m*, Hauptgeschäftsführer *m*; **regional m.** Bezirksdirektor *m*, Gebietsleiter *m*

manager|ess *n* (Geschäfts)Leiterin *f*, Filialleiterin *f*; **m.ial** *adj* betrieblich; (geschäfts)führend, leitend; betriebswirtschaftlich; **m.ship** *n* Geschäftsführertätigkeit *f*

managing *adj* leitend, (geschäfts)führend

mandate *n* Mandat *nt*; Vollmacht *f*

mandatory *adj* obligatorisch, verbindlich

man|-day *n* Arbeitstag *m*; **m.-hour** *n* Arbeiter-, Arbeits-, Mannstunde *f*

manifest *n* ⚓ (Schiffs)Ladungsverzeichnis *nt*, Frachtliste *f*; ⊖ Zolldeklaration *f*; *adj* offenkundig

manipulation *n* (Kurs)Beeinflussung *f*, Manipulation *f*

manit (= **man-minute**) *n* Arbeitsminute *f*

manning *n* (personelle) Besetzung *f*; **m. costs** Personalkosten; **m. level** Personalausstattung *f*, P.stärke *f*

manpower *n* (menschliche) Arbeitskraft *f*; Personal(bestand) *nt/m*; **surplus m.** Überangebot an Arbeitskräften, Personalüberhang *m*

manpower bottleneck Personalmangel *m*,   Arbeitskräfteengpaß *m*;   **m. budgeting/planning**   Personal(bedarfs)planung *f*; **m. level(s)** Personalbestand *m*;   **m. needs/requirements** (Arbeits)Kräfte-, Personalbedarf *m*; **m. reduction** Arbeitskräfte-, Belegschafts-, Stellenabbau *m*; **m. resources** Arbeitskräftepotential *nt*, verfügbare Arbeitskräfte; **m. shortage** Arbeitskräfte-, Personalmangel *m*

manual *n*   Handbuch *nt*, Leitfaden *m*

manufacture *n*   Fabrikerzeugnis *nt*, Fabrikat *nt*;   Herstellung *f*,   Produktion *f*, Erzeugung *f*, Fertigung *f*; **m.s** Industrieprodukte, I.güter, gewerbliche Erzeugnisse; **finished m.s** Fertigwaren; **foreign m.** Fremdfabrikat *nt*; **large-scale m.** Massenherstellung *f*; **local m.** einheimische Produktion; *v/t* fabrikmäßig/maschinell herstellen

manufacturer *n*   Hersteller(firma) *m*/*f*, Fabrikant *m*, Produzent *m*; **m.'s brand** Hersteller-, Fabrikmarke *f*; ~ **guarantee/warranty** Herstellergarantie *f*; ~ **liability** Produzentenhaftpflicht *f*; ~ **price** Erzeugerpreis *m*; ~ **own shop** betriebseigene Verkaufsfiliale

manufacturing *n*   Fertigung *f*, Herstellung *f*, Produktion *f*; **m. under licence** Lizenzfertigung *f*; **m. in series** Serienproduktion *f*;   **computer-aided/computer-assisted m. (CAM)** computergestützte Fertigung; **farmed-out m.** Lohnfertigung *f*; **industrial m.** industrielle Fertigung; *adj* (güter)produzierend, gewerbetreibend, gewerblich

manufacturing abroad Auslandsfertigung *f*; **m. base** Produktionsstätte *f*; industrielle Basis; **m. capacity** Produktionskapazität *f*; **m. cost(s)** Fabrik-, Herstellungs-, Produktionskosten *pl*; **m. country** Herstellungsland *nt*; **m. defect/fault** Fabrikations-, Produktionsfehler *m*; **m. department/division** Produktions-, Herstellungsabteilung *f*; Hauptkostenstelle *f*; **m. enterprise/establishment** Produktionsbetrieb *m*, gewerbliches Unternehmen; **m. facility** Werk *nt*, Fabrik *f*, Produktionsstätte *f*; **m. industry** verarbeitende Industrie, gewerbliche Wirtschaft; **m. investment** gewerbliche Investiti-

on(en); **m. labour costs** Fertigungslöhne; **m. loss** Betriebsverlust *m*; **m. lot** Fertigungslos *nt*; **m. operation** Fabrikationsbetrieb *m*; **m. order** Fabrikauftrag *m*; **m. output** Fabrikausstoß *m*, Industrieproduktion *f*; **m. overheads** Fertigungs-, Herstellungsgemeinkosten; **m. plant** Industriebetrieb *m*, Produktionsstätte *f*; **m. price** Herstellungspreis *m*, Macherlohn *m*; **m. process** Herstellungsverfahren *nt*, Produktionsprozeß *m*; **m. production** gewerbliche Erzeugung, Industrieproduktion *f*; **m. rights** Herstellungsrechte; **m. supplies** Hilfs-, Betriebsstoffe; **m. technology** Fertigungstechnik *f*; **m. town** Industriestadt *f*; **m. unit** Produktionsbetrieb *m*; **m. wage(s)** Fertigungslohn *m*

man-year of work *n*   jährliche Arbeitsleistung pro Person, Mannjahr *nt*

margin *n*   Marge *f*, Spanne *f*, Bandbreite *f*; Kursunterschied *m*; Gewinn-, Handelsspanne *f*,   Überschuß *m*; Bar(geld)einschuß *m*; *(Börse)* Sicherheitsleistung *f*, Einschuß *m*; **m. of discount** Rabattspanne *f*; ~ **error** Fehlermarge *f*; ~ **fluctuation** Band-, Schwankungsbreite *f*; ~ **profit** Gewinn-, Verdienstspanne *f*; **to buy on m.** *(Börse)* gegen Sicherheit(sleistung) kaufen; **to erode m.s** Gewinnspannen drücken; **to sell on m.** *(Börse)* gegen Sicherheit(sleistung) verkaufen; **financial m.** Finanzierungsspielraum *m*; **gross m.** Bruttogewinn-, Handelsspanne *f*; **m. account** Einschuß-, Effektenkreditkonto *nt*

marginal *adj*   geringfügig,   knapp, Grenz-; kostendeckend

margin buying Wertpapierkauf auf Einschuß; **m. call** Nach(schußauf)forderung *f*; **m. requirements** Einschußpflicht *f*; **m. trading** Effektendifferenzgeschäft *nt*

mark *n*   (Kenn-/Waren)Zeichen *nt*, Kennzeichnung *f*; **m. of origin** Herkunftsbezeichnung *f*,   Ursprungszeichen *nt*; ~ **quality** Qualitätsmarke *f*, Gütezeichen *nt*; **collective m.** Kollektiv-, Verbandsmarke *f*; **deceptive/misleading m.** irreführendes Waren-/

Kennzeichen

mark *v/t* kenntlich machen, kennzeichnen; **m. down** billiger auszeichnen, (Preis) herabsetzen; *(Börsenkurs)* zurücknehmen, niedriger notieren; **m. up** (Preis) erhöhen, mit einem höheren Preis auszeichnen; *(Börsenkurs)* höher notieren

mark|-down *n* Preissenkung *f*, P.nachlaß *m*; Minuskorrektur *f*; **m.er** *n* Wegweiser *m*; ~ **price** Orientierungs-, Richtpreis *m*

market *n* Markt *m*, Absatzgebiet *nt*; Wirtschaftsraum *m*; Absatz *m*, Verkauf *m*; Markt-, Wirtschaftslage *f*; **at the m.** zum Börsenkurs/Marktpreis; *(Verkauf)* bestens; *(Kauf)* billigst; **in the m.** auf dem Markt; **m. after official hours** Nachbörse *f*; **m. before official hours** Vorbörse *f*

to be in the market for Bedarf haben an, (etw.) kaufen (wollen); ~ **on the m.** im Handel sein, angeboten werden; **to bear the m.** Kurse/Preise drücken; **to boom the m.** Kurse/Preise in die Höhe treiben; **to bull the m.** (Börsen)Kurse hochtreiben; **to create a m.** Nachfrage erzeugen; **to enter (into) a m.** auf den Markt kommen, als Konkurrent auftreten; **to find a (ready) m.** sich (gut) verkaufen lassen; **to make a m. in** Aktien handeln; **to open (up) a m.** Markt erschließen; **to outperform the m.** sich überdurchschnittlich gut entwickeln; **to place in/on the m.** *(Wertpapiere)* auf den Markt bringen; **to put on the m.** auf den Markt bringen, *(Artikel)* einführen; **to sell in the m.** am Markt unterbringen; **to supply a m.** Markt beschicken/beliefern; **to tap a/the m.** Markt erschließen; (Kapital)Markt in Anspruch nehmen

bearish market (Aktien-/Effekten-) Baisse *f*, Baissemarkt *m*; **black m.** Schwarzmarkt *m*, S.handel *m*; ~ **price** Schwarzmarktpreis *m*; ~ **rate** Schwarzmarktkurs *m*; **bullish m.** Aktien-, Effektenhausse *f*, Haussemarkt *m*; **competitive m.** umkämpfter Markt, Wettbewerbsmarkt *m*; **domestic m.** Binnenmarkt *m*; **foreign m.** Auslands-

markt *m*; **forward m.** Terminmarkt *m*, T.börse *f*; **free m.** freie Marktwirtschaft, freier Markt; **industrial m.** Investitionsgütermarkt *m*; **inofficial m.** Nach-, Freiverkehrsbörse *f*, F.markt *m*; **international m.** Weltmarkt *m*; **mature m.** gesättigter Markt; **national m.** *(EG)* Inlandsmarkt *m*; **official m.** *(Börse)* amtlicher Markt; **open m.** freier/offener Markt, Freiverkehr(smarkt) *m*, freier Kapitalmarkt; ~ **operation** Geschäft am offenen Markt, Offenmarktgeschäft *nt*; ~ **policy** Offenmarktpolitik *f*; **over-the-counter (OTC) m.** *(Börse)* Freiverkehr(smarkt) *m*; **overseas m.** Auslandsmarkt *m*; **physical m.** Kassamarkt *m*; **saturated m.** gesättigter Markt; **unofficial m.** *(Börse)* Freiverkehr(smarkt) *m*; **volatile m.** unübersichtliche Marktverhältnisse, schwankende Kurse

market *v/t* vermarkten, auf den Markt bringen, verkaufen

market|ability *n* Verkehrs-, Börsen-, Absatz-, Marktfähigkeit *f*, M.gängigkeit *f*; **m.able** *adj* absetzbar, (ver)marktbar, marktgängig, börsenfähig

market acceptance Marktaufnahme *f*, Absatzfähigkeit *f*; **m. analysis** Markt-, Absatzanalyse *f*, Marktbeurteilung *f*; Börsenanalyse *f*; **m. analyst** Marktbeobachter *m*; Börsenbeobachter *m*; **m. average** Durchschnittskurs *m*, D.preis *m*; **m. capacity** Marktaufnahmefähigkeit *f*; **m. capitalization** Börsenkapitalisierung *f*, B.wert *m*; **m. condition(s)** Marktverfassung *f*; M.lage *f*; Absatzverhältnisse; Börsenklima *nt*; **m. cost(s)** Anschaffungswert *m*, Niederstwertprinzip *nt*; **m. demand** Markt-, Gesamtnachfrage *f*; **m. development** Marktentwicklung *f*, M.erschließung *f*; **m.-dominating** *adj* marktbeherrschend; **m. economy** Markt-, Wettbewerbswirtschaft *f*; **free m. economy** freie Marktwirtschaft

marketeer *n* Verkäufer *m*, Händler *m*; **black m.** Schwarzmarkthändler *m*

market elasticity Marktelastizität *f*; **m. equilibrium** Marktgleichgewicht *nt*; **m.**

favourite Börsenliebling *m*; **m. fluctuation(s)** Konjunkturbewegung *f*, K.schwankung *f*, Marktschwankungen *pl*; **m. force** Markteinfluß *m*; **m. forces** Marktkräfte, Kräfte des Marktes; **m. garden** Gartenbau-, Gemüseanbaubetrieb *m*, Gärtnerei *f*; **m. hours** Börsensitzung *f*; **m. indicator** Börsen-, Marktbarometer *nt*

marketing *n* Marketing *nt*, Marktforschung *f*, Absatz(wesen) *m*/*nt*, A.förderung *f*, A.wirtschaft *f*, A.politik *f*, Absatz und Vertrieb; **cooperative m.** Genossenschaftsvertrieb *m*; **direct m.** Direktvertrieb *m*

marketing association Markt-, Absatzverband *m*, A.genossenschaft *f*; **m. board** Einfuhr- und Vorratsstelle *f*; **m. company** Vertriebsgesellschaft *f*; **m. cooperative** Vertriebs-, Absatzgenossenschaft *f*; **m. department** Vertrieb(sabteilung) *m*/*f*, Marketingabteilung *f*; **m. manager** Vertriebsleiter *m*; **m. policy** Vertriebs-, Absatzpolitik *f*; **m. specialist** Absatzforscher *m*, Fachmann für Absatzförderung; **m. tool** Vertriebsinstrument *nt*

market leader Markt-, Branchenführer *m*; *(Börse)* führender Wert; **m. maker** Marktmacher *m*, Börsenhändler *m*; **m. member** Marktteilnehmer *m*; **m. operator** *(Börse)* Börsianer *m*, Berufsspekulant *m*; **m. order** *(Börse)* *(Verkauf)* Best(ens)auftrag *m*; *(Kauf)* Billigstauftrag *m*; **m. outlet** Absatzventil *nt*, Vertriebsform *f*; **m. penetration** Marktdurchdringung *f*, M.anteil *m*; **m. performance** Markt-, Absatzentwicklung *f*, A.leistung *f*; **m.place** *n* Markt (-platz) *m*; **m. position** Marktstellung *f*, Wettbewerbsposition *f*; **dominant m. position** beherrschende Marktstellung

market price Marktpreis *m*, M.wert *m*, Tageskurs *m*, T.satz *m*, Kurswert *m*; **current m. p.** Börsen- oder Marktpreis *m*; **at the ~ m. p.** zum Tageskurs; **fair m. p.** marktgerechter Preis; **going m. p.** gängiger Marktpreis; **official m. p.** *(Börse)* amtlicher Mittelkurs

market process Marktgeschehen *nt*; **m. prospects** Kurs-, Absatzerwartungen; **m. quotation** Börsennotierung *f*, B.kurs *m*; **middle m. quotation** Mittelkurs *m*; **m. rate** Marktpreis *m*, Kurswert *m*, Tages-, Börsenkurs *m*; **m. recovery** Kurs-, Markterholung *f*; **m. regime** *(EG)* Marktordnung *f*; **m. report** Preis-, Marktbericht *m*; Konjunkturbericht *m*; Börsenbericht *m*; **m. research** Markt-, Absatzforschung *f*; **~ institute** Marktforschungsinstitut *nt*; **m. researcher** Marktforscher *m*; **m. rigging** Kurs-, Börsenmanipulation *f*; **m. saturation** Markt(über)sättigung *f*; **m. sector/segment** Teilmarkt *m*, Marktsegment *nt*; **m. share** Marktanteil *m*; **m. sharing** Marktaufteilung *f*; **m. situation** Markt-, Absatzlage *f*; **m. strategy** Marktstrategie *f*; **m. support** Kursstützung *f*, K.pflege *f*; **m. survey** Marktanalyse *f*; **m. trend** Absatz-, Preistendenz *f*, Marktentwicklung *f*; **m. valuation** Bewertung zum Verkehrswert; Börsenbewertung *f*; **m. value** Markt-, Verkehrswert *m*; Kurswert *m*; **fair m. value** angemessener Marktwert; **m. volume** Marktvolumen *nt*

marking *n* Kennzeichnung *f*, (Waren)Auszeichnung *f*; Markierung *f*; **m.-down** *n* (Preis)Senkung *f*; **m.-up** *n* (Preis)Anhebung *f*

mark|-on *n* Preisaufschlag *m*; **m.-up** *n* *(Preis)* Heraufsetzung *f*, (Preis)Erhöhung *f*, Aufgeld *nt*, Zuschlag *m*; (Plus)Korrektur *f*; **~ pricing** Vollkostenkalkulation *f*

marriage *n* Heirat *f*, Ehe(schließung) *f*; **m. allowance** *(Steuer)* Ehegattenfreibetrag *m*; **m. grant** Ehestandsdarlehen *nt*, Heiratsbeihilfe *f*; **m. portion** Mitgift *f*; **m. property law** Ehegüterrecht *nt*; **m. settlement** Ehevertrag *m*, vertraglicher Güterstand

marshall *v*/*t* gliedern; *(Forderungen)* rangieren

marshalling *n* *(Forderungen)* Rangieren *nt*; **m. of assets** Rangordnung der Sicherheiten; **~ creditors** Rangbestimmung von Gläubigern; **~ prefer-**

ences Aufstellung einer Präferenzordnung; ~ **securities** *(Konkurs)* Ordnung/Rangfolge der Sicherheiten
mart *n* Markt *m*; Auktionsraum *m*
mass *n* Masse *f*, Menge *f*; **m. business** Massen-, Mengengeschäft *nt*; **m. circulation** *(Zeitung)* Massenauflage *f*; **m. consumption** Massenkonsum *m*; **m. media** Massenmedien; **m.-produce** *v/t* fabrikmäßig/in großen Mengen herstellen; **m. product** Massenprodukt *nt*; **m. production** Massenfertigung *f*, M.herstellung *f*, Großserienfertigung *f*; **m. purchasing power** Massenkaufkraft *f*; **m. transit** *[US]* öffentlicher Personen(nah)verkehr
master *n* (Handwerks-/Lehr)Meister *m*; ⚓ Kapitän *m*; **M. of Business Administration (M.B.A.)** Diplom-Betriebswirt *m*, Diplom-Kaufmann *m*; **M. of Economics** Diplom-Volkswirt *m*; **m. agreement/contract** Mantelvertrag *m*; **m. copy** Original *nt*; **M.'s Copy (of a B/L)** ⚓ Konnossement für den Kapitän, Kapitänskopie *f*; **m. craftsman** (Handwerks)Meister *m*; **m. mechanic** Vorarbeiter *m*, Werkmeister *m*; **m. policy** *(Vers.)* Stamm-, Rahmenpolice *f*
mate *n* Geselle *m*, Arbeitskollege *m*; ⚓ Steuermann *m*, Maat *m*; **m.'s receipt (M.R.; m/r)** ⚓ Verlade-, Bordbescheinigung *f*
material *n* Material *nt*, (Bau-/Werk)Stoff *m*; **m.s** Roh-, Verbrauchsstoffe; ~ **and labour** *(Bilanz)* Material und Arbeitslöhne; ~ **on hand** Materialbestand *m*; ~ **on order** bestelltes Material; ~ **not in stock** Auftragsmaterial *nt*; ~ **and supplies** (Roh-,) Hilfs-- und Betriebsstoffe
auxiliary material Hilfs- und Betriebsstoffe *pl*; **basic m.** Grundstoff *m*; **bought-in m.s** Fremdbezüge *pl*; **direct m.s** Materialeinzelkosten; **faulty m.** fehlerhaftes Material, Materialschaden *m*; ~ **and workmanship** Material- und Herstellungsfehler *pl*; **indirect m.** Materialgemeinkosten *pl*; **loose m.** Schüttgut *nt*; **primary m.** Vormaterial *nt*, Rohstoff *m*; **promotional m.** Werbebeilage *f*; **purchased m.** Fremd-

material *nt*, F.bezüge *pl*
raw material Grund-, Rohstoff *m*; **r. m.s and consumables/supplies** *(Bilanz)* Roh-, Hilfs- und Betriebsstoffe; **recycled r. m.** Sekundärrohstoff (Sero) *m*; **r. m. market** Rohstoffmarkt *m*; ~ **stocks** Rohstoffbestände
substitute material Ersatzstoff *m*; **sundry m.s** (diverses) Kleinmaterial *nt*
material *adj* § (beweis-/rechts)erheblich
material|s account Materialrechnung *f*; ~ **accounting** Materialabrechnung *f*; **m. consumption** Materialverbrauch *m*; **m.s control** Materialwirtschaft *f*; **m. cost(s)** Material-, Sachkosten *pl*; **m. costing** Materialkostenermittlung *f*; **m. damage** Sachschaden *m*; **m.s flow** Materialfluß *m*; ~ **handling** Materialwirtschaft *f*, innerbetriebliches Transport- und Lagerwesen; ~ **input** Stoffeinsatz *m*, Materialaufwand *m*; ~ **input-output statement** Materialbilanz *f*; ~ **inspection** Materialprüfung *f*; ~ **issue** Materialausgabe *f*; ~ **management (and logistics)** Materialwirtschaft *f*; ~ **overheads** Materialgemeinkosten; ~ **price** Materialpreis *m*; ~ **purchases** Materialbezüge; ~ **receiving** Materialannahme *f*; ~ **requirement(s)** Materialbedarf *m*; ~ **requisition** Materialanforderung *f*; ~ **testing** Werkstoffprüfung *f*; ~ **used** Materialaufwand *m*
maternity *n* Mutterschaft *f*; **m. benefit/grant** Geburtsbeihilfe *f*, Mutterschaftsgeld *nt*; **m. protection** Mutter(schafts)schutz *m*
matter *n* Sache *f*, Angelegenheit *f*, Materie *f*, Fall *m*; **m.s of common concern** gemeinsame Belange; **m. in controversy/dispute** § Streitsache *f*; **m. at issue** Verhandlungsgegenstand *m*; **a m. of urgency** dringende Angelegenheit
financial matter|s Finanzangelegenheiten; **monetary m.s** Geldangelegenheiten; **personal m.** persönliche Angelegenheit, Privatangelegenheit *f*; **postal m.** Postsache *f*, P.gut *nt*; **printed m.** 🗞 Druckerzeugnis *nt*; ✉ (Brief)Drucksache *f*
mature *v/i* fällig werden, verfallen; rei-

fen
maturity *n*   Fälligkeit(sdatum) *f/nt*, Verfall(zeit) *m/f*, Laufzeit *f*; **at/on/ upon m.** bei Fälligkeit; **fixed m.** feste Laufzeit; **maximum m.** Höchstlaufzeit *f*; **m. date** Fälligkeitsdatum *nt*, F.termin *m*, Ende der Laufzeit; **m. mix** Fristigkeitsstruktur *f*

maxi|mization *n*   Maximierung *f*; **m.mum** *n* Höchstmaß *nt*, H.satz *m*

meal *n*   Mahl(zeit) *nt/f*; **m. allowance** Essensgeld *nt*; **m. ticket** *[US]* Essensgutschein *m*, E.marke *f*

mean *n*   π/ṁ Mittel(wert) *nt/m*, Durchschnitt(szahl) *m/f*; **arithmetic m.** arithmetisches Mittel; **monthly m.** Monatsmittel *nt*

means *n*   (Geld)Mittel *pl*, Kapital *nt*, Vermögen *nt*; Instrument *nt*, Möglichkeiten *pl*, Mittel *nt*

means of communication Verkehrs-, Kommunikationsmittel *nt/pl*; ~ **conveyance/transport** Beförderungs-, Transportmittel *nt/pl*; ~ **exchange** Tauschmittel *nt/pl*; ~ **payment** Zahlungsmittel *nt/pl*; ~ **production** Produktionsmittel *nt/pl*

available means verfügbare Mittel; **financial m.** Kapitalmittel *nt/pl*, Gelder *pl*; **private m.** Privatvermögen *nt*; **public m.** öffentliche Gelder

means test(ing) *[GB]* Bedürftigkeitsnachweis *m*; Mittelnachweis *m*

measure *n*   Maß *nt*; Maßnahme *f*; Maßstab *m*; **made to m.** maßgeschneidert, m.gefertigt; **to buy to m.** nach Maß kaufen; **to sell by m.** nach Maß verkaufen

administrative measure verwaltungstechnische Maßnahme; **anti-cyclical/ deflationary m.** konjunkturdämpfende Maßnahme; **cost-cutting/cost-saving m.** kostensenkende/kostendämpfende Maßnahme, Sparmaßnahme *f*; **dirigist(ic) m.** dirigistische Maßnahme; **energy-saving m.** Energiesparmaßnahme *f*; **environmental m.** Umweltschutzmaßnahme *f*; **fiscal m.** steuerpolitische Maßnahme; **labour-saving m.(s)** Rationalisierung *f*; **monetary m.(s)** geldpolitische Maßnahme; **preventive m.** Vorsichtsmaßnahme *f*;

pro-cyclical/reflationary m. konjunkturfördernde Maßnahme; **protectionist m.** handelspolitische Schutzmaßnahme; **restrictive m.** Restriktionsmaßnahme *f*

measure *v/t* (ver-/be)messen
measurement *n*   Maß *nt*; Messung *f*; **m.s** Abmessungen, Ausmaße, Größe(nangaben) *f/pl*; **m. goods** Maßgüter

mechanic *n*   Mechaniker *m*, Monteur *m*; **m.al** *adj* mechanisch, maschinell, automatisch

mechaniz|ation *n*   Mechanisierung *f*, Automatisierung *f*; **m.e** *v/t* mechanisieren, automatisieren

media *n*   Medien; **m. advertising** Medienwerbung *f*; **m. analysis/research** Werbeträgeranalyse *f*; **m. manager** Medienleiter *m*

mediat|e *v/ti* vermitteln, schlichten; **m.ion** *n* Vermittlung *f*, Schlichtung(sverfahren) *f/nt*; ~ **proposal** Schlichtungsvorschlag *m*; **m.or** *n* (Ver)Mittler *m*, Schlichter *m*

medium *n*   Medium *nt*, Mittel *nt*; **m. of exchange** Tauschmittel *nt*; ~ **investment** Anlageinstrument *nt*; *adj* mittlere(r, s), mittelfein; **m.-grade** *adj* von mittlerer Qualität; **m.-priced** *adj* in der mittleren Preisklasse/P.lage

meeting *n*   Sitzung *f*, Konferenz *f*; **m. of creditors** Gläubigerversammlung *f*; ~ **partners** Gesellschafterversammlung *f*; ~ **shareholders** *[GB]*/**stockholders** *[US]* Haupt-, Aktionärsversammlung *f*; **to attend a m.** an einer Sitzung teilnehmen; **to call/convene a m.** Sitzung/Versammlung einberufen

annual meeting Jahres-, Hauptversammlung *f*; **extraordinary m.** Sondersitzung *f*, außerordentliche Hauptversammlung; **general m.** Hauptversammlung *f*; **annual ~ m. (AGM) (of shareholders** *[GB]*/**stockholders** *[US]*) (Jahres)Hauptversammlung (HV) *f* (der Aktionäre); **extraordinary ~ m. (EGM)** außerordentliche Hauptversammlung; **shop-floor m.** Betriebsversammlung *f*; **statutory m.** satzungsmäßig vorgeschriebene Versammlung

mega-merger *n*   Großfusion *f*, Elefantenhochzeit *f (fig)*

member *n* Mitglied *nt*, Angehöriger *m*; **m. of the board** Aufsichtsrats-, Vorstands-, Verwaltungsratsmitglied *nt*; ~ **a company** Gesellschafter *m*; ~ **the family** Familienangehöriger *m*; ~ **staff** Belegschaftsmitglied *nt*, Mitarbeiter *m*

associate member angeschlossenes Mitglied; **contributing/paying m.** zahlendes Mitglied; **full m.** Vollmitglied *nt*; **managing m.** Gesellschafter als Geschäftsführer; **registered m.** eingetragenes Mitglied; **working m.** aktives Mitglied

member bank Mitgliedsbank *f*; **m. country** Mitgliedsland *nt*, M.staat *m*; **m.'s liability** Haftung des Gesellschafters; **m.s' meeting** Gesellschafter-, Mitglieder-, Vertreterversammlung *f*

membership *n* Mitgliedschaft *f*, Zugehörigkeit *f*; **compulsory m.** Zwangs-, Pflichtmitgliedschaft *f*, Beitrittspflicht *f*; **m. fee** Mitgliedsbeitrag *m*; Beitragssatz *m*; **m. number** Mitgliedsnummer *f*

member state Mitgliedsstaat *m*, M.-land *nt*

memo *n* → **memorandum** (Gesprächs)Notiz *f*, (innerbetriebliche) Mitteilung *f*

memorandum *n* Aktennotiz *f*, A.vermerk *m*; Vereinbarung *f*; **m. of agreement** Vertragsniederschrift *f*; ~ **association** Gründungsurkunde *f*, Gesellschaftsvertrag *m*; **m. and articles (of association)** Statut *nt*, Satzung *f*; **m. of understanding** Absichtserklärung *f*; **m. book** Notizbuch *nt*, Kladde *f*; **m. goods** *[US]* Kommissionsware *f*; **m. item** Erinnerungsposten *m*

mercantile *adj* geschäftlich, kaufmännisch

merchandise *n* Gut *nt*, Güter *pl*, Ware(nartikel) *f/pl*; **m. on hand** Warenbestand *m*; **m. for resale** Handelsware *f*; **m. in transit** Transitwaren *pl*; **returned m.** Retouren *pl*; *v/t* handeln, vermarkten, kaufen und verkaufen

merchandise accounting Warenbuchhaltung *f*; **m. broker** Produktenmakler *m*; **m. financing** Warenfinanzie-

rung *f*; **m. information system** Warenwirtschaftssystem *nt*; **m. inventory** Warenbestand *m*; **m. trade** Warenhandel *m*, Güterverkehr *m*

merchandising *n* Absatz-, Verkaufsförderung *f*, V.politik *f*; **m. chain** Vertriebskette *f*; **m. costs** Vertriebskosten; **m. organisation** Handelsunternehmen *nt*

merchant *n* Händler *m*, Kaufmann *m*; **general m.** Vollkaufmann *m*; **ostensible m.** Scheinkaufmann *m*; **wholesale m.** Großhändler *m*

merchant|ability *n* Verkäuflichkeit *f*, Marktgängigkeit *f*; **m.able** *adj* verkäuflich, marktgängig

merchant bank Akzept-, Diskonthaus *nt*, Außenhandelsbank *f*; **m. flag** Handelsflagge *f*; **m. fleet** Handelsflotte *f*

merchanting (trade) *n* *[GB]* Transithandel *m*

merchant marine/navy Handelsmarine *f*; **m. ship/vessel** Handelsschiff *nt*; **m. shipping** Handelsschiffahrt *f*

merge *v/ti* verschmelzen, vereinigen, fusionieren

merger *n* Fusion *f*, Vereinigung *f*, (Firmen)Zusammenschluß *m*; **m. of companies** Firmenzusammenschluß *m*, Fusion *f*; **corporate m.** Zusammenschluß von (Aktien)Gesellschaften; **backward vertical m.** Rückwärtsintegration *f*; **forward** ~ **m.** Vorwärtsintegration *f*; **m. bid** Fusionsangebot *nt*; **m. talks** Fusionsverhandlungen

merit *n* Verdienst *nt*, Leistung *f*; **(up)on its m.s** für sich allein (betrachtet), sachgerecht; **m. bonus** Leistungszulage *f*

meritocracy *n* Leistungsgesellschaft *f*

merit pay(ment) Leistungslohn *m*; **m. rating** Personal-, Leistungsbeurteilung *f*

message *n* Meldung *f*, Mitteilung *f*

messenger *n* (Kassen-/Büro)Bote *m*; **express** *[GB]*/**special** *[US]* **m.** ⊠ (Eil)Kurier *m*, E.zusteller *m*, E.bote *m*

Messrs. (Messieurs) *n* *[frz.]* *(Anrede in Anschrift an Personengesellschaft)* Fa.

metal *n* Metall *nt*; **base m.** Nichtedelmetall *nt*; **non-ferrous m.** Nichteisen-, Buntmetall *nt*, NE-Metall *nt*; **precious m.** Edelmetall *nt*; **primary m.** Primärmetall *nt*

metal-banded; **m.-strapped** *adj* durch Bandeisen gesichert; **m. exchange** Metallbörse *f*; **m. industry** Metallindustrie *f*, M.branche *f*; **m. manufactures** Metallwaren; **m. processing** Metallverarbeitung *f*; **m.-processing** *adj* metallverarbeitend; **m. trade** Metallhandel *m*; **m.worker** *n* Metallarbeiter *m*

meter *n* Meßgerät *nt*; *[US]* → **metre**

method *n* Methode *f*, System *nt*, Arbeitsweise *f*, Technik *f*;

method of depreciation Abschreibungsmethode *f*; **composite-life** ~ **d.** Pauschal-, Gruppenabschreibung *f*; **reducing-/ declining-/ decreasing-balance** ~ **d.** Buchwertabschreibung *f*, degressive Abschreibung; **flat-rate/ straight-line** ~ **d.** lineare Abschreibung; **sinking-fund** ~ **d.** progressive Abschreibung

method of payment Zahlungsweise *f*; ~ **shipment/transport** Versandart *f*

cost-plus method Kostenaufschlags-, Selbstkostenpreismethode *f*; **empirical m.** empirisches Verfahren; **first-in-first-out (FIFO) m.** *(Bilanz)* Realisationsprinzip *nt*, FIFO-Methode *f*; **last-in-first-out (LIFO) m.** *(Bilanz)* LIFO-Methode *f*; **straight-line m. (of depreciation)** lineare Abschreibung

method studies Arbeitsablaufstudien; **m.s time measurement (MTM)** Arbeitszeitermittlung *f*

metre *n* *[GB]* Meter *m/nt*; **cubic m.** Fest-, Raummeter *m*; **running m.** laufender Meter; **square m.** Quadratmeter *m*

metric *adj* metrisch

micro- Millionstel-; **m.chip** *n* ⌨ Mikrochip *m*; **m.economic** *adj* mikroökonomisch, betriebswirtschaftlich; **m.economics** *n* Betriebswirtschaftslehre (BWL) *f*, Mikroökonomie *f*, M.theorie *f*; **m.electronics** Mikroelektronik *f*

middle class(es) Mittelstand *m*, M.schicht *f*

middleman *n* Mittler *m*, Makler *m*, Groß-, Zwischenhändler *m*; **to cut**

out/eliminate the m. Zwischenhandel ausschalten, Großhändler umgehen

middling *adj* mittelfein; **good m.** gute Durchschnittsqualität

midyear *n* Jahresmitte *f*

migrant *n* Wanderarbeiter *m*; **m.'s remittance** Gastarbeiterüberweisung *f*

migrate *v/i* wandern, fortziehen

migration *n* (Ab)Wanderung *f*; **m. of capital** Kapitalabwanderung *f*; ~ **labour** Arbeitskräftewanderung *f*

mileage *n* Kilometerzahl *f*, K.geld *nt*; **m. allowance** Kilometergeld(erstattung) *nt/f*, K.pauschale *f*; **m. rate** Kilometersatz *m*, K.tarif *m*; **flat m. rate** Kilometerpauschale *f*

milestone *n* Kilometer-, Meilenstein *m*; **m. payment** Zahlung nach Bau-/Herstellungsfortschritt; **m. report** Fortschrittsbericht *m*

mill *n* Fabrik *f*, Werk *nt*, Mühle *f*; ⚒ Walzwerk *nt*; Spinnerei *f*, Weberei *f*

million *n* Million *f*; **thousand m.** Milliarde *f*

mine *n* ⚒ Bergwerk *nt*, Zeche *f*; **ex m.** ab Zeche; **opencast m.** Tagebau *m*; *v/t* abbauen, fördern

miner *n* ⚒ Bergarbeiter *m*; **m.s' (social) insurance** Knappschaft(sversicherung) *f*; ~ **pension** Knappschaftsrente *f*; ~ **union** Bergarbeitergewerkschaft *f*

minerals *n* Bodenschätze, Erze

mineworker *n* ⚒ Bergarbeiter *m*

mini-budget *n* *[GB]* Nachtragshaushalt *m*

minimum *n* Mindestbetrag *m*, Minimum *nt*

mining *n* ⚒ Bergbau *m*; **underground m.** Untertagebetrieb *m*; **opencast m.** Tagebau *m*

mining area/district Bergbaugebiet *nt*; **m. claim** Schürfrecht *nt*; **m. company** *[GB]*/**corporation** *[US]* Bergbaugesellschaft *f*, B.unternehmen *nt*; **m. concession/right** Abbaukonzession *f*, A.-recht *nt*; **m. damage** Bergschaden *m*; **m. industry** Bergbau(industrie) *m/f*; **m. operation** Bergwerksbetrieb *m*

minister *n* Minister *m*; **m. of state** Staatsminister *m*

ministry *n* Ministerium *nt*

minor *n* Minderjähriger *m*; *adj* klein (-er), geringfügig; minderjährig

minority *n* Minderheit *f*; Minderjährigkeit *f*; **m. holder** Minderheitsaktionär *m*; **m. holding/stake** Minderheitsbeteiligung *f*; **m. interests** *(Bilanz)* Anteile/Gewinnansprüche Dritter; **m. partner** Minderheitsgesellschafter *m*; **m. shareholder** *[GB]/***stockholder** *[US]* Minderheitsaktionär *m*

mint *n* Münz-, Prägeanstalt *f*; *v/t* prägen

minus *prep* abzüglich, minus

minute *n* Minute *f*; **commercial m.** *(Radio/Fernsehen)* Werbeminute *f*

minutes *n* Niederschrift *f*, (Sitzungs)Protokoll *nt*; **to draw up the m.** Protokoll aufsetzen; **to keep/take the m.** (Sitzungs)Protokoll führen

miracle *n* Wunder *nt*; **economic m.** Wirtschaftswunder *nt*

mis|address *v/t* falsch adressieren; **m.allocation of capital** *n* Kapitalfehlleitung *f*; ~ **resources** Faktorfehlleitung *f*; **m.appropriate** *v/t* zweckentfremden, unterschlagen, veruntreuen; **m.appropriation (of funds)** *n* Zweckentfremdung *f*, Unterschlagung *f*, Veruntreuung *f*; **m.branding** (of goods) *n* Falschbezeichnung *f* (von Waren); **m.calculation** *n* Fehlkalkulation *f*; **m.conduct** *n* Fehlverhalten *nt*; **professional m.conduct** berufswidriges/standeswidriges Verhalten; **m.construction** *n* ⟨§⟩ Fehlinterpretation *f*; **m.deliver** *v/t* falsch liefern; **m.direct** *v/t* ⊠ fehlleiten, falsch adressieren; **m.direction** *n* falsche Adressierung, Fehlleitung *f*; ~ **of goods** Fehlverladung *f*; **m.entry** *n* Falschbuchung *f*; **m.handle** *v/t* falsch behandeln; **m.handling** *n* falsche Behandlung/Handhabung; **m.information** *n* falsche Auskunft, Fehlinformation *f*; **m.invest**ment *n* Fehlinvestition *f*; **m.manage** *v/t* schlecht wirtschaften; **m.management** *n* Mißwirtschaft *f*; **m.repre-sent** *v/t* falsch darstellen, verdrehen; **m.representation** *n* ⟨§⟩ falsche Darstellung, Verdrehung *f*

missing *adj* fehlend, verschwunden

mistake *n* → **error** Fehler *m*, Irrtum *m*,

Versehen *nt*; **by m.** irrtümlich, aus Versehen

mis|statement *n* falsche Darstellung; ~ **of facts** falsche Sachdarstellung; **m.understand** *v/t* mißverstehen; **m.un-derstanding** *n* Mißverständnis *nt*; **m.-use** *n* Mißbrauch *m*, Zweckentfremdung *f*

mix *n* Mischung *f*, Zusammensetzung *f*

mobiliz|ation *n* *(Kapital)* Verflüssigung *f*; **m.e** *v/t* flüssig machen

mobility *n* Beweglichkeit *f*, Mobilität *f*; **m. of labour**; **occupational m.** berufliche Mobilität; **industrial m.** Freizügigkeit der Arbeitnehmer; **m. allowance** Fahrtkostenzuschuß *m*

mode *n* Methode *f*, Verfahren *nt*; **m. of carriage/ dispatch/ shipment/ transport** Beförderungs-, Versandart *f*; ~ **payment** Zahlungsweise *f*

model *n* Modell *nt*, Typ *m*, Ausführung *f*

aggregative/macroeconomic model makroökonomisches Modell; **cyclical m.** Konjunkturmodell *nt*; **economic m.** ökonomisches Modell; **end-of-range m.** ⌂ auslaufendes Modell; **standard m.** Einheitsmodell *nt*, Standardausführung *f*

model farm ⚒ (landwirtschaftlicher) Musterbetrieb *m*; **m. form of contract** Formularvertrag *m*; **m. letter** Muster-, Schemabrief *m*

modelling *n* Modellplanung *f*; **financial m.** Finanzplanung *f*

model plant ⚒ Musterbetrieb *m*; **m. range** Modellreihe *f*

moderat|e *v/ti* mäßigen; moderieren, Versammlung leiten; *adj* maßvoll, mäßig; **m.ion** *n* Mäßigung *f*, Maßhalten *nt*

modernization *n* Modernisierung *f*; ⌂ Altbausanierung *f*; **m. investment** Modernisierungs-, Rationalisierungsinvestition(en) *f/pl*; **m. programme** Modernisierungs-, Rationalisierungsvorhaben *nt*

modernize *v/t* modernisieren, rationalisieren

modification *n* (Ab-/Ver)Änderung *f*; **subject to m.s** Änderungen vorbehal-

ten
modify v/t　(ab-/ver-/um)ändern
moist adj　feucht; **m.ure** n Feuchtig-
keit f; ~ **certificate** Feuchtigkeitsbe-
scheinigung f; ~ **content** Feuchtig-
keitsgehalt m
monetar|ism n　Monetarismus m; **m.ist**
n Monetarist m, Geldtheoretiker m;
m.y adj monetär, geldwirtschaftlich,
währungspolitisch; finanziell
money n　Geld nt, Zahlungsmittel nt;
Vermögen n; **for m.** gegen Entgelt
money in account Buchgeld nt; **m. of
account** Landes-, Rechnungswährung f; **m. on account** Guthaben nt;
m. at call Tagesgeld nt; **m. in cash; m.
in/on hand** Kassenbestand m, Bargeld nt; **m. in circulation** Geldumlauf m; **m. on deposit** (Kunden)Einla-
gen pl; **m. at notice** Geld auf Kündigung
flush with money gut bei Kasse, flüssig;
short of m. knapp bei Kasse
to advance money on goods Geld auf
Waren leihen; **to back with m.** finanziell unterstützen; **to borrow m.** Geld
aufnehmen; **to change m.** Geld wechseln; **to create m.** Geld schöpfen; **to
hoard m.** Geld horten; **to invest m.**
Geld investieren/anlegen; **to launder
m.** (fig) Geld waschen (fig); **to lend
m.** Geld (aus)leihen; **to make m.** Geld
verdienen/machen; **to put m. by** (for
a rainy day) Geld auf die Seite/hohe
Kante legen (coll); ~ **out at interest**
Geld verzinslich anlegen; **to raise m.**
Geld aufnehmen; **to remit/transfer m.**
Geld überweisen; **to spend m.** Geld
ausgeben; **to tie up m.** Geld fest anle-
gen/binden; **to withdraw m.** Geld abheben
active money umlaufende (Geld)Mittel;
borrowed m. Fremdgeld nt, F.mit-
tel pl; **cheap m.** billiges Geld; ~ **policy**
Niedrigzinspolitik f, Politik des leich-
ten Geldes; **counterfeit m.** Falsch-
geld nt; **current m.** Bar-, Umlauf-
geld nt; **day-to-day/overnight m.** Tagesgeld nt; **dead/dormant/idle/inactive
m.** brachliegendes/totes Kapital; **dear
m.** teures Geld; ~ **policy** Hochzinspolitik f, Politik des teuren Geldes; **easy**

m. leicht verdientes Geld; **excess m.**
Geldüberschuß m; **floating m.** vaga-
bundierende Mittel; **foreign m.** Aus-
landsgeld nt; **hard m.** [US] Hart-,
Münzgeld nt; **hot m.** (coll) Flucht-
geld nt, F.kapital nt; **lawful m.** [US]
gesetzliche(s) Zahlungsmittel; **non-
physical m.** Geldsurrogat nt; **outstanding m.** Geldforderung f; **ready m.** Bargeld nt, flüssige Mittel; **three-month
m.** Dreimonatsgeld nt; **tied-up m.**
Festgeld nt; **tight m.** knappes Geld; ~
policy restriktive Geld(markt)politik,
Politik des teuren Geldes
money|-back guarantee bei Nichtgefal-
len Geld zurück; **m. broker** Finanz-,
Geldmakler m; **m. capital** Geld-, Fi-
nanzkapital nt; **m. claim** Bar-, Kapi-
talforderung f; **m. creation** Geldschöpfung f; **m. dealer** Geld-, Devisenhändler m; **m. dealings** Geldgeschäfte; **m. debt(s)** Geldschuld f; **m.
earner** Geldbringer m; **m. economy**
Geld(tausch)wirtschaft f; **m. factor**
Geld-, Nominalfaktor m; **m. flow**
Geldstrom m, Kapitalfluktuation f;
m. fund Geldfonds m; **m. growth**
Geldzuwachs m; **m. holdings** Geldbe-
stände, Kassenhaltung f; **m. instrument** Geldpapier nt; **m. interest** Geld-
zins m; **m. jobber** Geldmakler m;
m.lender n Geldverleiher m, G.ge-
ber m; **m.lending** n Geldverleih m;
m.less adj mittellos, unvermögend;
m.maker n Geldverdiener m; (Ware)
Verkaufserfolg m, Umsatzrenner m;
m. management Geld-, Kassendisposi-
tion f
money market Finanz-, Geld(anlagen)-, Kapitalmarkt m; **m. and capital m.** Kreditmarkt m; **tight m. m.** Ver-
knappung am Geldmarkt; **m. m. bor-
rowing/lending** Geldmarktkredite pl;
~ **instrument** Geldmarkttitel m; ~
paper Geldmarktpapier nt; ~ **rate**
Geldmarktsatz m, G.zins m; ~ **securities** Geldmarktpapiere
money matters Geldangelegenheiten;
m. order (M.O.) [GB] ⊠ Zahlungs-,
Postanweisung f; **m. outflow** Mittelabfluß m; **m. paid in** Einzah-
lung(en) f/pl; **m. raising** Geldbeschaf-

fung *f*; **m. rate** *(Zins)* Geldkurs *m*; **m.-spinner** *n* Kassen-, Verkaufsschlager *m*; **m. standard** Währung *f*

money supply *(VWL)* Geldmenge *f*, G.angebot *nt*; **narrowly defined m. s.** Geldmenge M1 *f*; **excess m. s.** Kaufkraft-, Geldüberhang *m*; **m. s. growth** Geldmengenwachstum *nt*; ~ **(growth) target** Geldmengenvorgabe *f*, G.ziel *nt*

in money terms zu jeweiligen Preisen; **m. transfer** Zahlungs-, Geldverkehr *m*, (G.)Überweisung *f*, bargeldlose Überweisung; **m. wage** Nominallohn *m*; **m.-wise** *adj* finanziell (gesehen), in geldlicher/finanzieller Hinsicht; **m.'s worth** Geld(es)wert *m*, monetärer Gegenwert

monitor *v/t* (laufend) überwachen

mono|culture *n* 🖻 Monokultur *f*; **m.polism** *n* Monopolwirtschaft *f*; **m.polist** *n* Monopolist *m*; **m.polistic** *adj* marktbeherrschend

monopoly *n* Monopol *nt*, Alleinvertrieb *m*, Regie *f*; **m. of supply** Angebotsmonopol *nt*; **m. agreement** Kartellabsprache *f*; **m. authority** Monopol-, Kartellbehörde *f*; **m. charge** *[GB]* Kartell(amts)verfahren *nt*; **Monopolies and Mergers Commission (MMC)** *[GB]* Monopolkommission *f*, Kartellamt *nt*; **m. power** Monopolstellung *f*

month *n* Monat *m*; **by the m.** monatlich; **per m.** im Monat; **within a m.** binnen Monatsfrist

month|(s) after date (m/d) Monat(e) nach Datum; **m.(s) after payment (m/p)** Monat(e) nach Zahlung; **m. under review** Berichtsmonat *m*; **m.(s) after sight (m/s)** Monat(e) nach Sicht; **same m. last year; the** ~ **a year ago** Vergleichsmonat im Vorjahr, Vorjahresmonat *m*; **one m.'s notice** monatliche Kündigung; **a m.'s supply** Monatsvorrat *m*, M.bedarf *m*

to give a month's notice zum nächsten ersten kündigen, mit Monatsfrist kündigen

monthly *adj* monatlich, jeden Monat

mood *n* Börsenstimmung *f*, Marktverfassung *f*; **bearish m.** Baissestim-

mung *f*; **bullish m.** Haussestimmung *f*; **underlying m.** Grundstimmung *f*, G.tendenz *f*

moonlight *v/i* *(coll)* schwarzarbeiten; **m. economy** *n* Schattenwirtschaft *f*; **m.er** *n* Schwarzarbeiter *m*; **m.ing** *n* Schwarzarbeit *f*

moratorium *n* Stundung *f*, Zahlungsaufschub *m*; **m. on principal and interest payments** Aussetzung des Schuldendienstes; **m. interest** Stundungszinsen *pl*

morning *n* Morgen *m*, Vormittag *m*; **m. break** Frühstückspause *f*; **m. curb** *[US]*/**kerb** *[GB]* Vormittagsbörse *f*, vorbörslicher Telefonverkehr; **m. shift** Früh-, Morgenschicht *f*

mortality *n* Sterblichkeit *f*; **excess m.** Sterblichkeitsüberhang *m*; **m. chart/ table** Sterbetafel *f*; **m. curve** Sterblichkeitskurve *f*; **m. rate** Sterblichkeitsrate *f*

mortgage *n* Hypothek *f*, Pfandbrief *m*

to assume/raise a mortgage *[US]* Hypothek aufnehmen/übernehmen; **to call in a m.** Hypothekenschuld kündigen; **to cancel a m.** Hypothek löschen; **to charge by/create a m.** Hypothek bestellen; **to discharge/pay off/redeem/ repay a m.** Hypothek tilgen/zurückzahlen; **to foreclose a m.** Hypothek für verfallen erklären, aus einer ~ (zwangs)vollstrecken; **to grant a m.** Hypothek bewilligen; **to register a m.** Hypothek im Grundbuch eintragen (lassen); **to secure by m.** hypothekarisch/dinglich sichern

adjustable-rate mortgage Hypothek mit variablem Zinssatz, ~ Zinsanpassung; **deferred-interest m.** Hypothek mit aufgeschobener Zinszahlung; **deferred-payment m.** Hypothek mit aufgeschobener Tilgung; **first/prior/senior m.** erststellige/erstrangige Hypothek; **fixed m.** Fest(geld)hypothek *f*; **fixed-rate m.** Festzinshypothek *f*; **interest-only m.** Hypothek ohne Tilgung; **junior m.** nachrangige Hypothek; **redeemable m.** Tilgungshypothek *f*; **registered m.** eingetragene Hypothek; **self-certified m.** Hypothek ohne Eigentumsnachweis

mortgage *v/t* hypothekarisch absichern/belasten

mortgage|able *adj* hypothekarisch belastbar; **m.-backed** *adj* hypothekarisch gesichert; **m. bank** Hypotheken-, Boden(kredit)bank *f*, Realkreditinstitut *nt*; **agricultural m. bank** landwirtschaftliche Rentenbank; **(collateral) m. bond** Hypotheken)Pfandbrief *m*, hypothekarisch gesicherte Obligation; **m. bond issue** Pfandbriefanleihe *f*; **m. broker** Hypothekenmakler *m*; **m. commitment** Hypothekenzusage *f*; **m. credit** Hypothekenkredit *m*; **m. creditor** Hypothekengläubiger *m*

mortgaged *adj* dinglich/hypothekarisch belastet

mortgage debenture Hypothekenpfandbrief *m*; **m. debt** Hypothekenschuld *f*; **m. debtor** Hypothekenschuldner *m*; **m. deed** Hypotheken-, Grundschuldbestellungsurkunde *f*

mortgagee *n* Hypothekar *m*, Hypotheken(pfand)gläubiger *m*

mortgage finance/financing Hypothekenfinanzierung *f*; **m. foreclosure** Zwangsvollstreckung aus einer Hypothek; **m. holder** Hypothekengläubiger *m*; **m. interest** Darlehens-, Hypothekenzinsen *pl*; ~ **rate** Hypothekenzinssatz *m*; ~ **relief** Steuerentlastung für Hypothekenzinsen; **m. lender** Hypothekengeldgeber *m*; **m. lending** Hypothekengeschäft *nt*; **m. lien** Hypothekenpfandrecht *nt*; **m. loan** Hypothek *f*, Hypothekenkredit *m*; **m. market** Hypothekenmarkt *m*; **m. note** Schuldbrief *m*; **m.s payable** *(Bilanz)* Hypothekenschulden; **m. period** Hypothekenlaufzeit *f*; **m. rate** Hypothekenzins(satz) *m*; **m. redemption/repayment** Hypothekenablösung *f*, H.tilgung *f*; **m. register** Hypotheken-, Grundbuch *nt*; **m. relief** steuerliche Abzugsfähigkeit von Hypothekenzinsen

mortgager; mortgagor *n* Pfand-, Hypotheken-, Grundschuldner *m*

most-favoured-nation clause ⊖ Meistbegünstigungsklausel *f*; ~ **tariff** Meistbegünstigungszoll *m*; ~ **treatment** Meistbegünstigung *f*

mothballed *adj* *(fig)* ⤳ stillgelegt, eingemottet *(fig)*

motion *n* Entschließung(santrag) *f/m*; **to adopt/carry/pass a m.** Antrag annehmen; **to bring forward/table a m.** Antrag einbringen; **to reject a m.** Antrag ablehnen; **to second a m.** Antrag unterstützen

motivation *n* Motivation *f*, Leistungsbereitschaft *f*

motor *n* Motor *m*; *(fig)* Triebkraft *f*; **economic m.** *(fig)* Konjunkturmotor *m* *(fig)*, K.lokomotive *f* *(fig)*; **m. accident** Auto-, Kraftfahrzeugunfall *m*; **m. account** Kraftfahrzeugversicherung(ssparte) *f*

motorcar *n* Kraftfahrzeug (Kfz) *nt*; **m. dealer** Automobilhändler *m*

motor claim Kraftfahrzeughaftpflichtschaden *m*; **m. components industry** Autozulieferindustrie *f*; **m. industry** Automobil-, Kraftfahrzeugindustrie *f*, Autobranche *f*, Fahrzeugbau *m*; **m. insurance** Automobil-, (Kraft)Fahrzeugversicherung *f*, Kfz.-Versicherung *f*; **third-party m. insurance** Kfz.--Haftpflichtversicherung *f*; **m. insurer** Kraftfahrzeug-, Kfz.-Versicherer *m*; **m.ist** *n* Auto-, Kraftfahrer *m*, Fahrzeughalter *m*; **m. manufacturer** Kraftfahrzeug-, Automobilhersteller *m*; **m. ship/vessel (MS; MV)** ⤳ Motorschiff *nt*; **m. trade** (Kraft)Fahrzeug-, Automobilhandel *m*; **m. trader** (Kraft)Fahrzeug-, Automobilhändler *m*

motor transport Straßengüterverkehr *m*; **commercial m. t.** gewerblicher Kraft(fahrzeug)verkehr *m*; **m. t. industry** Straßengütertransportgewerbe *nt*

motor truck *[US]* Lastkraftwagen (LKW) *m*; **m. underwriting** *(Vers.)* Kraftfahrzeugsparte *f*, K.versicherung(sgeschäft) *f/nt*

motor vehicle documents Kraftfahrzeugpapiere; ~ **(excise) duty** Kraftfahrzeugsteuer *f*; ~ **industry** Automobil-, Kraftfahrzeugindustrie *f*, Fahrzeugbau *m*; ~ **insurance** Kraftfahrzeugversicherung *f*; ~ **registration** Kraftfahrzeuganmeldung *f*

movable adj beweglich; **m.s** n bewegliche Sachen, Mobiliar(vermögen) nt
move n Maßnahme f, Schritt m; Umzug m; v/t umziehen, umsiedeln; versetzen, verlagern; vorschlagen, beantragen
movement n Bewegung f, Entwicklung f; Warenbewegung f; (Güter) Beförderung f
movement of accounts Kontenbewegung f; ~ **capital** Kapitalverkehr m; **free ~ capital** Freizügigkeit des Kapitalverkehrs; ~ **goods** Gütertransport m, Güter-, Warenverkehr m, W.beförderung f; **free ~ goods** Freizügigkeit im Warenverkehr; **free ~ labour** freie Wahl des Arbeitsplatzes; **free ~ persons** freier Personenverkehr; ~ **prices** (Börse) Kursgeschehen nt, K.entwicklung f; Preisentwicklung f; **free ~ workers** Freizügigkeit der Arbeitnehmer
cooperative movement Genossenschaftsbewegung f, G.wesen nt; **cyclical/economic m.(s)** Konjunkturverlauf m, K.schwankung f; **downward(s) m.** Abwärtsbewegung f, Abschwung m, Kursrückgang m; **underlying m.** Grundtendenz f; **upward m.** Aufwärtsbewegung f, A.trend m, Kurssteigerung f
movie n [US] Film m; **m. advertising** Kinoreklame f; **m. industry** Filmindustrie f
multi|- viel-, multi-; **m.-digit** adj π mehrstellig; **m.-industry** adj mehrere Branchen umfassend; **m.national** n multinationaler Konzern, Multi m (coll)
multiple n Filialist m, Kettenunternehmen nt
multi|-purpose adj Mehrzweck-; **m.--stage** adj mehrstufig
municipal adj (inner)städtisch, kommunal, Gemeinde-, Stadt-; **m.ization** n Überführung in städtischen Besitz; **m.ize** v/t unter städtische Verwaltung bringen, kommunalisieren; **m.ity** n Stadt f, S.gemeinde f, S.verwaltung f, Kommunalbehörde f, Kommune f
muscle n Muskel m, Macht f; **financial m.** (fig) Finanzstärke f, F.kraft f; **in-**

dustrial m. (Gewerkschaft) Durchsetzungsvermögen nt; wirtschaftlicher Einfluß
mutual adj wechsel-, gegenseitig; **m.ity** n Gegenseitigkeit f

N

N/A (no account) kein Konto
name n Name m, Bezeichnung f; (Lloyd's) Versicherer m; **n. of account** Kontenbezeichnung f; ~ **the company** Firma einer Gesellschaft/AG; Firmenname m; **to be made out in the n. (of)** auf den Namen lauten; **to contract in one's own n.** in eigenem Namen abschließen; **to trade under a n.** (unter einem Namen) firmieren
commercial name Firma f; **corporate n.** [US] Firma einer AG, handelsgerichtlich eingetragener Name; **full n.** Vor- und Zuname m; **prime n.** erste Adresse; **proprietary n.** Markenname m, gesetzlich geschützter Name; **registered n.** [GB] handelsgerichtlich eingetragener Name
name|plate n (Firmen)Schild nt; ⊙ Typenschild nt; **n. supplier** Adressenlieferant m; **n. tag** Namensschildchen nt
narrow adj eng; **n.ing** n Ein-, Verengung f; ~ **of margins** Verengung der Ertragsspanne
national n Staatsbürger m, S.angehöriger m; adj national, staatlich, einzel-, innerstaatlich, inländisch; **N. Audit Office** [GB] (staatlicher) Rechnungshof m; **N. Giro** [GB] Postscheckdienst m; **N. Health Service (NHS)** [GB] staatlicher Gesundheitsdienst; **N. Insurance (N.I.)** [GB] Sozialversicherung f; ~ **contribution (NIC)** [GB] Sozialversicherungsbeitrag m
national|ization n Verstaatlichung f; **n.ize** v/t verstaatlichen; **n.ity** n Staatsangehörigkeit f
National Savings [GB] staatliche Schatzbriefe; ~ **bond** steuerfreier Schuldschein; ~ **certificate** Sparbrief m

nationwide *adj*   landesweit, im ganzen Land

native *n*   Inländer *m*;   *adj* inländisch, heimisch

nature *n*   Natur *f*, Art *f*, Beschaffenheit *f*, Eigenschaft *f*; **n. of goods** Beschaffenheit der Ware(n); **not of a commercial n.** gemeinnützig, nicht gewinnorientiert; **n. conservancy** Natur-, Umweltschutz *m*

navi|cert (navigation certificate) *n*   ✲ Warenpaß *m*, Unbedenklichkeitsbescheinigung *f*; **n.gable** *adj* befahrbar, schiffbar; **n.gate** *v/t* fahren, steuern

navigation *n*   Schiffahrt *f*; **inland n.** Binnenschiffahrt *f*; **n. risk** Schiffahrtsrisiko *nt*

navy *n*   Flotte *f*, Marine *f*

near *adv/prep*   nahe(gelegen); **n.-money** *n*   Geldsurrogat *nt*; **n.-monopoly** *n* Quasimonopol *nt*

necess|aries *n*   Bedarfsgüter, B.gegenstände, Güter des täglichen Bedarfs; **n.itate** *v/t* erfordern; **n.ity** *n* Notwendigkeit *f*, Erfordernis *nt*; **n.ities** *n* Güter des täglichen Bedarfs; **~ of life** lebenswichtiger Bedarf

need *n*   Bedarf *m*, Nachfrage *f*, Notwendigkeit *f*, Bedürftigkeit *f*; **in n. of repair** reparaturbedürftig; **basic n.s** Grundbedarf *m*; **financial n.** Geldnot *f*, G.knappheit *f*; **n.s allowance** Bedürftigkeitsbeihilfe *f*; **n.-based** *adj* bedarfs-, bedürfnisorientiert; **n.s economy** Bedarfswirtschaft *f*; **n. satisfaction** Bedürfnisbefriedigung *f*

negative *adj*   negativ, abschlägig

neglect *n*   Vernachlässigung *f*, Versäumnis *nt*, Nachlässigkeit *f*; **n. of duty** Pflichtverletzung *f*; **wilful n.** [§] vorsätzliche Unterlassung

negligence *n*   Fahrlässigkeit *f*; [§] (fahrlässiges) Verschulden *nt*; Verletzung der Sorgfaltspflicht; **gross/wilful n.** grobe Fahrlässigkeit; **n. claim** Schaden(s)ersatzforderung wegen Fahrlässigkeit, Klage auf Schaden(s)ersatz wegen Fahrlässigkeit

negli|gent *adj*   nachlässig, fahrlässig; **n.gible** *adj* unerheblich, geringfügig

negotiability *n*   Verwertbarkeit *f*; Verkehrsfähigkeit *f*; Börsen-, Bankfähigkeit *f*; Begebbarkeit *f*

negotiable *adj*   negoziierbar, verkäuflich, marktfähig; bankfähig, börsenfähig; akzeptfähig, abtretbar, übertragbar, indossierbar; *(Anzeige)* Verhandlungsbasis *f*, (ver)handelbar; **not n.** nicht übertragbar, nur zur Verrechnung

negotiate *v/t*   aus-, verhandeln; *(Vertrag)* abschließen; negoziieren; *(Wechsel)* plazieren

negotiating machinery *n*   Verhandlungsprozedur *f*; **n. skill** Verhandlungsgeschick *nt*; **n. team** Verhandlungsdelegation *f*

negotiation *n*   Verhandlung *f*; *(Wechsel)* Übertragung *f*; *(Wertpapier)* Begebung *f*; **n. of bills (of exchange)** Wechseldiskontierung *f*; **~ a loan** Anleiheplazierung *f*; **to adjourn n.s** Verhandlungen unterbrechen; **to begin/enter into n.s** Verhandlungen aufnehmen; **to break off n.s** Verhandlungen abbrechen; **to settle by n.** durch Verhandlungen beilegen; **collective n.s** Tarifverhandlungen; **n. credit** Negoziierungsakkreditiv *nt*

negotiator *n*   Unterhändler *m*, Verhandlungspartner *m*

neighbourhood *n*   Nachbarschaft *f*; **n. shop** Nachbarschaftsladen *m*; **old n. store** *[US]* Tante-Emma-Laden *m* *(coll)*

neo|liberalism *n*   Neoliberalismus *m*; **n.mercantilism** *n* Neomerkantilismus *m*

neon advertising   Leuchtwerbung *f*, L.reklame *f*; **n. light(s)/sign** Neonreklame *f*

net *n*   Netz *nt*; *v/t* Reingewinn erzielen, netto verdienen; *adj* netto (Kasse ohne Abzug), frei von Abzügen

network *n*   Netz *nt*; **n. of branches; ~ branch offices** Filial-, Niederlassungsnetz *nt*; **n. analysis** Netzplananalyse *f*; **n. management system** Netzplantechnik *f*; *v/t* vernetzen

news *n*   Nachricht *f*; **financial n.** Wirtschaftsnachrichten, Börsenbericht *m*; **n. agency** Nachrichtenagentur *f*; **n.agent** *n* *[GB]*; **n.dealer** *n* *[US]* Zeitschriften-, Zeitungshändler *m*; **n. con-**

ference Pressekonferenz f; **n. item**
Nachricht f; **n.letter** n Informations-
blatt nt, I.brief m, Rundschreiben nt
newspaper n Zeitung f; **national n.**
überregionale Zeitung; **provincial n.**
[GB] Regionalzeitung f; **n. advertisement** Zeitungsannonce f, Z.inserat nt;
n. advertising Zeitungs-, Pressewer-
bung f; **n. circulation** (Zeitungs)Auf-
lage f; **n. report** Zeitungsbericht m;
n.sheet n Mitteilungs-, Informations-
blatt nt
N/F (no funds) *(Konto)* keine Deckung
niche n Nische f; **n. in the market**
Marktnische f; **specialist n.** Marktnische für Spezialanbieter
night n Nacht f; **n. depository/safe**
Nachttresor m; **n. school** Abendschu-
le f; **n. shift** Nacht-, Spätschicht f; **n.
work** Nachtarbeit f
nil n Null f; *adj* null; **n.-paid** *adj* gratis,
unbezahlt; **n. rate/tariff** Nulltarif m
no-claim(s) *adj* *(Vers.)* schaden(s)frei;
~ **bonus** Schaden(s)freiheitsrabatt m
noise n Lärm m; **n. abatement** Lärmbe-
kämpfung f; **n. level** Lärmpegel m; **n.
pollution** Lärmbelästigung f
nomenclature n Terminologie f; ⊖
(Zoll)Tarifschema nt
nomin|al *adj* nominal, nominell; *(Teil-
haber)* nicht aktiv; **n.ate** v/t benen-
nen, (zur Wahl) vorschlagen; **n.ation** n
(Kandidat) Nominierung f, (Wahl-)
Vorschlag m; ~ **of a beneficiary** *(Lebensvers.)* Einsetzung eines Begün-
stigten
nominee n Kandidat m; Bevollmächtigter m; Spendenempfänger m; **n. account** *[GB]* Treuhandkonto nt; **n.
company** Briefkastengesellschaft f; **n.
holder** Fremdbesitzer m
non-acceptance n Akzeptverweige-
rung f; Nichtannahme f; **protested
for n.-a.** mangels Akzepts protestiert;
returned for n.-a. mangels Akzept/An-
nahme zurück
non|-admissible *adj* unzulässig; **n.-ap-
pealable** *adj* 🔍 formal rechtskräftig;
n.-assessable *adj* nicht steuerpflichtig;
n.-attachable *adj* unpfändbar; **n.-at-
tendance** n Nichterscheinen nt (zum
Dienst); **n.-binding** *adj* nicht bindend;

n.-business *adj* nicht geschäftlich; **n.--
cash** *adj* unbar, bargeldlos; **n.-com-
mercial** *adj* nichtkommerziell, n.ge-
werblich; **n.-competing** *adj* nicht konkurrierend; **n.-completion** n Nichtfer-
tigstellung f; **n.-compliance** n Nichterfüllung f, Zuwiderhandlung f; **n.-con-
tentious** *adj* 🔍 nicht streitig; **n.-con-
tractual** *adj* außervertraglich; **n.-con-
tributory** *adj* nicht beitragspflichtig,
beitragsfrei; **n.-convertible** *adj* nicht
konvertierbar; **n.-deductible** *adj* nicht
absetzbar; **n.-delivery** n Nicht(aus)lie-
ferung f, N.erfüllung f; **n.-disclo-
sure** n 🔍 Nichtanzeige f, mangelnde
Offenlegung; **n.-durable** *adj* *(Ware)*
kurzlebig, nicht dauerhaft, Ver-
brauchs-; **n.-durables** n (kurzlebige)
Verbrauchsgüter; **n.-dutiable** *adj* ⊖
unverzollbar; **n.-economic** *adj (Güter)*
nicht wirtschaftlich; **n.-financial** *adj*
nichtfinanziell, paramonetär; **n.--
foods** n Verbrauchsgüter, Waren außer
Lebensmittel; **n.-fulfilment** n Nichterfüllung f; **n.-industrial** *adj* nicht industriell; **n.-inflammable** *adj* nicht feuergefährlich; **n.-inflationary** *adj* inflati-
onsneutral; **n.-interest-bearing** *adj*
zinslos, unverzinslich; **n.-liability** n
Freizeichnung f, Haftungsausschluß
m; **n.-monetary** nicht-, paramonetär;
n.-negotiable *adj* nicht übertragbar/
negoziierbar/begebbar; **n.-obser-
vance** n Nicht(be)achtung f, N.erfül-
lung f; **n.-occupational** *adj* berufs-
fremd; **n.-operating** *adj* betriebsneu-
tral; **n.-operational** *adj* *(Ausgaben)*
außerbetrieblich; **n.-participating** *adj*
(Vers.) nicht gewinnbeteiligt; **n.-pay-
ment** n Nichterfüllung f, Zahlungsverweigerung f; **n.-performance** n
Nichterfüllung f, N.leistung f, Liefer-
ausfall m; ~ **of a (contract of) sale**
Nichterfüllung eines Kaufvertrags;
n.-performing *adj* *(Kredit)* notleidend; **n.-polluting** *adj* umweltfreundlich; **n.-productive** *adj* unproduktiv;
n.-profit-making *adj* gemeinwirtschaftlich, g.nützig
non-resident n Gebietsfremder m,
Nichtansässiger m; ~ **for tax purposes** Steuerausländer m; *adj* ortsfremd,

gebietsfremd; **n.-r.s' deposits** Auslandseinlagen; ~ **investments** ausländische Investitionen

non|-returnable adj Wegwerf-, Einweg-; **n.-sal(e)able** adj unverkäuflich; **n.suit** n [§] Klagezurückweisung f; **n.-tariff** adj paratarifär, außertariflich; **n.--taxpayer** n Nichtsteuerpflichtiger m; **n.-union** adj nicht organisiert, gewerkschaftsfrei

norm n Norm f; **environmental n.s** Umweltnormen

no-strike clause Streikverbotsklausel f

notari|al adj [§] notariell, vor einem Notar; **n.zation** n notarielle Beurkundung/Beglaubigung; **n.ze** v/t notariell beurkunden/beglaubigen

notary (public) n Notar m, Urkundsbeamter m

note n Notiz f, Aufzeichnung f, Nachricht f; Banknote f, (Geld)Schein m

note of acceptance (Wechsel) Annahmevermerk m; **n.s on/to the accounts** Erläuterungen zur Bilanz und zur Gewinn- und Verlustrechnung, ~ zum Jahresabschluß, Anhang m; ~ **payable to banks** Wechselverbindlichkeiten gegenüber Banken; (Bilanz) Akzepte; **n. of charges** Gebühren-, Kostenrechnung f; **n.s in circulation** (Bank)Notenumlauf m; ~ **and coins** Zahlungsmittel; **n. and coin circulation** (Bar)Geldumlauf m; **n. of dispatch** Versandanzeige f; ~ **fees** Gebühren(ab)rechnung f; ~ **hand** Eigen-, Solawechsel m; **n. for protest** (Wechsel) Vormerkung zum Protest; **n. of protest** Protestnote f, P.anzeige f

notes due [US] fällige Wechsel; **n. payable** Wechselverbindlichkeiten, W.schulden; **n. receivable** Wechselforderungen

collateral note dinglich gesicherter Schuldschein; **commercial n.** Handels-, Warenwechsel m; **covering n.** (vorläufige) Deckungszusage f; Begleitschreiben nt; **explanatory n.s** Erläuterung f; **floating-rate n.** Schuldschein mit Zinsanpassung; **promissory n. (P/N)** Promesse f, Schuldschein m, Sola-, Eigenwechsel m; **prompt n.** Mahnung f, Mahnschreiben nt;

ready-for-shipment n. Versandmeldung f, V.mitteilung f; **unsecured n.** ungesicherter Schuldschein

note v/t ver-, bemerken, zur Kenntnis nehmen

note|book n Notizbuch nt, Kladde f; **n. broker** [US] Wechselmakler m; **n.holder** n Schuldscheininhaber m, Wechselbesitzer m; **n. issue** (Bank)Notenausgabe f; **headed n.paper** n Briefpapier mit aufgedrucktem Firmenkopf; **n. press** (Bank)Notenpresse f

notice n Bekanntmachung f, B.gabe f, Aushang m; Merkblatt nt; Kündigung f; Warnung f; **pending/until further n.** bis auf weiteres, ~ Widerruf; **subject to n.** kündbar; ~ **on either side** beiderseitig kündbar; **under n.** (Personal) gekündigt; **without n.** fristlos, ohne Kündigungsfrist; ~ **further n.** ohne weitere Ankündigung

notice of action [§] Klagemitteilung f; ~ **arrival** Eingangsbestätigung f; ~ **assessment** (Steuer)Festsetzungsbescheid m; ~ **cancellation** Kündigung(smitteilung) f; ~ **defect (in quality)** Mängelanzeige f, M.rüge f; ~ **delivery** [US] Zustellungsurkunde f, Empfangsbestätigung f; ~ **dishonour** (Wechsel) Protesterklärung f; ~ **dismissal** Kündigung f; ~ **(a) loss** Verlustanzeige f, Schadensmeldung f; ~ **meeting** Einberufung der Hauptversammlung; **n. to pay** Zahlungsaufforderung f, Z.befehl m; **n. of protest** (Wechsel) Protestanzeige f; ~ **to quit** Kündigung f (des Miet-/Pachtverhältnisses); **n. of receipt** Empfangsbestätigung f; ~ **termination** Kündigung(sschreiben) f/nt; ~ **termination of contract** Kündigung eines Vertrags; ~ **termination of employment** Kündigung eines Arbeitsverhältnisses; ~ **withdrawal** Kündigung zur Rückzahlung; Kündigung(sbenachrichtigung) f, K.sschreiben nt

to discharge/dismiss without notice fristlos entlassen/kündigen; **to give n.** Kündigung einreichen, (Arbeitsverhältnis/Stelle) kündigen; anzeigen; ~ **due n.** ordnungsgemäß/fristgerecht kündigen; ~ **n. in writing** schriftlich kündigen; **to serve n. on so.** [§] jdn (gerichtlich) vorladen; jdm (schriftlich) kündigen; jdn abmahnen; ~ **formal n. of default** (jdn) in Verzug setzen; **to waive n.** auf Einhaltung der Kündigungsfrist verzichten

advance notice Vorankündigung *f*, V.meldung *f*, Vorausinformation *f*, vorherige Benachrichtigung; **due n.** rechtzeitige Benachrichtigung; fristgemäße Kündigung; **without prior n.** ohne vorherige Ankündigung; **reasonable n.** angemessene Kündigung(sfrist); **special n.** *(HV)* Mitteilung über die Einberufung zur Hauptversammlung; **statutory n.** gesetzliche Kündigung(sfrist); **written n.** schriftliche Kündigung

notice board Anschlagtafel *f*, Schwarzes Brett

notification *n* Bekanntmachung *f*, B.gabe *f*, Mitteilung *f*; **n. of approval** Bewilligungsbescheid *m*; ~ **a claim/loss** Schaden(s)meldung *f*; ~ **dividend** Dividendenbekanntmachung *f*; **official n.** amtlicher Bescheid; **provisional n.** Zwischenbescheid *m*; **n. period for defects** Mängelfrist *f*

notify *v/t* benachrichtigen, mitteilen, avisieren; **n. address/party** Benachrichtigungsadresse *f*

noting of a bill *n* Protestaufnahme *f*; **n. and protest** Protesterhebung *f*; **no n.** Wechselprotest nicht möglich

novelty *n* Neuheit *f*

noxious *adj* umweltbelastend

n/r (no risk) ohne Risiko

nuisance *n* Ärgernis *nt*, Mißstand *m*; **to abate a n.** Ärgernis abstellen

null *adj* [§] unwirksam, ungültig; **n. and void** (null und) nichtig; **n.ification** *n* Aufhebung *f*; **n.ify** *v/t* aufheben; **n.ity** *n* Ungültigkeit *f*

number *n* Zahl *f*, Ziffer *f*, Nummer *f*, Stück-, Anzahl *f*; **n. of employees** Belegschaft *f*, Mitarbeiterstand *m*; ~ **persons insured** Versichertenbestand *m*; ~ **units** Stückzahl *f*; **to dial a n.** ℅ Rufnummer wählen; **fixed-point n.** Festkommazahl *f*; **floating-point n.** Gleitkommazahl *f*; **wrong n.** ℅ falsch verbunden

number *v/t* numerieren, zählen

number account Nummernkonto *nt*; **n.s attending/present** Präsenzzahl *f*, Zahl der Anwesenden

numbering *n* Numerierung *f*, Bezifferung *f*

nursery *n* ✿ Gärtnerei *f*, Baumschule *f*; **n. factory/unit** ▨ Klein-, Modellbetrieb *m*; **n. finance** Kredite an junge Unternehmen

O

oath *n* Eid *m*, Schwur *m*; **in lieu of an o.** eidesstattlich; **under o.** unter Eid, eidlich; **to affirm upon/confirm by/declare under/depose on o.** unter Eid erklären; **official o.** Amtseid *m*; **solemn o.** feierlicher Eid

object *n* Sache *f*, Gegenstand *m*; Ziel *nt*, Absicht *f*; **o. of the company** Unternehmens-, Gesellschaftszweck *m*; ~ **the contract** Vertragsgegenstand *m*; ~ **the invention** Erfindungsgegenstand *m*; ~ **purchase/sale** Kaufgegenstand *m*; **o.s clause** (Gewerbe)Zweckbestimmungsklausel *f*; **o. insured** Versicherungsgegenstand *m*

objection *n* [§] Einrede *f*, Einwand *m*; **to raise an o.** Einspruch erheben, Einwand geltend machen; **to withdraw an o.** Einspruch zurückziehen; **technical o.** formaler Einwand

objective *n* Zweck *m*, Ziel(setzung) *nt*/*f*; *adj* objektiv, sachlich; **corporate o.(s)** *[US]* Unternehmensziel *nt*, Gesellschaftszweck *m*; **economic o.s** wirtschaftliche Zielsetzung

obligation *n* Verpflichtung *f*, Schuld (-verhältnis) *f*/*nt*, (Leistungs)Pflicht *f*; **no/without o.** freibleibend, unverbindlich

obligation to buy Bezugspflicht *f*, Kaufverpflichtung *f*, K.zwang *m*; **with no ~ buy** ohne Kaufzwang; **o.s of the buyer** Pflichten des Käufers; **o. to deliver** Liefer(ungs)pflicht *f*; ~ **disclose; o. of disclosure; o. to provide information** Auskunftspflicht *f*; **o. to**

issue a prospectus *(Börse)* Prospekt-zwang *m*; ~ **offer for sale** Angebots-pflicht *f*; ~ **pay** Zahlungspflicht *f*, Z.verpflichtung *f*; ~ **perform** Erfül-lungs-, Leistungspflicht *f*; ~ **remedy defects**; ~ **repair** Nachbesserungs-pflicht *f*; ~ **maintain secrecy** Geheim-haltungs-, Schweigepflicht *f*; ~ **sup-ply** Lieferungsverpflichtung *f*; ~ **take delivery** Annahmeverpflichtung *f*

to accept/assume an obligation Ver-pflichtung übernehmen, Verbindlich-keit eingehen; **to discharge an o.** Ver-pflichtung erfüllen; **to meet one's o.s** seinen Verpflichtungen nachkommen

contractual obligation vertragliche Ver-pflichtung; **financial o.** finanzielle Ver-pflichtung; **legal o.** Rechtspflicht *f*; **pecuniary o.** Zahlungspflicht *f*; **pub-lic-service o. (PSO)** *(Verkehr/Post)* Beförderungs-, Leistungspflicht *f*; **statutory o.** gesetzliche Pflicht

oblig|atory *adj* verpflichtend, bindend, (rechts)verbindlich; **o.e** *v/t* verpflich-ten, binden, (jdm) einen Gefallen tun; **o.ee** *n* (Forderungs)Berechtigter *m*, Gläubiger *m*; **o.or** *n* Haftender *m*, (Obligations)Schuldner *m*

(left) oblique *n* [①] Schrägstrich *m*

observance *n* Beachtung *f*, Einhal-tung *f*; **o. of the contract** Vertrags-treue *f*; ~ **the deadline** Fristwah-rung *f*; ~ **secrecy** Geheimhaltung *f*

obsolescence *n* Überalterung *f*, (techni-sche) Veralterung *f*, Verschleiß *m*; **built-in/planned o.** geplanter Ver-schleiß

obsolete *adj* veraltet, überholt, un-brauchbar

obstruct *v/t* (be)hindern, blockieren; **o.ion** *n* Behinderung *f*, Hemmnis *nt*; ~ **of bankruptcy** Behinderung des Konkursverfahrens

occasion *n* Gelegenheit *f*, Möglich-keit *f*

occupancy *n* Belegung *f*, Inanspruch-nahme *f*; **o. charge** Benutzungsent-gelt *nt*; **o. level/rate** Auslastung(squo-te) *f*

occupant *n* Inhaber *m*; Insasse *m*, (Haus)Bewohner *m*

occupation *n* Besetzung *f*, Besitz(er-

greifung) *m/f*; Beschäftigung *f*, Be-ruf *m*, (Berufs)Tätigkeit *f*; **o. held** aus-geübter Beruf; **ready for o.** ◌ bezugs-fertig, schlüsselfertig

apprenticeable occupation Ausbil-dungsberuf *m*; **clerical o.** Bürobe-ruf *m*; **commercial o.** kaufmännische Tätigkeit *f*; **female o.** Frauenarbeit *f*; **gainful o.** Erwerbstätigkeit *f*; **industri-al o.** gewerblicher Beruf/Arbeitsplatz; **light o.** leichte Beschäftigung; **main o.** Hauptberuf *m*; **professional o.s** freie Berufe; **regular o.** ständiger/fester Be-ruf; Hauptberuf *m*; **secondary o.** Ne-benerwerb *m*, N.tätigkeit *f*; **semi--skilled o.** Anlernberuf *m*; **skilled o.** Facharbeiterberuf *m*; **white-collar o.** Angestellten-, Büroberuf *m*

occupational *adj* beruflich, berufsbe-dingt

occupier *n* Besitzer *m*, Inhaber *m*, Be-wohner *m*

occupy *v/t* besetzen, Besitz ergreifen, beziehen; bewohnen, innehaben

occur *v/i* geschehen, eintreten, sich er-eignen; *(Fehler)* unterlaufen; **o.-rence** *n* Geschehen *nt*, Ereignis *nt*, Vorfall *m*; ~ **of loss/risk** Schadens-fall *m*, S.eintritt *m*

ocean *n* Ozean *m*, (Hoch)See *f*; **o. bill of lading** Seekonnossement *nt*, S.frachtbrief *m*; **on-board** ~ **lading** Bordkonnossement *nt*; **o.-going** *adj* hochseetüchtig, Hochsee-; **o. marine insurance** See(schadens)-, S.transport-versicherung *f*; **o. port** (Über)Seeha-fen *m*; **o. shipping (industry/trade)** Hochseeschiffahrt *f*; **o. trade** See(fracht)handel *m*; **o. transport(a-tion)** (Über)Seetransport *m*; **o. vessel** Hochseeschiff *nt*

oddment *n* Rest *m*; **o.s** Reste(waren), Ramschware *f*

offence *n* [§] Vergehen *nt*, Verstoß *m*, Rechts-, Ordnungswidrigkeit *f*, De-likt *nt*; **to commit an o.** Straftat bege-hen; **to report an o.** Strafanzeige stel-len

criminal offence Straftat *f*; **fiscal o.** Zoll-, Steuervergehen *nt*; **minor/petty o.** Bagatelldelikt *nt*; **punishable o.** strafbare Handlung; **statutory o.** Tat-

bestand einer strafbaren Handlung; **summary o.** Bußgeldsache *f*
offender *n* Rechtsbrecher *m*; **environmental o.** Umweltsünder *m*
offer *n* (An)Gebot *nt*, Offerte *f*; *(Börse)* Briefkurs *m*; **on o.** im Angebot
offer and acceptance Angebot und Annahme; **o. to buy** Kaufofferte *f*, K.angebot *nt*; **o. subject to confirmation; o. without engagement** unverbindliches/freibleibendes Angebot; **o. of composition (payment)** Abfindungs-, Vergleichsangebot *nt*; ~ **employment** Stellenangebot *nt*; **o. to perform; o. of performance** Erfüllungs-, Leistungsangebot *nt*; **o. for sale** Verkaufsangebot *nt*; ~ **subscription** Zeichnungsangebot *nt*; **o. to supply** Lieferangebot *nt*
to be on offer angeboten werden; **to decline an o.** Angebot ablehnen; **to invite an o.** zur Abgabe einer Offerte auffordern; ~ **o.s** Angebote einholen; **to make an o.** Angebot abgeben; ~ **a firm o.** fest anbieten; **to reject an o.** Angebot ablehnen/zurückweisen; **to take up an o.** von einem Angebot Gebrauch machen; **to withdraw an o.** Angebot zurückziehen
binding/firm offer festes/verbindliches Angebot, Festangebot *nt*; **competing o.** Konkurrenzangebot *nt*; **conditional/subject o.** unverbindliches/freibleibendes Angebot; **contractual o.** Vertragsangebot *nt*; **preferential o.** Vorzugsangebot *nt*; **special o.** Sonderangebot *nt*; **tailor-made o.** maßgeschneidertes Angebot; **unconditional o.** vorbehaltloses Angebot; **unsolicited o.** unverlangtes Angebot; **written o.** schriftliches Angebot
offer *v/t* (an)bieten, darbieten
offeree *n* Angebotsempfänger *m*
offering *n* (Emissions)Angebot *nt*; **direct o.** freihändiger Verkauf; **new o.** Neuemission *f*; **public o.** öffentliches (Zeichnungs)Angebot; **o. price** *(Investmentzertifikat)* Ausgabe-, Verkaufspreis *m*; **o. prospectus** *(Börse)* Verkaufs-, Zeichnungsprospekt *m*; **o. terms** Emissionsbedingungen
offeror *n* Anbieter *m*

offer price Ausgabe-, Verkaufspreis *m*; *(Börse)* (Brief)Kurs *m*
office *n* Büro *nt*, Dienst-, Arbeitszimmer *nt*; Amt *nt*, (Dienst)Stelle *f*; Versicherungsgesellschaft *f*; **O. of Fair Trading (OFT)** Wettbewerbsaufsichtsbehörde *f*, Kartellamt *nt*; ~ **mediator** Vermittlerrolle *f*; **to hold (an) o.** Amt/Stellung bekleiden; **to maintain an o.** Büro unterhalten
administrative office Verwaltungsstelle *f*; **composite o.** Universal-, Kompositversicherer *m*; **corporate o.** *[US]* Gesellschafts-, Firmensitz *m*; **federal o.** Bundesamt *nt*; **landscaped o.** Bürolandschaft *f*; **main/principal o.** Hauptverwaltung *f*, H.sitz *m*, H.geschäftsstelle *f*; **municipal o.** städtisches Amt; **registered o.** Sitz *m* (der Gesellschaft/Firma), Firmensitz *m*; **representative o.** Repräsentanz *f*, Niederlassung *f*
office automation Büroautomatisierung *f*; **o. bearer** Amtsinhaber *m*; **o. block** Bürohochhaus *nt*, B.trakt *m*; **o. building** Bürogebäude *nt*; **o. clerk** Kontorist *m*, Sachbearbeiter *m*; **o. computer** Bürocomputer *m*; **o. equipment (and furnishings)** Büroeinrichtung *f*, B.ausstattung *f*; **o. expense(s)** Büroaufwand *m*; **o. furniture** Büromöbel *pl*; ~ **and equipment** (Büro)Inventar *nt*; **o. girl** Bürogehilfin *f*; **o. hours** Amts-, Büro-, Dienst-, Schalterstunden, Büro-, Geschäftszeit *f*; **o. job** Büroberuf *m*, B.tätigkeit *f*; **o. machines** Bürotechnik *f*; **o. manager** Bürovorsteher *m*, B.leiter *m*; **o. personnel** Büroangestellte *pl*
officer *n* Beamter *m*, Angestellter *m*; Vorstandsmitglied *nt*, leitender Angestellter; **o. in charge** Sachbearbeiter *m*; **o. of a company** *[GB]*/**corporation** *[US]* Vorstandsmitglied *nt*; **o.s of a company** *[GB]*/**corporation** *[US]* Vorstand/Geschäftsleitung einer Gesellschaft
chief executive officer (c.e.o.; CEO) Präsident *m*, (Vorstands)Vorsitzender *m*, Generaldirektor *m*, Hauptgeschäftsführer *m*; (Ober)Stadtdirektor *m*; **municipal o.** Kommunalbeam-

ter *m*; **senior o.** leitender Angestellter
office rent Büromiete *f*; **o. space** Büro-
fläche *f*; **o. staff** Büropersonal *nt*,
B.angestellte *pl*; **o. supervisor** Bürovorsteher *m*, B.leiter *m*; **o. supplies**
Bürozubehör *nt*, B.material *nt*; **o.**
technology mittlere Datentechnik; **o.**
work Büroarbeit *f*, B.tätigkeit *f*; **o.**
worker Büroangestellter *m*
official *n* Beamter *m*, Funktionär *m*;
o.dom *n* Beamtentum *nt*; Bürokratis-
mus *m*
off|-peak *adj* außerhalb der Stoßzeiten,
Talzeit-; **o.-season** *n* Vor- und Nach-
saison *f*
offset *n* Ausgleich *m*, Verrechnung *f*;
v/t (sich) ausgleichen; auf-, gegen-,
verrechnen; *(Steuer)* absetzen; **o. ac-**
count Verrechnungskonto *nt*; **o. bal-**
ance Verrechnungssaldo *m*; **o. deal**
Kompensationsgeschäft *nt*; **o. pay-**
ments Ausgleichszahlungen
off|shoot *n* Konzern-, Tochtergesell-
schaft *f*; **o.shore** *adj* küstennah; im
Ausland; **o.-the-board** *adj* außerbörslich; **o.-the-job** *adj* außerbetrieblich
oil *n* (Erd)Öl *nt*; **to prospect for o.** nach
Öl suchen; **crude o.** Erd-, Rohöl *nt*;
mineral o. Erd-, Mineralöl *nt*; **~ tax**
Mineralölsteuer *f*
oil company (Mineral)Ölgesellschaft *f*;
o. consumption Ölverbrauch *m*; **o. ex-**
ploration Ölsuche *f*; **o. extraction** Ölförderung *f*; **o.field** *n* (Erd)Ölfeld *nt*;
o. industry (Mineral)Ölindustrie *f*; **o.**
market (Erd)Ölmarkt *m*; **o. merchant**
Ölhändler *m*; **o. pollution** Ölver-
schmutzung *f*; **o. price** Ölpreis *m*; **o.**
processing/refining (Erd)Ölverarbei-
tung *f*; **o.-producing** *adj* ölproduzie-
rend; **o. production** Ölförderung *f*, Öl-
gewinnung *f*; **o. refinery** Ölraffinerie *f*
oligopolist *n* Oligopolist *m*; **o.ic** *adj* oli-
gopolistisch
oligopoly *n* Oligopol *nt*
omission *n* Auslassung *f*; Versäumnis *nt*, [§] Unterlassung(sdelikt) *f/nt*
omit *v/t* unterlassen, ver(ab)säumen
omnibus *n* (Omni)Bus *m*; **o. account**
Gemeinschafts-, Sammelkonto *nt*; **o.**
clause Generalklausel *f*; **o. item** Sammelposten *m*

on|-carriage *n* Weiterbeförderung *f*;
o.-carrier *n* Anschlußfrachtführer *m*,
Weiterverfrachter *m*; **o.cost(s)** *n* [GB]
Regie-, Gemeinkosten *pl*, Kostenzu-
schlag *m*; Folgekosten
one|-digit; **o.-figure** *adj* π einstellig; **o.--**
off *adj* Einmal-
on|-sale *n* Weiterverkauf *m*; **o.shore** *adj*
an Land, landwärts, Binnen-
open *adj* offen, unverpackt; **to be o.**
gelten, gültig sein; *(Geschäft)* aufha-
ben, geöffnet sein
opening *n* Öffnung *f*; offene/freie Stelle; Möglichkeit *f*, Gelegenheit *f*; Eröffnung *f*; **o. of an account** Kontoer-
öffnung *f*; **~ a business** Geschäftser-
öffnung *f*; **~ a (letter of) credit** Eröff-
nung/Gestellung eines Akkreditivs;
~ a crossing *(Scheck)* Öffnung einer
Kreuzung
opening balance Anfangssaldo *m*, Eröffnungsbilanz *f*; **o. bid** erstes Gebot;
o. capital Anfangskapital *nt*; **o. hours**
Laden-, Öffnungszeit(en) *f/pl*, Schalterstunden; **o. inventory/stock** Anfangsbestand *m*; **o. price** Eröffnungskurs *m*
open|-market *adj* offenmarktfähig, Of-
fenmarkt-; **o.-plan** *adj (Büro)* Groß-
raum-
operate *v/t* ☺ bedienen; betreiben;
(Konto) verfügen über; **o. at break--**
even kostendeckend arbeiten
operating *adj* tätig, betrieblich, in Betrieb
operating account Betriebsrechnung *f*;
o. area Betriebsgebiet *nt*, Geschäftsbereich *m*; **o. assets** produktives Betriebsvermögen; **(full) o. capacity** (volle) Betriebskapazität *f*; **o. capital** Betriebskapital *nt*; **o. company** Be-
triebs(kapital)gesellschaft *f*; **o. condi-**
tion(s) Betriebsverhältnisse *pl*; **o.**
cost(s) Betriebskosten; betriebliche
Aufwendungen; **~ and revenue state-**
ment *(Abschluß)* Betriebsabrech-
nung *f*; **o. costing** Stückkostenrechnung *f*; **o. cycle** Betriebszyklus *m*, Ab-
laufprogramm *nt*; **o. data** betriebswirtschaftliche Daten; **o. deficit** Betriebsverlust *m*; **o. efficiency** Gesamt-
rentabilität *f*; **o. expenditure** Betriebs-

ausgaben *pl*, B.aufwand *m*, B.kosten *pl*, Sachaufwand *m*; **o. experience** Betriebserfahrung *f*; **o. figures** Betriebskennzahlen
operating income Betriebseinkommen *nt*, B.ergebnis *nt*; **net o. i.** Nettobetriebserfolg *m*; **other o. i.** *(Bilanz)* sonstige Erträge; **o. i. statement** Betriebsergebnisrechnung *f*
operating instructions Betriebsanleitung *f*, B.vorschriften; **o. level** Kapazitätsauslastung *f*; **o. licence** Betriebsgenehmigung *f*; **o. life** Betriebs-, Nutzungsdauer *f*; **o. loss** betriebsbedingter Verlust, Betriebsverlust *m*; **o. manager** Betriebsleiter *m*; **o. manual** Betriebsanleitung *f*, B.handbuch *nt*; **o. margin** Handels-, Gewinnspanne *f*; **o. materials** Betriebsstoffe; **chief o. officer** Hauptgeschäftsführer *m*; **o. overheads** Betriebs(gemein)kosten; **o. period** Betriebszeit *f*, B.dauer *f*; **o. personnel/staff** Betriebs-, Bedienungspersonal *nt*; **o. profit/result** Betriebs-, Geschäftsergebnis *nt*, B.(rein)gewinn *m*; **full o. profit/result** Konzernbetriebsergebnis *nt*; **partial o. profit/result** Teilbetriebsergebnis *nt*; **o. rate** Beschäftigungsgrad *m*, Kapazitätsauslastung(sgrad) *f/m*; **o. ratio** Leistungsgrad *m*, Wirtschaftlichkeitskoeffizient *m*, Erfolgskennziffer *f*; **o. reserve** Betriebsreserve *f*; **o. return** Betriebsrentabilität *f*; **o. revenue(s)** Betriebseinnahmen *pl*; **o. statement** Betriebsbilanz *f*, B.(ergebnis)rechnung *f*; **o. supplies** Betriebsstoffe; **o. surplus** Betriebsgewinn *m*, B.überschuß *m*; **o. unit** Betriebsanlage *f*, B.stätte *f*; **o. year** Betriebsjahr *nt*
operation *n* Betrieb *m*, Unternehmen(sbereich) *nt/m*; Arbeits(vor-)gang *m*, Verfahren *nt*; Bedienung *f*, Handhabung *f*; [§] Geltung *f*; **in o.** in Betrieb; in Kraft; **to come into o.** [§] in Kraft treten; **to go into o.** in Betrieb gehen; **to put into o.** in Betrieb setzen; **to streamline o.s** (Betrieb/Abläufe) rationalisieren
commercial operation geschäftliche Unternehmung, Geschäftsbetrieb *m*; **current o.s** laufendes Geschäft; **day-to--**

day o.s Tagesgeschäft *nt*; **downstream o.s** Weiterverarbeitung *f*, nachgelagerte Produktion; **economic o.** sparsamer/wirtschaftlicher Betrieb; **financial o.** Finanztransaktion *f*; **forward/future o.s** Termingeschäfte, T.handel *m*; **joint o.** Betriebsgemeinschaft *f*; **mainstream o.s** Haupttätigkeitsgebiet *nt*, Kerngeschäft *m*; **manual o.** ☺ Handbetrieb *m*; **progressive o.s** ⊞ Fließfertigung *f*; **scheduled o.s** °>/⊹ Liniendienst *m*; **single-shift o.** einschichtiger Betrieb; **three-shift o.** Dreischichtenbetrieb *m*; **upstream o.s** Rohstoffgewinnung *f*, vorgelagerte Produktion
operational *adj* betrieblich, betriebstechnisch; einsatz-, betriebsbereit, betriebsfertig; in Betrieb
operation analysis Betriebsanalyse *f*; **o. chart** Fertigungsablaufplan *m*; **o.s department** Führungsabteilung *f*; ~ **engineer** Arbeitsvorbereiter *m*; ~ **flow chart** Arbeitsflußdiagramm *nt*; ~ **management** Betriebsleitung *f*; Produktionssteuerung *f*; ~ **manager** Betriebsleiter *m*; ~ **planning** Ablaufplanung *f*; ~ **research (OR)** (betriebliche) Verfahrensforschung *f*, Operations Research; ~ **scheduling** Arbeits-, Produktionsvorbereitung *f*; ~ **sequencing** Betriebsablaufplanung *f*
operative *n* (Fabrik-/Maschinen)Arbeiter *m*; *adj* betriebsfähig; tätig; (rechts)wirksam
operator *n* Betreiber *m*; (Reise)Veranstalter *m*; Betriebsinhaber *m*; Maschinenarbeiter *m*, Techniker *m*; *(Börse)* Marktteilnehmer *m*, Börsenmakler *m*; ✆ (Telefon)Vermittlung *f*; **o.'s licence** Betriebsgenehmigung *f*
opinion *n* Meinung *f*, Ansicht *f*; (Fach-/Rechts)Gutachten *nt*; *(Bilanz)* Bestätigungsvermerk *m*, Testat *nt*; **to ask for an expert o.** Gutachten einholen; **to give an o.** begutachten; **dissenting o.** abweichende Stellungnahme; **legal o.** [§] Rechtsgutachten *nt*; **(un)qualified o.** *(Bilanz)* (un)eingeschränkter Bestätigungsvermerk; **o. poll** Meinungsumfrage *f*; **(public) o. research** Meinungsforschung *f*, Demoskopie *f*
opponent *n* (Prozeß)Gegner *m*, gegneri-

sche Partei
opportunity *n* Gelegenheit *f*; Möglichkeit *f*; **o. to buy** Kaufgelegenheit *f*; **at your earliest o.** *(Brief)* bei erster/ nächster Gelegenheit; **equal opportunities** Chancengleichheit *f*; **occupational opportunities** berufliche Möglichkeiten; **o. cost(s)** Opportunitätskosten *pl*

opposition *n* Opposition *f*, Widerstand *m*, Anfechtung *f*; **o. patent** Einspruchspatent *nt*; **o. period** Einspruchsfrist *f*

opt (for) *v/t/prep* wählen, sich entscheiden (für); **o. in** *(Vertrag)* beitreten; **o. out** *(Vertrag)* aussteigen *(fig)*

option *n* Option(sgeschäft) *f/nt*; Vorkaufsrecht *nt*; Wahl(möglichkeit) *f*; **o. to buy** Kaufanwartschaft *f*; **~ subscribe for shares** Bezugsrecht auf neue Aktien

to abandon an option Optionsrecht nicht ausüben; **to call an o.** *(Börse)* Prämiengeschäft eingehen; **to exercise/take up an o.** *(Börse)* Option/Bezugsrecht ausüben; **to reserve the o. (to acquire)** sich das Vorkaufsrecht sichern; **to sell at o.** auf Prämie verkaufen; *(Prämiengeschäft)* stillhalten; **to take out an o.** Option erwerben

call-of-more option *(Börse)* Nochgeschäft *nt* (nach Wahl des Käufers); **double o.** Kauf- und Verkaufsoption *f*; **put-of-more o.** *(Börse)* Nochgeschäft *nt* (nach Wahl des Verkäufers); **traded o.** gehandelte Option

optional *adj* fakultativ, wahlweise

option bond Bezugsrechtsobligation *f*; **o. contract** Option(sgeschäft) *f/nt*; **o. holder** Optionsberechtigter *m*; **o. price** Optionspreis *m*; **o. put and call** Prämiengeschäft *nt*; **o. right** Optionsrecht *nt*; **o.s trader** Options-, Terminhändler *m*; **o.(s) trading** Terminhandel *m*, T.geschäft *nt*; **o. warrant** Options-, Bezugsrechtsschein *m*

order *n* (Geschäfts)Auftrag *m*, Bestellung *f*; Erlaß *m*, Anweisung *f*, Anordnung *f*; Reihenfolge *f*; Rang *m*

on account of my order aus meinem Auftrag; **by o.** im Auftrag (i.A.); **~ and for account of** im Auftrag und für

Rechnung von; **in compliance with your o.** gemäß Ihrer Order; **on o.** auf/ bei Auftragserteilung; bestellt; **out of o.** ⊙ außer Betrieb, defekt; **to o.** auftragsgemäß, auf Bestellung, nach Maß; **with o.** bei Auftragserteilung

order from abroad Auslandsauftrag *m*; **o. in advance** Vorausbestellung *f*; **o. of attachment** [§] Pfändungsbeschluß *m*; **~ and transfer of garnished claim** [§] Pfändungs- und Überweisungsbeschluß *m*; **o. at best**; **~ the market**; **~ the best price** *(Börse)* *(Verkauf)* Bestensauftrag *m*; *(Kauf)* Billigstensauftrag *m*; **o. for collection** Inkassoauftrag *m*; **o. of the court** [§] Gerichtsbeschluß *m*; **by ~ court** aufgrund gerichtlicher Verfügung; **o.s on hand** Auftragsbestand *m*; **o. to pay** Zahlungsbefehl *m*; **o. of preference** Rangfolge *f*; **o. for remittance** Überweisungsauftrag *m*; **negotiable o. of withdrawal** begebbarer Abhebungsauftrag; **~ (NOW) account** *[US]* laufendes Konto mit Zinsertrag; **o. in writing** schriftlicher Auftrag

made out to order an Order ausgestellt; **payable to o.** zahlbar an Order; **placing an o.** Auftragserteilung *f*

to accept an order Auftrag/Bestellung annehmen; **to acknowledge/confirm an o.** Annahme einer Bestellung/Auftrag(sannahme) bestätigen; **to book an o.** Auftrag buchen; **to cancel/countermand/rescind an o.** Auftrag/Bestellung stornieren; **to canvass/collect o.s** Aufträge hereinholen; **to carry out/execute/fill** *[US]* **an o.** Auftrag ausführen/ abwickeln; **to make/manufacture to o.** auf Bestellung (an)fertigen, nach Maß anfertigen; **to place an o.** bestellen, Auftrag erteilen; **to process an o.** Auftrag bearbeiten; **to supply to (an) o.** auf (Grund einer) Bestellung liefern; **to take in an o.** Auftrag hereinnehmen

back order nicht rechtzeitig ausgeführter Auftrag; **~ o.s** Auftragsbestand *m*, unerledigte Aufträge; **binding/firm o.** fester Auftrag, Festbestellung *f*, F.auftrag *m*; **conditional o.** bedingter/freibleibender Auftrag; **contingent o.** *(Börse)* limitierter Auftrag; **domestic o.** Inlandsbestellung *f*; **express o.** Eilbestellung *f*, E.auftrag *m*; **first/initial o.** Erstbestellung *f*; **follow-up o.** Anschlußauftrag *m*, Nachbestellung *f*; **in good o. (and condition)** in gutem/einwandfreiem Zustand; **incoming/new o.s** Auftrags-, Bestelleingang *m*; **interim o.** [§] einstweilige Verfügung; **large(-volume)/substantial o.** Großauftrag *m*; **limited(-price) o.** Limitauftrag *m*; **off--the-shelf o.** Bestellung auf Abruf; **one-off o.** Einmal-, Einzelauftrag *m*; **open o.** freihändiger Auftrag; **outstanding/unfilled o.s** unerledigte Aufträge, Auftragsbestand *m*, A.überhang *m*; **postal o. (P.O.)** Postanweisung *f*, P.barscheck *m*; **provisional o.** [§] einstweilige Verfügung; **standing o.** Dauerauftrag *m*; laufende Bestellung; **stop-payment o.** (Aus)Zahlungssperre *f*; **written o.** schriftliche Bestellung

order *v/t* bestellen, Bestellung aufgeben, Auftrag erteilen; verfügen; gliedern, ordnen; beauftragen, anweisen

order backlog Auftragsbestand *m*, A.polster *nt*; **o. bill of lading** Orderkonnossement *nt*; **o. book** Auftrags-, Bestellbuch *nt*; Auftragsbestand *m*, A.polster *nt*, unerledigte Aufträge; **o.s booked** Auftragseingang *m*, A.bestand *m*; **o. booking** Bestellwesen *nt*; **o. book position** Auftragslage *f*; ~ **value** Auftragsbestandswert *m*; **o. card** Bestellkarte *f*; **o. check** *[US]*/**cheque** *[GB]* Orderscheck *m*; **o. clause** *(Wechsel)* Orderklausel *f*; **o. cycle** Bestellrhythmus *m*; **o. date** Bestell-, Auftragsdatum *nt*; **o. deadline** Bestellfrist *f*; **o. filling** Auftragserledigung *f*; **o. form** Auftrags-, Bestellformular *nt*; **o. handling** Auftragsabwicklung *f*

ordering *n* Bestellabwicklung *f*, B.wesen *nt*; **on/when o.** bei Auftragserteilung; **o. activity** Bestelltätigkeit *f*

order intake Bestell-, Auftragseingang *m*; **o. number** Auftrags-, Bestellnummer *f*; **o. paper** Tages-, Sitzungsprogramm *nt*; **o. placing** Auftragsvergabe *f*, A.erteilung *f*; **o. planning** Fertigungsplanung *f*; **o. portfolio/position** Auftragsbestand *m*; **o. processing** Auf-

tragsbearbeitung *f*, A.abwicklung *f*; **o. quantity** Bestellmenge *f*; **o.s received** Auftrags-, Bestelleingang *m*; **o. register** Auftrags-, Bestellbuch *nt*; **o. size** Auftragsgröße *f*, Bestellmenge *f*; **o. slip** Bestellzettel *m*; **o. value** Auftrags-, Bestellwert *m*

ordinance *n* Verfügung *f*, Erlaß *m*

ore *n* ⚒ Erz *nt*; **o. mining** Erzabbau *m*

organ *n* Organ *nt*; Publikation *f*; **o. of a company** Gesellschaftsorgan *nt*; **administrative o.** Verwaltungsorgan *nt*; **executive o.** Exekutive *f*; **supervisory o.** Aufsichtsorgan *nt*

organigram *n* Organisationsplan *m*

organisation *n* Organisation(swesen) *f/nt*, Aufbau *m*, (An)Ordnung *f*, Gliederung *f*, Struktur *f*; Körperschaft *f*, Apparat *m*; **O. for Economic Cooperation and Development (OECD)** Organisation für wirtschaftliche Zusammenarbeit und Entwicklung; **O. of Petroleum-Exporting Countries (OPEC)** Organisation Erdöl exportierender Länder; **o. of work** Arbeitsgestaltung *f*

divisional organisation Spartenorganisation *f*; **industrial o.** Betriebsorganisation *f*; **non-profit(-making) o.** gemeinnützige Organisation; **professional o.** berufsständische Vertretung, Standesvertretung *f*; **regulatory o.** Aufsichtsbehörde *f*; **sponsoring/supporting o.** Träger *m*

organisation chart Geschäftsverteilungs-, Organisationsplan *m*; **o. cost(s)/expenses** Gründungsaufwand *m*

organise *v/t* organisieren, gestalten; gründen

origin *n* Ursprung *m*, Herkunft *f*; **o. of goods** Warenursprung *m*; **o. and use of capital resources** Mittelherkunft und -verwendung *f*

original *n* Original *nt*, Urschrift *f*, Erstausfertigung *f*

originator *n* Urheber *m*, (Be)Gründer *m*; *(Abbuchungsverfahren)* Einzugsberechtigter *m*

oust *v/t* *(Wohnung)* ausweisen, (aus dem Besitz/der Immobilie) vertreiben; **o.er** *n* *(Wohnung)* Ausweisung *f*,

Zwangsräumung *f*,   Besitzvertrei-
bung *f*
outage *n* ⊯ Ausfall *m*; **o. cost(s)** Aus-
fallkosten *pl*
out|bid *v/t* überbieten, mehr bieten als;
o.bidding *n* höheres Gebot; **o.fit** *n*
Einrichtung *f*, Ausrüstung *f*; **o.fit-**
ter *n* Ausrüstungslieferant *m*, Ausrü-
ster *m*; (Herren)Ausstatter *m*
outflow *n* Aus-, Abfluß *m*; **o. of capital**
Kapitalabfluß *m*; ~ **cash** Geld-, Li-
quiditätsabfluß *m*; ~ **(foreign) ex-**
change Devisenabfluß *m*; ~ **funds**
Mittelabfluß *m*; ~ **reserves** Reserve-
abgänge *pl*
outgoings *n* Ausgaben, Ausgänge
outlay *n* Aufwand *m*, Aufwendungen *pl*, Ausgaben *pl*; **actual o.** Istaus-
gaben *pl*; **additional o.** Mehrauf-
wand *m*; **initial o.** Anfangsausgabe *f*;
total o. Gesamtaufwand *m*; **o. cost(s)**
Istkosten *pl*; **current o. cost(s)** Auf-
wandskosten *pl*
outlet *n* Absatzmöglichkeit *f*, A.-
markt *m*, Verkaufsstelle *f*, Einzelhandelsgeschäft *nt*, Vertriebsform *f*; Ven-
til *nt*
outline *n* Ab-, Grundriß *m*, Übersicht *f*, Überblick *m*; **o. agreement**
Rahmenvereinbarung *f*; **o. planning**
Grobplanung *f*; **o. permission** ⌂ vorläufige Baugenehmigung
outlook *n* Ausblick *m*, Aussicht(en)
f/pl; **economic o.** Konjunkturaussichten *pl*
outpayment *n* (*Geld*) Auszahlung *f*,
Abdisposition *f*; **net o.s** Auszahlungs-
überschuß *m*
out|perform *v/t* (leistungsmäßig) über-
treffen, besseres Ergebnis erzielen als,
sich besser entwickeln als; **o.place-**
ment *n [US]* Weitervermittlung von
Führungskräften
output *n*   Ausstoß *m*, Produktion *f*,
Ausbringung *f*; Förderleistung *f*; ⊙
Leistung(sabgabe) *f*
actual output Istausbringung *f*, I.lei-
stung *f*; **annual o.** Jahresprodukti-
on *f*; **daily o.** Tagesleistung *f*; **domes-**
tic o. Inlandserzeugung *f*; **economic o.**
Wirtschaftsleistung *f*; **gross o.** Brutto-
produktion(swert) *f/m*; **increased o.**

Leistungssteigerung *f*, Produktionsausweitung *f*; **industrial o.** Industrie-
erzeugung *f*, I.produktion *f*; **national**
o. volkswirtschaftliche Gesamtproduktion; **optimum o.** Produktionsopti-
mum *nt*; **planned o.** Solleistung *f*; **to-**
tal o. Gesamtproduktion *f*, G.lei-
stung *f*
output budgeting   Produktionsplanung *f*; **o. capacity** Förder-, Produktionskapazität *f*; **o. cost(s)** Produktionskosten *pl*; **o. price** Herstellungs-,
Gestehungspreis *m*; **o. tax** Produkti-
onssteuer *f*, Mehrwertsteuer des Unternehmens; **o. volume** Produktionsumfang *m*
out|sell *v/t* mehr verkaufen als; **o.-**
side *adj* fremdfinanziert, Fremd-,
Dritt-; **o.sider** *n* Außenseiter *m*, Dritter *m*, Betriebs-, Branchenfremder *m*;
o.skirts *n* Außenbezirk(e) *m/pl*, Stadt-
rand *m*; **o.standing** *adj* hervorragend,
herausragend; ausstehend, offenstehend, fällig; im Umlauf; **o.standings** *n*
Außenstände; **o.-tray** *n* (Post)Aus-
gangskorb *m*; **o.worker** *n* Außen-,
Heimarbeiter *m*
overs and shorts *n* Konto für Diverse
over|absorption (of costs) *n* (Kosten-)
Überdeckung *f*; **o.alls** *n* Arbeitsan-
zug *m*, A.kleidung *f*; **o.bid** *n* Mehrgebot *nt*; **o.capacity** *n* Überkapazität *f*;
o.capitalization *n*   Überkapitalisie-
rung *f*; **o.charge** *n*   Überpreis *m*;
Überladung *f*; *v/t* zuviel belasten/be-
rechnen; **o.cropping** *n* ⚒ Raubbau *m*
overdraft *n* Bar-, Bankkredit *m*, Kontoüberziehung *f*; **o. on current account**
Kontokorrentkredit *m*; **o. credit/facil-**
ity Dispositions-, Überziehungskredit *m*, Ü.möglichkeit *f*
over|draw *v/t* überziehen; **o.drawing of**
an account *n* Kontoüberziehung *f*; **o.-**
due *adj* überfällig, verfallen, (*Kredit*)
notleidend; **o.employment** *n* Über-
beschäftigung *f*; **o.estimate** *v/t* überbe-
werten, zu hoch veranschlagen; **o.ex-**
penditure *n* Mehrausgaben *pl*; **o.ex-**
ploitation *n* ⚒ Raubbau *m*; **o.freight** *n*
Überfracht *f*; **o.fulfilment of produc-**
tion targets *n* Planübererfüllung *f*; **o.-**
haul *n* Überprüfung *f*, Revision *f*; ⊙

(General)Überholung f; v/t überprüfen, revidieren; generalüberholen

overheads n Fest-, Fix-, Gemeinkosten, fortlaufende Kosten

absorbed overheads verrechnete Gemeinkosten; **administrative o.** (Betriebs)Verwaltungsgemeinkosten; **departmental o.** (Kosten)Stellengemeinkosten pl; **direct o.** Fertigungsgemeinkosten; **fixed o.** fixe Gemeinkosten

overhead absorption Gemeinkostenverrechnung auf den Kostenträger; **o. charge(s)** Regiekosten pl, Gemeinkostenzuschlag m; **o. cost(s)** Gemeinkosten pl, indirekt Kosten; **o. cost allocation** Gemeinkostenumlage f; **o. expenses** Gesamtkosten; **o. rate** Gemeinkosten(zuschlag)satz m; **o. wages** Gemeinkostenlöhne

overheating (of the boom/economy) n (Konjunktur)Überhitzung f

over|indebted adj überschuldet; **o.insurance** n Überversicherung f; **o.insure** v/t zu hoch versichern; **o.investment** n Investitionsüberhang m; **o.lap** n Überschneidung f; **o.load** n Überlast f; **o.loading** n Über(be)lastung f; **o.manning; o.staffing** n personelle Übersetzung, Überhang an Arbeitskräften; **o.pay** v/t zuviel (be)zahlen; **o.price** v/t zu hohen Preis verlangen; überbewerten; **o.production** n Überproduktion f; **o.rate** v/t überbewerten, überschätzen; **o.run** n Überziehung f; (Zeit)Überschreitung f; ~ **in expenditures** Etatüberziehung f; **o.sell** v/t über die Lieferungsfähigkeit hinaus verkaufen; **o.sight** n Versehen nt; **o.spill** n Bevölkerungsüberschuß m; ~ **area** (Siedlung) Entlastungsgebiet nt; ~ **town** Trabantenstadt f; **o.-stock** v/t zuviel (Waren) einlagern, ~ auf Lager haben; **o.supply** n Überangebot nt, Angebotsüberhang m; v/t zuviel liefern; **o.-the-counter** adj außerbörslich, Schalter-, Tafel-; (Handel) stationär

overtime n Überstunde(n) f/pl, Mehrarbeit(szeit) f; Überstundenzuschlag m; **o. allowance/bonus/pay** Überstundenzulage f; **o. earnings** Überstundenverdienst m; **o. hours worked** verfahrene Überstunden

over|trade v/i über die eigenen Zahlungs-/Verkaufsmöglichkeiten hinaus Handel treiben; **o.valuation** n Überbewertung f; **o.weight** n Mehrgewicht nt

owing adj zu zahlen, noch offenstehend

own v/t besitzen; **o. outright** voll und ganz besitzen

owner n Eigentümer m, Eigner m, Inhaber m, Besitzer m

beneficial owner verfügungsberechtigter Eigentümer, Nutznießer m; **joint o.** Mitbesitzer m, Miteigentümer m; **lawful/legal o.** rechtmäßiger Eigentümer; **part o.** Miteigentümer m; ℐ Partenreeder m; **sole (and unconditional) o.** Alleineigentümer m

owner's capital/equity Eigenkapital nt; ~ **liability** Eigentümerhaftpflicht f; **o.-manager** n Einzelkaufmann m; **o.-- occupancy** n ℐℰ Eigen-, Selbstbewirtschaftung f; Eigenheimbesitz m; **o.--occupied** adj vom Eigentümer bewohnt; **o.-occupier** n ℐℰ Eigenbewirtschafter m; Eigenheimbesitzer m, (Wohnungs)Eigentümer m; **o.'s risk (O.R.)** Gefahr beim Eigentümer; **at ~ risk** auf eigene Gefahr

ownership n Eigentum(srecht) nt; **to claim o.** Eigentumsrechte geltend machen

absolute ownership unbeschränktes Eigentumsrecht; **beneficial o.** materielles Eigentumsrecht; **collective o.** Gemein(schafts)eigentum nt, Gesamthand f; **exclusive/sole o.** Alleineigentum nt; **fractional o.** Bruchteilseigentum nt; **joint o.** gemeinschaftliches Eigentum; **part o.** Teilbesitz m, Bruchteilseigentum nt; ℐ Partenreederei f; **private o.** Privateigentum nt; **to return to ~ o.** reprivatisieren; **public o.** Gemeinbesitz m, Kollektiveigentum nt; **to bring under/take into ~ o.** verstaatlichen, in Gemeineigentum überführen, kollektivieren

ownership account Kapitalkonto nt; **o. claim** Eigentumsanspruch m

owner-user n Eigentumsbenutzer m

P

pace *n* Gang(art) *m/f*, Tempo *nt*; **p. of (economic) growth** Wachstumstempo *nt*; ~ **inflation** Inflationstempo *nt*

pack *n* Paket *nt*, Ballen *m*, Packung *f*; **disposable/non-returnable/one-way p.** Einmal-, Einweg-, Wegwerfpackung *f*; **dummy p.** Mogelpackung *f*, Attrappe *f*; *v/t* (ab-/ver-/ein)packen

package *n* Packung *f*, Paket(sendung) *nt/f*, Päckchen *nt*, Gebinde *nt*, Kollo *nt*; Verpackung *f*; ⊖ Umschließung *f*; Maßnahmenkatalog *m*, M.bündel *nt*; **in p.s** packweise; **each p. separately insured** *(Vers.)* jedes Kollo eigene Taxe

deceptive/dummy package Mogel-, Schaupackung *f*; **disposable/non-returnable/one-way p.** Einmal-, Einweg-, Wegwerf(ver)packung *f*; **empty p.** Leerpackung *f*; **family-size p.** Groß-, Familienpackung *f*; **reusable p.** Mehrwegpackung *f*

package deal Kopp(e)lungsgeschäft *nt*, Pauschalvereinbarung *f*; **p. delivery** Paketauslieferung *f*; **p. freight** Stückgut-, Partiefracht *f*; **p. goods** abgepackte Ware; **p. holiday/tour** Pauschalreise *f*; **p. holidaymaker** Pauschalurlauber *m*; **p. insert** Beipackzettel *m*; **p. insurance** Pauschalversicherung *f*; **p. pay** Lohn/Gehalt plus Nebenleistungen; **p. tourist** Pauschalreisender *m*; **p. tour operator** Pauschalreiseveranstalter *m*

packaging *n* (Ver)Packung *f*; (Ver)Packen *nt*; **plus p.** zuzüglich Verpackung; **seaworthy p.** seetüchtige/seemäßige Verpackung; **p. costs** Verpackungskosten; **p. material** Verpackungsmaterial *nt*

packer *n* (Ab-/Ver)Packer *m*

packet *n* Paket *nt*, Päckchen *nt*; **postal p.** *[GB]* Postpaket *nt*; **registered p.** ⊠ Einschreibepaket *nt*

packing *n* (Ver)Packen *nt*; Verpackungsmaterial *nt*; **p. extra; not in-**cluding p. Verpackung nicht inbegriffen; **p. free** Verpackung frei; **p. included** Verpackung eingeschlossen, einschließlich Verpackung

customary packing handelsübliche Verpackung; **defective p.** mangelhafte/unsachgemäße Verpackung; **non-returnable p.** Wegwerfpackung *f*; **seaworthy p.** (Über)Seeverpackung *f*, seemäßige Verpackung

packing case Packkarton *m*; **p. charges/costs** Verpackungskosten; **p. instructions** Verpackungsanweisung *f*; **p. list** Pack-, Versandliste *f*; **p. material** Verpackungsmaterial *nt*; **p. plant** Verpackungsbetrieb *m*; **p. slip** Packzettel *m*

pad *n* Schreibblock *m*; **p.ding** *n* Füllmaterial *nt*

page *n* ▯ Seite *f*, Blatt *nt*; **financial p.(s)** Wirtschaftsseite(n) *f/pl*, W.teil *m*; **yellow p.s** Gelbe Seiten, Branchentelefonbuch *nt*

paid (pd) *adj* bezahlt; **fully p.(-up)** voll eingezahlt/bezahlt; **partly p.** teilweise eingezahlt; **p.-off** *adj* ausbezahlt, abgefunden; **p.-up** *adj* einbezahlt; *(Schulden)* abgetragen

pallet *n* Palette *f*, Laderost *m*; **p.ization** *n* Verladung auf Paletten; **p. load** Palettenladung *f*

panel *n* Gremium *nt*, Ausschuß *m*, Forum *nt*; **p. of experts** Sachverständigenrat *m*; **p. envelope** Fenster(brief)umschlag *m*

panic *n* *(Börse)* Panik *f*, Kurssturz *m*; **p. buying** Panik-, Angstkäufe *pl*; **p. sale** Angst-, Notverkauf *m*; **p. saving** Angstsparen *nt*; **p. selling** Panikverkäufe *pl*

paper *n* Papier *nt*; Wertpapier *nt*; Zeitung *f*; Referat *nt*, Vortrag *m*; Schriftstück *nt*; **p.s** Akten, Unterlagen; Dokumente; *(Wertpapier)* Titel; **p. for collection** Inkassopapier *nt*

acceptable paper rediskontfähiges Papier; **bankable p.** bankfähiges Papier; **commercial p.** Handels-, Warenwechsel *m*, Inhaber-, Wertpapier *nt*; **eligible p.** zentralbankfähiges Wertpapier; **financial p.** Finanz-, Wirtschaftszeitung *f*; **fine/first-class p.** erstklassiger/

prima Wechsel; **headed p.** Firmen-
briefpapier *nt*; **marketable p.** Markt-
papier *nt*, marktfähiges Wertpapier;
mercantile p. Warenpapier *nt*; **negotiable p.** begebbares Wertpapier; **printed
p.** ⊠ Drucksache *f*; ~ **rate** Drucksa-
chenporto *nt*; **recycled p.** Um-
welt(schutz)papier *nt*; **rediscountable
p.** Rediskontpapier *nt*; **short-term p.**
kurzfristiges Geldmarktpapier; **sin-
gle-name p.** Eigen-, Solawechsel *m*

paper|board *n* Pappe *f*, Karton *m*; **p.
company** Scheinfirma *f*; **p. currency/
money** Banknoten *pl*, Papiergeld *nt*; **p.
gain** Buchgewinn *m*; **p. loss** Buchverlust *m*; **p. profit** Papier-, Scheinge-
winn *m*; **p. transaction** Scheingeschäft *nt*; **p.work** *n* Papierkram *m*
(coll)

par *n* Parikurs *m*, P.-, Nennwert *m*;
above p. über pari, ~ dem Nennwert;
at p. zum Nennwert, zu pari; **below
p.** unter pari, ~ (dem) Nennwert; **to
issue at p.** zu pari begeben

parcel *n* (Post)Paket *nt*, Päckchen *nt*,
Packung *f*; *(Aktien)* Paket *nt*,
Schachtel *f*; **p.s** Stückgüter; **in p.s** in
kleinen Posten; **p. of goods** Warenpar-
tie *f*; ~ **land** Stück Land, Parzelle *f*
c.o.d. parcel Nachnahmepaket *nt*; **express p.** Paket mit Eilzustellung,
Schnellpaket *nt*; **marketable p.** Handelseinheit *f*; **postal p.** Postpaket *nt*;
insured p. Wertpaket *nt*; **registered p.**
eingeschriebenes Paket; **small p.** Päckchen *nt*

parcel|s book Paketbuch *nt*; **p. delivery**
Paketzustellung *f*; **p.(s) office** ⊠ Pa-
ket(post)amt *nt*, P.annahme und -aus-
gabe *f*; **p. post** Paket-, Päckchen-
post *f*; **p. postage** Paketporto *nt*; **p. receipt** Paketempfangsschein *m*; **p.(s)
service** (Post)Paketdienst *m*

parent (company) *n* Mutter-, Ober-,
Dachgesellschaft *f*

parity *n* Parität *f*, (amtlicher) Wechselkurs *m*; **p. pay** Lohngleichheit *f*; **commercial p.** Handelsparität *f*; **monetary
p.** Währungsparität *f*; **sliding p.**
schrittweise Wechselkursanpassung

parity band *(Währung)* Bandbreite *f*;
p. change Wechsel(kurs)änderung *f*;

p. claim *(Lohn)* Forderung nach
Gleichstellung; **p. payment** Ausgleichszahlung *f*; **p. price** Pa-
ri(täts)kurs *m*; **p. rate** mittlerer Kurs,
Mittelkurs *m*; **p. realignment** Neufestsetzung der Währungsparitäten

park *n* Park *m*; **industrial p.** Industriepark *m*, Gewerbegebiet *nt*; *v/t (fig)* in
Pension geben

part *n* Bestandteil *m*, Teil(stück) *nt*;
Partie *f*, Lieferung *f*; **p.s and accessories** Teile und Zubehör; **p. of earnings**
Einkommensbestandteil *m*; ~ **a
group** Konzernteil *m*

finished part|s Fertigteile; **fractional p.**
π Bruchteil *m*; **prefabricated p.** Fer-
tigteil *nt*; **purchased p.** fremdbezoge-
nes Teil; **spare p.** Ersatzteil *nt*

participant *n* Teilnehmer *m*, Beteilig-
ter *m*; Teilhaber *m*; **p. in the market**
Marktteilnehmer *m*

participate *v/i* sich beteiligen, teilhaben

participation *n* Teilnahme *f*, Beteiligung *f*; Teilhaberschaft *f*, Unterneh-
mensbeteiligung *f*; **p.s** Beteiligungsbe-
sitz *m*, Anteile; **p. in outside capital**
Fremdkapitalbeteiligung *f*; **p. by employees** Belegschaftsbeteiligung *f*; **p.
in a fair** Messebeteiligung *f*; ~ **the
profits** Gewinnbeteiligung *f*; **financial
p.** Kapitalbeteiligung *f*; **industrial p.**
Industriebeteiligung *f*; **shop-floor p.**
Mitbestimmung am Arbeitsplatz; **p.
certificate** *[US]* Genußschein *m*; **p.
wage** Investivlohn *m*

particulars *n* Einzelheiten; nähere Angaben

part|s list Stück-, Teileliste *f*; **p. load**
Teilladung *f*, Partiefracht *f*

partner *n* (Geschäfts)Partner *m*, Teilhaber *m*, Gesellschafter *m*, Sozius *m*;
p. with limited liability *(KG)*
Kommanditist *m*; ~ **unlimited liability** *(KG)* Komplementär *m*; **to buy out
a p.** Gesellschafter/Teilhaber abfinden

acting/active partner persönlich haften-
der/geschäftsführender Gesellschafter; **dormant p.** stiller Teilhaber/Ge-
sellschafter

full/general partner *(KG)* Komplementär *m*, persönlich haftender Gesellschafter, Vollhafter *m*; ~ **p.'s contri-**

bution Komplementäreinschuß *m*; ~
p.'s share Einlage des persönlich haftenden Gesellschafters
inactive partner nicht tätiger/stiller Gesellschafter; **junior p.** Juniorpartner *m*; **(personally) liable p.** (persönlich) haftender Gesellschafter; **limited/special p.** *(KG)* Kommanditist *m*;
~ **p.'s holding/share** Kommanditeinlage *f*; **managing p.** Gesellschafter--Geschäftsführer *m*, geschäftsführender Gesellschafter; **nominal/ostensible p.** Strohmann *m*; **ordinary p.** *(KG)* Komplementär *m*; **senior p.** Altgesellschafter *m*, Seniorchef *m*; **silent/sleeping/undisclosed p.** stiller Teilhaber/Gesellschafter
partner|'s capital *(KG)* Kommanditkapital *nt*; ~ **contribution** Gesellschaftereinlage *f*; ~ **interest/investment/share** Gesellschafteranteil *m*, G.einlage *f*; ~ **liability** Gesellschafterhaftung *f*; **p.s' meeting** Gesellschafterversammlung *f*
partnership *n* (Personen)Gesellschaft *f*, offene Handelsgesellschaft (OHG); Sozietät *f*; **p. partly limited by shares** Kommanditgesellschaft auf Aktien (KGaA); **p. at will** *[US]* Gesellschaft bürgerlichen Rechts (GbR)
to dissolve a partnership Gesellschaft auflösen; **to enter into/join a p.** in eine Gesellschaft eintreten; **to set up a p.** Gesellschaft errichten; **to withdraw from a p.** aus einer Gesellschaft ausscheiden
civil(-law)/private partnership BGB--Gesellschaft *f*, Gesellschaft bürgerlichen Rechts (GbR); **dormant p.** stille Beteiligung; **general p.** offene Handelsgesellschaft (OHG); **limited p.** Kommanditgesellschaft (KG) *f*; **non-trading p.** Sozietät *f*; **ordinary/unlimited p.** offene Handelsgesellschaft (OHG); **sleeping p.** stille Teilhaberschaft; **ship-owning p.** Partenreederei *f*; **trading p.** Handelsgesellschaft *f*
partnership account Teilhaberkonto *nt*; **p. assets** Gesellschaftsvermögen *nt*; **p. capital** Gesellschaftskapital *nt*; **p. insurance** Teilhaberversicherung *f*
part payment Teilzahlung *f*; **p. perfor-**

mance Teilleistung *f*
parts stock Teilelager *nt*; **p. supply** Ersatzteilversorgung *f*
part|-time *adj* nebenamtlich, nebenberuflich, Teilzeit-; **p.-timer** *n* Teilzeitkraft *f*
party *n* [§] Partei *f*; Gruppe *f*
party to a bill Wechselbeteiligter *m*; ~ **the contract** Vertragspartei *f*; **p. entitled to damages** Schaden(s)ersatzberechtigter *m*; **p. in default** säumige/in Verzug befindliche Partei; **p. at fault** Schuldiger *m*; **p. in interest** Konkursbeteiligter *m*, K.gläubiger *m*; **p. entitled to payment** Zahlungsberechtigter *m*; **p. liable to recourse** Regreßpflichtiger *m*
aggrieved/injured party geschädigte Partei, Beschwerdeführer *m*; **contracting p.** Vertragspartei *f*; **defaulting p.** säumige/in Verzug befindliche Partei; **entitled p.** Anspruchsberechtigter *m*; **insured p.** Versicherungsnehmer *m*; **interested p.** Mitbeteiligter *m*; Interessent *m*; **liable p.** Haftpflichtiger *m*; **third p.** Dritter *m*; **working p.** Arbeitsgruppe *f*
par value Nenn-, Nominalwert *m*; Währungsparität *f*; ~ **share** *[GB]*/ **stock** *[US]* Aktie mit Nennwert
pass *n* (Dienst)Ausweis *m*, Passierschein *m*
pass *v/ti* genehmigen; *(Eigentum)* übergeben, übertragen; überholen; *(Prüfung)* bestehen; *(Gesetz)* verabschieden; **p. on** *(Kosten)* überwälzen
passage *n* Fahrpreis *m*, F.geld *nt*; *(Gesetz)* Annahme *f*; ⊖ Transit(genehmigung) *m/f*; **p. of ownership/title** Eigentumsübergang *m*; ~ **risk** Risikoübergang *m*
passbook *n* Bank-, Sparbuch *nt*; **p. account** Sparkonto *nt*; **p. saving** Kontensparen *nt*; **p. savings** Sparleistungen
passenger *n* Passagier *m*, Fahr-, ✈ Fluggast *m*; Insasse *m*; **fare-paying p.** Zahlgast *m*
passenger accident insurance 🚗 Insassenunfallversicherung *f*; **p. car** 🚗 Personen(kraft)wagen (PKW) *m*; **p. carryings/figures** Beförderungsfälle, Fahrgastzahlen, Fahrgast-, Fluggast-

aufkommen *nt*; **p. fare/tariff** Personen(beförderungs)tarif *m*; **p. list** Passagierliste *f*; **p. revenue(s)** Einkünfte aus dem Personenverkehr; **p. traffic** Personenverkehr *m*; **p. transport(ation)** (öffentlicher) Personenverkehr *m*, P.beförderung *f*

passing *n (Gesetz)* Verabschiedung *f*; **p. on** Weitergabe *f*; *(Kosten)* Überwälzung *f*; **p. of claims** Anspruchsübergang *m*; ~ **a dividend** Dividendenausfall *m*; ~ **ownership/title** Eigentumsübergang *m*; ~ **risk** Gefahr(en)übergang *m*

pasture *n* 🌾 Weideland *nt*; **p. farming** Weidewirtschaft *f*

patent *n* Patent *nt*; Patentschrift *f*; **protected by p.** patentrechtlich geschützt, patentgeschützt

to apply for a patent Patent anmelden; **to challenge/contest a p.** Patent anfechten; **to exploit a p.** Patent verwerten; **to grant a p.** Patent erteilen, patentieren; **to take out a p.** Patent anmelden

active patent gültiges Patent; **blocking p.** Sperrpatent *nt*; **joint p.** Gemeinschaftspatent *nt*

patent *v/t* patentieren, patentrechtlich schützen

patent and licences account Patent- und Lizenzbilanz *f*; **p. agent/attorney** Patentanwalt *m*; **p. application** Patentanmeldung *f*; **p. claim** Patentanspruch *m*; **p.(s) court** Patentgericht *nt*; **p.ed** *adj* gesetzlich/patentrechtlich geschützt; **p.ee** *n* Patentinhaber *m*; **p. exploitation** Patentausübung *f*, P.verwertung *f*; **p. fee** Patent(erteilungs)gebühr *f*; **p. foods** Markennahrungsmittel; **p. holder** Patentinhaber *m*; **p. infringement** Patentverletzung *f*; **p. lawyer** Patentanwalt *m*; **p. office** Patentamt *nt*; **p.or** *n* Patentgeber *m*; **p. pending** Patent angemeldet; **p. proceedings** § Patentsache *f*; **p. rights** Patentrecht *nt*; **p. specification** Patentschrift *f*; **p. suit** Patentklage *f*

patron *n* (Stamm)Kunde *m*, (S.)Gast *m*; Förderer *m*, Schirmherr *m*; **p.age** *n* Protektion *f*, Gunst *f*, Begünstigung *f*; Schirmherrschaft *f*, Patro-

nat *nt*; *(Kunde)* Kauf *m*, Besuch *m*; ~ **discount** Treuerabatt *m*; **p.ize** *v/t* unterstützen, fördern; (Stamm)Kunde sein bei

pattern *n* (Waren)Probe *f*, (Gattungs-/Stoff)Muster *nt*, Modell *nt*; Aufbau *m*, Struktur *f*

pattern of consumption Verbrauchsstruktur *f*, V.verhalten *nt*; ~ **demand** Nachfragestruktur *f*; ~ **exchange rates** Wechselkursgefüge *nt*; ~ **goods** Warenstruktur *f*; ~ **interest rates** Zinsgefüge *nt*; ~ **retailing** Einzelhandelsstruktur *f*; **p.s of trade** Handelsstruktur *f*, H.ströme

anti-cyclical pattern gegenläufiger Zyklus; **occupational p.** Berufsstruktur *f*; **registered p.** eingetragenes Muster; **standard p.** Standardmuster *nt*

pattern approval Bauartzulassung *f*; **p. book** Musterbuch *nt*; **p. infringement** Gebrauchsmusterverletzung *f*; **p. sample** Verkaufsmuster *nt*; **p. shop** 🪚 Modellabteilung *f*, M.schreinerei *f*

pawn *n* Pfand(gegenstand) *nt/m*; **in p.** verpfändet; *v/t* verpfänden, als Pfand hinterlegen

pawn|broker *n* Pfandleiher *m*, P.hausbesitzer *m*; **p.broker's shop; p.shop** *n* Pfand-, Leihhaus *nt*; **p.ee** *n* Pfandbesitzer *m*, P.gläubiger *m*, P.inhaber *m*; **p.er; p.or** *n* Pfandgeber *m*, P.besteller *m*; **p. money** Pfandgebühr *f*; **p. ticket** Pfandschein *m*

pay *n* Lohn *m*, Gehalt *nt*, Bezüge *pl*, Bezahlung *f*, Einkommen *nt*, Verdienst *m*; **equal p. for equal work** Lohngleichheit *f*; ~ **self** *(Scheck)* zahlen Sie an mich; **to dock so.'s p.** jds Lohn kürzen

back pay (Lohn-/Gehalts)Nachschlag *m*; **base/basic p.** Grundlohn *m*, G.gehalt *nt*; **full p.** volles Gehalt, voller Lohn; **gross p.** Brutto(arbeits)lohn *m*, B.gehalt *nt*, B.bezüge *pl*; **lost p.** Lohnausfall *m*, Gehaltseinbuße *f*; **make-up p.** Lohn-, Gehaltsausgleich *m*; **minimum p.** Mindestlohn *m*; **monthly p.** Monatseinkommen *nt*; **overtime p.** Überstundenlohn *m*, Ü.vergütung *f*; **pensionable p.** ruhegehaltsfähiger Lohn, ruhegehaltsfähiges Gehalt; **performance--linked/performance-related** p. Leistungslohn *m*; **profit-related p. (PRP)** *[GB]* Beteiligungslohn *m*, gewinnbezogener Lohnanteil; **standard p.** Tariflohn *m*, T.gehalt *nt*; **take-home p.** Netto-, Effektivlohn *m*, N.verdienst *m*; **weekly p.** Wochenverdienst *m*, W.lohn *m*

pay *v/ti* (be)zahlen, Zahlung leisten; besolden, entlohnen; vergüten; sich lohnen/bezahlt machen; **p. back** zurück(be)zahlen, rückvergüten, tilgen; **p. down** Anzahlung leisten, anzahlen; **p. in** einzahlen; ~ **full; p. up** voll bezahlen; **p. off** auszahlen, abfinden; *(Schulden)* abbezahlen; **p. out** auszahlen

payable *adj* (zur Zahlung) fällig; *(Steuer)* abführungspflichtig; **p. to** zahlbar an, lautend auf; **p. net cash** zahlbar netto (gegen) Kasse; **p.s** *n* Verbindlichkeiten, Kreditoren

pay advance Lohn-, Gehaltsvorschuß *m*; **(collective) p. agreement** (Lohn-/Gehalts)Tarifvertrag *m*; **p.--as-you-earn (PAYE)** *[GB]*/**p.-as-you--go** *[US]* **(system)** (Lohn)Steuerabzugsverfahren *nt*; **p.back** *n* Rückzahlung *f*; ~ **period** Tilgungsdauer *f*; **p. bargaining** Tarifverhandlungen *pl*; **p. bracket** Besoldungs-, Gehalts-, Lohngruppe *f*; **p. check** *[US]* Lohn-, Gehaltsscheck *m*; Lohnstreifen *m*; **p. cheque** *[GB]* Lohn-, Gehaltsscheck *m*; **p. claim** Tarif-, Lohn-, Gehaltsforderung *f*; **p. clerk** Lohnbuchhalter *m*; **p. component** Lohnbestandteil *m*; **p. cut** Lohn-, Gehaltskürzung *f*; **p. date/day** Zahltag *m*, Auszahlungstermin *m*; **p. deal** Lohn-, Tarifabschluß *m*; **p. desk** Kassenschalter *m*; **p. differential(s)** Lohngefälle *nt*; **p. dispute** Tarif-, Lohnkonflikt *m*, Tarifauseinandersetzung *f*

payee *n* Zahlungsempfänger *m*, Scheck-, Wechselnehmer *m*, Zahlungsberechtigter *m*; *(Akkreditiv)* Begünstigter *m*

pay element Lohn-, Gehaltsbestandteil *m*

payer *n* Zahler *m*, Schuldner *m*;

(Wechsel) Bezogener *m*, Trassat *m*; **defaulting/late p.** säumiger Zahler; **good/prompt p.** prompter/pünktlicher Zahler

pay freeze Lohnstopp *m*; **p. grade** (Lohn-/Gehalts)Tarifstufe *f*; **p. increase** Lohn-, Gehaltserhöhung *f*

paying *adj* einträglich, rentabel; **p. agent** Zahlungsbevollmächtigter *m*, Zahlstelle *f*; **p. habits** Zahlungsmoral *f*; **p.-in book** Einzahlungsbuch *nt*; ~ **slip** Einzahlungsschein *m*; **p. off** Auszahlung *f*; Abfindung *f*; *(Hypothek)* Tilgung *f*; **p. office** Zahlstelle *f*

payload *n* Lohnkosten(anteil) *pl/m*; Nutzlast *f*, Zuladung *f*

payment *n* Aus-, Be-, Ein-, Rückzahlung *f*; Entgelt *nt*, Lohn *m*, Gehalt *nt*; Vergütung *f*; *(Wechsel)* Einlösung *f*

payment of accounts Begleichung von Verbindlichkeiten, Rechnungsausgleich *m*; **in ~ our account** zum Ausgleich unseres Kontos; **p. into an account** Kontoeinzahlung *f*; **p. on account** (geleistete) Anzahlung *f*, Akontozahlung *f*; **p. in advance** Vorauszahlung *f*, Vorkasse *f*; **p. of the balance** Restzahlung *f*; ~ **a bill (of exchange)** Wechseleinlösung *f*; ~ **call** Nachschuß *m*; **p. in cash** Barzahlung *f*; **p. by check** *[US]*/**cheque** *[GB]* Zahlung durch Scheck; **p. of damages** Schaden(s)ersatzleistung *f*; **p. within 10 days = 3 p.c. discount** Zahlung innerhalb von 10 Tagen = 3% Skonto; **p. of a debt** Schuld(en)begleichung *f*; **p. against delivery** Lieferung gegen Nachnahme; **p. on delivery** Lieferung gegen bar, Zahlung bei Lieferung; ~ **demand** Zahlung auf Verlangen; ~ **against documents** Zahlung gegen Dokumente; ~ **3 months' draft** Zahlung gegen 3-Monats-Wechsel; **p. when due** Zahlung bei Fälligkeit; **p. in full** vollständige Bezahlung; **pending ~ full** bis zur vollständigen Bezahlung; **p. by instalment(s)** Abschlags-, Ratenzahlung *f*; **p. of invoices** Bezahlung/Begleichung von Rechnungen; **p. in kind** Sachbezüge *pl*, S.leistung *f*; **p. with order** Zahlung bei Auftragserteilung; **p.**

of (the) principal Tilgung(szahlung) f; **p. on receipt of goods** Zahlung bei Erhalt der Ware; ~ **invoice** Zahlung bei Erhalt der Rechnung; **p. by results** Leistungslohn m; **p. of tax** Steuerentrichtung f; ~ **tax arrears** Steuernachzahlung f

payment countermanded Scheck gesperrt; **p. received** Betrag erhalten

to acknowledge payment|s received eingegangene Zahlungen/Zahlungseingang bestätigen; **to apply for/demand p.** mahnen; **to default in p.** mit der Zahlung im Rückstand bleiben, mit den Zahlungen in Verzug geraten (sein); **to defer p.** Zahlung aufschieben/stunden; **to effect/make p.** Zahlung leisten, zahlen; **to enforce p.** Zahlung gerichtlich eintreiben; **to guarantee p.(s)** das Delkredere übernehmen; **to present for p.** zur Einlösung/Zahlung/zum Inkasso vorlegen; **to press for/request p.** mahnen, Zahlung verlangen/anmahnen; **to stop/suspend p.** Zahlung einstellen

advance payment Vorschuß m, Vorkasse f; **back p.** Nachzahlung f; **cash-down p.** Barzahlung f; **cashless p.** bargeldlose Zahlung; **compensatory p.** Ausgleichszahlung f

deferred payment *[US]* Ab-, Ratenzahlung f; ~ **contract** Ratenzahlungsvertrag m; ~ **credit** Akkreditiv mit aufgeschobener Zahlung; Teilzahlungs-, Raten(zahlungs)kredit m; ~ **customer** Teilzahlungskunde m; ~ **price** Abzahlungspreis m; ~ **purchase** Ratenzahlungskauf m; ~ **sale** Teilzahlungsverkauf m; ~ **terms** Ratenzahlungsbedingungen

down payment An-, Vorauszahlung f, erste Rate; **ex gratia** *(lat.)* **p.** freiwillige (Sonder)Zahlung, Gratifikation f; *(Vers.)* freiwillige Leistung, Kulanzentschädigung f; **final p.** (Ab)Schlußzahlung f, Restquote f; **front-end p.** *(Fonds)* Verkaufsprovision f; **lump-sum p.** Pauschalentgelt nt, P.vergütung f, Pauschbetrag m; **net p.s** Nettoaufwendungen, Einzahlungsüberschuß m; **one-off p.** einmaliger Betrag, einmalige Zahlung; **overdue p.** rück-ständige Zahlung; **part(ial) p.** An-, Abschlags-, Teilzahlung f; **recurrent/regular p.s** regelmäßig wiederkehrende Zahlungen; **up-front p.** *(Fonds)* Verwaltungsgebühr f; **voluntary p.** freiwillige Leistung

payment authorization Zahlungsermächtigung f; **p.s balance** Zahlungsbilanz f; **p. date** Zahlungs-, Tilgungstermin m; **p.s deficit** Zahlungs(bilanz)defizit nt; ~ **(dis)equilibrium** Zahlungsbilanz(un)gleichgewicht nt; **p. instruction** Zahlungsanweisung f; **p. stop** Zahlungsstopp m; Schecksperre f; **p.s surplus** Zahlungs(bilanz)überschuß m; **p. terms** Zahlungsbedingungen

pay|off n Auszahlung f; Bestechungsgeld nt; Amortisation f; **p. offer** Lohn-, Tarifangebot nt; **p.off period** Amortisationszeitraum m

payout n Auszahlung f; *(Dividende)* Ausschüttung f; **p. in cash** Barausschüttung f; **p. date** Dividendentermin m; **p. rate** Ausschüttungs-, Dividendensatz m

pay package Vergütung f; **p. packet** Lohntüte f; **p.phone** n ✆ Münztelefon nt, öffentlicher Fernsprecher; **p. policy** Lohn-, Gehalts-, Tarifpolitik f; **p. rate** Lohn- und Gehaltstarif m; **p. rise** Lohn-, Gehaltserhöhung f

payroll n Lohn-, Gehaltsliste f; Belegschafts-, Beschäftigtenzahl f, Zahl der Mitarbeiter; **p. accounting** Lohn- und Gehaltsabrechnung f; **p. clerk** Lohnbuchhalter m; **p. deductions** Lohn-, Gehaltsabzüge; **p. tax** *[US]* Lohn(summen)steuer f

pay round Lohn-, Tarifrunde f; **p. scale/schedule** Lohntarif m, Gehaltsskala f; **p. settlement** Tarifabschluß m; **p. slip** Lohn-, Gehaltsstreifen m, Lohn-, Gehaltsabrechnung f; **p. station** *[US]* ✆ Münzfernsprecher m; **p. supplement** Lohn-, Gehaltszulage f; **p. talks** Lohn-, Tarifverhandlungen

peace n Frieden m; **industrial p.** Arbeitsfrieden m, sozialer Frieden

peak n Spitze f, Gipfel m, Scheitelpunkt m; Höchststand m; Konjunkturgipfel *m*; *adj* Spitzen-, Haupt-, Höchst-; **all-time p.** absoluter Höchststand; **seasonal p.** Saisonspitze *f*; *v/i* Höchststand erreichen

pecuniary *adj* geldlich, Geld-

ped|dle *v/t* hausieren; **(itinerant) p.dler** *[US]*/**p.lar** *n* *[GB]* Hausierer *m*, ambulanter Händler

pedestrian *n* Fußgänger *m*; **p. mall** *[US]*/**precinct** *[GB]* Fußgängerzone *f*

peg *n* Kurs-, Markt-, Preisstützung *f*; **off the p.** von der Stange; **adjustable p.** *(Währung)* veränderliche Parität; **crawling p.** gleitende Parität/Bandbreiten; **p. (to)** *v/t (Währung)* festsetzen; anbinden an

pegging (of prices) *n* Preis-, Kursstützung *f*

penalty *n* [§] (gesetzliche) Strafe *f*, Geld-, Konventionalstrafe *f*, Bußgeld *nt*; **p. for breach/non-fulfilment/ non-performance of contract** Vertrags-, Konventionalstrafe *f*; ~ **delay/delayed delivery** Verzugsstrafe *f*; **to carry a p.** strafbar sein; **administrative p.** [§] Zwangsgeld *nt*, Ordnungsstrafe *f*; **financial/pecuniary p.** Geldstrafe *f*; **p. clause/provision** Strafbestimmung *f*; **p. payment** Zahlung der Konventionalstrafe, Zwangsgeld *nt*; **p. tax** Prohibitivsteuer *f*

pending *adj* [§] (an)hängig, schwebend; *prep* während, bis zu

penetration *n* Durchdringung *f*; Marktanteil *m*; **p. pricing** Niedrigpreisstrategie *f*

penny *n* Pfennig *m*, Groschen *m*; **p. share** *[GB]*/**stock** *[US]* Kleinaktie *f*; **p. shop/store** Kleinpreis-, Billigwarengeschäft *nt*

pension *n* Pension *f*, Altersrente *f*, Ruhegehalt *nt*, R.geld *nt*; **eligible for a p.** rentenberechtigt, ruhegehaltsfähig; **to carry a p.** *(Anstellung)* zu einer Pension berechtigen; **to draw a p.** Rente beziehen; **to qualify for a p.** rentenberechtigt sein

basic pension Grundrente *f*; **contributory p.** beitragspflichtige Rente; **earnings-related p.** einkommensbezogene Rente; **index-linked/indexed p.** dynamische Rente; **industrial/occupational**

p. Betriebsrente *f*; **old-age p.** (Alters)Rente *f*, A.versorgung *f*; **portable p.** übertragbare Rente; **supplementary p.** Zusatzrente *f*

pension off *v/t* in den Ruhestand versetzen

pensionable *adj* anrechnungs-, renten-, ruhegehaltsfähig

pension assessment Rentenbemessung *f*; **p. benefits** Rentenleistungen; **state earnings-related p. contributions** *[GB]* Beiträge zur gesetzlichen Rentenversicherung; **p. entitlement** Rentenanspruch *m*

pensioner *n* Rentner *m*; Ruhegeldempfänger *m*; **old-age p. (OAP)** (Alters)Rentner *m*

pension fund Rentenversicherungsträger *m*, Pensionskasse *f*; **p. increase** Rentenerhöhung *f*; **p.s insurance** Rentenversicherung *f*; **statutory ~ fund** gesetzliche Rentenversicherung; **p. payment** Rentenzahlung *f*, Versorgungsleistung *f*; **p. plan** Rentenversicherung *f*, Altersversorgung *f*, Ruhegehaltsregelung *f*; **p. rights** Renten-, Ruhegehaltsanspruch *m*

pension scheme Rentenversicherung *f*; **statutory p. s.** gesetzliche Rentenversicherung; **earnings-related p. s.** einkommensbezogene Altersversorgung/ Rentenversicherung; **state ~ p. s. (SERPS)** *[GB]* staatliche einkommensbezogene Rentenversicherung; **occupational p. s.** betriebliche Altersversorgung

per annum (p.a.) *(lat.)* jährlich, pro Jahr

p/e (price/earnings) ratio Kurs-Gewinn-Verhältnis *nt*

per capita *adj* *(lat.)* pro Kopf; **p. cent** Prozent; prozentig

percentage *n* Prozent(satz) *nt/m*; Provision *f*, Gewinnbeteiligung *f*; **on a p. basis**; **in p. terms** prozentual; **p. change** Veränderung in Prozent; **p. point** Prozentpunkt *m*; **annual(ized) p. rate (APR) (of interest)** Jahreszins(satz) *m*; **p. return on sales** Gewinn in Prozent des Umsatzes

per contra als Gegenbuchung; ~ **item** Gegen-, Ausgleichsposten *m*; **p. diem**

(lat.) pro Tag

perform *v/ti (Leistung)* erbringen; leisten; sich entwickeln

performance *n* (Arbeits-/Betriebs)Leistung *f*, Leistungserstellung *f*, L.erfüllung *f*, Effizienz *f*; Entwicklung *f*

performance of contract Vertragserfüllung *f*; **p. and counterperformance** Leistung und Gegenleistung; **p. in kind** Sachlieferung *f*, S.leistung *f*; ~ **lieu of payment** Leistung an Zahlungs statt; **p. of a sale** Erfüllung eines Kaufvertrags; ~ **shares** *[GB]*/**stocks** *[US]* *(Börse)* Kursentwicklung *f*

to refuse performance Leistung verweigern; **to tender p.** Leistung anbieten/andienen

budgeted performance geplante Leistung; **contractual p.** Vertragserfüllung *f*; **corporate p.** Unternehmensentwicklung *f*; **defective p.** Schlechterfüllung *f*, Leistungsstörung *f*; **delayed p.** Verzug *m*; **economic p.** Wirtschaftsleistung *f*; **financial p.** finanzielles Abschneiden *nt*; **overall p.** Gesamterfolg *m*; **own p.** Eigenleistung *f*; **capitalized ~ p.** aktivierte Eigenleistung; **part p.** Teilerfüllung *f*, T.leistung *f*; **standard p.** Planleistung *f*

performance accounting Leistungsrechnung *f*; **p. appraisal** Personal-, Leistungsbeurteilung *f*; **p. bond/guarantee** (Gewähr)Leistungs-, Liefergarantie *f*; **p. bonus** Leistungsprämie *f*, L.zulage *f*; **p. level** Leistungsgrad *m*, L.niveau *nt*; **p.-linked; p.-related** *adj* leistungsbezogen; **p. measurement/rating** Leistungs(be)messung *f*; **p. record** Leistungs-, Tätigkeitsnachweis *m*, Leistungsbilanz *f*; **p. standard** Leistungsnorm *f*, L.standard *m*; **p. target** Planleistung *f*, Vorgabe *f*; **p. warranty** (Gewähr)Leistungs-, Erfüllungsgarantie *f*

performer *n* Erfolgsaktie *f*; **top p.** Spitzenwert *m*

peril *n* Gefahr *f*, Risiko *nt*; **p.s of the seas** Seerisiken; **common p.** *(Vers.)* gemein(sam)e Gefahr

period *n* Periode *f*, Zeitabschnitt *m*, Laufzeit *f*, Dauer *f*

period set for acceptance Annahme-

frist *f*; **p. of assessment** Veranlagungszeitraum *m*; ~ **benefit (payments)** Begünstigungszeitraum *m*; *(Vers.)* Leistungsdauer *f*; **p. for claims/complaints** Rügefrist *f*; **p. of collection** *(Steuer)* Erhebungszeitraum *m*; ~ **cover(age)** Versicherungszeitraum *m*, V.dauer *f*; ~ **credit** Zahlungsziel *nt*, Z.frist *f*; ~ **disability** Dauer der Arbeitsunfähigkeit; ~ **employment** Beschäftigungsdauer *f*; ~ **grace** Frist *f*, (Zahlungs)Aufschub *m*; ~ **guarantee** Gewährleistungs-, Garantiefrist *f*; ~ **maturity** Fristigkeit *f*; ~ **the mortgage** Laufzeit der Hypothek; ~ **notice** Kündigungsfrist *f*; **p. for objection** Einspruchsfrist *f*; **p. of payment; p. allowed for payment** Zahlungsziel *nt*, Z.frist *f*; **p. of redemption/repayment** Tilgungsdauer *f*; ~ **respite** Zahlungsaufschub *m*; **p. under review** Berichtszeit(raum) *f/m*; **p. of validity** Gültigkeitsdauer *f*

the same period last month Vormonatszeitraum *m*; ~ **last year** Vorjahresperiode *f*, V.zeitraum *m*

base period Basiszeitraum *m*; **claim-free p.** *(Vers.)* schadensfreie Zeit; **comparable/corresponding p.** Vergleichszeitraum *m*; **contractual p.** Vertragsdauer *f*, V.zeitraum *m*; **non-contributory p.s** *(Sozialvers.)* beitragsfreie Zeiten; **pay-back p.** Tilgungszeitraum *m*; **qualifying/waiting p.** Probe-, Wartezeit *f*; *(Vers.)* Karenz(zeit) *f*, Sperrfrist *f*; **redemption-free p.** tilgungsfreie Jahre/Zeit; **statutory p.** gesetzliche Frist; Verjährungsfrist *f*; **taxable p.** Veranlagungszeitraum *m*

period analysis Periodenanalyse *f*; **p. cost(s)** Periodenkosten

perishable *adj* leicht verderblich, begrenzt haltbar; **p.s** *n* kurzlebige/verderbliche Konsumgüter

perk *n* *(coll)* Zuwendung *f*, Nebenleistung *f*; **p.s** freiwillige Sonder-/Sozialleistungen

permission *n* Erlaubnis *f*, Genehmigung *f*; **p. to trade** Zulassung zum Gewerbebetrieb

permit *n* Genehmigung *f*, Erlaubnis *f*; Ausweis *m*, Passierschein *m*; ⊖

Zoll(abfertigungs)schein *m*
per pro(curationem) (p.p.) *(lat.)* im
Auftrage (i.A.), in Vertretung (i.V.)
person *n* Person *f*, Persönlichkeit *f*; **p.
in charge** (Sach)Bearbeiter *m*; **p. authorized to take delivery** Empfangsbevollmächtigter *m*; **p. in law** [§] juristische Person, Rechtspersönlichkeit *f*
authorized person Ermächtigter *m*, bevollmächtigte Person; **employable p.**
Erwerbsfähiger *m*; **gainfully employed
p.** Berufs-, Erwerbstätiger *m*; **insured
p.** Versicherungsnehmer *m*; **legal p.** juristische Person, Rechtspersönlichkeit *f*; **self-employed p.** Selbständiger *m*, Freiberufler *m*
personal *adj* persönlich, individuell,
personengebunden
personality *n* Persönlichkeit *f*; *(Ware)*
Profil *nt*; **corporate/legal p.** [§] juristische Person, Rechtspersönlichkeit *f*,
juristisch selbständige Körperschaft
personnel *n* → **staff** (Betriebs)Personal *nt*, Belegschaft *f*, Mitarbeiter *pl*,
Beschäftigte *pl*
administrative personnel Verwaltungskräfte *pl*; **executive/managerial p.** leitende Angestellte, Führungskräfte *pl*;
salaried p. Gehaltsempfänger *pl*, Angestellte *pl*; **skilled p.** geschultes Personal, Fachkräfte *pl*; **supervisory p.** Aufsichtskräfte *pl*, A.personal *nt*
personnel accounting Gehalts-, Lohnbuchhaltung *f*; **p. administration** Personalbereich *m*; **p. costs** Personalaufwand *m*, Lohnkosten *pl*; **p. department** Personalabteilung *f*, P.büro *nt*;
p. director/manager Personalleiter *m*,
P.chef *m*, Leiter der Personalabteilung; **p. information system** Personalinformationssystem *nt*; **p. management** Personal-, Mitarbeiterführung *f*,
Personalwesen *nt*; **p. office** Personalbüro *nt*; **p. planning** Personalplanung *f*; **p. recruitment** Personalbeschaffung *f*; **p. strength** Belegschaftsstärke *f*; **p. training** Personalfortbildung *f*; **p. turnover** Personalfluktuation *f*
per|suasive *adj* überzeugend, Überredungs-; **p.tinent** *adj* einschlägig, sachdienlich; angemessen

petition *n* [§] Antrag *m*; Gesuch *nt*; **p.
in bankruptcy** Konkurs(eröffnungs)antrag *m*; **p. for composition**
Vergleichsantrag *m*; **p. in insolvency**
Konkursklage *f*; **p. for the winding up
(of a company)** Liquidationsantrag *m*;
~ **the compulsory winding-up** Antrag
auf Zwangsliquidation; **to enter/file a
p.** Antrag/Gesuch einreichen; ~ **in
bankruptcy** Konkurs anmelden, Konkursantrag stellen; *v/t* Eingabe machen, Gesuch einreichen
petitioner *n* Antragsteller *m*
petro|chemical *n* Mineralölerzeugnis
nt; *adj* petrochemisch; **p.currency** *n*
Petro-, Ölwährung *f*; **p.dollar** *n* Öldollar *m*
petrol *n* *[GB]* Benzin *nt*, Kraftstoff *m*;
lead-free/unleaded p. bleifreies Benzin; **p.eum** *n* Roh-, Erd-, Mineralöl *nt*;
p. retailer Tankstellenbetreiber *m*; **p.
station** Tankstelle *f*
pharmaceuticals *n* Pharmaprodukte,
Arzneimittel
phase *n* Phase *f*, Stadium *nt*; **p. of a cycle** Konjunkturphase *f*; **downward p.**
Abschwungphase *f*; **upward p.** Aufschwungphase *f*; *v/t* stufenweise abwickeln/einführen; **p. in** (schrittweise)
einführen; **p. out** (schrittweise) abbauen
phone *n* ✆ Telefon *nt*, Fernsprecher *m*;
by p. telefonisch, fernmündlich; **on the
p.** am Apparat; *v/t* anrufen, telefonieren; **p. box** Telefonzelle *f*; **p. number**
Telefon-, Fernsprechnummer *f*
phrase *n* Phrase *f*, Ausdruck *m*; **opening p.** *(Brief)* Eingangsformel *f*
pick *v/t* 🌱 pflücken, ernten
picket *n* Streikposten *m*; **secondary p.**
betriebsfremder Streikposten; *v/t*
Streikposten stehen/aufstellen, bestreiken
picketing *n* Aufstellung von Streikposten, Bestreiken *nt*; **secondary p.** Bestreiken eines mittelbar betroffenen
Betriebs
picket line Streikpostenkette *f*
picking *n* 🌱 Lese *f*, Ernte *f*; **p.s** *(fig)*
Gewinn(e) *m/pl*
pick-up *n* *(Konjunktur)* (Wieder)Anstieg *m*, Erholung *f*; 🚚 Kleinliefer-

wagen *m*, K.transporter *m*; **p. in economic activity** wirtschaftliche Erholung; **p. and delivery** Abholung und Auslieferung; **p. in demand** Nachfragebelebung *f*; ~ **orders** Verbesserung der Auftragslage; **p. truck** 🚆 Klein-, Leichtlastwagen *m*, (Klein)Transporter *m*

pie *n*   Kuchen *m (fig)*; **economic p.** *(fig)* (verteilbares) Sozialprodukt *nt*

piece *n*   Stück *nt*, S.einheit *f*, S.zahl *f*; **p. of equipment** Ausrüstungsgegenstand *m*; **to be paid by the p.** im Akkord bezahlt werden, Akkordlohn erhalten; **to sell by the p.** en detail *[frz.]/* stückweise verkaufen

piece goods Meter-, Stückware *f*; **p. incentive system** Prämienstücklohn *m*; **p. rate** Akkord-, Stücklohn(satz) *m*; ~ **bonus/earnings** Akkordlohn *m*; ~ **work** Akkordarbeit *f*

piecework *n*   Akkordarbeit *f*; **p. bonus** Akkordzuschlag *m*; **p. earnings** Akkord-, Stücklohnverdienst *m*; **p.er** *n* Akkordarbeiter *m*

pie chart/diagram   Tortengraphik *f*, Kreisdiagramm *nt*

pigeonhole *n*   (Abhol-/Ablage)Fach *nt*; *v/t* zu den Akten legen

piggy|back (service)   🚆/🚚 Kombi-, Huckepack-, Ro-Ro-Verkehr *m*, kombinierter Ladungsverkehr (KLV); **p. bank** Sparbüchse *f*, S.dose *f*, S.schwein *nt*

pile *n*   Stapel *m*, Stoß *m*; **p. (up)** *v/ti* (auf)stapeln, (auf)schichten

pilfer *v/t*   klauen *(coll)*; **p.age; p.ing** *n* Bagatell-, Kleindiebstahl *m*, (geringfügiger) Diebstahl *m*

pilot *n*   ⚓ Lotse *m*; ✈ Pilot *m*, Flugzeugführer *m*; **p. advertising** Testwerbung *f*

pilotage *n*   ⚓ Lotsengeld *nt*

pilot company   Musterbetrieb *m*; Pilotunternehmen *nt*; **p. farm** 🌾 landwirtschaftlicher Musterbetrieb; **p. interview(ing)** Pilotbefragung *f*; **p. lot** ▬ Null-, Vorserie *f*; **p. plant** ▬ Musterbetrieb *m*, Demonstrationsanlage *f*; **p. product** *(EG)* Leiterzeugnis *nt*; **p. scheme** Versuchsprojekt *nt*, Pilotprogramm *nt*; **p. stage** Entwicklungssta-

dium *nt*, Erprobungsstufe *f*; **p. study** Leit-, Modellstudie *f*; **p. survey** Voruntersuchung *f*

pioneer *n*   Pionier *m*, Vorreiter *m*; *v/t* Pionierarbeit leisten, bahnbrechend sein; **p. product** Pionierprodukt *nt*

pipeline *n*   Rohrleitung *f*; **in the p.** *(fig)* in Vorbereitung

piracy *n*   📖 Plagiat *nt*, Raubdruck *m*

pit *n*   ⛏ Bergwerk *nt*; *[US]* Börsensaal *m*, Maklerstand *m*

pitch *n*   Maklerstand *m*; aggressives Verkaufsgespräch

pithead *n*   ⛏ Schachteingang *m*; **p. price** Preis ab Zeche; **p. stocks** Kohlenhalden, Haldenbestände

pit trader   Makler für eigene Rechnung

p & l account   GuV-Rechnung *f*

place *n*   Ort *m*, Platz *m*, Stelle *f*

place of business   Betriebsstätte *f*, (Handels)Niederlassung *f*; ~ **delivery** Lieferort *m*; ~ **departure** Abgangsort *m*; ~ **destination** Ziel-, Bestimmungsort *m*; ~ **dispatch** Versandort *m*; ~ **employment** Arbeitsplatz *m*; **p. (and date) of issue** Ort (und Tag) der Ausstellung; **p. of jurisdiction/litigation** Gerichtsstand *m*; ~ **manufacture/production** Betriebsstätte *f*; ~ **payment** Erfüllungsort *m*; *(Wechsel)* Domizilort *m*; ~ **performance** Erfüllungsort *m*; ~ **residence** Wohnsitz *m*; ~ **work** Arbeitsstätte *f*

place *v/t*   plazieren, unterbringen; *(Anzeige)* aufgeben; **p. so.** *(Stelle)* jdn vermitteln

placement *n*   *(Emission)* Plazierung *f*, Unterbringung *f*; *(Arbeit)* Vermittlung *f*, Einstellung *f*; **private p. business** *(Emission)* Privatplazierungsgeschäft *nt*; **p. agency** Stellenvermittlung(sbüro) *f/nt*; **p. service** Arbeits-, Stellenvermittlung *f*

placing *n*   *(Emission)* Plazierung *f*, Unterbringung *f*; **p. of a loan** Begebung einer Anleihe; ~ **an order** Auftragsvergabe *f*

plaintiff *n*   ⚖ (Privat)Kläger *m*; **chief/principal p.** Hauptkläger *m*; **joint p.** Nebenkläger *m*; **p.'s counsel** Prozeßbevollmächtigter *m*

plan *n*   Plan *m*, Programm *nt*, Ent-

wurf *m*
corporate plan Firmen-, Konzernplan *m*; **economic p.** Wirtschaftsplan *m*; **five-year p.** Fünfjahresplan *m*; **structural p.** Strukturkonzept *nt*, S.plan *m*; *v/t* vorsehen, planen, projektieren
planning *n* Bewirtschaftung *f*, Planung *f*, Disposition *f*, Projektierung *f*
corporate planning betriebliches Planungswesen, Unternehmensplanung *f*; **economic p.** Wirtschaftsplanung *f*, volkswirtschaftliche Gesamtplanung; **financial/fiscal p.** Finanzplanung *f*; **governmental p.** Wirtschaftslenkung *f*; **operational p.** betriebliche Planung
planning agreement Investitionslenkung *f*; **p. authority** Bau(planungs)amt *nt*; **p. department** (Bau-) Planungsabteilung *f*; **p. permission** ⌂ Bau-, Bebauungsgenehmigung *f*; Planfestsetzung *f*; **p. procedure** ⌂ Planfeststellungsverfahren *nt*; **p.-programming-budgeting system (PPBS)** integrierte Unternehmensplanung; **p. regulations** Bebauungsvorschriften; **p. restriction** Baubeschränkung *f*; **p. stage** Planungs-, Entwurfsstadium *nt*
plant *n* Betrieb *m*, Fabrik *f*, Werk *nt*, Fertigungs-, Produktionsstätte *f*; **p. and equipment** *(Bilanz)* Sachanlagevermögen *nt*, Maschinen und Anlagen; ~ **fixtures** Betriebsausstattung *f*; ~ **machinery** Sachanlagen *pl*, Maschinen und Anlagen
ancillary plant Zweigwerk *nt*; **compound p.** Verbundanlage *f*, Kombinat *nt [DDR]*; **downstream p.** nachgelagerte Produktionsstätte; **entire p.** Großanlage *f*; **full-scale p.** großtechnische Anlage; **industrial p.** Fabrik-, Industrieanlage *f*; **large/major p. business** (Groß)Anlagengeschäft *nt*; **manufacturing p.** Produktionsstätte *f*, Fertigungsanlage *f*; **processing p.** Aufbereitungs-, Vered(e)lungsanlage *f*; **subsidiary p.** Zweigwerk *nt*; **upstream p.** vorgelagerte Produktionsstätte
plant accounting (department) Betriebsbuchhaltung *f*; **p. agreement** Betriebsvereinbarung *f*; **p. bargaining** Ver-

handlungen auf Betriebsebene; **p. capacity** Anlage-, Betriebs-, Werkskapazität *f*; **p. closure** Werks-, Fabrik-, Betriebsschließung *f*; **p. construction** Anlagenbau *m*; **p. director** Werks-, Betriebsleiter *m*; **p. engineer** Betriebsingenieur *m*; **p. hire/leasing** Vermietung von Betriebs-/Industrieanlagen, (Industrie)Anlagenvermietung *f*; **at p. level** auf Betriebsebene; **p. loading** Kapazitätsauslastung *f*; **p. manager** Betriebs-, Werksleiter *m*; **p. overheads** Fabrikationsgemeinkosten; **p. relocation** Betriebsverlagerung *f*; **p. renewal** Anlagenerneuerung *f*; **p. shutdown** (zeitweilige) Betriebsschließung *f*; **p. site** Betriebs-, Fabrik-, Werksgelände *nt*; **p. size** Betriebsgröße *f*; **p. superintendent** Werks-, Betriebsleiter *m*; **p. utilization** Betriebs-, Kapazitätsauslastung *f*
platform *n* (Arbeits)Bühne *f*, Rampe *f*
plea *n* Gesuch *nt*; [§] Plädoyer *nt*, Einrede *f*; **p. of lapse of time** Einrede der Verjährung; ~ **non-performance** Einrede des nichterfüllten Vertrages; **to enter a p.** Einwand geltend machen; **to make a p.** Einspruch erheben
plead *v/ti* sich einsetzen (für), argumentieren; [§] plädieren, vorbringen
pledge *n* Pfand(gegenstand) *nt/m*; **to secure by p.** dinglich sichern; *v/ti* (sich) verpflichten, (fest) zusagen; verpfänden
pledgee *n* Pfandgläubiger *m*, P.nehmer *m*
pledging *n* Pfandbestellung *f*, Verpfändung *f*; **p. of securities** Beleihung/Verpfändung von Effekten
pledgor *n* Pfandschuldner *m*, P.geber *m*
plot *n* Flur-, Grundstück *nt*, Parzelle *f*
plough *v/t [GB]* ⇄ pflügen; **p. back** *(fig) (Gewinn)* reinvestieren, einbehalten, thesaurieren; **p.-back** *n* Reinvestition *f*
plummet *v/i (Preis)* kräftig/stark fallen
plunge *n (fig)* (Kurs-/Preis)Sturz *m*; *v/i* plötzlich/stark (im Wert) fallen
poaching *n* Wilderei *f; (Arbeitskräfte)* Abwerbung *f*; **p. of customers** Kundenabwerbung *f*

pocket *n* Tasche *f*; Ablage(fach) *f/nt*;
p. book Notiz-, Taschenbuch *nt*; **p.
money** Taschengeld *nt*
point *n* (Zeit)Punkt *m*; Standpunkt *m*;
Indexpunkt *m*
point of acceptance (Waren)Annahme-
stelle *f*; ~ **delivery** Lieferort *m*; ~
destination Bestimmungsort *m*; ~ **entry** ⊖ Eingangsort *m*; ~ **exit** ⊖ Aus-
trittsort *m*; **on a ~ order** zur Ge-
schäftsordnung; ~ **purchase** Ver-
kaufsort *m*; ~ **sale (POS)** Kaufort *m*,
Einkaufsplatz *m*, Laden *m*, Geschäft *nt*; ~ **sale (POS) terminal** ⌷
(Daten)Kasse *f*, Kassenterminal *nt*;
~ **shipment** Versand-, Verschiffungs-
ort *m*
to gain … points *(Kurs)* sich um …
Punkte verbessern
floating point Fließ-, Gleitkomma *nt*
pointer *n* Hinweis *m*, Anzeichen *nt*;
Barometer *nt (fig)*; **cyclical/economic
p.** Konjunktursignal *nt*, K.indika-
tor *m*
policy *n* Politik *f*, Verfahrensweise *f*,
Taktik *f*; *(Vers.)* Police *f*, Versicherungsschein *m*; **p. in force** gültige Versicherung; **p. of high interest (rates)**
Hochzinspolitik *f*; ~ **low interest
(rates)** Niedrigzinspolitik *f*
to borrow on a policy Police beleihen;
to cash a p. sich die Versicherungssumme auszahlen lassen; **to claim on
a p.** aus einer Police Ansprüche geltend machen; **to pay up a p.** Versiche-
rung/Prämien voll einzahlen; **to redeem a p.** Police zurückkaufen; **to renew a p.** (Versicherungs)Police erneuern; **to surrender a p.** (Versicherungs)Police abtreten; **to take out a
p.** Versicherung(svertrag) abschließen
agricultural policy Agrar-, Landwirtschaftspolitik *f*; **common ~ policy
(CAP)** *(EG)* gemeinsame Agrarpolitik; **all-in/all-risks p.** Global-, Pau-
schal-, Universal(versicherungs)poli-
ce *f*; **anti-cyclical/countercyclical p.**
(antizyklische) Konjunkturpolitik *f*;
blank p. Blanko-, Generalpolice *f*;
blanket/comprehensive p. Global-,
Pauschal(versicherungs)police *f*, Kas-
ko-, Mantelversicherung *f*; **collective/**

combined p. Kollektiv-, Sammelpoli-
ce *f*; **corporate p.** Unternehmenspolitik *f*; **cyclical p.** Konjunkturpolitik *f*
economic policy Wirtschafts-, Konjunkturpolitik *f*; **demand-side ~ p.**
nachfrageorientierte Wirtschaftspolitik; **supply-side ~ p.** angebotsorien-
tierte Wirtschaftspolitik; ~ **p. instrument** konjunkturpolitisches Instrument
environmental policy Umwelt-
(schutz)politik *f*; **expansionary p.**
Wachstumspolitik *f*; **financial/fiscal
p.** Finanz-, Fiskalpolitik *f*; **floating p.**
laufende Police/Versicherung, gleitende Neuwertversicherung; **lapsed p.** ab-
gelaufene/verfallene (Versicherungs-)
Police; **limited p.** Police/Versicherung
mit beschränktem Risiko; **marine p.**
Seetransport-, Seeversicherungspoli-
ce *f*; **mixed p.** kombinierte Police;
monetary p. Geld(mengen)politik *f*;
tight(er) ~ p. Politik des knappen
Geldes; **non-participating p.** Police/
Versicherung ohne Gewinnbeteiligung; **open p.** Police ohne Wertangabe; **open-market p.** Offenmarktpoli-
tik *f*; **original p.** Hauptpolice *f*; **(fully)
paid-up p.** beitragsfreie/prämienfreie
Versicherung; **participating p.** Versicherung mit Gewinnbeteiligung;
regional p. Regionalpolitik *f*; **registered p.** Namenspolice *f*; **regulatory p.**
Ordnungspolitik *f*; **restrictive p.** Re-
striktionskurs *m*; **short-term p.** Kurz-
police *f*; **standard p.** Einheitsversiche-
rung *f*, E.police *f*; **stop-go p.** Schau-
kelpolitik *f*; **structural p.** Strukturpo-
litik *f*; **supplementary p.** Zusatz-,
Nachtrags-, Ergänzungspolice *f*;
third-party (risks) p. Haftpflichtversicherung *f*; **unlimited p.** Generalpolice *f*; **unvalued p.** Police ohne Wertangabe; **valued p.** Police mit Wertangabe; **with-profits p.** Versicherung mit
Gewinn-/Überschußbeteiligung
policy benefit Versicherungsleistung *f*;
p. dividend *(Vers.)* Gewinnanteil *m*; **p.
endorsement** Versicherungsnach-
trag *m*; **p. exception/exclusion** Risikoausschluß *m*; **p.holder** *n* Versicherter *m*, Versicherungsnehmer *m*; **p.**

limit Garantie-, Haftungshöchstbetrag *m*; **p. loan** Policenbeleihung *f*, Versicherungsdarlehen *nt*; **p. number** Policennummer *f*, Nummer des Versicherungsscheins; **p. period** Laufzeit der Police/Versicherung; **p. provisions** Versicherungsbestimmungen; **p. renewal** Versicherungsverlängerung *f*; **(total) p. value** Deckungssumme *f*, Versicherungswert *m*; **p. year** Versicherungsjahr *nt*

poll *n* (Meinungs)Umfrage *f*, Befragung *f*; Wahl *f*; **p. of business enterprises** Unternehmensbefragung *f*; **p. tax** Kommunal-, Kopfsteuer *f*

pollutant *n* Schad-, Schmutzstoff *m*; **industrial p.** Industrieemission *f*

pollut|e *v/t (Umwelt)* belasten, verschmutzen; **p.er** *n* Umweltsünder *m*, U.verschmutzer *m*, Verursacher *m*; **p.er-pays principle** Verursacherprinzip *nt*; **p.ing** *adj* umweltfeindlich

(environmental) pollution *n* (Umwelt)Verschmutzung *f*, Verseuchung *f*, Belastung *f*; **marine p.** Meeresverschmutzung *f*; **p. control(s)** Immissions-, Umweltschutz *m*

pool *n* Interessengemeinschaft *f*, Kartell *nt*; gemeinsamer Fonds; **p. of savings** Spareinlagen; **secretarial p.** Schreibzimmer *nt*; *v/t* zusammenfassen; gemeinsam einsetzen; Kartell bilden

pooling *n* Zusammenschluß *m*; **p. of interests** Interessenvereinigung *f*; ~ **profits** Gewinnteilung *f*; ~ **risks** Risikostreuung *f*, R.verteilung *f*

pool selling Kartellvertrieb *m*

pop and mom store *n (coll) [US]* Tante-Emma-Laden *m (coll)*, kleiner Familienbetrieb

populated *adj* bevölkert; **densely p.** dicht bevölkert/besiedelt, bevölkerungsreich; **sparsely/thinly p.** dünn besiedelt, bevölkerungsarm

population *n* Bevölkerung *f*, Einwohner *pl*; 🕮 Grundgesamtheit *f*, (statistische) Masse *f*; **gainfully employed p.** Gesamtzahl der Erwerbstätigen; **working p.** Erwerbsbevölkerung *f*, die Erwerbstätigen

port *n* Hafen *m*

port of arrival Ankunfts-, Zielhafen *m*; ~ **call** Anlaufhafen *m*; ~ **clearance** ⊖ Abfertigungs-, Verzollungshafen *m*; ~ **departure** Abgangshafen *m*; ~ **destination** Bestimmungs-, Zielhafen *m*; ~ **discharge** Löschhafen *m*; ~ **dispatch** Verschiffungshafen *m*; ~ **entry/importation** Eingangs-, Einfuhrhafen *m*; ~ **exit/export(ation)** Ausfuhrhafen *m*; ~ **lading/loading/shipment** (Ver)Ladehafen *m*; ~ **register/registration** Register-, Heimathafen *m*; ~ **trans(s)hipment** Umlade-, Umschlaghafen *m*

bonded port ⊖ Hafen mit Zollager; **free p.** ⊖ (Zoll)Freihafen *m*; ~ **processing trade** Freihafen-, Vered(e)lungsverkehr *m*; **inland p.** Binnenhafen *m*

portage *n* Beförderung *f*; Rollgeld *nt*

port agent Hafenvertreter *m*; **p. authority** Hafenverwaltung *f*, H.behörde *f*; **p. bill of lading** Hafenkonnossement *nt*; **p. charges/dues (PD)** Hafengebühren; **p. facilities** Hafenanlagen

portfolio *n* (Aktien-/Effekten-/Wertpapier)Besitz *m*, Depot *nt*; (Rück)Versicherungsbestand *m*; **p. of orders** Auftragsbestand *m*; ~ **securities** Wertpapierbestand *m*

portfolio analysis Fundamentalanalyse *f*; **p. buying** *(Börse)* Anlegerkäufe *pl*; **p. change** Bestandsveränderung *f*; **p. holdings** Depotbestand *m*; **p. investment(s)** Aktien-, Wertpapieranlagen *pl*; **p. management** Vermögens-, Wertpapierverwaltung *f*, Anlageberatung *f*; **p. manager** Depot-, Effektenverwalter *m*; **p. switch(ing)** Portefeuilleumschichtung *f*

port handling facilities Hafenumschlagseinrichtungen

portion *n* Portion *f*, (An)Teil *m*; **p. out** *v/t* auf-, verteilen

position *n* Position *f*, Stelle *f*, Platz *m*, Stand(ort) *m*; Arbeitsplatz *m*; **p. of trust** Vertrauensstellung *f*; **to advertise a p.** Stelle ausschreiben; **to apply for a p.** sich um eine Stelle bewerben; **to hold a p.** Position/Stellung bekleiden; **to liquidate/square a (speculative) p.** *(Börse)* Engagement lösen, (sich) glattstellen

competitive position Wettbewerbslage *f*, Konkurrenzfähigkeit *f*; **execu-
tive/managerial p.** leitende Stellung,
Führungsposition *f*; **financial p.** Fi-
nanz-, Vermögenslage *f*; **sound ~ p.**
geordnete Finanz- und Kapitalverhältnisse; **forward p.** Terminengage-
ment *nt*; **leading p.** Spitzenstellung *f*;
legal p. Rechtslage *f*; **long p.** *(Börse)*
Hausseposition *f*; **permanent p.**
Dauerstellung *f*, feste Stellung; **short
p.** *(Börse)* Baisseengagement *nt*; **vacant p.** freie/offene Stelle
positioning *n* (Anzeigen)Plazierung *f*
possess *v/t* besitzen, (inne)haben
possession *n* Besitz(tum) *m/nt*, Eigentum *nt*; Inbesitznahme *f*; **p.s** Habe *f*;
to acquire p.s Besitz erwerben; **to
claim p.** Herausgabe verlangen; **to
take p. (of)** Besitz antreten; **adverse
p.** Ersitzung *f*; **lawful p.** rechtmäßiger
Besitz; **vacant p.** bezugsfertiges Objekt; *(Anzeige)* sofort beziehbar, be-
zugsfertig
possessor *n* Besitzer *m*, Inhaber *m*
post *n* ⊠ Post(amt) *f/nt*; Postsen-
dung(en) *f/pl*; Position *f*, Stelle *f*, Posten *m*; Buch(ungs)posten *m*; **p. paid
(p.p.)** ⊠ franko, Gebühr bezahlt; **to
fill a p.** Stelle besetzen; **to send by p.**
mit der Post schicken; **established/per-
manent p.** Planstelle *f*; **by registered p.**
⊠ per Einschreiben; **by the same p.**
mit gleicher Post; **by separate p.** mit
getrennter Post
post *v/t* ⊠ aufgeben, versenden, ver-
schicken, einliefern; *(Personal)* versetzen; (öffentlich) bekanntgeben;
(Kostenrechnung) (ver)buchen
postage *n* ⊠ Porto *nt*; **p. and packing**
Porto und Verpackung; **excess p.**
Nachporto *nt*; **p. free** portofrei, franko; **p. included** einschließlich Porto;
p. paid (p.p.) (porto-/post)frei, franko;
p. prepaid (ppd) Porto im voraus bezahlt; **p. stamp** Frei-, Briefmarke *f*,
Postwertzeichen *nt*
postal *adj* postalisch, postamtlich
post|bag *n* Postsack *m*, P.beutel *m*;
p.box *n* Brief-, Postkasten *m*; **p.code** *n*
Postleitzahl (PLZ) *f*; **p.date** *v/t* nach-,
rückdatieren

poster *n* Plakat *nt*; **p. advertising** Plakatwerbung *f*
poste restante *[frz.]* postlagernd
post free franko, portofrei; **p.gradu-
ate** *n* Hochschulabsolvent *m*; **p.ing** *n*
⊠ Brief-, (Post)Aufgabe *f*, Einliefe-
rung *f*; *(Personal)* Versetzung *f*;
p.mark *n* Brief-, Poststempel *m*
post office Postamt *nt*; **general p. o.
(GPO)** Hauptpost(amt) *f/nt*; **p. o.
(giro) account** Postscheckkonto *nt*; **~
box (P.O.B.; P.O. Box)** Postfach *nt*,
(Post)Schließfach *nt*; **~ savings account** *[GB]* Postsparkonto *nt*; **~ savings bank** Postsparkasse *f*
post|-paid (p.p.) *adj* portofrei; **p.pone**
v/t auf-, hinausschieben; **p.ponement** *n*
Terminverlegung *f*, T.verschiebung *f*,
Vertagung *f*; **p.script (P.S.)** *n* Nach-
schrift *f*, N.wort *nt*; **p.-tax** *adj* Nach-
steuer-, nach Steuern
potential *n* Potential *nt*, Leistungsvermögen *nt*; **economic p.** Wirtschaftspotential *nt*; **industrial p.** Industriepoten-
tial *nt*
poultry *n* Geflügel *nt*; **p. farming** Ge-
flügelzucht *f*
poundage *n* ⊖ Gewichtszoll *m*
poverty *n* Not *f*, Armut *f*; **p. trap** Ar-
mutsfalle *f*
pre|qualification *n* Eignungs-, Lei-
stungsnachweis *m*; **p.scription** *n* ⑤ Ersitzung *f*, Verjährung *f*; $ Rezept *nt*;
p.select *v/t* Vorauswahl treffen
presentation *n* Darbietung *f*, Präsentation *f*, Aufmachung *f*; Darstellung *f*,
Darlegung *f*; Vorlage *f*; **p. for acceptance** Einreichen/Vorlage zum Akzept;
p. of a check *[US]***/cheque** *[GB]*
Scheckeinreichung *f*; **p. for collection**
Vorlage zum Inkasso; **p. of goods** Wa-
renausstattung *f*; **p. pack** Geschenk-
packung *f*
presenter *n* *(Scheck/Wechsel)* Überbringer *m*, Einreicher *m*
preservation *n* (Be)Wahrung *f*; Konservierung *f*; **p. of the environment** Umweltschutz *m*; **~ jobs** Arbeitsplatzer-
haltung *f*
presi|dency *n* Vorsitz *m*, Präsident-
schaft *f*; **p.dent** *n* Präsident *m*, (Auf-
sichtsrats- / Vorstands- / Verwaltungs-

rats)Vorsitzender *m*
press *n* Presse(wesen) *f/nt*, Zeitungswesen *nt*; **financial p.** Wirtschaftspresse *f*; **p. advertisement** Zeitungsanzeige *f*; **p. advertising** Anzeigenwerbung *f*; **p. briefing** Pressekonferenz *f*; **p. release** Pressemitteilung *f*; **p. report** Pressebericht *m*, Zeitungsmeldung *f*
pressure *n* Druck *m*, Belastung *f*
pressure of business Geschäftsandrang *m*; ~ **demand** Nachfragedruck *m*; ~ **inflation** Inflationsdruck *m*; ~ **interest rates** Zinsdruck *m*; **p. on liquidity** Liquiditätsanspannung *f*; ~ **prices** Preisdruck *m*; **p. of taxation** Steuerlast *f*; ~ **work** Arbeitsüberlastung *f*
competitive pressure Konkurrenz-, Wettbewerbsdruck *m*; **cost-push p.** Kostendruck *m*; **inflationary p.** Inflationsdruck *m*; **upward p.** Auftrieb(stendenz) *m/f*
pressure group Interessengemeinschaft *f*, I.verband *m*
prestige *n* Prestige *nt*, Ansehen *nt*; **p. advertising** Sympathiewerbung *f*; **p. goods** Luxusgüter, L.ware(n) *f/pl*
price *n* Preis(angabe) *m/f*; (Börsen)Kurs *m*, Notierung *f*; **p. of the credit** Kreditzins *m*; **p. per item** Stückpreis *m*; **p. of money** Kapitalmarktzins(en) *m/pl*
price|s subject to change without notice; p.s without engagement Preise freibleibend, Preisänderungen vorbehalten, unverbindliches Preisangebot; **p. ex factory/mill/works** Fabrik(abgabe)preis *m*, Preis ab Werk; **p.s inclusive of postage and packaging** Preis einschließlich Porto und Verpackung; **p. inclusive of V.A.T.** Preis einschließlich Mehrwertsteuer (MWSt)
adjusted for price|(s) preisbereinigt; **not affecting p.s** preisneutral; **p. negotiable** Preis Verhandlungssache
to adjust price|s Preise angleichen/anpassen; **to agree upon a p.** Preis vereinbaren; **to bring p.s down** Preise/Kurse drücken; **to charge a p.** Preis berechnen; **to cut/mark down the p.** Preis senken; **to fetch a p.** Preis erzielen; **to fix a p.** Preis/Kurs festsetzen; **to increase/**

mark up/raise the p. Preis erhöhen/heraufsetzen/verteuern; **to quote a p.** Preisangebot machen; **to support a p.** Kurs/Preis stützen
administered price amtlich festgesetzter Preis; **all-in(clusive) p.** Gesamt-, Pauschalpreis *m*; **asked p.** geforderter Preis; (*Börse*) Briefkurs *m*; **asking p.** Angebotspreis *m*, geforderter Preis, Preiserwartung *f*, P.forderung *f*; **average p.** Durchschnittspreis *m*, Mischkurs *m*; **basic p.** Grundpreis *m*; **closing p.** Schlußnotierung *f*; **competitive p.** konkurrenzfähiger Preis; **controlled p.** gebundener Preis; **current p.** Markt-, Tagespreis *m*; **cutthroat p.** Kampfpreis *m*; **ex-farm p.** Preis ab Hof; **ex-works p.** Preis ab Werk; **exorbitant p.** überhöhter Preis; **ex-warehouse p.** Preis ab Lager; **fair p.** marktgerechter Preis; **falling p.s** rückläufige Preise/Kurse; **fixed p.** Festpreis *m*; **flat p.** Pauschal-, Einheitspreis *m*; **forward p.** Terminkurs *m*; **free-at-frontier p.** Preis frei Grenze; **frozen p.** eingefrorener Preis; **going p.** Marktpreis *m*; **gross p.** Bruttopreis *m*; **guaranteed p.** garantierter Preis; **inclusive p.** Pauschalpreis *m*; **industrial p.s** Preise für Industrieerzeugnisse; **invoiced p.** in Rechnung gestellter Preis, Rechnungspreis *m*; **keen p.** scharf kalkulierter Preis; **knockdown p.** Schleuderpreis *m*; **maximum p.** Höchstkurs *m*, H.preis *m*; **minimum p.** Mindestkurs *m*, M.preis *m*; **net p.** Nettopreis *m*; **nominal p.** Nominalpreis *m*; **offered p.** gebotener Preis; (*Börse*) Geldkurs *m*; **official p.** amtlicher Preis; (*Börse*) amtliche Notierung/Notiz *f*; **off-the-board p.** Freiverkehrskurs *m*, außerbörslicher Kurs; **pegged p.** gestützter Preis; **posted p.** ausgezeichneter Preis, Listenpreis *m*; **at present p.s** beim heutigen Preisniveau; **quoted p.** angegebener Preis, Angebotspreis *m*; (*Börse*) Kursnotierung *f*; **recommended p.** (unverbindliche) Preisempfehlung *f*, empfohlener Preis; **ruling p.** gegenwärtiger/geltender (Markt)Preis; **seasonal p.** saisonbedingter Preis; **soaring p.** (*Börse*)

haussierender Kurs; **stable/steady p.s** Preisstabilität *f*; **standard p.** Einheits-, Richtpreis *m*; **subject p.** freibleibender/unverbindlicher Preis, Preis freibleibend; **weak p.** gedrückter Preis/ Kurs

price (out) *v/t* mit einem Preis auszeichnen

price|-adjusted *adj* preisbereinigt; **p. adjustment** Preisanpassung *f*, P.korrektur *f*; **p. advance** Preisanstieg *m*; **p. agreement** Preisabsprache *f*; **p. bracket/category** Preisklasse *f*; **p. ceiling** Preisobergrenze *f*; **p. chart** Kursdiagramm *nt*; **p. comparison** Preisvergleich *m*; **p. competition** Preiswettbewerb *m*; **p.-competitive** *adj* preiswürdig; **p. concession** Preiszugeständnis *nt*; **p. control(s)** Preisbewirtschaftung *f*, P.kontrolle *f*; **p.s current** Preisliste *f*; **p. cut** Preissenkung *f*, P.nachlaß *m*; **p. differential** Preisgefälle *nt*; Kursdifferenz *f*

price elasticity Preiselastizität *f*; **~ of demand** Nachfrageelastizität *f*; **~ supply** Angebotselastizität *f*

price|-fixing *n* Preisabsprache *f*, P.bindung *f*; **p. formation** Preisbildung *f*; **p. guarantee** Preisgarantie *f*; **p. guideline** Preisrichtlinie *f*; **p. increase** Preisanstieg *m*, P.erhöhung *f*; Kursanstieg *m*; **to pass on p. increases** Preiserhöhungen weiterwälzen; **p. index** Preisindex *m*; Kursindex *m*; **p. level** Preishöhe *f*, P.niveau *nt*; **p. limit** Preisbegrenzung *f*; (Kurs)Limit *nt*; **p. list** Preisliste *f*, P.verzeichnis *nt*; Kurszettel *m*; **p. maintenance** Preisbindung *f*; **p. margin** Preisspanne *f*; **p. mark-down** Preissenkung *f*; **p. mark-up** Preisanhebung *f*; **p. movement** Kursentwicklung *f*; Preisentwicklung *f*; **p. policy** Preispolitik *f*; **p.s and incomes policy** Lohn- und Preispolitik *f*; **p. quotation** (Preis-/Kurs)Notierung *f*; **p. range** Preisspielraum *m*; **p. reduction** Preisnachlaß *m*, P.senkung *f*; **p. rigging** Preisabsprache *f*; **p. ring** Preiskartell *nt*; **p. rise** Preisanstieg *m*, P.erhöhung *f*; **p.(s) spiral** Preisspirale *f*; **p. spread** Preisspanne *f*; **p. stability** Preisstabilität *f*; **p.**

structure Preisgefüge *nt*; **p. support** Markt-, Kursstützung *f*; **p. tag/ticket** Preisschild *nt*; **p. trend** Preisentwicklung *f*, P.tendenz *f*; Kursentwicklung *f*; **p. volatility** Preisausschläge *pl*, P.schwankung *f*

pricing *n* Preisfestsetzung *f*, P.kalkulation *f*, P.politik *f*; **cost-plus p.** Aufschlagskalkulation *f*; **full-cost p.** Vollkostenkalkulation *f*; **mark-up p.** Spannenkalkulation *f*; **predatory p.** aggressive Preisgestaltung; **p. agreement** Preisabsprache *f*; **p. policy** Gebühren-, Preispolitik *f*

principal *n* Vorgesetzter *m*, Chef *m*; Geschäftsinhaber *m*; Auftraggeber *m*; ⌂ Bauträger *m*; Kredit-, Kapitalsumme *f*; **p. and agent** Auftraggeber und A.nehmer; **~ charges** Kapital und Spesen; **~ interest** Kapital und Zinsen; **to act as ~ agent** [§] mit sich selbst kontrahieren

principle *n* Grundsatz *m*, Prinzip *nt*; **p. of balance sheet consistency** Bilanzkontinuität *f*; **~ making the polluter pay** Verursacherprinzip *nt*; **~ prudence** Bilanzierungsgrundsatz der kaufmännischen Vorsicht; **~ taxation** Steuerprinzip *nt*; **commercial p.s** kaufmännische Gesichtspunkte; **cost-plus p.** Lohnaufwandsprinzip *nt*; **guiding p.** Richtlinie *f*

print *n* Druck(schrift) *m/f*; **fine** *[US]*/ **small** *[GB]* **p.** Kleingedrucktes *nt*

printer *n* Drucker *m*; **p. and publisher** Drucker und Verleger

printing *n* Druck(legung) *m/f*; Druckereigewerbe *nt*; Auflage(nhöhe) *f*; **p. and allied trades** graphische Berufe; **p. industry** Druckindustrie *f*; **p. plant** Druckerei(betrieb) *f/m*; **p. shop** Druckerei *f*; **p. trade** graphisches Gewerbe

print run (Druck)Auflage *f*

priority *n* (Vor)Rang *m*, Rangfolge *f*; *adj* Vorzugs-; **p. of a claim** Vorrang eines Anspruchs; **~ creditors** Gläubigervorrang *m*; **~ a debt** Rang einer Forderung; **overriding p.** höchste Dringlichkeit; **p. claim** Prioritätsanspruch *m*; **p. debt** bevorrechtigte (Konkurs)Forderung; **p. entry** Rangvermerk *m*; **p. holder** Bevorrechtigter *m*; **p. rating** Dringlichkeitsstufe *f*; **p. share** *[GB]*/**stock** *[US]* Vorzugsaktie *f*

private *adj* privat, persönlich; **p. and confidential** streng vertraulich

privatiz|ation *n* Privatisierung *f*, Entstaatlichung *f*; **p.e** *v/t* privatisieren, entstaatlichen

privilege *n* Privileg *nt*, Nutzungs-, Vorrecht *nt*; **note-issuing p.** Notenausgabeprivileg *nt*

prize *n* Auszeichnung *f*, Preis *m*; **to award a p.** Preis verleihen; **p. bond** Prämien-, Losanleihe *f*; **p. draw** (Gewinn)Auslosung *f*, Lotterie *f*; **p. winner** Preisträger *m*

probability *n* Wahrscheinlichkeit *f*; **p. of loss** *(Vers.)* Schadens(eintritts)wahrscheinlichkeit *f*

probate *n* [§] (gerichtliche) Testamentsbestätigung *f*, Erbschein *m*; **p. of a will** Testamentseröffnung *f*; **p. court** Nachlaßgericht *nt*

probation *n* Probezeit *f*; **to engage on p.** auf Probe einstellen; **p.er** *n* Anwärter *m*, Angestellter auf Probe; **p. period** Probezeit *f*

problem *n* Problem *nt*, Schwierigkeit *f*; **p. definition/identification** Problembeschreibung *f*

procedure *n* Verfahren *nt*; **appellate p.** [§] Berufungs-, Revisionsverfahren *nt*; **arbitral p.** Schiedsverfahren *nt*; **contract-awarding p.** Vergabeverfahren *nt*; **operational p.** Betriebsablauf *m*

proceed *v/i* verfahren; vorgehen

proceedings *n* Beratung(en) *f/pl*; [§] Prozeß *m*; **to commence/institute (legal) p.** gerichtliche Schritte unternehmen, Verfahren einleiten/anhängig machen, Prozeß anstrengen; **to stay p.** Verfahren aussetzen, Prozeß unterbrechen; **to waive p.** auf ein Verfahren verzichten; **appellate p.** Berufungs-, Revisionsverfahren *nt*; **arbitral p.** Schieds(gerichts)verfahren *nt*; **disciplinary p.** Disziplinarverfahren *nt*; **legal p.** Rechtsweg *m*

proceeds *n* Erlös *m*, Einnahme(n) *f/pl*; **p. of sale** Verkaufserlös *m*;

gross p. Bruttoerlös *m*, Rohertrag *m*; **net p.** Nettoerlös *m*, N.ertrag *m*

process *n* Verfahren *nt*, Prozeß *m*; **economic p.** Wirtschaftsablauf *m*, W.kreislauf *m*; **industrial p.** industrielles Verfahren; **macroeconomic p.es** gesamtwirtschaftliche Abläufe; *v/t* bearbeiten, (weiter)verarbeiten, veredeln; abfertigen, handhaben

process average [🏭] durchschnittliche Fertigungsqualität; **~ defective** durchschnittlicher Fehleranteil; **p. control** Fertigungssteuerung *f*; **p. cost(s)** Produktionskosten *pl*; **p. costing** Stückkostenrechnung für Massenfertigung; **p. engineer** Verfahrenstechniker *m*; **p. engineering** Verfahrenstechnik *f*; **p. goods** ⊖ unveredelte Waren

processing *n* [🏭] (Weiter)Verarbeitung *f*, Vered(e)lung *f*; Abfertigung *f*, Handhabung *f*; **p. of claims** Schadensbearbeitung *f*; **p. (carried out) under contract** (Auftrags-/Werk)Lohnverfahren *nt*; **p. of a credit application** Kreditbearbeitung *f*; **~ dutiable goods** ⊖ Zollgutvered(e)lung *f*; **distributed p.** dezentrale Verarbeitung; **further p.** Weiterverarbeitung *f*; **outward p.** ⊖ passive Vered(e)lung, passiver Vered(e)lungsverkehr

processing costs Bearbeitungs-, Verarbeitungskosten *pl*; **p. fee** Bearbeitungsgebühr *f*; **p. industry** Verarbeitungs-, Vered(e)lungsindustrie *f*; **p. plant** Verarbeitungsbetrieb *m*; **p. time** Bearbeitungsdauer *f*, Verarbeitungszeit *f*; **p. trade/traffic** Vered(e)lungsverkehr *m*; **(central) p. unit (CPU)** [🖥] Zentralrechner *m*

processor *n* (Weiter)Verarbeiter *m*; [🖥] Rechner *m*

process organisation Ablauforganisation *f*; **p. planning** Arbeits-, Produktionsvorbereitung *f*; **p. plant** Verarbeitungsbetrieb *m*, Produktionsstätte *f*; **p. time** Bearbeitungszeit *f*

procuration *n* (Handlungs)Vollmacht *f*, Prokura *f*; **by/per p. (p.p.)** per Prokura (ppa); **p. fee** Kreditprovision *f*, Vermittlungsgebühr *f*

procure *v/t* beschaffen, disponieren, be-

ziehen; *(Geld)* aufbringen
procurement *n* Beschaffung(swesen) *f/nt*; **p. of capital** Kapitalbeschaffung *f*; ~ **credit** Kreditbeschaffung *f*; ~ **materials** Materialbeschaffung *f*; **external p.** Fremdbezug *m*; **public p.** öffentliche Auftragsvergabe, öffentliches Beschaffungswesen; **p. agency** Beschaffungsstelle *f*; **p. cost(s)** Beschaffungskosten; **p. fee** *(Kredit)* Bereitstellungsgebühr *f*; **p. manager** Leiter der Beschaffungsabteilung, Disponent *m*
procyclical *adj* prozyklisch, zyklusverstärkend
produce *n* ⚶ landwirtschaftliches Erzeugnis/Produkt; **dairy p.** Milch-, Molkereiprodukte; **fresh p.** Frischwaren; *v/t* herstellen, produzieren, erzeugen; *(Dokument)* vorlegen; *(Gewinn)* erzielen, erwirtschaften; **p. exchange** Produkten-, Warenbörse *f*
producer *n* Hersteller(firma) *m/f*, Produzent *m*; ⚶ Erzeuger *m*; **p.s' association** Erzeugergemeinschaft *f*; **p.'s brand** Fabrikmarke *f*; **p.s' cooperative** Produktionsgenossenschaft *f*; **p. country** Erzeugerland *nt*; **p. goods** Investitions-, Produktionsgüter; **p.'s liability** Produzentenhaftung *f*; **p.(s') price** Erzeugerpreis *m*
produce trade ⚶ Produktenhandel *m*
product *n* Produkt *nt*, Ware *f*, Erzeugnis *nt*; **to launch a p.** Produkt/Ware auf den Markt bringen; **to market a p.** Erzeugnis absetzen; **agricultural p.** Agrarerzeugnis *nt*, landwirtschaftliches Erzeugnis; **branded p.** Markenartikel *m*; **competing p.** Konkurrenzartikel *m*
domestic product einheimisches Erzeugnis/Fabrikat; **gross ~ p. (gdp)** *(VWL)* Bruttoinlandsprodukt (BIP) *nt*; **gross ~ p. at factor cost** Bruttoinlandsprodukt zu Faktorkosten; **net ~ p.** Nettoinlandsprodukt *nt*
durable product langlebiges Erzeugnis; **finished p.** Fertigerzeugnis *nt*; ~ **p.s** Fertigwaren; **foreign p.** ausländisches Fabrikat/Erzeugnis; **generic p.s** weiße Ware; $ Generika; **half-finished p.s** Halbfabrikat *nt*; **high-quality p.** Quali-

tätserzeugnis *nt*; **high-volume p.** Umsatzrenner *m (coll)*, Massenartikel *m*; **home-produced p.** Inlandsware *f*; **industrial/manufactured p.** Industrieerzeugnis *nt*, I.produkt *nt*, gewerbliches Erzeugnis; **national p.** *(VWL)* Sozialprodukt *nt*; *(EG)* einheimisches Erzeugnis; **gross ~ p. (gnp)** Bruttosozialprodukt (BSP) *nt*; **net p.** Wertschöpfung *f*; **no-name p.** weiße Ware; **overseas p.** Auslandserzeugnis *nt*; **own (-brand) p.** Eigenmarke(nartikel) *f/m*; **primary p.** Ausgangserzeugnis *nt*, Vorprodukt *nt*, Grund-, Rohstoff *m*; **processed p.** Vered(e)lungserzeugnis *nt*; **seasonal p.** Saisonartikel *m*; **semi-finished p.** Halbfabrikat *nt*; ~ **p.s** Halbzeug *nt*; **tailor-made p.** Spezialanfertigung *f*; **unfinished p.s** unfertige Erzeugnisse
product advertising Produktwerbung *f*; **p. cost** Produktkosten *pl*; **p. costing** Stückkostenrechnung *f*; **p. design** Produktgestaltung *f*; **p. development** Produktentwicklung *f*; **p. engineering** Fertigungstechnik *f*; **p. group** Artikelgruppe *f*
production *n* Herstellung *f*, Fertigung *f*, Produktion *f*; ⚒ Förderung *f*; Vorlage *f*; **p. of goods and services** Leistungserstellung *f*; **p. for inventory/stock** Vorratsproduktion *f*, Lagerfertigung *f*; **p. to order/specification** Auftragsproduktion *f*, Stückfertigung *f*; **to discontinue p.** Fertigung/Produktion einstellen; **to go into p.** Produktion aufnehmen; **to halt p.** Produktion (zeitweilig) stillegen; **to step up p.** Produktion ausweiten
agricultural production landwirtschaftliche Erzeugung; **commercial p.** großtechnische Fertigung; **continuous/conveyor-belt/serial p.** Fließ(band)fertigung *f*; **customized/job-order/made-to-order p.** Auftragsfertigung *f*; **diversified p.** reichhaltiges Produktionsprogramm; **excess p.** Überproduktion *f*; **industrial p.** Industrieproduktion *f*; **joint p.** Verbundfertigung *f*; **large-scale/mass p.** Massen-, Serienfertigung *f*; **lean p.** schlanke Fertigung; **made-to-stock p.** Vorratsprodukti-

on *f*; **own p.** Eigenfertigung *f*, E.herstellung *f*; **primary p.** Rohstoffgewinnung *f*; **stockless p.** lagerlose Fertigung; **surplus p.** Über(schuß)produktion *f*; **wage-band p.** Lohnfertigung *f*
production area ⚓ Anbaugebiet *nt*; **p. batch** (Fertigungs)Los *nt*; **p. bonus** Leistungsprämie *f*; **p. capacity** Produktions-, Fertigungskapazität *f*, Leistungspotential *nt*; **p. cost(s)** Erzeuger-, Fertigungskosten *pl*; **p. engineer** Betriebsingenieur *m*; **p. engineering** Fertigungstechnik *f*; **p. facility** Produktions-, Fertigungsstätte *f*, Werk *nt*; **p. factor** Produktionsfaktor *m*; **p. flow** Produktionsablauf *m*; **p. line** Fließ-, Montageband *nt*; **p. lot** Fertigungslos *nt*; **p. management** Fertigungsplanung und -steuerung *f*; **p. manager** Produktions-, Betriebsleiter *m*; **p. method** Herstellungsverfahren *nt*, Fertigungstechnik *f*; **p. order** Produktionsauftrag *m*; **p. overheads** Fabrikations-, Fertigungsgemeinkosten; **p. period** Fertigungs-, Produktionsdauer *f*; **p. planning** Fertigungs-, Produktionsplanung *f*; **p. plant** Produktions-, Fertigungsstätte *f*; **p. process** Herstellungs-, Produktionsverfahren *nt*; **p. range** Fertigungsprogramm *nt*; **p. run** (Fertigungs)Serie *f*, Stückzahl *f*; **p. schedule** Arbeits-, Fertigungs-, Produktionsprogramm *nt*; **p. sequence** Produktionsablauf *m*; **p. shortfall** Produktionsausfall *m*; **p. stage** Verarbeitungsstufe *f*; **p. start-up** Produktionsanlauf *m*, P.beginn *m*; **p. target** Produktionsziel *nt*, Leistungssoll *nt*; **p. technology** Fertigungstechnik *f*; **p. time** Fertigungs-, Herstellungzeit *f*; **p. unit** Produktionsanlage *f*; **p. volume** Fertigungsvolumen *nt*, Ausbringungsmenge *f*; **p. worker** Industriearbeiter *m*
productive *adj* erzeugend, produzierend; ergiebig, produktiv
productivity *n* Produktivität *f*, Rentabilität *f*; **marginal p.** Grenzproduktivität *f*; ~ **of capital** Grenzproduktivität des Kapitals; ~ **of labour** Grenzproduktivität der Arbeit; **per-capita p.** Arbeitsproduktivität *f*; **p. gain** Pro-

duktivitätsfortschritt *m*; **p. growth/increase** Produktivitätsanstieg *m*
product launch Produkteinführung *f*; **p. liability** Produzenten-, Produkthaftung *f*; **p. life** Produktleben(sdauer) *nt/f*; **p. line** Artikel-, Warengruppe *f*; **p. manager** Markenbetreuer *m*; **p. mix** (Fertigungs)Sortiment *nt*; **p. number** Artikelnummer *f*; **p. placement** Schleichwerbung *f*; **p. planning** Produktplanung *f*
product range Sortiment *nt*, Produktpalette *f*; **streamlined p. r.** straffes Sortiment; **p. r. simplification** Sortimentsbereinigung *f*
product test Warentest; **p. unit costing** Stück(kosten)kalkulation *f*
profession *n* Beruf *m*, freiberufliche Tätigkeit, Berufsstand *m*; **p.al** *n* Fachmann *m*; *adj* fachmännisch, sachverständig; (frei)beruflich
proficien|cy *n* Fertigkeit *f*, Tüchtigkeit *f*; **p.t** *adj* sachkundig
profit *n* (Geschäfts)Gewinn *m*, Ertrag *m*, Rendite *f*; **at a p.** mit Gewinn; **p. retained in the business** einbehaltener/thesaurierter Gewinn
profit and loss Gewinn und Verlust; ~ **account/statement** Gewinn- und Verlustrechnung (GuV) *f*, Erfolgsbilanz *f*; **consolidated ~ account/statement** konsolidierte Gewinn- und Verlustrechnung, Konzerngewinn- und Verlustrechnung *f*; ~ **pooling** Gewinngemeinschaft *f*
profit or loss *(Gewinn- und Verlustrechnung)* Erfolg *m*
profit due to minority shareholders Gewinn(anteil) der Minderheitsaktionäre; **p. from operations** Betriebsgewinn *m*; **p. on sales** Umsatzrendite *f*; **p. after taxation** Gewinn nach (Abzug der) Steuern, versteuerter Gewinn; **p. before taxation** Gewinn vor (Abzug der) Steuern, unversteuerter Gewinn; **p. for the year** Jahresgewinn *m*
to capitalize profit|s Gewinne aktivieren; **to erode p.s** Gewinn schmälern; **to operate at a p.** mit Gewinn arbeiten, Gewinn erzielen; **to plough back p.s** *(fig)* Gewinne reinvestieren; **to post/ show a p.** Gewinn ausweisen; **to run/**

trade at a p. mit Gewinn betreiben/arbeiten; **to yield a p.** Gewinn abwerfen **accumulated profit** thesaurierter/nicht ausgeschütteter Gewinn; **after-tax p.** Nachsteuergewinn m; **consolidated p.(s)** Konzernergebnis nt; **corporate p.(s)** Unternehmensgewinn m; **declared p.** Bilanzgewinn m, ausgewiesener Gewinn; **distributable p.** ausschüttungsfähiger Gewinn; **entrepreneurial p.** Unternehmerlohn m; **gross p.** Bruttogewinn m, Rohertrag m; **imputed p.** kalkulatorischer Gewinn; **net p.** Bilanz-, Netto-, Reingewinn m; **pre-tax p.(s)** Vorsteuergewinn m; **retained p.(s)** einbehaltener/thesaurierter Gewinn; **speculative p.(s)** Spekulationsgewinn m; **taxable p.** zu versteuernder Gewinn; **undistributed p.** einbehaltener Gewinn

profitability n Rentabilität f, Wirtschaftlichkeit f, Ertragskraft f; **to achieve p.** rentabel werden; **to return to p.** wieder mit Gewinn arbeiten; **p. calculation/estimate** Rentabilitäts-, Wirtschaftlichkeitsrechnung f; **p. ratio** Renditekennziffer f, Rentabilitätsgröße f; **p. study** Rentabilitäts-, Wirtschaftlichkeitsstudie f

profitable adj rentabel, rentierlich, gewinnbringend, ertragsstark

profit appropriation Gewinnverwendung f; ~ **statement** Gewinnverwendungsbilanz f; **p. centre** (Geschäfts)Bereich mit Gewinnverantwortung; ~ **accounting** Abteilungserfolgsrechnung f; **p. contribution** Deckungsbeitrag m; **p. distribution** Gewinnausschüttung f, Erfolgs-, Gewinnverwendung f; **p.-earning** adj rentabel, gewinnbringend

profiteer n (pej.) Geschäftemacher m, Schieber m (pej.); **p.ing** n (pej.) Preistreiberei f, (Preis)Wucher m

profit erosion Gewinnschmälerung f; **p. estimate** Gewinnschätzung f; **p. forecast** Gewinnprognose f; **p.(s) growth** Gewinnzuwachs m; **p. maker** Gewinnbringer m; **p.-making; p.-- yielding** adj gewinnbringend, einträglich, rentabel; **p. margin** Ertrags-, Gewinnspanne f; **p. mark-up** Gewinnzu-

schlag m; **p.-orient(at)ed; p.-seeking** adj gewinnorientiert; **p. ratio** Betriebsergebnisquote f, Rentabilität f; **p. retention** Gewinnthesaurierung f; **p.-sharing** n Erfolgs-, Gewinnbeteiligung f; ~ **scheme** Gewinnbeteiligungsmodell nt; **p. shortfall** Gewinn-, Ertragsrückgang m; **p. taking** (Börse) Gewinnmitnahme f; **p.s tax** Gewinnsteuer f; **p.(s) transfer** Gewinnabführung f

programme n Programm nt, Plan m; **anticyclical p.** Konjunkturprogramm nt; **cost-cutting p.** Sparprogramm nt; **make-work p.** (unproduktives) Beschäftigungsprogramm nt; **p.r** 🖳 Programmierer m; **p. trading** (Börse) Programmhandel m

programming n Programmierung f; **p. language** 🖳 Programmiersprache f

progress n Fortschritt m; **p. of the arts** technischer Fortschritt, Stand der Technik; **economic p.** wirtschaftlicher Fortschritt; **technological p.** technischer Fortschritt; **p. billing** (Projekt)Abrechnung nach Baufortschritt; **p. chaser** Terminüberwacher m; **p. control** Terminkontrolle f

progressive adj fortlaufend, schrittweise; fortschrittlich

progress payment Zahlung nach (Bau)Fortschritt; **p. report** Tätigkeitsbericht m

prohibit v/t verbieten, untersagen

prohibition n Verbot nt; **p. of competition** Wettbewerbsverbot nt; ~ **employment** Arbeits-, Beschäftigungsverbot nt; ~ **merger(s)** Fusionsverbot nt; ~ **trading** Gewerbeverbot nt; ~ **transfer** Veräußerungsverbot nt

project n Projekt nt, Vorhaben nt; **financial p.** Finanzierungsvorhaben nt; **turnkey p.** schlüsselfertiges Projekt; v/t planen, entwerfen; **p. aid** Projekthilfe f; **p. engineer** Projektingenieur m; **p. finance/financing** Projekt-, Objektfinanzierung f

projection n Prognose f, Fortschreibung f

project life Projektdauer f; **p.-linked; p.-tied** adj objektbezogen, projektgebunden; **p. management** Projektleitung f; **p. scheduling** Projektplanung f; **p. site** Baustelle f; **p. tying** Projekt-, Zweckbindung f

prolong v/t verlängern; (Wechsel) prolongieren

prolongation n Verlängerung f, Prolongat(ion) nt/f; **p. of debts** Stundung von Forderungen; ~ **payment** Zahlungsaufschub m; ~ **a term**; ~ **a time limit** Termin-, Fristverlängerung f

pro memoria (lat.) pro Memoria; ~ **item** Merkposten m

promise n (Schuld)Versprechen nt, Zusage f; **p. of a loan** Kredit-, Darlehenszusage f; **p. to perform** Leistungszusage f; **binding p.** bindende Zusage

promising adj erfolgversprechend, zukunftsträchtig

promissory note (P.N.) Schuldschein m, Eigen-, Solawechsel m

promote v/t fördern, werben für; befördern; **p.r** n Auftraggeber m, Bauherr m, Veranstalter m; Förderer m; Gründer m

promotion n Werbung f, Reklame f, (Verkaufs)Förderung f; Gründung f; (Personal) Beförderung f; **p. of trade (and industry)** Wirtschaftsförderung f

promotional adj (verkaufs)fördernd, Werbe-

promotion costs/expense(s) Gründungskosten pl; **p. prospects** Aufstiegsmöglichkeiten

prompt adj sofort (lieferbar), umgehend

proof n Beleg m, Beweis m, Nachweis m; **p. (of debt) in bankruptcy** Anmeldung einer Konkursforderung; **p. of claim** Forderungsanmeldung f; ~ **delivery** Auslieferungsnachweis m; ~ **inability to pay** Nachweis der Zahlungsunfähigkeit; ~ **ownership** Eigentumsnachweis m; ~ **payment** Zahlungsnachweis m; **to furnish p.** Nachweis erbringen

propensity n Hang m, Neigung f; **p. to buy** Kauflust f; ~ **consume** Konsumbereitschaft f, K.neigung f; ~ **invest** Anlage-, Investitionsbereitschaft f; ~ **save** Sparneigung f, S.quote f

proper adj angemessen, sachgerecht

property n Besitz(tum) m/nt, Eigen-

tum nt, Immobilie f, Grundbesitz m, (Haus)Objekt nt; Eigenschaft f, Merkmal nt, Beschaffenheit f; **p., plant and equipment** Sachanlagen pl, S.anlagevermögen nt; ~ **and intangibles** Sachanlagen und immaterielle Anlagewerte; **secured by p.** dinglich gesichert; **to convey/transfer p.** Eigentum/Vermögen übertragen; **to encumber p.** Eigentum/Grundstück belasten

agricultural property landwirtschaftlicher Besitz; **collective p.** Gemeinschaftseigentum nt; **commercial/industrial p.** gewerblich genutztes Objekt/Grundstück; **developed p.** erschlossenes Grundstück; **joint p.** Eigentum zur gesamten Hand; **mortgaged p.** (hypothekarisch) belastetes Objekt; **movable p.** bewegliches Vermögen; **personal p.** bewegliches Eigentum; **pledged p.** Pfandgegenstand m; **private p.** Privatbesitz m, P.eigentum nt; **public p.** öffentliches Eigentum; **rat(e)able p.** der Besteuerung unterliegendes Vermögen; **real p.** Grundeigentum nt, G.besitz m, Grund und Boden m, Liegenschaft f; **rental p.** Mietobjekt nt; **residential p.** Wohn(ungs)eigentum nt; **vacant p.** leerstehende Immobilie

property assets Vermögenswerte, Immobilienvermögen nt; **p. balance** Vermögensbilanz f; **p. company** Grundstücks-, Immobiliengesellschaft f; **p. damage** Gebäude-, Sachschaden m; **p. developer** Erschließungsgesellschaft f; Bauträger m; **p. development** Grundstückserschließung f; **p. insurance** Gebäude-, Sachversicherung f; **p. investment** Anlagevermögen nt; ~ **company** Vermögensverwaltungsgesellschaft f; **p. leasing** Immobilien-Leasing nt; **p. manager** Immobilien-, Vermögensverwalter m; **p. market** Grundstücks-, Immobilienmarkt m; **p. owner** Grundstücks-, Hausbesitzer m; **p. right** Eigentumsrecht nt; **p. tax** Grund-, Objektsteuer f; **p. value** Eigentums-, Gebäude-, Grund(stücks)wert m

proportion n (An)Teil m; (Größen)Verhältnis nt, Quote f

proposal n Antrag m, Vorschlag m,

Angebot *nt*; **p. bond** Bietungsgarantie *f*; **p. form** Antragsformular *nt*, Versicherungsantrag *m*

proposer *n* Antragsteller *m*

proprietary *adj* firmeneigen, gesetzlich/patentamtlich geschützt

proprietor *n* Besitzer *m*, Eigentümer *m*, Inhaber *m*; **joint p.** Mitinhaber *m*, Teilhaber *m*; **sole p.** Allein-, Einzelinhaber *m*, E.kaufmann *m*; **p.s' capital** Eigen-, Gesellschaftskapital *nt*

proprietorship *n* Eigentum *nt*, E.besitz *m*; **single/sole p.** Einzelfirma *f*, Einpersonengesellschaft *f*

pro|rate *v/t* anteilmäßig aufgliedern/aufteilen/umlegen; **p.secute** *v/t* [§] strafrechtlich verfolgen; **p.secution** *n* strafrechtliche Verfolgung; Staatsanwaltschaft *f*

prospect *n* Aussicht *f*, Erwartung *f*; potentieller Abnehmer/Kunde; **economic p.s** Konjunkturaussichten; **good p.s** gute Aufstiegsmöglichkeiten

prospectus *n* (Werbe)Prospekt *m*; Börsen-, Emissionsprospekt *m*; **p. liability** Prospekthaftung *f*

prosper|ity *n* Wohlstand *m*, Reichtum *m*; **p.ous** *adj* wohlhabend, reich

protection *n* Schutz *m*, (Interessen-)Wahrung *f*; Versicherungsschutz *m*

protection of a bill Wechseleinlösung *f*; ~ **creditors** Gläubigerschutz *m*; ~ **deposits** *(Bank)* Einlagensicherung *f*; ~ **industrial/registered (patterns and) designs** Modell-, (Gebrauchs)Musterschutz *m*; ~ **an invention** Erfinder-, Gebrauchsmusterschutz *m*; ~ **proprietary rights** Markenschutz *m*; ~ **title** Rechts-, Besitzschutz *m*; ~ **trademarks** (Waren)Zeichenschutz *m*

environmental protection Umweltschutz *m*; **industrial p.** Arbeitsschutz *m*

protection and indemnity insurance Reedereihaftpflichtversicherung *f*

protectionism *n* Schutzzollpolitik *f*

protest *n* Protest(urkunde) *m/f*; Wechselprotest *m*; **p. for non-acceptance** (Wechsel)Protest mangels Annahme; ~ **non-payment** (Wechsel)Protest mangels Zahlung; **p. waived** *(Wechsel)* ohne Protest; **to go to p.** zu Pro-

test gehen; **to notify p.** Protest aufnehmen lassen; *v/i* protestieren, Einspruch erheben; **p. certificate** Protesturkunde *f*; **p. charges/fees** Protestkosten

prove *v/t* be-, nachweisen; *(Konkurs)* geltend machen; **p.n** *adj* nachweislich; bewährt

provide *v/t* (be)liefern, beschaffen, (zur Verfügung) stellen, bereitstellen; [§] bestimmen, vorschreiben; **p. for** Vorsorge treffen für

provider *n* Beschaffer *m*, Lieferant *m*; **p. of capital** Geld-, Kapitalgeber *m*; ~ **security** Sicherungsgeber *m*; ~ **services** Dienstleistungserbringer *m*, Dienstleister *m*

provision *n* Anschaffung *f*, Bereitstellung *f*, Gestellung *f*; [§] Bestimmung *f*; Rückstellung *f*, Rücklage *f*; **p.s** Lebens-, Nahrungsmittel; Rücklagen

provision of capital/funds Kapitalbeschaffung *f*; **p. against/for contingencies** Rückstellungen für unvorhergesehene Ausgaben; **p.s of a contract** Vertragsbestimmungen; **p. for bad debts** Rückstellung für uneinbringliche Forderungen; ~ **doubtful debts** Abschreibung auf Forderungen; ~ **depreciation** Wertberichtigung auf das Anlagevermögen; ~ **contingent losses** Delkredere *nt*; **p. of materials** Materialgestellung *f*, Beistellung *f*; ~ **security** (Be)Sicherung *f*

to make provisions Rückstellungen machen; vorsorgen

contractual provision vertragliche Bestimmung; **discretionary p.** Kannvorschrift *f*; **mandatory p.** zwingende Bestimmung; **restrictive p.s** einschränkende Bestimmungen; **special p.** Sonderregelung *f*; **statutory p.** Satzungsbestimmung *f*, Rechtsvorschrift *f*; **transitional p.(s)** Übergangsbestimmungen *pl*; **under/with the usual p.s** unter dem üblichen Vorbehalt

proviso *n* (Vertrags)Vorbehalt *m*

proxy *n* (Handlungs-/Stimmrechts-/Vertretungs)Vollmacht *f*, (Depot-)Stimmrecht *nt*; Prokura *f*; Bevollmächtigter *m*; **by p.** vertretungsweise, in Vertretung; **per p.** per Prokura (ppa); **to appoint a p.** sich vertreten lassen; **to stand p. for** Stellvertretung ausüben; **to vote by p.** sich bei der Abstimmung vertreten lassen; **general p.** Generalvollmacht *f*; **special p.** Sonder(vertretungs)vollmacht *f*

proxy form Stimmrechtsformular *nt*; **p.holder** *n* Vollmachtsinhaber *m*; **p. signature** Unterschrift als Stellvertreter; **p. statement** Bevollmächtigung *f*; **p. vote** Stimmabgabe durch Stellvertreter

public *n* Allgemeinheit *f*, Öffentlichkeit *f*, Publikum *nt*; **in p.** öffentlich; **going p.** Gang an die Börse; **to make p.** bekanntgeben, veröffentlichen; **investing p.** Anlagepublikum *nt*

publication *n* Bekanntmachung *f*, B.gabe *f*, Offenlegung *f*; *(Verlag)* Veröffentlichung *f*, Publikation *f*; **p. advertising** Zeitungs- und Zeitschriftenwerbung *f*; **p. price** Ladenpreis *m*

publicity *n* Publizität *f*, Öffentlichkeitsarbeit *f*; **adverse p.** schlechte Presse; **p. campaign** Werbefeldzug *m*; **p. effect** Werbewirkung *f*; **p. instrument** Werbemittel *nt*; **statutory p. requirements** Publizitätsvorschriften

publish *v/t* veröffentlichen, publizieren; **p.er** *n* Verleger *m*, Verlag *m*; **p.ing** *n* Verlagswesen *nt*; ~ **company/house** Verlag(sanstalt) *m/f*

pull *n* Zug-, Werbekraft *f*

pump priming *n* *(fig)* Ankurbelung(smaßnahme) *f*, Konjunkturspritze *f*

punter *n* *(coll)* (Börsen)Spekulant *m*

purchase *n* Anschaffung *f*, Beschaffung, (Ein)Kauf *m*, Erwerb *m*, Bezug *m*

purchase on account Kreditkauf *m*, Kauf auf Rechnung; **p. of accounts receivable** Forderungs(auf)kauf *m*; **p. on third account** Kauf auf fremde Rechnung; ~ **approval** Probekauf *m*; **p. in bulk** Kauf in Bausch und Bogen; **p. on commission** Kommissionskauf *m*; ~ **credit** Zielkauf *m*; **p. for future delivery** Terminkauf *m*; **p. by description** Gattungskauf *m*; **p. of an interest** Beteiligungserwerb *m*; **p. in the open**

market Offenmarktkauf *m*; **p. at market prices** freihändiger Ankauf; **p. and sale** Kauf und Verkauf *m*; **p. on the instalment/deferred payment system** Raten-, Teilzahlungs-, Abzahlungskauf *m*

conditional purchase Kauf mit Vorbehalt; **forward p.** Terminkauf *m*; **short p.** Kauf à la baisse *[frz.]*; **speculative p.** Spekulations-, Meinungskauf *m*

purchase *v/t* (käuflich) erwerben, (auf-/ ein)kaufen

purchase account Einkaufs-, Wareneingangskonto *nt*; **p. agreement** Kaufvertrag *m*; **p. cost(s)** Erwerbskosten *pl*; **p. date** Bestell(ungs)termin *m*; **p. decision** Kaufentscheidung *f*; **p.s ledger** Kreditorenbuch *nt*; **p. money** (An-) Kaufsumme *f*, K.preis *m*; **p. order** Bestellung *f*, Kaufauftrag *m*; **p. price** Bezugs-, Einstands-, Kaufpreis *m*; Kauf-, Erwerbskurs *m*

purchaser *n* Erwerber *m*, Käufer *m*; **would-be p.** Kaufinteressent *m*

purchase returns Warenrücksendungen; **p. tax** Einkaufs-, (Waren)Umsatzsteuer *f*; **p. value** Kaufwert *m*

purchasing *n* (An-/Ein)Kauf *m*, Erwerb *m*, Beschaffung *f*; **outside p.** Fremdbezug *m*

purchasing agent Einkäufer *m*, Einkaufssachbearbeiter *m*; **p. association/ group** Einkaufsverband *m*; **p. decision** Kaufentscheidung *f*; **p. manager** Einkaufsleiter *m*, Leiter der Einkaufsabteilung, Einkäufer *m*, Disponent *m*; **p. order** (Kauf)Auftrag *m*, Bestellung *f*; **p. pattern** Kaufverhalten *nt*; **p. policy** Beschaffungspolitik *f*

purchasing power Kaufkraft *f*; **to siphon off p. p.** Kaufkraft abschöpfen; **surplus p. p.** Kaufkraftüberhang *m*; **p. p. parity** Kaufkraftparität *f*

purpose *n* Absicht *f*, Zweck(bestimmung) *m/f*, Verwendungszweck *m*; **p.-built** *adj* sonder-, einzelgefertigt

purse *n* Geldbeutel *m*, G.börse *f*; **public p.** Staatskasse *f*

pursue *v/t* *(Beruf)* ausüben; betreiben

pursuit *n* *(Beruf)* Ausübung *f*; Streben *nt*; **p. of profit** Gewinnstreben *nt*; ~ **a trade** gewerbliche Tätigkeit

purveyor n *(Lebensmittel)* Liefe- rant m; **p. of stolen goods** Hehler m
push n Schub m, Kampagne f; v/ti in- tensiv werben; forcieren
put n *(Börse)* Verkaufsoption f, Rück- prämie(n)geschäft nt; **p. and call** Stel- lage(geschäft) f/nt; **p. option** *(Börse)* Verkaufsoption f; **p. premium** Rück- prämie f; **p. writer** Käufer einer Ver- kaufsoption

Q

qualification n Qualifikation f, (beruf- liche) Eignung f, Erfordernis nt, Vor- aussetzung f; Einschränkung f; Vor- behalt m; **q. of opinion** *(Bilanz)* Ein- schränkung des Bestätigungsver- merks; **occupational/professional q.** berufliche Qualifikation/Eignung
quali|fied adj geeignet, befähigt, befugt, ausgebildet; **q.fy** v/ti sich qualifizie- ren; Voraussetzungen erfüllen; be- rechtigen, befähigen; einschränken
quality n Güte f, Qualität f; Beschaf- fenheit f
minimum acceptable quality Mindest- qualität f; **assured/guaranteed q.** zu- gesicherte Qualität; **average q.** Mittel- sorte f; **fair ~ q. (f.a.q.)** gute Durch- schnittsware; **commercial/marketable q.** handelsübliche Qualität; **defective q.** mangelhafte Qualität; **first-class/ first-rate q.** erstklassige Qualität; **infe- rior/poor q.** minderwertige Qualität; **managerial qualities** Führungseigen- schaften; **(of) merchantable q.** (von) mittlere(r) Art und Güte; **prime q.** er- ste Wahl, Spitzenqualität f; **standard q.** durchschnittliche Güte/Qualität
quality assurance Güte-, Quali- täts(zu)sicherung f; **q. circle** Quali- tätszirkel m; **q. control** Abnahme-, Gütekontrolle f; **q. defect** Qualitäts- mangel m; **q. inspection** (Werks)Ab- nahme f; **q. mark** Gütezeichen nt; **q. standard** Qualitätsnorm f
quantity n Menge f, An-, Stückzahl f

quantities delivered/supplied Liefer- menge f; **quantity ordered** Bestellmen- ge f; **~ purchased** Abnahmemenge f; **~ received** (Material)Zugang m; **~ shipped** Versandmenge f
commercial quantity handelsübliche Menge; **in large quantities** in Massen; **planned q.** Sollmenge f; **recording q.** Meldebestand m
quantity buyer Großabnehmer m; **q. discount** Mengenrabatt m; **q. surveyor** ⌂ Aufmaßtechniker m
quarrying n Gewinnung von Steinen und Erden
quarter n Jahresviertel nt, Viertel- jahr nt, Quartal nt; **financial q.s** Fi- nanzkreise; **q.ly** adj vierteljährlich
quay n ⚓ Kai m, Anlegestelle f; **free alongside q. (f.a.q.)** frei Längsseite Kai; **q.age; q. dues** n Dock-, Lösch- geld nt
questionnaire n Erhebungs-, Fragebo- gen m
queue n (Warte)Schlange f; v/i Schlan- ge stehen
quit v/t *(coll)* aus dem Dienst scheiden
quorum n beschlußfähige Anzahl; Be- schlußfähigkeit f; **to muster a q.** Be- schlußfähigkeit herbeiführen
quota n Kontingent nt, Quote f, Stück- zahl f; (Verteilungs)Schlüssel m; **to allocate q.s** Kontingente aufteilen; **to exceed a q.** Kontingent überziehen
quota agreement Quotenvereinba- rung f; **q. allocation** Kontingentzu- weisung f; **q. goods** bewirtschaftete Waren; **q. policy** Höchstmengenpoli- tik f; **q. restriction** Mengenbeschrän- kung f, Kontingentierung f
quotation n Effekten-, Kursnotie- rung f; (Preis)Angebot nt, Preisanga- be f, (Kosten)Voranschlag m; **to ad- mit for q. at the stock exchange** zur (Börsen)Notierung zulassen; **to ask for a q.; to invite q.s** Angebot einho- len, Preis erfragen; **to submit a q.** Preisangebot machen
competitive quotation wettbewerbsfähi- ges (Preis)Angebot; **daily q.** Tagesno- tierung f, Kassa-, Tageskurs m; **fa- vourable q.** günstiges Angebot; **final q.** Schlußkurs m; **opening q.** Anfangs-

kurs *m*; **over-the-counter/unlisted/un-official q.** Freiverkehrskurs *m*
quotation(s) board Kurstabelle *f*, K.tafel *f*; **q.s department** Abteilung für Börsenzulassung; ~ **list** Kurszettel *m*
quote *n* *(coll)* Preisangabe *f*, (P.)Angebot *nt*; *v/t (Börse)* notieren; zulassen; *(Preis)* ansetzen; **q.d** *adj* börsenfähig, b.gängig, b.notiert

R

rack *n* Gestell *nt*, (Verkaufs)Ständer *m*
racket *n* *(coll)* Schwindel *m*
rack jobber Strecken(groß)händler *m*, Regalbeschicker *m*; **r.-jobbing** *n* Streckengeschäft *nt*
radio *n* (Rund)Funk *m*, Radio *nt*; **r. advertising** Rundfunkwerbung *f*
rail *n* ⚏ (Eisenbahn)Schiene *f*; **by r.** mit der/per Bahn; **free on r. (f.o.r.)** frei Bahn
railage *n* ⚏ Bahn-, Schienentransport *m*; Frachtkosten *pl*
rail cargo Bahnfracht(gut) *f/nt*; **r. carriage** Bahnfracht *f*; **r. charge(s)** Bahnfracht(gebühren) *f/pl*, B.tarif *m*; **r. delivery** Bahnzustellung *f*; **r. forwarding** Bahnfrachtgeschäft *nt*; Versand per Bahn; ~ **agent** Bahnspediteur *m*; **r. freight** Bahnfracht *f*; ~ **rate** Bahnfrachttarif *m*; **r. link** (Eisen)Bahnverbindung *f*
railroad *n* *[US]* → **railway** (Eisen)Bahn *f*; **r. bill (of lading); r. waybill** (Eisen)Bahnfrachtbrief *m*; **r. corporation** Eisenbahngesellschaft *f*
rail shipment Bahnversand *m*; **r. siding** *[GB]*/**sidetrack** *[US]* Gleisanschluß *m*
railway *n* (Eisen)Bahn *f*; **r. bill (of lading); r. consignment note** (Eisen)Bahnfrachtbrief *m*; **r. company** Eisenbahngesellschaft *f*; **r. consignment** Bahnlieferung *f*, B.versand *m*; **r. express agency** *[GB]* bahnamtlicher Spediteur; **r. freight rates** Bahnfrachtsätze; **r. goods traffic** Eisenbahngüterverkehr *m*; **r.('s) receipt (R/R)** Eisenbahnübernahmebescheinigung *f*; **r.**

truck (Eisenbahn)Waggon *m*, Güterwagen *m*; **r. worker** Eisenbahner *m*
raise *n* *[US]* Erhöhung *f*, Aufstockung *f*; *v/t* erhöhen, heraufsetzen; *(Geld)* aufbringen, beschaffen
raising *n* *(Kapital)* Aufbringung *f*, Aufnahme *f*; ~ᴛ⃝ *(Vieh)* Aufzucht *f*
rally *n* (Kurs-/Markt)Erholung *f*; *v/i* sich erholen/verbessern
range *n* Bereich *m*, Umfang *m*; Sortiment(sbreite) *nt/f*, Kollektion *f*, Palette *f*; Kursschwankung *f*
range of benefits *(Vers.)* Leistungsumfang *m*; ~ **goods** Kollektion *f*, Sortiment *nt*, Warenangebot *nt*; **vertical ~ manufacture** Fertigungstiefe *f*; ~ **models** Typenprogramm *nt*; ~ **products** Produkt(ions)palette *f*; ~ **services** Dienstleistungsangebot *nt*
broad/wide range Sortimentsvielfalt *f*, S.breite *f*, breites Sortiment, große Auswahl; **highly specialized r.** tiefes Sortiment; **vertical r.** Sortimentstiefe *f*
rank *n* Rang(stelle) *m/f*; **r. of debt** Rang(stelle) einer Forderung; **r. and file** *(Gewerkschaft)* Basis *f*
ranking *n* Rangeinteilung *f*, R.folge *f*; **r. of claims** Rangordnung der Ansprüche; ~ **creditors** Rang(folge) der Gläubiger; ~ **mortgages** Rangordnung der Hypotheken
rate *n* Rate *f*, Betrag *m*; Grad *m*; (Börsen)Kurs *m*, Preis *m*, Tarif *m*; Steuer *f*; Zins(fuß) *m*; **r.s** *[GB]* Gemeinde-, Kommunalsteuer
rate of activity Beschäftigungsgrad *m*; ~ **capacity utilization** Kapazitätsauslastungsgrad *m*; ~ **capital expenditure** Investitionsquote *f*; ~ **charges** Gebührensatz *m*; ~ **conversion** Umrechnungssatz *m*, U.kurs *m*; ~ **the day** Tageskurs *m*, T.satz *m*; ~ **discount** Diskontsatz *m*; ~ **duty** Abgabenquote *f*; ⊖ Zoll(an)satz *m*
rate of exchange Devisen-, Wechsel-, Umtausch-, Umrechnungskurs *m*; **fixed ~ e.** starrer/fester Wechselkurs; **official ~ e.** amtlicher Wechselkurs
rate of inflation Inflations-, Teuerungsrate *f*
rate of interest Zins(satz) *m*; **commer-**

cial ~ **i.** marktübliche Verzinsung; **effective/real** ~ **i.** Effektivzins(satz) m; **fixed** ~ **i.** fester Zinssatz, Festzins m; **staggered** ~ **i.** Staffelzins m
rate of inventory turnover Lagerumschlag m, Umschlag(s)häufigkeit f; ~ **investment** Investitionsquote f; ~ **operation** Beschäftigungsgrad m; ~ **pay** Bezahlung f, Lohn(höhe) m/f; ~ **profitability** Rentabilität f; ~ **return** Rendite f, Verzinsung f; **fair** ~ **return** angemessene Verzinsung; ~ **saving** Sparquote f; **r.s and taxes** Gebühren und Abgaben
rate of tax(ation) Steuertarif m, S.satz m; **marginal** ~ **t.** Grenzsteuersatz m; **standard** ~ **t.** Grundsteuertarif m, Einheitssteuersatz m
rate of unemployment Erwerbslosen-, Arbeitslosenquote f; ~ **unionization** gewerkschaftlicher Organisationsgrad
annual(ized) rate Jahres(zins)satz m; **base/basic r.** Grundgebühr f, G.tarif m; Grund-, Ecklohn m; Leitzins m; (Steuer) (unterer) Proportionalsatz m; **commercial r.** handelsüblicher Satz; **current r.** Tageskurs m, Marktpreis m; **domestic r.s** [GB] Kommunalsteuer f, Hausbesitzerabgaben pl; **fixed r.** fester Satz, Festkurs m; **flat r.** Pauschale f, Pauschalpreis m, P.tarif m; (Steuer) Proportionalsatz m; **floating r.** Gleitzins m, variabler/schwankender Zins, ~ Kurs; ~ **note (FRN)** variabel verzinsliche Anleihe, Anleihe mit Zinsanpassung; **forward r.** Terminkurs m; **going r.** (markt)üblicher Satz; **hourly r. (of pay)** Stundenlohn m, S.satz m; **less than carload lot (LCL)/part-load** [US] **r.** 𝄐 Stückguttarif m; **local r.** Ortstarif m, ortsüblicher Satz; ~ **r.s** [GB] Gemeinde-, Kommunalsteuern; **nominal r.** Nominalzins m; **preferential r.** Vorzugstarif m; ⊖ Präferenzzollsatz m; **prime r.** Eck-, Leitzins(satz) m, Zinssatz für erste Adressen; **reduced r.** ermäßigter/verbilligter Tarif; **scheduled r.** (Vers.) Tarifprämie f; **standard r.** Einheitstarif m, Tarifsatz m, T.lohn m; **variable r.** variabler Kurs/Zins

rate v/t (be)werten, beurteilen, schätzen, veranlagen; (Kommunalsteuer) Einheitswert festsetzen
rat(e)a|bility n ⊖ Zollpflichtigkeit f; [GB] (Kommunal)Steuerpflicht f; **r.ble** adj ⊖ zollpflichtig; [GB] (kommunal)steuerpflichtig
rate|s assessment [GB] Kommunalsteuerveranlagung f; **r. band** (Steuer) Tarifzone f; (EWS) Kursband nt; **r. hedging** (Devisen)Kurssicherung f; **r.payer** n Kommunalsteuerpflichtiger m; **r. rebate** [GB] Kommunalsteuerermäßigung f; **r.-setting** n Gebührenfestsetzung f; **r. structure** Gebühren-, Tarifstruktur f; **r. support grant** [GB] Schlüssel-, Kommunalzuweisung f
rating n (Ab-/Ein)Schätzung f, (Beitrags)Bemessung f; (Leistungs)Bewertung f, Einstufung f; Tarifierung f; Bonität(sprüfung) f
ratio n (Größen-/Wert-/Zahlen)Verhältnis nt, Koeffizient m; (BWL) Kennziffer f; **r. between balance sheet items** Bilanzrelationen pl; **r. of gross investment to GNP** Investitionsquote f; ~ **sales to total capital employed** Umschlag des investierten Kapitals
cost-benefit ratio Kosten-Nutzen-Verhältnis nt; **cost-sale price r.** Kosten--Erlös-Relation f; **current r.** Liquiditätsgrad m; **debt-to-equity/equity-debt r.** Verschuldungsgrad m; **equity-assets r.** Anlagendeckung f; **financial r.s** finanzwirtschaftliche Kennzahlen; **loan-to-capital r.** Verhältnis Fremd-zu Eigenmittel; **price-earnings r. (p/e)** Kurs-Gewinnverhältnis (KGV) nt; **quick r.** Verhältnis des Umlaufvermögens zu den laufenden Verbindlichkeiten
ration n Ration f, Zuteilung f; v/t rationieren, bewirtschaften; **r.alization** n Rationalisierung f; **r.ing** n Rationierung f, (Zwangs)Bewirtschaftung f; ~ **of imports** Einfuhrkontingentierung f
re (Brief) betrifft, betreff, Bezug
read v/t lesen; studieren; **r. in** ⌨ einlesen
reader n Leser m; **r. advertisement**

Textanzeige *f*

readiness *n* Bereitschaft *f*; **r. to deliver** Lieferbereitschaft *f*; **° Löschbereitschaft** *f*; **~ invest** Anlage-, Investitionsbereitschaft *f*; **~ sell** Abgabebereitschaft *f*

readjust *v/t* sanieren, (wieder) anpassen, umstrukturieren

ready *adj* bereit; *(Markt)* aufnahmefähig; **r.-made** *adj* (gebrauchs)fertig

realign *v/t* neu festsetzen

realignment *n* Neufestsetzung *f*; **r. of currencies/exchange rates** Wechselkursanpassung *f*; **~ prices** Preisanpassung *f*

realization *n* Verwirklichung *f*, Realisierung *f*; Verkauf *m*, Veräußerung *f*, Gewinnmitnahme *f*; **r. of a bankrupt's estate** Konkursverkauf *m*; **~ profits** Gewinnmitnahme *f*; **r. gain/proceeds** Veräußerungsgewinn *m*, Verwertungserlös *m*; **r. value** Veräußerungswert *m*

realize *v/t* erkennen; aus-, durchführen; veräußern

real|tor *n [US]* Grundstücks-, Immobilienmakler *m*; **r.ty** *n [US]* Immobilie(nobjekt) *f/nt*, Liegenschaft *f*

reasonable *adj* angemessen, zumutbar, gerechtfertigt

re|assess *v/t* neu veranlagen/festsetzen; **r.assurance** *n* Bestätigung *f*; Rückversicherung *f*, Reassekuranz *f*; **r.bate** *n* (Preis)Nachlaß *m*, Abzug *m*, Rabatt *m*; Erstattung *f*; **r.call** *n* Rückruf *m*; Zurücknahme *f*; **r.capitalization** *n* Neukapitalisierung *f*, (finanzielle) Sanierung *f*

receipt *n* Empfang *m*, Erhalt *m*; Quittung *f*, Empfangsbestätigung *f*; **r.s** Einnahmen, Eingänge; **against r.** gegen Quittung

receipt to bearer Legitimationsschein *m*, Bezugsausweis *m*; **r.s and disbursements/expenditures** Einnahmen und Ausgaben; **r. of goods (rog)** Warennannahme *f*; **~ invoice** Rechnungseingang *m*; **~ (an) order** Auftragseingang *m*; **in ~ orders** in der Reihenfolge des Eingangs; **~ payment** Zahlungseingang *m*

payable on receipt zahlbar bei Erhalt/Empfang

to make out a receipt quittieren

depository receipt (D/R) Hinterlegungsschein *m*, Inhaber-, Einlagenzertifikat *nt*; **gross r.s** Gesamt-, Bruttoeinnahmen, Rohertrag *m*; **net r.s** Nettoeinkünfte, N.einkommen *nt*; **postal r.** ⊠ Posteinlieferungsschein *m*; **sundry r.s** sonstige Einnahmen

receipt *v/t* quittieren, Empfang bescheinigen

receivables *n* Außenstände, Debitoren, (Buch)Forderungen; **r. and payables** Forderungen und Verbindlichkeiten; **accrued r.** antizipative Aktiva; **contingent r.** ungewisse Forderungen; **current r.** Umlaufvermögen *nt*, flüssige Aktiva; **outstanding r.** ausstehende Debitoren; **r. financing** Forderungsfinanzierung *f*

receive *v/t* erhalten, empfangen

receiver *n* Empfänger *m*; Konkurs-, Masseverwalter *m*, Abwickler *m*; ℰ Hörer *m*; **r. in bankruptcy** Konkursverwalter *m*; **r. of stolen goods** Hehler *m*; **to appoint/call in r.** Liquidator/Konkursverwalter bestellen; **to lift/pick up the r.** ℰ (Hörer) abnehmen/abheben; **to put down/replace the r.** ℰ (Hörer) auflegen; **official r.** amtlich/gerichtlich bestellter (Konkurs)Verwalter

receivership *n* Konkurs-, Zwangsverwaltung *f*

receiving *n* Wareneingang *m*; **r. agent** Annahmestelle *f*, Empfangsbevollmächtigter *m*; **r. company** Auffanggesellschaft *f*; **r. department** Warennannahme(stelle) *f*; **r. order** Konkurseröffnung(sbeschluß) *f/m*; **r. room** Warennannahme *f*

reception *n* Empfang *m*; *(Hotel)* Rezeption *f*, Anmeldung *f*; **r. desk** Empfang(sschalter) *m*; *(Hotel)* Rezeption *f*; **r.ist** *n* Vorzimmer-, Empfangsdame *f*, E.chef *m*

recession *n* (Konjunktur)Rückgang *m*, Rezession *f*; **economic r.** Konjunktur-, Wirtschaftsflaute *f*; **r.-proof** *adj* rezessions-, konjunkturunempfindlich

recipient *n* Empfänger *m*; **r. of benefits** Leistungsempfänger *m*; **~ (a) payment** Zahlungsempfänger *m*

reciprocity *n* (Grundsatz der) Gegenseitigkeit *f*; **r. business** *(Vers.)* Gegengeschäft *nt*

re|claim *n* Rückforderung *f*; Zurückgewinnung *f*; *v/t* herausverlangen, zurückfordern; **r.clamation** *n* Einspruch *m*, Rückforderung *f*; *(Altmaterial)* Wieder-, Rückgewinnung *f*; **r.cognition** *n* Anerkennung *f*, Bestätigung *f*; ~ **of a debt** Schuldanerkenntnis *f/nt*; **r.concentration** *n* Rückentflechtung *f*; **r.concile** *v/t (Konten)* abstimmen; **r.conciliation** *n (Konten)* Abstimmung *f*; **r.construction** *n* Sanierung *f*; Wiederaufbau *m*; ~ **credit** Wiederaufbaukredit *m*; Sanierungsdarlehen *nt*

record *n* Nachweis *m*, Beleg *m*, Eintrag *m*; (persönliche) Vergangenheit *f*; **r.s** (Rechnungs)Unterlagen, Akten; **on r.** aktenkundig; **r. of shareholders** *[GB]*/**stockholders** *[US]* Aktionärsregister *nt*, A.verzeichnis *nt*; **(proven)** ~ **success** Erfolgsbilanz *f*, E.nachweis *m*; **r.s and vouchers** Buchungsunterlagen, B.belege; **to place/ put on r.** zu Protokoll geben, aktenkundig machen

commercial records Geschäfts-, Handelsbücher; **financial r.** Finanzunterlagen

record *v/t* auf-, verzeichnen, (ver)buchen, protokollieren, notieren

record amount Rekordbetrag *m*; **r. crop** ⚓ Rekordernte *f*

recorder *n* Protokoll-, Schriftführer *m*

recording *n* Eintragung *f*, Beurkundung *f*, Verbuchung *f*; **r. clerk** → **recorder**

record level Rekordhöhe *f*, R.stand *m*, Höchststand *m*; **r. price** Höchstpreis *m*; **r. year** Spitzenjahr *nt*

re|costing *n* Neukalkulation *f*; **r.-- count** *v/t* nachzählen; **r.coup** *v/t* wieder einbringen, hereinholen, zurückbekommen, z.erlangen

recourse (to) *n* Rückgriff (auf) *m*; Regreß *m*; **without r.** ohne Regreß(anspruch), ~ Obligo/Haftung/Gewähr

recourse to the capital market Kapitalmarktbeanspruchung *f*; ~ **endorser** Wechselregreß *m*; ~ **the market** Marktbeanspruchung *f*; **r. for non-acceptance** Rückgriff mangels Annahme; ~ **want of payment** Rückgriff mangels Zahlung

liable to recourse regreßpflichtig; **no r.** Ausschluß jeglicher Haftung

recourse claim Regreßforderung *f*; **r. liability** Durchgriffshaftung *f*

recover *v/ti* wieder-, zurückerlangen; *(Schulden)* beitreiben; *(Konkurs)* aussondern; sich erholen

recovery *n* Erholung *f*, Gesundung *f*, Aufschwung *m*; *(Schulden)* Einziehung *f*, Beitreibung *f*; *(Konkurs)* Aussonderung *f*; **r. of damages** Erlangung eines Schaden(s)ersatzes; ~ **debts** Eintreibung von Schulden; ~ **outstanding debts** Inkasso von Außenständen; ~ **prices** Preis-, Kurserholung *f*; **economic r.** Konjunktur-, Wirtschaftsbelebung *f*, konjunkturelle Erholung/Belebung *f*; **seasonal r.** saisonbedingter Aufschwung

recovery cost(s) Wiederbeschaffungskosten *pl*; **full r. principle** Kosten(deckungs)prinzip *nt*; **r. value** Veräußerungswert *m*

recruit *n* Neueinstellung *f*, neuer Mitarbeiter; *v/t (Arbeitskräfte)* anwerben, einstellen; **r.ing** *n* Anwerbung *f* (von Arbeitskräften); **r.ment** *n* Mitarbeiter-/Personalbeschaffung *f*, Einstellung *f*; ~ **advertising** Stellenausschreibung *f*

recycle *v/t* (wieder)verwerten

recycling *n* Abfall-, Müllverwertung *f*, Wiederverwertung *f*; **r. plant** Rückgewinnungsanlage *f*

red *n* Schulden-, Debetseite *f*; **in the r.** in den roten Zahlen, im Minus

redeem *v/t* ab-, einlösen, amortisieren, tilgen; **r.able** *adj* ablösbar, einlösbar, amortisierbar, tilgbar; *(Anleihe)* rückzahlbar

redemption *n* Tilgung *f*, Amortisation *f*, Ab-, Einlösung *f*, Rückzahlung *f*; **r.s in arrears** Tilgungsrückstand *m*; **r. of a debt** Forderungstilgung *f*; **r. at maturity** Einlösung bei Fälligkeit; ~ **par** Einlösung zu pari

redemption account Amortisations-, Tilgungskonto *nt*; **r. amount** *(Vers.)*

Einlösungsbetrag *m*, Ablösungssumme *f*; **r. bond** Tilgungsanleihe *f*, T.schuldverschreibung *f*; **r. capital** Tilgungskapital *nt*; **r. date** Tilgungs-, Rückzahlungstermin *m*; **r.-free** *adj* tilgungsfrei; **r. fund** Amortisations-, Tilgungsfonds *m*; **r. loan** Amortisations-, Tilgungsanleihe *f*; **r. payment** Amortisations-, Tilgungszahlung *f*; **r. period** Laufzeit *f*; **r. plan** Tilgungsplan *m*; **r. price** Rücknahmepreis *m*, Tilgungskurs *m*; **r. rate** Amortisationsrate *f*, Tilgungssatz *m*; **r. value** Amortisations-, Rückkaufs-, Tilgungswert *m*; **r. yield** Effektivverzinsung *f*

redeploy *v/t* *(Kapital)* umschichten; *(Personal)* um(be)setzen; **r.ment** *n* *(Kapital)* Umschichtung *f*; *(Personal)* Um(be)setzung *f*

redevelopment *n* Neuentwicklung *f*, Sanierung *f*; **urban r.** Stadterneuerung *f*

redhibition *n* *(Rücktritt vom Kaufvertrag)* Wand(e)lung *f*, Minderung *f* (des Kaufpreises)

rediscount *n* (Re)Diskont *m*; **eligible for r.** zentralbankfähig; *v/t* rediskontieren; *(Wechsel)* weitergeben; **r. credit** Refinanzierungskredit *m*; **r. line** Rediskontlinie *f*; Refinanzierungsrahmen *m*; **r. rate** *[US]* (Re)Diskontsatz *m*; Wechseldiskontsatz *m*

re|dispatch *n* Weiterversendung *f*, W.versand *m*; **r.distribution** *n* Neu-, Umverteilung *f*; **~ of income(s)** Einkommensumschichtung *f*; **r.draft** *n* Rück-, Retourwechsel *m*; **r.dress** *n* Abhilfe *f*; *(Fehler)* Behebung *f*, Beseitigung *f*; **to seek r.dress** Regreßanspruch geltend machen; **r.duce** *v/t* verringern, kürzen, senken, ermäßigen, abbauen

reduction *n* Kürzung *f*, Senkung *f*, Ermäßigung *f*, Verringerung *f*, Abbau *m*

reduction of capacity Kapazitätsabbau *m*; **~ capital stock** Kapitalschnitt *m*, K.herabsetzung *f*; **r. for cash** Barzahlungsrabatt *m*; **r. of costs** Kosten(ver)minderung *f*, Einsparung *f*; **~ the dividend** Dividendenkürzung *f*; **r. in/of earnings** Einkommens-, Erlösschmälerung *f*; **r. of em-**

ployment Beschäftigungsrückgang *m*; **~ hours** Arbeitszeitverkürzung *f*; **~ interest (rates)** Zinssenkung *f*; **~ pollution** Schadstoffminderung *f*; **r. in price** Preisermäßigung *f*, P.senkung *f*; **r. of profit(s)** Gewinnrückgang *m*; **~ salary** Gehaltskürzung *f*; **~ the share capital** Kapitalschnitt *m*, K.herabsetzung *f*; **~ stocks** Lager-, Vorratsabbau *m*; **~ wages** Lohnkürzung *f*; **~ working hours** Arbeitszeitverkürzung *f*

redundancy *n* Entlassung *f* (mangels Beschäftigung), (Personal)Freisetzung *f*; **compulsory r.** Zwangsentlassung *f*; **voluntary r.** freiwilliges Ausscheiden; **r. notice** Entlassungsschreiben *nt*, Kündigung *f*; **r. pay** Entlassungsabfindung *f*; **r. scheme** Sozialplan *m*

redundant *adj* freigesetzt, arbeitslos, beschäftigungslos, erwerbslos

re|-entry *n* ⊖ Wiedereinfuhr *f*; **r.--equipment** *n* Ersatzausrüstung *f*; **r.--export(ation)** *n* Wiederausfuhr *f*

refer *v/t* über-, verweisen; **r. to** Bezug nehmen auf, sich beziehen auf; verweisen an/auf; **r.ee** *n* Gewährsmann *m*, Sachverständiger *m*

reference *n* Hinweis *m*, Verweis *m*, Auskunft *f*; Empfehlung(sschreiben) *f*/*nt*, Referenz(schreiben) *f*/*nt*; Aktenzeichen *nt*; **(re.; Ref.; ref.)** *(Brief)* Betreff, Bezug, betreffend; **our/your r.** *(Brief)* unser/Ihr Zeichen; **for your r.** zu Ihrer Information, für Ihre Akten; **to quote r.s** Referenzen benennen/angeben; **to take up a r.** Auskunft einholen; **excellent r.s** ausgezeichnete Zeugnisse

reference date Stichtag *m*; **r. number (Ref. No.)** Bezugs-, Ordnungsnummer *f*; Akten-, Geschäftszeichen *nt*; **r. period** Bezugs-, Referenzperiode *f*, Orientierungs-, Vergleichszeitraum *m*; **r. price** Orientierungs-, Richtpreis *m*; **r. sample** Ausfallmuster *nt*; **r. wage** Eck-, Bezugslohn *m*; **r. year** Vergleichsjahr *nt*

refer|ral *n* Verweisung *f*; **r.red to** *adj* erwähnt; **~ to above** obengenannt; **~ to below** untengenannt; **r.ring to** *adj* bezugnehmend/unter Bezugnahme auf

refinanc|e *n* Refinanzierung *f*; *v/t* umschulden, neu finanzieren, umfinanzieren; **r.ing** *n* Refinanzierung *f*, Umschuldung *f*; ~ **facility** Refinanzierungskredit *m*, R.möglichkeit(en) *f/pl*; ~ **limit** Refinanzierungsrahmen *m*

re|finery *n* Raffinerie *f*; **r.flate** *v/t* Konjunktur beleben/ankurbeln; **r.flation** *n* Konjunkturbelebung *f*; **r.float** *v/t* *(fig)* sanieren

reform *n* Reform *f*; **agricultural r.** Bodenreform *f*; **economic r.** Wirtschaftsreform *f*; **monetary r.** Währungsreform *f*; **r. package** Bündel von Reformvorschlägen

reforward *v/t* ⊠ nachsenden

refund *n* (Rück)Erstattung *f*, R.vergütung *f*, (Geld)Rückgabe *f*; **r. of costs** Kostenerstattung *f*; **r. for empties** Vergütung für Leergut; **r. on exportation** Erstattung bei der Ausfuhr; **r. of premium** Prämienrückgewähr *f*, P.(rück)-erstattung *f*; ~ **tax** Steuer(rück)erstattung *f*; *v/t* (zurück)erstatten, (rück)vergüten; **r. claim** (Rück)Erstattungsantrag *m*

refunding *n* → **refund** (Rück)Erstattung *f*; **r. of a debt** Schuldablösung *f*; **r. loan** Refinanzierungsanleihe *f*

refurbish *v/t* renovieren, modernisieren; **r.ing**; **r.ment** *n* Renovierung *f*, Modernisierung(smaßnahme) *f*

refusal *n* (Ver)Weigerung *f*, Ablehnung *f*; **r. to accept/take delivery**; **r. of acceptance** Nichtabnahme *f*, Annahmeverweigerung *f*; **r. to pay** Zahlungsverweigerung *f*; **r. of performance** Leistungsverweigerung *f*

refuse *n* → **waste** Abfall(stoff) *m*, Ausschuß *m*, Müll *m*; **domestic r.** Haushaltsmüll *m*; **industrial r.** Gewerbe-, Industriemüll *m*; **r. collection** Müllabfuhr *f*; **r. disposal** Abfall-, Müllbeseitigung *f*; ~ **plant** Müll-, Abfallbeseitigungsanlage *f*; ~ **site** Müllhalde *f*, Deponie *f*; **r. treatment** Abfallbehandlung *f*

regeneration *n* Erneuerung *f*; Wiedergewinnung *f*; **economic r.** wirtschaftliche Erneuerung

regime *n* (Markt)Ordnung *f*, System *nt*; **economic r.** Wirtschaftsordnung *f*

region *n* Gegend *f*, Gebiet *nt*, Bezirk *m*, Region *f*; **depressed r.** Notstandsgebiet *nt*; **economic r.** Wirtschaftsregion *f*; **industrial r.** Industriegebiet *nt*

register *n* Register *nt*, Verzeichnis *nt*; **on the r.** arbeitslos (gemeldet); **r. of companies**; **commercial r.** Gesellschafts-, Handelsregister *nt*; **r. of members** Verzeichnis der Mitglieder; ~ **shareholders** *[GB]*/**stockholders** *[US]* Aktionärsbuch *nt*, A.verzeichnis *nt*; **official r.** Liste der börsengängigen Wertpapiere/Effekten

register *v/t* anmelden, eintragen (lassen), registrieren, listenmäßig erfassen; **r.ed** *adj* (handelsgerichtlich) eingetragen; gesetzlich geschützt (ges. gesch.); ⊠ (per) Einschreiben *nt*

registrar *n* Registerbeamter *m*; *[US]* Führer des Aktionärsregisters; Registeramt *nt*, R.stelle *f*; **r. in bankruptcy** *[GB]* Konkursrichter *m*; **R. of Companies** *[GB]* Handelsregister *nt*, Registergericht *nt*; **r. of trademarks** *(Warenzeichen)* Patentamt *nt*

registration *n* amtliche/handelsgerichtliche Eintragung, Erfassung *f*, Registrierung *f*

registration of a business name Firmeneintragung *f*; ~ **a company** Handelsregistereintragung einer Gesellschaft, handelsgerichtliche Anmeldung einer Firma; ~ **title** Grundbucheintrag(ung) *m/f*; ~ **a trade** Gewerbeanmeldung *f*; ~ **a trademark** Eintragung/Anmeldung eines Warenzeichens

registration certificate Eintragungsbescheinigung *f*; **r. department** Melde-, Registrieramt *nt*; **r. fee** Anmelde-, Eintragungsgebühr *f*; **r. form** (An-)Meldeformular *nt*, Anmeldevordruck *m*; **r. statement** Gründungsbilanz *f*

registry *n* Register *nt*, Verzeichnis *nt*

regroup *v/t* umgruppieren, neu gruppieren, umschichten

regrouping *n* Um-, Neugruppierung *f*; Konzernumschichtung *f*; **r. of assets**

Vermögensumschichtung *f*; ~ **capital** Kapitalumgruppierung *f*

regular *adj* ordnungsgemäß, satzungsgemäß, vorschriftsmäßig

regulate *v/t* regeln, regulieren, zwangsbewirtschaften

regulation *n* Bestimmung *f*, Vorschrift *f*; **r.s** Satzung *f*, Statuten; **budgetary r.s** haushaltsrechtliche Bestimmungen; **environmental r.s** Umweltschutzbestimmungen; **financial r.s** Haushaltsordnung *f*; **statutory r.** gesetzliche Regelung

regulator *n* Aufsichtsbehörde *f*

rehabilitat|e *v/t* wieder (ins Berufsleben) eingliedern; *(Betrieb)* sanieren; **r.ion** *n* Wiedereingliederung *f* (ins Berufsleben); ⌂ Altbausanierung *f*; ~ **loan** Aufbaudarlehen *nt*

reimburse *v/t* rückvergüten, (rück)erstatten

reimbursement *n* (Rück)Erstattung *f*, R.vergütung *f*; **r. of a damage** Schaden(s)ersatz *m*; ~ **expenses** Kosten-, Spesen(rück)erstattung *f*; **r. credit** Rembourskredit *m*

re|import *v/t* wieder einführen; **r.importation** *n* Wiedereinfuhr *f*; **r.instate** *v/t* wiedereinsetzen, wieder einstellen; **r.instatement** *n* Wiedereinsetzung *f*, W.einstellung *f*; *(Altlasten)* Rekultivierung *f*; ~ **of a policy** Wiederaufleben einer Versicherung

reinsurance *n* Rückversicherung *f*, Reassekuranz *f*; **r. company** Rückversicherungsgesellschaft *f*; **r. cover(age)** Rückdeckung *f*

reinsure *v/t* rückversichern; **r.r** *n* Rückversicherer *m*

reinvestment *n* Neu-, Wiederanlage *f*; **r. discount** Wiederanlagerabatt *m*

reject *n* Ausschußartikel *m*, fehlerhaftes Stück *nt*; **r.s** Ausschuß(ware) *m*/*f*; *v/t* ablehnen, beanstanden, zurückweisen; aussondern, aussortieren; **r.ion** *n* Ablehnung *f*, Absage *f*; Ausmusterung *f*; ~ **letter** Absagebrief *m*

related *adj* (branchen-/fach)verwandt

relation *n* Beziehung *f*, Verbindung *f*; **to break off (all) r.s** (alle) Beziehungen abbrechen; **to enter into r.s (with so.)** Beziehungen aufnehmen/anknüpfen

commercial relations Geschäftsverbindungen; **contractual r.s** Vertragsverhältnis *nt*; **human r.s** *[US]* Menschenführung *f*; **industrial r.s** Arbeitgeber-Arbeitnehmerbeziehungen, Verhältnis zwischen den Sozialpartnern/Tarifparteien; ~ **law** Arbeitsrecht *nt*; ~ **tribunal** Arbeitsgericht *nt*; **public r.s (P.R.)** Öffentlichkeitsarbeit *f*; ~ **exercise** öffentlichkeitswirksame Maßnahme

relationship *n* Verhältnis *nt*, Beziehung *f*; **contractual r.** Vertragsverhältnis *nt*; **interlocking r.s** Konzernverflechtung *f*

relax *v/i* lockern

relaxation *n* Lockerung *f*; **r. of credit restrictions** Lockerung der Kreditbremse; ~ **price controls** Lockerung von Preiskontrollen; **monetary r.** Lockerung der Geldpolitik

release *n* Freigabe *f*, Veröffentlichung *f*; Freistellung *f*; Entlastung *f*; *(Reserven)* Auflösung *f*; **r. of capital** Kapitalfreisetzung *f*; ~ **debt(s)** Schuldenerlaß *m*; ~ **funds** Mittelfreigabe *f*; **r. from work** Freistellung *f* (von der Arbeit); **industrial r.s** *(Schadstoffe)* industrielle Emissionen; *v/t* (zur Veröffentlichung) freigeben, veröffentlichen; entlasten; *(Reserven)* auflösen; *(Arbeit)* freistellen

relia|bility *n* Zuverlässigkeit *f*; Kreditwürdigkeit *f*, Bonität *f*; **r.ble** *adj* zuverlässig; kreditwürdig

relief *n* Erleichterung *f*, Entlastung *f*, (Steuer)Freibetrag *m*; **r. from duties** ⊖ Abgabenbefreiung *f*; **r. fund** Unterstützungsfonds *m*, U.kasse *f*; **r. operation** Hilfsmaßnahme *f*; **r. work** Arbeitsbeschaffung *f*; **r. worker** Ersatzarbeiter *m*

relieve *v/t* erleichtern, entlasten

relinquish *v/t* aufgeben, verzichten auf

relinquishment *n* Preisgabe *f*, Verzicht *m*; **r. of a right** Rechtsverzicht *m*; ~ **title** Eigentumsverzicht *m*

relocat|e *v/t* umsiedeln, neu ansiedeln, verlagern; **r.ion** *n* Umsiedlung *f*, Umzug *m*; ▨ Geschäfts-, Betriebsverlagerung *f*; ~ **allowance** Umzugsbeihilfe *f*

remainder n Rest(bestand) m, R.summe f; Partieartikel m; **r. of a debt** Restschuld f; v/t als Partieartikel verkaufen

remedy n Abhilfe f, (Hilfs)Mittel nt; **legal r.** Rechtsmittel nt, R.behelf m; v/t Abhilfe schaffen

remind v/t mahnen; **r.er** n Erinnerung(sbrief) f/m, E.sschreiben nt, Zahlungserinnerung f, Mahnschreiben nt

remission n *(Schulden)* Erlaß m; **r. of charges/fees** Gebührenerlaß m; ~ **debt** Schuld(en)erlaß m; ~ **(a) tax** Erlaß einer Steuer

remit n Aufgabe(nbereich) f/m, Verantwortungsbereich m; v/t über-, anweisen; *(Schuld/Steuer)* erlassen

remittance n (Geld)Überweisung f, (G.)Anweisung f; **r. by post; postal r.** Postanweisung f; **telegraphic r.** telegraphische Geldanweisung; **r. advice** Zahlungsmitteilung f, Z.avis m/nt; **r. charge(s)/fee** Überweisungsgebühr f; **r. form/slip** Überweisungsträger m, ⊠ Zahlkarte f; **r. order** Überweisungsauftrag m

remit|tee n (Zahlungs)Empfänger m; **r.ter** Geld-, Übersender m, Auftraggeber m

remnant n Rest m; **r.s** (Waren)Reste, Restposten m/pl; ~ **sale** Resteverkauf m

removal n Entfernung f, Beseitigung f, Abbau m; Aus-, Umzug m; Entlassung f; **r. of barriers (to trade)** Abbau von (Handels)Schranken/Hindernissen; **r. from office** Amtsenthebung f; **r. of restrictions** Aufhebung von Beschränkungen; **r. contractor** Umzugsspedition f

re|move v/t entfernen, beiseiteschaffen, abtransportieren; **r.munerate (for)** v/t ent-, belohnen (für), vergüten

remuneration n (Arbeits)Vergütung f, Entgelt nt, Besoldung f, Bezüge pl, Honorar nt; **r. for the auditors** *(Bilanz)* Honoraraufwand für die Wirtschaftsprüfer; **r. in kind** Sachbezüge pl; **lump-sum r.** Pauschalvergütung f; **r. package** Gesamtbezüge pl

remunerative adj einträglich, lohnend, lukrativ

render v/t *(Dienst)* leisten, erbringen; **r.ing** n Wiedergabe f, Übersetzung f; ~ **an/of account** Rechnungslegung f

renew v/t erneuern, verlängern, prolongieren; **r.able** adj erneuerbar, verlängerbar

renewal n Erneuerung f, Wiederbeschaffung f; Verlängerung f, Prolongation f; **r. of a bill (of exchange)** Wechselprolongation f; ~ **contract** Vertragsverlängerung f; ~ **credit/a loan** Kreditprolongation f; ~ **title** Erneuerung eines Eigentumsanspruchs

renewal bill Verlängerungs-, Prolongationswechsel m; **r. cost(s)** Prolongationskosten pl; **r. coupon** (Zins)Erneuerungsschein m; **r. fee** Erneuerungs-, Verlängerungsgebühr f; **r. fund** Wiederbeschaffungsrücklage f; **r. notice** Verlängerungsanzeige f, V.mitteilung f; **r. rate** Prolongationssatz m

renounce v/t verzichten auf

rent n (Wohnungs)Miete f, Mietzins m, M.preis m; Pacht(zins) f/m; **r.s** Einkünfte aus Vermietung und Verpachtung

commercial/cost-covering/economic rent Kostenmiete f; **controlled r.** gebundene Miete; **current/local r.** ortsübliche Miete; **subsidized r.** Sozialmiete f

rent v/t vermieten, verpachten; (an)mieten

rent advance Mietvorauszahlung f

rental n Miete f, Mietpreis m, M.zins m; Pacht(zins) f/m; **r.s; r. earnings/income** *(Bilanz)* Einkünfte aus Vermietung und Verpachtung; **r. business** Mietanlagegeschäft nt; **r. value** Miet(ertrags)-, Pachtwert m; **r. yield** Miet-, Pachtertrag m

rent allowance Miet(kosten)beihilfe f, Wohngeld nt; **r. arrears** Miet-, Pachtrückstand m; **r. ceiling** Höchstmiete f; **r.(s) charge** Grunddienstbarkeit f; **r. collection** Mieteinzug m; **r. control** Mietpreisbindung f; **r. income** Pacht-, Mieteinkünfte pl

renting n Anmietung f, Anpachtung f; Vermietung f, Verpachtung f

rent rebate Mietrückzahlung f, Wohngeld(zuschuß) nt/m; **r. review** Mietan-

passung *f*
re|nunciation *n*   Verzicht(erklärung)
m/*f*; **r.order** *n* Nach-, Neubestellung *f*;
v/*t* nach-, neu bestellen
reordering *n* Nachbestellung *f*; **r. level**
Lagerbestand bei/vor Nachbestellung; **r. quantity** Bestell-, Meldebestand *m*
reorganisation *n*   Neu-, Umorganisation *f*, Umstrukturierung *f*; *(Gesellschaft)* Umgründung *f*, Umwandlung *f*, Sanierung *f*; **r. of loans** Umschuldung *f*; **financial r.** Unternehmenssanierung *f*; **r. credit/loan** Sanierungsdarlehen *nt*; **r. scheme** Sanierungsprogramm *nt*
reorganise *v*/*t* reorganisieren, umwandeln, umstrukturieren; *(Gesellschaft)*
umgründen; sanieren
rep. *n* *(coll)* (Außendienst)Vertreter *m*
repair *n* Reparatur *f*, Ausbesserung *f*,
Instandsetzung *f*; **r. and servicing** Reparatur und Wartung; **in bad r.** ⌂
baufällig; **in good r.** in gutem Zustand; *v*/*t* reparieren, instandsetzen; **r.
bill** Reparaturrechnung *f*; **r. cost(s)**
Reparaturaufwand *m*; **r. (work)shop**
Reparaturwerkstatt *f*
re|parcelling of land *n* ⚖ Flurbereinigung *f*; **r.partition** *n* (Gewinn)Verteilung *f*
repatriate *v*/*t*   *(ins Ursprungsland)*
transferieren, zurücküberweisen
repatriation *n* Rückführung *f*; Repatriierung *f*; **r. of capital** Kapitalrückführung *f*; **~ profits** Gewinntransfer *m*
repay *v*/*t*   zurückzahlen, z.erstatten;
(Schulden) abdecken, abtragen, tilgen
repayment *n*   (Zu)Rückzahlung *f*,
(Rück)Erstattung *f*, Amortisation *f*;
Tilgung(sleistung) *f*
repayment of capital/the principal Kapitalrückzahlung *f*; **~ a credit/loan** Tilgung eines Kredits; **~ debt** Rückzahlung einer Kapitalschuld; **~ debts**
Schuldentilgung *f*; **r. by/in instalments**
Rückzahlung in Raten; **r. of a mortgage** Tilgung/Rückzahlung einer Hypothek
advance/anticipated repayment vorzeitige Tilgung, Einlösung vor Fälligkeit;
scheduled r. planmäßige Tilgung

repayment claim Erstattungsantrag *m*,
Rückzahlungsanspruch *m*; **r. instalment** Rückzahlungs-, Tilgungsrate *f*;
r. mortgage Abzahlungs-, Tilgungshypothek *f*; **r. period** Tilgungszeitraum *m*; **r. terms** Tilgungsmodalitäten
repeat *n*   Wiederholung *f*; **r. order**
Nachbestellung *f*, Anschlußauftrag *m*
replace *v*/*t* auswechseln, erneuern
replacement *n* Ersatz(beschaffung) *m*/*f*,
Umtausch *m*, Wiederbeschaffung *f*;
Ersatzteil *nt*; **r. of fixed assets** Sachanlagenerneuerung *f*; **r. in kind** Naturalersatz *m*; **r. of plant** Ersetzung von
Anlagen
replacement   cost(s)   Wiederbeschaffungskosten; **r. fund** Wiederbeschaffungsrücklage *f*; **r. investment** Erhaltungsinvestitionen *pl*; **r. needs/requirements** Ersatzbedarf *m*; **r. order**
Auftrag zur Bestandsauffüllung; **r.
part** Ersatzteil *nt*; **r. price** Wiederbeschaffungspreis *m*; **r. purchase** Ersatzbeschaffung *f*; **r. reserve(s)** Wiederbeschaffungsrücklage *f*; **r. value** Wiederbeschaffungswert *m*
replenish *v*/*t* ergänzen, wieder auffüllen, aufstocken; **r.ment** *n* Ergänzung *f*, Ersatz *m*, Auffüllung *f*; **~ of
stocks** Bestandsauffüllung *f*, Lageraufstockung *f*
reply *n* (Rück)Antwort *f*, Beantwortung *f*; **looking forward to your r.**
(Brief) in Erwartung Ihrer Antwort;
in r. to your letter *(Brief)* in Beantwortung/Erwiderung Ihres Schreibens; **r. by return of mail/post** umwendende/umgehende Antwort; **prepaid r.** ✉ Freiantwort *f*; **prompt r.**
umgehende Antwort; **r. coupon** ✉
(Rück)Antwortschein *m*; **r. envelope**
Rückumschlag *m*;   **r.   paid**   ✉
(Rück)Antwort bezahlt,   Antwort
zahlt Empfänger
report *n* Bericht *m*, Meldung *f*; Gutachten *nt*,   Rechenschaftsbericht *m*;
(Bilanz) (Geschäfts)Abschluß *m*, (Finanz)Ausweis *m*; **r. and accounts** Geschäfts-, Rechenschaftsbericht *m*; **to
adopt the ~ accounts** *(HV)* Rechenschaftsbericht und Jahresabschluß annehmen; **to compile/draw up/prepare**

a **r.** Bericht erstellen/abfassen
annual report Abschluß-, Jahresbericht *m*, Jahresabschluß *m*; **consolidated** (~) **r.** Konzerngeschäftsbericht *m*; **financial r.** Finanz-, Geschäftsbericht *m*, Abschluß *m*; **interim r.** Halbjahres-, Zwischenbericht *m*; **monthly r.** Monatsausweis *m*; **qualified r.** eingeschränkter Bestätigungsvermerk, eingeschränktes Testat; **quarterly r.** Vierteljahres-, Quartalsbericht *m*; **social r.** Sozialbilanz *f*
report *v/t* berichten; bilanzieren, ausweisen; **r. to so.** jdm unterstellt sein, jdm unterstehen, an jdn berichten
reporting *n* Rechnungslegung *f*; Berichtswesen *nt*; **financial r.** Rechnungslegung *f*; **r. date** Berichtstermin *m*; **r. requirements** Publizitätspflicht *f*
re|**pository** *n* Deponie *f*, Endlagerstätte *f*; **r.possession** *n* [§] Wiederinbesitznahme *f*
representation *n* (Stell)Vertretung *f*; Protest *m*; Repräsentanz *f*; **r. allowance** Aufwandsentschädigung *f*; **r. expenditure** Repräsentationsaufwand *m*
representative *n* Stellvertreter *m*; Außendienstmitarbeiter *m*; **authorized r.** Bevollmächtigter *m*; **commercial r.** Handelsvertreter *m*; **general r.** Generalvertreter *m*, G.bevollmächtigter *m*; **lawful r.** gesetzlicher/rechtmäßiger Vertreter
reprivatiz|ation *n* (Re)Privatisierung *f*; **r.e** *v/t* (re)privatisieren
reprocess *v/t* wiederaufbereiten, w.verwerten; **r.ing plant** *n* Wiederaufbereitungsanlage *f*
reproduction *n* Ab-, Nachbildung *f*; Nachbau *m*
repudiat|e *v/t* ab-, zurückweisen; **r.ion** *n* Zurückweisung *f*; *(Vertrag)* (Erfüllungs)Verweigerung *f*, Unwirksamkeitserklärung *f*; ~ **of contract** Rücktritt vom Vertrag
repurchase *n* Rückkauf *m*, R.nahme *f*; **r. of securities** Wertpapierrückkauf *m*; *v/t* (zu)rückkaufen, z.nehmen; **r. clause** Rücknahmeklausel *f*; **r. cost(s)** Wiederbeschaffungskosten *pl*; **r. guarantee** Rücknahmegarantie *f*; **r. price**
Rücknahmepreis *m*; **r. value** Rückkauf(s)wert *m*
reputation *n* Ansehen *nt*, Ruf *m*; **commercial r.** geschäftliches Ansehen; **professional r.** berufliches Ansehen
request *n* Bitte *f*, Gesuch *nt*; Antrag *m*; **(up)on r.** auf Wunsch
request for delivery (of goods) Warenanforderung *f*; ~ **information** Auskunftsersuchen *nt*; ~ **a loan** Kreditantrag *m*; ~ **payment** Mahnschreiben *nt*; ~ **overdue performance** Inverzugsetzung *f*; ~ **a quotation** Preisanfrage *f*
to accede to a request; to comply with a r. einer Bitte entsprechen
request *v/t* (er)bitten, ersuchen um, auffordern; **as r.ed** *adj* wunschgemäß
require *v/t* benötigen, brauchen; verlangen; voraussetzen, erfordern; **r.d** *adj* erforderlich; **as r.d** nach Bedarf
requirement *n* Erfordernis *nt*, Voraussetzung *f*; **to meet r.s** Auflagen/Voraussetzungen erfüllen, den (An)Forderungen entsprechen, Bedarf decken
additional requirement(s) Mehrbedarf *m*; **current r.s** aktueller/laufender Bedarf; **financial r.s** Finanz-, Kapitalbedarf *m*; **legal r.s** Rechtsvorschriften; **minimum r.s** Mindestfordernisse; **monthly r.(s)** Monats-, Ultimobedarf *m*; **own/personal r.s** Eigenbedarf *m*; **seasonal r.s** Saisonbedarf *m*; **statutory r.s** gesetzliche Vorschriften
requirements planning (Material)Bedarfsplanung *f*
requisite *adj* erforderlich, notwendig
requisition *n* (Liefer-/Material)Anforderung *f*; Beschlagnahme *f*; *v/t* anfordern; beschlagnahmen; **r. note** Anforderungsschein *m*; **r. order** Beschlagnahmeanordnung *f*, B.verfügung *f*
reroute *v/t* umlenken; ⊠ nachsenden
resale *n* Wieder-, Weiterverkauf *m*, W.veräußerung *f*; **not for r.** nicht zum Weiterverkauf bestimmt, unverkäufliches Muster; **r. price** Wiederverkaufspreis *m*; ~ **maintenance** (vertikale) Preisbindung *f*, Preisbindung der zweiten Hand; **r. value** Wiederverkaufswert *m*

re|scheduling (of debts) Umfinanzierung *f*, Umschuldung *f*; **r.scind** *v/t* aufheben, stornieren, widerrufen; **r.scission** *n* [§] Rücktritt *m*, Widerruf *m*, Unwirksamkeitserklärung *f*; ~ **of contract** Vertragsanfechtung *f*, V.rücktritt *m*, Rücktritt vom Vertrag

rescue *n* Rettung *f*, Sanierung *f*; *v/t* retten, sanieren; **r. bid** Rettungs-, Sanierungsversuch *m*; **r. company** Auffanggesellschaft *f*; **r. deal** Sanierungsplan *m*; **r. operation** Rettung(saktion) *f*, Sanierung(smaßnahme) *f*; **r. package** Sanierungsprogramm *nt*

research *n* Forschung(sarbeit) *f*, Untersuchung *f*; **r. and development (R & D)** Forschung und Entwicklung (FE; F & E); ~ **spending** Ausgaben für Forschung und Entwicklung

applied research angewandte Forschung; **basic r.** Grundlagenforschung *f*; **committed r.** Auftragsforschung *f*; **economic r.** Wirtschafts-, Konjunkturforschung *f*; ~ **institute** Konjunktur(forschungs)-, Wirtschaftsforschungsinstitut *nt*; **occupational r.** Berufsforschung *f*; **operational r.** Operations Research (OR)

research budget Forschungshaushalt *m*; **r. contract** Forschungsauftrag *m*; **r. establishment** Forschungsstätte *f*; **r. expenditure(s)** Forschungsaufwand *m*; **r. project** Forschungsvorhaben *nt*; **r. work** Forschung(stätigkeit) *f*

resell *v/t* wieder-, weiterverkaufen

reservation *n* Reservierung *f*, Buchung *f*, (Vor)Bestellung *f*; [§] Vorbehalt *m*, Einschränkung *f*; **without r.** ohne Vorbehalt, vorbehaltlos; **r. price** Preisvorbehalt *m*; **r. of title (to goods)** Eigentumsvorbehalt *m*; **to make r.s** Vorbehalte anmelden

reserve *n* Reserve *f*, Rückstellung *f*; **r.s** Rücklagen

reserve for doubtful accounts Wertberichtigung für zweifelhafte Forderungen; ~ **amortization** Rückstellungen für Anlagenerneuerung; **r. against/for contingencies** Rückstellungen für unbekannte Risiken, ~ Eventualverbindlichkeiten; **r. for bad debts** Rück-

stellungen für uneinbringliche Außenstände, Abschreibung auf Forderungen; ~ **depreciation** Wertberichtigung auf das Anlagevermögen; ~ **depreciation of property, plant and equipment** Wertberichtigung auf das Sachanlagevermögen; ~ **sinking fund** Tilgungsrücklage *f*; ~ **contingent liabilities** Rückstellung für zweifelhafte Schuldner; ~ **loan losses** Sammelwertberichtigungen; ~ **pensions** Pensionsrückstellung *f*; ~ **renewals and replacements** Erneuerungsrücklage *f*; ~ **warranties** Rückstellung für Gewährleistungen

to appropriate to reserves den Rücklagen zuweisen, in die Rücklagen einstellen; **to build up r.s** Reserven aufstocken, Rücklagen bilden; **to capitalize r.s** Rücklagen in Kapital umwandeln; **to carry/transfer to r.s** den Rücklagen zuführen, Rücklagen dotieren; **to draw on the r.s** Rücklagen angreifen; **to liquidate/retransfer r.s** Rücklagen auflösen

actuarial reserve versicherungstechnische Rücklage; **appropriated r.s** zweckgebundene Rückstellungen; **available r.** freie Rücklage; **contingent r.s** Rückstellungen für ungewisse Verbindlichkeiten; **declared/disclosed r.(s)** offene/ausgewiesene Rücklage(n); **doubtful r.s** Rücklage/Reserve für zweifelhafte Forderungen; **extraordinary r.s** außerordentliche Rücklagen; **hidden/latent/secret/undisclosed r.s** stille Reserven; **minimum r.(s)** Mindestrücklage *f*, M.reserven *pl*; ~ **r. requirement** Mindestreservesatz *m*; **monetary r.(s)** Währungsbestände *pl*; **open r.s** offene Rücklagen; **recoverable r.s** ⚒ abbaubare/abbauwürdige Vorräte; **statutory r.s** gesetzliche Reserve(n), Mindestreserve *f*, satzungsmäßige Rücklage(n); **surplus r.s** Gewinnrückstellung *f*

reserve *v/t* vormerken, vorbestellen, reservieren (lassen)

reserve allocation Rückstellungszuführung *f*, Dotierung der Rücklagen; **r. assets** Währungsguthaben *nt*; **r. currency** Leit-, Reservewährung *f*; **r. de-**

posits Reserveguthaben *nt/pl*; **r. fund** Reserve(fonds) *f/m*, Kapitalreserve *f*; **r. holding(s)** Währungsreserven *pl*; **r. item** Rückstellungsposten *m*; **r. price** *(Auktion)* Mindestgebot *nt*; **r. ratio** Liquiditätssatz *m*, Deckungsrate *f*; **r. requirements** (Mindest)Reservevorschriften; **legal/statutory r. requirements** gesetzlich vorgeschriebenes Deckungsverhältnis; **r. stock(s)** Reservelager *nt*, eiserner Bestand

reship *v/t* wiederverfrachten, w.verladen

residence *n* Amts-, Wohnsitz *m*; Sitz *m*; **r. permit** Aufenthaltserlaubnis *f*; **r. taxation** Wohnsitzbesteuerung *f*

resident *n* (Haus-/Heim)Bewohner *m*, Einwohner *m*; *adj* wohnhaft, ansässig

residue *n* Rest(betrag) *m*; **r.s** Rückstände, Abfallstoffe

resign *v/i* ausscheiden; *(Stellung)* aufgeben, zurücktreten, Amt niederlegen; **r.ation** *n* Entlassungsgesuch *nt*, Kündigung *f*, Rücktritt *m*, (Amts-)Niederlegung *f*

resolution *n* Entschließung *f*; **ordinary r.** ordentlicher Beschluß, Beschluß mit einfacher Mehrheit

resort *n* Erholungs-, Urlaubsort *m*; **r. to** *v/i* Gebrauch machen von

resource *n* Hilfsmittel *nt*; **r.s** (Boden)Schätze, Ressourcen; Geldmittel; **to allocate r.s** Mittel zuweisen; **to pool r.s** Geldmittel zusammenlegen

financial resources finanzielle Mittel, Mittelausstattung *f*

human resources Arbeitskräfte(potential) *pl/nt*, Humankapital *nt*, Personal *nt*; ~ **department** *[US]* Personalabteilung *f*; ~ **management** Personalwesen *nt*; ~ **manager** *[US]* Personalleiter *m*, P.chef *m*

internal resources Eigen(finanzierungs)mittel; **liquid r.** flüssige Mittel; **mineral r.** Bodenschätze; **natural r.** Bodenschätze, Grundstoffe, originäre Produktionsfaktoren; ~ **industry** Grundstoffindustrie *f*; **own r.** Eigenmittel; **productive r.** Produktivkräfte, Produktionsfaktoren; **scarce r.** spärliche/knappe Mittel; **untapped r.** unge-

nutzte Rohstoffquellen

resource *v/t* mit Mitteln ausstatten; beschaffen

resource allocation (Betriebs-/Geld-)Mittelzuweisung *f*; **r.-hungry** *adj* rohstoffhungrig, mit hohem Rohstoffverbrauch; **r.-intensive** *adj* kapitalintensiv; arbeits-, rohstoff-, materialintensiv; **r. management** Betriebsmittelverwaltung *f*; **r. market** Faktormarkt *m*; **r. prices** Faktorpreise; **r. scheduling** Faktoreinsatzplanung *f*; **r. utilization** Mittelverwendung *f*

resourcing *n* Mittel-, Ressourcenbereitstellung *f*, (Mittel)Beschaffung *f*

respect|able *adj* ansehnlich, solide, angesehen; **r.ive** *adj* einschlägig, jeweilig

respite *n* (Nach-/Zahlungs)Frist *f*, Fristverlängerung *f*, (Zahlungs)Aufschub *m*; **r. on debts**; **r. for payment** Zahlungsaufschub *m*; **to apply for a r.** um Aufschub bitten; **to grant a r.** (Zahlungs)Aufschub bewilligen/gewähren, Zahlungsziel einräumen, Nachfrist setzen; **final r.** letzte Frist

respondent *n* Interviewter *m*, Befragter *m*

responsibility *n* Verantwortung *f*, Verantwortlichkeit *f*; Aufgabe(n)kreis *m*, Zuständigkeit *f*; **without any r.** ohne Gewähr (o.G.)

to accept/assume a responsibility Aufgabe / Gewährleistung / Haftung / Verantwortung übernehmen; **to decline r.** Haftung ablehnen; **to delegate r.** Verantwortung/Kompetenz delegieren; **to disclaim r.** Schuld/Verantwortung leugnen; **to take (on) the r.** Verantwortung/Haftung übernehmen

criminal responsibility Strafmündigkeit *f*; **joint and several r.** Solidarhaftung *f*; **managerial r.** Unternehmerverantwortung *f*

responsible *adj* verantwortlich, federführend, zuständig; **jointly and severally r.** gesamtschuldnerisch (haftend); **solely r.** alleinverantwortlich

rest *n* Ruhe(pause) *f*; Rest(saldo) *m*

re|state *v/t* umformulieren; *(Bilanz)* umbasieren; **r.stitute** *v/t* (zu)rückerstatten, rückgewähren

restitution *n* (Zu)Rückerstattung *f*,

Rückgabe *f*, Erstattung *f*; Schaden(s)ersatz *m*; **r. of the purchase price** Kaufpreiserstattung *f*; **liable to make r.** schaden(s)ersatz-, rückerstattungspflichtig; **r. claim** Schaden(s)ersatzanspruch *m*; **r. payment** Wiedergutmachungszahlung *f*

restock *v/t* (Bestand/Lager/Vorrat) wieder auffüllen, ~ aufstocken; **r.ing** *n* Lager-, Bestandsauffüllung *f*

rest period Arbeits-, Erholungs-, Ruhepause *f*

restraint *n* (Verfügungs)Beschränkung *f*, Zwang *m*; **r. of competition** Wettbewerbsbeschränkung *f*; ~ **price** (Preis)Embargo *nt*; ~ **trade** Handels-, Wettbewerbsbeschränkung *f*; **budgetary r.** Haushaltsbeschränkung *f*; **voluntary r.** freiwillige (Selbst)Beschränkung

restrict *v/t* beschränken, begrenzen

restriction *n* Begrenzung *f*, Be-, Einschränkung *f*

restriction of competition Wettbewerbsbeschränkung *f*, Einschränkung des Wettbewerbs; ~ **credit/loans** Kreditverknappung *f*; ~ **exports** Ausfuhrbeschränkung *f*; ~ **imports** Einfuhrbeschränkung *f*; ~ **trade** Handelsbeschränkung *f*

environmental restrictions Umweltauflagen; **financial r.** finanzielle Beschränkungen

re|strictive *adj* (wettbewerbs)beschränkend; **r.structure** *v/t* neu ordnen, reorganisieren, sanieren; umschulden

restructuring *n* Um-, Neustrukturierung *f*, Sanierung *f*, Strukturbereinigung *f*; **r. of assets** Vermögensumschichtung *f*; ~ **debts** Umschuldung *f*; **financial r.** Kapitalsanierung *f*, finanzielle Konsolidierung *f*; **r. aid** Struktur(bei)hilfe *f*

result *n* Ergebnis *nt*, Folge *f*, (Aus-)Wirkung *f*; **r.s** Erfolgszahlen; **to pay by r.s** nach Leistung (be)zahlen; **to turn in a r.** Ergebnis erzielen

balanced/break-even result ausgeglichenes Ergebnis, ausgeglichene Bilanz; **consolidated r.s** Konzernbilanz *f*, K.ergebnis *nt*; **corporate r.s** Unternehmensergebnis *nt*, U.leistung *f*; **di-**

visional r. Teilbetriebsergebnis *nt*; **financial r.** Rechnungsergebnis *nt*; **interim r.(s)** Halbjahres-, Zwischenergebnis *nt*; **non-operating r.** neutrales Ergebnis

résumé *n* *[frz.]* (tabellarischer) Lebenslauf *m*

resume *v/t* wiederaufnehmen

resumption *n* Wiederaufnahme *f*; **r. of business** Wiederaufnahme der Geschäftstätigkeit; ~ **dividends** Wiederaufnahme der Dividendenzahlung; ~ **work** Wiederaufnahme der Arbeit

retail *n* Einzelhandel *m*; **to sell (at) r.** im Einzelhandel verkaufen, wiederverkaufen; *v/t* im Einzelhandel verkaufen; **r. at** *v/i* im Einzelhandel kosten

retail arm Einzelhandels-, Vertriebstochter *f*; **r. association** Einzelhandelsverband *m*; **r. banking** Klein(kunden)-, Massengeschäft *nt*; **r. business** Einzelhandelsgeschäft *nt*, E.betrieb *m*; *(Bank)* Privat-, Kleinkundengeschäft *nt*; **r. chain** Einzelhandelskette *f*; **r. consumer** End-, Letztverbraucher *m*; **r. cooperative** Einzelhandelseinkaufsgenossenschaft *f*; **r. credit** Kundenkredit *m*; **r. customer** Einzelhandelskunde *m*; *(Bank)* Privatkunde *m*

retailer *n* Einzelhändler *m*, Wiederverkäufer *m*; **independent r.** selbständiger Einzelhändler; **specialized r.** Facheinzelhändler *m*

retail group (Einzel)Handelsgruppe *f*, E.konzern *m*; **r. industry** Einzelhandel *m*

retailing *n* Einzelhandel *m*

retail marketing Einzelhandelsvertrieb *m*; **r. merchant** Einzelhändler *m*; **r. operation** Einzelhandelsunternehmen *nt*, E.betrieb *m*; **r. outlet** Einzelhandelsgeschäft *nt*, E.verkaufsstelle *f*, E.betriebsform *f*

retail price Einzelhandels-, Laden(verkaufs)preis *m*; **recommended r. p.** empfohlener Einzelhandelspreis; **r. p. index** Einzelhandels(preis)-, Verbraucherpreisindex *m*; ~ **maintenance** Einzelhandelspreisbindung *f*, Preisbindung der zweiten Hand

retail sale Einzelhandelsverkauf *m*; **r. sales** Einzelhandelsumsätze; ~ **tax** Endverbrauchs-, Einzelhandelsumsatzsteuer *f*; **r. selling** Einzelhandels-, Ladenverkauf *m*

retail shop/store Einzelhandelsgeschäft *nt*, E.betrieb *m*; **single-line r. s.** Einzelhandelsfachgeschäft *nt*

retail trade Einzelhandel(sgewerbe) *m/nt*; **over-the-counter r. t.** stationärer Einzelhandel; **specialized r. t.** Facheinzelhandel *m*; **r. t. association** Einzelhandelsverband *m*

retail trader Einzelhändler *m*; **r. trading** Einzelhandel *m*

retain *v/t* (ein)behalten; *(Gewinne)* thesaurieren; **to be r.ed** zum Verbleib

retaliation *n* Vergeltung(smaßnahme) *f*

retention *n* Zurückbehaltung *f*, Rückbehaltungsrecht *nt*; Gehaltsabzug *m*; *(Vers.)* Eigen-, Selbstbehalt *m*, S.beteiligung *f*; **r. of earnings** Gewinneinbehaltung *f*, G.thesaurierung *f*; ~ **title** [§] Eigentumsvorbehalt *m*; **r. period** *(Akte)* Aufbewahrungszeitraum *m*

retire *v/ti* ausscheiden, in den Ruhestand treten, sich pensionieren lassen; *(Wechsel)* einziehen; tilgen; außer Betrieb nehmen; **r.d** *adj* im Ruhestand, pensioniert; **r.e** *n* Pensionär *m*, Rentner *m*

retirement *n* Ausscheiden *nt*, Pensionierung *f*, Ruhestand *m*; Einziehung *f*, Einzug *m*, Abgang *m*; Tilgung *f*, Rückkauf *m*; **r.s** Anlagenabgänge

retirement of assets Anlagenabgang *m*; ~ **bonds/debentures** Einlösung/Tilgung von Schuldverschreibungen; **r. from business** Geschäftsaufgabe *f*; **of a partner** Ausscheiden eines Gesellschafters; **r. by rotation** turnusmäßiges Ausscheiden; **r. of shares** Einzug von Aktien

eligible for retirement pensions-, rentenberechtigt

compulsory retirement Zwangspensionierung *f*; **early r.** Frühpensionierung *f*, Vorruhestand *m*, vorgezogene Altersgrenze; ~ **scheme** Vorruhestandsregelung *f*; **voluntary r.** freiwilliges Ausscheiden

retirement age Ruhestands-, Pensionsalter *nt*; **r. benefits/pay** Altersversorgung *f*, A.ruhegeld *nt*, A.bezüge *pl*, Pension *f*; **r. income** Ruhestandsbezüge *pl*; **r. insurance** Alters-, Ruhestandsversicherung *f*; **r. pension** (Alters)Ruhegeld *nt*, Altersrente *f*, A.versorgung *f*

retiring age *n* Pensions-, Ruhestandsalter *nt*

re|tool *v/t* neu ausrüsten, umrüsten; **r.train** *v/ti* umschulen

retraining *n* Umschulung *f*; **vocational r.** (berufliche) Umschulung *f*; **r. scheme** Umschulungsmaßnahme *f*

re|transfer *n* Rückschleusung *f*, R.überweisung *f*; *(Reserven)* Auflösung *f*; *v/t* (zu)rückübertragen, rücküberweisen; *(Reserven)* auflösen; **r.treat** *n* allgemeiner Kursrückgang; **r.trench** *v/ti* ein-, beschränken; *(Personal)* verringern, abbauen; **r.trenchment** *n* Ein-, Beschränkung *f*, Verminderung *f*; Betriebsverkleinerung *f*; Personalabbau *m*; **r.trieval** *n* Wiedergewinnung *f*; ⌨ Abruf *m*; **r.trieve** *v/t* wieder(auf)finden, w.gewinnen; ⌨ abrufen

retro|active *adj* rückwirkend; **r.cede** *v/t* zurückabtreten; **r.cession** *n* Rückabtretung *f*, R.übertragung *f*; **r.fit** *n* ⚙ nachträglicher Einbau

return *n* Rendite *f*, Ertrag *m*, (Bruttoumsatz)Erlös *m*, Verzinsung *f*, Gewinn *m*; Herausgabe *f*, Rückerstattung *f*; Rücksendung *f*, R.fracht *f*, Retoure *f*; (Bestands)Meldung *f*; Steuererklärung *f*; **r.s** (amtlicher) Ausweis/Bericht *m*; *(Bücher)* Remittenden, Retouren, Rückwaren; **by r. (of mail/post)** postwendend, umgehend, sofort; **in r. for** als Entgelt/Gegenleistung für

return on assets Betriebsrendite *f*; **gross ~ total assets** Gesamtkapitalrentabilität *f*; ~ **capital (employed/invested)**Kapitalertrag *m*, K.verzinsung *f*, Rentabilität *f*; **r. of check** *[US]*/**cheque** *[GB]* für lack of funds Scheckrückgabe mangels Deckung; **r. on equity** (Eigen)Kapitalrendite *f*, Verzinsung des Eigenkapitals; **r. of**

goods Warenrückgabe *f*; **r. on investment** Anlageertrag *m*, Kapitalrendite *f*; **r. to private ownership** (Re)Privatisierung *f*; **r. of premium** *(Vers.)* Beitragsrückvergütung *f*, B.rückerstattung *f*; **r. on sales** Umsatzrendite *f*; **r.s to scale** Skalenerträge; **r. on shares** *[GB]*/**stocks** *[US]* Aktienrendite *f*; **r. to work** Wiederaufnahme der Arbeit; **r. on net worth** Eigenkapitalrendite *f* **yielding a high return** ertragsstark; ~ **a low r.** ertragsschwach

to file joint return|s gemeinsame Einkommen(s)steuererklärung abgeben; **to yield a r.** sich verzinsen/rentieren

annual return|(s) Jahresbericht *m*, J.ausweis *m*; Jahresaufstellung *f*; **average r.** Durchschnittsrendite *f*; **consolidated r.s** Konzerngeschäftsbericht *m*; **current r.s** laufende Erträge; **diminishing r.(s)** abnehmender Ertrag, Ertragsrückgang *m*; **fair r.** angemessene Rendite; **joint r.(s)** gemeinsame Steuererklärung, Zusammenveranlagung *f*; **marginal r.** Grenzprodukt *nt*, G.ertrag *m*; **monthly r.** Monatsübersicht *f*, M.ausweis *m*; **net r.** effektive Verzinsung; **nominal r.** Nominalverzinsung *f*; **official r.s** amtliche (statistische) Angaben; **separate r.s** getrennte Steuererklärung/Veranlagung

return *v/ti* zurückbringen, z.erstatten, rücksenden

returnable *adj* mit (Flaschen)Pfand, Mehrweg-; **not r.** keine Rücknahme, Einweg-

return assignment Rückabtretung *f*; **r. cargo/consignment/freight** Rückfracht *f*, R.sendung *f*; **r.s outwards** Retouren an Lieferanten; **r. unsatisfied** *(Konkurs)* mangels Masse

re|usable *adj* wiederverwendbar, w.verwertbar; **r.use** *v/t* wiederverwenden

revaluation *n* Neubewertung *f*, N.berechnung *f*; Aufwertung *f*; **r. of assets** Neubewertung des Anlagevermögens; ~ **stocks** Neubewertung der Vorräte; **r. gain(s)** Aufwertungsgewinn *m*; **r. loss** Aufwertungsverlust *m*; **r. reserves** Neubewertungsrücklage *f*

revalue *v/t* neu bewerten; aufwerten

revenue|(s) *n* Einkünfte *pl*, Einkom-

men *nt*, (Staats)Einnahmen *pl*, (Steuer)Aufkommen *nt*, (Umsatz)Erlös *m*; Finanzverwaltung *f*, F.amt *nt*; **r. from capital employed** Anlage-, Vermögensertrag *m*; **r.s and expenditures** (Staats)Einnahmen und (S.)Ausgaben; **to defraud the r.** Steuer(n) hinterziehen; **to tax r. at source** Einkünfte an der Quelle besteuern/steuerlich erfassen

declared revenue ausgewiesene Einkünfte; **earned r.** realisierter Gewinn; **fiscal r.s** Steuereinnahmen; **lost r.** Steuer-, Einnahmeverlust *m*; **non-operating r.(s)** betriebsfremde Einkünfte, neutrale Erträge; **public r.** Staatseinkünfte *pl*, Einkünfte der öffentlichen Hand; **total r.** Gesamterlös *m*, Mittel-, Finanzaufkommen *nt*; Steueraufkommen *nt*

revenue account Einnahme-, Erlöskonto *nt*, Gewinn- und Verlustkonto *nt*; **r. and expense accounts** Erfolgskonten, Aufwands- und Ertragskonten; **r. authority** Finanz-, Steuerbehörde *f*; **r. freight** zahlende Fracht/Ladung; **r. growth** Ertragswachstum *nt*; **r. item** Einnahme-, Ertragsposten *m*; **r. load factor** Nutzladefaktor *m*; **r. loss** Steuerverlust *m*; Erlösausfall *m*; **r. office** Steuer-, Finanzamt *nt*; **r. officer/official** Finanz-, Steuerbeamter *m*; **r. reserve(s)** Ertragsrücklage *f*; **r. shortfall** Einnahme-, Steuerausfall *m*, (Steuer)Mindereinnahme *f*; **r. stamp** Gebühren-, Steuermarke *f*; **r. surplus** Steuer-, Einkommensüberschuß *m*

reversal *n* Umkehr *f*; Storno *m/nt*, Stornierung(sbuchung) *f*

reverse *n* Rückseite *f*; **on the r.** umstehend, umseitig; *v/ti* stornieren; §] aufheben

review *n* Nach-, Überprüfung *f*, Revision *f*; Überblick *m*; **r. of the market** Markt-, Börsenbericht *m*; **annual r.** Jahresbilanz *f*, J.übersicht *f*; **judicial r.** §] Revision *f*, gerichtliche Nachprüfung, Normenkontrolle *f*; **monthly r.** Monatsbericht *m*; *v/t* nach-, überprüfen; §] revidieren

revise *v/t* revidieren, überprüfen; nach-, über-, umarbeiten; **r. down-**

(wards)/up(wards) nach unten/oben korrigieren

revision n Nach-, Überprüfung f; Über-, Umarbeitung f, Neufassung f, Revision f; **subject to r.** Änderungen/ Berichtigung vorbehalten; **r. of charges** Tarifreform f; ~ **prices** Preisberichtigung f, P.korrektur f

revival n (Neu)Belebung f, Erholung f, (Wirtschafts-/Konjunktur)Aufschwung m; **r. of demand** Nachfragebelebung f; ~ **a policy** (Vers.) Wiederaufleben einer abgelaufenen Police; **economic r.** Konjunkturaufschwung m, konjunkturelle Belebung

revive v/ti wieder/neu beleben, erholen

revocation n Widerruf m, Aufhebung f, Annullierung f; **r. of a contract** Vertrags(auf)kündigung f, Rücktritt vom Vertrag; ~ **a letter of credit** Akkreditivwiderruf m; ~ **an offer** (Zu)Rücknahme eines Angebots

re|voke v/t annullieren, aufheben, widerrufen, stornieren; **r.volve** v/i (Lagerbestand) sich periodisch erneuern; (Kredit) erneuern; **r.volving** adj revolvierend; **r.ward** n Prämie f, Belohnung f, Entgelt nt; ~ **package** Vergütung f; **r.work** n Nacharbeit f, N.besserung f; v/t nach-, überarbeiten

rider n Zusatz(klausel) m/f, (Policen)Nachtrag m; (Wechsel)Anhang m; Reiter(chen) m/nt

right n (An)Recht nt, Berechtigung f; Bezugsrecht nt; (Vers.) (Leistungs)Anspruch m; **as of r.**; **by r.(s)** rechtmäßig, von Rechts wegen; **cum r.s** (cr); **r.s on** inklusive/mit Bezugsrecht; **ex r.** (xr) ohne/ex Bezugsrecht

right of access [§] Zugangsrecht nt; ~ **appeal** Beschwerde-, Einspruchsrecht nt, Rechtsmittel nt; ~ **(free) association** Koalitions-, Organisationsrecht nt; ~ **avoidance** Rücktrittsrecht nt; **r. to benefits** Leistungsanspruch m; ~ **inspect books (and records)** Recht auf Prüfung der Bücher; ~ **establish a business**; **r. of establishment** Niederlassungsrecht nt, N.freiheit f; **r. of command**; **r. to issue instructions** Weisungsbefugnis f, W.recht nt; **r. to compensation** Vergü-

tungsanspruch m; ~ **(recover) damages** Recht auf Schaden(s)ersatz, Ersatzanspruch m; ~ **delivery** Auslieferungsanspruch m; **r. of disposal** Veräußerungs-, Verfügungsrecht nt; ~ **disposition** Verfügungsrecht nt; **r. to (receive) a dividend** Dividendenanspruch m, D.berechtigung f; **r.s and duties** Rechte und Pflichten; **r. of enjoyment** Genußrecht nt; **r. to inspect** Prüfungsrecht nt, Recht auf Einsichtnahme; **r.s and liabilities** Rechte und Pflichten; **r. of (free) movement** Freizügigkeit f; ~ **option** Bezugs-, Optionsrecht nt; ~ **ownership** Besitz-, Eigentumsrecht nt; **r. to performance** Erfüllungsanspruch m; ~ **demand contractual performance** Recht auf Leistung; **r. of/to possession** Besitz-, Eigentumsanspruch m; **r. of pre-emption** Vorkaufsrecht nt; ~ **purchase** (An)Kaufrecht nt; ~ **recourse** Regreßrecht nt, R.anspruch m; ~ **recovery** Schaden(s)ersatzanspruch m; ~ **redemption** Tilgungs-, Ablösungrecht nt; **r. to refund** Rückerstattungsanspruch m; **r. of first refusal** Vorkaufsrecht nt; ~ **renewal** Prolongationsrecht nt; ~ **repurchase** Wiederkaufs-, Rückkaufsrecht nt; **r. to (claim) restitution** Anspruch auf Herausgabe; **r. of retention** Zurückbehaltungsrecht nt; ~ **settlement** Niederlassungsrecht nt, N.freiheit f; **r. to strike** Streikrecht nt; **r. of way** Wegerecht nt; **r. to withhold** Zurückbehaltungsrecht nt; ~ **work** Recht auf Arbeit

all rights reserved alle Rechte vorbehalten

to assign a right (to) Recht/Anspruch abtreten; **to be within one's r.s** im Recht sein; **to exercise a r.** Recht ausüben, von einem ~ Gebrauch machen; **to forfeit a r.** Recht verwirken; **to grant the exclusive r. of sale** Alleinverkaufsrecht vergeben; **to relinquish/ waive a r.** auf ein Recht/eine Forderung verzichten; **to reserve the r.** sich das Recht vorbehalten

accrued right|s (Vers.) erworbene Rechte; **acquired r.s** (wohl)erworbene

Rechte, Besitzstand *m*; **beneficial r.** Nutznießungsrecht *nt*, Nießbrauch(srecht) *m/nt*; **contingent r.** Anwartschaft(srecht) *f/nt*; **contractual r.** verbrieftes Recht, Vertragsrecht *nt*; **customary r.** Gewohnheitsrecht *nt*; **exclusive r.** Allein-, Ausschließlichkeitsrecht *nt*; ~ **r.s clause** Alleinvertriebs-, Wettbewerbsklausel *f*; **managerial r.s** Befugnisse/Kompetenzen der Unternehmensleitung; **mineral r.** Abbau-, Schürfrecht *nt*; **participating r.s** Gewinnberechtigung *f*; **possessive/ possessory r.** Recht auf Besitz, Besitzrecht *nt*; **pre-emptive r.** Vorkaufsrecht *nt*; *(Aktie)* Optionsrecht *nt*; **preferential r.** Vor(zugs)recht *nt*, Absonderungsanspruch *m*; **proprietary r.** Eigentums-, (Marken)Schutz-, Urheberrecht *nt*; **protective r.** Schutzrecht *nt*; **statute-barred r.** verjährter Rechtsanspruch; **statutory r.** (gesetzlich) verbrieftes Recht; **third-party r.s** Rechte Dritter; **usufructuary r.** Nießbrauch(srecht) *m/nt*; **vested r.s** Besitzstand *m*

rights issue Bezugsrechtsemission *f*; **r. offer** Bezugs(rechts)angebot *nt*

ring *n* ✆ Anruf *m*; **r.ing tone** *n* ✆ Rufzeichen *nt*

rise *n* (Kurs-/Lohn-/Preis)Anstieg *m*, Erhöhung *f*, Zunahme *f*; *(Börse)* Befestigung *f*, Hausse *f [frz.]*; **r. in the bank rate** Zins-, Diskonterhöhung *f*; ~ **costs** Kostenanstieg *m*; ~ **interest rates** Zinsauftrieb *m*, Z.anstieg *m*; ~ **prices** Preisanstieg *m*, P.auftrieb *m*; **to buy/operate for a r.** auf Hausse spekulieren; **inflationary r.** verstärkter Inflationsauftrieb; *v/i* (an)steigen, anziehen

risk *n* (Versicherungs)Risiko *nt*, Wagnis *nt*, Deckungsgegenstand *m*; **at one's own r.** auf eigene Gefahr; **r. of default/non-payment** Ausfallrisiko *nt* **to accept/bear a risk** Risiko übernehmen; **to cover a r.** Risiko abdecken; **to insure o.s against a r.** sich gegen ein Risiko versichern; **to spread r.s** Risiken streuen; **to underwrite a r.** Risiko versichern

all risk|s (a/r; A/R) alle Risiken/Gefahren; **against ~ r.s (a.a.r.)** gegen alle Risiken/Gefahren; **commercial r.** Geschäftsrisiko *nt*; **entrepreneurial r.** Unternehmenswagnis *nt*; **excepted/excluded r.** unversichertes/ausgeschlossenes Risiko; **fair/good/insurable r.** versicherbares Risiko; **insured r.** versichertes Wagnis; **marine r.** Seegefahr *f*; **occupational/professional r.** Berufsrisiko *nt*; **own r.** Selbstbehalt *m*, S.beteiligung *f*; **third-party r.** Haftpflichtrisiko *nt*; **unexpired r.** noch bestehendes Risiko; **unexperienced r.** ungedecktes Risiko

risk appraisal/assessment Risikobewertung *f*; **r. capital** Risiko-, Haft-, Wagniskapital *nt*; ~ **financing** Risikokapitalfinanzierung *f*; **r. cover(age)/covering** Risikoabsicherung *f*; **r. premium** Gefahren-, Risikoprämie *f*, Wagniszuschlag *m*; **r. sharing** Risikoausgleich *m*; **r. spreading** Risikostreuung *f*; **r. underwriting** Risikoversicherung *f*

rival *n* Rivale *m*, Konkurrent *m*, Wettbewerbsteilnehmer *m*; *v/i* konkurrieren, in Wettbewerb treten; **r. brand** Konkurrenzmarke *f*; **r. firm** Konkurrenzfirma *f*; **r. goods** Konkurrenzartikel; **r. product** Konkurrenzerzeugnis *nt*, K.produkt *nt*

river *n* Fluß *m*, Strom *m*; **r. bill of lading** Flußladeschein *m*; **r. craft** Flußfahrzeug *nt*; **r. port** Flußhafen *m*

road *n* Straße *f*; **by r.** per Straße, im Straßentransport

road haulage/transport Straßentransport *m*, S.güterverkehr *m*, Transport per LKW; ~ **company**; **r. haulier** Spediteur *m*, Straßengüterverkehrs-, Straßentransportunternehmen *nt*; **r. network** Straßennetz *nt*; **r. tax** Kraftfahrzeugsteuer *f*, Kfz-Steuer *f*; **r. toll** Straßenzoll *m*, Maut *f*; **r. vehicle** Straßenfahrzeug *nt*; **commercial r. vehicle** Nutzfahrzeug *nt*

robbery *n* Raub, räuberischer Diebstahl

room *n* Zimmer *nt*; **r. for manoeuvre** Bewegungs-, (Handlungs)Spielraum *m*; **commercial r.** *(Hotel)* Besprechungs-, Konferenzzimmer *nt*

roster *n* Dienst-, (Personal)Einsatzplan *m*; **r.ing** *n* Personaleinsatz(planung) *m/f*

rotation *n* Wechsel *m*; **in/by r.** der Reihe nach; **r. of crops** ⚒ Fruchtwechsel *m*; ~ **staff** Stellenrotation *f*

rotten *adj* *(Lebensmittel)* verdorben, schlecht

round *n* Runde *f*; **r. of farm prices** *(EG)* Agrarpreisrunde *f*; ~ **interest rate cuts** Zinssenkungsrunde *f*; ~ **wage claims** Lohn-, Tarifrunde *f*; **r. (off)** *v/t* π (auf-/ab)runden

route *n* Route *f*, Beförderungs-, Transportweg *m*; *v/t (Ware)* befördern; **r. diagram** Flußbild *nt*, Ablaufdiagramm *nt*; **r. salesman** Fahrverkäufer *m*; **r. schedule** Tourenplan *m*; **r. sheet** Fertigungsablaufplan *m*

routine *n* (Geschäfts)Routine *f*; **r. business** normale Geschäftssache, Routineangelegenheit *f*; **r. inspection** planmäßige Prüfung; **r. job/work** regelmäßig anfallende Arbeit

routing *n* Routenplanung *f*, R.verlauf *m*, Streckenführung *f*; ⚒ Ablaufplanung *f*; **r. slip** Laufzettel *m*

royalty *n* Autoren-, Erfinder-, Erfolgsanteil *m*, Lizenz-, Patentabgabe *f*, Honorar *nt*; **royalties** Lizenzeinkünfte, Konzessionseinnahmen, Urheberrechtslizenzen; **r. payment** Lizenzzahlung *f*

R.S.V.P. (répondez s'il vous plaît) *[frz.]* um Antwort wird gebeten (u.A.w.g.)

rubber *n* Gummi *m*, Kautschuk *m*; **r. check** *[US]* ungedeckter Scheck; **r. exchange** Kautschukbörse *f*; **r.-stamp** *v/t* (routinemäßig) abstempeln, genehmigen

rubbish *n* → **refuse, waste** Abfall *m*, Müll *m*; Ramsch *m*, wertloses Zeug; **r. dump/tip** Müllhalde *f*, M.kippe *f*

rule *n* Regel *f*, Norm *f*, Grundsatz *m*; Verfügung *f*, Vorschrift *f*

rule|s of competition Wettbewerbsordnung *f*; ~ **conduct** Verhaltens(maß)regeln; ~ **practice** Verfahrensvorschriften; ~ **procedure** Geschäfts-, Verfahrensordnung *f*; **r.s and regulations** Durchführungsbestimmungen, Geschäftsordnung *f*, G.bedingungen; **r. of thumb** *(fig)* Faustregel *f*; **r.s of work** Arbeitsrichtlinien, A.ordnung *f*

to act according to the rule|s nach den Bestimmungen verfahren; **to break/contravene a r.** gegen eine Vorschrift/ein Gebot verstoßen; **to relax r.s** Bestimmungen lockern; **to work to r.** nach Vorschrift arbeiten, Dienst nach Vorschrift tun

binding rule|s zwingende Vorschriften; **procedural r.s** Geschäftsordnung *f*; **standing r.** feste Regel

rule *v/ti* anordnen, bestimmen, entscheiden, verfügen

rule book Betriebsordnung *f*

ruling *n* 🔢 (Gerichts)Entscheidung *f*, Urteil *nt*

rummage *n* Ausschuß *m*, Ramsch *m*; **r. (around)** *v/i* (durch)stöbern, (d.)wühlen; **r. goods** Ramsch(ware) *m/f*, Ausschußware *f*; **r. sale** Ramschverkauf *m*

rump company *n* Rumpfgesellschaft *f*; **r. year** Rumpfgeschäftsjahr *nt*

run *n* Fahrt *f*; große/stürmische Nachfrage, Ansturm *m*; ⚒ Serie *f*, (Maschinen)Durchlauf *m*; **r. on a bank** Bankpanik *f*; **r. of business** Geschäftsgang *m*; Konjunkturverlauf *m*; **empty r.** Leerfahrt *f*; **short r.** kleine Serie

run *v/ti* (ver)laufen, fahren; leiten, (be)wirtschaften, betreiben; **r. back** *(Produktion)* zurückfahren; **r. down** herunterwirtschaften

rundown *n* Geschäftsauflösung *f*, Abbau *m*, Abwicklung *f*, Stillegung *f*; Übersicht *f*, Zusammenfassung *f*; **r. of production** Produktionskürzung *f*; ~ **stocks** Lager-, Vorratsabbau *m*; *adj* heruntergekommen, h.gewirtschaftet

runner *n* Bote *m*, Laufbursche *m*; Verkaufsschlager *m*, gängiger Artikel

running *n* Betrieb(sführung) *m/f*, Leitung *f*; **r. of a period/term** Lauf einer Frist; **r. expenses** laufende Kosten, Betriebsaufwendungen

rush *n* (Massen)Andrang *m*, Ansturm *m*, Hochbetrieb *m*, stürmische Nachfrage; **r. of business** Geschäftsdrang *m*; ~ **customers** Käuferandrang *m*, K.ansturm *m*; ~ **orders**

Auftragsschub *m*, A.stoß *m*, rege Nachfrage; *v/ti (Kurse)* in die Höhe treiben; überstürzen; **r. delivery** Eilzustellung *f*; **r. hour** Hauptverkehrs-, Stoßzeit *f*; **r. job** Dringlichkeits-, Stoßauftrag *m*; Schluderarbeit *f*; **r. order** Eil-, Stoßauftrag *m*

rust *n* Rost *m*; **r.belt** *n [US]* altes Industriegebiet; ~ **industry** Altindustrie *f*

S

sack *n* Sack *m*, Beutel *m*; *(coll)* Rausschmiß *m (coll)*; *v/t* in Säcke/Tüten abfüllen; *(coll)* entlassen, feuern *(coll)*

safe *n* Tresor *m*, Geldschrank *m*, Bank(schließ)fach *nt*, Panzerschrank *m*; *adj* sicher, gefahrlos; **to keep s.** (sicher) aufbewahren; **s. box** Schließfach *nt*; **s. custody** → **custody** (Depot-) Aufbewahrung *f*

safeguard *n* Vorkehrung *f*, Vorsichtsmaßnahme *f*; Garantie *f*; *v/t* sicherstellen, gewährleisten

safeguarding *n* (Ab)Sicherung *f*; **s. of credits** Kreditbesicherung *f*; ~ **the currency** Währungssicherung *f*; ~ **interests** Wahrnehmung/Wahrung von Interessen; ~ **jobs** Arbeitsplatzsicherung *f*; ~ **rights** Wahrung der Rechte

safekeeping *n* (sichere) Verwahrung *f*, Aufbewahrung *f*; **s. of securities** Effektenverwahrung *f*; **s. period** Aufbewahrungsfrist *f*

safety *n* Sicherheit *f*, Schutz *m*; **s. at work; industrial s.** Arbeitsschutz *m*; **s. bond** Kaution *f*, Sicherheitsleistung *f*; **s. deposit** Kaution *f*; **s. engineer** Sicherheitsingenieur *m*; **s. hazard** Gefahrenquelle *f*; **s. officer** Sicherheitsbeauftragter *m*; **s. regulations** Sicherheitsbestimmungen, Unfallverhütungsvorschriften; **s. standards** Sicherheitsanforderungen; **s. stock** eiserner Bestand

sail *v/i* ⚓ (ab)fahren, auslaufen; **s.ing** *n* Abfahrt *f*, Auslaufen *nt*; ~ **date** Abfahrts-, Auslaufdatum *nt*

salability *n* → **saleability**

salable *adj* → **saleable**

salary *n* Gehalt *nt*, Besoldung *f*, Vergütung *f*, Dienstbezüge *pl*; **s. and benefits package** Gehalt und sonstige Zuwendungen; **salaries and wages** *(Bilanz)* Personalkosten, Löhne und Gehälter; **s. negotiable** *(Anzeige)* Gehalt Verhandlungssache; **annual s.** Jahresgehalt *nt*; **base s.** Grund-, Sockelgehalt *nt*, Fixum *nt*; **starting s.** Anfangsgehalt *nt*

salary advance Gehaltsvorschuß *m*; **s. bracket/group/level** Gehaltsstufe *f*, Besoldungsgruppe *f*; **s. claim/demand** Gehaltsforderung *f*, G.anspruch *m*; **s. cut** Gehaltskürzung *f*; **s. earner** Gehaltsempfänger *m*, Angestellter *m*; **s. increase** Gehaltserhöhung *f*; **s. increment** automatische Gehaltserhöhung; **s. package** (Gesamt)Vergütung *f*; **s. statement** Gehaltsabrechnung *f*; **s. structure** Gehaltsgefüge *nt*

sale *n* Verkauf *m*, Kaufabschluß *m*, Vertrieb *m*; Aus-, Schlußverkauf *m*; **s.s** Absatz *m*, Umsatz *m*, (Umsatz)Erlöse; *(Börse)* Abgaben; **for/on s.** zu verkaufen, im Angebot

sale for the account Verkauf gegen (Zahlungs)Ziel *m*; **s. on account** Verkauf mit Anzahlung/auf Rechnung; ~ **approval** Kauf auf/nach Probe; **s. of assets** Vermögensveräußerung *f*, Anlagenabgang *m*; **s. by auction** Auktion *f*; ~ **the bulk** (Ver)Kauf in Bausch und Bogen; **s. of business** Geschäfts-, Betriebsveräußerung *f*; ~ **a business as a going concern** Geschäftsveräußerung im ganzen; **s. against cash in advance** Vorauszahlungsgeschäft *nt*; **s. on commission** Kommissionsverkauf *m*; **s. by private contract** Frei(hand)verkauf *m*; **s. (at) below cost price** Unterpreisverkauf *m*, Verkauf unter Selbstkosten(preis); **s. on credit (terms)** Verkauf auf Ziel; **s. by description** Gattungs-, Spezifikationskauf *m*; **s. or exchange** Kauf mit Umtauschrecht; **s. with all faults** Kauf wie es steht und liegt; **s. on hire purchase terms** Teilzahlungsverkauf *m*; ~ **inspection** Kauf wie besehen; **s. by lot**

Partiekauf *m*; **s. in the open market** freie Veräußerung, freihändiger Verkauf; **s. to pattern** Kauf nach Muster; **s. or return** Kauf mit Rückgaberecht; **s. by/to sample** Kauf nach Muster, Probeverkauf *m*; **s. subject to existing tenancies** [§] Kauf bricht nicht Miete; **s. by tender** Submissionsverkauf *m*; **s. only to the trade** Verkauf nur an Wiederverkäufer; **s. by private treaty** Frei(hand)verkauf *m* **not for sale** unverkäuflich, nicht verkäuflich; **on s.** im Kommission, mit Rückgaberecht; **going cheap for a quick s.** umständehalber billig abzugeben; **slow of s.** schwer verkäuflich; **s. as seen** Kauf wie besehen **to be (up) for sale** zum Verkauf (an)stehen; **to cancel a s.** Kauf rückgängig machen, vom Kaufvertrag zurücktreten; **to find no s.** keine Abnehmer finden; **~ a ready s.** guten Absatz finden, sich gut verkaufen lassen; **to increase s.s** Absatz/Umsätze steigern; **to offer for s.** zum Kauf anbieten, zum Verkauf stellen; **~ subject to change without notice; ~ without obligation** freibleibend zum Verkauf stellen; **to put up for s.** zum Verkauf anbieten **annual sale|s** Jahresabsatz *m*, J.umsatz *m*; **bearish s.** *(Börse)* Baisse-, Leerverkauf *m*; **brisk s.(s)** lebhafter/ reger Absatz; **bulk s.** Massenabsatz *m*, (Ver)Kauf in Bausch und Bogen; **closing-down s.** Totalausverkauf *m* (wegen Geschäftsaufgabe), Räumungs-(aus)verkauf *m*; **conditional s.** (Ver-)Kauf unter Vorbehalt; **declining/dwindling/falling s.s** Absatzrückgang *m*, A.schwund *m*, rückläufige Umsatzentwicklung; **direct s.** Direktverkauf *m*, D.vertrieb *m*; **end-of-season s.** (Saison)Schlußverkauf *m*; **exclusive s.** Alleinverkauf *m*, A.vertrieb *m*; **external s.s** Außen-, Fremdumsatz *m*; **forced s.** Zwangsverkauf *m*; **foreign s.s** Auslandsumsatz *m*; **forward s.** *(Börse)* Terminverkauf *m*; **high-street s.s** Einzelhandelsumsätze; **incremental s.s** Absatzwachstum *nt*; **outright s.** (Ver)Kauf in Bausch und Bogen; **over-the-counter s.** *(Börse)* Verkauf

im Freiverkehr, Schalter-, Tafelgeschäft *nt*; **prior s.** Zwischenverkauf *m*; **subject to ~ s.** Zwischenverkauf vorbehalten; **short s.** *(Börse)* Baisse-, Leerverkauf *m*; **slow s.** schleppender Absatz; **total s.s** Gesamtabsatz *m*, G.umsatz *m*

sale|ability *n* Verkäuflichkeit *f*, Marktfähigkeit *f*; **s.able** *adj* verkäuflich, marktfähig, marktgängig **sales abroad** Auslandsabsatz *m*, A.umsatz *m*; **s. account** Verkaufsabrechnung *f*; **s. agency** Vertriebs-, Verkaufsstelle *f*; *(Bier)* Verlag *m*; **s. agent** (Handels-/Verkaufs)Vertreter *m*; **s. agreement** Kauf(vertrag) *m*; **s. area** Verkaufsfläche *f*; Vertretergebiet *nt*, V.bezirk *m*; **s. assistant** Kaufmannsgehilfe *m*, Verkäufer *m*; **s. branch** Verkaufsniederlassung *f*, V.stelle *f*; **s. breakdown** Absatz-, Umsatzgliederung *f*; **s. campaign** Werbefeldzug *m*; **s. channel** Vertriebs-, Absatzweg *m*; **s. commission** Absatz-, Umsatzprovision *f*; **s. company** Verkaufsfirma *f*, Vertriebsgesellschaft *f*; **s. contract** (Kauf)Vertrag *m*; **s. cost(s)** Vertriebskosten; **s. department** Verkauf *m*, Vertriebsabteilung *f*; **s. director** Verkaufsdirektor *m*, Vertriebsleiter *m*; **s. division** Verkaufs-, Vertriebsabteilung *f*; **s. drive** Absatzkampagne *f*; **s. expectations** Absatzerwartungen; **s. figures** Verkaufs-, Absatzzahlen; **s. force** Verkaufs-, Vertriebspersonal *nt*, Außendienst(organisation) *m/f*; **s. forecast** Umsatzprognose *f*; **s.girl** *n* Verkäuferin *f*; **s. growth** Absatz-, Umsatzwachstum *nt*; **s. ledger** Debitorenbuch *nt*; **s. letter** Werbebrief *m*, W.schreiben *nt*; **s. literature** Verkaufsprospekte *pl*, Prospektmaterial *nt*; **(travelling) s.man** *n* Vertreter *m*, Handelsreisender *m*, Verkäufer *m* (im Außendienst); **s. management** Vertriebs-, Verkaufsleitung *f*; **s. manager** Verkaufs-, Vertriebsleiter *m*; **s.manship** *n* Verkaufstechnik *f*, V.talent *nt*; **s. manual** Vertriebshandbuch *nt*; **s. mix** Absatzprogramm *nt*, Sortiment *nt*; **s. note** Verkaufsabrechnung *f*; **s. office** Vertriebsstelle *f*, Fabrikniederlassung *f*; **s. organisation** Verkaufs-, Vertriebsorganisation *f*; **s. outlet** Verkaufsstätte *f*, Vertriebsstelle *f*, Absatzventil *nt*; **s. patter** *(coll)* Verkaufsgespräch *nt*; **s. pattern** Käuferverhalten *nt*; **s. pitch** Verkaufstechnik *f*, V.masche *f (coll)*; **s. potential** Aufnahmefähigkeit des Marktes

sale price (Aus)Verkaufspreis *m*; **s.s p.** Veräußerungs-, (End)Verkaufspreis *m*

sales promotion Absatz-, Vertriebsförderung *f*; **s. prospects** Absatzchance(n) *f/pl*, A.erwartungen; **s. record** Verkaufserfolg *m*, Vertriebsergebnis *nt*; **s. representative** (Handels)Vertreter *m*; **s. restrictions** Vertriebs-, Absatzbeschränkungen; **s. returns** Rücksendungen, Retouren; **s. revenue(s)** Umsatz-, Absatzergebnis *nt*, Verkaufserlös *m*; **s. shortfall** Absatz-, Umsatzausfall *m*; **s. slip** Kassenbon *m*; **s. staff** Verkaufspersonal *nt*; **s. statistics** Absatz-, Verkaufsstatistik *f*; **s. talk** Verkaufs-, Werbegespräch *nt*; **s. tax** (Waren)Umsatz-, Verkaufssteuer *f*; ~ **refund** Umsatzsteuerrückerstattung *f*; **s. territory** Vertriebs-, Verkaufsgebiet *nt*; **s. trend** Absatz-, Umsatzentwicklung *f*; **s. volume** Absatzvolumen *nt*, Mengenabsatz *m*

salvage *n* ⚓ (Schiffs)Bergung *f*; *(Altmaterial)* Wiedergewinnung *f*; *v/t* bergen, retten; *(Altmaterial)* verwerten; **s. value** Rest-, Veräußerungs-, Realisationswert *m*

sample *n* (Material-/Waren)Probe *f*, (Prüfungs-/Stück-/Waren) Muster *nt*; 🖩 Flächenstichprobe *f*, Auswahl *f*; **s. on approval** Ansichtssendung *f*; **s. without value; s. of no value** Muster ohne (Handels)Wert; **inferior to s.** schlechter als das Muster; **not to s.** nicht dem Muster entsprechend; **true/ up to s.** mustergetreu, dem Muster/der Probe entsprechend; **commercial s.** Warenmuster *nt*; **free s.** Freistück *nt*, Gratisprobe *f*, G.muster *nt*; **random s.** 🖩 (zufällig gewählte) Stichprobe *f*

sample *v/t* kosten, probieren, bemustern; **s. advertising** Werbung durch Muster

sampling *n* Muster-, (Stich)Probenent-

nahme *f*; Musterkollektion *f*

sanction *n* (nachträgliche) Genehmigung *f*, Billigung *f*; Zwangsmaßnahme *f*; **to impose s.s** Sanktionen auferlegen/verhängen; **to lift s.s** Sanktionen aufheben; **economic s.s** Wirtschaftssanktionen; *v/t* genehmigen, billigen

sandwich man *n* Plakatträger *m*

satellite *n* Satellit *m*; **s. office** kleine Zweigstelle, Außenstelle *f*; **s. store** *(Laden)* Anhängefiliale *f*, Außenstelle *f*, Dependance *f [frz.]*

satisfaction *n* Befriedigung *f*; Schadensabfindung *f*, Wiedergutmachung *f*; *(Hypothek)* Löschung *f*; **s. of a claim** Befriedigung/Erfüllung eines Anspruchs; ~ **creditors** Gläubigerbefriedigung *f*; ~ **demand** Bedarfsbefriedigung *f*, Nachfragedeckung *f*; ~ **a mortgage** Hypothekenlöschung *f*, H.tilgung *f*; **to give s.** (jdn) zufriedenstellen

satisfy *v/t* befriedigen, zufriedenstellen; *(Gläubiger)* abfinden

saturate *v/t* sättigen

saturation *n* Sättigung(sgrenze) *f*; **s. of consumption** Konsumsättigung *f*; ~ **demand** Bedarfssättigung *f*; ~ **the market** Marktsättigung *f*; **s. level/point** Sättigungsgrenze *f*, S.grad *m*

save *v/t* (er)sparen, einsparen; **s. up** zusammen-, ansparen; **s.r** *n* Sparer *m*; **small s.r** Kleinsparer *m*

saving *n* Sparen *nt*, (Kosten)Einsparung *f*, (Geld)Ersparnis *f*; **s.s** Spareinlagen, S.guthaben *nt*, S.kapital *nt*, Erspartes *nt*; **s.s and loan association/ institution (s. & l.)** *[US]* (gemeinnützige) Spar- und Darlehenskasse *f*, (genossenschaftliche) Bausparkasse *f*; ~ **industry** die Bausparkassen

contractual saving Vertrags-, Prämiensparen *nt*; **domestic s.s** *(VWL)* private Sparleistung; **personal/private s.(s)** private Spartätigkeit; **postal s.s** Postspareinlagen, P.guthaben *nt/pl*; **total s.s** Gesamtersparnis *f*, Sparaufkommen *nt*

saving|s account Sparkonto *nt*; **s.s bank** Sparkasse *f*; **postal ~ bank** Postsparkasse *f*; ~ **bond** Sparbrief *m*; ~ **book** Sparbuch *nt*; ~ **certificate** Spar(kassen)brief *m*; ~ **deposit** Sparkonto *nt*, S.einlage *f*; **s. deposits** Sparguthaben *nt*; **s.s rate/ratio** Sparquote *f*; ~ **volume** Sparaufkommen *nt*

scale *n* Skala *f*, Maßstab *m*; Umfang *m*, Ausmaß *nt*; **s. of charges/fees** Preisliste *f*, Gebührentabelle *f*, G.ordnung *f*; ~ **operation(s)** Betriebsumfang *m*, B.größe *f*; ~ **production** Produktionsumfang *m*; **progressive s.** Progression(starif) *f/m*; **sliding s.** gleitende Skala, Staffeltarif *m*, Mengenstaffel *f*

scale *v/t* staffeln; **s. down** herab-, heruntersetzen, reduzieren; *(Aktien)* repartieren; **s. up** *(Preis)* heraufsetzen, erhöhen, aufstocken

scale economies Größenvorteile, Degressionsgewinne; **s. elasticity** Skalenelastizität *f*; **s. wage** *[US]* Tariflohn *m*

scan *v/t* 🖳 abtasten, lesen; **s.ner** *n* Lesegerät *nt*; Lesestift *m*

scarce *adj* knapp, selten; **to be s.** Mangelware sein

scarcity *n* Mangel *m*, Knappheit(serscheinung) *f*; **s. of capital** Kapitalmangel *m*; ~ **funds** Mittelknappheit *f*; ~ **goods** Warenverknappung *f*; ~ **labour** Arbeitskräftemangel *m*; ~ **money** Geldmangel *m*

schedule *n* (Ablauf-/Arbeits-/Fahr-/ Produktions-/Termin)Plan *m*, Verzeichnis *nt*, Liste *f*; *(Gesetz/Vertrag)* Anhang *m*; **s. of charges/fees** Gebührentabelle *f*, G.tarif *m*, G.ordnung *f*; ~ **creditors** Gläubigerliste *f*, G.verzeichnis *nt*; ~ **expenses** Ausgabenverzeichnis *nt*; ~ **prices** Preisliste *f*; **to operate on s.** planmäßig arbeiten

schedule *v/t* (terminlich) festlegen, terminieren; **s.d** *adj* regulär, (fahr)planmäßig; **s. rating** *(Vers.)* Prämienfestsetzung nach Schadensverlauf

scheduling *n* Ablauf-, Fertigungs-, Prozeßplanung *f*

scheme *n* Schema *nt*, Plan *m*, Entwurf *m*, Projekt *nt*, Einrichtung *f*, Vorhaben *nt*; **fund-raising/money-- raising s.** Geldbeschaffungsmaßnahme *f*; **tax-saving s.** Steuersparmodell *nt*

school *n* Schule *f*; Fakultät *f*; **s. of eco-**nomics Wirtschaftshochschule *f*, W.fakultät *f*; ~ **economic thought** wirtschaftliche Lehrmeinung; **vocational s.** Fach-, Berufsschule *f*, berufsbildende Schule; **s. certificate** Schulzeugnis *nt*; **s. fee(s)** Schulgeld *nt*

scope *n* (Handlungs-/Entscheidungs-) Spielraum *m*, Rahmen *m*, Umfang *m*; Aufgabenkreis *m*; Anwendungs-, Gültigkeitsbereich *m*

scope of audit Prüfungsumfang *m*; ~ **business** Geschäftsbereich *m*; ~ **a contract** Vertragsumfang *m*; ~ **discretion** Ermessensspielraum *m*; ~ **duties** Aufgabenbereich *m*; ~ **(the) guarantee** Garantieumfang *m*; ~ **a law** Rahmen eines Gesetzes, Anwendungsbereich *m*; ~ **a patent** Patentumfang *m*; ~ **policy** Versicherungsumfang *m*; **s. for price increases** Preis(erhöhungs)spielraum *m*; **s. of risk** Risikoumfang *m*

budgetary scope Haushalts-, Etatspielraum *m*; **economic s.** wirtschaftspolitischer Handlungsspielraum

scrap *n* Schrott *m*, Abfall *m*; *v/t* verschrotten, ausmustern; **s. sales** Schrottverkäufe; **s. trade** Schrotthandel *m*; **s. value** Schrott-, Restnutzungswert *m*

screen *n* (Bild)Schirm *m*; *v/t* überprüfen; *(Personen)* einer Auswahlprüfung unterziehen

scrip *n* Bezugs-, Berichtigungs-, Interims-, Zwischenschein *m*; **s. bonus** Gratisaktie *f*; **s. company** *[US]* Kommanditgesellschaft auf Aktien (KGaA); **s. dividend** Stockdividende *f*; **s. holder** Interimscheininhaber *m*, Inhaber eines Zwischenscheins; **s. issue** Emission/Ausgabe von Gratis-/Berichtigungsaktien

script *n* (Radio)Werbetext *m*

sea *n* See *f*, Meer *nt*; **s. bill of lading** Seekonnossement *nt*, S.frachtbrief *m*; **s.borne** *adj* auf dem Seewege; **s. cargo/ freight** (Hoch)Seefracht *f*; **s.-going** *adj* seetüchtig, Hochsee-

seal *n* Verschluß *m*, Siegel *nt*, Plombe *f*; *v/t* plombieren, (ver)siegeln; *(Brief)* zukleben, verschließen

sea-packed *adj* ✍ seemäßig verpackt

search *n* Suche *f*, Durchsuchung *f*; *v/t* (ab-/durch)suchen; **s. warrant** [§] (Haus)Durchsuchungsbefehl *m*

season *n* Jahreszeit *f*, Saison *f*; **busy/ peak s.** Hauptsaison *f*; **s.al** *adj* saisonabhängig, saisonüblich, jahreszeitlich (bedingt), Saison-

seat *n* Sitz(platz) *m*; Börsensitz *m*; **s. on the board** Sitz im Verwaltungsrat, Aufsichtsratssitz *m*, Vorstandsposten *m*; **s. of business** Niederlassung *f*, Firmen-, Geschäftssitz *m*

sea trade Seehandel *m*; **s. transport** Seetransport *m*; ~ **document** Seefrachtpapier *nt*; **s.worthiness** *n* Seetüchtigkeit *f*; **s.worthy** *adj* seetüchtig, s.mäßig

second; S. of Exchange *n* *(Wechsel)* Zweitausfertigung *f*, Sekunda(wechsel) *f/m*; **s.s** zweite Wahl; *v/i* beistehen; *(Antrag)* unterstützen; *(Person)* abstellen; abordnen; **s.-hand** *adj* aus zweiter Hand, gebraucht; **s.ment** *n* Abstellung *f*, Abordnung *f*

secrecy *n* Geheimnis *nt*, Geheimhaltung *f*, Verschwiegenheit *f*; **corporate s.** Firmengeheimnis *nt*; **postal s.** Postgeheimnis *nt*; **professional s.** Berufsgeheimnis *nt*

secret *n* Geheimnis *nt*; **commercial s.** Geschäftsgeheimnis *nt*; **industrial s.** Betriebsgeheimnis *nt*; **professional s.** Berufsgeheimnis *nt*

secretari|at(e) *n* Sekretariat *nt*; **s.al** *adj* Sekretärinnen-, Schreib-, Sekretariats-

secretary *n* Sekretärin *f*; Verwaltungsdirektor *m*; Syndikus *m*; Minister *m*; **personal s.** Chefsekretärin *f*; **s. general** Generalsekretär *m*

section *n* Sektion *f*, (Unter)Abteilung *f*; (Teil)Abschnitt *m*; **s. of the market** Marktbereich *m*, M.segment *nt*; **cross s.** Querschnitt *m*; **s. head/manager** Referent *m*, Bereichsleiter *m*

sector *n* Gebiet *nt*, (Wirtschafts)Bereich *m*, Sektor *m*, Branche *f*; **s. of the economy** Wirtschaftszweig *m*

agricultural sector Agrarsektor *m*; **corporate s.** Firmenkundschaft *f*; Unternehmenssektor *m*; **economic s.** Bran-

che *f*, Wirtschaftszweig *m*; **industrial s.** Industriesektor *m*, Wirtschaftszweig *m*; **manufacturing s.** verarbeitendes Gewerbe, verarbeitende Industrie; **primary s.** Primärbereich *m*, Grundstoffindustrie *f*, Urproduktion *f*; **private s.** Privatwirtschaft *f*; **processing s.** Vered(e)lungsindustrie *f*

public sector öffentliche Hand; **p.-s. borrowing requirement (PSBR)** Kredit-/Verschuldungsbedarf der öffentlichen Hand; ~ **employee** Staatsbediensteter *m*, Beschäftigter im öffentlichen Dienst; ~ **employer** öffentlicher Arbeitgeber

secondary sector Fertigungsbereich *m*, verarbeitende Industrie; **tertiary s.** Dienstleistungssektor *m*, Dienstleistungs-, Tertiärbereich *m*

sectoral *adj* branchenspezifisch

sector analysis Branchenanalyse *f*

secure *v/t* absichern, (be)sichern, garantieren, decken; beschaffen, erwerben; *(Preis)* erzielen

securitiz|ation *n* Forderungs(be)sicherung *f*, Verbriefung von Forderungen/ Schulden, (Kredit-/Darlehens)Besicherung *f*; **s.e** *v/t* *(Forderungen)* verbriefen

security *n* Sicherheit *f*, Garantie *f*, (Kredit)Sicherung *f*; Deckung *f*, Bürgschaft *f*; Wertpapier *nt*, Schuldverschreibung *f*; **securities** Effekten

security for a debt Sicherheit für eine Forderung; **s. of employment** Sicherheit des Arbeitsplatzes; **s. for a loan** Sicherheit für einen Kredit; **securities on offer** *(Börse)* (Material)Angebot *nt*; **s. of supply** Versorgungssicherheit *f*; ~ **tenure** Kündigungsschutz *m*; *(öffentlicher Dienst)* Arbeitsplatzgarantie *f*

eligible as security beleihbar; **pledged as s.** sicherungsgeeignet; **providing/ putting up s.** Kautions(ge)stellung *f*, Bestellung einer Sicherheit

to assign for/as security zur Sicherheit abtreten/übereignen/übertragen; **to deposit s.** Kaution stellen, Bürgschaft leisten; **to furnish/provide/stand s.** verbürgen, Sicherheit/Bürgschaft leisten; **to list/quote securities** Wertpapiere notieren; **to pledge as s.** sicherheitshalber übereignen

bankable security bankmäßige Sicherheit; **collateral s.** dingliche Sicherheit, Lombarddeckung f; **direct s.** persönlich gestellte Kreditsicherheit; **dividend-bearing/ dividend-earning s.** Dividendenwert m; **eligible s.** geeignete Sicherheit; lombardfähiges Wertpapier; **fixed-income/fixed-interest(-bearing)/ fixed-yield s.** festverzinsliches Wertpapier, Rentenwert m; **floating s.** Gesamtschuld f; **gilt-edged** *[GB]/***legal** *[US]* **s.** Staatspapier nt, mündelsicheres Wertpapier; **industrial s.** Industriewert m; **interest-bearing s.** verzinsliches Wertpapier; **listed/quoted s.** börsengängiges/börsennotiertes Wertpapier; **long-dated s.** Langläufer m; **marketable s.** börsengängiges/marktfähiges Wertpapier; **municipal s.** Kommunalschuldverschreibung f, K.anleihe f; **negotiable securities** *(Börse)* freie Stücke, marktfähige Effekten; **personal s.** nicht dinglich abgesicherte Bürgschaft; **real s.** Grundpfand nt, dingliche Sicherheit; **registered s.** Namenstitel m

social security soziale Sicherheit, Sozialversicherung f; ~ **benefits/payments** Sozial(hilfe)leistungen; ~ **contribution** Sozialversicherungsbeitrag m; ~ **system** soziales Sicherheitsnetz

supplemental security income *[US]* Sozialhilfe f; **transferable s.** übertragbares Wertpapier; **unlisted s.** Freiverkehrswert m; ~ **securities market (USM)** Freiverkehr(smarkt) m

security analyst Effekten-, Kapitalanlageberater m; **s. company** Wach- und Schließgesellschaft f; **securities dealer** Börsen-, Effektenhändler m; **s. dealing** Effekten-, Wertpapierhandel m; **s. dealings** Wertpapiergeschäft nt; **s. deposit** Wertpapierdepot nt, Kaution f; **s. holdings** Effektenbestand m, Wertpapierbesitz m; **s. house** Effektenbank f; **securities issue** Wertpapieremission f; **s. loan** Effektenkredit m; **securities market** Wertpapiermarkt m,

W.börse f, Effektenbörse f; **s. officer** Sicherheitsbeauftragter m; **securities portfolio** Wertpapier-, Effektenportefeuille nt; ~ **tax** Wertpapiersteuer f; ~ **trading** Effekten-, Wertpapierhandel m; **s. van** Geldtransportfahrzeug nt; **s. zone** Sicherheitsbereich m

segment n Segment nt, Abschnitt m, Teil m; **s. of the market** Marktsegment nt

seize v/t [§] beschlagnahmen, pfänden, einziehen

seizure n [§] Beschlagnahme f, Pfändung f, Einzug m; **s. by way of execution** Zwangsvollstreckung f; **s. for security** Sicherheitspfändung f

selection n Auslese f, (Aus)Wahl f, Musterung f; **s. of samples** Mustersendung f, M.kollektion f; **s. committee** Auswahlausschuß m; **s. interview** Vorstellungsgespräch nt

self pron selbst; **s.-addressed** adj ⊠ an sich selbst adressiert; **s.-assessment** n Selbstveranlagung f; **s.-contracting; s.-dealing** n Insichgeschäft nt, Selbstkontrahieren nt; **the s.-employed** n selbständig Erwerbstätige, Selbständige pl, Freirufler pl; adj freiberuflich, selbständig (tätig); **s.-employment** n selbständige (Erwerbs)Tätigkeit, freiberufliche Tätigkeit; **s.-financing** n Eigen-, Selbstfinanzierung f; adj kostenneutral; **s.-generated** adj *(Geldmittel)* selbsterwirtschaftet, Eigen-; **s.-help** n Selbsthilfe f; **s.--insurance** n Eigen-, Selbstversicherung f; **s.-insurer** n Selbstversicherer m; **s.--mailer** n ⊠ Drucksache ohne Umschlag, Werbe(druck)sache mit Rückantwort; **s.-manufacture** n Selbstanfertigung f; **s.-production** n Eigenleistung f; **s.-regulating** adj selbstregulierend; **s.-selection** n Selbstbedienung f, Vorauswahl f; **s.-service shop** *[GB]/***store** n *[US]* Selbstbedienungsgeschäft nt, S.laden m; **s.-sufficiency** n Autarkie f, Selbstversorgung f; **s.-sufficient** adj autark

sell n Verkaufstaktik f, V.methode f; **hard s.** aggressive Absatzmethode; **soft s.** argumentative Verkaufstechnik

sell v/ti verkaufen, veräußern, um-, absetzen, vertreiben, *(Waren)* führen; sich absetzen/verkaufen lassen; **s. by** *(Auszeichnung)* Mindesthaltbarkeit(sdatum) *f/nt*; **hard to s.** schlecht/ schwer verkäuflich; **s. at best; s. on a best effort basis** zum Höchstpreis/ H.kurs/bestens verkaufen; **s. cheap** billig abgeben/verkaufen; **s. forward** per/auf Termin verkaufen, auf Ziel verkaufen; **s. off** veräußern, abstoßen; **s. out** (aus)verkaufen, Lager räumen; **s. outright** fest verkaufen; **s. short** *(Börse)* fixen, ohne Deckung verkaufen; **s. well** glänzend gehen, sich gut verkaufen (lassen)

seller *n* Händler *m*, Verkäufer *m*; **more s.s than buyers** bezahlt Papier (bP; bp)/Brief (bB; bb); **bad/slow s.** schlecht verkäuflicher/schlechtgehender Artikel, schlechtgehende Ware

seller's commission Umsatzbeteiligung *f*, U.provision *f*; ~ **lien** Zurückhaltungsrecht des Verkäufers; ~ **market** verkäufergünstiger Markt, Verkäufermarkt *m*; **at ~ risk and expense** auf Kosten und Gefahr des Verkäufers; ~ **warranties** Mängelhaftung *f*, Gewährleistung(spflicht) des Verkäufers

selling *n* Verkauf *m*, Verkäufe *pl*, Absatz *m*; *(Börse)* Materialabgabe *f*

direct selling Direktverkauf *m*, D.vertrieb *m*, Fabrikabsatz *m*; **door-to-door s.** Verkauf von Haus zu Haus; **forced s.** Zwangsversteigerung *f*; **joint s.** Gemeinschaftsabsatz *m*; **over-the-counter s.** Schalterhandel *m*, Tafelgeschäft(e) *nt/pl*; **promotional s.** Werbeverkauf *m*; **speculative s.** Meinungsverkäufe *pl*; **stop-loss s.** *(Börse)* Glattstellung *f*

selling agency Vertriebsbüro *nt*; **s. agent** Verkaufsvertreter *m*, Vertriebshändler *m*; **s. aid** Verkaufshilfe *f*; **s. area** Verkaufsfläche *f*; **s. commission** Verkaufsprovision *f*; Bonifikation *f*; **s. costs/expense(s)** Absatz-, Vertriebskosten *pl*, Verkaufsspesen *pl*; **s. order** Verkaufsauftrag *m*; **s. organisation** Verkaufs-, Absatzorganisation *f*, Vertrieb *m*, V.sgesellschaft *f*; **s. overheads** Vertriebsgemeinkosten *pl*; **s. point**

Verkaufsargument *nt*; **s. price** Vertriebs-, Verkaufs-, Abgabepreis *m*; **s. rate** *(Börse)* Briefkurs *m*; Verkaufskurs *m*; Absatzgeschwindigkeit *f*; **s. right** Verkaufs-, Absatzrecht *nt*; **s. tool** Verkaufsinstrument *nt*, absatzpolitisches Instrument

sell-off; sell-out *n* (Aus)Verkauf *m*

semi Halb-; **s.-annual** *adj* halbjährlich, Halbjahres-; **s.-finished** *adj* halbfertig, Halbzeug-; **s.-manufactures; s.-products** *n* Halbfabrikate, H.zeug *nt*; **s.-private** *adj* gemischtwirtschaftlich, halbstaatlich; **s.-skilled** *adj* angelernt

send *v/t* (über-/zu)senden, anliefern; **s.er** *n* (Ver)Sender *m*, Absender *m*; **return to s.er** ⊠ an den Absender zurück

senior *n* Vorgesetzter *m*; *adj* leitend, übergeordnet, ranghöher, vorgesetzt, vorrangig

seniority *n* höheres Amts-/Dienstalter, höherer Rang, (Dauer der) Betriebszugehörigkeit *f*, Vorrang *m*; **s. benefit** Alterszulage *f*, Treuebonus *m*

sensitive *adj* *(Börse)* unsicher; (fracht)empfindlich; anfällig

sensitivity *n* Anfälligkeit *f*; **s. to economic conditions/cyclical influences** Konjunktursensibilität *f*, K.anfälligkeit *f*; **s. of demand** Nachfrageempfindlichkeit *f*

sentence *n* [§] (Freiheits)Strafe *f*, Urteil *nt*; **custodial s.** Freiheits-, Haftstrafe *f*; **suspended s.** (Freiheits)Strafe auf Bewährung; *v/t* verurteilen

sentiment *n* *(Börse)* Stimmung(slage) *f*, Verfassung *f*, Tendenz *f*

separat|e *v/ti* trennen, absondern, (aus)gliedern; **s.ion** *n* (Ab)Trennung *f*, Absonderung *f*, Ausgliederung *f*

sequence *n* (Ab-/Reihen)Folge *f*; **s. of operations** Arbeits(gang)folge *f*; **continuous ~ operations** Fließarbeit *f*; **operational s.** Arbeits-, Betriebsablauf *m*; **timed s.** Takt *m*

sequestrat|e *v/t* [§] beschlagnahmen; **s.ion** *n* Beschlagnahme *f*, Zwangsvollstreckung *f*; ~ **of assets** Vermögensbeschlagnahme *f*; ~ **order** Beschlagnahmeanordnung *f*, B.verfügung *f*; **s.or** *n* Zwangsverwalter *m*, Gerichtsvollzieher *m*

serial n Serie f, Reihe f; adj serienmäßig, Serien-

series n Folge f, Reihe f, Serie f

servant n [§] Verrichtungsgehilfe m; **civil s.** (Ministerial)Beamter m; **public s.**
Angestellter im öffentlichen Dienst

serve v/ti (be)dienen, abfertigen

service n Dienst(leistung) m/f; Kundendienst m; (Anleihe) Bedienung f,
Zinsendienst m; [§] Zustellung f; **s.s**
Dienstleistungen; Dienstleistungsbereich m; Verkehr m

service of capital Kapitaldienst m; **s. to
customers** Kundendienst m; **s. of notice** Zustellung einer Kündigung; ~
of default Inverzugsetzung f; **s. in return** Gegenleistung f

services rendered erbrachte
(Dienst)Leistungen

to invoice service|s Leistungen abrech-
nen; **to market a s.** Dienstleistung anbieten; **to operate a s. to** ⚓ anfliegen;
⚓y anlaufen; **to proffer/tender (one's)
s.s** (seine) Leistungen anbieten; **to put
into s.** in Dienst stellen; **to render a
s.** (Dienst)Leistung erbringen; **to take
out of s.** außer Dienst stellen

advisory service Beratungsdienst m; **af-
ter-sales s.** Kundendienst m, K.be-
treuung f; **answering s.** Antwort-
dienst m; **civil s.** Staats-, Verwaltungs-
dienst m, Ministerialbürokratie f; öffentlicher Dienst; **clerical s.** Büro-,
Schreibdienst m; **contracted s.** vereinbarte Leistung; **express s.** /GB/ Eil(zu-
stellungs)dienst m; **financial s.s** Fi-
nanz-, Bankdienstleistungen; **free/
gratuitous s.** unentgeltliche Leistung;
net s.s Dienstleistungsbilanz f; **postal
s.** Post(dienst) f/m; ~ **s.s** Postver-
kehr m; **productive s.s** Faktorleistun-
gen; **public s.s** öffentlicher Dienst; **reg-
ular/scheduled s.** Linienverkehr m,
L.dienst m; **roll-on/roll-off s.** ⚓y/🚗
Ro-Ro-Verkehr m; **social s.s** Sozialleistungen, S.wesen nt; ~ **department**
Sozialamt nt; **technical s.** technischer
Dienst, Betriebsdienst m; **total s.s** Leistungsvolumen nt

service v/t (im Kundendienst) betreuen,
warten, instandhalten; (Kredit) bedienen

service|s account Dienstleistungsbi-
lanz f; **s. area** (Gas/Wasser/⚡) Versorgungsgebiet nt; **s. centre** Kunden-
dienststelle f; **s. charge** Bearbeitungs-,
Vermittlungs-, Verwaltungsgebühr f;
(Bank) Kontoführungsgebühr f; **s.
company** Dienstleistungsbetrieb m,
Kundendienstgesellschaft f; **s. cost(s)**
Kosten des Schuldendienstes; ~ **centre** Hilfskostenstelle f; **s. costing**
Dienstleistungskalkulation f; **s.s deficit** negative Leistungsbilanz, (Handelsbilanz)Defizit im Dienstleistungsverkehr; **s. department** Kundendienst-
abteilung f; allgemeine Kostenstelle;
s. employment Beschäftigung im
Dienstleistungsgewerbe; **s. engineer;
s.man** n /US/Kundendiensttechni-
ker m; **s. facility** Schalter m; **s. income**Arbeitseinkommen nt; **s. indus-
try/sector** Dienstleistungsgewerbe nt,
D.branche f, D.sektor m, tertiärer
Sektor; **s. lease** Wartungsvertrag m; **s.
level** Leistungsumfang m; **s. life** Nut-
zungs-, Betriebs-, Lebensdauer f; **s.
package** Leistungspaket nt; **s. transactions** Dienstleistungsverkehr m

servicing n Betreuung f, Kundendienst m, Wartung f; **s. network** Kun-
dendienstnetz nt

servitude n [§] (Grund)Dienstbarkeit f

session n Sitzung(speriode) f; Börsensitzung f

set n Satz m, Sortiment nt; **s. of bills
of exchange** Wechselserie f; **(full)** ~
bills of lading (B/L) Konnossement
mit Kopien; ~ **data/figures** Daten-
kranz m; ~ **entries** Buchungssatz m;
~ **forms** Formularsatz m; ~ **measures** Maßnahmenpaket nt; ~ **objectives** Zielkatalog m

set v/t (fest)setzen; **s. aside** (Geld) bereitstellen; 🚜 (Fläche) stillegen; **s.
forth** dartun; (Gesetz) niederlegen; **s.
off** an-, gegen-, aufrechnen, saldieren;
s. up errichten, montieren; (Firma)
gründen, ansiedeln, sich niederlassen;
(Fonds) auflegen

set|back n Rückschlag m; (Börse) Ein-
bruch m; **s.-off** n Aufrechnung f, Entschädigung f

setting up Montage f, Aufstellung f;

Gründung *f*; ~ **of business** Betriebs-
errichtung *f*, B.begründung *f*; ~ **time**
🔨 Montage-, Rüstzeit *f*

settle *v/ti* sich niederlassen; errichten,
gründen; abrechnen, ausgleichen,
(be)zahlen, tilgen, regulieren; abschließen, endgültig entscheiden, erledigen; *(Anspruch)* befriedigen;
(Rente) aussetzen; **s. amicably** gütlich
beilegen

settlement *n*   (An)Siedlung *f*; Abrechnung *f*,   (Be)Zahlung *f*,   (Rechnungs)Ausgleich *m*,   Erledigung *f*,
Verrechnung(svorgang) *f/m*,   Saldierung *f*; Schlichtung *f*, Abmachung *f*,
Vergleich *m*;   (Vermögens)Übertra-
gung *f*; *(Rente)* Aussetzung *f*; **in s.**
zum Ausgleich (einer Rechnung)

settlement of an account Kontoregulie-
rung *f*, Bezahlung einer Rechnung; ~
account(s) Rechnungs-, Saldenaus-
gleich *m*; **in ~ our accounts** zum Ausgleich unserer Rechnung, ~ unseres
Kontos; **s. by arbitration** Schiedsver-
gleich *m*; **s. of average** ⚓ Havarieauf-
machung *f*; ~ **balances** Saldenaus-
gleich *m*; ~ **a claim** Befriedigung/Er-
füllung einer Forderung; Schadensregulierung *f*; **in ~ all claims** zum Ausgleich aller Forderungen; **preferential**
~ **a claim** abgesonderte Befriedigung;
~ **costs** Kostenregulierung *f*; **s. out of**
court außergerichtliche Beilegung, außergerichtlicher Vergleich; **s. with the**
creditors Abkommen/Vergleich mit
den   Gläubigern,   Gläubigervergleich *m*; **s. of debt(s)** Schuldbegleichung *f*; **s. in full** vollständige/volle
Bezahlung; **s. of invoices** Bezahlung
von Rechnungen; **in ~ your invoice**
zum Ausgleich Ihrer Rechnung; **s. in**
kind Ausgleich durch Sachleistungen,
Naturalausgleich *m*;   **s. of a strike**
Streikbeendigung *f*, S.beilegung *f*

to effect settlement Zahlung leisten

amicable settlement gütliche Regelung,
gütlicher Vergleich; **annual s.** Jahresabrechnung *f*; **compulsory s.** Zwangsvergleich *m*; **end-of-month s.** Monats-
ultimo(ausgleich) *m*; **final s.** vollständige Erledigung; **full s.** vollständiger
Ausgleich; **in ~ s.** zum Ausgleich aller

Forderungen; **international s.s** internationaler Zahlungsverkehr; **lump--**
sum s. Pauschalschädigung *f*;
monthly s. monatliche Abrechnung,
Ultimoliquidation *f*, U.abrechnung *f*;
out-of-court/voluntary s. außergerichtliche Einigung, außergerichtlicher
Vergleich; **preferential s.** (ab)geson-
derte Befriedigung; **prompt s.** sofortige Erledigung/Bezahlung

settlement account Ausgleichs-, Verrechnungskonto *nt*; **s. currency** Ab-
rechnungswährung *f*, A.valuta *f*; **s.**
day   (Schluß)Abrechnungstag *m*;
Zahltag *m*, Fälligkeitstermin *m*; **s.**
note Abschlußrechnung *f*; **s. period**
Abrechnungsperiode *f*, A.zeitraum
m; **s. price/rate** *(Börse)* Abrechnungs-
kurs *m*; **s. terms** Abrechnungs-, Zahlungsbedingungen

set-up *n* Anordnung *f*, Aufbau *m*, Gliederung *f*, Struktur *f*; **s. cost(s)** Grün-
dungs-, Anlaufkosten *pl*; 🔨 Rüstkosten *pl*

severalty *n* Bruchteilseigentum *nt*

severance *n* (Ab)Trennung *f*; ~ **benefit**
Trennungsentschädigung *f*; ~ **claim**
Abfindungsanspruch *m*; **s. pay(ment)**
Abfindung(szahlung) *f*, Entlassungs-
geld *nt*

sewage *n* Abwasser *nt*; **raw s.** ungeklär-
tes Abwasser; **s. disposal** Abwasserbe-
seitigung *f*; **s. treatment** Abwasserauf-
bereitung *f*

shake|-out *n* Bereinigung *f*; Personal-
abbau *m*; Gesundschrumpfung *f*; **s.--**
up *n (Personal)* Umbesetzung *f*, Umstrukturierung *f*

sham *n* Täuschung *f*, Schein *m*; **s. busi-**
ness/transaction Scheingeschäft *nt*; **s.**
company Scheinfirma *f*; **s. formation**
Scheingründung *f*; **s. package** Mogelpackung *f*

share *n* → **stock** (An)Teil *m*,
Geschäfts-, Fonds-, Genossenschafts-,
Gesellschafter-, Kapitalanteil *m*; An-
teilschein *m*,   Beteiligung(squote) *f*,
Kapitaleinlage *f*; (Konkurs)Quote *f*;
(AG) Aktie *f*

share in a business Geschäftsbeteiligung *f*, G.anteil *m*; **s.s in affiliated**
companies Anteile an verbundenen

Unternehmen; **s. of (the) costs** Kostenanteil *m*; **s. in/of the market** Marktanteil *m*, M.position *f*; **public-sector s. of the gross national product** *(VWL)* Staatsquote *f*; **s. of/in the profit** Gewinnbeteiligung *f*, G.anteil *m*; **entitled to a ~ profit(s)** gewinnanteilberechtigt; **s. of work** Leistungsanteil *m*, Teil der Arbeit; **s. in/ of the world market** Weltmarktanteil *m*

to allocate/allot shares Aktien zuteilen; **to call in s.s** Aktien einziehen; **to dilute s.s** *[GB]* Aktienkapital verwässern; **to float s.s** Aktien an der Börse einführen; **to have a s. (in)** teilhaben, beteiligt sein (an), Teilhaber sein; **to hold s.s (in)** Aktionär sein, Anteile halten (an); **to issue s.s** Aktien ausgeben/begeben; **to list/quote s.s** Aktien notieren; **to realize s.s** Aktien veräußern; **to subscribe (for)/take up s.s** Aktien zeichnen

common share|s outstanding ausstehende (Stamm)Aktien; **deferred s.** Nachzugsaktie *f*; **dividend-bearing s.** Dividendenpapier *nt*; **in equal s.s** zu gleichen Teilen; **existing s.** Altaktie *f*; **industrial s.** Industrieaktie *f*; **issued/outstanding s.s** ausgegebene/begebene Aktien, ausgegebenes/begebenes Aktienkapital; **leading s.** Standardwert *m*; **listed/quoted s.** an der Börse eingeführte Aktie, börsennotierte/ amtlich notierte Aktie; **nominal s.** Stamm-, Gründungsaktie *f*; **non-voting s.** stimmrechtslose/nicht stimmberechtigte Aktie; **own s.** eigene Aktie; *(Exportkredit)* Selbstbeteiligung *f*; Eigenanteil *m*; **participating s.** gewinnberechtigte Aktie; **personal/registered s.** Namensaktie *f*; **public-sector s.** Staatsanteil *m*; **subscribed s.** gezeichnete Aktie; **voting s.** stimmberechtigte Aktie

share *v/t* teilen, teilhaben; **s. out** ver-, austeilen

share account Aktienkonto *nt*; **s. block** Aktienpaket *nt*

share capital Aktien-, Gesellschafts-, Grund-, Eigen-, Stammkapital *nt*; **issued/outstanding s. c.** ausgegebenes/

begebenes Aktienkapital; **ordinary s. c.** Stamm(aktien)kapital *nt*; **participating s. c.** dividendenberechtigtes Aktienkapital

share certificate Aktienzertifikat *nt*, Anteilschein *m*; **s.-cropping; s.-farming (system)** *n* ⌐🅑 Natural-, Teilpacht *f*; **s. flo(a)tation** Aktienemission *f*, A.ausgabe *f*

shareholder *n* Aktionär *m*, Anteilsinhaber *m*, Anteils-, Kapitaleigner *m*, Gesellschafter *m*

common/ordinary shareholder Stammaktionär *m*; **controlling s.** Mehrheitsaktionär *m*; **existing s.** Altaktionär *m*, A.gesellschafter *m*; **major s.** Großaktionär *m*; **small s.** Kleinaktionär *m*

shareholder|-employee *n* Belegschaftsaktionär *m*; **s.s' equity** Aktienkapital *nt*; *(Bilanz)* Eigenkapital *nt*; **~ register** Aktionärsbuch *nt*, Gesellschafterverzeichnis *nt*; **~ meeting** Gesellschafter-, Aktionärs-, Hauptversammlung (HV) *f*; **~ representative** Kapitalvertreter *m*, Aktionärssprecher *m*; **~ resolution** Hauptversammlungsbeschluß *m*

share|holding *n* Aktienanteil *m*, A.besitz *m*, A.paket *nt*, Beteiligung *f*; **s. issue** Aktienausgabe *f*, A.emission *f*; **s.s issued and outstanding** emittierte/begebene Aktien; **s. option** Aktienoption *f*; **s.-out** *n* Verteilung *f*, Austeilung *f*, Ausschüttung *f*; **s.s outstanding** Anteilsumlauf *m*, umlaufende Aktien; **s. ownership** Aktienbesitz *m*; **s. premium** Emissionsagio *nt*; **s. price/ quotation** Aktienpreis *m*, A.kurs *m*; **s. (price) index** (Aktien)Kursindex *m*; **s. register** Aktienverzeichnis *nt*; **s. support operation** Kursstützungsmaßnahme *f*; **s. trading** Aktienhandel *m*; **s. warrant** Aktienurkunde *f*, A.zertifikat *nt*; **~ to bearer** Inhaberzertifikat *nt*, I.aktie *f*

sharing *n* Beteiligung *f*; **s. of loss** Verlustbeteiligung *f*, Beteiligung am Verlust; **~ markets** Marktaufteilung *f*

sheep *n* Schaf *nt*; **s.-farmer** *n* Schafzüchter *m*; **s.-farming** *n* Schafzucht *f*

sheet *n* Bogen *m*, Blatt *nt*

shelf *n* (Laden)Regal *nt*; **off the s.** ab

Lager; **to remain on the s.** unverkauft bleiben; **s. exposure** *(Produkt)* Regalpositionierung *f*; **s. life** Haltbarkeit *f*; Verweildauer von Waren im Regal; Produktlebensdauer *f*; **s. space** Regal-, Stellfläche *f*

shell *n (fig)* Firmenmantel *m*; **s. company** Auffang-, Mantelgesellschaft *f*

shift *n* (Arbeits)Schicht *f*; Verlagerung *f*, Verschiebung *f*; **s. in consumption** Verbrauchsumschichtung *f*; ~ **demand** Nachfrageverschiebung *f*; ~ **income distribution** Einkommensverschiebung *f*; **s. of production** Produktionsverlagerung *f*; **to drop a s.** Feierschicht einlegen; **to work s.s** Schicht arbeiten

additional/extra shift Sonderschicht *f*; **alternate/alternating s.** Wechselschicht *f*; **back/late/second s.** Spät-, Mittagsschicht *f*; **early s.** Frühschicht *f*; **free s.** Freischicht *f*; **third s.** Nachtschicht *f*

shift *v/ti* versetzen, (sich) verschieben, (sich) verlagern, ab-, überwälzen; verrutschen

shift allowance Schichtzulage *f*; **s. differential** Schichtausgleich *m*; **s. operation** Schichtbetrieb *m*; **fully continuous s. operation** Kontischicht *f*; **s. pay** Schichtlohn *m*, S.geld *nt*; **s. work** Schichtarbeit *f*; **to do s. work** Schicht arbeiten; **s. worked** verfahrene Schicht; **s. worker** (Wechsel)Schichtarbeiter *m*; **s. working** (Wechsel)Schichtarbeit *f*, S.betrieb *m*

ship *n* ℣ Schiff *nt*; **on behalf of the s.** bordseitig; **free alongside s. (FAS)** frei längsseits Schiff; **to charter a s.** Schiff in Fracht nehmen; **to freight out a s.** Schiff verchartern; **to lade/load a s.** Schiff befrachten/beladen; **to unload a s.** Schiff entladen/löschen; **dry s.** Trockengutfrachter *m*; *v/t* verschiffen, (ab-/ver)senden, verladen, transportieren, (per Schiff) befördern

ship|'s agent Reedereivertreter *m*; ~ **bill** Bordkonnossement *nt*; **s.building** *n* Schiffbau(industrie) *m/f*; ~ **yard** Werft *f*; **s. chandler** Schiffs(bedarfs)lieferant *m*; **at s.'s expense** auf Kosten der Reederei; **s.load** *n* (volle)

Schiffsladung *f*; **s.'s manifest** Schiffsladungsverzeichnis *nt*

shipment (shpt.) *n* Beförderung *f*, Transport *m*, Versand *m* (der Ware), (Waren)Sendung *f*, (Schiffs)Ladung *f*, (Aus)Lieferung *f*, Verschiffung *f*; **s. on deck** Deckverladung *f*; **ready for s.** versandbereit, versandfertig; **received for s.** empfangen zur Verschiffung; **to consolidate s.s** Fracht/Sammelladungen zusammenstellen; **to effect/handle s.** Transport abwickeln

combined/consolidated shipment Sammel(gut)ladung *f*; **direct s.** Direkt(be)lieferung *f*; **less-than-carload (LCL)/part s.** Stückgutversand *m*, Partiefracht *f*; **short s.** Minderlieferung *f*; **through s.** Transitsendung *f*, Durchfracht *f*

ship mortgage Schiffshypothek *f*; **s.owner** *n* (Schiffs)Reeder *m*; **s.'s papers** Bord-, Schiffspapiere

shipper *n* Versender *m*, Verschiffer *m*, Spediteur *m*, Spedition(sfirma) *f*, (Güter)Verlader *m*; **s.'s manifest** Verladeliste *f*

ship's personnel (Schiffs)Besatzung *f*, S.mannschaft *f*

shipping *n* Schiffahrt *f*; Verschiffung *f*, Verladung *f*, Versand *m*; Transport *m*, Spedition(sgeschäft) *f/nt*; **commercial s.** Handelsschiffahrt *f*; **seaborne s.** (Hoch)Seeschiffahrt *f*

shipping advice Versand-, Lieferungsanzeige *f*; **s. agency** Schiffsagentur *f*, Reedereivertretung *f*, Speditionsbüro *nt*; **s. agent** Schiffsagent *m*, S.makler *m*, (Seehafen)Spediteur *m*; **s. bill** Manifest *nt*, Warenbegleitschein *m*, Versandliste *f*; **s. capacity** Transportkapazität *f*; **s. charges/costs** Versandkosten, V.spesen *f*; **s. clerk** Expedient *m*; **s. company** (Schiffs)Reederei *f*, Schiffahrtsgesellschaft *f*; **s. conference** Schiffahrtskonferenz *f*; **s. department** Versand(abteilung) *m/f*; **s. documents** Verschiffungs-, Verlade-, Versandpapiere; **s. exchange** Fracht(en)börse *f*; **s. instructions** Liefer-, Versandanweisungen; **s. invoice** Versandrechnung *f*; **s. line** Reederei *f*, Schiffahrtslinie *f*; **s. list** Schiffs(abfahrts)liste *f*, S.verzeichnis *nt*, Abgangsmanifest *nt*; **s. manager** Versandleiter *m*, Schiffsdisponent *m*; **s. marks** Markierungs-, Versandzeichen *nt*; **s. note (s.n.)** Verladeschein *m*, Versandanzeige *f*; ~ **made out to order** Orderladeschein *m*; **s. order** Fracht-, Versand-, Transportauftrag *m*; **s. papers** Verlade-, Versandpapiere; **s. point** Versandort *m*; **s. port** Versand-, (Ver)Ladehafen *m*; **s. price** Verladepreis *m*; **s. rate** (See)Frachtrate *f*; **s. route** Schiffahrtsroute *f*, Versandweg *m*; **s. service** Schiffahrtslinie *f*; **s. space** Fracht-, Transportraum *m*; **s. terms** Lieferklauseln, Versandbedingungen; **s. trade** (See)Transportgeschäft *nt*

ship'|s policy Schiffspolice *f*; ~ **receipt** Schiffsempfangsschein *m*; ~ **register** Schiffsregister *nt*, Registerbrief *m*; **s.side** *n* Schiffsseite *f*; *adj* schiffseitig; **s.yard** *n* (Schiffs)Werft *f*

shock *n* Erschütterung *f*; **s.-proof** *adj* stoßfest; **s. worker** Stoßarbeiter *m*

shoot up *v/i* sprunghaft steigen, scharf ansteigen

shop *n* → **store** (Kauf)Laden *m*, (Geschäfts)Lokal *nt*; Betrieb *m*, Werk (-statt) *nt/f*; **to keep (a) s.** Geschäft/Laden führen; **to set up s.** Geschäft errichten/begründen, sich niederlassen; **to shut up s.** Geschäft/Laden schließen

closed shop gewerkschaftsgebundener Betrieb; **cut-price s.** Discountladen *m*; **duty-free s.** Zollfreiladen *m*; **general s.** Gemischtwarenladen *m*; **multiple s.** Filialgeschäft *nt*, Kettenladen *m*; **one-line s.** *[GB]* Fachgeschäft *nt*; **travelling s.** fahrender Laden, Verkaufswagen *m*

shop *v/ti* (ein)kaufen, Einkäufe machen; **s. around (for)** Preisvergleiche anstellen

shop assembly Werkstattmontage *f*; **s. assistant** Verkäufer(in) *m/f*; **s. closing hours** Ladenschlußzeiten; **s. fittings** Ladeneinrichtung *f*, Geschäftsausstattung *f*; **s. floor** Fabrik *f*, Werkstatt *f*, Produktionsstätte *f*; **on the s. floor** im Betrieb, am Arbeitsplatz; **s. front** Ladenfront *f*, Fassade *f*; **s.keep-**

er; s. owner *n* Geschäftsinhaber *m*; **s.lift** *v/i* Ladendiebstahl begehen; **s.lifter** *n* Ladendieb *m*; **s.lifting** *n* Laden-, Warenhausdiebstahl *m*; **s. opening hours** Ladenöffnungszeiten; **s. order** Arbeits-, Werkstattauftrag *m*

shopper *n* (Ein)Käufer *m*, Kunde *m*

shopping *n* Einkauf *m*; **one-stop/single-stop s.** alles unter einem Dach; **s. bag** Einkaufstasche *f*; **s. expedition** Einkaufsbummel *m*; **s. goods** Waren des fallweisen Bedarfs; **s. habit** Kaufgewohnheit *f*; **s. hours** Geschäftszeiten; **s. list** Einkaufsliste *f*; **s. mall** *[US]/***precinct** Einkaufszentrum *nt*, Einkaufs-, Geschäftsviertel *nt*, Ladenpassage *f*; **s. premises** Ladenlokal *nt*; **s. street** Geschäfts-, Einkaufsstraße *f*; **s. trolley** Einkaufswagen *m*

shop prices Einzelhandelspreise; **s.soiled/s.worn** *adj* angestaubt, angeschmutzt; **s. steward** (Betriebs)Obmann *m*, (gewerkschaftlicher) Vertrauensmann *m*; **s. stewards' committee** *[GB]* Vertrauensleutegremium *nt*; **s.walker** *n* Ladenaufsicht *f*; **s. window** Schaufenster *nt*; **s.worker** *n* Werkstattarbeiter *m*; Ladenarbeiter *m*

short *n* (Börse) Kursläufer *m*; Baissier *m* *[frz.]*; Fehlbetrag *m*, Manko *nt*; **s.s and overs** Überschüsse und Fehlbeträge

shortage *n* Knappheit *f*, Mangel(erscheinung) *m/f*, Defizit *nt*, Manko *nt*, Fehlbetrag *m*

shortage of cash Kassendefizit *nt*; ~ **delivery** Fehlmenge bei Lieferung; ~ **labour/personnel** Arbeitskräfte-, Personalmangel *m*; ~ **liquidity** Mittel-, Liquiditätsverknappung *f*; ~ **orders** Auftragslücke *f*, A.mangel *m*; ~ **supply** Versorgungsengpaß *m*

short covering Deckungskäufe *pl*; **s.-dated** *adj* kurzfristig, auf kurze Sicht; **s.fall** *n* Defizit *nt*, Fehlbetrag *m*, Manko *nt*, Deckungslücke *f*, Differenz *f*; **s.hand** *n* Kurzschrift *f*, Stenographie *f*; **s.-handed** *adj* unterbesetzt; **s.hand speed** Silbenzahl *f*; ~ **typist** Stenotypistin *f*; **s.list** *n* (Bewerber) Vorauswahl *f*, engere Auswahl; *v/t* in die engere Wahl ziehen; **s. sale** Leerverkauf *m*; **s.sell** *v/t*   blanko/ohne Deckung verkaufen; **s.-selling** *n* Baissespekulation *f*; **s.-term** *adj* kurzfristig, auf kurze Sicht; **s.-timer** *n* Kurzarbeiter *m*

shot *n*   Schuß *m*; **s. in the arm** *(fig)* Konjunkturspritze *f*

show *n*   Messe *f*, Ausstellung *f*; **on s.** ausgestellt, zu besichtigen; **s. of hands** Abstimmung durch Handzeichen; **agricultural s.** Landwirtschaftsausstellung *f*, landwirtschaftliche Leistungsschau; *v/t* zeigen, aufweisen, *(Bilanz)* ausweisen, vorführen

show|card *n*   Muster-, Geschäftskarte *f*; *(Schaufenster)* Aufstellplakat *nt*; **s.ground** *n*   Ausstellungsgelände *nt*; **s.piece** *n*   Ausstellungsstück *nt*; Aushängeschild *nt (fig)*; **s.room** *n* Ausstellungs-, Verkaufsraum *m*

shrink *v/i*   (zusammen)schrumpfen; **s.age** *n* Schwund *m*, Rückgang *m*

shut *v/t*   zumachen, schließen; **s. down** *(Betrieb)* (zeitweilig) stillegen/schließen; **s.down** *n* (zeitweilige) Betriebseinstellung/Schließung *f*

sick *adj*   krank; **s. benefit** Krankengeld *nt*; **s. certificate** Krankmeldung *f*, (ärztliches) Attest *nt*

sick leave   Krankheits-, Erholungsurlaub *m*; **to be on s. l.** krankgeschrieben sein; **s. l. benefit** Krankengeld *nt*

sick-list *v/t*   krankschreiben

sickness *n*   Krankheit *f*, Erkrankung *f*; **s. benefit(s)** Krankengeld *nt*; **s. cover(age)** Krankenversicherungsschutz *m*; **s. figures/rate** Krankenstand *m*; **s. insurance** Krankenversicherung *f*

sick note   Krankmeldung *f*, (ärztliches) Attest *nt*; **s. pay** Krankengeld *nt*; **s. rate** Krankenziffer *f*, K.stand *m*

side *n*   Seite *f*; **both s.s of industry** Tarifparteien, Sozialpartner, Arbeitnehmer und Arbeitgeber; **s. agreement** Sonderabmachung *f*, Nebenabrede *f*; **s.-line** *n*   Nebenzweig *m*, N.geschäft *nt*, N.erwerb *m*; ~ **employment/job** Nebenbeschäftigung *f*, nebenberufliche Tätigkeit; **s.track** *n* → **siding** *[US]* ℘ Anschlußgleis *nt*

siding *n*   *[GB]* ℘ Anschlußgleis *nt*; **industrial/private s.** Fabrik-, Werksan-

schluß(gleis) *m/nt*

sight *n*   Sicht *f*, Präsentation *f*; **after s.** nach Sicht; **at s.** nach/bei Sicht, täglich fällig

sight balance(s)   Sichtguthaben *nt*; **s. bill/draft (S.D.)** Sichtwechsel *m* (vor Akzept); **s. credit** Kontokorrentkredit *m*; **s. deposits** Sichteinlagen, täglich fällige Gelder; **s. liabilities** sofort fällige Verbindlichkeiten

sign *n*   (Kenn)Zeichen *nt*; Schild *nt*

sign *v/t*   unterzeichnen, unterschreiben; **s. in blank** blanko unterschreiben; ~ **full** mit seinem vollen Namen unterschreiben

signatory *n*   (Mit)Unterzeichner *m*, Vertragspartner *m*; **(duly) authorized s.** (Handlungs)Bevollmächtigter *m*, Prokurist *m*; **sole ~ s.** Alleinvertretungsberechtigter *m*; **s. power** Unterschriftsvollmacht *f*, Zeichnungsberechtigung *f*

signature *n*   Unterschrift *f*; **to authenticate a s.** Unterschrift beglaubigen; **s. authorization** Zeichnungsberechtigung *f*

signed *adj*   gezeichnet, unterschrieben; **duly s.** ordnungsgemäß unterschrieben; **s. personally** eigenhändig unterschrieben

signing *n*   Unterzeichnung *f*, Unterschrift(sleistung) *f*

silver *n*   Silber *nt*; **s. bullion** Barrensilber *nt*; **s. standard** Silberwährung *f*

simulation (game) *n*   Sandkastenspiel *nt*, (Unternehmens)Planspiel *nt*

sincere *adj*   aufrichtig; **yours s.ly** *adv (Brief)* mit freundlichen Grüßen

single *n*   Alleinstehender *m*; **s.-industry** *adj* monoindustriell; **s.-tier** *adj* einstufig; **s.-use** *adj* Einmal-, Wegwerf-

sink *v/ti*   *(Hypothek)* tilgen, amortisieren; *(Preis)* sinken, fallen; **s.ing** *n* (Schulden)Tilgung *f*, Amortisation *f*

site *n*   △ Baustelle *f*, Grundstück *nt*; Sitz *m*

greenfield site   Industriegelände/ I.grundstück/Standort auf der grünen Wiese; **industrial s.** Industriegelände *nt*, I.grundstück *nt*, I.areal *nt*; **open-air s.** Freigelände *nt*; **out-of-town s.** außerstädtischer Standort

site development Grundstücks-, Geländeerschließung *f*; **s. management** Bau(stellen)leitung *f*; **s. manager** Bau(stellen)leiter *m*; **s. plan** Lageplan *m*

sitting *n* Sitzung *f*

situation *n* Position *f*; Stelle *f*, Stellung *f*, Situation *f*, Lage *f*; **s. on the labour market** Arbeitsmarkt-, Beschäftigungslage *f*; **s.s vacant (sit. vac.)** *(Zeitung)* Stellenangebote; ~ **wanted** Stellengesuche

competitive situation Wettbewerbslage *f*; **cyclical/economic s.** Konjunktur(lage) *f*, K.klima *nt*; **financial s.** Vermögensverhältnisse *pl*, V.lage *f*; **underlying s.** Rahmenbedingungen *pl*

size *n* Größe *f*, Format *nt*, Umfang *m*, Volumen *nt*; **s. of a loan** Anleihevolumen *nt*; ~ **an order** Auftragsumfang *m*, A.volumen *nt*; ~ **the order book** Höhe des Auftragsbestands; ~ **stock** Bestandsgröße *f*; **commercial s.** marktgängige Größe; **standard s.** Standard-, Einheitsgröße *f*

skeleton *n* Skelett *nt*, Gerippe *nt*; **s. account** T-Konto *nt*; **s. agreement** Rahmenabkommen *nt*; **s. staff** Stammpersonal *nt*, Rumpfbelegschaft *f*; **s. tariff** Rahmentarif *m*

skill *n* Fertigkeit *f*, Fähigkeit *f*; **interpersonal s.s** Kontaktfähigkeit *f*; **managerial s.s** Führungsqualitäten; **occupational/professional s.** Berufsqualifikation *f*; **s.ed** *adj* gelernt, ausgebildet; **s. shortage** Facharbeitermangel *m*

sky-rocket *v/i* sprunghaft steigen

slack *n* Konjunkturflaute *f*; **seasonal s.** jahreszeitlich bedingte Flaute; *adj* flau, lustlos; **s.en (off)** *v/i* nachlassen, flau werden, abflachen

slackening *n* Dämpfung *f*, Nachlassen *nt*; *(Nachfrage)* Beruhigung *f*; **s. of economic activity** Konjunkturabschwächung *f*; ~ **demand** Nachfrageberuhigung *f*; **s. in orders** nachlassender Auftragseingang

slander *n* üble Nachrede, Verleumdung *f*; **s. of goods** Geschäftsschädigung *f*

slash *v/t* drastisch kürzen

slide *n* *(Kurs)* Talfahrt *f* *(fig)*, Ab-

wärtsbewegung *f*; **s. in interest rates** Zinsrutsch *m*; ~ **prices** Kurs-, Preisrutsch *m*, P.verfall *m*; *v/i* (ab)rutschen, fallen

slim *v/ti* Ballast abwerfen *(fig)*, schrumpfen; *(fig)* Personal abbauen

slip *n* Zettel *m*, (Kontroll)Abschnitt *m*, Beleg *m*; **paying-in s.** Einzahlungs-, Einlieferungsschein *m*

slot *n* Schlitz *m*; *(Automat)* Geldeinwurf *m*; (Container)Stellplatz *m*

slow *v/t* verlangsamen; **s. down** Geschwindigkeit herabsetzen/vermindern/drosseln; *(Konjunktur)* sich abschwächen

slow *adj* langsam, schleppend; **s. of sale** schlecht verkäuflich; **to go s.** Bummelstreik machen

slow-down *n* Nachlassen *nt*, Abschwächung *f*; **s. of economic activity** Konjunkturabschwächung *f*; **s. in demand** Nachfrageberuhigung *f*; ~ **growth** Wachstumsabschwächung *f*; ~ **orders** Auftragsrückgang *m*; **cyclical/economic s.** konjunkturelle Abkühlung, Konjunkturabschwächung *f*, K.rückgang *m*

sluggish *adj* lustlos, schleppend, flau; *(Nachfrage)* schwach, gedrückt; **s.ness** *n* Flaute *f*, Stagnation *f*

slump *n* (Wirtschafts)Krise *f*, Rezession *f*, (Konjunktur)Rückgang *m*; (Preis-/Kurs)Sturz *m*

slump in demand Nachfrageeinbruch *m*; ~ **earnings** Ertragseinbruch *m*; ~ **prices** Preis-, Kurssturz *m*; ~ **profits** Rückgang der Gewinne, Gewinneinbruch *m*; ~ **sales** Absatzkrise *f*

cyclical/economic slump Konjunktureinbruch *m*

slump *v/i* fallen, stürzen

slumpflation *n* Inflation bei gleichzeitiger Rezession

smooth *adj* glatt, reibungslos; **s.ing** *n* (Kurs)Glättung *f*; ~ **operation** *(Markt)* Maßnahmen zur Kursberuhigung

snake *n* Schlange *f*; **s. in the tunnel** *(EWS)* Währungsschlange *f*; **s. currency** Schlangenwährung *f*

social *adj* sozial, gesellschaftlich; **s.ism**

n Sozialismus *m*; **s.ist** *n* Sozialist *m*; **s.ization** *n* Vergesellschaftung *f*, Verstaatlichung *f*, Sozialisierung *f*; **s.ize** *v/t* vergesellschaften, verstaatlichen, sozialisieren

society *n* Verein *m*, Gesellschaft *f*; **affluent s.** Überfluß-, Wohlstandsgesellschaft *f*; **charitable s.** Wohltätigkeitsverein *m*

cooperative society Genossenschaft *f*; **agricultural ~ s.** landwirtschaftliche (Produktions)Genossenschaft (LPG) *[DDR]*; **registered ~ s.** eingetragene Genossenschaft

friendly society gemeinnütziges Unternehmen, Versicherungsverein auf Gegenseitigkeit (VVaG); **industrial s.** Industriegesellschaft *f*; **provident s.** Hilfs-, Unterstützungsverein *m*; **registered s.** eingetragener Verein (e.V.)

socio-economic *adj* sozioökonomisch

soften *v/t (Preise/Konjunktur)* nachgeben, sich abschwächen

software *n* 🖳 Software *f*, Betriebsprogramm *nt*

soil *n* Boden *m*, Erdreich *nt*; **contaminated s.** verseuchter Boden; **s. contamination** Bodenverseuchung *f*, Altlast *f*; **s. pollution** Bodenverunreinigung *f*

sold note *adj (Börse)* Verkaufsabrechnung *f*; **s. out** ausverkauft, vergriffen

solicit *v/t* erbitten; umwerben; **s.ation** *n* Kundenwerbung *f*; **~ of orders** Auftragswerbung *f*; **s.or** *n* 🖹 (Rechts)Anwalt *m*

solvency *n* Zahlungsfähigkeit *f*, Kreditwürdigkeit *f*, Liquidität *f*, Bonität *f*, Solvenz *f*; **s. margin** Liquiditätsmarge *f*, L.spanne *f*

solvent *adj* zahlungsfähig, liquide

sort *v/t* sortieren, nach Güteklassen einstufen; **s.ing** *n* Sortieren *nt*; **~ code** Bankleitzahl (BLZ) *f*; **(postal) ~ office** ⊠ Verteilungs(post)amt *nt*

sound *adj* solide, solvent, seriös, kreditwürdig; **s.ness** *n* Solidität *f*, Kreditwürdigkeit *f*, Bonität *f*, Solvenz *f*

source *n* Herkunft *f*, (Einkaufs-/Bezugs)Quelle *f*

source of capital/funding/funds Kapitalquelle *f*, Mittelherkunft *f*; **~ finance/financing** Finanz(ierungs)quelle *f*; **s.s and application/uses of funds** Mittelaufkommen und M.verwendung; **~ statement** Bewegungsbilanz *f*, Kapitalflußrechnung *f*; **s. of income** Einkommens-, Einnahme-, Erwerbsquelle *f*; **~ revenue** Einnahme-, Steuerquelle *f*; **~ supply** Beschaffungs-, Bezugsquelle *f*

deducted at source an der Quelle abgezogen, quellenbesteuert

to buy at source an der Quelle kaufen; **to levy/tax at s.** an der Quelle erheben/besteuern, Quellensteuer erheben

reliable source authentische/verläßliche Quelle

source *v/t* beziehen, beschaffen; finanzieren, Mittel bereitstellen; **s. country** Herkunfts-, Ursprungs-, Abgabeland *nt*

sourcing *n* Herkunft *f*; Bezug *m*, Beschaffung *f*; Finanzierung *f*

sovereignty *n* Souveränität *f*; **fiscal s.** Finanz-, Steuerhoheit *f*

space *n* Raum *m*, Platz *m*, (Ausstellungs)Fläche *f*; **open-air s.** Freigelände *nt*; **rented s.** Mietfläche *f*, angemietete Fläche

space allocation Fracht(raum)zuteilung *f*; **s. buyer** Werbungsmittler *m*, Mediadisponent *m*; **s. industry** Raumfahrtindustrie *f*; **s. requirement(s)** Flächenbedarf *m*; **s.-saving** *adj* platzsparend

span *n* Spanne *f*; **s. of command/control** Führungs-, Leistungsspanne *f*

spare *adj* überschüssig; **s. part** Ersatzteil *nt*

spate *n* Flut *f*, Welle *f*; **s. of buying** Kaufwelle *f*; **~ demand** Nachfragestoß *m*, N.schub *m*; **~ selling** *(Börse)* umfangreiche Abgaben

speaking *adj* ✆ am Apparat

special|ist *n* Fachmann *m*, Spezialist *m*, Experte *m*; **~ retailer** (Einzelhandels)Fachgeschäft *nt*; **s.ity; s.ty** *n* Spezialartikel *m*, Neuheit *f*, Spezialität *f*; **~ shop** *[GB]*/**store** *[US]* Fachgeschäft *nt*; **s.ization** *n* Spezialisierung *f*; **~ of labour** Arbeitsteilung *f*

specie *n* Hart-, Münzgeld *nt*

specification *n* (Einzel)Aufstellung *f*,

E.nachweis *m*, Spezifizierung *f*; Leistungsverzeichnis *nt*; **s.s** technische Daten, genaue Angaben; **s. terms** Ausschreibungsunterlagen; **made to s.** Einzel-, Sonderanfertigung *f*

specify *v/t* einzeln angeben/aufführen, spezifizieren

specimen *n* Muster *nt*, Probe(exemplar) *f/nt*; Warenprobe *f*; **s. contract** Mustervertrag *m*; **s. letter** Musterbrief *m*; **s. signature** Unterschriftsprobe *f*

speculate *v/t* spekulieren

speculation *n* Spekulieren *nt*, Spekulation *f*; **s. in futures** Terminspekulation *f*; ~ **securities** Effektenspekulation *f*

speculator *n* Spekulant *m*; **s. for a fall** Baissespekulant *m*, Baissier *m [frz.]*; ~ **rise** Haussespekulant *m*, Haussier *m [frz.]*

speed *n* Geschwindigkeit *f*, Tempo *nt*; **s. of operations** Verarbeitungsgeschwindigkeit *f*; ~ **turnover** Umschlagsgeschwindigkeit *f*; **s. goods** *[GB]* Schnellgut *nt*

spend *v/t* ausgeben, aufwenden, verauslagen, verbrauchen

spending *n* Ausgabe(n) *f/pl*, A.npolitik *f*; **s. on advertising** Werbeausgaben *pl*; ~ **materials** Materialausgaben *pl*; ~ **research and development** Forschungs- und Entwicklungsaufwand *m*

federal spending Ausgaben des Bundes; **planned s.** Haushalts-, Etatansatz *m*; **promotional s.** Werbeausgaben *pl*; **public s.** öffentliche Ausgabe, Ausgaben der öffentlichen Hand; **social s.** Sozialbudget *nt*, S.ausgaben *pl*

spending cut Haushalts-, Etat-, Ausgabenkürzung *f*; **s. freeze** Ausgabensperre *f*; **s. spree** Einkaufsbummel *m*, Ausgabenrausch *m*, Konsumwelle *f*; **s. target** geplante Ausgabenhöhe

spendthrift *adj* verschwenderisch, ausgabenfreudig

sphere *n* (Dienst-/Sach)Bereich *m*; **s. of business** Geschäftsbereich *m*; Branche *f*; ~ **operations** Arbeitsgebiet *nt*, Tätigkeitsbereich *m*; ~ **responsibility** Zuständigkeitsbereich *m*

spillover *n* Nebenwirkung *f*, Überschuß *m*; **s.s** Externalitäten; **pecuniary s.** monetärer externer Effekt; **s. effect** Anstoß-, Überlaufeffekt *m*

spin-off (product) *n* Zusatzgeschäft *nt*; Abfall-, Nebenprodukt *nt*

spiral *n* Spirale *f*; **s. of interest rate increases** Zinsspirale *f*; **inflation(ary)/ wage-price s.** Lohn-Preis-Spirale *f*

spirits *n* alkoholische Getränke, Spirituosen

split *n* (Auf)Spaltung *f*, Teilung *f*; **operational s.** Betriebsaufspaltung *f*; **s. (up)** *v/ti* (auf)spalten, (auf)teilen; **s.-- off** *n* Ausgliederung *f*

splitting *n* (Aktien-/Einkommens)Teilung *f*; *(Steuer)* getrennte Veranlagung

spoil *v/ti* verderben; **s.age** *n* Ausschuß *m*, Verlust *m*, Makulatur *f*

sponsor *n* Auftrag-, Geldgeber *m*, Konsortialführer *m*, Förderer *m*, Träger *m*, Patronatsfirma *f*; *v/t* bürgen, fördern, befürworten; **s.ship** *n* Bürgschaft *f*, Förderung *f*, Trägerschaft *f*

spot *n* Stelle *f*, Platz *m*; kurze Werbedurchsage, W.spot *m*; **s.s** *(Börse)* sofort lieferbare Ware; **on the s.** loko, an Ort und Stelle; **s. and forward** loko und auf Termin; **to buy s.** *(Börse)* gegen sofortige Lieferung/per Kasse kaufen; **to sell s.** per Kasse verkaufen; **commercial s.** *(Radio/Fernsehen)* Werbeminute *f*, W.sendung *f*

spot *adj* sofort lieferbar/zahlbar, loko, per Kasse

spot advertisement Werbespot *m*; **s. business** Bar-, Loko-, Platzgeschäft *nt*; **s. cash** (sofortige) Barzahlung/Kasse *f*; **s. check** Stichprobe(nkontrolle) *f*; **s. commodities** Kassawaren; **s. delivery** Kassahandel *m*, sofortige Lieferung; **s. (foreign) exchange** Kassadevisen *pl*; **s. goods** sofort lieferbare Ware(n); **s. market** Loko-, Kassamarkt *m*; ~ **price** Platzkurs *m*; **s. offer** Platzangebot *nt*; **s. payment** sofortige Zahlung; **s. price/ rate** Kassapreis *m*, K.kurs *m*; **s. purchase** Kassageschäft *nt*, Platzkauf *m*; **s. quotation** *(Devisen)* Kassanotierung *f*, K.kurs *m*; **s. sale** Kassageschäft *nt*, Platzverkauf *m*; **s. securities** Kassawerte; **s. test** Stichprobe *f*; **s. trading** Kassageschäfte *pl*, Lokohandel *m*; **s. transaction** Kassageschäft *nt*

spread *n*   Spanne *f*, Marge *f*, Differenz *f*, Bandbreite *f*; *(Börse)* Stellage(geschäft) *f/nt*; Konsortialprovision *f*; *(Rohstoffbörse)* Kursspanne *f*

spreading *n*   Streuung *f*, Verteilung *f*, Aus-, Verbreitung *f*; **s. of costs** Kostenstreuung *f*; ~ **risks** Risikostreuung *f*

squander *v/t*   verschwenden

square *v/t*   ausgleichen, saldieren

squaring *n*   *(Konto)* Ausgleich *m*; **s. of the balance of payments** Ausgleich der Zahlungsbilanz; **intercompany s.** Konzernausgleich *m*

squeeze *n*   Engpaß *m*; Geldknappheit *f*; **s. on margins** *(Zins)* Druck auf die Zinsspannen; ~ **Handelsspanne**, Margendruck *m*; ~ **profits** Ertragsdruck *m*; **cost-price s.** Kosten-Preis--Schere *f*; **inflationary s.** Inflationsdruck *m*; *v/t* unter Druck setzen

stability *n*   Stabilität *f*; **s. of money** Geld(wert)stabilität *f*; ~ **prices** Kursstabilität *f*; **economic s.** wirtschaftliche Stabilität; **monetary s.** Währungs-, Geld(wert)stabilität *f*

stabilization *n*   Stabilisierung *f*, Festigung *f*; **s. of interest rates** Verstetigung des Zinsniveaus; ~ **prices** Preisstabilisierung *f*; **(economic) s. policy** Stabilitäts-, Konjunkturpolitik *f*

stabilize *v/ti*   (sich) stabilisieren, (sich) festigen

staff *n*   → **employee, job, personnel** (Betriebs-/Geschäfts)Personal *nt*, Belegschaft *f*, Mitarbeiter *pl*, Angestellte *pl*; Stab(skräfte) *m/pl*; **short of s.** knapp an Arbeitskräften/Personal

clerical staff Büropersonal *nt*; **managerial s.** Führungskräfte *pl*; **permanent/ regular s.** Stammpersonal *nt*; **salaried s.** Angestellte *pl*, Gehaltsempfänger *pl*; **secretarial s.** Schreibpersonal *nt*; **senior s.** leitende Angestellte, leitendes Personal; **supervisory s.** Aufsichtspersonal *nt*; **supporting s.** Hilfspersonal *nt*; **technical s.** technisches Personal; **temporary s.** Zeitarbeits-

kräfte *pl*

staff *v/t*   mit Personal ausstatten/besetzen

staff appraisal Mitarbeiterbeurteilung *f*; **s. costs** Personalkosten *pl*, P.aufwand *m*; **s. cut(s)** Belegschafts-, Personal-, Stellenabbau *m*; **s. department** Personalabteilung *f*, Stabsstelle *f*; **s. expenses** Personalaufwand *m*; **s. and other operating expenses** Verwaltungsaufwand *m*; **s. provident fund** Wohlfahrtsfonds *m*, Unterstützungskasse *f*

staffing (level) *n*   Personalausstattung *f*, Stellenbesetzung *f*; **s. costs** Personalkosten

staff level(s) Personalbestand *m*; **s. meeting** Personal-, Belegschafts-, Mitarbeiterversammlung *f*; **s. member** Mitarbeiter *m*, Belegschaftsangehöriger *m*; **s. number** Belegschaft *f*, Personalbestand *m*; **s. officer** Personalreferent *m*; **s. purchasing** Belegschafts-, Personalkauf *m*; **s. recruitment** Personal-, Arbeitskräftebeschaffung *f*; **s. reduction(s)** Personal-, Stellenabbau *m*, S.kürzung *f*; **s. shortage** Arbeitskräfte-, Personalmangel *m*; **s. training** Belegschafts-, Mitarbeiter-, Personalschulung *f*; **s. turnover** (Personal)Fluktuation *f*

stag *n*   *(fig)* *(Börse)* Konzertzeichner *m*

stage *n*   Stadium *nt*, Phase *f*, Stufe *f*; **s. of completion** Fertigungsgrad *m*; ~ **consumption** Verbrauchsstufe *f*; ~ **manufacture** Verarbeitungsstufe *f*; ~ **production** Fertigungs-, Produktionsstufe *f*

stag|flation *n*   wirtschaftlicher Stillstand bei gleichzeitiger Stagnation; **s.ger** *v/t* *(Arbeitszeit/Zahlungen)* staffeln, versetzt anordnen; **s.nant** *adj* lustlos, stockend; **s.nate** *v/i* stagnieren, stillstehen, stocken

stagnation *n*   Stagnation *f*, (Geschäfts)Stockung *f*, Stillstand *m*; **s. of orders** Auftragsflaute *f*; ~ **sales** Umsatzstagnation *f*

stake *n*   Einsatz *m*, (Kapital)Einschuß *m*, Anteil *m*, (Unternehmens)Beteiligung *f*; **controlling s.**

Mehrheitsbeteiligung *f*; **minor s.** Minderheitsbeteiligung *f*

stale *adj (Markt)* lustlos, flau; [§] verjährt

stall *n* Messe-, Ausstellungs-, Verkaufsstand *m*; **s.keeper** *n* Standinhaber *m*

stamp *n* (Brief)Marke *f*, Rabattmarke *f*; Stempel *m*; **s. of quality** Gütesiegel *nt*; **to affix a s.** Brief frankieren/freimachen; **to cancel a s.** (Brief)Marke entwerten/stempeln; **official s.** Amtsstempel *m*, Dienstsiegel *nt*; *v/t* freimachen, frankieren, (ab)stempeln

stamp duty/tax Stempelgebühr *f*, S.steuer *f*, Kapitalverkehrs-, Banderolensteuer *f*

stand *n* Messe-, Ausstellungs-, Verkaufsstand *m*

standard *n* Standard *m*, Maßstab *m*, Norm *f*; Münzwährung *f*; **up to s.** vollwertig, normgerecht; **not ~ s.** den Anforderungen nicht entsprechend, nicht der Qualität entsprechend; **s. of living** Lebensstandard *m*; **~ performance** Leistungsmaßstab *m*; **s.s of quality** Güte-, Qualitätsanforderung *f*, Q.standard *m*; **packed to commercial s.s** handelsüblich verpackt

environmental standard|s Umweltschutzvorschriften; **industrial s.** Industrienorm *f*; **monetary s.** Münzfuß *m*, Währungsstandard *m*; **professional s.(s)** standesrechtliche Richtlinien

standard *adj* einheitlich, üblich; serienmäßig, Einheits-

standardiz|ation *n* Norm(ier)ung *f*; Standardisierung *f*, Harmonisierung *f*, Vereinheitlichung *f*; **s.e** *v/t* vereinheitlichen, standardisieren, normieren, harmonisieren

standby *n* Beistand *m*; Betriebsbereitschaft *f*; *adj* Reserve-, Ersatz-

standby agreement Bereitschafts(kredit)abkommen *nt*; **s. cost(s)** Kosten der Betriebsbereitschaft; **s. credit** Beistands-, Zwischenkredit *m*; **s. duty** Bereitschaftsdienst *m*; **s. facilities** *(Kredit)* Stillhaltezusage *f*; **s. loan** Kreditbereitstellung *f*, Bereitschaftskredit *m*

standing *n* Ansehen *nt*, Ruf *m*, Bonität *f*, Kreditwürdigkeit *f*; **financial s.** Kreditfähigkeit *f*, Bonität *f*, Kapital-

kraft *f*, Vermögenslage *f*; **professional s.** berufliches Ansehen; **s. committee** ständiger Ausschuß; **s. order** Dauer(überweisungs)auftrag *m*; **to place a s. order** Dauerauftrag erteilen/einrichten

stand space Ausstellungs-, Standfläche *f*; **s.still** *n* Stillstand *m*, Stokkung *f*

staple *n* Haupthandels-, Massenware *f*, Haupterzeugnis *nt*, Stapelware *f*; (Heft)Klammer *f*; *v/t* klammern, heften; *adj* marktgängig, Standard-; **s.r** *n* Stapelkaufmann *m*, Sortierer *m*; Heftmaschine *f*, Klammeraffe *m (coll)*

start *n* Anfang *m*, Beginn *m*; Inbetriebnahme *f*; **s. of building** Baubeginn *m*

start *v/ti* anfangen, beginnen; *(Betrieb)* anlaufen; **s. up** Betrieb aufnehmen

starting *n* Beginn *m*; **s. date** Einstellungstermin *m*; **s. period** Anlaufzeit *f*; **s. price** Ausgangs-, Eröffnungskurs *m*; *(Auktion)* Ausgangsgebot *nt*; **s. salary** Anfangsgehalt *nt*;

start-up *n* Anlaufen *nt*, Anlaufzeit *f*, Aufnahme des Betriebs; Gründung *f*; **s. of production** Produktionsanlauf *m*; **s. aid** Starthilfe *f*; **s. balance** Gründungsbilanz *f*; **s. company** junges Unternehmen, Neugründung *f*; **s. cost(s)/expenses** Anlaufkosten; Gründungsaufwand *m*; Betriebseinrichtungskosten; **s. finance/financing** Anschub-, Gründungsfinanzierung *f*; **s. grant** (Unternehmens)Gründungszuschuß *m*; **s. investment** Anfangs-, Startkapital *nt*; **s. loan** (Unternehmens)Gründungsdarlehen *nt*; **s. loss** Anlaufverlust *m*; **s. period** Anlaufzeit *f*, A.phase *f*

state *n* Staat(swesen) *m/nt*, Bundesland *nt*, B.staat *m*; Zustand *m*, Lage *f*, Verfassung *f*

state of the art (neuester) Stand der Technik; **~ business** Geschäftslage *f*; **~ the economy** Konjunkturlage *f*, (gesamt)wirtschaftliche/konjunkturelle Lage; **~ the market** Marktlage *f*, M.verfassung *f*; **~ repair** Erhaltung(szustand) *f/m*

basic state *(Markt)* Grundverfassung *f*
state *v/t* feststellen, festlegen; *(Rede)* erklären, ausführen
state aid staatliche (Bei)Hilfe/Unterstützung; **s.-aided** *adj* staatlich gefördert/subventioniert; **s.-approved** *adj* staatlich anerkannt; **s. bank** Staats-, Landesbank *f*; *[US]* einzelstaatlich konzessionierte Bank; **s. benefit** staatliche Leistung, Sozialleistung *f*; **s. capitalism** Staatskapitalismus *m*; **s.--controlled** *adj* staatlich gelenkt, unter Staatsaufsicht; **s. debt** Staatsverschuldung *f*, S.schuld *f*; **s. grant** staatlicher Zuschuß; **s. guarantee** Staatsbürgschaft *f*; **s. insurance** staatliche Versicherung; **s. loan** Staatsanleihe *f*, S.kredit *m*
statement *n* Äußerung *f*, Erklärung *f*, Verlautbarung *f*; (Geschäfts)Bilanz *f*, Übersicht *f*, Aufstellung *f*, Geschäftsbericht *m*, (Jahres-/Monats-/Quartals)Abschluß *m*; (Konto)Auszug *m*
statement of account Bank-, Konto(korrent)auszug *m*; **consolidated** ~ **account** Konzernabschluß *m*; ~ **affairs** Liquidationsbilanz *f*, Vermögensaufstellung *f*; ~ **application of funds** Bewegungsbilanz *f*, Kapitalflußrechnung *f*; ~ **assets** Vermögensbestandsrechnung *f*; ~ **assets and liabilities** Bilanz(aufstellung) *f*, Aufstellung der Aktiva und Passiva; ~ **average** *(Vers.)* Havarieschadensaufmachung *f*; ~ **changes in financial position** Veränderungsbilanz *f*, Kapitalflußrechnung *f*; ~ **charges** Kostenrechnung *f*, K.aufstellung *f*; ~ **costs** Kostenaufstellung *f*; ~ **damage(s)** Schadensaufstellung *f*; ~ **earnings** Gewinn- und Verlustrechnung (GuV) *f*; ~ **expenses** Auslagen-, Spesenabrechnung *f*; ~ **income** *[US]* Periodenausweis *m*, Gewinn- und Verlustrechnung (GuV) *f*; ~ **particulars** Spezifikation *f*; ~ **sources and application of funds** Kapitalflußrechnung *f*, Bewegungsbilanz *f*; ~ **net worth** Vermögensrechnung *f*
to draw up the statement *(Vers.)* Dispache aufmachen; Bilanz/Jahresab-

schluß erstellen
annual statement Jahresabschluß *m*, J.auszug *m*, J.ausweis *m*; **closing s.** Abschlußbericht *m*; Kontoabschluß *m*; **corporate s.** Bilanz einer AG/ GmbH
financial statement (Finanz)Status *m*; *(Bilanz)* (Jahres)Abschluß *m*; *(Firma)* Handelsbilanz *f*; **annual f. s.** Jahresabschluß *m*, J.ausweis *m*; **certified f. s.** testierter Abschluß; **consolidated f. s.** Konzernabschluß *m*, K.bilanz *f*, konsolidierte Bilanz; **worldwide f. s.s** Weltabschluß *m*
flow-of-funds statement Kapitalflußrechnung *f*, Bewegungsbilanz *f*; **interim s.** Zwischen-, Halbjahresabschluß *m*, Z.bericht *m*; **monthly s.** Monatsbericht *m*, M.ausweis *m*; **quarterly s.** Vierteljahresabschluß *m*, V.bericht *m*, Quartalsausweis *m*
statement analysis Bilanzanalyse *f*
state monopoly Staatsmonopol *nt*; **s.--of-the-art** *adj* (hoch)modern, dem Stand der Technik entsprechend; **s.--owned** *adj* staatseigen, im Staatsbesitz; **s. pension** Einheitsrente *f*, staatliche Rente/Altersversorgung; **s.--run** *adj* vom Staat finanziert; Regie-; **s.-subsidized** *adj* öffentlich/staatlich subventioniert; **s. tax** *[US]* einzelstaatliche Steuer; **s. trading** Staatshandel *m*; ~ **company** staatliche Handelsgesellschaft
station *n* 🚂 Bahnhof *m*; **s. of destination** Bestimmungsbahnhof *m*; ~ **dispatch** Versand-, Absendestelle *f*; **receiving s.** Empfangsstation *f*
stationer *n* Papier-, Schreibwarenhändler *m*; **s.'s (shop)** Schreibwarenhandlung *f*, S.geschäft *nt*; **s.y** *n* Schreib-, Bürobedarf *m*, Briefpapier *nt*
statistics *n* Statistik *f*, Erhebungen *pl*, Zahlenmaterial *nt*; **to compile s.** Statistiken zusammenstellen; **economic s.** Konjunktur-, Wirtschaftsstatistik *f*; **financial s.** Finanzstatistik *f*; **official s.** amtliche Statistik; **operational s.** Betriebsstatistik *f*
status *n* Zustand *m*, Status *m*, (Rechts)Stellung *f*; **s. of affairs** *(Konkurs)* Inventar-, Masseverzeichnis *nt*,

Konkurs-, Liquidations-, Vergleichs-
bilanz *f*, Vermögensaufstellung *f*
financial status Vermögens-, Finanzla-
ge *f*; **legal s.** Rechtsstand *m*, R.per-
sönlichkeit *f*; **pecuniary s.** Vermögens-
stand *m*; **personal s.** Personen-, Fami-
lienstand *m*; **professional s.** Berufsstel-
lung *f*
status agency (Kredit)Auskunftei *f*; ~
report Auskunfteibericht *m*; **s. en-
quiry/inquiry** (Bitte um) Kredit-/Ver-
mögensauskunft *f*; **s. report** Fort-
schritts-, Zustandsbericht *m*; Finanz-,
Kreditauskunft *f*
statute *n* Gesetz(esbestimmung) *nt/f*;
s.s Satzung *f*, Statuten; **s. of limitation**
(Gesetz über) Verjährung *f*; **s.--
barred** *adj* verjährt; **s. book** Gesetzbuch *nt*, Gesetzessammlung *f*; **s. law**
kodifiziertes Recht
statutory *adj* gesetzlich (verankert/vor-
geschrieben), satzungsmäßig, Pflicht-,
Zwangs-
stay *n* Suspendierung *f*, Aufschub *m*;
s. of execution [§] Vollstreckungsauf-
schub *m*, Aussetzung der Vollstreckung; ~ **proceedings** Aussetzung
des Verfahrens
steady *v/ti* (sich) festigen, sich behaupten; *adj* konstant, gleichbleibend,
(be)ständig; *(Börse)* behauptet, ge-
halten
steamer *n* ⚓ Dampfer *m*; **s. pays dues
(s.p.d.)** alle Abgaben werden vom
Schiff getragen
steamship (SS) *n* ⚓ Dampfschiff *nt*,
Dampfer *m*; **s. company** Schiffahrtsgesellschaft *f*, Reederei *f*
steel *n* ⚒ Stahl *m*; **crude s.** Roh-
stahl *m*; **fine/special s.** Edelstahl *m*;
stainless s. rostfreier Stahl
steel complex integriertes Stahlwerk,
Stahlkombinat *nt [DDR]*; **s. group**
Stahl-, Montankonzern *m*; **s. mill/
plant**; **s.works** Stahlwerk *nt*; **s.
stockholder** Stahl(groß)händler *m*
steering *n* Steuern *nt*, Steuerung *f*,
Lenkung *f*; **s. of demand** Nachfragere-
gulierung *f*, N.lenkung *f*; **s. committee** Lenkungsausschuß *m*
step *n* Maßnahme *f*, (Arbeits-)
Schritt *m*, Stufe *f*; **s.-by-s.** *adj* schritt-

weise; ~ **performance** Leistung Zug
um Zug
steriliz|ation *n* *(Gelder)* Bindung *f*;
s.e *v/t (Gelder)* neutralisieren
sterling *n* *[GB]* (Pfund) Sterling *m*; **s.
account** Pfundkonto *nt*; **s. area** Ster-
lingblock *m*; **s. balance** Sterlinggutha-
ben *nt*
stevedore *n* Hafenarbeiter *m*, Schauermann *m*
sticker *n* An-, Aufkleber *m*, Klebezet-
tel *m*
stiff *adj* *(Markt)* stabil, unnachgiebig;
(Preis) hoch; *(Wettbewerb)* hart,
scharf
stimulate *v/t* beleben, ankurbeln
stimulation *n* Anreiz *m*, Belebung *f*;
(Wirtschaft) Ankurbelung *f*; **s. of
economic activity** Konjunkturförde-
rung *f*; ~ **demand** Nachfrageim-
puls *m*, N.belebung *f*; ~ **investment
activity** Belebung der Investitionstätigkeit, Investitionsförderung *f*
stimulus *n* (An)Reiz *m*, Impuls *m*; **s. to
growth** Wachstumsanstoß *m*; **economic s.** Konjunkturimpuls *m*
stipulate *v/t* sich (vertraglich) ausbe-
dingen, (vertraglich) festlegen/regeln,
bestimmen; **s. in writing** schriftlich
vereinbaren
stipulation *n* (vertragliche) Abmachung *f*, (Vertrags)Bestimmung *f*, Bedingung *f*; **s.s of a contract** Vertrags-
abreden; **s. to the contrary** gegenteilige
Bestimmung
stock *n* (Waren)Bestand *m*, Lager(bestand) *nt/m*, Inventar *nt*; (Aktien-/
Gesellschafts)Kapital *nt*, Staatsanleihe *f*; *[US]* Aktie *f*; **s.s** Inventar *nt*,
(Lager)Bestände; Effekten, Wertpa-
piere, Schuldverschreibungen; **from s.**
ab Lager; **in s.** auf Lager, vorrätig;
out of s. nicht auf/am Lager, nicht
vorrätig, vergriffen
stock of goods on hand Bestand an Waren; **s.(s) on/in hand** Vorratsvermögen *nt*, Vorräte *pl*, Bestand *m*; **s. of
materials** Materialbestand *m*; ~ **finished and unfinished products** Erzeug-
nisbestand *m*; ~ **samples** Musterkollektion *f*; **s.s and shares** Wert-, Kapi-
talmarktpapiere, Effekten, Aktien

und Obligationen
to be in stock auf Lager sein; ~ **out of s.** *(Waren)* nicht mehr führen; ~ vorrätig haben; **to carry s.s** (Konsignations)Lager unterhalten; **to draw from s.** dem Lager entnehmen; **to list s.s** Aktien notieren/zulassen; **to make/manufacture for s.** auf Lager/ Vorrat produzieren; **to replenish s.s** Bestände/Lager(bestand)/Vorräte auffüllen; **to run down s.s** Warenlager verringern, Lager/Vorräte abbauen; **to subscribe (for)/take up s.s** Aktien zeichnen; **to supply from s.** ab Lager liefern; **to take s.** Inventur machen, (Lager)Bestand aufnehmen; **to turn (over) s.** Lager(bestand)/Warenlager umschlagen
active stock lebhaft gehandelter Wert; **authorized s.** *[US]* genehmigtes Kapital; **base s.** Grundbestand *m*; **closing s.** End-/Schlußbestand *m*; **common s.** Stammaktie *f*; **compulsory s.** Pflichtlager *nt*; **convertible s.s** konvertierbare Wertpapiere; **dead s.** totes Inventar; 🐄 landwirtschaftliche Geräte; **deferred s.** Nachzugsaktie *f*; **dividend-paying s.** Dividendenpapier *nt*; **domestic s.s** inländische Werte; **existing s.** Altaktie *f*; Altbestände *pl*; **fixed-interest s.** festverzinsliches Papier, Rentenpapier *nt*; **gilt-edged s.s** mündelsichere/deckungsstockfähige Anleihen, Staatsanleihen; **high-yield s.** Renditewert *m*; **hot s.** spekulative Aktie; **industrial s.** Industrieaktie *f*, I.wert *m*; **initial s.** *(Lager)* Anfangsbestand *m*; **interest-rate-sensitive s.** zinsreagible Aktie; **issued s.** begebene Aktie; begebenes Kapital; **joint s.** Aktien-, Gesellschafts-, Stammkapital *nt*; **leading s.** Publikumsaktie *f*, Spitzenwert *m*; **listed s.s** Börsenpapiere, börsennotierte Aktien/Werte; **minimum s.** Mindest(lager)bestand *m*; **non-voting s.** stimmrechtlose/nicht stimmberechtigte Aktie; **no-par s.** nennwertlose Aktie; **opening s.** Anfangs-, Eröffnungsbestand *m*; **ordinary s.** Stammaktie *f*; **outstanding s.** Aktienkapital in Publikumsbesitz, begebenes Aktienkapital; **paid-up s.s** eingezahlte/bezahlte Akti-

en; **participating s.** dividendenberechtigte Aktie; **preferred s.** Vorzugsaktie *f*; **participating ~ s.** Vorzugsaktie mit zusätzlicher Gewinnbeteiligung; **primary s.s** Rohstoffvorräte; **quoted s.** amtlich notierte/börsennotierte Aktie; **redeemable s.** rückzahlbarer Wert; **registered s.** Namensaktie *f*; **remaining s.** Restbestand *m*; **rolling s.** 🚂 rollendes Material; **run-down s.s** niedrige Lagerbestände; **speculative s.** spekulativer Bestand, Hoffnungswert *m*; **surplus s.(s)** Überschußbestände; **voting s.** Stimmrechtsaktie *f*
stock *v/t* (ein)lagern, auf Lager haben/ nehmen, vorrätig haben, führen; **s. up** auf Lager nehmen, sich eindecken
stock allotment Aktienzuteilung *f*; **s. appraisal** Bewertung des Lagerbestandes; **s. appreciation** Kapitalwerterhöhung *f*; Wertzuwachs der Lagerbestände; **s. assessment** Bestandsbewertung *f*; **s. book** Lagerbuch *nt*, Waren-, Bestandsverzeichnis *nt*; **s. breeding** 🐄 Vieh-, Tierzucht *f*; **s.broker** *n* Börsen-, Wertpapier-, Effektenmakler *m*; **s.broking** *n* Effektengeschäft *nt*, Börsen-, Wertpapierhandel *m*; **s.building** *n* Lagerbildung *f*, L.aufbau *m*, Bestandsaufstockung *f*; **s. capital** (Aktien)Kapital *nt*; **s. card** Inventarkarte *f*; **s. certificate** Aktienzertifikat *nt*, A.urkunde *f*, A.mantel *m*; ~ **to bearer** Inhaberaktie *f*; **s. change** (Lager)Bestandsveränderung *f*, L.bewegung *f*; **s. company** Aktien-, Kapitalgesellschaft *f*; **s. control** Lager(bestands)kontrolle *f*, L.wirtschaft *f*; **s. corporation** Aktiengesellschaft (AG) *f*, Gesellschaft mit beschränkter Haftung (GmbH); **s. cycle** Lagerzyklus *m*; **s. dividend** Gratis-, Berichtigungsaktie *f*, Stockdividende *f*
stock exchange (Aktien)Börse *f*, Wertpapier-, Effektenbörse *f*; **to list/quote at the s. e.** an der Börse handeln/notieren
Stock Exchange Council (SEC) *[GB]* Börsenausschuß *m*; **s. e. crash** Börsenkrach *m*; ~ **dealings** Börsenhandel *m*; ~ **index** Börsenindex *m*; ~ **list** Bör-

sen-, Kurszettel *m*; ~ **listing** Börsennotierung *f*; ~ **quotation** Wertpapier-, Börsenkurs *m*; ~ **security** Börsenwert *m*, börsengängiges Wertpapier; ~ **transaction** Börsenabschluß *m*, B.geschäft *nt*
stock farm ✏ (Vieh)Zuchtbetrieb *m*; **s. flo(a)tation** Wertpapier-, Aktienemission *f*; **s. flow** Lagerbestandsbewegung *f*; **s. goods** Lagerware *f*
stockholder *n* Anteilsinhaber *m*, Aktienbesitzer *m*, Aktionär *m*, Kapitaleigner *m*, Gesellschafter *m*; Lagerhalter *m*, Großhändler *m*; **s. of record** Namensaktionär *m*; **controlling/major s.** Mehrheits-, Großaktionär *m*; **ordinary s.** Stammaktionär *m*; **preferred s.** Vorzugsaktionär *m*
stockholder|s' equity Aktienkapital *nt*, Reinvermögen der Gesellschafter; ~ **ledger** Aktionärsbuch *nt*; ~ **meeting** Hauptversammlung (HV) *f*; **s.'s proxy** Stimmrechtsvollmacht *f*; **s.s' representatives** Aktionärs-, Kapitalvertreter
stock|holding(s) *n* Wertpapier-, Effektenbesitz *m*, Aktienbestand *m*; Lagerbestand *m*; **s. increase** Bestandszuwachs *m*; **s.ing-up** *n* Lager-, Bestandsaufbau *m*; **s.-in-trade** *n* Warenbestand *m*, Vorratsvermögen *nt*, Handelsvorrat *m*, Betriebsmittel *pl*; Arbeitsmaterial *nt*, Handwerkszeug *nt*; *(fig)* fester Bestandteil; **s. issue** Wertpapier-, Aktienausgabe *f*, Wertpapier-, Aktienemission *f*; **s.ist** *n* Fachhändler *m*, F.geschäft *nt*; **s.jobber** *n* Effekten-, Börsenhändler *m*, B.spekulant *m*; **s.jobbing** *n* Effektengeschäft *nt*, Aktienhandel *m*, A.spekulation *f*; **s.keeper** *n* Lagerist *m*, Lagerverwalter *m*; **s.keeping** *n* Warenlager-, Vorratshaltung *f*; **s. ledger** Inventur-, Lagerbuch *nt*; **s. level** Bestandshöhe *f*, Lagerumfang *m*; **s. list** Aktien(kurs)-, Börsen(kurs)zettel *m*; Waren(bestands)liste *f*, Lagerverzeichnis *nt*; **s. lot** Lagerpartie *f*; **s. management** Lagerhaltung *f*
stock market (Wertpapier-/Effekten)Börse *f*, Aktien-, Wertpapiermarkt *m*; **to play the s. m.** an der Bör-

se spekulieren
stock market crash Börsenkrach *m*, B.zusammenbruch *m*; ~ **flo(a)tation** Gang an die Börse; ~ **gain** Kursgewinn *m*; ~ **information** Börsenbrief *m*; ~ **price** Börsen-, Effektenkurs *m*; ~ **report** Börsenbericht *m*; ~ **speculation** Börsen-, Wertpapierspekulation *f*; ~ **speculator** Börsen-, Wertpapierspekulant *m*; ~ **value** Börsen-, Kurswert *m*
stock option Aktienoption *f*, A.bezugsrecht *nt*; **s. order** Lagerauftrag *m*; **s. owner** Aktien-, Anteilsbesitzer *m*; **s.pile** *n* Vorrat *m*, Reserve *f*, Halde *f*, Lager(bestand) *nt/m*; *v/t* bevorraten, aufhalden, (ein)lagern; **s.piling** *n* Vorratswirtschaft *f*, (Waren)Bevorratung *f*, Aufhaldung *f*, Lagerbildung *f*, Vorratseinkäufe *pl*; **s. portfolio** Aktien-, Wertpapierbestand *m*, Effektenportefeuille *nt*; **s. premium** Aktien-, Emissionsagio *nt*; **s. price** Aktien-, Börsenkurs *m*; **s. profits** Neubewertungsgewinn *m*; **s. quotation** Aktiennotierung *f*, Effektenkurs *m*; **s. record** Aktienregister *nt*; **s. reduction** Lagerabbau *m*; **s. register** Inventarverzeichnis *nt*, Lagerliste *f*; Aktienbuch *nt*; **s. relief** Abschreibung auf Lagerbestände; **s. replenishment** Bestands-, Lagerauffüllung *f*; **s. requisition** Materialentnahme *f*; ~ **note** (Material)Entnahmeschein *m*; **s.room** *n* Vorrats-, Lagerraum *m*, Lager *nt*; **s. sale** Aktien-, Effektenverkauf *m*; **s. shortage** Material-, Lagerknappheit *f*, Minusbestand *m*; **s. size** Standard-, Normalgröße *f*; **s. split** Aktienteilung *f*; **s. subscription** Aktienbezugsrecht *nt*, Bezugsrecht auf Aktien; **s.taking** *n* Inventar-, (Waren)Bestandsaufnahme *f*, Inventur *f*; **s. trading** Wertpapier-, Aktien-, Effektenhandel *m*; **s.turn**; **s. turnover** *n* (Waren)Umsatz *m*, Warenumschlag *m*, Lagerumschlag(shäufigkeit) *m/f*; **s. valuation** Vorrats-, Bestandsbewertung *f*; **s. warrant** Aktienbezugsrechtsschein *m*; **s. write-down** Bestandsabschreibung *f*, Abschreibung auf Lagerbestände

stop *n* Anhalten *nt*, Stillstand *m*; *v/t* (an)halten, unterbinden; *(Scheck)* sperren; **s.-loss** *adj (Maßnahme)* zur Vermeidung weiterer Verluste; ~ **selling** Glattstellung(en) *f/pl*; ~ **order** *(Börse)* Limitauftrag *m*; **s.page** *n* Sperrung *f*; (Arbeits)Unterbrechung *f*, A.niederlegung *f*; Betriebsstörung *f*; Gehalts-, Lohnabzug *m*; **s. payment** *(Scheck)* Zahlungssperre *f*, Auszahlungsverbot *nt*

storage *n* (Ein)Lagerung *f*, Aufbewahrung *f*, Lagerhaltung *f*; Lager (-raum) *nt/m*; Lagermiete *f*; **s. under bond** ⊖ Lagerung unter Zollverschluß; **cold s.** Kühlhauslagerung *f*

storage agency Vorratsstelle *f*; **s. capacity** Speicher-, Lagerkapazität *f*; **s. charge(s)** Lagergebühren, L.spesen; **s. costs** Lagerungs-, Lager(haltungs)kosten; **s. credit** Einlagerungskredit *m*; **s. facilities** Lagermöglichkeiten; **s. loss** Lagerschwund *m*; **s. shed** Lagerschuppen *m*; **s. space** Lagerraum *m*; **s. warehouse** Vorrats-, Zwischenlager *nt*

store *n* (Vorrats)Lager *nt*, Magazin *nt*, Speicher *m*; Vorrat *m*; Laden *m*, Geschäft(slokal) *nt*, Warenhaus *nt*; **s.s** Materialvorrat *m*, Lagerbestand *m*; **ex s.** ab Lager; **in s.** auf Lager; **s. of value** Wertaufbewahrungsmittel *nt*; **to keep a s.** Ladengeschäft betreiben; **to take into s.** auf Lager nehmen; ~ **out of s.** auslagern

cold store Kühlhaus *nt*; **cut-price s.** Billigwarengeschäft *nt*; **general s.** Gemischtwarenladen *m*; **high-rise s.** Hochregallager *nt*; **multiple s.** Filialkette *f*, Kettenladen(unternehmen) *m/nt*; **one-line/single-line s.** Fach-, Sortiments-, Spezialgeschäft *nt*; **over-the-counter s.** Laden mit Fremdbedienung; **self-service s.** Selbstbedienungsladen *m*

store *v/t* (ein)lagern, aufbewahren

store|(s) accounting Lager-, Materialbuchführung *f*; **s. brand** Hausmarke *f*; **s. card** *(Kaufhaus)* Kundenkreditkarte *f*; **s.s group** Warenhauskonzern *m*; **s.house** *n* Lager(haus) *nt*; **s.keeper** *n* Lager-, Magazinverwalter *m*; Ladenbesitzer *m*; **s. layout** La-

denanordnung *f*; **s. location** Geschäftsstandort *m*, G.lage *f*; **s.s management** Lagerverwaltung *f*; **s. manager** Geschäftsführer *m*, Filialleiter *m*; **s. owner** Laden-, Geschäftsinhaber *m*; **s.s requisition** Lageranforderung(sschein) *f/m*; ~ **slip** Materialentnahme-, Lagerbezugsschein *m*

stow *v/t* ⚓ *(Ladung)* (ver)stauen; **s.-age** *n* Laderaum *m*; Staugeld *nt*; ~ **capacity** Stauraum *m*

straddle *n* *(Börse)* Stellage(geschäft) *f/nt*; *(Rohstoffbörse)* Spannkurs *m*

strain *n* Belastung *f*, Beanspruchung *f*; **s. on liquidity** Liquiditätsbeengung *f*; ~ **the market** Marktbelastung *f*; ~ **financial resources** finanzielle Anspannung; **economic s.** wirtschaftliche Anspannung; **financial s.** finanzielle Belastung; **monetary s.** Geldmarkt-, Liquiditätsanspannung *f*

strait(s) *n* ⚓ Straße *f*, Meerenge *f*; **financial s.s** Finanznot *f*, Geldklemme *f*

strategy *n* Strategie *f*, Marschroute *f*; **corporate s.** Firmen-, Unternehmenspolitik *f*; **economic s.** Wirtschaftspolitik *f*; **financial s.** Finanzplanung *f*; **promotional s.** Verkaufsförderungsstrategie *f*

straw *n* Stroh *nt*; **s. bid** Scheingebot *nt*; **s. bond** wertlose Bürgschaft; **s. poll** Blitzumfrage *f*

stream *n* Fluß *m*; ⌨ Datenreihe *f*; **coming on s.** ⛏ Produktionsbeginn *m*; **putting on s.** Betriebsauf-, Inbetriebnahme *f*; **s.line** *v/t* (durch)rationalisieren, straffen, bereinigen; **s.lining (of operation(s))** *n* (Durch)Rationalisierung *f*, Strukturbereinigung(sprozeß) *f/m*; ~ **of the product range** Sortimentsbereinigung *f*, S.straffung *f*

street *n* Straße *f*; **the S.** *[US]* → **Wall Street** *(coll)* New Yorker Börsenviertel; **high** *[GB]*/**main** *[US]* **s.** (Haupt)Geschäftsstraße *f*, *(Zentrum)* Einkaufsstraße *f*, Geschäftsviertel *nt*

street broker freier Makler, Freimakler *m*, Freiverkehrshändler *m*; **s. customer** Laufkunde *m*; **s. hawker** Straßenhändler *m*; **s. market** Straßenmarkt *m*; Freiverkehrsmarkt *m*; **s.**

price außerbörslicher/nachbörslicher Kurs, Freiverkehrskurs m; **s. sale** Straßenhandel m, S.verkauf m; **s. seller/vendor** Straßenhändler m, fliegender Händler; **s. selling/vending** Straßenverkauf m, S.handel m

strength n Stärke f, Kraft f; *(Wirtschaft)* Gesundheit f, Stabilität f; **s. of demand** Nachfrageintensität f; ~ **the market** feste Marktverfassung/Börsentendenz; ~ **the recovery** Wachstumspotential nt, Intensität der Belebung; **competitive s.** Wettbewerbsfähigkeit f; **economic s.** Wirtschaftspotential nt, W.kraft f; **financial s.** Kapitalkraft f, finanzielle Leistungsfähigkeit; **underlying s.** feste Grundhaltung

strengthening n (Ver)Stärkung f, Erstarkung f, Intensivierung f

stretch n Spanne f; Ausdehnung f; **at full s.** mit voller Kapazität; **to be ~ s.** voll ausgelastet sein, auf Hochtouren laufen *(coll)*; **s.-out** n Arbeitsintensivierung f, Produktionssteigerung f (ohne Lohnmehrkosten)

strike n Streik m, Ausstand m, Arbeitsniederlegung f; **s., riot and civil commotion (s. r. & c. c.)** *(Vers.)* Streik, Aufruhr und innere Unruhen; **to be on s.** streiken, sich im Streik befinden; **to break a s.** Streik brechen; **to call a s.** Streik ausrufen; ~ **off a s.** Streik abbrechen

all-out strike totaler Streik; **jurisdictional s.** *[US]* Zuständigkeits-, Anerkennungsstreik m; **selective s.** (Schwer)Punktstreik m; **wildcat s.** wilder/spontaner Streik

strike v/ti *(Münzen)* prägen; in den Streik treten; *(Öl)* fündig werden

strike action Streikmaßnahme f; **s. ballot** Streik-, Urabstimmung f; **s. benefit(s)** *[US]/pay* Streikbeihilfe f, S.geld nt; **s.-bound** adj bestreikt; **s. price** *(Optionshandel)* Einstiegs-, Abschlußpreis m; **s. threat** Streik(an)drohung f

striking adj bemerkenswert, eindrucksvoll; **s. of a balance** n Bilanzierung f, Saldierung f; **s. price** Zuschlagpreis m, *(Börse)* Basispreis m

stringency n Strenge f, Schärfe f; **s. of money** Geldknappheit f

strip n Streifen(anzeige) m/f; *(Börse)* Stellagegeschäft mit Kaufoption; **magnetic s.** 🖵 Magnetstreifen m; **s. mine** *[US]* ⚒ Tagebau(betrieb) m

strong adj stark, intensiv; *(Bilanz)* gesund; marktstark; **financially s.** finanzkräftig; **s.box** n (Stahl)Kassette f, S.fach nt; **s.room** n Stahlkammer f, Tresor(raum) m

structure n Struktur f, Gefüge nt; **s. of the balance sheet** Bilanzstruktur f; ~ **interest rates** Zinsstruktur f, Z.gefüge nt

corporate structure Unternehmensverfassung f; **divisional s.** Abteilungs-, Spartenstruktur f; **economic s.** Wirtschaftsstruktur f, W.system nt; **industrial s.** Industriestruktur f; **managerial s.** Leitungs-, Führungsstruktur f

structuring n Anordnung f; **s. of operations** (technische) Ablauforganisation f

stub n Kontroll-, Scheck-, Zahlungs-, Belegabschnitt m, Scheckleiste f

student n Student m; **s. of economics** Student der Wirtschaftswissenschaften; **s. apprentice/employee** Volontär m, Praktikant m

study n Studium nt; Untersuchung f, Studie f; Arbeitszimmer nt; **country-by-country s.** Länderstudie f; **financial s.** Finanzstudie f; **s. group** Arbeitsausschuß m, A.kreis m

stuff v/t *(Container)* beladen; **s.ing** n Füllmaterial nt; Einkuvertieren nt

style n Stil m; Firma f, Firmenbezeichnung f; **cooperative s. of leadership** kooperativer Führungsstil; **directive s. of leadership** autoritärer Führungsstil; **managerial s.** Führungsstil m

styling n (industrielle) Formgebung f

sub|account n Unterkonto nt; **s.agent** n Unteragent m, U.vertreter m; **s.assembly** n ⚙ Teilmontage f; **s.branch** n Zweig-, Nebenstelle f; **s.contract** n Neben-, Zulieferungsvertrag m; v/t Unterauftrag/im Lohnauftrag vergeben; *(Auftrag)* fremd-, untervergeben; **s.contractor** n Neben-, Subunternehmer m, Zulieferer m; **s.division** n

Auf-, Untergliederung f, Parzellierung f; **s.-economy** n Schattenwirtschaft f; **s.group** n Unter-, Teilgruppe f; Teilkonzern m; **s.-holding** n Zwischenholding f

subject n Gegenstand m, Thema nt; (Studien)Fach nt, Sachgebiet nt; Grund m, Anlaß m; (Brief) Betreff (Betr.) m; **s. of audit** Prüfgegenstand m; ~ **the contract** Vertragsgegenstand m; ~ **taxation** Steuergegenstand m; **economic s.** Wirtschaftssubjekt nt; **s. to** prep abhängig, vorbehaltlich, unter Vorbehalt

subject matter Materie f, Thema nt; ~ **of an action** [§] Klage-, Prozeßgegenstand m; ~ **of a contract** Vertragsgegenstand m; ~ **of a sale** Kaufgegenstand m

sub|lease n Untermiete f, U.vermietung f, U.verpachtung f; v/t untervermieten, u.verpachten, weitervermieten, w.verpachten; **s.lessee** n Untermieter m, U.pächter m; **s.lessor** n Untervermieter m, U.verpächter m; **s.let** v/t unter-, weitervermieten; **s.-marginal** adj nicht mehr rentabel; **s.-market** n Teilmarkt m

submission n Vorlage f, Einreichung f; **s. of accounts** Rechnungsvorlage f; ~ **samples** Mustervorlage f; ~ **tender** Einreichen eines Angebots; **s. date** Submissions-, Angebotseröffnungstermin m

submit v/t einreichen, unterbreiten, vorlegen; **s. in writing** schriftlich einreichen

sub|ordinate n Untergebener m; v/t unterordnen, u.stellen; adj nach-, untergeordnet; **s.plan** n Teilhaushalt m; **s.rogation** n [§] Forderungsübergang m, Rechtsnachfolge f; **s.sample** n [ⵣ] Teilstichprobe f; **s.scribe** v/t (Wertpapiere) zeichnen, beziehen; (Kapital) aufbringen; (Zeitschrift) abonnieren

subscriber n (Anteils)Zeichner m, Gründungsgesellschafter m; Abonnent m; [☎] (Fernsprech)Teilnehmer m; **domestic s.** [☎] Privatanschluß m; **s. capital** gezeichnetes Kapital; **s.'s line** [☎] Fernsprech-, Teilneh-

meranschluß m; ~ **number** Telefon-, Ruf-, Fernsprechnummer f

subscription n (Anteils-/Kapital)Zeichnung f; Abonnement nt [frz.]; **s. of capital** Kapitalzeichnung f; **s.(s) in cash** Barzeichnung f; **to be open for s.** zur Zeichnung auflegen; **to offer for s.** zur Zeichnung auflegen; (Aktie) zum Bezug anbieten; **to take out a s.** abonnieren

annual subscription Jahresbeitrag m; **minimum s.** (Wertpapier) Mindestzeichnung(sbetrag) f/m

subscription agency Bezugsstelle f; **s. blank** Zeichnungsformular nt; **s. certificate** Bezugsschein m; **s. offer** Zeichnungsangebot nt; **s. period** Options-, Zeichnungsfrist f, Bezugsdauer f; **s. price** Options-, Zeichnungs-, Bezugspreis m, Zeichnungskurs m; **s. right** Bezugs-, Zeichnungsrecht nt; **s. terms** Zeichnungsbedingungen; **s. warrant** Options-, Bezugsrechtsschein m

subsidiary n Tochter(unternehmen) f/nt, T.gesellschaft f, Organ-, Untergesellschaft f; **consolidated s.** konsolidierte Tochtergesellschaft; **fully-owned/wholly-owned s.** 100-prozentige Tochter(gesellschaft)/Beteiligung; **majority-owned s.** Mehrheitsbeteiligung f

subsidize v/t subventionieren, fördern, bezuschussen

subsidy n Subvention f, Zuschuß m (der öffentlichen Hand); **maximum s.** Förder(ungs)höchstgrenze f; **s. payment** Subventionszahlung f

subsistence n Existenz f, Auskommen nt, Lebensunterhalt m; **s. agriculture/farming** [ⵣ] Selbstversorgungslandwirtschaft f, Eigenversorgung f; **s. allowance** [US] Verpflegungszuschuß m; **s. economy** Bedarfs-(deckungs)wirtschaft f; **s. farm** [ⵣ] bäuerlicher Familienbetrieb; **s. level** Existenzminimum nt; **s. wage** Mindestlohn m, Existenzminimum nt

substance n Substanz f, Material nt, Gehalt m; **s. of the action** [§] Klagegegenstand m

sub|standard adj unterdurchschnittlich, minderwertig; **s.stantial** adj erheblich, beträchtlich; **s.stantiate** v/t begründen, beweisen, rechtfertigen, erhärten; **s.stantiation** n Begründung f, Erhärtung f, Beweis m; **s.stitute** n Ersatz m, E.artikel m, E.erzeugnis nt; Vertreter m, Ersatzmann m; v/t ersetzen, vertreten; **s.stitution** n (Stell)Vertretung f, Ersatz m, Austausch m; **s.supplier** n Unter-, Zulieferant m; **s.tenancy** n Untermiete f, U.pacht f; **s.tenant** n Untermieter m; **s.underwriter** n Unterversicherer m; **s.underwriting** n Übernahme einer Versicherung als Unterversicherer; **s.unit** n Untereinheit f; **s.vention** n → **subsidy** Subvention f, (staatlicher) Zuschuß m ·

success n Erfolg m; **commercial s.** Geschäftserfolg m, geschäftlicher Erfolg; **s. fee** Erfolgs-, Leistungshonorar nt

succession n (Erb-/Nach)Folge f; **legal s.** Rechtsnachfolge f, gesetzliche Erbfolge; **s. duty** [US] Erbschaftssteuer f

successor n (Geschäfts-/Rechts)Nachfolger m; **s. in title; legal s.** Rechtsnachfolger m; **universal s.** Gesamt(rechts)nachfolger m, Alleinerbe m; **s. company** Nachfolgefirma f, N.gesellschaft f

success rate Erfolgsquote f

sue (for) v/ti [§] (ein-/ver)klagen; **s. and be s.d** klagen und verklagt werden; **entitled to s.** klageberechtigt, aktiv legitimiert; **liable to be s.d** passiv legitimiert

sufficient adj hinreichend, ausreichend, auskömmlich

sugar n Zucker m; **raw s.** Rohzucker m; **s. beet** ⚘ Zuckerrübe f; **s. cane** Zuckerrohr nt; **s. refinery** Zuckerraffinerie f

suggestion n Vorschlag m, Anregung f; **s. scheme** (betriebliches) Vorschlagswesen nt

suit n → **case, litigation, proceedings** [§] (Zivil)Prozeß m, Rechtsstreit m, Klage f, Verfahren nt; **s. for damages** Schaden(s)ersatzklage f; **to bring a s. (against)** Prozeß anstrengen (gegen), verklagen; **to dismiss a s.** Klage zurück-/abweisen; **to file a s.** Klage einreichen/anhängig machen; **ancillary s.** [§] Nebenprozeß m, N.klage f; **antitrust s.** [US] Kartellklage f, K.verfah-

ren nt

suitable adj geeignet, tauglich

sum n Summe f, Betrag m; **s. of money** Geldbetrag m, G.summe f; **contractual s.** Vertragssumme f; **nominal s.** Nominalbetrag m; **remaining s.** Restbetrag m; **vast s.** Unsumme f

sum up v/t zusammenrechnen, z.zählen, addieren

sum borrowed Kreditsumme f; **s. due** ausstehender/fälliger Betrag; **s. insured** Deckungs-, Versicherungssumme f

summary n zusammenfassende Darstellung, Zusammenfassung f, Kurzbericht m; **s. of assets and liabilities** Bilanzauszug m, verkürzte Bilanz

summon v/t auffordern; [§] (vor Gericht) laden; **s.s** n [§] gerichtliche Vorladung; **to issue a s.s** gerichtlich laden, vorladen

sum payable ausstehender/geschuldeter/fälliger Betrag; **s. total** Gesamtsumme f, G.betrag m

Sunday n Sonntag m; **S. closing** Sonntagsruhe f; **S. opening/trading** verkaufsoffener Sonntag

sundown industry n [US] Altindustrie f, niedergehende Industrie

sundries n Gemischt-, Kurzwaren, Kleinmaterial nt; diverse/verschiedene Posten

sunrise industry n [US] neue/aufstrebende Industrie

super|annuated adj pensioniert, im Ruhestand; **s.annuation** n Pensionierung f, (Versetzung in den) Ruhestand m; Ruhegehalt nt, (Alters)Rente f; ~ **scheme** Ruhegeldordnung f; **s.cargo** n ⚓ Ladeoffizier m; **s.intendent** n (Betriebs)Leiter m, Werkmeister m, Aufsicht(sbeamter) f/m

superior n (Dienst)Vorgesetzter m

super|market n Supermarkt m, Lebensmittelselbstbedienungsgeschäft nt; **s.tax** n Ergänzungsabgabe f, Einkommen(s)steuerzuschlag m; **s.vision** n (Dienst)Aufsicht f, Kontrolle f, Überwachung f; **s.visor** n Aufseher m, Aufsicht(sbeamter) f/m, Meister m, Vorarbeiter m

supplement n (Preis)Zuschlag m, P.auf-

schlag *m*; Anhang *m*, Nachtrag *m*;
Beiheft *nt*, Beiband *m*; *v/t* ergänzen,
(Zuschuß) aufstocken; **s.ation** *n* Ergänzung *f*, Nachtrag *m*
supplier *n* Lieferant *m*, (Zu)Lieferer *m*,
Zulieferbetrieb *m*, Auftragnehmer *m*,
Anbieter *m*, Vorlieferant *m*; **s.s** *(Bilanz)* Verbindlichkeiten aus Warenlieferungen; **s. and vendor** Vorlieferant *m*; **payable to s.s** *(Bilanz)* Warenlieferungen *pl*
appointed supplier Vertragslieferant *m*;
approved s. zugelassener Lieferant;
cut-price s. Billiganbieter *m*; **industrial
s.** Industrielieferant *m*; **main/principal
s.** Hauptanbieter *m*; **outside s.** Zulieferer *m*
supplier|'s account Lieferanten(kre-
dit)konto *nt*; ~ **credit/loan** Liefer(an-
ten)kredit *m*; ~ **invoice** Lieferanten-
rechnung *f*; ~ **market** Anbieter-
markt *m*; **s.s' monopoly** Angebotsmonopol *nt*; **s.'s price** Lieferantenpreis *m*
supply *n (VWL)* Angebot(smenge) *nt/f*;
Lieferung *f*, Versorgung *f*, Bereitstellung *f*; **supplies** Lieferungen, Bezüge,
Hilfsstoffe, Warenbestände, Vorräte;
s. and demand *(VWL)* Angebot und
Nachfrage; **s. of goods** Warenangebot *nt*, Güterversorgung *f*; ~ **and services** Sachleistung *f*, Waren- und
Dienstleistungsangebot *nt*; **s. of materials** Material(an)lieferung *f*, M.bei-
stellung *f*
to be in short supply nur in beschränkter Anzahl vorhanden sein; **to outstrip
s.** das Angebot übersteigen; **to replenish supplies** Vorräte erneuern
in abundant supply reichlich/in Mengen
vorhanden; **aggregate s.** *(VWL)*
gesamtwirtschaftliches Angebot;
bought-in supplies; external s. fremd-
bezogene Teile, Fremdbezug *m*; **deficient s.** Unterversorgung *f*; **direct s.**
Direktlieferung *f*; **excess(ive) s.** Angebotsüberhang *m*; **floating s.** *(Börse)*
Umlaufmaterial *nt*; flottierender Bestand; **fresh supplies** Nachschub *m*,
neue Lieferungen; **intergroup supplies**
konzerninterner Lieferungs- und Leistungsverkehr; **in limited s.** begrenzt
lieferbar; **plentiful s.** reichhaltiges An-

gebot; **in short s.** knapp, Mangelware *f*; **surplus s.** Angebotsüberschuß *m*,
A.überhang *m*
supply *v/t* (an-/be)liefern, (bei)stellen,
be-, versorgen
supply area Versorgungsgebiet *nt*; **s.
bottleneck** Versorgungs-, Liefereng-
paß *m*; **s. contract** Liefervertrag *m*; **s.
deficit** *(VWL)* Angebotsmangel *m*; **s.
depot** Auslieferungslager *nt*; **s. elasticity** *(VWL)* Angebotselastizität *f*; **s.
gap** *(VWL)* Angebotslücke *f*; **s.
goods** Versorgungsgüter; **s. guarantee**
Liefergarantie *f*; **s. industry** Zulie-
fer(ungs)industrie *f*; **s. inflation**
(VWL) Angebotsinflation *f*; **s. management** *(VWL)* Angebotssteuerung *f*; **s. market** Beschaffungsmarkt *m*; **s. monopoly** Versorgungs-
monopol *nt*; **s. price** Angebots-, Lieferpreis *m*; **s. shortage** Liefereng-
paß *m*, Versorgungsmangel *m*, Unterversorgung *f*; **s. side** *(VWL)* Ange-
botsseite *f*; **s.-side** *adj* angebotsorien-
tiert; **s. system** Versorgungswesen *nt*
support *n* (Unter)Stützung *f*, Beistand *m*; **s. for the economy** Konjunk-
turstütze *f*; **economic s.** Wirtschaftshilfe *f*; **official s.** Stützungskäufe *pl*;
v/t (ab-/unter)stützen, fördern, subventionieren; befürworten
support buying *(Börse)* (Kurs)Stüt-
zungskäufe *pl*, Kurspflege *f*; **s. fee**
Avalprovision *f*; **s. industry** nachgelagerte Industrie; **s. measures**
(Kurs)Stützungsmaßnahmen; **s.
mechanism** Beistandsmechanismus *m*;
s. price Stütz(ungs)preis *m*, S.kurs *m*,
(EG) Marktordnungspreis *m*
suppression *n* Unterdrückung *f*,
U.schlagung *f*; **s. of competition** Ausschaltung des Wettbewerbs; ~ **evidence** Unterdrückung/U.schlagung
von Beweismaterial
surcharge *n* (Fracht-/Gebühren-/Preis-/
Tarif)Aufschlag *m*, Ergänzungsabgabe *f*, Aufgeld *nt*, Zuschlag *m*; **seasonal s.** Saisonaufschlag *m*; *v/t* zusätzlich
belasten, aufschlagen, Nachgebühr erheben
surety *n* Sicherheit *f*, Garantielei-
stung *f*, Delkredere *nt*, Kauti-

on(ssumme) *f*, Aval(bürge) *nt/m*, Garant *m*, (Ausfall)Bürge *m*; **to stand s.** Delkredere übernehmen, Bürgschaft leisten; **collateral s.** Neben-, Rückbürge *m*; **s. bond** Kautionsurkunde *f*, Bürgschein *m*, Bürgschaft(serklärung) *f*; **s.ship** *n* Bürgschaft(svertrag) *f/m*, Garantie(leistung) *f*

surface *n* (Ober)Fläche *f*; **s. mail** ⊠ gewöhnliche Post, Standardsendung *f*; **s. mining** ⚒ (im) Tagebau *m*

surge *n* steiles Ansteigen, rascher Anstieg; **s. of activity** Wachstumsschub *m*; ~ **buying** *(Börse)* Kaufwelle *f*; ~ **demand** Nachfragestoß *m*, N.boom *m*; ~ **interest rates** Zinsschub *m*; **s. in orders** Auftragsstoß *m*; *v/i* rasch/steil ansteigen

surplus *n* Mehr(wert) *nt/m*, M.betrag *m*, Überschuß *m*, Gewinnreserve *f*, Kostenüberdeckung *f*; **s. on current account**; ~ **goods and services** Leistungsbilanzüberschuß *m*, aktive Leistungsbilanz; **s. of assets over liabilities** Überschuß der Aktiva über die Passiva; ~ **offers** Angebotsüberhang *m*

accumulated surplus Gewinnvortrag *m*, thesaurierter Gewinn; **annual s.** Jahresüberschuß *m*; **consolidated s.** Konzernüberschuß *m*; **earned s.** unverteilter (Rein)Gewinn; ~ **statement** Gewinnverwendungsrechnung *f*; **external s.** Zahlungsbilanzüberschuß *m*; **unappropriated s.** allgemeine/freie Rücklage

surplus analysis Gewinnanalyse *f*; **s. statement** Gewinnübersicht *f*, Erfolgsbilanz *f*

surrender *n* Preis-, Herausgabe *f*, Auslieferung *f*, Überlassung *f*; Versicherungsrückkauf *m*; *(Dokument)* Hinterlegung *f*; *(Gewinn)* Abführung *f*; *v/t* abtreten, aushändigen; *(Dokumente)* hinterlegen; **s. value** *(Lebensvers.)* Rückkaufwert *m*

surtax *n* Ergänzungsabgabe *f*, (Einkommen)Steueraufschlag *m*

survey *n* Umfrage *f*, Befragung *f*, Studie *f*; **commercial s.** Marktanalyse *f*; **economic s.** Wirtschafts-, Konjunkturbericht *m*; **representative s.** Repräsen-

tativerhebung *f*, R.umfrage *f*; *v/t* untersuchen, befragen, prüfen, überwachen; **s.or** *n* (Be)Gutachter *m*, (technischer) Sachverständiger *m*; *(Vers.)* Schadensexperte *m*; ⌂ Vermessungsingenieur *m*; Baugutachter *m*; **s. report** Besichtigungsprotokoll *nt*; Schadensgutachten *nt*

survivor *n* Überlebender *m*, Hinterbliebener *m*; **s.s' pension** Hinterbliebenenrente *f*; **s. insurance** Überlebensversicherung *f*

suspend *v/t* zeitweilig aufheben, suspendieren, (vorübergehend) außer Kraft setzen; *(Zahlung)* aussetzen

suspense *n* Aufschub *m*, Schwebe *f*; **to hold/keep in s.** *(Gläubiger)* hinhalten; *(Wechsel)* Not leiden lassen; **s. account** Interims-, Zwischenkonto *nt*, transitorisches Konto; **s. file** Terminmappe *f*; **s. item** Durchlaufposten *m*; **s. items** Rechnungsabgrenzungsposten; *(Buchung)* Restanten

suspension *n* (vorläufige/vorübergehende) Aussetzung/Einstellung *f*, Außerkraftsetzung *f*; zeitweilige Beurlaubung

suspension of business Einstellung der Geschäftstätigkeit; ~ **dealings** *(Börse)* Einstellung/Aussetzung des Handels; ~ **execution** §§ Aussetzung der Strafvollstreckung; ~ **operations** Betriebsstillegung *f*; ~ **payment** Zahlungseinstellung *f*; ~ **proceedings** §§ Unterbrechung des Verfahrens; ~ **a quotation**; ~ **trading** *(Börse)* Kursaussetzung *f*, Aussetzung der Notierung; ~ **a strike** Streikunterbrechung *f*; ~ **the time limit** Fristhemmung *f*

suspension file Hängeablage *f*

swap *n* (Ein-/Um)Tausch *m*, Tauschhandel *m*, Swapgeschäft *nt*; *v/t* (ein-/aus)tauschen; **s.body** *n* 🚚 Wechselaufbau *m*; **s. credit** Swapkredit *m*; **s. liabilities** Swapverbindlichkeiten; **s. operation** (Um)Tauschoperation *f*; **s. rate** Swap-, Umtauschsatz *m*

swing *n* Swing *m*, Kreditmarge *f*; *(Handel)* Überziehungskredit *m*; Schwankungsbreite *f*; Umschwung *m*, (Pendel)Ausschlag *m*; **cyclical s.**

Konjunkturwende *f*, K.schwankung *f*; **s. shift** Spät-, Wechselschicht *f*
switch *n* Verschiebung *f*, Wechsel *m*, Umstellung *f*, Verlagerung *f*; Kompensations-, Tauschgeschäft *nt*; *v/t* (um)schalten, umstellen, umdisponieren, umschichten, verlagern; **s.-board** *n* Telefonzentrale *f*; **three-way s. deal** Dreiecksgeschäft *nt*
switching *n* (Portefeuille)Umschichtung *f*, Verlagerung *f*; **s. operation** Tauschoperation *f*, Portefeuilleumschichtung *f*
synchroniz|ation *n* Gleichlauf *m*, zeitliche Übereinstimmung; **s.e** *v/ti* aufeinander abstimmen
syndic *n* Syndikus *m*, Rechtsberater *m*
syndicate *n* Konsortium *nt*, Interessengemeinschaft *f*; *(Lloyd's)* Versicherergruppe *f*, Syndikat *nt*; Verband *m*, Absatzkartell *nt*; **financial/financing s.** Finanz(ierungs)-, Kreditkonsortium *nt*; **issuing s.** Emissionskonsortium *nt*; *v/t* Konsortium bilden
syndicate agreement Konsortialvertrag *m*; **s. banking** Konsortial-(bank)geschäft *nt*; **s. business** (Wertpapier)Konsortialgeschäft *nt*; **s. credit** Konsortialkredit *m*; **s. leader** Konsortial-, Federführer *m*; **s. management** Konsortialführung *f*; **s. manager** *(Emission)* führende Konsortialbank; **s. member** Konsorte *m*, Konsortialmitglied *nt*; **s. quota/share** Konsortialanteil *m*
syndication *n* Syndikats-, Konsortialbildung *f*, Plazierung durch ein Konsortium
system *n* System *nt*, Verfahren *nt*, Schema *nt*; **s. of accounts** Kontenrahmen *m*; ~ **a free market economy** (freie) Marktwirtschaft *f*; ~ **taxation** Besteuerungssystem *nt*
capitalist(ic) system kapitalistisches System; **competitive s.** Wettbewerbsordnung *f*, W.system *nt*; **directional s.** Leitungssystem *nt*; **economic s.** Wirtschaftsordnung *f*, W.system *nt*; **free--enterprise s.** freie Marktwirtschaft; **legal s.** Rechtssystem *nt*; **monetary s.** Währungs-, Geldsystem *nt*, Geld- und Währungsordnung *f*; **one-crop/sin-**

gle-crop s. 🐄 Monokultur *f*; **social s.** Sozial-, Gesellschaftsordnung *f*
system|s business Anlagengeschäft *nt*; ~ **development** Systementwicklung *f*; ~ **engineer** Systemberater *m*; ~ **engineering** Systemberatung *f*, Großanlagenbau *m*; ~ **furniture** Systemmöbel *pl*; ~ **technology** Systemtechnik *f*

T

tab *n* (Namens)Schild *nt*, Etikett *nt*
table *n* (tabellarische) Aufstellung *f*, Tabelle *f*, Liste *f*; **t. of charges/costs** Gebührenverzeichnis *nt*; ~ **contents** Inhaltsverzeichnis *nt*; ~ **prices** Preisaushang *m*, P.tabelle *f*; **t. format** Tabellenform *f*
tabulat|e *v/ti* tabellarisieren, tabellarisch (an)ordnen; **t.ion** *n* tabellarische Darstellung/Anordnung
tag *n* Anhänger *m*, (Anhänge)Schildchen *nt*, Etikett *nt*
tailor *v/t* zuschneiden; **t. to** abstellen auf; **t.-made** *adj* maßgeschneidert, nach Maß (gefertigt), nach Kundenangaben hergestellt
take *n* Einnahme *f*, Kasse *f*; *(Fischerei)* Fang *m*
take *v/t* nehmen; **t. down in writing** mitschreiben, notieren; **t. home** netto verdienen; **t. in** hereinnehmen; *(Geld)* einnehmen; *(Börse)* in Kost nehmen; in Zahlung nehmen; **t. off** *(Preis)* nachlassen; **t. on** *(Personal)* ein-, anstellen; **t. out** *(Geld)* abheben; *(Vers.)* abschließen; **t. over** übernehmen, aufkaufen; **t. up** übernehmen, aufgreifen, aufnehmen; *(Aktien)* beziehen
takeover *n* (Betriebs)Übernahme *f*, Aufkauf *m*; **friendly t.** freundliche Übernahme; **hostile t.** unfreundliche Übernahme; **t. bid/offer** Abfindungs-, Übernahmeangebot *nt*; **t. syndicate** Ankaufs-, Übernahmekonsortium *nt*
taker *n* Abnehmer *m*, Kunde *m*, Käufer *m*; Wechselnehmer *m*; Optionsgeber *m*; **t. for a call** Verkäufer einer Rückprämie; ~ **put** Käufer einer

Rückprämie; ~ **put and call** Käufer einer Stellage

take-up n Inanspruchnahme f, Aufnahme f

taking n Inbesitznahme f; **t.s** (Geld-/Kassen)Einnahme(n) f/pl; **t. for a call** Verkauf einer Rückprämie; **t. (out) of a mortgage** Hypothekenaufnahme f; **t. into operation** Inbetriebnahme f; **t. for a put** Kauf einer Rückprämie; **daily t.s** Tageseinnahme(n) f/pl, T.losung f

talent n Talent nt, Begabung f, Fähigkeit f; **entrepreneurial t.** unternehmerische Begabung; **executive/managerial t.** Führungsbefähigung f

talk n Gespräch nt, Aussprache f; **t.s** Verhandlungen; **exploratory t.s** Sondierungsgespräche, Sondierungen; **financial t.s** Finanzbesprechung f

tally n Kupon m, Etikett nt, Kontrollzeichen nt; Strichliste f, (Waren)Liste f, Aufstellung f; Nach-, Überprüfung f; v/ti etikettieren, kontrollieren, abhaken; (Konten) abstimmen; **t. up** Kasse(nsturz) machen; **t. clerk** (Fracht-/Ladungs)Kontrolleur m; **t. sheet** Kontroll-, Strichliste f

talon n Talon m, Erneuerungsschein m, Zinskupon m

tanker n 🕭 Tanker m, Tankschiff nt; 🚊 Tanklastwagen m; 🎺 Kesselwagen m

tap n (Zapf)Hahn m; v/t entnehmen, erschließen; **t. issue/stock** Daueremission f; [GB] Regierungsanleihe f, laufend ausgegebene Schatzwechsel

tare n Tara f, Leer-, Verpackungsgewicht nt; **t. and tret** Tara und Gutgewicht; **t. weight** Tara-, Verpackungsgewicht nt

target n (Plan)Ziel nt, (Soll)Vorgabe f, Planungsansatz m; **economic t.** wirtschaftspolitische Zielsetzung; **monetary t.** Geldmengenvorgabe f, G.ziel nt; v/t Ziel bestimmen; als Zielgruppe haben

target amount Richtsumme f; **t. and performance comparison** Soll-Ist-Vergleich m; **t. cost(s)** Plan-, Sollkosten pl; **t. date** (Liefer)Termin m, Stichtag m; **t. group** Zielgruppe f,

Adressatenkreis m; **t. market** Zielmarkt m; **t. performance** Solleistung f; **t. price** (Markt)Richt-, Orientierungspreis m; **t. range** Zielkorridor m; **t. rate** Richtsatz m

tariff n (Fracht)Tarif m, Gebühren-, Preisverzeichnis nt; ⊖ Zolltarif(satz) m

ad-valorem (lat.) **tariff** ⊖ Wertzolltarif m; **common (external) t.** (EG) gemeinsamer Außenzoll(tarif); **compound t.** Mischzoll m; **domestic t.** Binnentarif m; (Gas/Wasser/⚡) Haushaltstarif m; **external t.** Außenzoll(tarif) m; **graduated t.** Staffeltarif m; **most-favoured-nation t.** Meistbegünstigungstarif m; **preferential t.** Präferenz-, Vorzugszoll m; **protective t.** Schutzzoll(tarif) m; **sliding(-scale) t.** degressiver/progressiver Tarif; **special t.** Sondertarif m; **standard/uniform t.** ⊖ Einheitszoll m; Einheitstarif m

tariff agreement Zollabkommen nt, Z.vereinbarung f; Tarifabkommen nt, T.vereinbarung f; **t. barriers (to trade)** tarifäre Handelshemmnisse; **non-t. barriers** nichttarifäre Handelshemmnisse; **t. classification** Tarifierung f, zolltarifliche Einstufung; **t. differential** Tarifgefälle nt, Zollunterschied m; **t. harmonization** Zollharmonisierung f; **t. heading** Zoll-, Tarifposition f; **t. nomenclature** Zolltarifschema nt, Z.warenverzeichnis nt; **t. preference** Zollpräferenz f; **t. protection** Zoll-, Außenschutz m; **t. quota** Zollkontingent nt; **t. rate** Tarif-, Zollsatz m; Tariffracht f; (Vers.) Prämientarif m; **t. reduction** Zollermäßigung f; **t. structure/system** Zoll-, (Zoll)Tarifsystem nt

task n (Arbeits)Aufgabe f, Auftrag m

task force Arbeitsgruppe f; **t. management** Aufgabenverwaltung f; **t. structuring** Aufgabenstrukturierung f; **t. wage** Akkordlohn m; **t. work** Akkord-, Stückarbeit f; **t. worker** Akkordarbeiter m

tax n Steuer f, Abgabe f, Gebühr f

after tax nach Steuerabzug, versteuert, nach (Abzug der) Steuern, netto; **before t.** vor (Abzug der) Steuern, vor

Steuerabzug, unversteuert, brutto;
less t.(es) abzüglich Steuer(n); **plus t.**
zuzüglich Steuer; **subject to t.** steuerpflichtig

tax on alcohol/beverages Alkohol-, Ge-
tränkesteuer *f*; ~ **capital** Vermögens-
steuer *f*; ~ **capital income** Kapitaler-
trag(s)steuer *f*; **t.es and other fiscal
charges** Steuern und Abgaben; **t. on
consumption** Aufwand-, Verbrauchssteuer *f*; ~ **corporations** Körper-
schaft(s)steuer *f*; **t.es and duties** Zölle
und Steuern; **t. on earnings** Ertrag(s)-,
Gewinnsteuer *f*; ~ **hydrocarbon fuels**
Mineralölsteuer *f*; ~ **income** Ein-
kommen(s)-, Gewinnsteuer *f*; **t.es on
income and profit** Steuern vom Einkommen und Ertrag; **t. on land**
Grundsteuer *f*; ~ **profits** ertragsab-
hängige Steuer; ~ **property and transactions** Besitz- und Verkehr(s)steu-
ern *pl*; **t. (deducted) at source** Quellen-
steuer(abzug) *f/m*; **t. on turnover** Um-
satzsteuer *f*

tax due Steuerschuld *f*; **t. paid** versteuert, nach (Abzug der) Steuern; **free of
t.** abgaben-, steuerfrei; **liable to t.**
steuer-, veranlagungspflichtig; **net of
t.** nach (Abzug von) Steuern

to allow against tax von der Steuer absetzen; **to assess for t.** steuerlich veranlagen; **to be liable/subject to t.** der
Besteuerung/Steuer(pflicht) unterliegen; **to collect t.es** Steuer(n) einziehen;
to deduct t. at source Steuerabzug an
der Quelle vornehmen; **to evade t.**
Steuer(n) hinterziehen; **to exempt
from t.(es)** von der Steuer befreien; **to
impose/levy a t. (on sth.)** Steuern erheben, (etw.) besteuern; **to offset/set off
against t.** von der Steuer/steuerlich absetzen; **to pay t.(es)** Steuer(n) abfüh-
ren/(be)zahlen; **to refund t.(es)** Steu-
er(n) (zurück)erstatten/rückvergüten;
to save t.(es) Steuern sparen; **to withhold t.** Quellensteuer erheben, Steuer
einbehalten

ad-valorem *(lat.)* **tax** Wertsteuer *f*;
back t.es Steuerrückstand *m*; **deferred
t.** Steuervorauszahlung(en) *f/pl*; ~
t.es *(Bilanz)* latente Steuern/Steuer-
schulden; **delinquent t.** rückständige

Steuer; **direct t.** direkte Abgabe/Steu-
er; **dividend-withholding t.** Kuponsteuer *f*; **excess t.** überzahlte/zuviel bezahlte Steuer; **federal t.** Bundessteu-
er *f*; **flat(-rate) t.** Einheitssteuer(tarif) *f/m*; **graduated t.** progressive/ge-
staffelte Steuer; **indirect t.** indirekte
Steuer; **industrial t.** Gewerbesteuer *f*;
local t. Gemeindesteuer *f*, Kommu-
nalabgabe *f*; **non-personal t.** Objektsteuer *f*; **pay-as-you-earn (PAYE) t.**
[GB] Quellensteuer *f*, einbehaltene
(Lohn)Steuer; **personal t.** persönliche
Steuer, Subjektsteuer *f*; **progressive/
sliding-scale t.** Progressions-, Staffel-
steuer *f*; **standard t.** Einheitssteuer *f*;
supplementary t. Zusatzsteuer *f*, Ergänzungsabgabe *f*; **uniform t.** Einheitssteuer *f*; **value-added t. (VAT)**
Mehrwertsteuer *f* (MWSt)

tax *v/t* besteuern, steuerlich belasten/
veranlagen

tax abatement Steuernachlaß *m*; **t.abil-
ity** *n* (Be)Steuerbarkeit *f*, S.pflicht *f*;
t.able *adj* abgaben-, gebühren-, steuerpflichtig, zu versteuern; **t. accountant**
Steuerberater *m*, S.buchhalter *m*; **t.
accounting** Steuerbuchhaltung *f*; **t.
advantage** Steuervorteil *m*; **t. adviser**
Steuerberater *m*; **t. allowance** (persönlicher) Freibetrag *m*, Steuerfreibetrag *m*; **t. arrears** rückständige Steuern; **t. assessment** Steuerveranla-
gung *f*, S.festsetzung *f*, S.bescheid *m*;
~ **note** Veranlagungsbescheid *m*

taxation *n* → **tax** Besteuerung *f*, Versteuerung *f*, Steuerwesen *nt*

taxation of capital Versteuerung von
Vermögen; ~ **corporations** Körper-
schaftsbesteuerung *f*; ~ **earnings** Er-
tragsbesteuerung *f*; ~ **income(s)** Einkommensbesteuerung *f*; ~ **pensions**
Rentenbesteuerung *f*; ~ **profits** Ge-
winnbesteuerung *f*; **t. at the standard
rate** Tarifbesteuerung *f*; ~ **source**
Quellenbesteuerung *f*

to exempt from taxation von der Besteuerung ausnehmen

deferred taxation Steuerstundung *f*; **direct t.** direkte Steuern/Besteuerung;
double t. Doppelbesteuerung *f*; ~
agreement Doppelbesteuerungsab-

kommen *nt*; **flat-rate t.** Pauschalbesteuerung *f*; **indirect t.** indirekte Besteuerung; **personal t.** Individual-, Einkommensbesteuerung *f*; **standard t.** einheitliche Besteuerung

tax attorney Steueranwalt *m*; **t. audit** Steuerprüfung *f*, (steuerliche) Betriebsprüfung *f*; **t. auditor** *(Steuer)* Betriebs-, Steuerprüfer *m*; **t. authority/authorities** Steuerbehörde *f*, Finanz-, Steuerverwaltung *f*; **t. avoidance** Steuerumgehung *f*, (legale) Steuervermeidung *f*; **t. balance (sheet)** Steuerbilanz *f*; **t. base** Besteuerungs-, Steuer(bemessungs)grundlage *f*; **t. benefit** Steuervergünstigung *f*, steuerlicher Vorteil; **t. bill** Steuerbescheid *m*; Steuergesetz(entwurf) *nt/m*, S.novelle *f*; **t. bracket** Steuerstufe *f*, S.klasse *f*; **t. break** (befristete) Steuervergünstigung *f*, S.entlastung *f*; **t. burden/charge** Steuerbelastung *f*, S.last *f*; **equitable t. burden** Steuergerechtigkeit *f*; **t. claim** Steuerforderung *f*, S.anspruch *m*; **t. collection** Steuereinziehung *f*, S.beitreibung *f*; **t. collector** Steuereinnehmer *m*, S.beamter *m*; **t. concession** Steuervergünstigung *f*, S.befreiung *f*, S.erleichterung *f*; **t. consultant/counsellor** Steuerberater *m*; **t. counselling** Steuerberatung *f*; **t. credit** Steuergutschrift *f*; **t. cut** Steuersenkung *f*; **t.-deductible** *adj* steuerlich abzugsfähig/absetzbar; **t. deduction** Steuereinbehaltung *f*, S.abzug *m*; **t. deferment/deferral** Steuerstundung *f*; **t. dodger** Steuerhinterzieher *m*

taxed *adj* nach (Abzug der) Steuern, versteuert, besteuert

tax|-effective; **t.-efficient** *adj* steuerwirksam, s.sparend; **t. evader** Steuerhinterzieher *m*; **t. evasion** Abgaben-, Steuerhinterziehung *f*; **t.-exempt** *adj* steuerfrei, gebührenfrei, abgabenfrei; **t. exemption** Steuer-, Gebühren-, Abgabenbefreiung *f*; **t.-favoured** *adj* steuerbegünstigt; **t. form** Steuerformular *nt*, S.vordruck *m*; **t. fraud** Steuerbetrug *m*, S.hinterziehung *f*; **t.-free** *adj* abgabenfrei, steuerfrei, nicht steuerpflichtig; **t.-gathering** *n* Steuereinziehung *f*; **t. handout** Steuerge-

schenk *nt*; **t. harmonization** Steuerharmonisierung *f*, S.anpassung *f*; **t. haven** Steueroase *f*; **t. holidays** Steuerfreijahre; **t. incentive** Steueranreiz *m*, steuerlicher Anreiz; **t. incidence** Steuerlast *f*, S.belastung *f*; **t. inspection** Steuer(über)prüfung *f*; **t. inspector** Steuerfahnder *m*, Finanzbeamter *m*; **t. intake** Steueraufkommen *nt*, S.einnahmen *pl*; **t. investigation** Steuerfahndung *f*, S.prüfung *f*; **t. law** Steuergesetz *nt*; Steuerrecht *nt*; **t. lawyer** Steueranwalt *m*; **t. liability** Steuerschuld *f*, S.pflicht *f*; **t. load** Steuerbelastung *f*; **t. loss** steuerlicher Verlust; **t.man** *n* *(coll)* das Finanzamt; **t. offence** [§] Steuerdelikt *nt*; **t. office** Finanzamt *nt*; **t. officer/official** Steuerbeamter *m*; **t. offset** *[US]* Steuergutschrift *f*

taxpayer *n* Steuerzahler *m*, S.pflichtiger *m*, S.subjekt *nt*; **resident t.** Steuerinländer *m*, inländischer Steuerpflichtiger; **non-resident t.** im Ausland wohnhafter Steuerpflichtiger; **t.'s money** Steuergelder *pl*

tax payment Steuerzahlung *f*, S.abführung *f*; ~ **date** Steuer-, Abgabentermin *m*; **t. penalty** Steuersäumniszuschlag *m*, S.strafe *f*; **t. period** Besteuerungszeitraum *m*; **t. prepayment** (Steuer)Vorauszahlung *f*; **t. privilege** Steuervorteil *m*, S.privileg *nt*, S.vergünstigung *f*; **t. proceeds** Steuermittel *pl*, S.aufkommen *nt*; **t. progression** Steuerprogression *f*; **t. purpose** Steuerzweck *m*; **for t. purposes** aus steuerlichen Gründen

tax rate Steuer-, Besteuerungssatz *m*, Steuertarif *m*; **average t. r.** Durchschnittsbesteuerung *f*; **basic t. r.** Standardsteuersatz *m*; **marginal t. r.** Grenzsteuersatz *m*; **progressive t. r.** gestaffelter Steuersatz

tax rebate Steuerrückzahlung *f*; **t. receipts** Steuereinnahmen, S.aufkommen *nt*; **t. reduction** Steuersenkung *f*, S.ermäßigung *f*; **t. reform** Steuerreform *f*; **t. refund** Steuer(rück)erstattung *f*, S.rückzahlung *f*; **t. regime** Steuersystem *nt*; **t. regulations** Besteuerungs-, Steuervorschriften

tax relief Steuererleichterung *f*, S.vergünstigung *f*, steuerliche Entlastung; **eligible for t. r.** steuerabzugsfähig, steuerbegünstigt, steuerlich absetzbar; **to claim t. r.** Steuervergünstigung in Anspruch nehmen

tax reminder Steuermahnung *f*; **t. remission** Steuererlaß *m*; **t. reserve(s)** Steuerrückstellungen *pl*

tax return Steuererklärung *f*; **to file a t. r.** Steuererklärung abgeben/einreichen; **joint t. r.** gemeinsame Steuererklärung

tax revenue(s) Steueraufkommen *nt*, S.einnahmen *pl*; **t. roll** Steuer(hebe)-, Veranlagungsliste *f*; **t. rule** Steuerrichtlinie *f*; **t. saving(s)** Steuerersparnis(se) *f/pl*; **t.-saving** *adj* steuersparend; **t. scale/schedule** Steuertarif *m*, S.tabelle *f*; **t. shelter** Steuerbegünstigung *f*; Steueroase *f*; **t. shift(ing)** Steuerüberwälzung *f*, S.verlagerung *f*; **t. shortfall** Steuerausfall *m*, S.defizit *nt*; **t. solicitor** Steueranwalt *m*; **t. statement** Steuerausweis *m*, S.bilanz *f*; **t. surcharge** Steuerzuschlag *m*, S.aufschlag *m*, Ergänzungsabgabe *f*; **t. system** Steuersystem *nt*, Abgabenordnung *f*; **t. table** Steuer-, Grundtabelle *f*; **t. threshold** Steuerschwelle *f*; **t. treatment** Besteuerung *f*, steuer(recht)liche Behandlung; **t. voucher** Steuergutschein *m*, S.gutschrift *f*; **t. write-off** Steuerabschreibung *f*, steuerlich zulässige Abschreibung; **~ facilities** steuerliche Abschreibungsmöglichkeiten; **t. year** *(Steuer)* Veranlagungs-, Steuer-, Rechnungsjahr *nt*; **t. yield** Steueraufkommen *nt*

team *n* Gruppe *f*, Arbeitsgemeinschaft *f*, A.stab *m*, Team *nt*; **t. leader** Gruppenleiter *m*; **t. organisation** teamorientierte Organisationsform

tech|nical *adj* fachlich, f.spezifisch; **t.nician** *n* technischer Angestellter, Techniker *m*; **t.nique** *n* Technik *f*, Verfahren *nt*

technology *n* Technologie *f*, Technik *f*; **advance(d)/high/state-of-the-art t. (hi-tech; high-tech)** Hoch-, Spitzentechnologie *f*; **t. transfer** Technologie-

transfer *m*

telecommunication *n* Nachrichtenaustausch *m*, N.übertragung *f*; **t.s** Fernmeldewesen *nt*, Nachrichtentechnik *f*; **~ engineer** Fernmeldeingenieur *m*, F.techniker *m*; **~ industry** Fernmeldeindustrie *f*

tele|computing *n* ☐ Datenfernverarbeitung *f*; **t.copy** *v/t* fernkopieren; **t.fax** *n* Telefax *nt*; **t.gram(me)** *n* Telegramm *nt*; **~ message** Drahtnachricht *f*; **t.graph** *n* Telegraph *m*, Fernschreiber *m*; *v/ti* telegraphieren, telegraphisch überweisen/benachrichtigen

telephone *n* Telefon *nt*, Fernsprecher *m*, Telefonanschluß *m*; **cellular t.** Autotelefon *nt*; **cordless t.** drahtloses Telefon; **public t.** öffentlicher Fernsprecher

telephone advertising Telefonwerbung *f*; **t. answering machine** automatischer Anrufbeantworter; **t. directory** Telefon-, Fernsprechbuch *nt*, F.verzeichnis *nt*; **t. interview** telefonische Befragung; **t. order** telefonische Bestellung; **t. salesman** Telefonverkäufer *m*; **t. selling** Telefonverkauf *m*; **t. subscriber** Fernsprechteilnehmer *m*; **t. trading** Telefonhandel *m*

tele|print; t.type *v/t* fernschreiben; **t.printer; t.type** *n* [US] Fernschreiber *m*; **t.processing** *n* ☐ (Daten)Fernverarbeitung *f*, D.fernübertragung *f*; **t.-selling** *n* Verkauf am Bildschirm; **t.shopping** *n* Kauf am Bildschirm; **t.tex(t)** *n* Video-, Bildschirmtext (Btx) *m*

television *n* Fernsehen *nt*; **commercial t.** Werbefernsehen *nt*, kommerzielles Fernsehen; **t. advertising** Fernsehwerbung *f*, F.reklame *f*; **t. commercial** (Fernseh)Werbesendung *f*, W.spot *m*

teleworker *n* ☐ Heimarbeiter *m*

telex *n* Telex *nt*, Fernschreiben *nt*; Fernschreiber *m*; **by t.** fernschriftlich, per Fernschreiben; *v/t* fernschreiben, fernschriftlich mitteilen; **t. address** Telexanschrift *f*; **t. charge** Fernschreibgebühr *f*

teller *n* (Bank)Kassierer *m*, Schalterbeamter *m*, Kassendisponent *m*; **auto-**

mated t. Bankautomat *m*; **t.'s counter** Kassenschalter *m*; **automated t. machine (ATM)** Geld(ausgabe)-, Bargeldautomat *m*; **t.'s window** Kassenschalter *m*

tel quel *[frz.]* wie besehen; ~ **rate** Nettokurs *m*

temp *n* *(coll)* *(Büro)* Aushilfskraft *f*, Zeitarbeiter *m*; **t.orary** *n* Aushilfskraft *f*, Aushilfe *f*; *adj* zeitweilig, vorübergehend, befristet

tenancy *n* Pacht-, Mietverhältnis *nt*, M.zeit *f*, Pachtdauer *f*; **t. in common** Bruchteilseigentum *nt*, Eigentum zur gesamten Hand; **t. for life** Pachtung auf Lebenszeit; **t. at sufferance/will** jederzeit kündbares Miet-/Pachtverhältnis

tenant *n* Mieter *m*, Pächter *m*, Mietpartei *f*; **commercial/industrial t.** gewerblicher Mieter; **incoming t.** neuer Mieter; **outgoing t.** ausziehender Mieter; **sitting t.** Altmieter *m*; **subsequent t.** Nachmieter *m*; **t. farm** ⚏ Pachtbetrieb *m*; **t.'s liability** Mieterhaftpflicht *f*; **t. protection** Mieterschutz *m*

tendency *n* (allgemeine) Richtung *f*, Tendenz *f*; **tendencies of the market** Börsentendenz *f*, Markttrend *m*; **bearish/downward t.** *(Börse)* Schwäche-, Baissetendenz *f*; **bullish t.** *(Börse)* Hausseneigung *f*, H.stimmung *f*; **dull t.** lustlose Tendenz; **firm t.** *(Börse)* feste Tendenz; **underlying t.** Grundtendenz *f*; **upward t.** Auftriebs-, Aufschwungstendenz *f*; *(Börse)* Hausseneigung *f*

tender *n* (Leistungs-/Lieferungs-/Submissions)Angebot *nt*, Submission *f*, Offerte *f*; **by t.** durch Ausschreibung; **t. of delivery** Lieferangebot *nt*

to accept a tender Zuschlag erteilen; **to invite t.s**; **to put out to t.** zur Angabe von Angeboten auffordern, Angebote einholen, Ausschreibung veranstalten; **to make/put in a t.** Angebot einreichen; **to sell by t.** durch Ausschreibung verkaufen

collusive tender abgesprochenes Angebot; **lawful/legal t.** gesetzliches Zahlungsmittel; **public t.** öffentliche Ausschreibung, Submissionsverfahren *nt*

tender *v/ti* (an)bieten, (Lieferungs)Angebot unterbreiten, sich an einer Ausschreibung beteiligen

tender date Ausschreibungstermin *m*, Bietungsschluß *m*; **t. documents** Angebots-, Ausschreibungsunterlagen; **t.ee** *n* Angebotsempfänger *m*

tenderer *n* (An)Bieter *m*, Submittent *m*; **qualified t.** zugelassener (An)Bieter; **successful t.** Zuschlagsempfänger *m*

tender guarantee Angebots-, Bietungsgarantie *f*

tendering *n* Angebotsabgabe *f*; **collusive t.** Angebots-, Submissionsabsprache *f*; **competitive t.** freihändige Vergabe, echte Ausschreibung

tender offer Ausschreibungsangebot *nt*; **t. period** Ausschreibungs-, Submissionsfrist *f*; **t. price** Angebotspreis *m*

tenement *n* Mietshaus *nt*

tenor *n* Tenor *m*, Wortlaut *m*; (Wechsel)Frist *f*

tenure *n* Besitz(dauer) *m/f*; Pachtverhältnis *nt*; Amts-, Dienstzeit *f*; Anstellung auf Lebenszeit

term *n* Fachausdruck *m*, Bezeichnung *f*; Laufzeit *f*, Frist *f*; (Gültigkeits)Dauer *f*; **t.s** Bedingungen, Konditionen; *(Anleihe)* Ausstattung *f*; Preis *m*; **during the t.** während der Laufzeit; **for a t. of** für die Dauer von; **under the t.s of** auf Grund der Bestimmungen von

term for acceptance Annahme-, Akzeptfrist *f*; **t.s of a bid** Angebotsbedingungen; **t. of a bill of exchange** Laufzeit eines Wechsels; **t.s of business** Abschluß-, Geschäftsbedingungen, Konditionen

terms and conditions (Verkaufs)Bedingungen; **t. and c. of business** (allgemeine) Geschäftsbedingungen

term of (a/the) contract Vertragslaufzeit *f*, V.dauer *f*; **t.s of credit** Kreditbedingungen; ~ **delivery** Lieferbedingungen; ~ **employment** Anstellungsverhältnis *nt*; **t. of insurance** Versicherungsdauer *f*; **t.s of insurance** Versicherungsbedingungen; **t. of lease** Pachtdauer *f*; ~ **a loan** Anleihelaufzeit *f*; **t.s of a loan** Kreditbestimmungen, Anleihebedingungen; **t. of maturity** Fristigkeit *f*, Laufzeit *f*; ~ **notice** Kündigungsfrist *f*, K.termin *m*; ~ **office** Amtsperiode *f*, A.dauer *f*; ~ **a patent** Patentschutzfrist *f*; ~ **payment** Zahlungstermin *m*, Z.ziel *nt*, Z.frist *f*; **t.s of payment** Zahlungsbedingungen, Z.frist *f*; ~ **payment and delivery** Liefer(ungs)- und Zahlungsbedingungen; ~ **reference** Aufgabenbereich *m*, Vorgaben, Rahmenbedingungen; **within the ~ reference** im Rahmen der Aufgabe/Zuständigkeit; ~ **sale** Verkaufsbedingungen; **t. of tenancy** Mietlaufzeit *f*, M.dauer *f*; **t.s of trade** (reale) Austauschrelationen, A.verhältnisse im Außenhandel

terms strictly cash Preise ohne Abzug
to buy sth. on easy term|s etw. auf Raten kaufen; **to come within the t.s of the contract** unter die Vertragsbedingungen fallen; **to comply with a t.** Frist wahren; ~ **the t.s of a contract** Vertragsbedingungen erfüllen; **to extend a t.** Frist/Termin verlängern; **to fix a t.** befristen, Frist (fest)setzen; **to keep/ observe a t.** Frist wahren; **to quote t.s** Bedingungen angeben; **to set a t.** Termin festlegen; **to stipulate t.s** Bedingungen/Konditionen festlegen

commercial terms Lieferklauseln; **international ~ t. (Incoterms)** internationale Lieferklauseln, ~ Regeln für handelsübliche Vertragsformen; **contractual t.** Vertragsbedingungen; **on deferred t.** auf Raten; **easy t.** Zahlungserleichterung *f*, günstige (Zahlungs)Bedingungen; **the exact t.** der genaue Wortlaut; **favourable t.** günstige Bedingungen; **fixed term** Festlaufzeit *f*, Frist *f*; **inclusive t.** Pauschalpreis *m*; **local t.** Platzbedingungen; **in the long term** langfristig (gesehen), auf lange Sicht; **in the medium term** mittelfristig, auf mittlere Sicht; **net t.** Nettokonditionen; **open t.** offenes Zahlungsziel; **preferential t.** Vorzugskonditionen; **in real t.** real, preisbereinigt; **reasonable t.** vernünftige Preise, günstige Bedingungen; **residual term** Restlaufzeit *f*; **in the short term** kurz-

fristig, auf kurze Sicht; **special t.** Sonderbestimmungen, S.konditionen; **stipulated term** vereinbarte Frist; **technical term** Fachausdruck *m*; **unexpired term** Restlaufzeit *f*; **usual t. (u. t.)** übliche Bedingungen

term account Festgeldkonto *nt*; **t. assurance** Kurz-, Risikolebens-, Wagnisversicherung *f*; **t. bill/draft** Nachsicht-, Zeitsichtwechsel *m*; **t. deposit** Terminguthaben *nt*, T.geldeinlage *f*

termin|able *adj* (Vertrag) auflösbar, (auf)kündbar, befristet; **t.al** *n* ⌐ Abfertigungsgebäude *nt*; ⤳ Umschlagplatz *m*, Verladestation *f*; ⌨ (Daten)Endgerät *nt*; **t.ate** *v*/*ti* (be)enden/ (Vertrag) ablaufen, (auf)kündigen

termination *n* Ende *nt*, Beendigung *f*; (Vertrag) (Auf)Kündigung *f*, Ablauf *m*

termination of a business Betriebsaufgabe *f*; ~ **(a) contract** Vertragskündigung *f*, V.auflösung *f*, V.ablauf *m*; ~ **employment** Beendigung des Arbeits-/ Beschäftigungsverhältnisses; **t. without notice** fristlose Kündigung; **t. of a strike** Streikende *nt*
to give notice of termination of contract Vertrag (auf)kündigen
advance/premature termination vorzeitige Kündigung
termination clause Kündigungsklausel *f*; **t. date** Kündigungstermin *m*; **t. pay** (Entlassungs)Abfindung *f*, E.-geld *nt*

term insurance Zeit-, Kurz-, Risikolebensversicherung *f*; **t. loan** langfristiges/befristetes Darlehen; **t. money** Termin-, Festgeld *nt*

territory *n* Hoheitsgebiet *nt*, Land *nt*; (Vertreter) Reise-, Vertretungsgebiet *nt*; **t. of application** Geltungsgebiet *nt*, Anwendungsbereich *m*; **t. protection** (Vertreter) Gebietsschutz *m*

tertiary *adj* tertiär

test *n* (Eignungs)Kontrolle *f*, (Stich)Probe *f*; Test(verfahren) *m*/*nt*, Versuch *m*; *v*/*t* erproben, testen, prüfen; **t.ament** *n* Testament *nt*; **t.ate** *adj* unter Hinterlassung eines Testaments; **t. brand** Testmarke *f*; **t. case** [§] Mu-

sterprozeß *m*; **t. certificate** Abnahme-
zeugnis *nt*, Prüfungsprotokoll *m*; **t.
consumer** Testverbraucher *m*
testi|fy *v/ti* ⑤ beurkunden, (als Zeuge)
aussagen; **t.monial** *n* Referenz-, Empfehlungsschreiben *nt*; **t.mony** *n* ⑤ Beweis *m*; Anhörung *f*
test interview Probebefragung *f*; **t.
market** Test-, Versuchsmarkt *m*; **t.--
market** *v/t* am Markt erproben; **t.
marketing** Markterprobung *f*; **t. operation** Probelauf *m*; **t. package** Probepackung *f*; **t. purchase** Kontroll-,
Testkauf *m*; **t. shipment** Probesen-
dung *f*
text *n* Text *m*, Wortlaut *m*; **authoritative t.** maßgeblicher Text, verbindliche
Fassung
textile *n* Faser(stoff) *f/m*, Gewebe *nt*;
t.s Textilien, Textilwaren; **t. industry**
Bekleidungs-, Textilindustrie *f*; **t. mill**
Textilfabrik *f*; **t. trade** Textil-
(fach)handel *m*, T.branche *f*
text processing Textverarbeitung *f*
texture *n* Gewebe *nt*, Maserung *f*,
Struktur *f*
theft *n* Diebstahl *m*; **t., pilferage, non--
delivery (t. p. n. d.)** *(Vers.)* Diebstahl,
Beraubung, Nichtauslieferung; **commercial t.** Wirtschaftskriminalität *f*;
petty t. Bagatell-, Gelegenheitsdieb-
stahl *m*; **t. insurance** Diebstahlversi-
cherung *f*
theory *n* Theorie *f*, These *f*
theory of the business cycle Konjunk-
turtheorie *f*; ~ **competition** Wettbe-
werbstheorie *f*; ~ **costs** Kostentheo-
rie *f*; ~ **finance** Finanz(wirtschafts)lehre *f*, F.theorie *f*; ~ **economic growth** Wachstumstheorie *f*; ~
income and employment Beschäfti-
gungstheorie *f*; ~ **inflation** Inflations-
theorie *f*; ~ **interest** Zinstheorie *f*; ~
money Geldtheorie *f*; **commodity** ~
money Geldwerttheorie *f*; ~ **prices**
Preistheorie *f*; ~ **economic systems**
System-, Ordnungstheorie *f*; **economic** ~ **taxation** Steuerwirtschaftslehre *f*
economic theory (Volks)Wirtschafts-
theorie *f*, (allgemeine) Volkswirtschaftslehre (VWL) *f*
think tank *(fig)* Planungsstab *m*

third of exchange (Wechsel)Drittausfer-
tigung *f*; **t. party** ⑤ dritte Person,
Dritter *m*
threat *n* (An-/Be)Drohung *f*; **t. of
strike** Streikandrohung *f*
threshold *n* (Tür)Schwelle *f*; Eingangs-
steuersatz *m*; **t. country** Schwellenland *nt*; **t. price** *(EG)* Eingangs-, Ein-
schleusungs-, Schwellenpreis *m*; **t. tariff** *(EG)* ⊖ Eingangs(zoll)tarif *m*
thrift *n* Sparen *nt*, Sparsamkeit *f*; *[US]*
Sparinstitution *f*, S.kasse *f*, Genossenschaftsbank *f*, Bausparkasse *f*
thrift account *[US]* Sparkonto *nt*; ~
deposits Sparguthaben *nt*, S.einlagen;
~ **holder** Sparkontoinhaber *m*; **t. deposit** Sparkonto *nt*; **t. deposits** Spar-
gelder, S.einlagen; **t. industry** die
Sparkassen; **t. institution** Sparver-
ein *m*, S.kasse *f*; **t. price** Niedrig-,
Sparpreis *m*; **t. society** *[US]* Sparge-
sellschaft *f*, S.institut(ion) *nt/f*, S.ge-
nossenschaft *f*
thrifty *adj* sparsam, wirtschaftlich,
ökonomisch
thriving *adj* gut/flott gehend, florierend
throughput *n* ▬ Durchgang *m*,
D.satz *m*, Verarbeitungsmenge *f*, Leistung *f*; **t. of material** Materialdurch-
satz *m*
throwaway *n* Hand-, Reklamezettel *m*;
Wurfsendung *f*; *adj* Einweg-, Weg-
werf-; **t. society** Wegwerfgesellschaft *f*
tick *v/t* ankreuzen, abhaken
ticket *n* (Eintritts-/Fahr-/Flug)Karte *f*;
Schild(chen) *nt*; **concessionary t.** er-
mäßigte Fahr-/Flugkarte; **supplementary t.** Zuschlagskarte *f*; **t. office**
Fahrkartenschalter *m*
tickler *n* *(coll)* Fristkalender *m*, Ter-
minkartei *f*; **t. file** Wiedervorlage-,
Terminmappe *f*
tide *n* Gezeiten *pl*; **rising t. of wages**
Lohnwelle *f*; **t. over** *v/t* überbrücken;
t.-over allowance Überbrückungsbei-
hilfe *f*, Ü.geld *nt*; ~ **credit** Überbrückungskredit *m*
tie (up) *v/t* binden, *(Geld)* festlegen;
t.d *adj* (projekt-/zweck)gebunden; ~
up *(Kapital)* fest angelegt, stillgelegt
tier *n* Stufe *f*, Ebene *f*; **t.ed** *adj* gestaf-
felt, (ab)gestuft

tie-up *n* Bindung *f* (an Auflagen); (Unternehmens)Zusammenschluß *m*

tight *adj* dicht, angespannt, knapp

tightening (up) *n* Verschärfung *f*, Straffung *f*; **t. of the capital markets** Anspannung an den Finanzmärkten; ~ **credit policy** Anziehen der Kreditzügel; ~ **labour market conditions** Arbeitsmarktverengung *f*; ~ **tax screw** *(fig)* Anziehen der/Drehen an der Steuerschraube *(fig)*

tightness *n* Knappheit *f*, Enge *f*; **t. of the market** Marktanspannung *f*, M.enge *f*; ~ **money** Geldknappheit *f*

till *n* Geld-, Ladenkasse *f*; *v/t* ᴅᴅ bebauen, bestellen, kultivieren; **t.age** *n* ᴅᴅ Anbau *m*, Ackerbau *m*, Bodenbearbeitung *f*; **t. book** Kassenstrazze *f*; **t. money** Kassenbestand *m*; **t. shortage** Kassenfehlbestand *m*

timber *n* *[GB]* (Bau-/Nutz-/Schnitt-)Holz *nt*; **commercial t.** Nutzholz *nt*; **tropical t.** Tropenholz *nt*

timber exchange Holzbörse *f*; **t. grade** Holzsorte *f*; **t. industry** Holzwirtschaft *f*; **t. mill** Sägewerk *nt*; **t. trade** Holzhandel *m*; **t.yard** *n* Bauhof *m*

time *n* Zeit(dauer) *f*, Z.abschnitt *m*, Frist *f*; **in t.** rechtzeitig; **on t.** pünktlich, rechtzeitig, termingerecht, fristgerecht

time of arrival Ankunftszeit *f*; **actual ~ arrival (ata)** tatsächliche Ankunftszeit; **expected ~ arrival (eta)** voraussichtliche Ankunftszeit; **t. for complaint** Reklamationsfrist *f*; ~ **completion** Fertigstellungsfrist *f*; **t. of delivery** Empfangs-, Lieferzeit *f*; ~ **departure** Abfahrtszeit *f*; **actual ~ departure (atd)** tatsächliche Abfahrtszeit; **estimated/expected ~ departure (etd)** voraussichtliche Abfahrtszeit; ~ **despatch/dispatch** Aufgabezeit *f*; **t. and a half** fünfzigprozentiger Überstundenzuschlag; **t. allowed for payment** Zahlungsziel *nt*; **t. of/for performance** Erfüllungszeit(punkt) *f/m*; **t. of purchase** Erwerbszeitpunkt *m*; ~ **redemption; t. for repayment** Tilgungs-, Rückzahlungsfrist *f*; **t. of validity** Geltungsdauer *f*

time runs Frist läuft

to allow time Aufschub gewähren, stunden; ~ **for payment** Zahlungsziel einräumen; **to appoint a t.** Termin/Zeitpunkt festlegen; **to ask for t.** um Aufschub bitten; **to be on short t.** kurzarbeiten; **to buy on t.** auf Kredit kaufen; **to deliver on t.** pünktlich liefern; **to pay on t.** pünktlich zahlen; **to sell on t.** auf Ziel verkaufen; **to stipulate a t.** Zeit/Termin anberaumen

allowed time Vorgabe *f*, Akkordzeit *f*; **appointed t.** festgesetzte Zeit, Termin *m*; **dead/down/idle/lost t.** Stillstands-, (Maschinen)Ausfallzeit *f*; **double t.** Zuschlag für Sonntags-, Feiertags- und Nachtarbeit; **in due t.** termingerecht; **finishing t.** Arbeitsschluß *m*; **off-peak t.** Talzeit *f*; **peak t.** verkehrsstarke Zeit; **prime t.** Hauptsendezeit *f*; **real t.** Echt-, Realzeit *f*; **reasonable t.** angemessene Frist; **within a ~ t.** innerhalb einer angemessenen Frist, in angemessener Frist; **regular t.** Normalarbeitszeit *f*; **serviceable t.** nutzbare/verfügbare (Betriebs)Zeit; **short t.** Kurzarbeit *f*; **spare t.** Freizeit *f*; **standard t.** Einheits-, Normal-, Vorgabezeit *f*

time *v/ti* zeitlich abstimmen, terminieren

time allowance Zeitvorgabe *f*, Vorgabezeit *f*; **t.-barred** *adj* [§] verjährt; **t. bill** Nachsicht-, Zeitwechsel *m*; **t. charter** ⚓ Zeitfrachtvertrag *m*; **t. clock** Kontroll-, Stechuhr *f*; **t. contract** Terminkontrakt *m*; **t. cost(s)** Fixkosten *pl*, zeitabhängige Kosten; **t. deposit** Fest-, Termin-, Kündigungsgeld *nt*; **t. deposits** Fristeinlagen, Einlagen mit fester Laufzeit; **t. draft** Zeitwechsel *m*, Z.tratte *f*; **t. and motion expert** REFA-Fachmann *m*; **t.keeper** *n* Zeitmesser *m*, Lohnbuchhalter *m*; **t.-lag** *n* (Zeit)Verzögerung *f*

time limit Frist *f*, Zeitraum *m*, Schlußtermin *m*; **t. l. for acceptance** Annahmefrist *f*; **to exceed a t. l.** Termin überschreiten; **to set a t. l.** befristen, Frist (fest)setzen; **legal/statutory t. l.** gesetzliche Frist

time loan befristeter Kredit, befristetes Darlehen; **t. management** Zeitpla-

nung *f*; **t. measurement** Zeiterfassung *f*, Z.messung *f*; **t. money** Festgeld *nt*, Termineinlagen *pl*, T.geld *nt*
time off Ausfall-, Fehlzeit *f*, Arbeitsbefreiung *f*, Beurlaubung *f*; ~ **in lieu** Überstundenzeitausgleich *m*; **to be given t. o.** freigestellt werden; **to take t. o.** sich freinehmen
time out *[US]* Arbeitsunterbrechung *f*, Pause *f*; **t. pay** Zeitlohn *m*; **t. policy** *(Vers.)* (zeitlich) befristete Police; **t. rate** Zeitlohn(satz) *m*; **t. record(s)** Arbeitszeitaufzeichnungen *pl*; **t.-saving** *adj* zeitsparend; **t. sharing** ⌨ Teilnehmerverkehr *m*, zeitlich verzahnte Verarbeitung; **t. sheet** Arbeits-, Lohn-, Stundenzettel *m*; **t. study** Zeitstudie *f*; **t. and motion study** REFA-Studie *f*, Zeit-, Bewegungsstudie *f*; **t.table** *n* Fahr-, Flugplan *m*; Zeitplan *m*; **t.--taker** *n* Lohnbuchhalter *m*; **t. value** Zeitwert *m*; **t. wage** Stunden-, Zeitlohn *m*; **t.work** *n* Stunden-, Zeitlohnarbeit *f*
timing *n* Zeitabstimmung *f*, Wahl des (richtigen) Zeitpunkts, Terminierung *f*
title *n* Titel *m*, Name *m*, (Amts-/Dienst)Bezeichnung *f*; §§ Rechtstitel *m*, Recht(sanspruch) *nt*/*m*; **t. to goods** Eigentum(srecht) an Waren; ~ **property** Eigentumsanspruch *m*; **to acquire a t.** Eigentumsrecht erwerben; **to have a t. to** (Rechts)Anspruch haben auf; **to pass t.** Eigentum übertragen; **to reserve t. to the goods delivered pending payment in full** sich das Eigentum an den gelieferten Waren bis zur vollständigen Bezahlung vorbehalten
bad/defective title §§ Rechtsmangel *m*, mangelhafter Rechtstitel; **clear t.** einwandfreier Rechtsanspruch; **good t.** begründeter Anspruch; **lawful/legal t.** Rechtsanspruch *m*, rechtmäßiges Eigentum; **possessory t.** Besitztitel *m*, B.urkunde *f*; **qualified t.** bedingtes Eigentum(srecht)
title abstract Urkundenauszug *m*; **t. deed** Besitz-, Eigentums-, Grundstücksurkunde *f*, Traditionspapier *nt*; **t. holder** Eigentümer *m*; **t. suit** Eigentumsfeststellungsklage *f*

token *n* Zeichen *nt*, Symbol *nt*; Gutschein *m*; **t. money** Geldersatz *m*, G.surrogat *nt*, Ersatz-, Notgeld *nt*; **t. payment** Teilzahlung als Anerkennung einer Verpflichtung; **t. strike** Warnstreik *m*
toll *n* Abgabe *f*, (Straßenbenutzungs)Gebühr *f*, Maut *f*; **t. call** ☏ *[US]* Ferngespräch *nt*; **t.-free** *adj* *[US]* ☏ gebührenfrei; **t. road** Mautstraße *f*
ton(ne) *n* Tonne *f*, Tonnage *f*; **t.s per annum** *(lat.)* **(tpa)**; ~ **year** Jahrestonnen (jato); ~ **day (tpd)** Tagestonnen; **gross (registered) t. (grt)** ⚓ Bruttoregistertonne *f*
tone *n* *(fig)* Klima *nt* *(fig)*; *(Börse)* Stimmung *f*; **t. of the market** Börsenklima *nt*, B.verfassung *f*
bearish tone *(Börse)* Baissetendenz *f*; **bullish t.** Haussetendenz *f*; **cheerful t.** freundliche Stimmung; **depressed t.** gedrückte Stimmung; **dull t.** lustlose Stimmung; **prevailing/underlying t.** Grundhaltung *f*, G.stimmung *f*
ton kilometre Tonnenkilometer *m*; **t. mile** Tonnenmeile *f*
tonnage *n* (Schiffs)Tonnage *f*, Lade-, Schiffsraum *m*; **t. output** Tonnenleistung *f*
tool *n* Werkzeug *nt*; **t.s** Werkzeug(e) *nt*/*pl*, Arbeitszeug *nt*, Instrumentarium *nt*; **to down t.s** *(Streik)* Arbeit einstellen, in den Ausstand treten
tooling *n* Werkzeugherstellung *f*; **t.--up** *n* (Aus-/Um)Rüsten *nt*; ~ **cost(s)** (Um)Rüstkosten *pl*
tool|maker *n* Werkzeugmacher *m*; W.fabrik *f*; **t.room** *n* Werkstatt *f*; **t.setter** *n* Maschineneinrichter *m*
top *n* Spitze *f*, Gipfel *m*, Höchststand *m*; *v/t* überragen, übertreffen; **t.-grade**; **t.-quality** *adj* erstklassig; **t.-heavy** *adj* kopflastig; *(Wertpapier)* überbewertet; überkapitalisiert; mit zuviel Verwaltungspersonal; **t.-selling** *adj* meistverkauft
tort *n* §§ unerlaubte Handlung, (zivilrechtliches) Delikt *nt*, Rechtswidrigkeit *f*; **t. of fraud** Betrugsdelikt *nt*; ~ **negligence** Fahrlässigkeitsdelikt *nt*; **actionable t.** zivilrechtliches Delikt,

unerlaubte Handlung; **t.feasor** *n* Schaden(s)ersatzpflichtiger *m*, Täter *m*; **t. liability** deliktische Haftung

total *n* Gesamtbetrag *m*, G.summe *f*, Endbetrag *m*; **grand t.** Gesamtbetrag *m*, G.summe *f*; **year-end t.** Bestand am Jahresende; *v/ti* insgesamt betragen, sich belaufen auf; zusammenzählen, addieren; *adj* gesamtwirtschaftlich; **t.ling** *adj* im Gesamtbetrag von

touch|-type *v/t* *(Schreibmaschine)* blind schreiben; **t.-typing** *n* Zehnfingersystem *nt*

tour *n* Rundreise *f*, Sonderfahrt *f*; **t. of inspection** Besichtigungsrundgang *m*; ~ **the plant** Betriebsbesichtigung *f*; **all-in(clusive) t.** Pauschalreise *f*; **fact--finding t.** Informationsreise *f*; *v/ti* Rundfahrt machen; besichtigen

tourism *n* Fremdenverkehr(swesen) *m/nt*, Touristik *f*, Tourismus *m*; **soft t.** sanfter Tourismus

tourist *n* Tourist *m*, Reisender *m*, Urlauber *m*

tourist accommodation Urlaubsquartiere *pl*; **t. account/balance** Reise-, Fremdenverkehrsbilanz *f*; **t. advertising** (Fremden)Verkehrs-, Touristenwerbung *f*; **t. agency** Reise-, Fremdenverkehrsbüro *nt*; **t. board** Fremdenverkehrsbehörde *f*, Verkehrsverein *m*; **t. business** Fremdenverkehr *m*; **t. credits** *(Bilanz)* Überschuß im Reiseverkehr, Fremdenverkehrs-, Tourismuseinnahmen; **t. debits/disbursements/expenditure(s)** Fremdenverkehrs-, Tourismusausgaben *pl*; **t.deficit** Defizit im Reiseverkehr; **t. facilities** Fremdenverkehrseinrichtungen; **t. guide** Fremdenführer *m*; **t. industry** Fremdenverkehrsgewerbe *nt*, Touristik(branche) *f*; **t. information** Verkehrsauskunft *f*; ~ **office** Verkehrsbüro *nt*, V.verein *m*; **t. receipts/revenue(s)** Einnahmen aus dem Tourismus, Fremdenverkehrseinnahmen; **t. resort** Ferien-, Urlaubs-, Fremdenverkehrsort *m*; **t. season** Hauptreisezeit *f*, Urlaubssaison *f*; **t. surplus** Überschuß im Reiseverkehr; **t. trade** Fremdenverkehrswirtschaft *f*, F.gewerbe *nt*, Tourismus *m*, Touri-

stik(branche) *f*; **t. travel** Urlaubsreisen *pl*, Reiseverkehr *m*, Tourismus *m*

tour operator Reiseveranstalter *m*, Touristikunternehmen *nt*

town *n* Stadt *f*; **industrial t.** Industriestadt *f*; **t. clearing** örtlicher Abrechnungsverkehr; **t. hall** Rathaus *nt*; Stadt-, Kommunalverwaltung *f*; **t. and country planning** Regionalplanung *f*, Raumordnung *f*; **t.scape** *n* Stadtlandschaft *f*

tracer *n* Laufzettel *m*

tracing *n* Ausfindigmachen *nt*; **t. order** *(Bank)* Suchauftrag *m*

track *n* ⚐ Strecke *f*, (Bahn)Gleis *nt*; **(proven) t. record** *(fig)* nachgewiesene Erfahrung

trade *n* Gewerbe(betrieb) *nt/m*, Handwerk(szweig) *nt/m*, Branche *f*; Beruf(sstand) *m*; Handel(sverkehr) *m*, (Güter)Austausch *m*; **by t.** von Beruf; **in the t.** in der Branche, in Branchenkreisen; **t. in goods** Warenhandel *m*, W.austausch *m*; **t. and industry** Handel und Gewerbe; ~ **services transactions** Waren- und Dienstleistungsverkehr *m*; **customary/usual in the t.** branchenüblich, handelsüblich

to follow/ply/pursue a trade Gewerbe betreiben/ausüben, einem Beruf nachgehen; **to learn a t.** Gewerbe/Handwerk erlernen; **to sell/supply to the t.** an Wiederverkäufer/Gewerbetreibende liefern

ancillary trade Zubringerindustrie *f*; **apprenticeable t.** Ausbildungsberuf *m*; **balanced t.** außenwirtschaftliches Gleichgewicht; **brisk t.** lebhafter Handel; **carrying t.** Transportgewerbe *nt*; **distributive t.** Absatzwirtschaft *f*, Verteilergewerbe *nt*, V.handel *m*; **domestic t.** Binnenhandel *m*; **external t.** Außenwirtschaft *f*, A.handel *m*; *(EG)* außergemeinschaftlicher Handel; **fair t.** Freihandel auf Gegenseitigkeitsbasis; **flourishing t.** blühendes Geschäft

foreign trade Außenhandel *m*; ~ **and payments transactions** Außenwirtschaftsverkehr *m*; ~ **balance** Außenhandelsbilanz *f*; **adverse ~ balance**; ~ **deficit** Außenhandelsdefizit *nt*; **favourable ~ balance**; ~ **surplus** Außenhandelsüberschuß m; ~ **figures** Außenhandelsziffern, A.zahlen; ~ **finance/financing** Außenhandelsfinanzierung f, Import- und Exportfinanzierung f; ~ **firm** Außenhandelsunternehmen nt; ~ **statistics** Außenhandelsstatistik f

free trade Freihandel m; ~ **area/zone** Freihandelszone f; ~ **association** Freihandelsgemeinschaft f

illegal/illicit trade Schwarzhandel m; **internal t.** Binnenhandel m; *(EG)* innergemeinschaftlicher Handel; **international t.** internationaler/zwischenstaatlicher Handel, Welthandel m; **intra-Community t.** *(EG)* innergemeinschaftlicher Handel; **invisible t.** unsichtbarer Handel(sverkehr), Dienstleistungen pl, Dienstleistungsverkehr m; **itinerant t.** ambulanter Handel, ambulantes Gewerbe; **overseas t.** Außen-, Überseehandel m; **over-the-counter t.** *(Börse)* Tafel-, Schaltergeschäft nt, Telefonhandel m; **roaring t.** *(coll)* blühender/schwunghafter Handel, glänzendes Geschäft, glänzende Umsätze; **seaborne t.** Seehandel m; **seasonal t.** Saisongeschäft nt; **skilled t.** Fach(arbeiter)-, Handwerksberuf m; **small(-scale) t.** Handwerk nt, Kleingewerbe nt; **third-country t.** Transithandel m; **two-way t.** bilateraler Handel; **visible t.** sichtbarer Handel, Warenaustausch m, W.verkehr m, Güterverkehr m; ~ **balance** Bilanz des Warenhandels

trade v/ti *(Bilanz)* arbeiten; verkehren, handeln; **t. down** mit Billigerzeugnissen handeln, sich in ein niedrigeres Marktsegment begeben; **t. in** in Zahlung geben/nehmen; **t. up** mit höherwertigen Erzeugnissen handeln, sich in ein höheres Marktsegment begeben

trade acceptance Handels-, Kundenakzept nt, Warenwechsel m; **t. account** *(VWL)* Handelsbilanz f; Kundenkonto nt; **t. accounts payable** Verbindlichkeiten aus Lieferungen und Leistungen; ~ **receivable** Forderungen aus (Waren)Lieferungen und Leistungen; **t. advertising** Branchenwerbung f; **t. agreement** Handelsabkom-

men nt; **restrictive t. agreement** Kartell(vereinbarung) nt/f; **t. allowance** Großhandels-, Wiederverkäuferrabatt m; **t. association** (Arbeitgeber-/ Fach-/Wirtschafts)Verband m, Berufsgenossenschaft f, Wirtschaftsvereinigung f

trade balance Handels-, Warenbilanz f; **active/favourable t. b.** Aktivsaldo/ Überschuß im Außenhandel, positive Handelsbilanz; **adverse/unfavourable t. b.** Passivsaldo/Defizit im Außenhandel, passive/defizitäre Handelsbilanz

trade barrier Handelsschranke f, H.hemmnis nt; **t. bill** Handels-, Kunden-, Warenwechsel m; **t. boycott** Wirtschaftsboykott m; **t. buyer** gewerblicher Kunde; **t. certificate** Gewerbebescheinigung f, G.schein m; **in t. circles** in Händler-/Branchenkreisen; **t. concession** handelspolitisches Zugeständnis; **t. conference** Handels-, Wirtschaftskonferenz f; **t. conglomerate** Handelskonzern m; **t. credit** Lieferanten-, Warenkredit m; **t. creditor** Lieferant m, Lieferanten-, Warengläubiger m; **t. creditors** *(Bilanz)* Lieferantenverbindlichkeiten, Verbindlichkeiten aus (Waren)Lieferungen und Leistungen; **t. custom** Handels-, Branchenbrauch m; **t. customs** Handelsusancen; **t. cycle** Konjunktur-, Wirtschaftszyklus m, W.kreislauf m, Konjunktur(verlauf) f/m; **t. debts** Handels-, Lieferanten-, Warenschulden; **outstanding t. debts** Forderungen aus (Waren)Lieferungen und Leistungen; **t. debtor** Kontokorrent-, Warenschuldner m; **t. debtors** *(Bilanz)* Warenforderungen, Liefer- und Leistungsforderungen, Forderungen aus (Waren)Lieferungen und Leistungen; **t. deficit** (Außen)Handelsdefizit nt, Passivsaldo im Außenhandel; **t. delegation** Handelsdelegation f; **t. description** Warenbezeichnung f; **t. directory** Branchenverzeichnis nt; **t. discount** (Groß)Handels-, Wiederverkaufsrabatt m; **t.-distorting** adj wettbewerbsverzerrend

trade fair → **fair** (Fach)Messe f, Fach-,

Verkaufsausstellung *f*; ~ **discount** Messerabatt *m*; ~ **participation** Messeteilnahme *f*
trade figures Außenhandelsdaten, A.wirtschaftszahlen; **t. flows** Handelsströme; **t. gap** Außenhandels-, Handelsbilanzdefizit *nt*; **t. guild** Handwerksinnung *f*; **t. imbalance** (Außen)Handelsungleichgewicht *nt*, (A.-) Handelsdefizit *nt*; **t.-in** *n* Inzahlungnahme *f*; in Zahlung gegebener Gegenstand; **t. journal** Berufs-, Fachzeitschrift *f*; **t. liabilities** Verbindlichkeiten aus (Waren)Lieferungen und Leistungen; **t. licence** Gewerbeschein *m*; **t. margin** Handelsspanne *f*
trademark *n* (Handels-/Schutz)Marke *f*, Waren-, Firmenzeichen *nt*; **to infringe a t.** Warenzeichen verletzen; **to register a t.** Schutzmarke/Warenzeichen eintragen; ~ **anmelden**; **registered t.** eingetragene/geschützte Marke, Schutzmarke *f*, eingetragenes Warenzeichen; **t. infringement** Warenzeichenmißbrauch *m*; **t. owner** Warenzeicheninhaber *m*; **t. registration** Warenzeichen-, Markeneintragung *f*
trade mart Großhandelszentrum *nt*; **t. monopoly** Handelsmonopol *nt*; **t. name** (handelsgerichtlicher) Firmenname *m*; Warenbezeichnung *f*, Handelsmarke *f*; **t.-off** *n* Gegen-, Tauschgeschäft *nt*, Kompensation *f*; **t. payables** Liefer- und Leistungsverbindlichkeiten; *(passiv)* Warenlieferungen und -leistungen; **t. policy** (Außen)Handelspolitik *f*
trade practice(s) Handelsgebrauch *m*, H.praktiken *pl*, Geschäftsgebaren *nt*; **restrictive t. p.s** wettbewerbsbeschränkende Geschäftspraktiken; **unfair t. p.s** unlauteres Geschäftsgebaren
trade premises Geschäftsräume; **t. press** Fachpresse *f*; **t. price** (Groß)Handels-, Wiederverkaufspreis *m*; **t. protection association/society** (Gläubiger)Schutzvereinigung *f*
trader *n* (Waren)Händler *m*, Gewerbetreibender *m*; **independent t.** unabhängiger Händler; **itinerant t.** ambulanter Händler, Hausierer *m*; **petty/small t.** Kleingewerbetreibender *m*; **sole t.**

Einzelfirma *f*, E.kaufmann *m*, Alleininhaber *m*, Einpersonengesellschaft *f*
trade receivables Warenforderungen, Forderungen aus (Waren)Lieferungen und Leistungen; **t. reference** Geschäftsempfehlung *f*; **t. relations** Wirtschafts-, Handelsbeziehungen; **t. restrictions** Handelsbeschränkungen, H.hemmnisse; **t. secret** Berufs-, Geschäftsgeheimnis *nt*; **t.sman** *n* Lieferant *m*, Händler *m*; **t. statistics** Handelsstatistik *f*; **t. surplus** Handels(bilanz)-, Außenhandelsüberschuß *m*; **t. tax** Gewerbesteuer *f*; **t. terms** Vertrags-, Handelsbedingungen; **t. test** Gesellenprüfung *f*
trade union → **union** Gewerkschaft *f*; **local ~ branch** örtliche Gewerkschaft; ~ **dues** Gewerkschaftsbeiträge; **t. unionist**; **t. u. member** Gewerkschaftler *m*, Gewerkschaftsmitglied *nt*; **t. u. movement** Gewerkschaftsbewegung *f*; ~ **official** Gewerkschaftsfunktionär *m*
trade volume Handelsvolumen *nt*; **t. war** Handels-, Wirtschaftskrieg *m*; **t.--weighted** *adj* gewichtet nach Handelsvolumen
trading *n* Handelsverkehr *m*, Warenaustausch *m*, Geschäftstätigkeit *f*
trading on own account Eigenhandel *m*; **t. in calls** Vorprämiengeschäft *nt*; **t. for cash** Kassahandel *m*; ~ **future delivery**; **t. in futures** Terminhandel *m*; **t. in foreign exchange** Devisenhandel *m*; **t. on margin** Reportierung *f*; *(Waren/Effekten)* Kreditkauf *m*; **t. in options** Optionshandel *m*; ~ **puts** Rückprämiengeschäft *nt*; ~ **securities** Wertpapier-, Effektenhandel *m*
to cease trading Geschäftsbetrieb/G.tätigkeit einstellen; **to commence t.** Geschäftsbetrieb/G.tätigkeit aufnehmen; **to resume t.** *(Börse)* Handel wiederaufnehmen; **to suspend t.** *(Börse)* Handel aussetzen
active/brisk trading lebhaftes Geschäft, lebhafter Handel; **after-hours t.** Nachbörse *f*, nachbörslicher Handel; **black t.** Schwarzhandel *m*; **dull t.** schleppendes Geschäft; **fair t.** lauterer Handel/ Wettbewerb; **forward t.** (Börsen)Ter-

minhandel *m*; **heavy t.** lebhafter Handel; *(Börse)* starke Umsätze; **itinerant t.** Reise-, Wandergewerbe *nt*; **light t.** schwache Umsätze; **off-(the-)board/ off-(the-)floor t.** *(Börse)* freier Markt, (ungeregelter) Freiverkehr *m*; **over-- the-counter t.** Schalterverkehr *m*, Tafelgeschäft *nt*; **official t.** *(Börse)* amtlicher Handel; **pre-market t.** vorbörslicher Handel; **round-lot t.** *(Börse)* variabler Handel; **thin t.** geringe Geschäftstätigkeit, geringe Umsätze; **unlisted t.** Freiverkehr *m*; **unofficial t.** außerbörslicher Handel; **volatile t.** *(Börse)* uneinheitliche Verfassung
trading activity → **trade** Geschäftstätigkeit *f*; **t. area** Absatzgebiet *nt*, Wirtschaftsraum *m*, Handelszone *f*; **t. association** Wirtschafts-, Handelsvereinigung *f*; **t. certificate** Gewerbeschein *m*; **t. company** Handelsorganisation *f*, H.haus *nt*; **t. conditions** Geschäfts-, Handelsbedingungen; **t. cooperative** Handelsgenossenschaft *f*; **t. currency** Handelswährung *f*; **t. deficit** Betriebsverlust *m*; **t. environment** Geschäftsklima *nt*; **t. establishment** Handelsniederlassung *f*; **t. estate** Gewerbegebiet *nt*, Industriepark *m*; **t. firm** Handelsunternehmen *nt*; **t. group** Handelskonzern *m*; **t. hours** Börsenzeit *f*, B.stunden; Geschäftszeiten; **t. licence** Gewerbeschein *m*; **t. loss** Betriebs-, Geschäftsverlust *m*; **t. margin** (Betriebs)Handelsspanne *f*; **t. name** Firmenname *f*; **t. nation** Handelsnation *f*; **t. operation** Tauschgeschäft *nt*; **t. outlook** Geschäftsaussichten *pl*; **t. partner** (Außen)Handelspartner *m*; **t. partnership** Handelsaustausch *m*; offene Handelsgesellschaft (OHG); **t. post** Handelsniederlassung *f*; **t. practices** Handelsusancen, H.praktiken
trading profit(s) Betriebs-, Geschäfts-, Unternehmensgewinn *m*, Ergebnis aus Gewerbetätigkeit; **gross t. p.** Bruttobetriebsergebnis *nt*; **net t. p.** Nettobetriebsergebnis *nt*
trading standards authority Gewerbeaufsicht(samt) *f/nt*; **t. volume** (Wertpapier)Umsatz *m*; Geschäftsvolumen *nt*

traffic *n*   Vertrieb *m*, Güteraustausch *m*, Handel(sverkehr) *m*; Verkehr(saufkommen) *m/nt*
cross-border/cross-frontier traffic Grenzverkehr *m*, grenzüberschreitender (Waren)Verkehr; **grouped t.** Sammelladungsverkehr *m*; **intermodal/multimodal t.** kombinierter (Ladungs)Verkehr (KLV); **local and short-haul t.** Orts- und Nahverkehr *m*; **long-distance/long-haul t.** (Güter)Fernverkehr *m*; **plant-operated ~ t.** Werksfernverkehr *m*; **short-distance/short-- haul t.** Güternahverkehr *m*; **interworks/plant-operated ~ t.** Werksnahverkehr *m*; **through(-going) t.** ⊝ Verkehr mit ungebrochener Fracht, Durchfuhrverkehr *m*
traffick|er *n*   (Schwarz)Händler *m*, Schieber *m*   *(pej.)*;   **t.ing** *n* Schwarz(markt)handel *m*, Schieberei *f (pej.)*
traffic manager   *(Versand)* Terminüberwacher *m*; **t. net(work)** Verkehrs(wege)netz *nt*; **t. route** Verkehrsweg *m*; **t. volume** Verkehrsaufkommen *nt*
trailer *n*   (Last(kraft)wagen)Anhänger *m*; Werbedurchsage *f*; **t. on flatcar (TOFC)** ⌘ Huckepackverkehr *m*
train *n*   ⌘ Zug *m*; *v/ti* anlernen, schulen, einarbeiten; **t.ed** *adj* ausgebildet, gelernt, mit abgeschlossener Berufsausbildung; **t.ee** *n* Praktikant *m*, Auszubildender *m*; **t.eeship** *n* Ausbildungsplatz *m*, Lehrstelle *f*; Volontariat *nt*; Praktikantentätigkeit *f*; **t.er** *n* Ausbilder *m*, Schulungsleiter *m*
training *n*   Ausbildung(swesen) *f/nt*, Schulung *f*, Volontariat *nt*
academic training   wissenschaftliche Ausbildung, (Hochschul)Studium *nt*; **advanced/further t.** (Berufs)Fort-, Weiterbildung *f*; **commercial t.** kaufmännische Ausbildung; **extra-plant t.** überbetriebliche Ausbildung; **in-company/in-house/in-plant/in-service t.** (inner)betriebliche Ausbildung; **industrial t.** betriebliche/gewerbliche Ausbildung; **occupational t.** berufliche (Aus)Bildung; **on-the-job t.** Ausbildung am Arbeitsplatz; **professional t.** Berufs(aus)bildung *f*; **vocational t.** Be-

rufs-, Fach(schul)ausbildung *f*; **ad-vanced** ~ **t.** Berufsfortbildung *f*
training centre Ausbildungs-, Schulungszentrum *nt*; **t. course** Schulungskurs *m*, (Ausbildungs)Lehrgang *m*; **t. establishment** Ausbildungseinrichtung *f*; **t. grant** Ausbildungsbeihilfe *f*; **t. manager** Ausbildungs-, Schulungsleiter *m*; **t. period** Ausbildungsdauer *f*, A.zeit *f*; **t. (work)shop** Ausbildungs-, Lehr(lings)werkstatt *f*
tramp *n* ⤳ Trampschiff *nt*; **t.ing (trade)** *n* Trampgeschäft *nt*, T.schiffahrt *f*
transaction *n* Abwicklung *f*, Durchführung *f*, Geschäft(sabschluß) *nt*/*m*; **t.s** Geschäfte, Umsätze; *(Geld)* Leistungsverkehr *m*; [§] Verhandlungen, Protokoll *nt*; **t. for cash** Kassageschäft *nt*; **t. on a commission basis** Provisionsgeschäft *nt*
blank transaction Blankogeschäft *nt*; **commercial t.** Geschäftsvorfall *m*, G.vorgang *m*; **financial/monetary t.** Geld-, Finanzgeschäft *nt*; **foreign t.s** Zahlungsverkehr mit dem Ausland; **forward t.** (Devisen)Termingeschäft *nt*; **intercompany/intergroup t.s** Konzerngeschäfte; **legal t.** Rechtsgeschäft *nt*; **mercantile t.** Handelsgeschäft *nt*; **over-the-counter t.** Schalter-, Tafelgeschäft *nt*; **third-party t.** Drittgeschäft *nt*; **underlying t.** zugrundeliegendes Geschäft; **void t.** nichtiges Rechtsgeschäft
transaction currency Transaktionswährung *f*; **t. tax** Verkehr(s)steuer *f*
transcript *n* Ab-, Niederschrift *f*, (Verhandlungs)Protokoll *nt*
transfer *n* (Eigentums)Übertragung *f*, Transfer(leistung) *m*/*f*; Überweisung *f*, Giro *nt*; *(Personal)* Um-, Versetzung *f*
transfer of (all) assets and liabilities Vermögensübertragung *f*; **t. by assignment and delivery** [§] schuldrechtliche Übertragung; **t. in blank** Blankozession *f*; **t. by endorsement** Girierung *f*; **t. of income/payments** (öffentliche) Einkommensübertragung *f*; ~ **ownership** Eigentumsübertragung *f*; **t. in lieu of payment** Hingabe an Zah-

lungs Statt; **t. of possession** Besitzübertragung *f*, B.umschreibung *f*; ~ **property** Eigentums-, Vermögensübergang *m*; **t. from reserves** Entnahme aus den Rücklagen; **t. of reserves** Umbuchung vorhandener Reserven; **t. to reserves** Einstellung in die Rücklage(n); **t. of the risk** Gefahren-, Risikoübergang *m*; ~ **securities** Wertpapierübertragung *f*, Effektengiro *nt*; ~ **title** Eigentumsübertragung *f*, E.übergang *m*; ~ **voting rights** Stimmrechtsübertragung *f*
blank transfer Blankozession *f*; **cashless t.** bargeldlose Überweisung; **direct t.** Direktüberweisung *f*; **intra--group t.s** Konzernverrechnungsverkehr *m*; **telegraphic t.** telegraphische Überweisung
transfer *v*/*t* übertragen, überweisen, umschreiben, umbuchen, abtreten; *(Personal)* versetzen, überstellen; *(Produktion)* verlagern; *(Bilanz)* einstellen
transferable *adj* übertragbar, begebbar
transfer account Kontokorrent-, Girokonto *nt*; **t. agent** Bevollmächtigter für den Verkauf von Aktien; **t. bank** Girobank *f*; **t. deed** Auflassungsurkunde *f*; **t. economy** Transferwirtschaft *f*; **t.ee** *n* (Abtretungs-/Übertragungs)Empfänger *m*, Zessionar *m*, Rechtsnachfolger *m*; **t. expenditure(s)** Transferausgaben *pl*; **t. income** Transfereinkünfte *pl*, Sozialeinkommen *nt*; **t. note** Überweisungsschein *m*; **t.or** *n* Zedent *m*, Indossant *m*; Rechtsvorgänger *m*, Veräußerer *m*; **t. order** Übertragungsanweisung *f*, Überweisungsauftrag *m*; **t. payment** Transferzahlung *f*, T.leistung *f*; **t. cashless t. payments** bargeldloser Überweisungsverkehr; **t. point** Umschlagplatz *m*; **t. price** Transfer-, Veräußerungspreis *m*; **t. pricing** pretiale Lenkung, Konzernverrechnung *f*; **t. rate** Übertragungsgeschwindigkeit *f*; **t. slip/voucher** Überweisungsträger *m*, Ü.beleg *m*, Ü.formular *nt*; **t. stamp duty; t. tax** Börsenumsatz-, Kapitalverkehrssteuer *f*
trans|-frontier *adj* grenzüberschrei-

tend; **t.hip** v/t → **t.(s)hip**; **t.hipment** n → **t.(s)hipment**; **t.ire** n *(lat.)* ⊖ Zollbegleit-, Z.passierschein m

transit n ⊖ Transit m, Durchfuhr f; **in t.** während des Transports; **t. of goods** Warendurchfuhr f; **damaged in t.** unterwegs beschädigt

transit agent Transitspediteur m; **t. bill** Durchfuhr-, Transitschein m; ~ **of lading** Transitkonnossement nt; **t. cargo/consignment/freight** Durch(fuhr)-, Transitfracht f, T.ladung f; **t. clearance** ⊖ Transitabfertigung f; **t. country** Transitland nt; **t. document** Versandschein m; **t. duty** ⊖ Transitzoll m; **t. goods** Durchfuhr-, Transitwaren; **t. insurance** (Güter)Transportversicherung f; **t. licence/permit** Durchfuhr-, Transitgenehmigung f; **t. point** Transitstelle f; **t. route** Transitstrecke f; **t. trade** Durchfuhr-, Transithandel m; **t. traffic** Transitverkehr m

trans|late v/t *(Währung)* umrechnen; **t.lation** n (Wechselkurs)Umrechnung f; ~ **gains** Umrechnungs-, Wechselkursgewinne; ~ **losses** Wechselkurs-, Umrechnungsverluste; **t.mission** n Versand m, Übermittlung f, Weitergabe f; ⌿ Durchleitung f; **t.mit** v/t übertragen, übermitteln; ⌿ durchleiten

transport n Transport(wesen) m/nt; Verkehr(swirtschaft) m/f

transport by air Transport in der Luft, Lufttransport m; **t. at buyer's risk** Transport auf Gefahr des Bestellers; **t. by land** Transport zu Lande; ~ **rail** Transport per Bahn/Schiene; ~ **road** Straßenverkehr m, Transport per LKW; ~ **sea** Transport zur See; ~ **water** Transport zu Wasser

combined / integrated / intermodal / multimodal transport kombinierter (Ladungs)Verkehr (KLV), multimodaler Verkehr; **commercial t.** gewerblicher Verkehr; **cross-border/international t.** grenzüberschreitender Verkehr; **local t.** Nahverkehr m; **long-distance t.** Fernverkehr m; **own t.** Werk(s)verkehr m; **private t.** Individualverkehr m; **public t.** öffentlicher

(Personen)Verkehr; **seaborne t.** Seetransport m; **short-haul t.** Güternahverkehr m

transport v/t befördern, transportieren
transportation n → transport
combined transport bill (of lading) Durchfrachtkonnossement nt; **t. capacity** Verkehrsleistung f, Transportkapazität f, T.raum m; **t. charges** Beförderungsentgelt nt, Verkehrstarife; **t. company** Transport-, Verkehrsgesellschaft f, V.unternehmen nt; **t. contract** Beförderungsvertrag m; **t. contractor** Transportunternehmer m; **t. damage** Transportschaden m; **t. document** Transport-, Versanddokument nt; **t. facilities** Beförderungs-, Verkehrseinrichtungen; **t. fleet** Fuhrpark m; **t. industry** Transport-, Verkehrsgewerbe nt, V.wirtschaft f; **t. insurance** Transportversicherung f; **t. link** Verkehrsverbindung f; **t. operator** Spediteur m; **t. service** Speditions-, Verkehrsleistung f; **t. system** Verkehrswesen nt, V.infrastruktur f; **t. undertaking** Transportunternehmen nt; **t. volume** Verkehrsaufkommen nt, Beförderungsvolumen nt; **t. worker** Transportarbeiter m

trans(s)hip v/t umladen, umschlagen; **t.ment** n Umladen nt, Umschlag m; ~ **bill of lading** Umladekonnossement nt; ~ **charges** Umladungskosten; ~ **point** Umladeplatz m

travel n (Reise)Verkehr m, Tourismus m; **corporate t.** Geschäftsreiseverkehr m, G.reisen pl; **foreign/international t.** Auslandstourismus m, (grenzüberschreitender) Reiseverkehr m; v/ti reisen; Vertreter/Reisender sein

travel account Reise(verkehrs)bilanz f; **t. agency** Reisebüro nt; **t. agent** Reisebüro nt, R.bürokaufmann m; **t. allowance** Reisekostenzuschuß m, R.entschädigung f; **t. credits** → **tourist credits**; **t. receipts/revenue(s)** Einnahmen aus dem Tourismus, Fremdenverkehrseinnahmen; **t. debits** → **tourist debits / disbursements / expenditure(s)** Ausgaben für den Tourismus, Fremdenverkehrsausgaben; **t. expenses**

Reise(un)kosten, R.spesen; **t. funds** Reisedevisen, R.zahlungsmittel

traveller *[GB]*/**traveler** n *[US]* Reisender m; (Außen)Vertreter m; **commercial t.** (Geschäfts-/Handels)Reisender m, (Handels)Vertreter m; **t.'s check** *[US]*/**cheque** *[GB]* Reise-, Travellerscheck m; ~ **letter of credit** Reisekreditbrief m, R.akkreditiv nt

trawler n ⚓ Fischereifahrzeug nt, Fangschiff nt

tray n Ablagekorb m

treasurer n Kassenwart m, K.führer m, Schatzmeister m, Leiter der Finanzabteilung, Kämmerer m; *(Bank)* Anlagenverwalter m; **corporate t.** Finanzdirektor m, F.vorstand m

treasury n Schatzamt nt, Fiskus m, öffentliche Hand; **t. bill** *[US]* Kassenschein m, Schatzwechsel m, S.brief m, S.anweisung f, (kurzfristige) Schatzanleihe f; **t. instruments** finanzpolitisches Instrumentarium; **t. note** Schatzschein m, S.anweisung f; **t. stock** Staatsanleihen pl

treat v/t behandeln, bearbeiten; *(Gewerbe)* ausrüsten

treatment n Behandlung f, Handhabung f, Be-, Verarbeitung f

final treatment Endbehandlung f; **medical t.** medizinische/ärztliche Behandlung; **most-favoured-nation t.** ⊖ Meistbegünstigung f; **preferential/ preferred t.** Vorzugsbehandlung f; ⊖ (Zoll)Begünstigung f; **private t.** $ privatärztliche Behandlung

treaty n ⑤ (völkerrechtlicher) Vertrag m; **t. of accession** Beitrittsvertrag m; ~ **association** Assoziierungsvertrag m; **T. of Rome** *(EG)* Römischer Vertrag; **commercial t.** Wirtschafts-, Handelsvertrag m; **private t.** Privatvertrag m; **by** ~ **t.** im Freihandel (verkauft), freihändig

trend n Richtung f, Tendenz f, Trend m

trend of demand Nachfrageentwicklung f; **t. in exports** Exportkonjunktur f; **t. of the market** Börsen-, Markttendenz f; ~ **prices** Preistendenz f, P.entwicklung f; **upward** ~ **prices** Preisauftrieb m

to buck the trend gegen den Trend verlaufen; **to reverse the t.** Trend umkehren

cyclical/economic trend Konjunkturverlauf m, K.entwicklung f, konjunkturelle Entwicklung; **downward t.** rückläufige Tendenz, Abschwächung f; **inflationary t.s** Inflationsprozeß m; **underlying t.** Grundtendenz f

trespass n ⑤ Übertretung f, Eigentumsverletzung f; Besitzstörung f; **t. (upon)** v/ti unbefugt/widerrechtlich betreten; **t.ing** n ⑤ unbefugtes Betreten

trial n Versuch m, Probe(lauf) f/m; ⑤ (Gerichts)Verfahren nt, Prozeß m; **on t.** auf/zur Probe

trial balance (Betriebs)Probe-, Rohbilanz f; **t. order** Probeauftrag m; **t. package** Probepackung f; **t. period** Probezeit f; **t. phase** Erprobungsphase f; **t. run** ⊙ Probelauf m

tribunal n ⑤ Gericht(shof) nt/m, Schiedsgericht nt; **industrial t.** Arbeits-, Sozialgericht nt; **professional t.** Standesgericht nt

trigger n Auslöser m, auslösender Faktor; **t. price** Schwellenpreis m; ~ **system** Mindestpreissystem nt

trim v/t ⚓ (ver)stauen; verringern, kürzen

trip n Reise f; **round t.** Rundreise f, Hin- und Rückfahrt f

triplicate n Drittausfertigung f; **in t.** in dreifacher Ausfertigung

trolley n Einkaufswagen m

trough n Konjunkturtief nt, K.tal nt, Talsohle f *(fig)*

truck n 🚚 Last(kraft)wagen (LKW) m, L.zug m; 🚃 Güterwagen m, Waggon m; Eintausch m; **free on t. (f.o.t.)** frei Waggon; **covered t.** 🚃 gedeckter Güterwagen; **flatback t.** 🚚 Pritschenwagen m; **heavy(-duty) t.** Schwertransporter m; **semi-trailer t.** Sattelschlepper m; **t.age** n *[US]* Lastwagenbeförderung f, Rollgeld nt; **t. economy** Tauschwirtschaft f; **t.er** n *[US]* Fuhrunternehmer m, Spediteur m; LKW-Fahrer m; **t. farm/garden** 🌱 *[US]* Gemüse-, Handelsgärtnerei f, Gartenbaubetrieb m

trucking *n* LKW-Transport *m*, Güterkraftverkehr *m*; **t. company** LKW-Transportunternehmen *nt*; **t. industry** Straßentransportgewerbe *nt*

truck|load *n* Fuhre *f*, Wagenladung *f*; **t. rental** Lastwagenvermietung *f*

true *adj* wahr, original, authentisch

yours (very) truly; (very) t. yours *[US] (Brief)* mit freundlichen Grüßen

trunk *n* ☀ (Baum)Stamm *m*; **t. line** ☞ Hauptstrecke *f*; **t. road** 🚗 Fern(ver-kehrs)straße *f*

trust *n* Vertrauen *nt*, Treu und Glauben *m*; Trust *m*, Konzern *m*; Stiftung *f*, Treuhand(anstalt) *f*; **on t.** *[US]* auf Kredit, treuhänderisch

closed-end trust geschlossener Fonds; **mutual t.** Investmentfonds *m*; **open-end t.** offener Investmentfonds; **private t.** Familienstiftung *f*; **public t.** öffentlich-rechtliche Stiftung; **testamentary t.** Nachlaßstiftung *f*

trust account Ander-, Treuhandkonto *nt*; **t. administration** Treuhandverwaltung *f*; **t. agency** Treuhandanstalt *f*, T.stelle *f*; **t. assets** Treuhandvermögen *nt*; **t. business** Vermögensverwaltung *f*; **t. busting** *(coll)* Entflechtung *f*; **t. capital** Treuhand-, Stiftungskapital *nt*; **collateral t. certificate** *[US]* Investmentzertifikat *nt*; **t. company** Treuhandgesellschaft *f*; **t. corporation** *[GB]* öffentliche Treuhandstelle; **t. deed** Treuhand-, Stiftungsurkunde *f*; **t. deposit** Anderdepot *nt*

trustee *n* (Stiftungs)Treuhänder *m*, (Vermögens- / Vergleichs- / Konkurs-)Verwalter *m*; **t. and beneficiary** Treugeber und -nehmer *m*; **t. in bankruptcy** Masseverwalter *m*; **t. of an estate** Nachlaßverwalter *m*; **t. company** Treuhandgesellschaft *f*; **t. securities/ stocks** mündelsichere (Wert)Papiere; **t.ship** *n* Treuhand-, Treuhänderschaft *f*, Treuhand(verwaltung) *f*

trust estate Treuhand-, Stiftungsvermögen *nt*; **t. fund** Treuhandfonds *m*, treuhänderisch verwaltetes Vermögen; **t. income** Treuhand-, Stiftungseinkünfte *pl*; **t. investment** Fondsanlage *f*; **t. liability** Treuhandverpflichtung *f*; **t. management** Treuhand-,

Vermögensverwaltung *f*; **t. manager** Fondsverwalter *m*; **t. money** Stiftungs-, Treuhandgelder *pl*; **t. property** Treu(hand)gut *nt*, Stiftungs-, Treuhandvermögen *nt*; **t. securities/ stock** mündelsichere (Wert)Papiere; **t.worthy** *adj* vertrauenswürdig, zuverlässig

tuition *n* Unterricht *m*; **t. assistance** *[US]* Schulgeldbeihilfe *f*; **t. fee** Studiengebühr *f*, Schulgeld *nt*

to the tune of *n (coll)* in Höhe von

turn *n* Runde *f*, Turnus *m*, Umschwung *m*; Kursgewinn *m*, K.spanne *f*; **in t.** der Reihe nach; **t. in the market** Markt-, Stimmungsumschwung *m*

turn down *v/t* ablehnen, absagen; **t. in** *(Gewinn)* einfahren; **t. out** 🏭 produzieren, erzeugen; **t. over** umsetzen, umschlagen

turnaround *n* (Tendenz)Wende *f*, (Trend)Umkehr *f*; **t. in economic activity** Konjunkturumschwung *m*; **t. time** ⏱ Liege-, Umschlagszeit *f*

turnkey *adj* bezugs-, schlüsselfertig; **t. contract** Auftrag für die Lieferung einer schlüsselfertigen Anlage

turnout *n* Beteiligung *f*, Teilnahme *f*; 🏭 Produktion *f*

turnover *n* (Geschäfts)Umsatz *m*, U.erlös *m*, Umschlag *m*; (Arbeitskräfte)Fluktuation *f*; **t. of goods** Güter-, Warenumschlag *m*; ~ **inventory** Lagerumschlag *m*; ~ **personnel** Personalfluktuation *f*; **t. frequency** Umschlagshäufigkeit *f*; **t. level** (Personal)Fluktuationsquote *f*; **t. tax** (Waren)Umsatzsteuer *f*; **t.-yield ratio** Umsatzrendite *f*

twilight *n* Dämmerung *f*; **t. shift** Spätschicht *f*; *(coll)* Schwarzarbeit *f*

two|-digit *adj* π zweistellig; **t.-tier** *adj* zweistufig

tying up *n* Blockierung *f*; ~ **of assets** Vermögensbindung *f*; ~ **capital** Kapitalfestlegung *f*, K.bindung *f*

type *n* Typ *m*, Marke *f*, Modell *nt*; **t. of business (organisation)** Unternehmensform *f*, Rechtsform der Unternehmung; ~ **investment** Anlageart *f*, A.form *f*; *v/ti* mit der (Schreib)Ma-

schine schreiben, maschinenschreiben
type approval Musterabnahme *f*;
t.script *n* Schreibmaschinenmanuskript *nt*; **t.writer** *n* Schreibmaschine *f*; **electronic t.writer** Speicherschreibmaschine *f*; **t.writing** *n* Maschinenschreiben *nt*
typist *n* Schreibkraft *f*

U

ultra vires *adj/adv (lat.)* [§] außerhalb der Vollmacht, unbefugt
umbrella *n* Schirm *m*; **u. brand** Dachmarke *f*; **u. company** Dach-, Obergesellschaft *f*; **u. marketing** Gemeinschaftswerbung *f*; **u. organisation** Dach-, Spitzenverband *m*, Dach-, Spitzenorganisation *f*
un|adjusted *adj* unbereinigt; *(Verbindlichkeiten)* schwebend; **u.affiliated** *adj* selbständig; *(Gesellschaft)* nicht eingegliedert
unanim|ity *n* Einstimmigkeit *f*, Einmütigkeit *f*; **u.ous** *adj* einstimmig, einmütig
unappropriated *adj* unausgeschüttet, nicht verteilt; **u.assessed** *adj (Steuer)* nicht veranlagt; **u.audited** *adj* ungeprüft; *(Abschluß)* nicht testiert; **u.authorized** *adj* unbefugt, nicht bevollmächtigt, eigenmächtig; **u.availability** *n* Nichtverfügbarkeit *f*; **u.branded** *adj* markenlos, markenfrei; **u.budgeted** *adj (Ausgabe)* außerplanmäßig; **u.businesslike** *adj* nicht geschäftsmäßig, unkaufmännisch; **u.callable** *adj (Kredit)* unkündbar; **u.certificated**; **u.certified** *adj* nicht beglaubigt, unbeglaubigt; **u.clean** *adj (Konnossement)* fehlerhaft, unrein; **u.cleared** *adj* unbezahlt, nicht bereinigt; ⊖ zollhängig, unverzollt; **u.collectable** *adj*; **u.collectible** *adj (Forderung)* uneinbringlich; **u.collectibles** *n* Uneinbringliche, uneinbringliche Forderungen; **u.committed** *adj* nicht (zweck)gebunden, frei verfügbar; **u.competitive** *adj* nicht wettbewerbsfähig; *(Preis)* nicht

marktgerecht; **u.conditional** *adj* bedingungslos, uneingeschränkt; **u.covered** *adj* ohne Deckung, ungedeckt; **u.damaged** *adj* unversehrt, unbeschädigt; **u.dated** *adj* undatiert, ohne Datum; **u.deliverable** *adj* unzustellbar
under|bidder *n* Unterbieter *m*; **u.bill** *v/t* zu wenig berechnen; **u.capitalization** *n* Kapitalunterdeckung *f*, Unterkapitalisierung *f*; **u.charge** *n* zu wenig berechneter Betrag; *v/t* zu wenig berechnen/in Rechnung stellen; **u.cut** *v/t* unterbieten; **u.cutting** *n* (Preis)Unterbietung *f*; **u.employed** *adj* unterbeschäftigt, nicht ausgelastet; **u.employment** *n* Unterauslastung *f*, mangelnde Auslastung; **u.estimate** *v/t* unterschätzen, unterbewerten; **u.funded** *adj* unterkapitalisiert; **u.funding** *n* Unterkapitalisierung *f*
underground *n* Untergrund *m*; **u. economy** Schattenwirtschaft *f*; **u. mining** ⚒ Untertagebau *m*; **u. worker** Untertagearbeiter *m*
under|insurance *n* Unterversicherung *f*; **u.insure** *v/t* unterversichern, zu niedrig versichern; **u.investment** *n* zu geringe/mangelnde Investitionstätigkeit; **u.manned** *adj* unterbesetzt; **u.manning** *n* Personalmangel *m*, P.knappheit *f*; **u.mentioned (u/m)** *adj* unten erwähnt/aufgeführt; **u.pay** *v/t* schlecht bezahlen/entlohnen; **u.perform** *v/t* hinter dem Durchschnitt zurückbleiben, den Anforderungen nicht gerecht werden; **u.price** *v/t* zu billig/unter Preis anbieten; **u.rate** *v/t* unterschätzen, unterbewerten; **u.run** *n (Haushalt)* Nichtausschöpfung *f*; **u.shoot** *n* Unterschreitung *f*; *v/t* Unterschuß machen; *(Ziel)* nicht erreichen, unterschreiten; **u.signed** *adj* unterschrieben; **the u.signed** *n* der Unterzeichner; **u.staffed** *adj* unterbesetzt, knapp an Arbeitskräften; **u.standing** *n* Übereinkunft *f*, Absprache *f*; **u.state** *v/t* zu niedrig ansetzen/ausweisen; **u.stock** *v/t* zu wenig einlagern, zu kleines Lager unterhalten; **u.subscribed** *adj* nicht in voller Höhe gezeichnet; **u.take** *v/t* unternehmen; *(Verpflichtung/Aufgabe)* übernehmen; sich verpflichten, zusagen

undertaking n Unternehmen nt, Unternehmung f, Betrieb m; Zusicherung f, Verpflichtung f; **commercial u.** Handelsunternehmen nt, Gewerbebetrieb m; **contractual u.** vertragliche Zusicherung; **industrial u.** Industrieunternehmen nt, I.betrieb m; **municipal u.** Kommunalbetrieb m; **public (-sector) u.** öffentliches Unternehmen

under|utilization n Unterbeschäftigung f, ungenügende Auslastung/ Nutzung; **u.valuation** n Unter-, Minderbewertung f; **u.value** v/t unterbewerten, zu niedrig bewerten; **u.weight** n Fehl-, Mindergewicht nt; **u.write** v/t versichern, (Risiko) abdecken, Versicherung übernehmen für; *(Emission)* garantieren

underwriter n (Privat)Versicherer m, Versicherungsgeber m, V.träger m; *(Emission)* (Anleihe)Garant m; **u.s** Versicherungsgesellschaft f; Emissions-, (Plazierungs)Konsortium nt; **leading u.** Direkt-, Erstversicherer m; Konsortialführer m; **multiple-line u.** Komposit-, Universalversicherer m

underwriting n Versicherung(sgeschäft) f/nt, Risikoübernahme f; (Emissions-) Garantie f; **u. agent** Versicherungsagent m, V.vertreter m; **u. business** Versicherungsgeschäft nt; Emissions-, Konsortialgeschäft nt; **u. commission** Bonifikation f, Konsortial-, Übernahmeprovision f; **u. conditions** Zeichnungsbedingungen; **u. department** *(Vers.)* Risikoabteilung f; *(Emission)* Garantieabteilung f; **u. gain** Versicherungsgewinn m; **u. group** Versicherungskonsortium nt; Emissionskonsortium nt; **u. limit** *(Vers.)* Zeichnungsgrenze f; **u. loss** Versicherungsverlust m, Verlust aus dem Versicherungsgeschäft; **u. member** *(Lloyd's)* Konsortial-, Syndikatsmitglied nt; **u. price** Übernahmekurs m; **u. profit** Versicherungsgewinn m; Emissionsgewinn m; **u. result** Ergebnis aus dem Versicherungsgeschäft; Ergebnis aus dem Emissionsgeschäft; **u. risk** Versicherungsrisiko nt; Emissionsrisiko nt; **u. syndicate** Versicherungskonsortium nt; Emissions-, Übernahmekon-

sortium nt

un|developed adj *(Grundstück)* unbebaut, unerschlossen; **u.disclosed** adj nicht genannt/veröffentlicht; **u.distributed** adj unverteilt; *(Gewinn)* thesauriert; **u.economic(al)** adj unwirtschaftlich, unrentabel; **u.employable** adj arbeitsuntauglich, nicht vermittlungsfähig

the unemployed n die Arbeits-, Erwerbs-, Stellungslosen; **the long-term u.** Langzeitarbeitslose pl; adj unbeschäftigt, arbeitslos, erwerbslos

unemployment n Arbeits-, Erwerbslosigkeit f

camouflaged/concealed/hidden unemployment versteckte/verdeckte Arbeitslosigkeit; **chronic u.** Dauerarbeitslosigkeit f; **cyclical u.** konjunkturbedingte Arbeitslosigkeit; **deficient-demand/demand-deficient u.** nachfragebedingte Arbeitslosigkeit; **female u.** Frauenarbeitslosigkeit f; **hard-core u.** Sockelarbeitslosigkeit f, chronische Arbeitslosigkeit; **persistent u.** Dauerarbeitslosigkeit f; **seasonal u.** saisonale/jahreszeitlich bedingte Arbeitslosigkeit; **structural u.** strukturelle/strukturbedingte Arbeitslosigkeit; **temporary u.** vorübergehende Arbeitslosigkeit

unemployment benefit Arbeitslosengeld nt, A.unterstützung f; **u. figure(s)** Arbeitslosenziffer f, A.statistik f

unemployment insurance Arbeitslosenversicherung f; **statutory u. i.** Arbeitslosenpflichtversicherung f; **u. i. contribution** Arbeitslosenversicherungsbeitrag m

unemployment pay Arbeitslosengeld nt; **u. register** Arbeitslosenzahl f; **to be on the u. register** als arbeitslos gemeldet sein; **u. relief** Arbeitslosenhilfe f, A.fürsorge f

un|encumbered adj hypotheken-, schulden-, lastenfrei; **u.enforceable** adj nicht eintreibbar/vollstreckbar; **u.expired** adj noch nicht abgelaufen; **u.fair** adj unlauter, unangemessen; **u.favourable** adj ungünstig, negativ; *(Bilanz)* passiv; **u.filled** adj *(Auftrag)* unerledigt; *(Stelle)* offen, vakant, frei

unfit *adj* ungeeignet, unqualifiziert; **u. for use** unbrauchbar; ~ **work** arbeitsunfähig; **u.ness** *n* Untauglichkeit *f*, mangelnde Eignung; ~ **for work** Arbeitsunfähigkeit *f*

un|foreseen *adj* unvorhergesehen, außerplanmäßig; **u.founded** *adj* unbegründet, grundlos; **u.franked** *adj* ☒ nicht freigemacht; **u.funded** *adj* nicht konsolidiert; *(Schuld)* schwebend; **u.furnished** *adj* unmöbliert; **u.hampered** *adj* ungehindert

uniform *n* Uniform *f*, Dienstkleidung *f*; *adj* einheitlich, gleichmäßig; **u.ity** *n* Einheitlichkeit *f*, Gleichmäßigkeit *f*

un|impaired *adj* unbeeinträchtigt; **u.improved** *adj* unveredelt; ✳ unbebaut; **u.incorporated** *adj* nicht eingetragen/ rechtsfähig; **u.intentional** *adj* unbeabsichtigt; **u.interrupted** *adj* ununterbrochen, kontinuierlich

union *n* → **labor union; trade union** Vereinigung *f*, Verbindung *f*, (Zweck-)Verband *m*, Gewerkschaft *f*, Zusammenschluß *m*

affiliated union Einzel-, Mitgliedsgewerkschaft *f*; **blue-collar u.** Arbeitergewerkschaft *f*; **economic u.** Wirtschaftsgemeinschaft *f*; ~ **and monetary u.** Wirtschafts- und Währungsunion *f*; **industrial u.** Industrie-, Einheitsgewerkschaft *f*; **monetary u.** Währungsunion *f*; **white-collar u.** Angestelltengewerkschaft *f*; **yellow u.** *(pej.)* Betriebsgewerkschaft *f*

union branch Ortsgruppe der Gewerkschaft; **u. card** Mitgliedsausweis *m*; **u. contract** (Gewerkschafts)Tarifvertrag *m*, T.abschluß *m*; **u. contribution/ dues** Gewerkschaftsbeitrag *m*; **u. delegation** Gewerkschaftsvertretung *f*; **u. demands** Gewerkschaftsforderungen; **u. funds** Gewerkschaftskasse *f*, G.gelder; **u. headquarters** Gewerkschaftszentrale *f*

union|ization *n* gewerkschaftlicher Organisationsgrad; **u.ism** *n* Gewerkschaftswesen *nt*, G.bewegung *f*; **u.ist** *n* Gewerkschaftsangehöriger *m*, G.mitglied *nt*, Gewerkschaftler *m*; **u.ize** *v/t* gewerkschaftlich organisieren

union leader Gewerkschaftsführer *m*; **u. member** Gewerkschaftler *m*, Gewerkschaftsangehöriger *m*, G.mitglied *nt*; **u. membership** Gewerkschaftsmitgliedschaft *f*, G.zugehörigkeit *f*; ~ **agreement** *[GB]* Vereinbarung über Gewerkschaftszwang; **u. official** Gewerkschaftsfunktionär *m*; **u. shop** Betrieb mit gewerkschaftlicher Zwangsmitgliedschaft; **u. wage** Tariflohn *m*, von der Gewerkschaft ausgehandelter Lohn

unit *n* Einheit *f*, Stück *nt*; (Fonds-/Investment)Anteil *m*, Zertifikat *nt*

unit of account (U/A) (Ver)Rechnungseinheit *f*; ~ **activity** Kostenstelle *f*; ~ **output** Produktionseinheit *f*, Kostenträger *m*; ~ **reference** Bezugsgröße *f*; ~ **trade** *(Börse)* Handels-, Verkehrseinheit *f*; ~ **trading** Mindestmenge *f*, Schluß *m*; ~ **value** Wert-, Währungseinheit *f*

decision-making unit Entscheidungsträger *m*; **economic u.** Wirtschaftssubjekt *nt*; **industrial u.** Industrie-, Produktionsbetrieb *m*; **separate legal u.** rechtliche Einheit, juristische Person; **monetary u.** Währungseinheit *f*; **self-contained u.** in sich selbständige/abgeschlossene Einheit; **viable u.** lebensfähige Betriebseinheit

unit bank *[US]* Bank ohne Zweigstellen, Einzelbank *f*; **u. billing** Sammel(ab)rechnung *f*, S.faktura *f*; **u. certificate** Anteilsschein *m*, Investmentzertifikat *nt*

unit cost Kosteneinheit *f*; **u. c.s** Stück-, Einzelkosten; **u. c. accounting; u. costing** Stück(kosten)kalkulation *f*

unit depreciation Einzelabschreibung *f*; **u. growth** Wertzuwachs eines Fondsanteils; **u.holder** *n* (Fonds)Anteilschein-, Investment(zertifikats)besitzer *m*

unitiz|ation *n* Umwandlung in eine Kapitalanlagegesellschaft, Zergliederung in Einheiten, Zertifikatsausstellung *f*; **u.e** *v/t* in Einheiten zergliedern; *(Anlagefonds)* Zertifikate ausgeben

unit labour cost(s) Lohnstückkosten *pl*, Lohnkosten je Ausbringungseinheit; **u.-linked** *adj* fondsgebunden; **u. price**

Einzel-, Stückpreis *m*; **u. production** Einzelfertigung *f*, Stückproduktion *f*
unit trust Kapitalanlagegesellschaft *f*, Investmentfonds *m*, I.trust *m*; **accumulating u. t.** Thesaurierungsfonds *m*; **u. t. certificate** Investmentzertifikat *nt*
unit valuation *(Abschreibung)* Einzelbewertung *f*; **u. value** *(Fonds)* Anteilswert *m*; **u. wage costs** Lohnstückkosten
unity *n* Einheit *f*; **u. of command** Einheit der Auftragserteilung; **economic u.** wirtschaftliche Einheit
universe *n* 🏛 statistische Masse
un|justified *adj* ungerechtfertigt, unberechtigt; **u.laden** *adj* unbeladen, leer; **u.lawful** *adj* unerlaubt, widerrechtlich, unzulässig; **u.load** *v/t* ab-, aus-, entladen, Ladung löschen; verkaufen, auf den Markt werfen
unloading *n* Ab-, Aus-, Entladen *nt*; ˢ˺ Löschen *nt*; *(Börse)* stoßartiger Verkauf; **u. berth** ˢ˺ Löschplatz *m*; **u. charge** Entladegebühr *f*; **u. charges** Löschkosten, L.geld *nt*; **u. time** Löschzeit *f*
un|managed *adj* unbewirtschaftet; **u.-manned** *adj* unbesetzt; **u.marketable; u.merchantable** *adj* unverkäuflich, nicht zum Verkauf geeignet; **u.occupied** *adj* unbesetzt, frei, leerstehend; **u.official** *adj* inoffiziell, nicht genehmigt; außerbörslich; **u.packed** *adj* unverpackt, lose; **u.paid** *adj* unbezahlt, rückständig; ⊠ nicht freigemacht/ frankiert; *(Scheck)* nicht eingelöst; **u.productive** *adj* unergiebig, unproduktiv, unwirtschaftlich; **u.profitable** *adj* unrentabel, verlustbringend; **u.quoted** *adj* nicht (börsen)notiert; **u.realizable** *adj* nicht verwertbar, nicht zu verkaufen; **u.realized** *adj* *(Gewinn)* nicht realisiert; **u.redeemable** *adj* unkündbar, untilgbar; **u.reliable** *adj* unzuverlässig; **u.remunerative** *adj* nicht lohnend, unwirtschaftlich; **u.rest** *n* Unruhe *f*; **industrial u.rest** Arbeitskampf *m*, A.auseinandersetzung *f*; **u.restricted** *adj* unbeschränkt, freizügig; **u.sal(e)able** *adj* unverkäuflich, nicht marktgängig; **u.salaried** *adj* ehrenamtlich; **u.sealed**

adj unversiegelt, unverschlossen; **u.secured** *adj* *(Kredit)* ungedeckt, ungesichert, unverbrieft; **u.serviceable** *adj* unbrauchbar, gebrauchsunfähig; **u. skilled** *adj* ungelernt; **u.sold** *adj* unverkauft; *(Emission)* unbegeben; **u.solicited** *adj* unaufgefordert, unverlangt; **u.spent** *adj* nicht verausgabt; **u.taxed** *adj* unbesteuert, steuerfrei; **u.tenanted** *adj* unbewohnt, leer(stehend); **u.-trained** *adj* ungeschult, ungelernt; **u.transferable** *adj* nicht übertragbar; **u.treated** *adj* unbehandelt; **u.used** *adj* ungebraucht, ungenutzt, brachliegend; **u.warranted** *adj* ohne Garantie/ Gewähr(leistung)
ups and downs *n* Auf und Ab *nt*, Auf-- und Abbewegung *f*; **cyclical ~ downs** Konjunkturschwankungen
up *v/t* erhöhen, heraufsetzen
up|date *n* Modernisierung *f*; *v/t* auf den neuesten Stand bringen, modernisieren; **u.grading** *n* Höher(ein)stufung *f*, H.(ein)gruppierung *f*, Beförderung *f*; **u.keep** *n* Wartung(skosten) *f/pl*, Instandhaltung *f*; **u.-market; u.-scale** *adj* hochwertig, anspruchsvoll, im oberen Marktsegment; **u.rate** *v/t* *(Leistung)* steigern; höher bewerten; **u.right**! Nicht stürzen!; **u.stream** *adj* *(fig)* 🏭 vorgelagert
upsurge *n* Wachstumsschub *m*, steiler Anstieg; **u. in interest rates** Zinsauftrieb *m*; **~ prices** Preisaufschwung *m*, P.welle *f*; **~ share** *[GB]*/**stock** *[US]* **prices** Aktienhausse *f*, Kursanstieg *m*
upswing (in economic activity); cyclical/ economic u. Konjunkturanstieg *m*, (Konjunktur)Aufschwung *m*, K.belebung *f*, Belebung der Konjunktur, konjunkturelle Erholung
up|take *n* Aufnahme *f*, Akzeptanz *f*; **u.trend** *n* Aufwärtstrend *m*, A.tendenz *f*, steigende Tendenz; Kursauftrieb *m*
upturn *n* Aufwärtsbewegung *f*, Aufschwung *m*, Kurssteigerung *f*; Belebung *f*; **u. in business (activity)** Geschäfts-, Absatzbelebung *f*; **~ demand** Nachfragebelebung *f*; **~ interest rates** Zinsauftrieb *m*; **cyclical/economic u.** Konjunkturauftrieb *m*,

K.aufschwung *m*, konjunkturelle Belebung

up|valuation *n* Aufwertung *f*, Höherbewertung *f*; **u.value** *v/t* aufwerten, höher bewerten

urgen|cy *n* Eile *f*, Dringlichkeit *f*; **u.t** *adj* eilig, dringend

usable *adj* brauchbar, verwendbar, verwertbar, in gebrauchsfähigem Zustand

usage *n* Brauch *m*, Gepflogenheit *f*, Praxis *f*, Usance *f [frz.]*; **commercial/ mercantile u.** Handelsbräuche *pl*, H.usancen *pl*; **u. rate** Lagerabgangs-, Verbrauchsrate *f*

use *n* Gebrauch *m*, Verwendung(smöglichkeit) *f*, V.szweck *m*, Inanspruchnahme *f*; *(Gas/Wasser/≠)* Entnahme *f*, Verbrauch *m*

use and benefit for life lebenslängliche Nutzung; **u. of capacity** Kapazitätsauslastung *f*; ~ **funds** Mittelverwendung *f*; ~ **land** Boden-, Landnutzung *f*; ~ **a patent** Verwertung eines Patents

ready for use gebrauchsbereit, einsatzbereit

beneficial use Nutz(nieß)ung *f*, Nießbrauch *m*; **commercial u.** gewerbliche/ wirtschaftliche Nutzung; **contractual u.** bestimmungsgemäßer Gebrauch; **economical u.** sparsamer Gebrauch; **excessive u.** übermäßiger Gebrauch; **exclusive u.** alleinige Nutzung; **for immediate u.** zum sofortigen Verbrauch bestimmt; **improper u.** unsachgemäßer Gebrauch; **industrial u.** gewerbliche/ industrielle Nutzung; **intended u.** Zweckbestimmung *f*, Einsatzzweck *m*; **personal/private u.** Eigengebrauch *m*, persönlicher Gebrauch, Privat-, Eigennutzung *f*; **unauthorized u.** unbefugter Gebrauch, Mißbrauch *m*

use *v/t* (ab)nutzen, benutzen, (ge)brauchen, verwenden, verwerten; **u.d** *adj* gebraucht, aus zweiter Hand; **u.ful** *adj* zweckmäßig, nützlich

usefulness *n* Nützlichkeit *f*, Zweckmäßigkeit *f*, Brauchbarkeit *f*; **economic u.** gesamtwirtschaftlicher Nutzen; **lost u.** Wert-, Brauchbarkeitsminderung *f*

user *n* Benutzer *m*, Anwender *m*, Verbraucher *m*; Nutznießer *m*; **commercial/industrial u.** gewerblicher Nutzer; **domestic u.** Privatverbraucher *m*; **ultimate u.** Letzt-, Endverbraucher *m*; **u. acceptance** Benutzerakzeptanz *f*; **u. charge/fee** Benutzergebühr *f*; **u.– friendly** *adj* benutzerfreundlich, bedienungsfreundlich; **u. industry** Verbraucherindustrie *f*; **u. resistance** Verbraucherwiderstand *m*

use tax *[US]* Aufwands-, Verbrauchssteuer *f*

usufruct *n* (Sach)Nießbrauch *m*, Nutznießung *f*; **u.uary** *n* Nießbrauchberechtigter *m*, Nießbraucher *m*

usurious *adj* wucherisch, Wucher-

usury *n* (Geld-/Kredit-/Zins)Wucher *m*

utility *n* Nutzen *m*, Nützlichkeit *f*; Versorgungsbetrieb *m*, V.unternehmen *nt*; **expired u.** aufgelaufene Abschreibungen; **marginal u.** Grenznutzen *m*; ~ **of labour** Grenznutzen der Arbeit; ~ **money** Grenznutzen des Geldes; **public u. (company)** öffentlicher/gemeinnütziger Versorgungsbetrieb

utility charges Energiekosten; **u. goods** (einfache) Gebrauchsgüter; **u. model** *[GB]* Gebrauchsmuster *nt*; **u. patent** Gebrauchsmuster *nt*, Verwertungspatent *nt*; **u. value** Gebrauchs-, Nutzwert *m*; **u. vehicle** 🚗 Mehrzweck-, Nutzfahrzeug *nt*

utilization *n* Einsatz *m*, (Aus)Nutzung *f*, Verwendung *f*, Verwertung *f*

utilization of capacity Beschäftigungsgrad *m*; ~ **facilities** Auslastung *f*; ~ **land** Land-, Bodennutzung *f*; **u. by third parties** Fremdnutzung *f*; **u. of existing plant**; ~ **plant capacities** Anlagenauslastung *f*; ~ **production capacity** Produktionsauslastung *f*; ~ **waste** Abfallverwertung *f*

commercial utilization gewerbliche Nutzung/Verwertbarkeit; **u. rate** (Kapazitäts)Auslastungsgrad *m*; **u. rights** Verwertungsrechte

utilize *v/t* benutzen, (aus)nutzen, verwenden, verwerten

V

vacancy n freie/offene Stelle, Vakanz f; **vacancies** Arbeitsplatz-, Stellenangebot nt; (Hotel) Zimmer frei; **to advertise a v.** Stelle ausschreiben; **to fill a v.** (freie) Stelle besetzen

vacant adj unbesetzt, offen, frei(stehend)

vacate v/t freimachen, (Wohnung) räumen; (Stelle) aufgeben

vacation n Räumung f; [US] → **holiday** Ferien pl, Urlaub m; **annual v.** Jahresurlaub m; ~ **with pay** bezahlter Jahresurlaub; **v. allowance/benefit/ pay(ment)** Urlaubsgeld nt, U.vergütung f; **v. industry** Ferien-, Urlaubsindustrie f; **v. job** Ferienarbeit f; **v. replacement/substitute** Urlaubsvertretung f; **v. schedule** Ferien-, Urlaubsordnung f; **v. shutdown** Werksferien pl

vacuum n Vakuum nt; **v. pack** Frischhalte-, Vakuum(ver)packung f; **v.-- packed** adj vakuumverpackt; **v.-- sealed** adj luftdicht verschlossen

valid adj geltend, (voll)gültig, rechtskräftig; **v. until cancelled/recalled** gültig bis auf Widerruf; **v.ate** v/t (rechts)gültig/rechtswirksam machen, bestätigen; **v.ation** n Inkraftsetzung f, Bestätigung f

validity n Gültigkeit(sdauer) f; Stichhaltigkeit f, Laufzeit f; Rechtskraft f; **v. of a claim** Anspruchsberechtigung f, Rechtmäßigkeit eines Anspruchs; ~ **a contract** Vertragsgültigkeit f; ~ **a guarantee** Gültigkeit(sdauer) er) einer Garantie; **legal v.** Rechtskraft f; **v. period** Laufzeit f

valuable adj wertvoll, kostbar; **v.s** n Wertsachen, W.gegenstände

valuate v/t bewerten, (ab)schätzen, taxieren

valuation n (Be)Wertung f, Wert(ansatz) m, W.festsetzung f, Schätzwert m, Preis m, Taxe f; (Gutschrift) Wertstellung f; Bilanzierung f

valuation of (net) assets Bewertung von Aktiva; ~ **the company as a going**

concern Gesamtbewertung f (eines Betriebs); **v. at cost** Bewertung zu Gestehungskosten; ~ **cost or market whichever is the lower** Bewertung nach dem Niederstwertprinzip; ~ **market** Bewertung zum Marktpreis; ~ **replacement cost** Bewertung zum Wiederbeschaffungspreis

actuarial valuation versicherungstechnische Bewertung; **aggregate/collective v.** Sammelbewertung f; **conservative v.** vorsichtige Schätzung; **discretionary v.** Bewertungswahlrecht nt; **going-concern v.** Gesamtbewertung f (eines Betriebs); **individual/separate v.** Einzelbewertung f; **net v.** Nettobewertung f

valuation account Wertberichtigung(skonto) f/nt; **v. adjustment** Wertberichtigung f; **lump-sum ~ on receivables** Pauschalwertberichtigung auf Forderungen; **v. allowance** Wertberichtigung f; **v. base** Bewertungs-, Bemessungsgrundlage f; **v. date** Bewertungsstichtag m; **v. fee** Schätzgebühr f; **v. item** Wertberichtigungsposten m; **v. reserves** (Rückstellungen für) Wertberichtigungen; **v. rules** Bewertungsvorschriften

value n (Tausch-/Verkehrs)Wert m, Wertstellung f, Preis m, Valuta f; Wechselbetrag m; **at v.** zum Tageskurs; **for v.** gegen Entgelt

net value of tangible assets Substanzwert m; **v. as a going concern** Buchwert bei Unternehmensfortführung; **v. for customs purposes** ⊖ Zollwert m; **v. as per invoice** Rechnungswert m; **v. for money** preiswert, (preis)günstig; **v. of money** Geldwert m, Kaufkraft f; ~ **sales** Wertumsatz m, Absatzwert m; **v. for tax purposes** Versteuerungs-, Steuerwert m; **v. before use** Neuwert m; **v. in use** Gebrauchswert m

to assess the value Wert festsetzen/ermitteln; **to be v. for money**; ~ **good v.** preiswert/(preis)günstig sein; **to declare the v. (of the goods)** ⊖ (Güter-/ Waren)Wert angeben; **to determine the v.** Wert ermitteln; **to pay for v. received** für Valuta zahlen; **to take for v.** entgeltlich erwerben

accumulated value   Endwert *m*; **actual v.** Ist-, Realwert *m*; **actuarial v.** versicherungsmathematischer Wert; **added v.** Mehrwert *m*, Wertzuwachs *m*, W.schöpfung *f*; **appraised v.** Schätz-, Taxwert *m*; **approximate v.** (An)Näherungswert *m*; **assessed v.** Tax-, Steuer-, Schätzwert *m*; **commercial v.** Handels-, Marktwert *m*; **constant v.** Festwert *m*; **current v.** Tages-, Zeit-, Verkehrs-, Marktwert *m*; **declared v.** ⊖ angegebener/verzollter Wert, Zollwert *m*; **economic v.** Zeit-, Wirtschaftswert *m*; **estimated v.** Schätz-, Taxwert *m*; **external v.** *(Währung)* Außenwert *m*; **fixed v.** Festwert *m*; **going(-concern) v.** Buchwert bei Unternehmensfortführung; **good v.** preiswert; **incremental v.** Wertzuwachs *m*; **insurable v.** Versicherungswert *m*; **insured v.** Versicherungssumme *f*; **intrinsic v.** innerer/eigentlicher Wert, Eigenwert *m*; **invoiced v.** Faktura-, Rechnungswert *m*; **of lasting v.** wertbeständig; **monetary v.** Geldwert *m*; **nominal v.** Nenn-, Nominalwert *m*, Nennbetrag *m*; **notional v.** fiktiver Wert; **original v.** Ausgangs-, Ursprungs-, Anschaffungswert *m*; **present v.** Gegenwartswert *m*; **rat(e)able v.** *(Kommunalsteuer)* Einheitswert *m*; **real v.** effektiver Wert, Realwert *m*; **residual v.** Restwert *m*; **second-hand v.** Gebrauchswert *m*; **sentimental v.** Liebhaberwert *m*; **of stable v.** wertstabil; **stable v. clause** Wertsicherungsklausel *f*; **standard v.** Normal-, Festwert *m*; **stated v.** Nominalwert *m*, Nennbetrag *m*; **surplus v.** Mehrwert *m*; **tangible v.** materieller Wert; **taxable v.** Versteuerungs-, Steuer(meß)wert *m*; **trade-in v.** Rücknahme-, Wiederverkaufswert *m*; **trade--weighted v.** *(Währung)* Handelswert *m*
value *v/t*   (ein-/ab)schätzen, veranschlagen, valutieren, taxieren
value added   Wertschöpfung *f*, W.zuwachs *m*, Mehrwert *m*; ~ **by processing** Vered(e)lungswert *m*; **aggregate v. a.** volkswirtschaftliche Wertschöpfung

value added tax (VAT)   Mehrwertsteuer (MWSt) *f*; **liable to ~ t.** mehrwertsteuerpflichtig; ~ **t. (VAT) rebate** Mehrwertsteuererstattung *f*
value adjustment   (Einzel)Wertberichtigung *f*; **global/lump-sum v. a.** Sammel-, Pauschalwertberichtigung *f*
value bill   Konsignationswechsel *m*; **v.--creating** *adj* wertschöpfend; **v.d** *adj* bewertet, veranschlagt; **v. date** Wertstellungsdatum *nt*, Valuta *f*; **v. delivered** Lieferwert *m*; **v. insured** Versicherungswert *m*; **v.r** *n* (Be)Gutachter *m*, Taxator *m*, Sachverständiger *m*; **for v. received** als Gegenwert; Betrag erhalten
van *n*   🚚 Liefer-, (Klein)Lastwagen *m*
variable *n*   veränderlicher Faktor, Variable *f*; **fixed-point v.** Festkommavariable *f*; **leading v.** Leitvariable *f*; **random v.** Zufallsvariable *f*; *adj* veränderlich, wechselnd; *(Zins)* beweglich; **v.-interest** *adj* mit Zinsanpassung
variance *n*   Abweichung *f*, Unstimmigkeit *f*, Schwankung *f*
variation *n*   Veränderung *f*, Abweichung *f*; **v.s in the market price** Kursschwankungen; **v. in quality** Qualitätsabweichung *f*; ~ **value** Wertschwankung *f*; **seasonal v.** Saisonschwankung *f*
variety *n*   Auswahl *f*, Vielfalt *f*, Reihe *f*, Sorte *f*; **v. shop** *[GB]*/**store** *[US]* Gemischtwarenladen *m*, Einheitspreisgeschäft *nt*
vary *v/ti*   (ab-/ver)ändern, variieren
VAT   → **value added tax**
vehicle *n*   (Kraft)Fahrzeug *nt*; *(fig)* Träger *m*, Medium *nt*; **commercial v.** Nutzfahrzeug *nt*; **v. building/construction/manufacture** Automobil-, (Straßen)Fahrzeugbau *m*; **v. excise duty** *[GB]* Kraftfahrzeugsteuer *f*; **v. insurance** (Kraft)Fahrzeugversicherung *f*; **v. owner** (Kraft)Fahrzeughalter *m*; **v. registration** (Kraft)Fahrzeugzulassung *f*
velocity *n*   Geschwindigkeit *f*; **v. of money circulation** (Geld)Umlaufgeschwindigkeit *f*; ~ **turnover** Umsatz-, Umschlaggeschwindigkeit *f*
vend|ing *n*   Automatenverkauf *m*;   ~

machine (Verkaufs)Automat *m*; **v.or** *n* Verkäufer *m*, Lieferant *m*; **v.ue** *n* Auktion *f*, öffentliche Versteigerung

venture *n* Wagnis *nt*, Risiko *nt*, Spekulation *f*, S.objekt *nt*, Projekt *nt*

joint venture Gemeinschaftsunternehmen *nt*, G.projekt *nt*, Arbeits-, Projektgemeinschaft *f*; Beteiligungsgeschäft *nt*; ~ **capital** Beteiligungskapital *nt*; ~ **company** Gemeinschaftsfirma *f*, Projektgesellschaft *f*

speculative venture spekulatives Unternehmen

venture capital Beteiligungs-, Risiko-, Wagniskapital *nt*; ~ **company** Wagnisfinanzierungs-, Risikokapitalgesellschaft *f*; **v. financing** Wagnis-, Risikofinanzierung *f*; **v. management** Projektleitung *f*

venue *n* [§] Gerichtsstand *m*; Tagungs-, Veranstaltungsort *m*; **to specify/stipulate the v.** Gerichtsstand bestimmen; **legal v.** Gerichtsstand *m*

verdict *n* [§] (Straf)Urteil *nt*, (Rechts-/Urteils)Spruch *m*

veri|fication *n* Bestätigung *f*, Beglaubigung *f*; Prüfung der Richtigkeit; **v.fy** *v/t* beglaubigen, (nach)prüfen

version *n* Lesart *f*, Fassung *f*, Wortlaut *m*; **authoritative/authorized v.** maßgebliche Fassung, amtlicher Wortlaut; **original v.** Originalfassung *f*; **revised v.** revidierte Fassung; **standard v.** Normal-, Standardausführung *f*

vessel *n* ᕕᕫ Schiff *nt*, Fahrzeug *nt*; **to charter a v.** Schiff chartern; **alongside the v.** Längsseite Schiff liefern; **cold-storage/refrigerated v.** (Gefrier)Kühlschiff *nt*; **ocean-going/sea-going v.** (Über)See-, Hochseeschiff *nt*

vesting *n* [§] Verleihung *f*, Übertragung *f*; **v. date/day** Tag der Besitzübertragung; **v. order** (gerichtliche) Besitzeinweisung *f*

via|bility *n* Brauchbar-, Durchführbarkeit *f*, Existenzfähigkeit *f*; ~ **study** Machbarkeitsstudie *f*, Wirtschaftlichkeitsberechnung *f*; **v.ble** *adj* machbar, durchführbar, lebensfähig; **economically v.ble** rentabel

vicarious *adj* stellvertretend

vice *n* Fehler *m*; **apparent v.** offensichtlicher Fehler; **inherent v.** verborgener Mangel

vice- stellvertretend; **v.-chairman** *n* stellvertretender Vorsitzender; **v.-president** *n* [US] Bereichsleiter *m*, Vizepräsident *m*, stellvertretender Vorsitzender

video *n* Video(film) *m*; **v. conference** Videokonferenz *f*; **v. conferencing** Durchführung von Videokonferenzen; **(interactive) v.tex(t)** *n* Bildschirmtext (Btx) *m*

view *n* Blick(winkel) *m*, Sicht(weise) *f*, Ansicht *f*; **on v.**zur Besichtigung freigegeben, ausgestellt; **dissenting v.** abweichende Meinung; **reasoned v.** begründete Meinung; **true and fair v.** *(Bilanzprüfung)* ein den tatsächlichen Verhältnissen entsprechendes Bild

viewing *n* Besichtigung *f*; **v. rate(s)** *(Fernsehen)* Einschaltquote *f*; **v. time** *(Auktion)* Besichtigung(szeiten) *f/pl*; **peak/prime v. time** *(Fernsehen)* Hauptsendezeit *f*

violate *v/t* verletzen, brechen, übertreten

violation *n* → **breach** Verletzung *f*, Verstoß *m*, Übertretung *f*; **v. of contract** Vertragsbruch *m*; **in ~ contract** vertragswidrig; ~ **the duty of care** Verletzung der Sorgfaltspflicht

visible *adj* sichtbar; **v.s** *n* sichtbare Ein- und Ausfuhren, Waren-, Güterverkehr *m*

visit *n* Besuch *m*; **v. of inspection** Kontrollgang *m*; **fact-finding v.** Informationsbesuch *m*; **follow-up v.** *(Vertreter)* nachfassender Besuch

visitor *n* Besucher *m*; **commercial v.** Geschäftsbesucher *m*

viticulture *n* Wein(an)bau *m*

vocation *n* Beruf *m*; **v.al** *adj* beruflich, Berufs-

void *v/t* ungültig machen, aufheben, annullieren; *adj* nichtig, (rechts)unwirksam, (rechts)ungültig; **to become v.** verfallen; **to declare v.** für nichtig/ungültig erklären

void|ability *n* Anfechtbarkeit *f*; **v.able** *adj* anfechtbar

vola|tile *adj* unbeständig, schwankend, flüchtig; **v.tility** *n* Schwankung(sbreite) *f*, Unbeständigkeit *f*; *(Börse)* Kursschwankungen *pl*
volume *n* Umfang *m*, Volumen *nt*, Größe *f*
volume of benefits *(Vers.)* Leistungsvolumen *nt*, L.umfang *m*; ~ **business** Geschäftsvolumen *nt*, G.umfang *m*; ~ **demand** Nachfragevolumen *nt*; ~ **employment** Beschäftigungsvolumen *nt*; ~ **goods carried** (Güter)Transportleistung *f*; ~ **imports and exports** Außenhandels-, Austauschvolumen *nt*; ~ **investments** Investitionsvolumen *nt*; ~ **liquidity** Liquiditätsmenge *f*; ~ **money** Geldvolumen *nt*, G.menge *f*; ~ **orders** Auftrags-, Ordervolumen *nt*; ~ **orders on hand** Auftragsbestand *m*; ~ **output** Produktionsumfang *m*, Ausbringungsmenge *f*; ~ **sales** Verkaufs-, Absatzvolumen *nt*, Mengenabsatz *m*; ~ **supply** *(VWL)* Angebotsmenge *f*; ~ **work** Arbeitsanfall *m*, Auslastung *f*
volume boom Mengenkonjunktur *f*; **v. business** Mengengeschäft *nt*; **v. cost** Fixkosten *pl*; **v. demand** Mengennachfrage *f*; **v. discount** Mengenrabatt *m*; **v. growth** Mengenwachstum *nt*; **v. leader** umsatzstärkste/meistgekaufte Aktie; umsatzstärkster/meistgekaufter Artikel; **v. order** Groß-, Mengenauftrag *m*; **v. output/production** serienmäßige Produktion, Massenproduktion *f*; **v. sales** Mengenabsatz *m*, M.umsatz *m*
vote *n* → **ballot** Wahl *f*, Stimme *f*, Abstimmung *f*; **v. of approval** Entlastungserteilung *f*; ~ **confidence** Vertrauensvotum *nt*; **v. by proxy** Stimmabgabe durch Stellvertreter; ~ **show of hands** Stimmabgabe durch Handzeichen
casting/deciding vote ausschlaggebende Stimme; **crucial v.** Kampfabstimmung *f*; **cumulative v.** Mehrfachstimmrecht *nt*; **open v.** offene Abstimmung; **postal v.** Briefwahl *f*; **transferable v.** übertragbares Stimmrecht
vote *v/ti* (ab)stimmen, wählen, Stimme abgeben

voter *n* Wähler *m*
voting *n* Abstimmung *f*, Stimmabgabe *f*; **v. by proxy** Stimmrechtsausübung durch Vertreter; ~ **show of hands** Wahl durch Handzeichen; *adj* stimmberechtigt; **v. capital** stimmberechtigtes Kapital; **v. paper** Stimmzettel *m*; **v. procedure** Wahl-, Abstimmungsverfahren *nt*; **v. restriction(s)** Wahl-, Stimmrechtsbeschränkung *f*
voting right Stimm-, Wahlrecht *nt*; **v. r. of shareholders** *[GB]*/**stockholders** *[US]* Aktionärsstimmrecht *nt*; **multiple v. r.** mehrfaches Stimmrecht, Mehr(fach)stimmrecht *nt*; **preferential v. r.(s)** Vorzugsstimmrecht *nt*
voting share *[GB]* stimmberechtigte Aktie; **v. stock** stimmberechtigtes Aktienkapital; **v. rechtsaktie** *f*
voucher *n* (Abrechnungs-/Buchungs-/Kontroll)Beleg *m*; Gutschein *m*; **v. audit** Belegprüfung *f*; **v. clerk** Kreditorenbuchhalter *m*; **v.less** *adj* beleglos; **v. printer** Belegdrucker *m*
voyage *n* ⚓ (See)Reise *f*, Fahrt *f*; **v. charter** Reisecharter *f*; ~ **party** Seefrachtvertrag *m*; **v. insurance** Reiseversicherung *f*; **v. policy** Reise-, Einzelpolice *f*

W

wage(s) *n* Lohn *m*, Verdienst *m*, Arbeitsentgelt *nt*; **w.s** Lohn(kosten)anteil *m*; Löhne und Gehälter; **w. per hour** Stundenlohn *m*; **w.s of management** Unternehmerlohn *m*; ~ **and salaries** Löhne und Gehälter
to claim/demand higher wage|s mehr Lohn fordern; **to deduct/withhold from the w.** vom Lohn abziehen; **to freeze w.s** Lohnstopp verfügen; **to stop w.s** Lohn einbehalten
advance wage Lohn-, Gehaltsvorschuß *m*; **aggregate w.s** Lohnsumme *f*; **agreed w.** (vereinbarter) Tariflohn *m*; **annual w.** Jahres(arbeits)lohn *m*, J.verdienst *m*; **average w.** Durchschnittslohn *m*, durch-

schnittlicher Lohn; **basic w.** Grund-, Ecklohn m; **bottom w.** Leichtlohn m; ~ **bracket** Leichtlohngruppe f; **direct w.s** unmittelbare Lohnkosten; **fair w.** angemessener Lohn; **fixed w.** Festlohn m; **flat-rate w.** Pauschallohn m; **going w.** üblicher Lohn; **gross w.** Brutto(arbeits)lohn m; **total ~ w.s (and salaries)** Bruttolohnsumme f; **high w.** hoher Lohn; ~ **country** Hochlohnland nt; **hourly w.(s)** Stundenlohn m, S.verdienst m; **index-linked w.** indexierter Lohn; **industrial w.s** Industriearbeiterlöhne; **low w.** Leichtlohn m; ~ **bracket** Leichtlohngruppe f; ~ **country** Niedrig-, Billiglohnland nt; **minimum w.** Mindestlohn m; **net w.** Netto(arbeits)-, Effektivlohn m; **nominal w.** Nominallohn m; **productive w.s** Fertigungslöhne, Einzellohnkosten; **standard w.** Tarif-, Ecklohn m; **top w.** Höchst-, Spitzenlohn m; **unproductive w.s** Fertigungsgemeinkosten; **weekly w.** Wochenlohn m

wage accounting Lohnbuchhaltung f; **w. adjustment** Lohn-, Tarifangleichung f; **w. advance** (Lohn)Vorschuß m, Lohnabschlag m; **(collective) w. agreement** (Lohn)Tarifvertrag m, Tarif-, Lohnabschluß m; **w. arbitration** Lohnschiedsgerichtsbarkeit f; **w. award** Tarifschiedsspruch m; **w. bargaining** Lohnverhandlung(en) f/pl; **collective w. bargaining** Tarifautonomie f, freie Lohnverhandlung(en); **w.(s) bill** Lohnkosten pl, L.summe f, Löhne und Gehälter; **w. bracket** Lohnklasse f, L.gruppe f; **w. ceiling** Höchst-, Spitzenlohn m; **w. claim** Gehalts-, Lohn(tarif)forderung f; **w.(s) clerk** Lohnbuchhalter m; **w. concession** Lohnzugeständnis nt; **w. conflict** Lohnstreit m, Tarifauseinandersetzung f; **w. continuation** Lohnfortzahlung f; **w. contract** Tarifvertrag m; **w. control(s)** Lohnreglementierung f

wage cost(s) Lohnkosten pl; **ancillary/ incidental w. c.s** Lohn-, Personalnebenkosten; **w. c. inflation** Lohn(kosten)inflation f

wage cut Lohnsenkung f, L.kürzung f;

w. deduction Lohnabzugsverfahren nt; **w. demand** Lohnforderung f; **w. differential** Lohngefälle nt; **w. dispute** Tarifstreit m, T.auseinandersetzung f, T.konflikt m; **w. drift** Lohnauftrieb m

wage earner Lohnempfänger m, L.arbeiter m; **w. and salary e.s** Lohn- und Gehaltsempfänger, Arbeiter und Angestellte; **standard w. e.** Tarifangestellter m

wage freeze Lohnstopp m; **w.(s) and price(s) f.** Lohn- und Preisstopp m

wage group Tarif-, Lohngruppe f; **w. incentive** Lohnanreiz m; **w. increase** Tarif-, Lohnanhebung f, L.erhöhung f; **w. index** Lohn(kosten)index m; **w.-induced** adj lohnkostenbedingt; **w. inflation** Lohninflation f; **w. level** Lohnhöhe f; **w. negotiations** Lohn(- und Tarif)verhandlungen; **w. payment** Lohnzahlung f; **w.(s) policy** Lohn-, Tarifpolitik f; **w. rate** Lohntarif m; **w. ratio** Lohnquote f; **w.-related** adj lohnabhängig; **w. restraint** Lohndisziplin f; **w. rise** Lohnerhöhung f; **w. round** Lohn-, Tarifrunde f; **w. scale** Lohntarif m, L.skala f; **w. settlement** (Lohn-/Tarif)Abschluß m; **w. slip** Lohnbescheinigung f, L.streifen m; **w. talks** Lohn-, Tarifverhandlungen; **w. tax** Lohnsteuer f; **w. work** Lohnarbeit f; **w. worker** Lohnempfänger m, gewerblicher Arbeitnehmer

wag(g)on n ℗ Güterwagen m, Waggon m; **free on w. (f.o.w.)** [GB] frei (auf) Wagen/Waggon, waggonfrei; **w.load** n Fuhre f, Waggonladung f; **by the w.load** waggonweise

waiting n Warten nt; **w. allowance** Karenzentschädigung f; **w. list** Warte-, Vormerkliste f; **w. period** Sperr-, Wartezeit f

waive v/t § verzichten auf, (Forderung) niederschlagen, erlassen

waiver n § (Forderungs-/Rechts)Verzicht m, V.erklärung f; **w. of a claim** Anspruchsverzicht m; ~ **fees** Gebühren-, Kostenerlaß m; ~ **import duties** ⊖ Befreiung von Eingangsabgaben;

~ **liability** Haftungsverzicht *m*; ~ **notice** Verzicht auf die Einhaltung vorgeschriebener Fristen; ~ **premium** Beitrags-, Prämienbefreiung *f*; ~ **recourse** Regreßverzicht *m*

walk *n* *(fig)* Arbeitsgebiet *nt*, A.bereich *m*; **from all w.s of life** aus allen Kreisen/Schichten der Bevölkerung; **random w.** Zufallspfad *m*, zufallsbedingte Kursentwicklung; *v/i* gehen; **w. out** *v/i* Arbeit niederlegen/einstellen; **w.out** *n* Ausstand *m*, Arbeitsniederlegung *f*, Streik *m*

Wall Street *[US]* New Yorker Börse/ Finanzmarkt

want *n* Bedarf *m*, Bedürfnis *nt*, Not *f*

want of capital Kapitalmangel *m*; ~ **(proper) care** Fahrlässigkeit *f*; ~ **consideration** fehlende Gegenleistung; ~ **legal form** Formmangel *m*; **w.s of life** Lebensansprüche; **for w. of payment** mangels Zahlung; **in w. of repair** reparaturbedürftig

basic wants Grundbedürfnisse; **public/ social w.s** öffentliche Bedürfnisse, Kollektivbedürfnisse

want ad Stellengesuch *nt*, S.anzeige *f*; Kaufanzeige *f*

wanted *n* Geld(kurs) *nt/m*; **w. (by)** *adj* sucht, gesucht; **w. ad** Suchanzeige *f*

want|s list Fehlliste *f*; **w. satisfaction** Bedürfnisbefriedigung *f*

war *n* Krieg *m*; **w. bond** Kriegsanleihe *f*; **w. boom** Kriegskonjunktur *f*

ward *n* (Wahl)Bezirk *m*, Stadtviertel *nt*; [§] Mündel(verhältnis) *m*/*nt*, Vormundschaft *f*; *(Krankenhaus)* Station *f*, Abteilung *f*; **w. of court** [§] Amtsmündel *m*

war debt(s) Kriegsschuld(en) *f/pl*

ware *n* Ware *f*, (Handels)Artikel *m/pl*; **w.s** Waren, Erzeugnisse

warehouse *n* (Großhandels-/Waren)Lager *nt*, L.halle *f*, Magazin *nt*; **ex w.** ab Lager; **free w.** frei Lager; **(from) w. to w.** von Lager zu Lager; **to manufacture for w.** auf Lager produzieren

bonded warehouse ⊖ (privates) Zoll(verschluß)lager *nt*, Transitlager *nt*; **high-rise w.** Hochregallager *nt*; **own w.** Eigenlager *nt*; **private w.** (firmen)eigenes Lager; **public w.** öffentli-

ches Lagerhaus; **refrigerated w.** Kühlhaus *nt*

warehouse *v/t* (ein)lagern, auf Lager bringen/nehmen

warehouse bill *[US]* Einlagerungswechsel *m*; **w. bond** Lagerschein *m*; ⊖ Zollverschlußbescheinigung *f*; **w. charges** Lagergeld *nt*, L.gebühren; **w. company** Lagerhausgesellschaft *f*; **w. cost(s)** Kosten der Lagerhaltung; **w. goods** Waren auf Lager; **w. insurance** Lagerversicherung *f*; **w. keeper; w.man** *n* Lagerverwalter *m*, L.halter *m*; **w. manager** Magazin-, Lagerverwalter *m*; **w. receipt** Lagerempfangsbescheinigung *f*, L.empfangsschein *m*; ~ **made out to bearer** Inhaberlagerschein *m*; ~ **made out to order** Orderlagerschein *m*; **w. rent** Lagergeld *nt*, Speichermiete *f*; **w. stocks** Lagerbestände; **w. warrant** (Order)Lager-, Lagerpfandschein *m*

warehousing *n* Lagerung *f*, Lagerwesen *nt*, L.haltung *f*

war loan Kriegsanleihe *f*

warn *v/t* androhen, (ver)warnen, abmahnen

warning *n* (Ab)Mahnung *f*, (Ver)Warnung *f*, Androhung *f*, Bescheid *m*; **to give so. fair w.** jdn rechtzeitig verständigen; jdm rechtzeitig kündigen; **w. strike** Warnstreik *m*

war pension Kriegs(opfer)rente *f*; **w. plant** Kriegsbetrieb *m*

warrant *n* Berechtigung *f*, Vollmacht *f*; [§] richterlicher Befehl; *(Aktie)* (Dividenden)Gutschein *m*; Optionsschein *m*; **w. of arrest** Beschlagnahmeverfügung *f*, Zwangsvollstreckungsbefehl *m*; Haftbefehl *m*; ~ **attachment** Beschlagnahmeverfügung *f*; ~ **execution** [§] Vollstreckungsbefehl *m*; **covered w.** gedeckter Optionsschein; **judicial w.** richterliche Anordnung, richterlicher Befehl; *v/t* befugen, bevollmächtigen; garantieren, gewährleisten

warrant|ed *adj* garantiert, mit/unter Garantie; ~ **for one year** 1 Jahr Garantie; **not w.ed** ohne Gewähr; **w.ee** *n* Sicherheitsempfänger *m*, Garantieinhaber *m*; **w.er; w.or** *n* Garant *m*, Si-

cherheitsgeber *m*, Bürge *m*
warranty *n* Gewährleistung(spflicht) *f*, (Mängel)Garantie *f*, (Wechsel)Bürgschaft *f*; Vollmacht *f*
warranty of authority Ermächtigung *f*; ~ **fitness** Gewähr für zugesicherte Eigenschaften; ~ **merchantability** Gewährleistung der Durchschnittsqualität, Zusicherung handelsüblicher Qualität; ~ **a quality** Zusicherung einer Eigenschaft; ~ **title** Rechtsgarantie *f*, R.mängelhaftung *f*
contractual warranty vertragliche Garantie; **express w.** ausdrückliche Garantie/Zusicherung, Gewährleistung für zugesicherte Eigenschaften; **implied w.** *[US]*gesetzliche/stillschweigende Gewährleistung; **joint w.** Solidarbürgschaft *f*; **maximum w.** Höchsthaftung *f*; **statutory w.** gesetzliche Gewährleistung
warranty certificate Garantieschein *m*; **w. claim** Garantie-, Mängelanspruch *m*; **w. clause** Garantie-, Gewährleistungsklausel *f*; **w. deed** Bürgschaftsurkunde *f*; **w. period** Gewährleistungs-, Garantiefrist *f*
war risk Kriegsgefahr *f*; **w. r.(s) insurance** Kriegs(risiko)versicherung *f*
wastage *n* (Material)Verlust *m*, (M.)Schwund *m*, Verschwendung *f*, Ausschuß *m*; **natural w.** natürliche (Personal)Fluktuation *f*, natürlicher (Belegschafts)Abgang; **w. rate** Personalabgangsrate *f*; Ausschuß-, Verlustquote *f*
waste *n* (Material)Abfall *m*, Ausschuß *m*, Schwund(verlust) *m*; Müll *m*; Verschwendung *f*
to deposit waste Abfälle (ab)lagern/deponieren; **to dispose of w.** Abfall beseitigen/entsorgen; **to lie w.** brachliegen; **to treat w.** Abfälle behandeln
commercial waste Gewerbemüll *m*; **domestic/residential w.** Haushaltsmüll *m*; **hazardous w.** Gefahrmüll *m*; **industrial w.** Gewerbeabfall *m*, Industriemüll *m*; **organic w.** organische Abfallstoffe; **solid w.** Festmüll *m*; **toxic w.** Giftmüll *m*
waste *v/ti* vergeuden, verschwenden
waste avoidance Abfallvermeidung *f*;

w. collection Müllabfuhr *f*; **w. discharge** Abwassereinleitung *f*; **w. disposal** Abfall-, Müllbeseitigung *f*; ~ **site** Entsorgungsfläche *f*, E.park *m*, (Müll)Deponie *f*; **w. gas** Abgas *nt*; **w. heat** Abwärme *f*; **w. incineration** Müllverbrennung *f*; **w.land** *n* Brache *f*, Ödland *nt*; **industrial w.land** Industriebrache *f*, industrielle Altlast; **w. management** Abfallwirtschaft *f*, (Müll)Entsorgung *f*; **w. material** Abfallmaterial *nt*; **w. paper** Altpapier *nt*; **w. processing** Müllaufbereitung *f*; **w. product** Abfallprodukt *nt*; **w. reclamation/recycling/treatment** Müllverwertung *f*, M.aufbereitung *f*; **w. water** Abwasser *nt*; **industrial w. water** Industrieabwasser *nt*
watchdog *n* *(fig)* Aufsichtsbehörde *f*
water *n* Wasser *nt*; **w.s** Gewässer *nt/pl*
deep water port Tiefwasserhafen *m*; **general-purpose/industrial w.** Brauchwasser *nt*; **inland/internal w.s** Binnengewässer *nt/pl*; **inland w. navigation** Binnenschiffahrt *f*; **inshore w.s** Küstengewässer *nt/pl*; **navigable w.s** schiffbare Gewässer
water *v/t* wässern; **w. down** verwässern, abschwächen
water authority/board Wasserbehörde *f*, W.(wirtschafts)amt *nt*; **w. conservation** Gewässerschutz *m*; **w. consumption** Wasserverbrauch *m*; **w. damage** Wasserschaden *m*; ~ **insurance** Wasserschaden-, Leitungswasserversicherung *f*; **w. engineering/management** Wasserwirtschaft *f*
watering *n* Verwässerung *f*; **w. of prices** Kursverwässerung *f*; ~ **stock** Kapitalverwässerung *f*
water line ✽ Lademarke *f*, L.linie *f*; **w. main(s)** (Haupt)Wasserleitung *f*; **w. pollution** Gewässerverunreinigung *f*, Wasserverschmutzung *f*; **w.proof** *adj* wasserdicht; **w. resources** Wasservorrat *m*; **w. supply** Wasserversorgung *f*; **w.tight** *adj* *(fig)* hieb- und stichfest, einwandfrei; **w. transport(ation)** Wassertransport *m*; Transport zu Wasser; **inland w. transportation** Binnenschiffahrt *f*; **w. treatment** Wasseraufbereitung *f*

waterway n   Schiffahrtsstraße f,
S.weg m; **inland w.** Binnenwasserstra-
ße f; ~ **bill of lading** Binnen-
schiffahrts-, Flußkonnossement nt;
~ **carrier** Binnenschiffahrtsunterneh-
men nt; ~ **transport(ation)** Binnenschiffahrt f

wave n   Welle f,   Woge f;   (fig)
Schub m; **w. of bankruptcies** Insol-
venz-, Konkurswelle f; ~ **expenditure**
Ausgabenflut f; ~ **rising prices; ~
price increases** Preis-, Teuerungswel-
le f; ~ **strikes** Streikwelle f

way n   Art f, (Art und) Weise f, Weg m;
in the w. of business geschäftlich, auf
dem üblichen Geschäftsgang; **w. of
production**   Produktionsmethode f,
P.verfahren nt; ~ **selling** Verkaufsme-
thode f; **to be under w.** (Verhandlung)
gegenwärtig laufen, im Gange sein;
w.bill n   [US]   (Durchgangs)Fracht-
brief m, F.konnossement nt, Warenbegleitschein m

weak adj   (nachfrage)schwach; (Börse)
flau, lustlos; **financially w.** finanz-
schwach; **structurally w.** struktur-
schwach

weaken v/ti   sich abschwächen; (Kurs)
nachgeben, zurückgehen; **w.ing** n Abschwächung f, Verflachung f; ~ **in
demand** Nachfrageabschwächung f

weakness n   (Kurs) Schwäche f; **w. in
demand**   Nachfrageschwäche f; ~
earning power Ertragsschwäche f

wealth n   Reichtum m, Wohlstand m;
industrial w. Industrievermögen nt;
material w. Sachvermögen nt; **monetary w.** Geldvermögen nt; **personal w.**
Privatvermögen nt; **w. tax** Kapital-,
Vermögensabgabe f; **w.y** adj   reich,
vermögend, wohlhabend

wear n   Abnutzung f,   Verschleiß m;
(Be)Kleidung f; **w. and tear** (natürliche) Abnutzung f, (technischer) Verschleiß m; Abschreibung für Abnutzung (AfA)/Wertminderung

weather n   Wetter nt, Witterung f; **bad
w. allowance** Schlechtwettergeld nt; **w.
insurance**   (Schlecht)Wetterversiche-
rung f

weaving n   Weberei f; **w. mill** (Tuch)We-
berei f

week n   Woche f; **w. under review** Be-
richtswoche f; **to give four w.s' notice**
mit einer Frist von vier Wochen kündigen; **five-day w.** Fünftagewoche f;
w.day n   Werk-, Wochentag m **w.ly** n
Wochenzeitung f; adj wöchentlich

weigh v/t   (aus)wiegen, gewichten;
w.bridge n   (Brücken)Waage f; **w.-
house** n   öffentliche Waage; **w.ing** n
Wiegen nt; (fig) Abwägung f

weight (wt.) n   Gewicht nt, G.seinheit f;
w. in wet condition Naßgewicht nt; **w.
of contents** (Konserven) Einwaage f;
w. on the hoof (Vieh) Lebendge-
wicht nt; **w. or measurement (W/M)**
Frachtberechnung nach Gewicht oder
Maß; **to exceed the w. (limit)** Gewicht
überschreiten; **to sell by w.** nach Gewicht verkaufen

additional weight Gewichtszuschlag m;
appraised w. Taxgewicht nt; **billed w.**
Rechnungsgewicht nt; **chargeable w.**
frachtpflichtiges Gewicht; **commercial
w. (c/w)** Handelsgewicht nt; **dead w.**
Gewichts-, Reinfracht f, Totlast f; **delivered w.** Ablade-, Auslieferungsge-
wicht nt; **dry w.** Trockengewicht nt;
dutiable w. ⊖ Zollgewicht nt, zoll-
pflichtiges Gewicht; **empty w.** Leer-,
Eigengewicht nt; **excess w.** Mehr-,
Übergewicht nt; **gross/laden w.** Brut-
to-, Gesamtgewicht nt; **landed w.** An-
landegewicht nt;   **maximum   w.**
Höchstgewicht nt; **permissible ~ w.**
höchstzulässiges   Gesamtgewicht;
minimum w. Mindestgewicht nt; **net w.
(nt. wt.)** Netto-, Reingewicht nt; **short
w.**Minder-, Untergewicht nt; **standard
w.** Soll-, Einheitsgewicht nt; **surplus w.**
Mehr-, Übergewicht nt; **tare/unladen
w.** Eigen-, Leergewicht nt; **total w.**
Gesamtgewicht nt

weight v/t gewichten, bewerten

weight allowance Freigewicht nt; **w. at-
testation/certificate** Gewichts-, Wiege-
bescheinigung f; **w. delivered** Ein-
gangsgewicht nt

weighted adj gewogen, gewichtet

weight guaranteed (w.g.) garantiertes
Gewicht

weighting n   Gewichtung f; Zulage f,
Ortszuschlag m

weight limit Gewichtsgrenze *f*; **w. note/ slip** Gewichtsbescheinigung *f*; **w. restriction** Gewichtsbeschränkung *f*

welfare *n* Wohlfahrt *f*, (soziale) Fürsorge *f*

industrial welfare betriebliche Sozialfürsorge; **national/public w.** öffentliche Wohlfahrt; ~ **w. service** gemeinnützige Einrichtung; **social w.** Sozialhilfe *f*, S.fürsorge *f*; ~ **benefits** Sozialhilfe(leistungen) *f/pl*; ~ **expenditure** sozialer Aufwand

welfare agency *[US]* Sozial(versicherungs)amt *nt*; **w. aid** *[US]* Sozialhilfe *f*; **w. benefits** Sozial-, Fürsorgeleistungen; **w. charges** Sozialabgaben; **w. costs** Sozialkosten; **w. cuts** Kürzung der Sozialausgaben; **w. department** Sozialamt *nt*, Fürsorgestelle *f*; **w. economics** Wohlfahrtstheorie *f*; **w. expenditure(s)** Fürsorge-, Sozialaufwand *m*; **statutory w. expenditure(s)** gesetzliche Sozialleistungen; **w. facilities** Fürsorge-, Sozialeinrichtungen; **w. fund** Fürsorge- und Hilfskasse *f*, Unterstützungseinrichtung *f*; **w. institution** Fürsorge-, Sozialeinrichtung *f*, S.werk *nt*; **w. legislation** Sozialgesetze *pl*, S.gesetzgebung *f*; **w. officer** Sozialarbeiter *m*; **w. organisation** Wohlfahrtsverband *m*; **w. payment(s)** Sozialfürsorge *f*, Unterstützungszahlung *f*; **w. recipient** Sozialhilfe-, Fürsorgeempfänger *m*; **w. services** soziale Einrichtungen; **w. spending** Fürsorge-, Sozialausgaben *pl*; **w. state** Wohlfahrts-, Sozialstaat *m*; **w. work** Sozialarbeit *f*; **w. worker** Sozialarbeiter *m*

well|-assorted *adj* reichsortiert, r.haltig; **w.-balanced** *adj* ausgewogen; ausgeglichen; **w.-developed** *adj* gut entwickelt, ausgeprägt; **w.-equipped** *adj* gut ausgestattet/ausgerüstet; **w.-established** *adj* gut fundiert, alt(eingesessen); **w.-placed** *adj* in guter Position; **w.-staffed** *adj* gut mit Personal ausgestattet, (personell) gut besetzt; **w.-stocked** *adj* gutbestückt, mit gutem Sortiment

wharf *n* ✒ Kai(anlagen) *m/pl*, Löschplatz *m*; **ex w.** ab Kai; ~ **duty paid** ⊖ ab Kai verzollt; ~ **duty unpaid** ⊖

ab Kai unverzollt; **free w.** Freiladekai *m*; **w.age** *n* ✒ Kaigeld *nt*, K.gebühr *f*, Landungszoll *m*, Löschgeld *nt*; **w. bill of lading** ✒ Kaikonnossement *nt*; **w. charges** Kaigeld *nt*

wharfinger *n* ✒ Kaimeister *m*; **w.'s certificate** Kaiquittung *f*; ~ **note/receipt** Kaiablieferungsschein *m*, K.annahmeschein *m*

wheat *n* ✿ Weizen *m*; **durum** *(lat.)/* **hard w.** Hartweizen *m*; **w. pit** *[US]* Weizenbörse *f*

wheel *n* Rad *nt*; **w. of retailing** Dynamik der Einzelhandelsbetriebsformen; **w.er-dealer** *n* *(coll)* Geschäftemacher *m*, gerissener Geschäftsmann; **w.ing and dealing** *n* *(coll)* Geschäftemacherei *f*

white-collar *adj* Angestellten-, im Büro angestellt, Büro-

wholesale *n* Großhandel(sverkauf) *m*, Engroshandel *m*; **to buy w.** en gros *[frz.]/* zu Großhandelspreisen (ein-)kaufen; **to sell w.** en gros *[frz.]/* im Großhandel verkaufen; *adj* en gros, pauschal; *adv (fig)* in Bausch und Bogen; im Großhandel

wholesale association Großhandelsverband *m*; **w. bank** Universalbank *f*; **w. banking** Groß(kunden)-, Firmenkundengeschäft *nt*; **w. business** Großhandelsgeschäft *nt*, G.betrieb *m*; **w. buyer** Großhandelseinkäufer *m*, Engroskäufer *m*; **w. buying** Engrosbezug *m*, E.einkauf *m*; **w. cooperative (society)** Einkaufsgenossenschaft *f*; **w. credit** Großhandelskredit *m*; Großkredit *m*; **w. discount** Großhandelsrabatt *m*; **w. firm** Großhandelsfirma *f*; **w. goods** Großhandelserzeugnisse, G.güter; **w. importer** Importgroßhändler *m*; **w. insurance** Gruppenversicherung *f*; **w. lot** Großhandelspartie *f*; **w. margin** Großhandelsspanne *f*; **w. market** Groß(handels)markt *m*; *(Bank)* Markt für Großanleger, Firmenkundenmarkt *m*; **w. merchant** Großhändler *m*, Großhandelskaufmann *m*, Grossist *m*; **w. money market** Finanz-, Kapital-, Interbankgeldmarkt *m*; **w. price** Großhandels(abgabe)-, Engrospreis *m*; *(Börse)* Freiverkehrskurs *m*;

~ **index** Großhandels(preis)index *m*
wholesaler *n* Großhändler *m*, Großhandelskaufmann *m*, Grossist *m*; **w.s**
Zwischenhandel *m*; **to eliminate the
w.(s)** Großhandel umgehen; **full-func-
tion w.** Großhändler mit eigenem Lager; **limited-function w.** Großhändler
mit eingeschränktem Kundendienst;
single-line w. Sortimenter *m*, Sorti-
mentsgroßhändler *m*; **specialized w.**
Fachgroßhändler *m*
cooperative wholesale society *[GB]*
(Groß)Einkaufsgenossenschaft *f*; **w.
stock** Großhandelslager *nt*; **w. trade**
Großhandel(sverkauf) *m*, Sortiments-
handel *m*; **w. trader** Grossist *m*, Großhändler *m*; **w. trading** Groß-, Engroshandel *m*
wholesaling *n* Großhandel *m*
wide *adj* weit(gehend), groß, umfang-
reich; **w.-ranging** *adj* umfassend,
breitgefächert, weitreichend; **w.spread**
adj weitverbreitet; breit gestreut
wife *n* Ehefrau *f*; **working w.** (mit)ar-
beitende/mitverdienende Ehefrau;
w.'s earned income allowance Steuerfreibetrag für mitverdienende Ehefrau
wildcat *adj* riskant, spekulativ; **w. company** Schwindelfirma *f*; **w. security** ri-
sikoreiches Wertpapier; **w. strike** wil-
der Streik
wilful *adj* vorsätzlich
will *n* (letzter) Wille *m*, Testament *nt*;
terminable at w. jederzeit kündbar; **to
draw up/make a w.** Testament aufsetzen; **bad w.** negativer Firmenwert
wind *v/ti* winden, spulen; **w. down** *(Geschäft)* auflösen; *(Aktivität)* reduzieren, verringern; **w. up** *(Geschäft)* auflösen, liquidieren, abwickeln; *(Produktion)* auslaufen lassen
windfall *n* *(fig)* unerwarteter Glücks-
fall/Gewinn; **w. gain/profits** Zufalls-
gewinne *pl*, unerwartete Gewinne
winding-up *n* Liquidation *f*, Geschäfts-,
Gesellschaftsauflösung *f*, Liquidie-
rung *f*, Abwicklung *f*, Schließung *f*;
compulsory w. Zwangsliquidation *f*,
Z.abwicklung *f*
winding-up accounts Abwicklungsbi-
lanz *f*; **w. losses** Insolvenzverluste; **w.
order** (gerichtlicher) Liquidationsbe-

schluß *m*; **w. period** Abwicklungszeit-
raum *m*; **w. petition** Antrag auf Liquidation; **w. proceedings** Liquidations-
verfahren *nt*; **w. proceeds** Liquidati-
onserlös *m*; **w. profit** Liquidationsge-
winn *m*; **w. sale** (Total)Ausverkauf *m*,
Räumungsverkauf *m*
window *n* (Sprech)Fenster *nt*, Schalter *m*; **drive-in/drive-up w.** Autoschal-
ter *m*, A.bank *f*; **w. display** Schaufen-
sterauslage *f*, S.dekoration *f*; **w.--
dress** *v/t* *(coll)* *(Bilanz)* frisieren
(coll); **w.-dressing** *n* (Schaufenster-)
Dekoration *f*; *(coll)* Bilanzfälschung *f*, B.verschönerung *f*; **w. envelope** Fenster(brief)umschlag *m*; **w.--
shop** *v/i* Schaufensterbummel machen
wine *n* Wein *m*; **sparkling w.** Schaum-
wein *m*, Sekt *m*; **w.grower** *n* Win-
zer *m*; **w.grower's cooperative** Winzer-
genossenschaft *f*; **w.growing** *n* Wein-
bau *m*; **w. merchant** Weinhändler *m*
winner *n* (Kurs)Gewinner *m*, Verkaufsschlager *m*
winter *n* Winter *m*; **w. (clearance)
sale(s)** Winterschlußverkauf *m*
wipe *v/t* wischen; **w. off** *(Schuld)* abschreiben; löschen; **w. out** *(Verlust)*
ausgleichen
wire *n* Draht *m*; Telegramm *nt*; **by w.**
telegrafisch; *v/t* telegrafieren
withdraw *v/ti* *(Geld)* abheben; stornieren, kündigen; rückgängig machen
withdrawal *n* (Zu)Rücknahme *f*, Rücktritt *m*, Widerruf *m*; *(Geld)* (Konto)Abhebung *f*; Storno *m/nt*, Kündigung *f*
withdrawal of an action Klage(zu)rück-
nahme *f*; ~ **benefits** Leistungsent-
zug *m*; ~ **cash/funds** Bar-, Geldabhe-
bung *f*; ~ **a notice** Rücknahme einer
Kündigung; ~ **an order** Rücknahme/
Stornierung eines Auftrags; **w. from
reserves** Reserveentnahme *f*
withdrawal facility Abhebungs-, Rück-
zahlungsmöglichkeit *f*; **w. limit**
Höchstgrenze für (Geld)Abhebungen;
w. notice Kündigungsfrist *f*; **w. period**
(Bank) Kündigungsfrist *f*; **w. slip**
Auszahlungsschein *m*
withhold *v/t* zurückhalten, einbehalten
withholding *n* Zurück-, Einbehaltung *f*,

Quellenabzug *m*; **w. of income tax** Lohnsteuerabzug *m*, L.einbehaltung(sverfahren) *f/nt*; **w. at source** Quellen(steuer)abzug *m*; **w. tax** Lohn-, Quellensteuer *f*

witness *n* [§] Zeuge *m*

woman *n* Frau *f*; **working w.** berufstätige Frau

wood *n* Wald *m*; Holz *nt*; **w.-processing** *adj* holzverarbeitend; **w. pulp** Zellstoff *m*

wool *n* Wolle *f*; **w. mill** Tuchfabrik *f*

word *n* Wort *nt*; **in w.s** in Buchstaben; **w.s per minute (wpm)** Wörter/Silben pro Minute

wording *n* Wortlaut *m*, Fassung *f*; **w. of an agreement**; ~ **a contract** Vertragstext *m*

word processing 💻 Textverarbeitung *f*; **w. processor** Textautomat *m*

work *n* Arbeit *f*, Berufstätigkeit *f*, Beschäftigung *f*; Werk *nt*; **at w.** bei der Arbeit, am Arbeitsplatz; **out of w.** arbeits-, erwerbs-, beschäftigungslos

work in arrears Arbeitsrückstände *pl*, unerledigte Arbeit; ~ **the field** Außendienst *m*; **w. on hand** gegenwärtiger Auftragsbestand; **w. in process/progress** *(Bilanz)* unfertige/halbfertige Erzeugnisse, Erzeugnisse in der Fabrikation, Halbfabrikate *pl*, H.zeug *nt*; **w. to rule** Arbeit/Dienst nach Vorschrift

available for work für den Arbeitsmarkt verfügbar; **fit** ~ **w.** arbeits-, erwerbsfähig

to contract/farm out work Arbeiten (im Lohnauftrag) vergeben; **to find w.** Arbeit/Stelle finden; ~ **for so.** jdn vermitteln; **to put out of w.** arbeitslos machen; ~ **w. out to tender** Arbeiten ausschreiben; **to report for w.** sich zur Arbeit melden; **to return to w.** Arbeit wiederaufnehmen; **to start w.** Arbeit aufnehmen; **to turn up for w.** zur Arbeit erscheinen

back-office work Verwaltungstätigkeit *f*; **bad w.** Ausschuß *m*, fehlerhafte Arbeit; **casual w.** Gelegenheitsarbeit *f*; **clerical w.** Schreib-, Büroarbeit *f*; **dead w.** vorbereitende/unproduktive Arbeit; **direct w.** produktive

Arbeit; **executive w.** leitende Tätigkeit; **freelance w.** freiberufliche Tätigkeit; **full-time w.** Vollzeitarbeit *f*; **hazardous w.** gefährliche Tätigkeit; **light w.** leichte Arbeit; **make-ready w.** vorbereitende Arbeiten; **manual w.** Handarbeit *f*, körperliche Arbeit; **menial w.** einfache Arbeit; **non-manual w.** Büro-, Verwaltungstätigkeit *f*; **overtime w.** Überstundenarbeit *f*; **own w.** innerbetriebliche Leistung(en), Eigenleistung(en) *f/pl*; ~ **capitalized** aktivierte Eigenleistung; **paid w.** bezahlte Arbeit; **part-time w.** Halbtags-, Teilzeitarbeit *f*, T.beschäftigung *f*; **public w.s** öffentliche Arbeiten/Bauten; **seasonal w.** Saisonarbeit *f*; **scheduled w.** Terminarbeit *f*; **secretarial w.** Büro-, Sekretariatstätigkeit *f*; **short-time w.** Kurzarbeit *f*; **social w.** Sozialarbeit *f*; **spare-time w.** Nebentätigkeit *f*; **temporary w.** Aushilfstätigkeit *f*, Zeit-, Leiharbeit *f*; **white-collar w.** Büroarbeit *f*

work *v/ti* arbeiten, sich betätigen; funktionieren; 🖙 bestellen; **w. off** erledigen, aufarbeiten; *(Aufträge)* abbauen, abwickeln; **w. out** aus-, erarbeiten; aus-, berechnen; *(Rechnung)* aufgehen; **w. full-time** ganztägig arbeiten, vollbeschäftigt sein; **w. half-time** halbtags arbeiten; **w. part-time** Nebentätigkeit ausüben, teilzeitbeschäftigt sein

workable *adj* funktionstüchtig, praktizierbar; ⚒ abbauwürdig

work area Arbeitsbereich *m*; **w. assignment** Arbeitszuweisung *f*, A.anweisung *f*, A.auftrag *m*; **w. centre** Arbeitsbereich *m*, Kostenstelle *f*; **w. clothing** Arbeitskleidung *f*; **w. cycle** Arbeitstakt *m*; **w.day** *n* Arbeits-, Werktag *m*, Arbeitszeit pro Tag; **w. efficiency** Arbeitsproduktivität *f*; **w. element** Arbeitselement *nt*, Teilarbeits(vor)gang *m*; **w. environment** Arbeitsumfeld *nt*, A.bedingungen *pl*

worker *n* Arbeiter *m*, Werktätiger *m*, Arbeitskraft *f*; Mitarbeiter *m*; **w.s** Arbeitnehmerschaft *f*, Belegschaft *f*, Personal *nt*; **to make** ~ **redundant** Arbeiter/Arbeitskräfte/Personal entlas-

sen, ~ freisetzen; **to place w.**s Arbeitskräfte vermitteln
ancillary worker Hilfsarbeiter *m*; **blue--
collar w.** Arbeiter *m*, gewerblicher Arbeitnehmer, gewerbliche Arbeitskraft;
casual w. Gelegenheitsarbeiter *m*;
clerical w. Büroangestellter *m*, kaufmännischer Angestellter; **expatriate/
foreign w.** Fremd-, Gastarbeiter *m*;
full-time w. volle Arbeitskraft, Voll-
zeit(arbeits)kraft *f*; **industrial w.** gewerblicher Arbeitnehmer, Industriearbeiter *m*; **manual w.** (ungelernter) Arbeiter *m*; **part-time w.** Teilzeitkraft *f*;
public-sector w. Beschäftigter im öffentlichen Dienst; **salaried w.** Angestellter *m*, Gehaltsempfänger *m*; **seasonal w.** Saisonarbeiter *m*; **semi--
skilled w.** angelernter Arbeiter; **short--
time w.** Kurzarbeiter *m*; **skilled w.**
Facharbeiter *m*, gelernter Arbeiter;
social w. Sozialarbeiter *m*; **temporary
w.** Aushilfskraft *f*, A.arbeiter *m*, Aushilfe *f*, Zeitarbeiter *m*; **unskilled w.**
Hilfsarbeiter *m*, ungelernter Arbeiter;
white-collar w. (Büro)Angestellter *m*,
kaufmännischer Angestellter
work experience Arbeits-, Berufserfahrung *f*, B.praxis *f*; ~ **scheme** (Betriebs)Praktikum *nt*; **w. flow** Arbeits-
fluß *m*, A.ablauf *m*; **w.force** *n* Belegschaft *f*, Personal *nt*, Arbeitskräfte *pl*;
regular w.force Dauer-, Stammbelegschaft *f*
working *n* Arbeitsweise *f*; Funktionieren *nt*; ⚙ Bearbeitung *f*; ⚒ Ausbeutung *f*; **w. to capacity** voll ausgelastet
working area Arbeits-, Griffbereich *m*;
w. assets Betriebs-, Umlaufvermögen *nt*; **w. capital** Betriebs-, Ge-
schäfts-, Umlaufkapital *nt*; Nettoum-
laufvermögen *nt*; ~ **loan** Be-
triebs(mittel)kredit *m*; **w. class** Arbeiterklasse *f*, Arbeitnehmerschaft *f*; **w.
day** Werk-, Arbeitstag *m*; **w.-day** *adj*
arbeitstäglich
working hour Arbeitsstunde *f*; **w. h.**s
Arbeits-, Dienstzeit *f*; **to cut/reduce w.
h.**s Arbeitszeit (ver)kürzen; **agreed w.
h.**s tarifvertraglich vereinbarte/tarifli-
che Arbeitszeit; **annual w. h.**s Jahres-
arbeitszeit *f*; **flexible w. h.**s flexible/

gleitende Arbeitszeit, Gleitzeit *f*; **regular w. h.**s normale Arbeitszeit, Sollar-
beitszeit *f*
working knowledge *(Sprachen)* Grund-
kenntnisse *pl*; **w. life** Arbeits-, Berufs-
leben *nt*; Lebensarbeitszeit *f*; ⚙ Nutzungsdauer *f*; **w. loss** Betriebsverlust *m*; **w.-off** *n* *(Rückstand)* Abbau *m*; **w. order** Betriebs-, Funktions-
fähigkeit *f*; **in w. order** betriebsfähig,
funktionstüchtig; **w. partner** aktiver
Teilhaber; **w. party** Fach-, Arbeitsgruppe *f*, A.gemeinschaft *f*; **w. population** arbeitende/erwerbstätige Bevölkerung; **w. practice(s)** Arbeitsweise *f*;
w. profit Betriebsgewinn *m*; **w. schedule** Arbeitsplan *m*; **w. stock** Betriebs-
mittelvorrat *m*
working time Arbeitszeit *f*; **standard w.
t.** Regelarbeitszeit *f*; **real w. t.** effektiv
gearbeitete Zeit
working week Arbeitswoche *f*, Wo-
chenarbeitszeit *f*
work injury Arbeits-, Betriebsunfall *m*;
w. label Laufzettel *m*; **w. layout** Ar-
beitsdisposition *f*; **w.load** *n* Arbeitsbe-
lastung *f*, Aufgabengebiet *nt*; Be-,
Auslastung *f*; **w.man** *n* Arbeiter *m*,
Handwerker *m*
workmanship *n* Ausführung *f*, Verar-
beitung(squalität) *f*; **defective/faulty
w.** fehlerhafte/mangelhafte Ausführung; **excellent w.** hervorragende Verarbeitung, Wertarbeit *f*; **poor w.**
schlechte Qualität
work measurement *(REFA)* Arbeitszeitermittlung *f*; **w. pacing** Arbeits-
tempo *nt*; **w. permit** Arbeitserlaub-
nis *f*; **w.place** *n* Arbeitsplatz *m*; **w.
planning** Arbeitsplanung *f*; Ablauforganisation *f*; **w. procurement** Arbeitsbeschaffung *f*
works *n* Betrieb *m*, Fabrik *f*, Werk *nt*;
ex w. *(Preis)* ab Werk; ~ **price** Fa-
brikabgabepreis *m*, Preis ab Werk;
main w. Hauptwerk *nt*; **public w.** öffentliche Arbeiten/Bautätigkeit
work sampling Multimomentaufnah-
me *f*, Kennenlernen der Arbeitswelt;
w. schedule Arbeitsorganisation *f*
works clerk Betriebs-, Werkstattlei-
ter *m*; **w. convenor** *[GB]* Vorsitzender

der Betriebsobleute; **w. council** Betriebsrat *m*, Belegschaftsvertretung *f*
work sharing Arbeits(ver)teilung *f*; **w. sheet** Arbeitszettel *m*; **w.s holidays** Werks-, Betriebsferien; **w.shop** *n* Betrieb *m*, Werkstatt *f*; Seminar *nt*; **w. shortage** Arbeitsmangel *m*; **w.s pension** Betriebs-, Firmenrente *f*; ∼ **superintendent** Betriebsleiter *m*, Werkmeister *m*; **w.station** *n* (Computer)Arbeitsplatz *m*; **w. stoppage** Arbeitsniederlegung *f*; **w.s traffic** Baustellen-, Werksverkehr *m*; **w. ticket** Arbeitskarte *f*

world *n* Welt *f*; **w. of commerce; commercial w.** Geschäfts-, Handelswelt *f*; **w. of high finance** Hochfinanz *f*; **financial w.** Finanzwesen *nt*, F.kreise *pl*; **professional w.** Berufswelt *f*; **third w.** dritte Welt

world consolidated accounts Weltkonzern-, Konzernweltbilanz *f*; **W. Bank** Weltbank *f*; **w. economy** Weltwirtschaft *f*; **w. exhibition/fair** Weltausstellung *f*; **w. market** Weltmarkt *m*; ∼ **price/rate** Weltmarktpreis *m*; **w. sales** Weltumsatz *m*; **w. standing** Weltgeltung *f*; **w. trade** Welthandel *m*; **w.wide** *adj* global, weltweit, weltumspannend

worsen *v/ti* (sich) verschlechtern

worsted *n* Kammgarn *nt*

worth *n* Wert *m*, Preis *m*, Betrag *m*; **net w.** Rein-, Eigenvermögen *nt*, E.kapitalbasis *f*, innerer Wert, Nettovermögen *nt*, N.wert *m*; **corporate** ∼ **w.** Eigenkapital *nt*

would-be *adj* angehend, zukünftig

wrap *v/t* einschlagen, verpacken, umhüllen; **w.page** *n* Umschlag *m*, Verpackung *f*; **w.per** *n* Schutzumschlag *m*, (Schutz)Hülle *f*

wrapping *n* (Waren)Verpackung *f*, (W.)Umschließung *f*, Packmaterial *nt*; **protective w.** Schutz(ver)packung *f*; **w. paper** (Ein)Packpapier *nt*

writ *n* gerichtliche Anordnung/Verfügung *f*; **w. of attachment** Pfändungsbeschluß *m*; ∼ **execution** Vollstreckungsanordnung *f*; ∼ **possession** Besitzeinweisung *f*; ∼ **summons** (Vor)Ladung *f*; **to issue a w.** einstwei-

lige Verfügung erlassen; **to serve a w.** Vorladung/Verfügung zustellen; **to take out a w.** einstweilige Verfügung beantragen

write *v/t* schreiben; **w. down** abschreiben, wertberichtigen; **w. off** (vollständig) abschreiben, aus-, abbuchen; **w. out** *(Scheck)* ausschreiben, ausstellen; **w. up** hochschreiben, wertberichtigen, *(Bilanz)* höher an-/einsetzen/bewerten; **w.-back** *n* Storno-, Rückbuchung *f*

write-down *n* (Teil)Abschreibung *f*, Teilwertberichtigung *f*; **w. of investments** Abschreibung auf Finanzanlagen; ∼ **uncollectible receivables** Forderungsabschreibung *f*; ∼ **trade investments** Abschreibungen auf Beteiligungen; **w. to going-concern value** Teilwertabschlag *m*; **w. value** Buchwert *m*

write-off *n* Sofort-/(Voll)Abschreibung *f*, Absetzung *f*, Ausbuchung *f*; Totalschaden *m*; **accelerated/faster w.** verkürzte Sonderabschreibung, vorzeitige Abschreibung(smöglichkeit); **tax-allowable w.** steuerlich zulässige Abschreibung

write-up *n* *(Bilanz)* Höherbewertung *f*, Zuschreibung *f*

writing *n* Schreiben *nt*, Schriftstück *nt*; Schrift *f*; *(Scheck)* Ausstellung *f*; **in w.** schriftlich, in Schriftform; **to confirm in w.** schriftlich bestätigen; **to stipulate in w.** schriftlich vereinbaren; **w. back** Auflösung von Rückstellungen

X

x-axis *n* *π* x-Achse *f*, Abszisse *f*

xerox *n* Fotokopie *f*; *v/t* vervielfältigen; **x.ing** *n* Vervielfältigen *nt*

Y

yard *n*   Yard *m*; **ℵⅎ** Werft *f*; **y. goods**
Meter-, Schnittware *f*; **y.stick** *n* Zoll-
stock *m*; *(fig)* (Vergleichs)Maß-
stab *m*, Richtgröße *f*
y-axis *n*   y-Achse *f*, Ordinate *f*
year *n*   Jahr *nt*
year of assessment   Steuerjahr *nt*; ~
construction Baujahr *nt*; ~ **cover(age)**
Versicherungsjahr *nt*; ~ **issue** Ausga-
bejahr *nt*; ~ **manufacture** Bau-, Mo-
delljahr *nt*; **y. under review** Berichts-,
Referenzjahr *nt*; **y.s of service** Dienst-
alter *nt*, D.jahre
budgetary year   Etat-, Haushaltsjahr *nt*;
current y. laufendes (Haushalts)Jahr;
financial/fiscal y. Etat-, Haushalts-,
Finanz-, Geschäfts-, Rechnungs-,
Wirtschaftsjahr *nt*; **current ~ y.** laufendes Haushalts-/Rechnungsjahr
last year   (im) Vorjahr *nt*; **compared
with ~ y.** im Vorjahresvergleich; ~
y.'s figure(s) Vorjahreswerte *pl*, Vergleichszahlen des Vorjahres
preceding/previous/prior year   Vorjahr *nt*; Vorjahres-
year's earnings   Jahresertrag *m*, J.über-
schuß *m*
year-end *n*   Jahresende *nt*, J.schluß *m*;
~ **bonus** Abschlußgratifikation *f*; ~
dividend Abschlußdividende *f*; ~
inventory Schluß-, Jahresinventur *f*;
~ **result** Jahresergebnis *nt*; ~ **statement** *(Konto)* Jahresabrechnung *f*,
Rechnungsabschluß *m*; ~ **financial
statement** *(Bilanz)* Jahresabschluß *m*;
~ **stocks** Jahresendbestand *m*
year's high   Jahreshöchststand *m*; ~
low Jahrestiefststand *m*; ~ **profit** Jahresgewinn *m*, J.überschuß *m*
yield *n*   Ertrag *m*, Ergebnis *nt*, Gewinn *m*; (Dividenden-/Kapital)Rendi-
te *f*, Kapital-, Zinsertrag *m*, Effektivverzinsung *f*; Steueraufkommen *nt*;
ℴℇ Ernte(ertrag) *f*/*m*
yield per annum   *(lat.)* Jahresaufkom-
men *nt*; **y. in the capital market** Kapi-
talmarktrendite *f*; **y. on price** Kurs-

rendite *f*; ~ **savings** Spareinlagenver-
zinsung *f*; ~ **shares** *[GB]*/**stocks** *[US]*
Aktienrendite *f*; **y. before tax(ation)**
Gewinn vor Steuern, Vorsteuergewinn *m*; **y. per unit of area ℴℇ** Flä-
chenertrag *m*
after-tax yield   Gewinn nach Steuern,
Nachsteuergewinn *m*; **average y.**
Durchschnittsverzinsung *f*,   D.er-
trag *m*, D.rendite *f*; **current y.** laufende Erträge/Rendite, Umlaufrendite *f*;
effective (annual) y. Effektivverzinsung *f*; **financial y.** Finanzertrag *m*;
gross y. Bruttoertragsziffer *f*, B.rendi-
te *f*; **maximum y.** Höchstertrag *m*,
H.rendite *f*; **minimum y.** Mindestge-
winn *m*, M.rendite *f*; **net y.** effektive
Verzinsung/Rendite, Effektivverzinsung *f*, Nettoertrag *m*, Umlaufrendite *f*; **pre-tax y.** Gewinn vor Steuern,
Vorsteuergewinn *m*; **variable y.** variable Verzinsung
yield *v*/*ti*   *(Ertrag/Gewinn)* abwerfen,
(er)bringen, sich verzinsen
yield differential   Ertrags-, Renditedif-
ferenz *f*; **y. gap** Ertragslücke *f*, Rendi-
tegefälle *nt*; **y. structure** Renditen-
struktur *f*
youth *n*   Jugend *f*; Jugendlicher *m*; **y.
employment** Beschäftigung von Ju-
gendlichen; **Y. Training Scheme
(YTS)** *[GB]* Ausbildungsförderungs-
programm für Jugendliche; **y. unemployment** Jugendarbeitslosigkeit *f*

Z

zero *n*   Null *f*; Nullpunkt *m*; **z. balance**
Nullsaldo *m*, ausgeglichene Bilanz; **z.
bond** Null-Kupon-Anleihe *f*, unverzinsliche Schuldverschreibung; **z.
growth** Nullwachstum *nt*; **z. item** *(Bilanz)* Nullposten *m*; **z. rate ⊖** Null-
satz *m*, Steuer-/Zollsatz Null; **z.--
rate** *v*/*t* nicht besteuern; **z.-rated** *adj*
abgabenfrei, mehrwertsteuerfrei, unbesteuert; **z.-rating** *n* Mehrwertsteuer-
befreiung *f*

zip code *[US]* ⊠ Postleitzahl (PLZ) *f*
zone *n* Zone *f*, Abschnitt *m*; **economic z.** Wirtschaftszone *f*; **free z.** ⊖ Freizone *f*, Zollfreigebiet *nt*; **free-trade z.** Freihandelszone *f*; **three-mile z.** ⚓ Dreimeilenzone *f*

zoning *n* Gebiets-, Flächenaufteilung *f*; **z. plan** Bebauungs-, Flächennutzungsplan *m*; **z. restrictions** Bau-, Bebauungsbeschränkungen

Gebräuchliche englische Abkürzungen

A

a.a.r.	**against all risks** *(Vers.)* gegen alle Risiken/Gefahren
ABCC	**Association of British Chambers of Commerce** Vereinigung britischer Handelskammern
abs.	**absence** Abwesenheit; **absent** abwesend
A.B.T.A.	**Association of British Travel Agents** britischer Reisebüroverband
a/c, A/C	**account** Konto, Rechnung
ACAS	**Advisory, Conciliation and Arbitration Service** *[GB]* Schlichtungsstelle (bei Tarifkonflikten)
ACP	**African, Caribbean and Pacific countries** AKP-Staaten
acct.	**account** Konto, Rechnung
A.D.	**accidental damage** *(Vers.)* Unfallschaden
ADB	**accidental death benefit** Versicherungsleistung bei Unfalltod
ad val.	**ad valorem** *(lat.)* ⊖ nach Wert
A.D.P.	**automated data processing** automatische Datenverarbeitung
ADR	**American Depository Receipt** amerikanisches Einlagenzertifikat
A.E.C.	**Automic Energy Commission** *[US]* Atomenergiekommission
AFL/CIO	**American Federation of Labor/Congress of Industrial Organizations** Dachverband der amerikanischen Gewerkschaften
Ag.	**agent** Vertreter, Bevollmächtigter
a.g.b.	**any good brand** jede gute Marke
agcy.	**agency** Vertretung
agd.	**agreed** vereinbart
agg.; aggr.	**aggregate** Gesamtheit, Gesamt-
agric.	**agriculture** Landwirtschaft
AGM	**annual general meeting** *(AG)* (Jahres)Hauptversammlung (HV)
agt.	**agent** Vertreter; **agreement** Vereinbarung
a.g.w.	**actual gross weight** tatsächliches Bruttogewicht
agy.	**agency** Vertretung
ahr	**acceptable hazard rate** *(Vers.)* zumutbares Risiko
a.l.	**allotment letter** Bezugsrechtsmitteilung, Zuteilungsschein
Am.	**America** Amerika; **American** amerikanisch
a/m	**above-mentioned** oben erwähnt
a.m.	**ante meridiem** *(lat.)* vormittags
amp.	**amperage** ⚡ Ampèrezahl, Stromstärke
A/N	**advice note** Avis, Benachrichtigung
an.	**answer** Antwort
A/o; a/o	**account of** auf Konto/Rechnung von
aob	**any other business** *(Tagesordnung)* Verschiedenes
AOQ	**average outgoing quality** 🏭 mittlerer Durchschlupf
a/or; A/or	**and/or** und/oder
A/P	**account purchase(s)** Einkaufsabrechnung; **authority to pay** Zahlungsvollmacht; **authority to purchase** Beschaffungsvollmacht
A.P; A/P.; a.p.	**additional premium** Zusatzprämie, Prämienzuschlag
A.P.A.	**additional personal allowance** *(Steuer)* zusätzlicher Freibetrag
apd.	**approved** genehmigt
apmt.	**appointment** Termin
app.	**appeal** [§] Revision; **appendix** Anhang; **applied** angewandt; **approval** Genehmigung; **approximate** ungefähr

appd.	**approved** genehmigt
APR	**annual(ized) percentage rate** Jahreszins(satz)
apt.	**apartment** Wohnung
AQL	**acceptable quality level** Gütegrenze
a/r; a.r.	**all rights** *(Vers.)* mit allen Rechten
a/r; A/R	**all risks** *(Vers.)* alle Risiken/Gefahren
A/R; AR	**account receivable** Warenforderung, debitorisches Konto
ar.	**arrival** Ankunft
A.R.	**advice of receipt** Empfangsbestätigung
arb.	**arbitration** Schlichtung
arr.	**arrangement** Vereinbarung; **arrivals** Ankunft
art.	**article** Artikel
A/S	**account sales** Verkaufsabrechnung; **after sight** *(Wechsel)* nach Sicht
A.S.A.	**Advertising Standards Authority** *[GB]* Aufsichtsamt für Werbenormen; **American Standards Authority** amerikanisches Normenamt
a.s.a.p.	**as soon as possible** so bald wie möglich
ASCII	**American Standard Code for Information Interchange** amerikanischer Standardkode für Datenaustausch
ASEAN	**Association of South-East Asian Nations** Vereinigung südostasiatischer Nationen
ASPAC	**Asian and Pacific Council** Asiatischer und Pazifischer Rat
assn; assoc.	**association** Verband
asst.; ass/t	**assistant** Assistent; stellvertretend
ata	**actual time of arrival** tatsächliche Ankunftszeit
atd	**actual time of departure** tatsächliche Abfahrtszeit
Atl.	**Atlantic** Atlantik
ATM	**automated teller machine** Bargeldautomat
att.	**attached** beigefügt
attn.	**attention** zu Händen von (z.Hd.)
Av.	**average** Havarie, Schaden
a.v.	**ad valorem** *(lat.)* ⊖ nach Wert; **asset value** Anlage-, Buchwert
avdp.	**avoirdupois** *[frz.]* (volles) Handelsgewicht
ave	**avenue** Straße
avn.	**aviation** Luftfahrt
A/W	**actual weight** tatsächliches Gewicht
a.w.	**all water** *(Transport)* nur per Schiff
awl; awol	**absence/absent without leave** unerlaubtes Fernbleiben

B

B/E	**bill of exchange** Wechsel
B/L	**bill of lading** Konnossement, Schiffsfrachtbrief
bn	**billion** Milliarde
B.P.	**bills payable** fällige Rechnungen/Wechsel; Kreditoren; Wechselschulden
B.R.	**bills receivable** (ausstehende) Wechselforderungen, W.debitoren, W.verbindlichkeiten
bros.	**brothers** Gebrüder (Gebr.)
B.S; B/S	**bill of sale** Kaufvertrag
BSI	**British Standards Institution** britischer Normenausschuß

B/St   **bill of sight** ⊖ Zollerlaubnisschein
BTA   **British Tourist Authority**   britische Fremdenverkehrszentrale

C

c.a.d.   **cash against documents**   Zahlung gegen Dokumente
CAD   **computer-aided/c.-assisted design**   computergestütztes Konstruieren
CAM   **computer-aided/c.-assisted manufacturing**   computergestützte Fertigung
CAP   **Common Agricultural Policy**   *(EG)* gemeinsame Agrarpolitik
c.b.d.   **cash before delivery**   Zahlung vor Lieferung
CEO   **chief executive officer**   Präsident, Vorstandsvorsitzender, Generaldirektor, Hauptgeschäftsführer, (Ober)Stadtdirektor
C.I.   **consular invoice**   Konsulatsfaktura
C/I   **certificate of insurance**   Versicherungszeugnis, V.bescheinigung
C.I.A.   **cash (payment) in advance**   Vorkasse
c.k.d.   **completely knocked down**   vollständig zerlegt
c.o.d.; COD   **cash** *[GB]*/**collect** *[US]* **on delivery**   Nachnahme, zahlbar bei Lieferung
CPU   **central processing unit**   ▯ Zentralrechner
CSO   **Central Statistical Office**   *[GB]* Zentralamt für Statistik
CT   **cable transfer**   telegraphische (Geld)Überweisung
CTP   **Community Transit Prodedure**   *(EG)* gemeinschaftliches Versandverfahren
C/W   **commercial weight**   Handelsgewicht
CWO   **cash with order**   (Be)Zahlung bei Auftragserteilung

D

d/a   **days after acceptance**   Tage nach Akzept
D/A   **documents against acceptance**   Dokumente gegen Akzept
D.A.D.   **documents against disposition**   Dokumente gegen Verfügung (über Ladung)
d/d   **dangerous deck**   sehr gefährliche Güter! Verladung nur auf Deck!
D/D; D.D.;
d./d.   **documentary draft**   Dokumententratte, Rembourswechsel
d/f   **dead freight**   Fehlfracht für weniger als vereinbarte Ladung
dft.   **draft**   Tratte, (gezogener) Wechsel
DIY   **do-it-yourself**   Selbermachen; Heimwerker-, Baumarkt
D/N   **debit note**   Lastschrift
D/O   **delivery order**   *(Anweisung)* Liefer-, Ablieferungstermin; Auslieferungsanweisung, A.auftrag
D/P   **documents against payment**   Dokumente gegen (Be)Zahlung/bar, Kasse gegen Dokumente
D/R   **depository receipt**   Hinterlegungsschein; Inhaber-, Einlagenzertifikat
d/s   **days after sight**   *(Wechsel)* Tage nach Sicht
DW   **dock warrant**   Kai-, Dockempfangsschein
dwt   **deadweight**   Leer-, Eigengewicht

E

EC	**European Community**	Europäische Gemeinschaft
E.c.	**English conditions** *(Vers.)*	englische Bedingungen
ECGD	**Export Credits Guarantee Department** *[GB]* Ausfuhrkreditversicherungsanstalt	
ECSC	**European Coal and Steel Community**	Montanunion
ECU	**European Currency Unit**	Europäische Währungseinheit
EDP	**electronic data processing**	elektronische Datenverarbeitung (EDV)
E&E	**errors excepted**	Irrtum vorbehalten
EEC	**European Economic Community**	Europäische Wirtschaftsgemeinschaft
eft	**electronic funds transfer**	belegloser Überweisungsverkehr
EFTA	**European Free Trade Association**	Europäische Freihandelsvereinigung
eftpos	**electronic funds transfer at the point of sale**	elektronische Geldüberweisung an der Ladenkasse
e.g.	**exempli gratia** *(lat.)*	zum Beispiel
encl.	**enclosure**	An-, Beilage
e.&o.	**errors and omissions** *(Bilanz)*	Saldo nicht aufgliederbarer Transaktionen, Restposten
E.&O.E.	**errors and omissions excepted**	Irrtümer und Auslassungen vorbehalten
e.o.m.	**end of month**	zum Monatsende
EPA	**Environmental Protection Agency** *[US]*	Umweltschutzbehörde
EPU	**European Payments Union**	Europäische Zahlungsunion
ERM	**European exchange rate mechanism**	Europäischer Wechselkursmechanismus
EMU	**European Monetary Union**	Europäische Währungsunion
eta	**expected time of arrival**	voraussichtliche Ankunftszeit
etd	**expected time of departure**	voraussichtliche Abfahrtszeit
EURATOM	**European Atomic Community**	Europäische Atomgemeinschaft
Ext.	**extension**	✆ Durchwahl, Anschluß

F

f.a.a.; faa	**free of all average** *(Vers.)*	frei von jedem Schaden
f.a.c.	**fast as can**	so schnell wie möglich
f.a.c.a.c.	**fast as can as customary**	so schnell wie platzüblich
f.a.q.	**free alongside quay**	frei Längsseite Kai (des Abgangshafens); **fair average quality** gute Durchschnittsware/D.qualität
f.a.t.	**fire and theft** *(Vers.)*	Feuer und Diebstahl
f.b.h.	**free on board at harbour**	frei an Bord im Hafen
FCR	**Forwarding Agent's Certificate of Receipt**	Spediteurübernahmebescheinigung
f.d.	**free discharge**	freies Löschen
F&D	**freight and demurrage**	Fracht und Liegegeld
FDIC	**Federal Deposit Insurance Corporation** *[US]*	Bundeseinlagenversicherungsanstalt
FFA; f.f.a.	**free from alongside**	frei von längsseits des Schiffes, ~ Längsseite her

FIBOR	**Frankfurt interbank offered/overnight rate** Angebotszinssatz Frankfurter Banken
FIFO	**first in - first out** *(Bilanz)* Zuerstentnahme der älteren Bestände, Inventur nach dem „first in - first out" - Prinzip
f.i.o.	**free in and out** frei ein und aus, frei Ein- und Ausladen und Löschen
F.I.T.	**Federal Income Tax** *[US]* Bundeseinkommen(s)steuer
f.m.	**fair merchantable/middling (quality)** gute Durchschnittsware/ D.qualität
f.o.a.	**free on aircraft/airplane** frei Flugzeug, frei an Bord des Flugzeugs
f.o.c.	**free of charge** gratis, kostenfrei, kostenlos
f.o.d.	**free of damage** *(Vers.)* frei von jeder Beschädigung, unbeschädigt
f.o.q.	**free on quay** frei auf Kai
FOR	**free on rail** frei Waggon (Abgangsort), frei (Eisen)Bahn
forex	**foreign exchange** Devisen, Fremdwährung
FOS; f.o.s.	**free on ship/steamer** frei (in) Schiff
f.o.t.	**free of tax** steuerfrei
FOT	**free on truck** *[US]* ℘ frei Waggon/Güterwagen
f.o.w.	**free on wag(g)on** frei auf Waggon
FOX	**(London) Futures and Options Exchange** *[GB]* Termin- und Optionsmarkt
F/P	**fire policy** Feuerversicherungspolice
F.p.	**fully paid** voll bezahlt/eingezahlt
FPA; f.p.a.	**free of particular average** *(Vers.)* frei von Beschädigung (außer Strandungsfall)
FRN	**floating rate note** variabel verzinsliche Anleihe
f.r.o.f.	**fire risk on freight** *(Vers.)* Feuerrisiko bei Beförderung
frt.	**freight** Fracht
frt. fwd.	**freight forward** unfrei, Fracht bezahlt der Empfänger, Frachtkosten zu bezahlen
frt. pp(d).	**freight prepaid** Fracht vorausbezahlt
ft.	**foot/feet** Fuß
f.t.	**full terms** volle Bedingungen/Konditionen
FTC	**Federal Trade Commission** *[US]* Bundeskartellamt
F.W.T.	**fair wear and tear** normale Abnutzung
f.x.	**foreign exchange** Devisen, Fremdwährung
f.y.i.	**for your information** zu Ihrer Information

G

G/A; g.a.	**general average** *(Vers.)* große Havarie, großer Schaden
GATT	**General Agreement on Tariffs and Trade** Allgemeines Zoll- und Handelsabkommen
G.A.V.	**gross annual value** Bruttojahreswert
g.d.	**good delivery** rechtzeitige Lieferung; *(Börse)* (gut) lieferbar
gdp; GDP	**gross domestic product** Bruttoinlandsprodukt
gds.	**goods** Güter, Ware(n)
g.f.a.	**good fair average** gute Durchschnittsware/D.qualität
g.m.q.	**good merchantable quality** gute Durchschnittsware/D.qualität
gnp; GNP	**gross national product** Bruttosozialprodukt

g.o.p.	**good ordinary brand**	gute Handelsmarke
GPO	**General Post Office**	*[GB]* Hauptpostamt, Postverwaltung
grm.	**gramme**	Gramm
gro.	**gross**	brutto
grt	**gross registered ton(ne)**	℁ Bruttoregistertonne
gvt.	**government**	Regierung
gr.wt.	**gross weight**	Bruttogewicht
g.s.m.	**good sound merchantable**	gute Durchschnittsware/D.qualität

H

HD	**heavy-duty**	Hochleistungs-
hf.	**half**	Halb-
HGV	**heavy goods vehicle**	Lastkraftwagen (LKW), Schwerlaster
H.P.; h.p.	**hire purchase**	Abzahlungs-, Miet-, Teilzahlungs-, Ratenzahlungskauf
h.p.	**half pay**	halbes Gehalt
ht.	**height**	Höhe

I

IATA	**International Air Transport Association**	internationaler Verband der Luftfahrtgesellschaften
I.B.	**in bond**	⊖ (unverzollte Ware) unter Zollverschluß
i/c; I/C	**in charge**	zuständig
ICC	**International Chamber of Commerce**	Internationale Handelskammer
ID	**immediate delivery**	(Auftrag auf Abfertigung) zur sofortigen Auslieferung
i.e.	**id est**	*(lat.)* das heißt (d.h.)
IEE	**International Energy Agency**	Internationale Energieagentur
I/F	**insufficient funds**	ungenügende Deckung
I.L.O.	**International Labor Office/Organisation**	Internationales Arbeitsamt, Weltarbeitsamt
IMF	**International Monetary Fund**	Internationaler Währungsfonds (IWF), Weltwährungsfonds
incl.	**including**	einschließlich, inklusive
inst.	**instant**	des/dieses Monats (d.M.)
int.	**interest**	(Bank)Zinsen
invt.	**inventory**	Inventar
IOU	**I owe you**	Schuldschein
i.p.a.	**including particular average**	*(Vers.)* Beschädigung von Waren eingeschlossen
IRC	**International Reply Coupon**	✉ internationaler Antwortschein
ISBN	**International Standard Book Number**	Internationale Standard-Buch-Nummer
ISE	**International Stock Exchange**	*[GB]* Londoner Wertpapierbörse
I.S.O	**International Standards Organisation**	Internationaler Normenverband
I.S.S.N.	**International Standards Serial Number**	Internationale Standard-Seriennummer

i.t.	**immediate transport** sofortige Beförderung
I.T.U.	**International Telecommunication Union** Internationaler Fernmeldeverein

K

k	**1000** tausend
K.D.; k.d.	**knocked down** zerlegt
k.d.l.c.l.	**knocked down in less than carloads** teilzerlegt

L

LASH	**lighter aboard ship** Leichter auf Schiff
lb.	**pound** Pfund (453 g)
LBO	**leveraged management buyout** (fremdfinanzierter) Firmenaufkauf durch das Führungspersonal
L/C	**letter of credit** Akkreditiv, Kreditbrief
L.C.C.	**life cycle cost(ing)** Lebenszykluskosten(rechnung)
l.c.l.	**less-than-carload** Stückgut(fracht), Partiefracht
L&D	**loss and damage** Verlust und Schaden
LDC	**less developed country** Entwicklungsland
ldk.	**lower deck** (Verladung auf das) Unterdeck
lgth.	**length** Länge
LIBOR	**London interbank offered/overnight rate** Angebotszinssatz Londoner Banken
LIFFE	**London International Financial Futures and Options Exchange** Londoner Finanztermin- und Optionsmarkt
LIFO	**last in - first out** *(Vorratsbewertung)* Lifo-Methode
LILO	**last in - last out** Zuletztentnahme der jüngeren Bestände
LLDC	**least developed country** am wenigsten entwickeltes Land
LME	**London Metal Exchange** Londoner Metallbörse
l.o.a.	**length over all** Länge über alles
LPM	**lines per minute** Zeilen pro Minute
LSE	**London Stock Exchange** Londoner Börse
l.s.t.	**local standard time** Ortszeit
l.t.	**landed terms** franko Löschung
Ltd.	**limited company** Kapitalgesellschaft (mit beschränkter Haftung), GmbH
ltr.	**letter** Brief; **lighter** ⚓ Leichter
LV	**luncheon voucher** *[GB]* Essensmarke, E.gutschein

M

m.a.	**manufacturing assembly** Montage, Fertigung
man.	**management** Geschäftsleitung; **manager** Geschäftsführer
manf.	**manufacturer** Hersteller
max.	**maximum** Maximum, Höchst-
M.B.A.	**Master of Business Administration** Diplom-Betriebswirt, Diplom-Kaufmann (Dipl.-Kfm.)
MBO	**management buyout** Firmenaufkauf durch die Unternehmensleitung
mcht.	**merchant** Kaufmann
MD	**managing director** Geschäftsführer, Generaldirektor

M/D; m/d	**month(s) after date** Monat(e) nach Datum
M/D	**memorandum of deposit** Hinterlegungsurkunde
mdse.	**merchandise** Ware(n)
mer.	**mercantile** handelsüblich, Handels-
Messrs.	**Messieurs** *[frz.]* (Anrede in Anschrift an Personengesellschaft) Fa.
mfst.	**manifest** (Schiffs)Ladeverzeichnis
mg.	**milligram** Milligramm
M.I.P.	**marine insurance policy** Seeversicherungspolice
mkt	**market** Markt
MLR	**minimum lending rate** *[GB]* Mindestdiskontsatz
MMC	**Monopolies and Mergers Commission** *[GB]* Monopolkommission, Kartellamt
M.O.	**money order** *[GB]* ⊠ Zahlungs-, Postanweisung
m.p.	**month(s) after payment** Monat(e) nach Zahlung
M.R.; M/R; m/r	**mate's receipt** ⚓ Verladebescheinigung, Quittung des Ladungsoffiziers über Empfang der Ware an Bord
M&R	**maintenance and repairs** Wartung und Reparatur(en)
MS	**motor ship** Motorschiff
m/s	**month(s) after sight** Monat(e) nach Sicht
MT	**mail transfer** briefliche Anweisung/Auszahlung
MTM	**methods time measurement** Arbeitszeitermittlung
MV	**motor vessel** Motorschiff

N

n/a	**no account** kein Konto; **no advice** keine Mitteilung; **not applicable** entfällt
N/A; N/a	**non-acceptance** Nichtannahme, Annahmeverweigerung
NACC	**National Association of the Chambers of Commerce** *[GB]* Handelskammerverband
NASDAQ	**National Association of Stock Dealers Automated Quotations** *[US]* automatische Kursnotierung des Verbandes amerikanischer Börsenhändler
n.c.u.p.	**no commission until paid** keine Provision bis zur Bezahlung
n.c.v.	**no commercial value** ohne (Handels)Wert
n.d.	**next day** am nächsten Tag; **no date** ohne Datumsangabe; **no demand** keine Nachfrage; **not drawn** *(Wechsel)* nicht gezogen
n.e.	**not exceeding** nicht mehr als
N.E.D.C.	**National Economic Development Council** *[GB]* Rat für wirtschaftliche Entwicklung
N/F	**no funds** keine Deckung, kein Guthaben
n.f.o.	**new for old** *(Vers.)* neu für alt
NHS	**National Health Service** *[GB]* staatlicher Gesundheitsdienst
N.I.	**National Insurance** *[GB]* Sozialversicherung
NIC	**National Insurance contribution** *[GB]* Sozialversicherungsbeitrag
n.i.c.	**newly industrialized country** junges Industrieland, Schwellenland
n.i.s.	**not in stock** nicht vorrätig, nicht auf Lager
N/O	**no orders** keine Aufträge
nos.	**numbers** Nummern
n/p	**no proceeds** kein Erlös; **no par value** ohne Nennwert
n.p.v.	**net present value** heutiger Nettowert

nr.	**near** nahe; **number** Nummer
n/r	**no risk** ohne Risiko
n/s	**not sufficient** nicht genügend(e Deckung)
n.s.f.	**not sufficient funds** nicht genügende Deckung
n.t.	**net tonnage** Nettotonnage
N/T	**new terms** neue (Vertrags)Bedingungen
nt.wt.	**net weight** Netto-, Reingewicht

O

o/a	**on or about** *(Datum)* am oder ungefähr am
OAP	**old-age pensioner** (Alters)Rentner
o/c; o.c.	**overcharge** zuviel berechneter Betrag
OECD	**Organization for Economic Cooperation and Development** Organisation für wirtschaftliche Zusammenarbeit und Entwicklung
OEM	**original equipment manufacturer** Erstausrüster
OFT	**Office of Fair Trading** *[GB]* Wettbewerbsbehörde, Kartellamt
o.n.o.	**or nearest offer** oder nächstes Angebot
o/o	**on order** bestellt
O.P.	**open (floating) policy** *(Vers.)* offene/laufende Police
OPEC	**Organization of Petroleum-Exporting Countries** Organisation erdölexportierender Länder
O.R.	**owner's risk** Gefahr beim Eigentümer
O.R.D.	**owner's risk of damage** Gefahr beim Eigentümer im Schadensfall
o/s	**on sale** zum Verkauf (angeboten); **out of service** nicht betriebsbereit; **out of stock** nicht am Lager
O/T	**old terms** *(Vers.)* alte Bedingungen
OTC; o.t.c.	**over the counter** *(Börse)* im Freiverkehr
ovpd.	**overpaid** zuviel bezahlt
oz.; oz	**av./avdp (avoirdupois) ounce** Unze (28,35 g)

P

p.	**page** Seite (S.)
P/A	**power of attorney** (General)Vollmacht
P/a;	**particular average** *(Vers.)* besondere Havarie/Beschädigung (von
P/A; p.a.	Waren durch Transportunfälle), Teilschaden, T.verlust
p/a	**personal account** Privatkonto
PA	**personal assistant** persönlicher Assistent
p.a.	**per annum** *(lat.)* per/pro Jahr, jährlich
pat. pend.	**patent pending** Patent angemeldet
PAYE	**pay-as-you-earn** *[GB]* (Lohn)Steuerabzugsverfahren
PBR	**payment by results** Leistungslohn, Bezahlung nach Leistung
P/C; p.c.	**petty cash** Kleingeld; **prices current** (derzeit) gültige Preise
p.c.	**per cent** Prozent; **percentage** Prozent
pcl.	**parcel** Paket
p/d.	**post-dated** nachdatiert
pd	**paid** bezahlt
PD	**port dues** Hafengebühren

pdn.	**production** Produktion, Herstellung
PDS	**personal data sheet** (tabellarischer) Lebenslauf
P/E	**price-earnings ratio** Kurs-Gewinnverhältnis (KGV); **port of embarkation** Verschiffungs-, Abgangshafen
PEP	**personal equity plan** Aktiensparplan
p/i	**pro-forma invoice** Proformarechnung
PIN	**personal identification number** *(Bank)* Geheimzahl
pkg.	**package** Verpackung; **packing** Verpackung
p.l.; P/L	**partial loss** *(Vers.)* Teilschaden
plc	**public limited company** *[GB]* Aktiengesellschaft (AG)
plcy.	**policy** (Versicherungs)Police
pld.	**payload** Nutzlast
p.m.	**post meridiem** *(lat.)* nachmittags
P/N	**promissory note** Promesse, Schuldschein, Eigen-, Solawechsel
pnt.	**payment** (Be)Zahlung
p.o.	**post office** Postamt
P.O.	**postal order** Postanweisung, P.barscheck
P.O.B.;	
P.O.Box	**post office box** Post(schließ)fach
P.O.D.	**pay(able)/payment on delivery** zahlbar bei (Ab)Lieferung
p.o.r.	**pay/payable on receipt** zahlbar bei Empfang/Erhalt; **pay on return** zahlbar bei Rückgabe
POS	**point of sale** Kaufort
p.p.	**post(age) paid** ⊠ franko, Gebühr bezahlt; **prepaid** ⊠ franko, Gebühr bezahlt
p.p.; per. pro.	**per procurationem** *(lat.)* im Auftrag (i.A.)
p&p	**postage and packing** Porto und Verpackung
ppa	**per procurationem** *(lat.)* im Auftrag (i.A.)
PPBS	**planning-programming-budgeting system** integrierte Unternehmensplanung
ppd.	**(postage) prepaid** ⊠ franko, Gebühr bezahlt
ppt.	**promptly** sofort liefer-und zahlbar
p.r.	**parcel receipt** Paketquittung
P.R.; PR	**public relations** Öffentlichkeitsarbeit
PRP	**profit-related pay** *[GB]* Beteiligungslohn, gewinnbezogener Lohnanteil
p.s.	**parts shipped** verschiffte Teile; **passenger service** Passagierdienst; **passenger steamer** Passagierdampfer
P.S.	**postscript** Nachschrift, N.wort
PSBR	**public-sector borrowing requirement** Kredit-/Verschuldungsbedarf der öffentlichen Hand
PSO	**public-service obligation** *(Verkehr/Post)* Beförderungs-, Leistungspflicht
pt.	**part** Teil; **payment** (Be)Zahlung
p.t.o.	**please turn over** bitte wenden
pty. (Ltd.)	**proprietary limited company** *(Australien/ Hongkong/Singapur/ Südafrika)* Kapitalgesellschaft (mit beschränkter Haftung), GmbH
pur.	**purchase** Kauf; **purchased** gekauft

Q

Q.C.	**quality control** Qualitätskontrolle, Q.überwachung
qlty.	**quality** Qualität
qnty.	**quantity** Quantität, Menge
qtly.	**quarterly** vierteljährlich, Quartals-
qtr.	**quarter** Quartal
qty.	**quantity** Quantität, Menge

R

R/A	**refer to acceptor** *(Wechsel)* zurück an Akzeptant
r.&c.c.	**riots and civil commotions** *(Vers.)* Aufruhr und innere Unruhen
rcd.	**received** empfangen
rcpt.	**receipt** Eingang der Ware, Empfang; Quittung
R.D.; R/D;	**r.d. refer to drawer** *(Wechsel)* zurück an Aussteller
R&D	**research and development** Forschung und Entwicklung (FE; F&E)
r.d.d.	**required delivery date** erforderlicher/gewünschter Liefertermin
re.	**regarding, with reference to** Betreff (Betr.)
R.&E.	**research and engineering** Forschung und Technik
rec.	**receipt** Eingang der Ware, Empfang; Quittung; **receive** empfangen; **record** Beleg, Nachweis
rect.	**receipt** Eingang der Ware, Empfang; Quittung
ref.	**reference** Betreff (Betr.), Bezug (Bez.)
Ref. No.	**reference number** Bezugs-, Ordnungsnummer; Akten-, Geschäftszeichen
reg.	**registered** eingetragen
rem.	**remittance** Überweisung
rep.	**repair** Reparatur
reqd.	**required** erforderlich, gewünscht
resp.	**respective** beziehungsweise (bzw.)
retd.	**retained** einbehalten, thesauriert; **retired** im Ruhestand (i.R.); **returned** zurückgeschickt
rev.	**revenues** Einnahme(n)
R.I.	**reinsurance** Rückversicherung
rog	**receipt of goods** Warenannahme
r.p.; RP	**reply paid** Antwort bezahlt
R.P.M.	**resale price maintenance** vertikale Preisbindung, Preisbindung der zweiten Hand
RQL	**reference quality level** Referenzqualität
R/R	**railway receipt** (Eisen)Bahnübernahmebescheinigung
RRP	**recommended retail price** empfohlener Einzelhandelspreis
R/S	**rejection slip** Absage
R.S.V.P.	**répondez s'il vous plaît** *[frz.]* um Antwort wird gebeten (u.A.w.g.)
rtn.	**retain** einbehalten, thesaurieren; **return** zurückschicken
R.T.N.	**registered trade name** eingetragenes Warenzeichen, (Schutz)Marke
Ry.	**railway** (Eisen)Bahn

S

SAE	**stamped, addressed envelope** freigemachter adressierter Rückumschlag; **self-addressed envelope** adressierter Rückumschlag
sal.	**salary** Gehalt
s.a.n.r.	**subject to approval, no risk** genehmigungspflichtig, ohne Risiko
s.a.p.	**soon as possible** so bald wie möglich
s.d.	**safe deposit** Tresor(fach), verschlossenes Depot
S.D.	**sight draft** Sichtwechsel (vor Akzept)
SDR	**Special Drawing Right** *(IWF)* Sonderziehungsrecht (SZR)
SEAQ	**Stock Exchange Automated Quotations** *[GB]* automatische Kursnotierung
SEC	**Stock Exchange Council** *[GB]* Börsenausschuß; **Securities and Exchange Commission** *[US]* Börsenaufsicht
sep.	**separate** getrennt
SERPS	**state earnings-related pension scheme** (staatliche) einkommensbezogene Rentenversicherung
S.&F.A.	**shipping and forwarding agent** Spediteur
sgd.	**signed** gezeichnet (gez.)
s.h.	**second-hand** aus zweiter Hand, gebraucht
shpt.	**shipment** Beförderung, Transport, Versand, Sendung
SIB	**Securities and Investment Board** *[GB]* Börsenaufsicht
sig.	**signature** Unterschrift
S.I.R.	**small income relief** *(Steuer)* Freibetrag für Bezieher niedriger Einkommen
s.i.t.	**stopping/storing in transit** Aufenthalt/Lagerung während des Transports
sit. vac.	**situations vacant** *(Zeitung)* Stellenangebote
sk.	**sack** Sack
S.L.	**salvage loss** Bergungsschaden
s&l	**savings and loan association** *[US]* (gemeinnützige) Spar- und Darlehenskasse
sld.	**sold** verkauft
S/N; s.n.	**shipping note** Verladeschein, Versandanzeige
s.o.r.	**sale or return** in Kommission, mit Rückgaberecht
s.p.d.	**steamer pays dues** alle Abgaben werden vom Schiff getragen
s.r.	**shipping receipt** Verladebescheinigung
s.r.&c.c.	**strike, riot and civil commotions** *(Vers.)* Streik, Aufruhr und innere Unruhen
SS	**steamship** Dampfschiff, Dampfer
S/S	**station to station** von Bahnstation bis Bahnstation
stn.	**station** Bahnstation
STO	**standing order** Dauerauftrag
sz.	**size** Größe

T

T/A	**trade acceptance** Handelsakzept
t.b.	**trial balance** Probebilanz
t.b.c.f.	**to be called for** zur Abholung, postlagernd
T.B.L.	**through bill of lading** Durch(fracht)konnossement
t.d.	**technical data** technische Daten

tel.	**telephone** Telefon
t.l.o.; T.L.O.	**total loss only** *(Vers.)* Totalverlust, T.schaden
tn.	**ton** Tonne
T.O.	**telegraphic order** telegraphische Anweisung
TOFC	**trailer on flat car** 🚃/🚃 Huckepackverkehr, kombinierter Ladungsverkehr (KLV)
tonn.	**tonnage** Tonnage
t.o.r.	**time of receipt** Empfangsdatum, E.zeit
t.o.s.	**temporarily out of stock** zeitweilig nicht auf Lager; **terms of service** *(Beschäftigung)* Vertragsbedingungen
tpa	**tons per annum** *(lat.)* Jahrestonnen (jato)
tpd	**tons per day** Tagestonnen (tato)
t.p.n.d.	**theft, pilferage, non-delivery** *(Vers.)* Diebstahl, Beraubung, Nichtauslieferung
tpt.	**transport** Transport
t.q.	**trade quality** Handelssorte, H.qualität
tr.	**tare** Tara
transf.	**transfer** Überweisung
T.T.	**telegraphic transfer** telegraphische Auszahlung/Überweisung
T.U.C.	**Trades Union Congress** *[GB]* Dachverband der britischen Gewerkschaften

U

U/A	**unit of account** (Ver)Rechnungseinheit
u.c.	**usual conditions** übliche (Vertrags)Bedingungen
u/m	**undermentioned** unten erwähnt/aufgeführt
U.M.A.	**union membership agreement** *[GB]* Vereinbarung über Gewerkschaftszwang
Upd.	**unpaid** unbezahlt, nicht bezahlt
u.t.	**usual terms** übliche (Vertrags)Bedingungen

V

vac.	**vacancy** freie Stelle; **vacant** *(Stelle)* frei
var.	**variable** variabel; **variant** Variante
VAT	**value-added tax** Mehrwertsteuer (MwSt)
vd.	**void** ungültig
VDU	**visual display unit** 🖥 (Daten)Sichtgerät
VLBC	**very large bulk carrier** ⚓ (großer) Massengutfrachter
VLCC	**very large crude carrier** ⚓ Riesentanker
v.u.	**volume unit** Hohlmaß

W

w.a.	**with average** *(Vers.)* mit Teilschaden
warr.	**warranty** Garantie, Gewährleistung
W/B; w.b.;	
W.B.	**waybill** Frachtbrief

wd.	**warranted** garantiert
w.g.	**weight guaranteed** garantiertes Gewicht
W/M	**weight or measurement** Frachtberechnung nach Gewicht oder Maß
w.p.a.	**with particular average** *(Vers.)* mit Teilschaden, Teilschäden eingeschlossen
wpm	**words per minute** Wörter/Silben pro Minute
w.r.	**war risk** Kriegsrisiko
W/R	**warehouse receipt** Lagerhausbescheinigung
wt.	**weight** Gewicht
w./v.	**weight/volume** Gewicht/Volumen
wvd.	**waived** erlassen
W/W	**warehouse warrant** Lagerpfandschein

X

x.d.; x/d; X.D.; xdiv.	**ex dividend** ohne/abzüglich Dividende (eD)
xtra	**extra** extra, zusätzlich

Y

y.; yd.	**yard** Yard (0,9144 m).
YTS	**Youth Training Scheme** *[GB]* Ausbildungsförderungsprogramm für Jugendliche

Z

ZIP	**Zoning Improvement Plan** *[US]* ⊠ Postleitzahl(system)

Government departments

United Kingdom

Ministry of Agriculture, Fisheries and Food   Ministerium für Landwirtschaft, Fischerei und Ernährung
Ministry of Defence   Verteidigungsministerium
Department of Education and Science   Bildungs- und Wissenschaftsministerium
Department of Employment   Arbeitsministerium
Department of Energy   Energieministerium
Department of the Environment   Umweltministerium
Foreign and Commonwealth Office   Ministerium für Auswärtiges und für das Commonwealth
Department of Health   Gesundheitsministerium
Home Office   Innenministerium
Lord Advocate's Department   Ministerium für Schottland betreffende Gesetzgebung
Lord Chancellor's Office   Justizministerium
Northern Ireland Office   Ministerium für Nordirland
Scottish Office   Ministerium für Schottland
Department of Social Security   Sozialministerium
Department of Trade and Industry   Wirtschaftsministerium
Department of Transport   Verkehrsministerium
Treasury   Schatzamt, Finanzministerium
Welsh Office   Ministerium für Wales

United States of America

Department of Agriculture   Landwirtschaftsministerium
Department of Commerce   Handelsministerium
Department of Defense   Verteidigungsministerium
Department of Education   Ministerium für Bildung und Erziehung
Department of Energy   Energieministerium
Department of Health and Human Services   Ministerium für Gesundheit und Soziales
Department of Housing and Urban Development   Ministerium für Wohnungsbau und Stadtentwicklung
Department of the Interior   Innenministerium
Department of Justice   Justizministerium
Department of Labor   Arbeitsministerium
Department of State   Außenministerium
Department of Transportation   Verkehrsministerium
Department of the Treasury   Schatzamt, Finanzministerium
Department of Veteran Affairs   Ministerium für Angelegenheiten der Kriegsveteranen

Geographical Names   Ländernamen

Country	Land	Adjective	Adjektiv	Currency/ Währung
Afghanistan	Afghanistan	Afghan	afghanisch	Afghani (Af) = 100 puli
Albania	Albanien	Albanian	albanisch	Lek (Lk) = 100 qindars/qintars
Algeria	Algerien	Algerian	algerisch	Dinar (AD) = 100 centimes
Andorra	Andorra	Andorran	andorranisch	Franc (Fr) = 100 centimes, Peseta
Angola	Angola	Angolan	angolanisch	Kwanza (Kw) = 100 cents
Argentine	Argentinien	Argentine	argentinisch	Pesos (ArP) = 100 centavos
Australia	Australien	Australian	australisch	Australian Dollar (A$) = 100 cents
Austria	Österreich	Austrian	österreichisch	Schilling (Sch) = 100 Groschen
Bangladesh	Bangladesh	Bangladeshi	bangladeschisch	Taka (Tk) = 100 poisha
Belgium	Belgien	Belgian	belgisch	Belgian Franc (BF) = 100 centimes
Bolivia	Bolivien	Bolivian	bolivianisch	Boliviano (B$) = 100 centavos
Brazil	Brasilien	Brazilian	brasilianisch	Cruzeiro (Cr) = 100 centavos
Bulgaria	Bulgarien	Bulgarian	bulgarisch	Lev (Lv) = 100 stotinki
Burma (Myanmar)	Birma	Burmese	birmanisch	Kyat (Kt) = 100 pyas
Cameroon	Kamerun	Cameroonian	kamerunisch	C.F.A. Franc (CFAFr) = 100 centimes
Canada	Kanada	Canadian	kanadisch	Canadian Dollar (Can$) = 100 cents

Country	Land	Adjective	Adjektiv	Currency/ Währung
Central African Republic	Zentralafrikanische Republik	(of the) Central African Republic	zentralafrikanisch	C.F.A.Franc (CFAFr) = 100 centimes
Chad	Tschad	Chadian	tschadisch	C.F.A Franc (CFAFr) = 100 centimes
Chile	Chile	Chilean	chilenisch	Peso (Ch$) = 100 centavos
China	China	Chinese	chinesisch	Renminbi Yuan (Y) = 10 chia (jiao)/100 fen
Commonwealth of Independent States	Gemeinschaft unabhängiger Staaten			R(o)uble (Rub) = 100 copecks
Colombia	Kolumbien	Colombian	kolumbianisch	Peso (Col$) = 100 centavos
Congo	Kongo	Congolese	kongolesisch	C.F.A. Franc (CFAFr) = 100 centimes
Costa Rica	Costa Rica	Costa Rican	costaricanisch	Colon (CRC) = 100 centimos
Cuba	Kuba	Cuban	kubanisch	Cuban Peso (Cub$) = 100 centavos
Cyprus	Zypern	Cypriot	zyprisch	Cyprus Pound (C£) = 1000 mils
Czechoslovakia	Tschechoslowakei	Czechoslovak	tschechoslowakisch	Koruna (Kčs) = 100 haleru
Denmark	Dänemark	Danish	dänisch	Kroner = 100 öre
Dominican Republic	Dominikanische Republik	Dominican	dominikanisch	Peso (DR$) = 8 reals/100 centavos
Ecuador	Ecuador	Ecuadorian	ecuadorianisch	Sucre (Su) = 100 centavos
Egypt	Ägypten	Egyptian	ägyptisch	Pound-Pfund (E£) = 100 piastres/1000 millièmes

Country	Land	Adjective	Adjektiv	Currency/ Währung
Ethiopia	Äthiopien	Ethiopian	äthiopisch	Ethiopian birr (Br) = 100 cents
Federal Republic of Germany	Bundesrepublik Deutschland	German	deutsch	Deutschmark (DM) = 100 Pfennige
Finland	Finnland	Finnish	finnisch	Markka (FMk) = 100 pennia
France	Frankreich	French	französisch	Franc (FF) = 100 centimes
Gabon	Gabun	Gabonese	gabunisch	C.F.A. Franc (CFAFr) = 100 centimes
Gambia	Gambia	Gambian	gambisch	Dalasi (Di) = 100 butut
Ghana	Ghana	Ghanaian	ghanaisch	Cedi (C) = 100 pesewas
Great Britain	Großbritannien	British	britisch	Pound (£) = 100 pence
Greece	Griechenland	Greek	griechisch	Drachma (Dr) = 100 lepta
Guatemala	Guatemala	Guatemalan	guatemaltekisch	Quetzal (Q) = 100 centavos
Guinea	Guinea	Guinean	guineisch	syli/suli/sily (Sy) = 100 cauris
Guyana	Guyana	Guyanese	guyanisch	Guyana Dollar (Guy$) = 100 cents
Haiti	Haiti	Haitian	haitianisch	Gourde (gde) = 100 centimes
Honduras	Honduras	Honduran	honduranisch	Lempira (La) = 100 centavos
Hong Kong	Hongkong	Hong Kong		Hongkong Dollar (HK$) = 100 cents
Hungary	Ungarn	Hungarian	ungarisch	Forint (Ft) = 100 filler
Iceland	Island	Icelandic	isländisch	Krona (IKr) = 100 aurar

Country	Land	Adjective	Adjektiv	Currency/Währung
India	Indien	Indian	indisch	Rupee (Rs) = 100 paise
Indonesia	Indonesien	Indonesian	indonesisch	Rupiah (Rp) = 100 sen
Iraq	Irak	Iraqi	irakisch	Iraqi Dinar (ID) = 1000 fils
Iran	Iran	Iranian	iranisch	Rial (Rl) = 100 sen
Irish Republic (Eire)	Irland	Irish	irisch	Punt = 100 pence
Israel	Israel	Israeli	israelisch	Shekel (IS) = 100 new agorot
Italy	Italien	Italian	italienisch	Lira (L) = 100 centesimi
Ivory Coast	Elfenbeinküste	Ivorian	ivorisch	C.F.A. Franc (CFAFr) = 100 centimes
Jamaica	Jamaika	Jamaican	jamaikanisch	Jamaican Dollar (Jam$) = 100 cents
Japan	Japan	Japanese	japanisch	Yen (Y) = 100 sen
Jordan	Jordanien	Jordanian	jordanisch	Dinar (JD) = 1000 fils
Kampuchea	Kamputschea	Kampuchean	kamputscheanisch	Riel (CRl) = 100 sen
Kenya	Kenia	Kenyan	kenianisch	Shilling (KSh) = 100 cents
Korea	Korea	Korean	koreanisch	Won (W) = 100 jon/chon
Kuwait	Kuwait	Kuwaiti	kuwaitisch	Dinar (KD) = 1000 fils
Laos	Laos	Laotian	laotisch	New Kip (Kp) = 100 at
Lebanon	Libanon	Lebanese	libanesisch	Lebanese Pound (L£) = 100 piastres
Liberia	Liberia	Liberian	liberianisch	Liberian Dollar (L$) = 100 cents

Country	Land	Adjective	Adjektiv	Currency/Währung
Libya	Libyen	Libyan	libyisch	Dinar (LD) = 1000 dirhams
Liechtenstein	Liechtenstein	Liechtenstein	liechtenstei-nisch	Franken (SFr) = 100 Rappen
Luxembourg	Luxemburg	Luxembourg	luxemburgisch	Luxembourg Franc (LFr) = 100 centimes
Madagascar	Madagaskar	Malagasy	madagassisch	Franc (MalFr) = 100 centimes
Malawi	Malawi	Malawian	malawisch	Kwacha (Mk) = 100 tambala
Malaysia	Malaysia	Malaysian	malayisch	Ringgit (M$) = 100 cents
Mali Republic	Mali	Malian	malisch	Mali Franc (MFr) = 100 centimes
Malta	Malta	Maltese	maltesisch	Maltese Pound (M£) = 100 cents
Mauretania	Mauretanien	Mauretanian	mauretanisch	Ouguiya (U) = 5 khoums
Mexico	Mexiko	Mexican	mexikanisch	Peso (Mex$) = 100 centavos
Monaco	Monaco	Monegasque	monegassisch	Franc (FF) = 100 centimes
Mongolia	Mongolei	Mongolian	mongolisch	Tugrek (Tug) = 100 möngös
Morocco	Marokko	Moroccan	marokkanisch	Dirham (Dh) = 100 centimes
Mozambique	Mosambik	Mozambican	mosambika-nisch	Metical (M) = 100 centavos
Namibia	Namibia	Namibian	namibisch	South African Rand (R) = 100 cents
Nepal	Nepal	Nepalese	nepalesisch	Nepalese Rupee (NRe) = 100 paise
The Nether-lands	Niederlande	Netherlands	niederländisch	Guilder (hfl) = 100 cents

Country	Land	Adjective	Adjektiv	Currency/ Währung
New Zealand	Neuseeland	New Zealand	neuseeländisch	New Zealand Dollar (NZ$) = 100 cents
Nicaragua	Nicaragua	Nicaraguan	nicaraguanisch	Cordoba (C) = 100 centavos
Nigeria	Nigeria	Nigerian	nigerianisch	Naira (N) = 100 kobo
Niger Republic	Niger	Niger	nigrisch	C.F.A. Franc (CFAFr) = 100 centimes
Norway	Norwegen	Norwegian	norwegisch	Krone (NKr) = 100 örer
Pakistan	Pakistan	Pakistani	pakistanisch	Pakistan Rupee (PakRe) = 100 paise
Panama	Panama	Panamanian	panamaisch	Balboa (ba) = 100 centesimos
Paraguay	Paraguay	Paraguayan	paraguayisch	Guarani (G) = 100 centimos
Peru	Peru	Peruvian	peruanisch	Inti/Sol (S) = 100 centavos
Philippines	Philippinen	Philippine	philippinisch	Peso (PP) = 100 centavos
Poland	Polen	Polish	polnisch	Zloty (Zl) = 100 groszy
Portugal	Portugal	Portuguese	portugiesisch	Escudo (Esc) = 100 centavos
Puerto Rico	Puerto Rico	Puerto Rican	puertoricanisch	US Dollar (US$) = 100 cents
Romania	Rumänien	Romanian	rumänisch	Leu = 100 bani
San Marino	San Marino	San Marinese	sanmarinesisch	Lira (L) = 100 centesimi
Saudi Arabia	Saudi Arabien	Saudi Arabian	saudiarabisch	Riyal (SAR) = 100 halalah
Senegal	Senegal	Senegalese	senegalesisch	C.F.A. Franc (CFAFr) = 100 centimes
Sierra Leone	Sierra Leone	Sierra Leonean	sierraleonisch	Leone (Le) = 100 cents

Country	Land	Adjective	Adjektiv	Currency/ Währung
Singapore	Singapur	Singaporean	singapurisch	Singapore Dollar (Sing$) = 100 cents
Somalia	Somalia	Somali	somalisch	Somali Shilling (SoSh) = 100 cents
South Africa	Südafrika	South African	südafrikanisch	Rand (R) = 100 cents
Spain	Spanien	Spanish	spanisch	Peseta (Pa) = 100 centimos
Sri Lanka	Sri Lanka	Sri Lankan	srilankisch	Rupee (SLRe) = 100 cents
Sudan	Sudan	Sudanese	sudanesisch	Sudanese Pound (Sud£) = 100 piastres/1000 millièmes
Surinam	Surinam	Surinamese	surinamisch	Surinam Guilder (SGld) = 100 cents
Sweden	Schweden	Swedish	schwedisch	Krona (SKr) = 100 örer
Switzerland	Schweiz	Swiss	schweizerisch	Franken (SFr) = 100 Rappen
Syria	Syrien	Syrian	syrisch	Pound (S£) = 100 piastres
Taiwan	Taiwan	Taiwanese	taiwanesisch	Dollar (T$) = 100 cents
Tanzania	Tansania	Tanzanian	tansanisch	Shilling (TSh) = 100 cents
Thailand	Thailand	Thai	thailändisch	Baht (Bt) = 100 satang
Togo	Togo	Togolese	togoisch/ togolesisch	C.F.A.Franc (CFA Fr) = 100 centimes
Tunisia	Tunesien	Tunisian	tunesisch	Dinar (TD) = 1000 millimes
Turkey	Türkei	Turkish	türkisch	Turkish Lira (TL) = 100 kurus

Country	Land	Adjective	Adjektiv	Currency/Währung
Uganda	Uganda	Ugandan	ugandisch	Shilling (USh) = 100 cents
United Arab Emirates	Vereinigte Arabische Emirate	(of the) United Arab Emirates	/	U.A.E. Dirham (UAE Dh) = 100 fils
United Kingdom = Great Britain	Vereinigtes Königreich = Großbritannien			
United States	Vereinigte Staaten	American	amerikanisch	Dollar (US $) = 100 cents
Uruguay	Uruguay	Uruguayan	uruguayisch	New Peso (UN $) = 100 centesimos
Venezuela	Venezuela	Venezuelan	venezolanisch	Bolivar (B) = 100 centimos
Vietnam	Vietnam	Vietnamese	vietnamesisch	Dong (D) = 10 hao/100 xu
Yemen	Jemen	Yemeni	jemenitisch	Rial (YR) = 100 fils
Yugoslavia	Jugoslawien	Yugoslav	jugoslawisch	Dinar (YuD) = 100 paras
Zaire	Zaire	Zairean	zairisch	Zaire (Z) = 100 makuta
Zambia	Sambia	Zambian	sambisch	Kwacha (K) = 100 ngwee
Zimbabwe	Simbabwe	Zimbabwean	simbabwisch	Zimbabwean Dollar (Z $) = 100 cents

British and American Weights and Measures
Britische und amerikanische Maße und Gewichte

Linear Measures –
Längenmaße

1 line = 2,12 mm

1 inch = 12 lines = 2,54 cm

1 foot = 12 inches = 0,3048 m

1 yard = 3 feet = 0,9144 m

1 (statute) mile = 1760 yards = 1,6093 km

1 (land) league = 3 (statute) miles = 4,827 km

1 hand = 4 inches = 10,16 cm

1 rod (perch, pole) = $5^1/_2$ yards = 5,029 m

1 chain = 4 rods = 20,117 m

1 furlong = 10 chains = 201,168 m

Nautical Measures –
Nautische Maße

1 fathom = 6 feet = 1,829 m

1 cable's length = 100 fathoms = 182,9 m

[GB] **= 608 feet** = 185,3 m

[US] **= 720 feet** = 219,5 m

1 nautical mile = 10 cable's length = 1,853 or 1,852 km
= 1.158 (statute) miles

1 marine league = 3 nautical miles = 5,56 km

6 nautical miles = 1 Längengrad am Äquator

Square Measures –
Flächenmaße

1 square inch = 6,452 cm^2

1 square foot = 144 quare inches = 929,029 cm^2

1 square yard = 9 square feet = 8361,260 cm^2

1 acre = 4840 square yards = 4046,8 m^2

1 square mile = 640 acres = 259 ha = 2,59 km^2

1 square rod (pole/perch) = $30^1/_4$ square yards
= 25,293 m^2

1 rood = 40 square rods = 1011,72 m^2

1 acre = 4 roods = 4046,8 m^2

Cubic Measures –   1 cubic inch = 16,387 cm^3
   Raummaße
                         1 cubic foot = **1728 cubic inches** = 0,02832 m^3

                         1 cubic yard = **27 cubic feet** = 0,7646 m^3

Shipping Measures – 1 register ton = **100 cubic feet** = 2,8317 m^3
   Schiffsmaße
                         1 freight/measurement/shipping ton =
                         [GB] **40 cubic feet** = 1,133 m^3
                         [US] **42 cubic feet** = 1,189 m^3

                         1 displacement ton = **35 cubic feet** = 0,991 m^3

Measures of
   Capacity –
   Hohlmaße

GB   1 fluid ounce = 0,01284 l

                         1 gill = **5 fluid ounces** = 0,142 l

                         1 pint = **4 gills** = 0,568 l

                         1 (imperial) quart = **2 pints** = 1,136 l

                         1 (imperial) gallon = **4 quarts** = 4,5459 l

                         1 peck = **2 gallons** = 9,092 l

                         1 bushel = **4 pecks** = 36,368 l

                         1 quarter = **8 bushels** = 290,935 l

                         1 barrel = **36 gallons** = 163,656 l

US   1 gill = 0,1183 l

                         1 pint = **4 gills** = 0,4732 l

                         1 quart = **2 pints** = 0,9464 l

                         1 gallon = **4 quarts** = 3,7853 l

                         1 peck = **2 gallons** = 8,8096 l

                         1 bushel = **4 pecks** = 35,2383 l

                         1 barrel = **31.5 gallons** = 119,228 l

                         1 hogshead = **2 barrels** = 238,456 l

                         1 barrel petroleum = **42 gallons** = 158,97 l

Avoirdupois Weights – Handelsgewichte

1 grain = 0,0648 g

1 dram = **27.3438 grains** = 1,772 g

1 ounce = **16 drams** = 28,35 g

1 pound = **16 ounces** = 453,59 g

1 hundredweight = 1 quintal
[GB] = **112 pounds** = 50,802 kg
[US] = **100 pounds** = 45,359 kg

1 long ton
[GB] = **20 hundredweights** = 1016,05 kg
[US] = **20 hundredweights** = 907,185 kg

1 stone = **14 pounds** = 6,35 kg

1 quarter
[GB] = **28 pounds** = 12,701 kg
[US] = **25 pounds** = 11,339 kg
[US] 1 bushel wheat = **60 pounds** = 27,216 kg
[US] 1 bushel rye/corn = **56 pounds** = 25,401 kg
[US] 1 bushel barley = **48 pounds** = 21,772 kg
[US] 1 bushel oats = **32 pounds** = 14,515 kg